REFORMA E CONSTRUÇÃO DA CHINA

Jiang
Zemin

REFORMA E CONSTRUÇÃO DA CHINA

Tradução
RÁDIO INTERNACIONAL DA CHINA

EDITORA RECORD
RIO DE JANEIRO • SÃO PAULO
2002

CIP-Brasil. Catalogação-na-fonte
Sindicato Nacional dos Editores de Livros, RJ.

Jiang, Zemin, 1926-
J56r Reforma e construção da China / Jiang Zemin; tradução da Rádio Internacional da China. – Rio de Janeiro: Record, 2002.

Tradução: Zhongguode Gaigehejianshe
ISBN 85-01-06491-2

1. Jiang, Zemin, 1926- . 2. China (República: 1949-) – Política e governo – 1979-. I. Título.

02-1221 CDD – 320.951
CDU – 32(510)

Título original em chinês:
ZHONGGUODE GAIGEHEJIANSHE

Direitos exclusivos desta edição reservados pela
DISTRIBUIDORA RECORD DE SERVIÇOS DE IMPRENSA S.A.
Rua Argentina 171 – Rio de Janeiro, RJ – 20921-380 – Tel.: 2585-2000

Impresso no Brasil

ISBN 85-01-06491-2

PEDIDOS PELO REEMBOLSO POSTAL
Caixa Postal 23.052
Rio de Janeiro, RJ – 20922-970

Biografia de Jiang Zemin

Jiang Zemin é o secretário-geral do Comitê Central do Partido Comunista, presidente da República Popular e presidente da Comissão Militar Central da China.

Yangzhou, uma famosa cidade histórica e cultural no Sul da China, tem sido um centro de comerciantes e talentosos desde a antigüidade. Dia 17 de agosto de 1926, Jiang Zemin nasceu numa família intelectual patriótica em Yangzhou, quando a China encontrava-se na época desastrosa sob a tenebrosa dominação das potências imperialistas e dos caudilhos militares feudais do país, o Partido Comunista da China, como vanguarda da classe operária, tinha subido ao palco político e, na escuridão, o povo chinês vislumbrava a nova aurora da independência e libertação nacionais.

Jiang Shixi, avô de Jiang Zemin, foi um excelente médico local da medicina tradicional chinesa e um patriota dotado de pensamento democrático. Com seu falecimento em 1933, Jiang Shijun, seu filho primogênito e pai de Zemin, assumiu a responsabilidade da família. Quando criança, Jiang Zemin foi adotado pelo seu sexto tio Jiang Shangqing. Em 1929, Jiang Shangqing ingressou no Partido Comunista da China. Em 1931, ocorreu o Incidente de 18 de Setembro, evento de grande repercussão tanto na China como no mundo, em que as forças armadas do imperialismo japonês ocuparam as três províncias do Nordeste da China. Depois da eclosão total da guerra de agressão japonesa à China em 1937, Jiang Shangqing organizou uma equipe itinerante de propaganda de luta contra a agressão japonesa, dedicando-se à divulgação da proposta do Partido Comunista da China sobre a guerra. Em março de 1939, ele assumiu o cargo de membro da Comissão Especial do Nordeste da província de Anhui do Partido Comunista e, em julho do mesmo ano, sacrificou-se heroicamente, aos 28 anos de idade, num ataque lançado pelas forças armadas reacionárias locais no distrito de Sixian. Jiang Shufeng, o sétimo tio de Jiang Zemin, e Jiang Zejun, o irmão maior de Zemin, também participaram da revolução um após o outro.

Criado numa família como esta, Jiang Zemin recebeu desde pequeno as primeiras instruções do patriotismo e do pensamento da revolução democrática, ao mesmo tempo, no ambiente familiar de tradição literária, recebeu profundas influências da história e cultura da nação chinesa. Durante o estudo na Escola Secundária de Yangzhou, quando da ocupação da terra natal pelas tropas invasoras japonesas, Jiang Zemin ia freqüentemente às Colinas das Ameixeiras visitar a tumba de Shi Kefa, famoso general patriota da dinastia Ming onde recitava os versos do dístico do Templo de Shi Kefa: "As ameixeiras derramam lágrimas pela subjugação nacional, a lua brilhante de Yangzhou é como o coração fiel do falecido general", expressando sua aflição e indignação. Em 1943, quando estudava na Faculdade de Eletromecânica da Universidade Central de Nanjing, participou ativamente do movimento dos estudantes patrióticos de resistência à agressão japonesa. Após a vitória da guerra de resistência à agressão japonesa, transferiu-se à Faculdade de Eletromecânica da Universidade de Comunicações de Shanghai para continuar o estudo. Em abril de 1946, Jiang Zemin ingressou no Partido Comunista da China e começou a dedicar-se às atividades do Partido na clandestinidade enquanto continuava participando do movimento revolucionário estudantil e da luta "contra a fome, contra a guerra civil e contra a perseguição" que tinha como alvo direto a dominação reacionária do Kuomintang, além de proteger os camaradas revolucionários. Formado da universidade em 1947, foi trabalhar numa fábrica onde dedicava-se à divulgação da revolução entre os operários e os jovens da escola noturna da Sociedade de Juventude. Em 1949, às vésperas da libertação de Shanghai pelo Exército Popular de Libertação da China, ele organizou as massas operárias para proteger fábricas e os trabalhos preparativos para acolher a libertação de Shanghai.

Nos primeiros anos após a fundação da República Popular da China, Jiang Zemin foi sucessivamente o primeiro-subchefe da Fábrica N° 1 de Gêneros Alimentícios Yimin de Shanghai, primeiro-subchefe da Fábrica de Sabão de Shanghai e chefe da Seção dos Aparelhos Elétricos do Subdepartamento de Desenho N° 2 de Shanghai anexado ao Primeiro Ministério da Indústria Mecânica da China. Em 1954, o Estado começou a construir em Changchun a Indústria Automobilística N° 1 para onde Jiang Zemin foi enviado. Em 1955, fez um estágio na Indústria Automobilística Stalin de Moscou. De volta ao país em 1956, foi sucessivamente o subchefe do Departamento de Suprimento de Energia, subengenheiro-geral de suprimento de energia e chefe da usina de Energia da Indústria Automobilística Nº 1 em Changchun. Em 1962, assumiu o cargo do vice-diretor do Instituto de Pesquisa dos Aparelhos Elétricos de Shanghai anexado ao Primeiro Ministério da Indústria Mecânica da China. Em princípios de 1966, foi transferido para o cargo de diretor do Instituto de Pesquisa Termomecânica de Wuhan e o de secretário interino do Comitê do Partido na mesma entidade, organizando os trabalhos de desenho dos equipamentos geradores de energia atômica. Em 1971, assumiu a chefia geral do grupo de especialistas do Primeiro Ministério da Indústria Mecânica da China enviado à Romênia, encarregado da direção da construção de mais de dez fábricas a serem instaladas com ajuda chinesa. Tendo voltado ao país em 1973, foi respectivamente o vice-diretor e diretor do Birô dos Assuntos Exteriores do Primeiro Ministério da Indústria Mecânica. Em 1976, chefiando uma delegação, foi ao Paquistão fazer investigação da construção da Fábrica de Máquinas Pesadas e da de Peças Fundidas, projetos de assistência chinesa.

Na sua 3ª sessão plenária do 11º Comitê Central realizada em dezembro de 1978, o Partido Comunista da China começou a corrigir em todos os aspectos os erros da "Grande Revolução Cultural" e os de tendência "esquerdista" anteriores, decidindo transferir o centro de ênfase do trabalho do Partido e do Estado para a construção econômica e adotando a decisão estratégica de reforma e abertura. Após 1980, Jiang Zemin assumiu respectivamente os cargos de vice-diretor e de secretário-geral da Comissão Estatal da Administração da Importação e Exportação e da Comissão Estatal da Administração dos Investimentos Estrangeiros. Participou da elaboração das políticas relacionadas à expansão do comércio com o exterior, à introdução da tecnologia e equipamentos avançados estrangeiros e à introdução e aproveitamentos dos investimentos estrangeiros, ao mesmo tempo foi responsável pelos trabalhos concretos de execução da política especial e das medidas flexíveis adotadas pelo Estado para com as províncias de Guangdong e Fujian, e participou dos trabalhos preparativos da criação das zonas econômicas especiais. Chefiando delegações de investigação, visitou Tailândia, Sri Lanka, Malásia, Cingapura, Filipinas, México, Irlanda e a região de Hong Kong para estudar as experiências e práticas que pudessem ser assimiladas pela China na criação das zonas econômicas especiais. Após 1982, foi sucessivamente o primeiro-vice-ministro e subsecretário do grupo dirigente do Partido e ministro e secretário do grupo dirigente do Partido do Ministério da Indústria Eletrônica, organizando e dirigindo o reajuste da estrutura e a inovação técnica da indústria eletrônica chinesa. Em setembro de 1982, foi eleito membro do Comitê Central no 12º Congresso Nacional do Partido Comunista da China. Em 1985, assumiu o cargo de prefeito e subsecretário do comitê municipal do Partido em Shanghai, a maior cidade chinesa. Em 1987, passou a ser o secretário do comitê municipal do Partido em Shanghai. Agarrava-se à construção econômica como centro do trabalho, persistia nos quatro princípios fundamentais[1] e na reforma e abertura, e ao mesmo tempo na construção da civilização material, dispensava grande atenção à construção da civilização espiritual socialista e empenhava-se em promover a reforma, o desenvolvimento e a estabilidade de Shanghai. O Esquema para o Desenvolvimento Econômico e o Programa de Urbanização de Shanghai, elaborados sob sua direção determinaram a orientação do desenvolvimento para transformar, em fins do século XX, Shanghai em uma cidade moderna socialista aberta e altamente civilizada com funções múltiplas, estruturas setoriais razoáveis e ciência e tecnologia avançadas. Apoiava ativamente o desenvolvimento e a abertura de Pudong, enfatizando a necessidade de transformar Pudong em uma nova zona urbana de primeira categoria do mundo, um importante centro internacional moderno. Em novembro de 1987, foi eleito membro do Birô Político do Comitê Central na primeira plenária do 13° Comitê Central do Partido Comunista da China.

Na 4ª sessão plenária do 13° Comitê Central do Partido Comunista da China, realizada em junho de 1989, Jiang Zemin foi eleito membro da Comissão Permanente do Birô Político e secretário-geral do Comitê Central do Partido Comunista da China. Em novembro do mesmo ano, foi eleito presidente da Comissão Militar do Comitê Central na 5ª sessão plenária do 13° Comitê Central do Partido. Em março de 1990, foi eleito presidente da Comissão Militar Central da República Popular da China na 3ª sessão plenária da 7ª Assembléia Popular Nacional. No 14° Congresso Nacional do Partido Comunista da China, realizado em outubro de 1992, realizou o informe político intitulado "Acelerar a reforma e abertura e a modernização e conquistar maiores vitórias para a causa do socialismo do tipo chinês", formulou a definição, em todo o Partido, da posição orientadora da teoria de Deng Xiaoping sobre a construção do socialismo tipo chinês, determinou a construção do sistema de economia de mercado socialista como o objetivo da reforma do sistema econômico da China, sublinhando a necessidade de agarrar-se à oportunidade para acelerar o desenvolvimento socioeconômico do país. Na primeira sessão plenária do 14° Comitê Central do Partido Comunista da China, foi reeleito membro da Comissão Permanente do Birô Político, secretário-geral e presidente da Comissão Militar do Comitê Central. Em março de 1993, na primeira sessão plenária da 8ª Assembléia Popular Nacional, foi eleito presidente da República Popular da China e reeleito presidente da Comissão Militar Central da República Popular. No 15° Congresso Nacional do Partido Comunista da China, realizado em setembro de 1997, fez o informe político sob o título "Manter no alto a grande bandeira da teoria de Deng Xiaoping para impulsionar em todos os sentidos a causa da construção do socialismo do tipo chinês rumo ao século XXI", expondo ainda mais a posição histórica da teoria de Deng Xiaoping e sua importância orientadora, esclarecendo o programa básico do Partido Comunista da China na fase inicial do socialismo, além de fazer uma disposição geral e uma exposição profunda sobre a reforma e abertura e o desenvolvimento transecular da modernização. Na primeira sessão plenária do 15° Comitê Central do Partido, foi reeleito mais uma vez membro da Comissão Permanente do Birô Político, secretário-geral e presidente da Comissão Militar do Comitê Central do Partido Comunista da China. E na primeira sessão plenária da 9ª Assembléia Popular Nacional da China, realizada em março de 1998, foi reeleito de novo presidente da República Popular da China e presidente da sua Comissão Militar Central.

Quando Jiang Zemin assumiu os principais cargos dirigentes do Partido Comunista e da República Popular da China, o país tinha pela frente uma situação complexa, com pressões de fora e dificuldades internas. Tomando a teoria e a linha fundamentais do Partido como orientação e reunindo a sabedoria de todo o Partido e de todo o povo, ele organizou a elaboração de uma série de importantes decisões destinadas a estabilizar a situação e promover a reforma e o desenvolvimento, dirigindo e estimulando o povo de todas as nacionalidades do país a se esforçar para superar as dificuldades no avanço e impulsionando inabalavelmente a construção do socialismo do tipo chinês.

Nestes mais de dez anos, na prática da direção da construção do socialismo do tipo chinês, Jiang Zemin publicou uma série de importantes obras, expondo, profundamente e em todos os aspectos, a teoria, a linha e os programas fundamentais do Partido Comunista da China, os problemas econômico, político, cultural, militar e diplomático, assim como a construção do Partido Comunista da China, e a sua exposição sobre o importante pensamento da "tríplice representatividade"[2], em particular, herdou, enriqueceu e desenvolveu a teoria de Deng Xiaoping.

Jiang Zemin casou-se em 1950, com a senhora Wang Yeping. O casal tem dois filhos. Jiang Zemin tem os títulos acadêmicos de engenheiro sênior e professor catedrático. Nas horas de folga, gosta de ler poesias clássicas, romances e livros de filosofia e história da China, além de obras-primas da literatura mundial e livros sobre política, economia, ciência e tecnologia. Adora música. Fala inglês, russo e romeno e aprendeu espanhol e alemão.

Jiang Zemin costuma dizer: a história levou-me para o cargo dirigente de hoje e devo assumir a responsabilidade perante a história e o povo. Estudar cada setor em que trabalha e buscar sem cessar novos conhecimentos e novas coisas constituem uma atitude de vida de que ele gosta e procura realizar. Ele está determinado a ter sempre em mente a grande responsabilidade que o Partido Comunista da China e o povo chinês lhe dão e a empenhar-se em lutar para consolidar e desenvolver a construção do socialismo do tipo chinês, criado pelos revolucionários proletários da velha geração para transformar a China em um país socialista moderno próspero, democrático e civilizado, e por uma vida rica e bela para todo o povo chinês.

(Gabinete de Estudo das Documentações do
Comitê Central do Partido Comunista da China)

NOTAS

1. Os quatro princípios fundamentais consistem na persistência, durante a modernização da China, no caminho socialista, na ditadura democrática popular, na direção do Partido Comunista e no marxismo-leninismo e pensamento de Mao Tsé-tung. Foram formulados por Deng Xiaoping numa reunião sobre os princípios orientadores do trabalho teórico convocada pelo Comitê Central do Partido Comunista da China, no dia 30 de março de 1979, e tornaram-se um dos importantes conteúdos da linha fundamental do Partido na fase inicial do socialismo.
2. A "tríplice representatividade" significa que o Partido Comunista da China deve ser fiel representante do que exige o desenvolvimento das forças produtivas avançadas da China, do rumo pelo qual há de marchar sua avançada cultura e dos interesses fundamentais das mais amplas massas populares. Foi formulada por Jiang Zemin no dia 25 de fevereiro de 2000 durante uma inspeção de trabalhos na província de Guangdong e foi exposta ainda melhor, como pensamento importante, na Comemoração do 80° Aniversário da Fundação do Partido Comunista da China, no dia 1° de julho de 2001. A "tríplice representatividade", base da governança e fonte da força do Partido Comunista da China, é um requisito básico para impulsionar plenamente a construção do Partido, promover permanentemente as inovações de teorias, sistemas e ciência e tecnologia e alcançar sempre novas vitórias na construção do socialismo do tipo chinês.

Sumário

Síntese Básica das Experiências Históricas nos Últimos 40 Anos Desde a Fundação da Nova China*

(29 de setembro de 1989)

*Extrato do discurso de Jiang Zemin no ato comemorativo do 40° aniversário da fundação da República Popular da China.

Os 40 anos posteriores à fundação da República Popular da China foram um período em que a história deste país experimentou gigantescas transformações, em que o país se desenvolveu sem cessar, passando por sofrimentos e vicissitudes e superando múltiplas dificuldades, e em que a Nação Chinesa ergueu a cabeça com orgulho, persistiu na independência e autodeterminação e desempenhou um papel de crescente importância nos assuntos internacionais.

A fundação da República Popular da China pôs fim, na parte continental do país, à dominação das classes exploradoras por vários milênios e à história de humilhação imposta pelos imperialistas durante longo tempo, de forma que o povo chinês tornou-se o dono de seu próprio país e sociedade. O triunfo da revolução chinesa constitui o acontecimento mais importante da história do movimento comunista internacional depois da Revolução de Outubro na Rússia, da mesma forma que na política global depois da Segunda Guerra Mundial. Este triunfo alterou o quadro de relações políticas do planeta, estimulou a luta revolucionária dos povos da Terra e contribuiu significativamente para o progresso da humanidade.

Aplicando a teoria marxista-leninista do Estado e combinando-a com as condições reais da China, instituímos o poder estatal socialista de ditadura democrática popular dirigida pela classe operária, baseada na aliança operário-camponesa neste grande país do Oriente, o mais populoso do mundo. Aplicamos o sistema de assembléia popular, que assegura ao povo os poderes de administrar os assuntos estatais e sociais e os direitos democráticos. Praticamos o sistema de cooperação multipartidária e consulta política sob a direção do Partido Comunista na luta comum pelo socialismo e pela grande causa da reunificação da pátria, persistimos no princípio de "coexistência duradoura, supervisão recíproca, tratamento sincero, participação conjunta tanto na glória como na dor" e convidamos amplamente os partidos democráticos e as personalidades patriotas de distintas camadas sociais a tomarem parte nos assuntos políticos e na sua discussão, formando deste modo uma ampla frente única patriótica. Apesar de estar ainda sofrendo um aperfeiçoamento gradual, nosso sistema político poderá proporcionar, sem dúvida nenhuma, com uma autotransformação e desenvolvimento, plenas possibilidades e amplas perspectivas para a democratização da vida política, econômica, cultural e social da China.

Depois da fundação da Nova China, somente em três anos conseguimos superar os estragos causados pela guerra e recuperar a economia nacional ao nível mais alto da história da velha China. Sobre esta base, coroamos a transformação socialista da propriedade privada dos meios de produção e a eliminação do sistema de exploração e das classes exploradoras, e estabelecemos um sistema econômico socialista que tem como corpo principal e característica básica a propriedade pública dos meios de produção e o princípio de distribuição de "a cada um segundo seu trabalho". Embora requeira aperfeiçoamento gradual, nosso sistema econômico poderá proporcionar, através de uma autotransformação e desenvolvimento, plenas possibilidades e amplas perspectivas para elevar ainda mais as forças produtivas sociais e a produtividade no trabalho e melhorar a vida material e cultural de todo o povo.

Conseguimos superar múltiplas dificuldades e converter a China, de um país pobre, atrasado, semicolonial e semifeudal, em um país socialista preliminarmente próspero e florescente, utilizando as forças do sistema político e econômico básico socialista, e aplicando o espírito de apoio nas próprias forças e no trabalho árduo do povo das diversas etnias. Em 1988, o PIB do nosso país alcançou 1.401,5 bilhões de yuans, e a renda nacional de 1.177 bilhões de yuans, respectivamente 19,8 e 18 vezes maior que os de 1949, descontada a taxa da alta de preços. O PIB do nosso país subiu ao 8° lugar do mundo, e o volume de produção de alguns importantes produtos tomaram a dianteira no mundo. Entre os anos 1950 e 1988, o valor total dos investimentos no ativo fixo das entidades de propriedade estatal totalizou 2.153,8 bilhões de yuans, 4.393 grandes e médios projetos foram construídos e postos em operação, o que significa um aumento de ativo fixo em 1.561,9 bilhões de yuans. Atualmente, estabelecemos um sistema industrial e um sistema econômico nacional independentes e relativamente completos. À medida que se desenvolveu a produção, o nível de consumo real dos habitantes do país elevou-se de 76 yuans anuais *per capita* em 1952 para 639 yuans em 1988, um crescimento médio anual de 3,7%, descontando a alta de preços. O problema de alimentação e abrigo do povo de todo o país foi basicamente resolvido, e uma parte dele começou a alcançar uma vida modestamente confortável. As causas da educação, ciência, cultura, saúde pública e esporte também se desenvolveram consideravelmente. Durante os 40 anos passados, os centros docentes de ensino superior formaram 6,192 milhões de graduados em cursos regulares e extracurriculares e 154 mil pós-graduados, o equivalente ao número total multiplicado por 30 dos graduados nos 37 anos anteriores à fundação da Nova China. Nos últimos 40 anos, importantes descobertas da pesquisa científica e tecnológica surgiram incessantemente. Em alguns aspectos da tecnologia de energia atômica, das ciências biológica e agronômica, da física hiperenergética, da tecnologia de computadores e de foguetes transportadores, assim como de telecomunicações via satélite, nosso país alcançou ou se aproximou dos níveis mais avançados do mundo. A construção da defesa nacional conseguiu grandes êxitos, fortalecendo assim o poderio para proteger a Pátria. Estes êxitos lançaram sólidos e seguros alicerces para a modernização socialista do nosso país.

Nestes dez anos desde a 3ª sessão plenária do 11° Comitê Central do Partido, insistimos em fazer da construção econômica o foco do trabalho, nos quatro princípios fundamentais e na reforma e abertura, permitindo que o poder econômico do país se fortalecesse com rapidez e o povo recebesse mais benefícios reais. De 1979 a 1988, o PIB do nosso país, calculado em preços equivalentes, aumentou em média 9,6% anuais, superando o ritmo de 6,1% registrado no período de 1953-1978 e também ultrapassando largamente a média anual de 2-4% da grande maioria dos países do mundo. Em comparação com 1978, o volume total das importações e exportações de 1988 cresceu o equivalente a quatro vezes. Nesses dez anos, a renda líquida *per capita* dos camponeses, descontado o fator de alta de preços, subiu anualmente 11,8%. O aumento médio da renda *per capita* dos residentes das cidades e vilas foi de 6,5% anuais. No mesmo período, a área total construída de moradias novas nas zonas urbanas e rurais alcançou 8 bilhões de metros quadrados. Com base no melhoramento geral de alimentação, vestuário, artigos de consumo e moradias, os depósitos bancários dos habitantes urbanos e rurais aumentaram dos cerca de 21,1 bilhões de yuans em finais de 1978 a 380,2 bilhões de yuans ao terminar 1988. Os grandes êxitos conquistados nestes dez anos são frutos da aplicação da diretriz, orientação e política da 3ª sessão plenária do 11° Comitê Central do Partido e também da continuidade da vitória da revolução e da construção socialista nos trinta anos passados.

O desenvolvimento da economia e a elevação do nível de vida do povo não só são muito expressivos em comparação com o passado do nosso país, mas também não são inferiores quando comparados com muitos países do mundo. Ainda que a economia do nosso país esteja relativamente atrasada, depois de tudo, alcançamos êxitos que de nenhum modo teriam sido possíveis sob o sistema de exploração no passado, o que demonstrou a superioridade do sistema socialista, motivo pelo qual o povo das diversas etnias tem plena razão em sentir-se profundamente alegre e orgulhoso pelos ricos frutos produzidos com seu próprio trabalho.

Devemos reconhecer plenamente os brilhantes êxitos conquistados pelo povo chinês sob o sistema socialista. Toda a dúvida e a negação a nossos êxitos carecem de fundamentos e por isso são errôneas e prejudiciais. Ao mesmo tempo devemos conhecer a fundo e retificar com firmeza os desacertos em nosso trabalho. Qualquer ponto de vista que nega reconhecer os erros é igualmente infundado, errôneo e prejudicial. Desde a 3ª sessão plenária do 11° Comitê Central, nosso Partido, revalidando e desenvolvendo a linha ideológica de buscar a verdade nos fatos e persistindo na metodologia de que a prática é o único critério para comprovar a verdade, corrigiu os erros de "esquerda" e de direita, combateu a liberalização burguesa e restabeleceu e voltou a aplicar a correta linha marxista. Nosso Partido tirou conclusões científicas sobre algumas questões históricas surgidas nos primeiros trinta anos. Devemos persistir nelas e continuar sintetizando as experiências e lições da modernização e da reforma e abertura adquiridas nos últimos dez anos para conseguir uma compreensão mais completa e profunda sobre as experiências históricas.

Depois de um olhar retrospectivo em quarenta anos de história, podemos tirar pelo menos uma conclusão fundamental em quatro aspectos a seguir:

O estabelecimento, a consolidação e o desenvolvimento do sistema socialista encarnam a lei objetiva do movimento social moderno da China e correspondem à maior e mais ampla transformação da história chinesa. Se não houvéssemos empreendido a revolução popular que tinha no porvir o socialismo, não teríamos conseguido derrubar o imperialismo, o feudalismo e o capitalismo burocrático, nem teríamos podido levar a China das trevas à luz. Se, depois da fundação da Nova China, não houvéssemos tomado o caminho socialista nem persistido na ditadura democrática popular, não teríamos podido salvaguardar a unidade do país e a independência nacional, nem teríamos podido concretizar paulatinamente o desejo de prosperidade comum do povo. Se no futuro não persistirmos no socialismo, ou se, ao contrário, retrocedermos para voltar ao caminho capitalista tal como pregam algumas pessoas, cultivando e alimentando novamente uma classe burguesa com o sangue e suor do povo trabalhador, em circunstâncias em que nosso país conta com uma população numerosa e o nível das forças produtivas sociais ainda muito baixo, a grande maioria das pessoas se veria mergulhada de novo na miséria. Semelhante tipo de capitalismo seria apenas o de burguesia compradora primitiva e somente significaria que o povo das diversas etnias da China se reduziria de novo a escravo em duplo sentido, do capital estrangeiro e da classe exploradora nacional. Enfim, como tal assinalaram o camarada Mao Tsé-tung e o camarada Deng Xiaoping, somente o socialismo pode salvar a China e somente o socialismo pode desenvolver a China.

O socialismo é um sistema que se desenvolve e se aperfeiçoa constantemente sobre sua própria base. Sob as condições do socialismo, nossa tarefa fundamental consiste em tomar como centro a construção econômica e o enérgico desenvolvimento das forças produtivas sociais. Partir das realidades do país, sintetizar as experiências da prática e, conforme o real potencial das forças produtivas sociais e as demandas objetivas de seu desenvolvimento ulterior, reajustar conscientemente aquela parte das relações de produção que não se adaptem às forças produtivas e aquela parte da superestrutura não adaptável à base econômica, eis a reforma socialista a que nos referimos. Se não empreendêssemos esta reforma, estariam sufocados o dinamismo e a vitalidade primordial do socialismo, e o desenvolvimento da superioridade do socialismo ver-se-ia seriamente prejudicado. Após a 3ª sessão plenária do 11° Comitê Central, nosso Partido incluiu a reforma e abertura na linha fundamental do Partido, criando uma nova situação de desenvolvimento da causa socialista do nosso país. Os grandiosos êxitos dos dez anos comprovam que a orientação e a política geral da reforma e abertura são completamente corretas e temos de levá-las a cabo de maneira inabalável.

Desenvolver o espírito patriótico e persistir na política de independência, autonomia e apoio nas próprias forças são uma experiência básica da vitória da revolução chinesa e também da construção socialista chinesa. Na China contemporânea, o patriotismo e o socialismo seguem unidos na essência. A história comprovou que os patriotas que defendem com firmeza a dignidade da Nação Chinesa e anseiam pelo florescimento e prosperidade da China podem tornar-se, em sua maior parte, socialistas leais ou amigos fiéis do socialismo. O espírito patriótico e de apoio nas próprias forças que o povo chinês alimenta constitui a poderosa força da modernização socialista. Nossa causa socialista tem sido consolidada e desenvolvida precisamente no transcorrer do rompimento do isolamento, do bloqueio e da provocação das forças hostis estrangeiras para com nosso país. O povo chinês não se deixou nunca e não se deixará jamais dobrar frente a qualquer pressão estrangeira, nem abandonará de nenhuma maneira o caminho socialista e a independência nacional em troca de esmolas dos outros. Sempre temos reconhecido e temo-nos esforçado por obter o apoio dos povos de diversos países à nossa causa. Na nova situação, prestaremos uma importância maior ao aproveitamento das favoráveis condições internacionais e persistiremos na abertura ao exterior, com o fim de acelerar nossa modernização socialista.

O Partido Comunista da China, armado com o marxismo-leninismo e o pensamento de Mao Tsé-tung, é a vanguarda da classe operária chinesa, é o fiel representante dos interesses do povo das diversas etnias da China e assume uma missão sumamente importante no processo da independência e desenvolvimento do país. Que o Partido Comunista da China se tenha feito núcleo dirigente da revolução e construção chinesa, foi a correta opção feita pelo povo há muito tempo. O Partido vem amadurecendo no processo de vencer as dificuldades, superar os desacertos e sintetizar as experiências históricas. Os êxitos dos quarenta anos foram obtidos sob a correta direção do nosso Partido e com o apoio e os esforços do povo de todo o país. Quando surgem erros e reveses, são freqüentemente problemas originados no seio do Partido. A situação no Partido tem um significado decisivo para o destino do Estado e da nação. Devemos analisar seriamente e sem compaixão os desacertos no trabalho e retificá-los decisivamente, e dar solução aos problemas existentes no seio do Partido. Devemos sintetizar de forma científica e histórica as experiências e conhecer a realidade de maneira objetiva e completa. Desde que persista em atuar desta forma, nosso Partido não jogará ao vento a esperança do povo e escreverá um brilhante capítulo na materialização da nova tarefa histórica.

Tomando a conclusão básica mencionada como ponto de apoio, devemos integrar ainda mais firme e invariavelmente a verdade universal do marxismo com a realidade concreta do nosso país, seguir nosso próprio caminho e construir o socialismo do tipo chinês. A teoria do camarada Deng Xiaoping sobre a construção do socialismo do tipo chinês é uma teoria científica comprovada pela prática de dez anos e compreendida e aceita por centenas de milhões de integrantes do povo, e é a bandeira que nos guia no contínuo avanço. Em toda a fase inicial do socialismo, devemos aplicar de maneira firme e invariável a linha fundamental traçada pelo 13º Congresso Nacional do Partido: dirigir e unir-nos ao povo das diversas etnias de todo o país, tomar a construção econômica como centro, persistir nos quatro princípios fundamentais, persistir na reforma e abertura, apoiarmo-nos em nossas próprias forças, iniciar novos empreendimentos com trabalho árduo, e lutar para transformar a China em um país socialista moderno, próspero, democrático e civilizado.

Acelerar a Reforma, a Abertura e a Modernização e Conquistar Maiores Vitórias Para a Causa do Socialismo do Tipo Chinês*

(12 de outubro de 1992)

*Informe apresentado por Jiang Zemin no 14° Congresso Nacional do Partido Comunista da China.

Camaradas:

O 14° Congresso Nacional do Partido Comunista da China se realiza em uma nova situação, caracterizada pela aceleração da reforma e abertura e da modernização do país. Agora, em nome do 13° Comitê Central, venho apresentar um informe frente ao congresso.

Este congresso tem a seu encargo uma missão histórica de grande transcendência. Nele depositam as esperanças os camaradas de todo o Partido e o povo das diversas etnias do país, e a este acontecimento estão atentos os amigos de outros países do mundo que se interessam pela situação da China. Estamos convencidos de que, graças ao esforço comum de todos os delegados, nosso congresso será, sem dúvida alguma, de unidade e de vitória.

Desde a 3ª sessão plenária do 11° Comitê Central, nosso Partido e nosso povo, guiados pela teoria do camarada Deng Xiaoping sobre a construção do socialismo do tipo chinês, entregam-se com firme vontade à reforma e trabalham com grandes esforços, dotando o país inteiro de dinamismo e pujança e produzindo uma grande transformação de transcendência histórica no grande território chinês. As forças produtivas sociais estão ainda mais liberadas. Consolida-se cada vez mais a situação política de estabilidade e unidade. Os 1,1 bilhão de chineses solucionaram basicamente a questão da alimentação e abrigo e estão avançando rumo a uma vida modestamente confortável. A construção econômica do nosso país, a vida do povo e o poderio integral nacional atingiram altos patamares. Nestas circunstâncias de drásticas mudanças no mundo, o sistema socialista da China conseguiu resistir a duras provas, dando mostras de poderosa vitalidade.

As importantes observações do camarada Deng Xiaoping feitas no começo deste ano em seu giro de inspeção pelo sul do País encorajaram muito as diversas etnias. Tem se emancipado ainda mais a mente dos quadros e das massas populares e se revigorado ainda mais seu moral; todos estão unidos como um só homem e apresentam-se com maior nitidez num panorama grandioso e animador para a materialização dos grandes ideais da Nação Chinesa.

Ao analisar, de forma integral, a situação atual, o 13° Comitê Central considera unanimemente que o momento constitui uma conjuntura muito propícia para acelerar o desenvolvimento, posto que se reúnem internamente as condições necessárias para isso, além de contarmos com um ambiente internacional favorável e, se enfrentamos desafios, também nos oferecem mais oportunidades. A tarefa do presente Congresso consiste no seguinte: seguir a teoria do camarada Deng Xiaoping sobre a construção do socialismo do tipo chinês, sintetizar seriamente as experiências práticas acumuladas nos últimos 14 anos desde a 3ª sessão plenária do 11° Comitê Central, decidir a disposição estratégica para o próximo período e mobilizar todos os camaradas do Partido e o povo das diversas etnias do país para que, com a mente ainda mais emancipada e sem perder esta oportunidade favorável, acelerem a reforma, a abertura e a modernização, a fim de conquistar maiores vitórias para a causa do socialismo do tipo chinês.

I. Balanço básico da grande prática dos últimos 14 anos

Há 14 anos, a causa a qual nos entregamos é a de construir, persistindo na linha fundamental do Partido, o socialismo do tipo chinês mediante a reforma e a abertura e por meio da emancipação e desenvolvimento das forças produtivas. Trata-se do início de uma nova revolução, no que diz respeito à amplitude e profundidade das mudanças produzidas na sociedade. A essência desta revolução, assim como o objetivo que busca, é alterar radicalmente a estrutura econômica que atrasa o desenvolvimento das forças produtivas do nosso país, substituindo-a por uma nova estrutura econômica socialista cheia de vitalidade e dinamismo, ao mesmo tempo em que introduz a reforma correspondente na estrutura política e outras estruturas, a fim de materializar a modernização socialista da China.

Na história do nosso Partido, sob o comando da primeira geração de direção coletiva central, com o camarada Mao Tsé-tung como núcleo, todo o Partido e o povo das diversas etnias conquistaram, após uma luta prolongada, a vitória da revolução da nova democracia, e estabeleceram, depois de um tempo, o sistema básico do socialismo, emancipando e desenvolvendo as forças produtivas, o que transformou a velha China, país semicolonial e semifeudal que durante mais de cem anos foi vítima de agressões e humilhações por parte de países estrangeiros, em uma nova China, independente e socialista, em que o povo é dono de seu próprio destino. Esta revolução, a maior já ocorrida na China, abriu uma nova era nos anais da nossa história. Sob o comando da segunda geração de direção coletiva central, tendo o camarada Deng Xiaoping como núcleo, todo o Partido e o povo das diversas etnias do país iniciaram outra grande revolução, que tem como objetivo emancipar e desenvolver ainda mais as forças produtivas, e mediante esforços prolongados transformar a China, socialista mas subdesenvolvida, em um país socialista moderno, próspero, poderoso, democrático e civilizado, fazendo valer assim plenamente a superioridade do socialismo na China. Esta nova revolução é conduzida sobre a base do triunfo alcançado na revolução anterior e dos grandes êxitos já alcançados na construção socialista, e se realiza, de forma bem ordenada e metódica, sob a direção do nosso Partido. Não está chamada a alterar a natureza do nosso sistema socialista, mas representa seu auto-aperfeiçoamento e o autodesenvolvimento; tampouco consiste em remendar os detalhes secundários da estrutura econômica existente, mas introduzir nela uma mudança de forma radical. A estrutura econômica existente, que teve uma origem histórica, desempenhou um importante papel positivo em seu tempo, mas, à medida que mudam as condições, adapta-se cada vez menos às exigências da modernização do país. A mudança mais profunda trazida pela reforma dos últimos 14 anos consiste em que se têm desatado numerosas amarras que prendiam o pensamento das pessoas e da estrutura institucional, colocando em jogo o entusiasmo das grandes massas populares, e na China, país com 1,1 bilhão de habitantes, está se construindo um socialismo cheio de vitalidade.

No presente Congresso Nacional do Partido, é sumamente necessário fazer um balanço da grande prática levada a cabo pelo povo sob a direção do Partido nos último 14 anos e chegar a uma conclusão séria sobre a teoria básica, a linha fundamental e a série de decisões estratégicas que o Partido formulou no processo da prática. Isso tem um grande sentido de atualidade e um grande significado de longo prazo para unificar ainda mais os critérios de todo o Partido, persistir sem vacilações em sua teoria e sua linha fundamental e seguir levando adiante a grande causa da construção do socialismo do tipo chinês.

Todos nós podemos recordar que, se a vitória sobre o "Bando dos Quatro" salvou o Partido e o país de um perigo em que se debatiam, era sumamente grave a confusão que reinava então, como legado da "Revolução Cultural", nos terrenos político, ideológico, organizacional e econômico. Quão difícil foi safar-se desta situação embaraçosa e criar outra nova! A 3ª sessão plenária do 11° Comitê Central, que aconteceu em 1978 e aprovou a direção coletiva central tendo o camarada Deng Xiaoping como núcleo, assumiu então a árdua missão de realizar uma grande virada histórica e iniciar um novo período de desenvolvimento da causa do socialismo no nosso país.

Nas datas anteriores e posteriores à 3ª sessão plenária do 11° Comitê Central, nosso Partido dirigiu e apoiou o grande debate sobre a questão da necessidade de tomar a prática como o único critério para comprovar a verdade. Este debate rompeu os elos do culto à personalidade e à idolatria, que consistia em "manter com firmeza toda e qualquer decisão tomada pelo presidente Mao e seguir invariavelmente toda e qualquer instrução por ele tomada", estabelecendo assim uma nova linha ideológica de emancipação da mente e de busca da verdade nos fatos. Assim se protagonizou a virada histórica da linha ideológica.

Na 3ª sessão plenária do 11° Comitê Central, nosso Partido desbancou categoricamente a política errônea de "tomar a luta de classes como alavanca", política "esquerdista" inaplicável à sociedade socialista, e transferiu o centro de trabalho do Partido e do Estado para a construção econômica. Assim se fez a virada histórica da linha política. Ao mesmo tempo em que transferia o centro de seu trabalho, nosso Partido tomou a grande decisão de levar a cabo a reforma e a abertura e, visando a corrigir a tendência errônea surgida no processo de encaminhamento da virada, destacou a necessidade de persistir no caminho socialista, na ditadura democrática popular, sob direção do Partido Comunista da China e no marxismo-leninismo e no pensamento de Mao Tsé-tung, mantendo assim uma bandeira bem definida. Começou a solidificar a tese de "tomar a construção econômica como elo central e persistir nos quatro princípios fundamentais e na reforma e abertura ao exterior", assentando a base da linha fundamental do Partido para um novo período.

Nosso Partido frisou a necessidade de assegurar a aplicação das corretas linhas ideológica e política mediante uma linha organizacional também correta. De acordo com as novas exigências da virada histórica, reforçou-se a construção do Partido no terreno organizacional, reajustando e completando, passo a passo, os grupos de direção em todos os níveis, seguindo uma política para revolucionar o contingente de quadros, rejuvenescê-los, dotá-los de conhecimentos culturais e capacitá-los profissionalmente, suprimindo o implícito sistema de cargos vitalícios para os quadros dirigentes e implantando o sistema de colaboração e revezamento entre os quadros novos e velhos.

Nosso Partido efetuou a diferenciação consciente do certo e do errado nos mais importantes episódios históricos. Adotou uma série de medidas para revogar os veredictos injustos, errôneos ou baseados em falsas acusações, colocando em prática diversas políticas propícias para reforçar a unidade do Partido e pôr em ação todos os fatores positivos. Na 6ª sessão plenária do 11° Comitê Central adotou-se em especial a resolução sobre alguns problemas na história do nosso Partido depois da fundação da República Popular da China, arrancando com a raiz a "Revolução Cultural" e a teoria da "continuação da revolução sob a ditadura do proletariado". Ao mesmo tempo, negando firmemente a errônea tendência ideológica de desqualificar o camarada Mao Tsé-tung e seu pensamento, essa sessão defendeu o seu lugar correspondente na história e afirmou o papel orientador do pensamento de Mao Tsé-tung. Conforme o desenvolvimento da situação interna do país e as mudanças que vêm ocorrendo na situação internacional, fazem-se cada vez mais evidentes o valor e a perspicácia com que o Partido adotou esta importante decisão.

Sobre a base do cumprimento fundamental da tarefa de endireitar o retorcido, celebrou-se em 1982 o 12° Congresso Nacional do Partido. Nesse evento, colocou-se a idéia de "integrar a verdade universal do marxismo com a realidade concreta do nosso país, seguir nosso próprio caminho e construir o socialismo do tipo chinês" e se estabeleceu uma meta de quadruplicar, em dois passos, o PIB em fins do presente século. Mais tarde, tratou-se a estratégia do terceiro passo, consistindo em materializar fundamentalmente a modernização socialista do país em meados do próximo século. Assim, nosso Partido ergueu a bandeira de avanço rumo ao século XXI à frente do povo de todas as etnias do país.

A característica mais marcante do novo período constitui a reforma e abertura. Estas deram seus primeiros passos desde a 3ª sessão plenária do 11° Comitê Central e desenvolveram sua linha depois no 12° Congresso Nacional. Passaram por um processo histórico, estendendo-se como uma sucessão de majestosas ondas, da reforma rural à urbana, da reforma da estrutura econômica à de outras estruturas e da agilidade da economia interna à abertura ao exterior.

Iniciar a reforma pelas zonas rurais foi uma decisão estratégica tomada de acordo com a situação do nosso país. O sistema de responsabilidade por contrato familiar com remuneração em função dos rendimentos foi uma grande criação dos camponeses chineses. O Comitê Central do Partido, respeitando a vontade das massas, apoiou ativamente o ensaio deste sistema, que somente levou poucos anos para estender-se a todo o país. Suprimiu-se a comuna popular e, em lugar de enveredar o caminho da privatização da terra, implantou-se o mencionado sistema de responsabilidade como forma principal e se praticou a integração da centralização com a separação em duas modalidades de exploração, com o qual se resolveu um grande problema institucional no campo socialista do nosso país. Os 800 milhões de camponeses obtiveram direitos de autonomia de exploração das terras;

ademais, aboliu-se o sistema de compra estatal de forma centralizada ou de cotas obrigatórias dos produtos agrícolas e liberaram-se os preços da maior parte destes produtos, tirando assim a produção agrícola de um difícil estado de estrangulamento em que se debatia já há muito tempo, levando a economia rural a um acelerado desenvolvimento de especialização, comercialização e socialização. Destas se beneficiaram notavelmente as grandes massas populares das cidades e do campo e se impulsionou o desenvolvimento da reforma e da construção em seu conjunto. As empresas das vilas e comarcas, surgidas com uma força fulgurante, constituem outra criação dos camponeses chineses: abriram um novo caminho para a transferência da mão-de-obra rural excedente dos trabalhos da terra a outras áreas, para o enriquecimento do campo e sua progressiva modernização e para o impulsionamento da reforma e do desenvolvimento da indústria e de outras atividades econômicas.

Frente à nova situação econômica de extensão da reforma do campo às cidades, a 3ª sessão plenária do 12º Comitê Central aprovou a decisão sobre a reforma da estrutura econômica. Esta decisão formulou a tese de que a economia socialista do nosso país é uma economia de mercado planificada com base na propriedade pública, rompendo a idéia tradicional que contrapunha a economia planificada à de mercado, o que constitui um novo desenvolvimento da política econômica marxista, traçando uma nova diretriz teórica à reforma da estruturação econômica em todos os aspectos. Na seqüência, o Partido adotou sucessivas decisões sobre a reforma da estrutura do trabalho científico-tecnológico e do sistema educacional, e avançou um passo a mais ao apresentar os objetivos e as tarefas da reforma na estrutura política.

O estabelecimento das quatro zonas econômicas especiais, a saber, as de Shenzhen, Zhuhai, Shantou e Xiamen, foi um passo de grande importância na abertura ao exterior e foi uma experiência completamente nova no desenvolvimento da economia socialista, aproveitando o capital, a tecnologia e as experiências de gestão empresarial do exterior. Essas zonas econômicas especiais obtiveram grandes êxitos. A prática demonstra que elas levam o nome de "socialismo" e não o de "capitalismo". Depois da criação das zonas econômicas especiais, abriram-se mais de dez cidades no litoral, fundaram-se zonas econômicas abertas nos deltas dos rios Yang-tsé e Pérolas, no sudeste da província de Fujian e na costa do mar Bohai, e nomeou-se a província de Hainan como zona econômica especial. A crescente ampliação da abertura ao exterior e o desenvolvimento acelerado da região litorânea, onde vivem 200 milhões de pessoas, impulsionaram energicamente a reforma e a abertura, assim como a construção econômica em outras partes do país.

O feliz desenvolvimento da reforma e da construção requer uma poderosa garantia ideológica e política. O Partido traçou uma série de princípios estratégicos de "tomar o trabalho com as duas mãos", destacando a importância de trabalhar com empenho na reforma e abertura por um lado, e de acertar golpes na delinqüência, por outro, prestando atenção tanto à construção econômica como ao fomento da democracia e da legalidade, e promovendo a civilização tanto material quanto espiritual. Na 6ª sessão plenária do 12° Comitê Central, foi aprovada uma resolução especial, a qual assinalou que a civilização espiritual do nosso país deve ser de tal natureza que impulsione a modernização socialista, que promova a reforma em toda sua linha e que pratique a abertura ao exterior, e que persista nos quatro princípios fundamentais. O Partido resolveu assim que, em todo o processo da modernização socialista, é necessário levar a cabo a educação e a luta contra a liberalização burguesa.

Em 1987 teve lugar o 13° Congresso Nacional do Partido, cuja principal contribuição histórica consistiu em ter exposto, de maneira relativamente sistemática, a teoria da fase inicial do socialismo e ter elucidado, de forma integral, a linha fundamental do Partido de "tomar a construção econômica como elo central e persistir nos quatro princípios fundamentais e na reforma e abertura ao exterior". O Congresso rendeu alto apreço ao fato significativo imensamente de que a partir da 3ª sessão plenária do 11° Comitê Central, começou-se a abrir o caminho para a construção do socialismo tipo chinês, e frisou que, no processo da integração do marxismo com a prática na China, é este o segundo salto histórico depois do primeiro, realizado ao desvendar o caminho da revolução da nova democracia.

Os cinco anos transcorridos desde o 13° Congresso Nacional do Partido foi um período em que seguimos avançando pelo caminho do socialismo tipo chinês. Em complicadas e difíceis circunstâncias tanto internas como externas, o Partido uniu e conduziu o povo de todas as etnias do país a superar as diversas dificuldades e concretizar a estabilidade social e política e o desenvolvimento econômico. De 1984 a 1988, a economia do nosso país passou por um período de acelerado avanço com grandes saltos, com o que surgiu uma situação dinâmica de promoção recíproca entre a agricultura e a indústria, entre o campo e a cidade e entre a reforma e o desenvolvimento, e a economia nacional em seu conjunto se elevou a um novo patamar. Por outra parte, em nosso caminho de avanço apareceram também alguns problemas, principalmente na flutuação dos preços, um pouco mais alta do que a devida, e uma série de obras repetidas no setor de infra-estrutura. O Partido decidiu então dedicar certo tempo para sanear o ambiente econômico e retificar a ordem na economia, com o fim de impulsionar melhor a reforma e a construção. Entre a primavera e o verão de 1989, ocorreram agitações políticas[1]; o Partido e o governo, apoiando-se no povo e com uma posição bem definida de oposição aos distúrbios, rechaçaram o motim contra-revolucionário ocorrido em Beijing, salvaguardando assim o poder estatal socialista, defendendo os interesses fundamentais do povo e garantindo a continuação da reforma e abertura e da modernização do país. Paralelamente a isso, o Comitê Central declarou de forma explícita que a linha fundamental do Partido e a decisão do 13° Congresso Nacional eram corretas, e que de maneira nenhuma se vacilaria em seu cumprimento por causa da ocorrência dos distúrbios. Na 4ª sessão plenária do 13° Comitê Central, foi eleito o novo grupo de direção central. Obedecendo a todas as ordens da linha fundamental do Partido, seu Comitê Central continuou se empenhando na construção econômica como tarefa central, esforçou-se para corrigir a prática de "pegar no trabalho com uma mão frouxa e a outra firme" e intensificou o trabalho ideológico-político e a construção do Partido. Frente às drásticas mudanças na situação internacional, o Partido, em conformidade com o princípio de observação tranqüila e abordagem serena, persistiu em concentrar sua atenção no manejo acertado dos assuntos internos da China e adotou, em sucessivas ocasiões, as decisões sobre o fortalecimento da honestidade administrativa, sobre um maior esforço no tratamento e retificação e no aprofundamento da reforma, sobre o fortalecimento dos vínculos do Partido com as massas populares, sobre o desenvolvimento e abertura da Zona de Pudong em Shanghai, sobre a realização dos esforços por um bom funcionamento das grandes e médias empresas estatais e sobre o fortalecimento em maior medida da agricultura e do trabalho rural, e formulou as propostas do Programa Decenal e o Oitavo Plano Qüinqüenal para a economia nacional e o desenvolvimento social. Foram completamente corretas estas decisões de grande significado tomadas pelo Partido em momentos cruciais da história.

No início deste ano, o camarada Deng Xiaoping realizou uma viagem de inspeção pelo sul do país e fez transcendentais observações, com uma análise profunda sobre a situação nacional e internacional do momento, sintetizou de forma científica e prática as experiências básicas que teve o Partido depois da 3ª sessão plenária de seu 11° Comitê Central e respondeu em termos explícitos a numerosos e importantes problemas de compreensão que nos últimos anos perturbaram e atrapalharam nossa gente. Em suas observações, ele enfatizou que a vigência da linha fundamental do Partido deve durar cem anos e que não se permite nenhuma vacilação a respeito, e nos explanou a necessidade de emancipar ainda mais nossa mente, atuar com maior audácia na reforma e abertura, acelerar mais a construção e de modo algum desperdiçar a oportunidade que possa aparecer. Em sua sessão plenária realizada em março passado, o Birô Político do Comitê Central mostrou sua inteira aprovação com as importantes observações do camarada Deng Xiaoping, considerando que estas não somente são parâmetros de suma importância para a reforma e construção atual e a vitoriosa realização do 14° Congresso Nacional do Partido, mas também se revestem de grande significado de longo alcance para a obra de modernização socialista em seu conjunto. Mais tarde, o Comitê Central do Partido e o Conselho de Estado adotaram uma série de decisões sobre a aceleração da reforma e abertura e do desenvolvimento econômico. As observações do camarada Deng Xiaoping e a sessão plenária de março último do Birô Político do Comitê Central marcaram a entrada da reforma e abertura e da modernização do nosso país em uma nova etapa.

Vendo retrospectivamente o trajeto percorrido nos últimos 14 anos, tivemos em nosso trabalho também desacertos e desvios, e agora continuamos enfrentando numerosas dificuldades e problemas, e as massas populares ainda expressam queixas que não são poucas e sentem-se descontentes em alguns pontos. No entanto, em termos gerais, é um fato reconhecido por todo o Partido e todo o povo que estes 14 anos foram um período em que realmente concentramos esforços em levar a cabo a modernização socialista e foram o período em que mais se elevou o nível de vida do povo, o que nos permitiu criar uma nova situação na história, obter êxitos dignos de atenção de todo o mundo e granjear ao Partido o apoio das amplas massas populares.

O fato de que nosso Partido pôde obter tais êxitos se devia, essencialmente, a que nestes 14 anos de grandiosa prática empenhava-se em integrar os princípios básicos do marxismo com a realidade específica da China, configurando e desenvolvendo gradualmente a teoria sobre a construção do socialismo do tipo chinês. Nos pouco mais de cem anos transcorridos desde a publicação do "Manifesto do Partido Comunista", o triunfo da Revolução de Outubro na Rússia, a vitória da revolução chinesa e a de outros países demonstraram que, dirigindo o povo, o proletariado pode ter êxito na conquista do poder. E quanto a como construir o socialismo, também foram conquistados imensos sucessos e experiências valiosas; mas, de modo geral, ainda se necessita realizar profundas pesquisas a esse respeito. As drásticas mudanças observadas nos últimos anos no nível internacional nos convidam a refletir ainda mais sobre a questão. O Partido Comunista da China tem persistido em atuar com independência e autonomia na revolução e na construção, e tem sustentado que o destino do socialismo na China depende, em última análise, de nós mesmos, da teoria e da linha do Partido, e da unidade e da luta deste junto ao povo. Nos últimos 14 anos, a nova situação criada pelo socialismo e os novos resultados obtidos por este na China nos fazem notar ainda mais, mediante a comparação com o sucedido na história e uma observação dos acontecimentos internacionais, que a teoria do nosso Partido sobre a construção do socialismo do tipo chinês é acertada e corresponde aos interesses e às demandas da imensa maioria do povo. Pela primeira vez esta teoria, tomando como base o marxismo e desenvolvendo-o com novos conceitos e perspectivas, deu uma resposta preliminar e relativamente sistemática a uma série de questões básicas sobre como construir o socialismo e consolidá-lo em um país comparativamente atrasado nos aspectos econômico e cultural como a China.

O conteúdo principal da teoria sobre a construção do socialismo do tipo chinês consiste no seguinte:

Em relação ao caminho de desenvolvimento do socialismo, optamos por seguir nossa própria trilha, em vez de tomar como dogmas o que está escrito nos livros ou copiar ao pé da letra modelos estrangeiros e, orientando-nos pelo marxismo, tomando a prática como único critério para comprovar a verdade, emancipando a mente, buscando a verdade nos fatos e respeitando a iniciativa das massas, vamos construindo o socialismo tipo chinês.

Em relação à etapa atual de desenvolvimento do socialismo, formulamos a conclusão científica de que nosso país se encontra ainda na fase inicial do socialismo, e enfatizamos que se trata de uma etapa histórica muito longa que durará pelo menos cem anos e que, para a elaboração de toda a orientação política, devemos fundar-nos na dita realidade básica nacional, e não apartar-nos dela, saltando estas etapas.

Em relação à tarefa fundamental do socialismo, assinalamos que a essência dele consiste em emancipar as forças produtivas, desenvolvê-las, eliminar a exploração e a polarização e alcançar, finalmente, a prosperidade comum. Acentuamos que, na etapa atual, a contradição principal da sociedade chinesa é a existente entre as crescentes necessidades materiais e culturais do povo e o atraso na produção social, com o que é necessário atribuir importância primordial ao desenvolvimento das forças produtivas e impulsionar o progresso social em todos os seus fundamentos, concentrando-se na construção econômica. Em nosso trabalho de diversos domínios, o critério para julgar se algo é correto ou errado, proveitoso ou desvantajoso, consiste, em última análise, em saber se favorece ou não o desenvolvimento das forças produtivas da sociedade socialista, o fortalecimento do poderio integral do nosso país socialista e a elevação do nível de vida do povo. A ciência e a tecnologia são a primeira força produtiva, e a construção econômica deve sustentar-se no progresso científico e na elevação da qualidade dos trabalhadores.

Com relação à força motriz do desenvolvimento do socialismo, frisamos que a reforma é também uma revolução, também significa emancipar as forças produtivas e é parte do caminho necessário à modernização da China, e que o retardamento ou o estancamento não nos levarão a lugar algum. A reforma da estrutura econômica tem como objetivo criar e aperfeiçoar a estrutura de uma economia de mercado socialista, mantendo com firmeza principalmente a propriedade pública e o princípio de "a cada um de acordo com seu trabalho", e tomando como complemento outros elementos da economia e outras modalidades de distribuição. A reforma da estrutura política, por sua vez, tem como objetivo desenvolver a democracia política socialista, concentrando-se no aperfeiçoamento do sistema de assembléia popular e no sistema de cooperação multipartidária e de consulta política dirigidas pelo Partido Comunista. E, em concordância com a reforma e o desenvolvimento político e econômico, há que se fomentar espiritualmente a civilização socialista tendo como meta a formação de pessoas "dotadas de elevados ideais, integridade moral, ampla cultura e profundo sentido de disciplina".

Em relação às condições externas da construção socialista, assinalamos que a paz e o desenvolvimento constituem os dois temas principais que o mundo enfrenta hoje. É necessário persistir em uma política exterior de paz, independência e autonomia, a fim de conseguir um ambiente internacional favorável à modernização do nosso país. Acentuamos que a abertura ao exterior é indispensável para a reforma e a construção, e que é preciso assimilar e utilizar todos os frutos alcançados procedentes das civilizações dos diversos países do mundo, incluídos os capitalistas desenvolvidos, para desenvolver o socialismo, pois manter-se isolado só pode levar ao atraso.

Com relação à garantia política para a construção socialista, mencionamos a necessidade de persistir no caminho socialista, na ditadura democrática popular, na direção do Partido Comunista da China e no marxismo-leninismo e no pensamento de Mao Tsé-tung. Esses quatro princípios fundamentais, ao mesmo tempo em que constituem a base para a existência do nosso Estado e a garantia para o desenvolvimento saudável da reforma e abertura e da modernização, adquirem destas últimas um novo conteúdo característico da época.

Com relação aos passos estrategicamente necessários à construção socialista, planejamos três passos sucessivos para concretizar, fundamentalmente, a modernização. É necessário aproveitar oportunamente o momento propício para que, ao longo do processo da modernização, haja várias etapas em que o ritmo de crescimento seja mais ou menos acelerado e que se obtenha uma rentabilidade relativamente boa, de modo que em cada qüinqüênio e de tempos em tempos nos situemos em um nível superior. Pobreza não é socialismo; é impossível, por outro lado, que todos alcancem a prosperidade ao mesmo tempo, e é necessário permitir e estimular algumas regiões e pessoas a alcançá-la antes que outras, de maneira que, com seu exemplo, possam impulsionar ainda mais outras áreas e indivíduos a atingirem progressivamente a prosperidade comum.

Com relação à força dirigente e às forças de apoio ao socialismo, reforçamos o papel do Partido Comunista, vanguarda da classe operária, como núcleo dirigente da causa socialista e a necessidade de que, em consonância com as exigências da reforma e abertura e da modernização, o Partido melhore e reforce sem cessar a direção que exerce sobre o trabalho nos diversos terrenos, e aperfeiçoando e fortalecendo sua própria construção. A maneira de ser do Partido como partido governante e seus vínculos com as massas populares são para ele uma questão de vida ou morte. Devemos apoiar-nos na grande massa de operários, camponeses e intelectuais, na unidade do povo das diversas etnias e na mais ampla frente única composta por todos os trabalhadores socialistas, os patriotas que aderem ao socialismo e aqueles que respaldam a reunificação da pátria. O exército popular dirigido pelo Partido é o defensor da pátria socialista e uma importante força na construção do socialismo.

Com relação à reunificação da pátria, formulamos a idéia criadora de "um país, dois sistemas", ou seja, a de persistir, segundo o princípio de uma só China, no sistema socialista na parte principal da China, mantendo inalterado por longo tempo o regime capitalista atualmente existente em Hong Kong, Macau e Taiwan, e impulsionar, de acordo com o dito princípio, a consumação da grande causa da reunificação pacífica da pátria.

Tudo o que foi dito fica ainda longe de esgotar o conteúdo da teoria sobre a construção do socialismo tipo chinês, teoria que há que continuar enriquecendo, aperfeiçoando e desenvolvendo mediante a prova prática no próprio processo de estudo das novas circunstâncias e da solução de novos problemas.

Guiado pela teoria sobre a construção do socialismo do tipo chinês, nosso Partido elaborou sua linha fundamental para a fase inicial do socialismo, linha que consiste no seguinte: conduzindo e unindo o povo das diversas etnias do país, tomar a construção econômica como elo central, persistir nos quatro princípios fundamentais, perseverar na reforma e abertura, apoiar-se nos próprios esforços, abrir caminho entre as dificuldades e lutar arduamente por fazer da China um país socialista moderno, próspero, poderoso, democrático e civilizado. "Um centro e dois pontos básicos" é aqui um resumo sucinto desta linha. Em consonância a ela, nosso Partido formulou toda uma série de princípios e políticas que abarcam todos os domínios econômico, político, científico-tecnológico, educacional, cultural, militar e diplomático. Essa linha e esses princípios e políticas também esperam ser enriquecidos, aperfeiçoados e desenvolvidos na prática.

A teoria sobre a construção do socialismo do tipo chinês se formou e se desenvolveu como resultado de um processo gradual transcorrido em condições históricas em que a paz e o desenvolvimento chegaram a ser os temas principais da época, no processo da reforma e abertura e da modernização socialista no nosso país e, com base na sintetização das experiências históricas dos êxitos e reveses do socialismo do nosso país e na observação da prosperidade e decadência ou dos êxitos e fracassos em outros países socialistas. É o produto da integração dos princípios básicos do marxismo-leninismo com a realidade e as características da época da China atual, a continuação e o desenvolvimento do pensamento de Mao Tsé-tung, a cristalização da sabedoria coletiva de todo o Partido e do povo de todo o país, e o patrimônio espiritual mais valioso do Partido Comunista da China e do povo chinês. O camarada Deng Xiaoping é o arquiteto geral da reforma e abertura e da nossa modernização socialista. Ele respeita a prática e as massas populares, em todo o momento segue de perto os interesses e as aspirações das mais amplas massas populares, sabe resumir as experiências e criações destas, mantém-se perspicaz à corrente das exigências da época em seu desenvolvimento e nos momentos cruciais, e não somente sabe herdar o legado dos antepassados, mas também rompe os preconceitos antiquados, mostrando uma enorme audácia política ao desdobrar novos caminhos para a construção socialista e uma imensa coragem teórica ao abrir novos horizontes ao marxismo, o que lhe permitiu fazer importantes contribuições históricas para a criação da teoria sobre a construção do socialismo do tipo chinês.

A experiência da grande prática destes 14 anos pode ser resumida em um só ponto, o qual é o de persistir, sem a menor vacilação, na linha fundamental do Partido, linha orientada pela teoria sobre a construção do socialismo do tipo chinês. Isto constitui a garantia mais segura para que nossa causa possa agüentar as provas de todas as tempestades e perigos e chegar então a seu destino.

Para persistir sem vacilações na linha fundamental do Partido, a chave consiste em persistir firmemente em tomar a construção econômica como centro. Estabelecido o sistema socialista básico, a luta de classes subsistirá ainda por longo tempo dentro de determinados limites e possivelmente vai se aguçar sob certas condições, devido a fatores internos e influências externas. Devemos ter uma clara idéia dos problemas que existem a esse respeito e tratá-los de modo correto. No entanto, a contradição principal da nossa sociedade deixa de ser a luta de classes, pois a construção econômica passou a ser a nossa tarefa central. A menos que aconteça uma agressão estrangeira de grande escala, em nenhum caso devemos vacilar em atermo-nos a ela. No passado ocorreram casos em que, por não sabermos abordar com lucidez certos acontecimentos nacionais e internacionais, separamo-nos da tarefa principal da construção econômica, casos que nos deixaram lições contundentes. Nos últimos 14 anos de mudanças, mesmo que se tenham ocorridos acontecimentos tais e quais, de transcendental importância, dentro e fora do país, nunca abandonamos esta tarefa central. Adiante devemos seguir prosseguindo assim, sem a menor vacilação.

Para persistir de maneira invariável na linha fundamental do Partido, devemos também integrar a reforma e abertura com os quatro princípios fundamentais. O socialismo do tipo chinês deve sua grande vitalidade ao fato de que é um socialismo que aplica a reforma e abertura. O desenvolvimento saudável da reforma e abertura deve-se precisamente a que elas são favoráveis à consolidação e ao desenvolvimento do socialismo. Ao perseverar nos quatro princípios fundamentais e na reforma e abertura, o fazemos para libertar e desenvolver melhor as forças produtivas. Em torno de "um centro e dois pontos básicos", é preciso, no seio do Partido, sobretudo entre os quadros dirigentes, manter-se alerta contra desvios direitistas, mas o principal é resguardar-se da "esquerda". O desvio direitista segue na sua expressão essencial a negação dos quatro princípios fundamentais e a prática da liberalização burguesa, inclusive a incitação da desordem política. A "esquerda", por seu turno, manifesta-se principalmente na negação da reforma e abertura, na crença de que o perigo de evolução pacífica rumo ao capitalismo provém essencialmente do domínio econômico, e inclusive na utilização da idéia de "tomar a luta de classes como alavanca" para descompor e menosprezar a tarefa central de construção econômica. O desvio à "direita" pode arruinar o socialismo, e igualmente também pode o da "esquerda". Na história do nosso Partido, as idéias "esquerdistas" estavam firmes e profundamente arraigadas. O "esquerdismo", com seu matiz revolucionário, amedronta as pessoas com ameaças de acusações reacionárias, atuando como "quanto maior o esquerdismo, ainda maior o espírito revolucionário". No processo da construção socialista, os erros cometidos no vicênio seguinte ao ano de 1957 foram, principalmente, de caráter "esquerdista". A reforma e a abertura, chamada a explorar e abrir novos caminhos e a livrar-se das instituições e concepções que amarravam as forças produtivas, tropeçam sobretudo na resistência proveniente do "esquerdismo". Ao demonstrar agora claramente a necessidade de protegermo-nos principalmente contra o desvio à "esquerda", devemos fazer com que os camaradas do Partido, sobretudo os quadros dirigentes, saibam aprender a fundo a lição histórica e integrem a realidade atual, sua própria mentalidade e seu próprio trabalho, apliquem de um modo ainda mais consciente e decidido a linha fundamental do Partido, libertando a mente, e levando adiante com a mesma vontade a construção econômica e o trabalho em todas as demais frentes. Com relação às questões de compreensão ideológica, os critérios divergentes, e mesmo os desvios no trabalho prático, devem ser analisados concretamente, buscando a verdade nos fatos, em lugar de atribuir-lhes apressadamente uma tendência política de "esquerda" ou direita.

Para persistir sem vacilação na linha fundamental do Partido, é preciso consolidar e desenvolver a situação política de unidade e estabilidade. Sem estabilidade política ou com desordem e tumulto social, nada poderá ser feito com êxito, nem a reforma e abertura, nem a construção econômica. É preciso persistir nos quatro princípios fundamentais, eliminando com determinação tudo quanto possa conduzir à desordem, e inclusive os distúrbios aqui na China. Ao mesmo tempo, se não nos concentrarmos persistentemente na construção econômica, se não praticarmos a reforma e abertura nem desenvolvermos a economia, será impossível uma sólida unidade e estabilidade. Basta que, por um lado, mantenha-se sem alteração nossa linha fundamental e que, por outro, haja estabilidade social e política para que possamos marchar incessante e vitoriosamente rumo ao futuro.

II. Tarefas principais da reforma e da construção nos anos 90

A fim de impulsionar, na década de 1990, a grande obra de construção do socialismo do tipo chinês, devemos persistir essencialmente na linha fundamental do Partido, acelerar a reforma e abertura e concentrar nossas forças para garantir o êxito na construção econômica. Ao mesmo tempo, tendo sempre em foco esta tarefa central de construção econômica, é necessário fomentar a democracia e a legalidade socialistas, assim como a civilização espiritual, e impulsionar deste modo o progresso da sociedade em todos os terrenos.

Tanto a história moderna do nosso país como a realidade do mundo de hoje demonstram nitidamente que o atraso econômico de um país o coloca em grandes apertos e o reduz à impotência ante a manipulação alheia. A competição internacional de hoje supõe, na essência, uma medição de forças em termos de poderio nacional baseado em recursos econômicos e científico-tecnológicos de cada nação. Experimentam agora um desenvolvimento acelerado muitos países do mundo, especialmente alguns países e territórios em nossa vizinhança. A lentidão do nosso desenvolvimento econômico acarretaria graves dificuldades na consolidação do nosso sistema socialista e na manutenção duradoura da estabilidade e paz no nosso país. Portanto, se a China pode ou não acelerar seu desenvolvimento na economia, constitui não só um importante problema econômico, mas também um transcendental problema político.

No que se refere ao ritmo de crescimento da nossa economia nos anos 90, foi previsto a princípio 6% para o crescimento médio anual do PIB. Agora, à luz do desenvolvimento da situação tanto interna como externa, consideramos que o crescimento pode ser maior. De acordo com cálculos preliminares, existe a possibilidade de o ritmo de crescimento chegar a 8 ou 9%, objetivo que devemos buscar. Esforçando-nos por avançar a essa velocidade mediante o melhoramento da qualidade, a otimização da estrutura e o aumento da eficiência, até fins do século devemos atingir o novo patamar em termos de qualidade global da economia nacional e poderio integral do nosso país, superando a meta predefinida de quadruplicar o PIB de 1980. Haverá um aumento notável na produção dos principais produtos agrícolas. A correlação entre os diversos setores econômicos e a distribuição geográfica da economia serão relativamente racionais. Elevar-se-á consideravelmente nosso nível científico-tecnológico e nossa capacidade administrativa, e algumas empresas-chave vão aproximar-se ou atingir o nível internacional. A vida do povo passará do nível elementar de subsistência a uma vida modestamente confortável. Proporemos que o Conselho de Estado introduza os reajustes necessários no Oitavo Plano Qüinqüenal e que inicie os estudos e as preparações para o Nono Plano Qüinqüenal.

Atualmente, é preciso aproveitar sem perda de tempo a conjuntura propícia para acelerar nosso desenvolvimento e marchar com maior rapidez quando e onde se dêem as condições para isso. Há que se estimular o desenvolvimento de tudo que seja de alta qualidade, que alcance boa eficácia econômica e que se ajuste às mudanças da demanda no mercado nacional e internacional. Há que se persistir, partindo da realidade, em agir na medida do possível, cuidar para manter um equilíbrio integral e não permitir que na simples menção da necessidade de acelerar o desenvolvimento todos tomem a iniciativa de seguir desembestadamente um mesmo caminho de não atender ao preceito da eficácia econômica, e competir meramente por um aumento da produção, seguindo cegamente novos projetos e a ampliação da construção básica como único recurso. É mister operar de maneira real e sólida, trabalhar com audácia e minuciosidade e assegurar, mediante esforços ajustados, o êxito de algumas tarefas de grande importância, e abrir um caminho que prometa tanto um ritmo relativamente elevado como uma rentabilidade satisfatória no desenvolvimento da economia nacional.

Para acelerar o desenvolvimento econômico do nosso país, devemos liberar ainda mais nossa mente e acelerar a reforma e a abertura, sem ficar presos mentalmente nas polêmicas abstratas sobre se isso ou aquilo é classificado como socialista ou capitalista. Para ganhar superioridade sobre o capitalismo, o socialismo deve assimilar e tomar de forma audaz como referência o que há de mais avançado em matéria de métodos de gestão e administração dos demais países do mundo, incluídos os países capitalistas desenvolvidos, que refletem as leis gerais da moderna produção socializada e da economia de mercado. Devem e podem ser utilizados pelo socialismo fundos, recursos, tecnologia e talentos do exterior, assim como o setor privado da economia, que desempenha um proveitoso papel complementar. Isso, com o poder estatal nas mãos do povo e a presença de uma poderosa economia de propriedade pública, não prejudicará o socialismo, mas redundará em benefício ao seu desenvolvimento.

De que forma deve ser moldado o objetivo previsto para a reforma da estrutura econômica do nosso país? Esta é uma questão de grande importância, da qual depende toda a obra de modernização socialista em seu conjunto. O núcleo desta questão reside em como compreender e tratar corretamente a relação entre o planejamento e o mercado. Tradicionalmente, somente se via na economia de mercado algo próprio do capitalismo, crendo que a economia planificada era algo privativo da economia socialista. Desde a 3ª sessão plenária do 11° Comitê Central do Partido, com o aprofundamento da reforma, livramo-nos gradualmente desta concepção e a reconhecemos com um critério novo, o que contribuiu consideravelmente ao fomento da reforma e do desenvolvimento. O 12° Congresso Nacional do Partido formulou a necessidade de que a economia planificada ocupe a posição principal, deixando o auxiliar para uma regulamentação mediante o mercado; a 3ª sessão plenária do 12° Comitê Central assinalou que a economia de mercado é uma etapa que não deve ser saltada no desenvolvimento da economia socialista e que a economia socialista da China é uma economia de mercado planificada baseada na propriedade pública; o 13° Congresso Nacional salientou que os mecanismos da economia de mercado planificada socialista deviam ser de tal natureza que conjuguem em si a planificação e o mercado; depois da 4ª sessão plenária do 13° Comitê Central, foi formulado o estabelecimento de mecanismos econômicos e de funcionamento que combinaram a economia planificada com a função reguladora do mercado e que se ajustaram ao desenvolvimento da economia do mercado planificada. Especialmente em suas importantes observações feitas no princípio do presente ano, o camarada Deng Xiaoping assinalou, com maior clareza ainda, que a economia planificada não era sinônimo do socialismo, pois no capitalismo também existe planejamento, e que a economia de mercado tampouco é sinônimo do capitalismo, já que no socialismo também existe mercado. Tanto a planificação como o mercado são meios econômicos. Que possua um pouco mais de planejamento ou um pouco mais de mercado não é o que distingue essencialmente o socialismo do capitalismo. Essa penetrante tese nos libertou totalmente de uma idéia que prendia a mente, ou seja, da suposição de que a economia planificada ou a de mercado é parte única de um determinado sistema social fundamental. Trata-se de um novo e importante passo adiante, de conseqüências transcendentais, para nosso progresso na compreensão da relação entre o planejamento e o mercado. Nos mais de dez anos desde o início da reforma e abertura, o mercado vem expandindo seu raio de ação, foram liberados os preços da maioria das mercadorias, reduzindo visivelmente o terreno sujeito ao controle direto do plano, e aumentando de forma considerável a função do mercado na regulamentação das atividades econômicas. A prática demonstra que, onde o mercado desempenha mais plenamente seu papel, a economia se fortalece e se desenvolve com mais intensidade. É indispensável continuar frisando o papel do mecanismo de mercado para otimizar a estrutura da nossa economia, elevar sua eficácia, acelerar seu crescimento e participar na competição internacional. O desenvolvimento da nossa prática e o aprofundamento da nossa compreensão nos impõem a necessidade de formular inequivocamente que o objetivo da reforma da nossa estrutura econômica é estabelecer o mecanismo de economia de mercado socialista para emancipar e desenvolver em maior grau as forças produtivas.

O mecanismo de economia de mercado socialista que propomos estabelecer pressupõe atribuir, a um mercado sujeito às regras e ao macrocontrole econômico do Estado socialista, a função básica na distribuição dos recursos, de modo que as atividades econômicas acatem as exigências da lei dos preços e se ajustem às transformações operadas na relação entre a oferta e a demanda. Fazendo valer a função dos preços como alavanca e a do mecanismo de concorrência, a distribuição dos recursos se inclinará a favor dos elos de maior rendimento, o que acarreta às empresas uma pressão e uma força propulsora e desembocará no êxito das que apresentem um melhor funcionamento, assim como na eliminação das que mostrem resultados fracos. Promover-se-á a coordenação oportuna entre a produção e a demanda, utilizando as vantagens do mercado, cuja reação é relativamente sensível aos sinais econômicos de toda natureza. Ao mesmo tempo, é preciso ter em conta os pontos débeis e negativos próprios do mercado e reforçar e aperfeiçoar a regulamentação e o macrocontrole econômico por parte do Estado. Devemos fazer grandes esforços para fomentar o mercado único em escala nacional, aumentar ainda mais a função do mercado e orientar seu desenvolvimento saudável, conforme as exigências da lei objetiva e utilizando, como é devido, as políticas e regras econômicas, a orientação planificada e a necessária administração.

O mecanismo de economia de mercado segue junto com o sistema fundamental socialista. No que se refere à estrutura da propriedade, predominará a propriedade pública, incluída a do povo e a coletiva, no entanto, servirá de complemento o setor privado e de capitais externos, de modo que esses distintos regimes de economia se desenvolvam conjuntamente por longo tempo, sendo possível estabelecer entre eles, segundo o princípio do voluntariado, as formas mais variadas de operações conjuntas. Todas as empresas estatais, coletivas e as demais entrarão no mercado, e será necessário, através de uma competição em pé de igualdade, pôr em função o papel dominante das empresas estatais. Quanto ao sistema de distribuição, deve prevalecer a remuneração conforme a contribuição de cada um, complementado por outros métodos de remuneração, para o qual deve-se ter em conta tanto a eficiência como a eqüidade. Deve-se recorrer às diversas formas de controle, incluindo o mercado, para estimular o progresso, promover a eficiência e aumentar razoavelmente as diferenças nas rendas e, ao mesmo tempo, prevenir a polarização entre pobres e ricos e alcançar gradualmente a prosperidade comum. No que se refere ao macrocontrole econômico, nosso Estado socialista é capaz de conjugar os interesses imediatos do povo com seus interesses de longo prazo, os interesses de uma parte com o todo, fazendo valer ainda melhor tanto as vantagens do planejamento como as do mercado. O planejamento estatal é uma das mais importantes formas do macrocontrole econômico. Devemos renovar nossa compreensão sobre o que é o planejamento; melhorar os métodos de sua elaboração; concentrar-nos na definição racional das metas estratégicas de desenvolvimento econômico e social, no melhoramento das previsões para o desenvolvimento econômico e no controle da oferta e na demanda global para fins de equilíbrio, na planificação das mais importantes estruturas e na distribuição planificada das forças produtivas; concentrar os recursos financeiros e materiais necessários na construção de obras prioritárias, e utilizar de forma integral a alavanca econômica, com vistas a impulsionar um crescimento melhor e mais rápido da economia.

O estabelecimento e aperfeiçoamento do sistema de economia de mercado socialista será um longo processo de desenvolvimento e uma difícil e complicada obra de engenharia social sistemática. Devemos promover a realização de esforços prolongados e ter a noção de urgência, ao mesmo tempo em que, partindo da realidade, avançamos ativamente e agimos de maneira distinta conforme as circunstâncias. No processo de estabelecimento do sistema de economia de mercado socialista, em diferentes períodos, domínios e zonas, pode haver variações quanto à magnitude, aos graus e às formas em que devem conjugar-se os dois aspectos: o planejamento e o mercado. Há que fazer com audácia a exploração, tentar sem receio, resumir oportunamente as experiências e acelerar a marcha sadia na substituição dos sistemas. O estabelecimento do mecanismo de economia de mercado socialista atinge muitos setores da base econômica e da superestrutura do nosso país e requer uma série de reformas estruturais e reajustes em nossa política, de forma que é imprescindível traçar, sem tardar, linhas globais para levá-las a efeito de modo planificado e metódico. Estamos convencidos de que a economia de mercado sob condições do socialismo deve ser e será completamente capaz de funcionar ainda melhor que sob condições do capitalismo.

Com a finalidade de acelerar a reforma e a abertura e impulsionar o desenvolvimento econômico e o progresso social em toda a linha, há que esforçar-se por concretizar as dez tarefas fundamentais seguintes em que está comprometida a idéia de conjunto.

Primeiro, acelerar a reforma econômica tendo como trilho o estabelecimento do sistema de economia de mercado socialista.

Para estabelecer o sistema de economia de mercado socialista, é necessário trabalhar com consciência em vários elos interligados importantes.

Em primeiro lugar, deve-se modificar o mecanismo de funcionamento das empresas estatais, especialmente as grandes e médias, empurrá-las ao mercado, reforçar sua vitalidade e melhorar sua qualidade. É este o ponto central para estabelecer o sistema de economia de mercado socialista e pôr em ação a superioridade do socialismo. Mediante a harmonização das relações entre o direito de propriedade e de gestão, a separação entre as funções governamentais e as empresariais e a concretização dos direitos de autonomia das empresas, deve-se transformar estas empresas em verdadeiras entidades de pessoas coletivas na condição de protagonistas da competição no mercado, que operem de forma independente, responsabilizem-se por seus lucros e prejuízos, desenvolvam-se com seus próprios recursos e controlem por si mesmas e que ainda se encarreguem de assegurar e aumentar o valor dos ativos do Estado. Deve-se aperfeiçoar, em maior medida, o vigente sistema de contrato de gestões. O sistema acionário, útil para separar as funções governamentais das empresariais, para a transformação do mecanismo de funcionamento das empresas e para a união de recursos dos diversos setores sociais, deve desenvolver-se metódica e sadiamente com experimentos, sintetização de experiências, e elaboração e aplicação, sem perda de tempo, das leis e regulamentos. Devemos estimular aquelas empresas que reúnam as condições necessárias para que recorram à associação e a fusões, a fim de organizar de forma racional consórcios de empresas. Algumas das empresas estatais pequenas podem ser arrendadas ou vendidas a coletividades ou indivíduos para exploração.

Em segundo lugar, há que acelerar o fomento do sistema de mercado. Devemos continuar desenvolvendo vigorosamente o mercado de produtos, em especial o dos meios de produção; fomentar ativamente o mercado financeiro, que abarca bônus das dívidas, ações e outros títulos de valor; desenvolver os mercados de tecnologia, de serviços laborais, de informações e de bens imóveis, e formatar, o mais breve possível, um sistema de mercado aberto e unificado em escala nacional. É necessário intensificar a elaboração de leis e regulamentos do mercado, romper resolutamente a subdivisão, o bloqueio e a monopolização vertical e horizontal e promover e proteger a lealdade na competição. Sendo a reforma do sistema de preços a chave para o desenvolvimento do mercado e a reforma da estrutura econômica, é preciso, de acordo com a capacidade de suporte dos diversos setores, acelerar a dita reforma, harmonizar ativamente as relações de preços e estabelecer o mecanismo de formação dos preços essencialmente por meio do mercado.

Em terceiro lugar, há que se aprofundar a reforma dos sistemas de distribuição e seguridade social. Devemos atender, com uma visão de conjunto, os interesses estatais, coletivos e individuais, harmonizar as relações de distribuição entre o Estado e as empresas e entre as autoridades centrais e as locais, e colocar paulatinamente em prática o sistema de diferenciação entre os impostos e os lucros e o sistema de partilha das receitas tributárias. É imprescindível acelerar a reforma do sistema de salários e estabelecer o mecanismo de incremento regular dos salários que se ajuste às características das empresas, instituições públicas e organismos governamentais. Há que se trabalhar ativamente por estabelecer um sistema de seguridade social para os casos de desemprego, aposentadoria, assistência médica etc., e impulsionar com afinco a reforma dos sistema de habitação nas cidades e povoados.

Em quarto lugar, deve-se acelerar a transformação das funções governamentais. Trata-se de um assunto de importância transcendental em que está comprometida a concordância da superestrutura com a base econômica e a aceleração do desenvolvimento econômico. Sem um avanço substancial neste aspecto, será difícil aprofundar a reforma e estabelecer o sistema de economia de mercado socialista. A via fundamental para esta mudança reside em separar as funções governamentais das empresariais. Os governos dos diversos níveis não devem interferir naquelas funções e atribuições que, segundo a lei estatal, cabem às empresas. Nem os organismos governamentais centrais nem os locais devem reter os direitos que hão de ser transferidos às empresas. As funções do governo consistem principalmente em traçar planos com uma visão de conjunto, velar pela vigência das políticas estabelecidas, orientar as atividades econômicas mediante o provimento de informações, organização e coordenação, proporcionando serviços, controle e supervisão. É necessário dar novos passos na reforma da estrutura administrativa dos organismos planificadores, investidores, fiscais, financeiros e outros organismos especializados e, ao mesmo tempo, intensificar a auditoria e a fiscalização econômica e aperfeiçoar os mecanismos e métodos científicos de gestão macroeconômica. Há que se delimitar, de forma radical, as atribuições de administração econômica entre as autoridades centrais, de um lado, e as provinciais, as de regiões autônomas e as dos municípios diretamente subordinados ao poder central, do outro, pondo em plena função a iniciativa tanto das autoridades centrais como as locais.

Segundo, continuar ampliando a abertura ao exterior e utilizar em maior quantidade e melhor forma os capitais, recursos, tecnologia e experiências de gestões estrangeiras.

Deve-se ampliar ainda mais as áreas territoriais abertas ao exterior e dar forma a uma configuração onidirecional de abertura, de múltiplos níveis e com diversos canais. É necessário continuar trabalhando nas zonas econômicas especiais e nas cidades e zonas econômicas abertas do litoral. Há que se aumentar o número de zonas fronteiriças abertas e acelerar a abertura ao exterior das províncias e regiões autônomas do interior. Começando pelo desenvolvimento e abertura da Zona de Pudong em Shanghai, o mais rápido possível, para torná-la um dos centros econômicos, financeiros e comerciais do mundo, é necessário impulsionar um novo salto econômico do delta do Yang-tsé e inclusive em todas as áreas banhadas pelo rio. Devemos acelerar a abertura e o desenvolvimento de Guangdong, Fujian, Hainan e as zonas do golfo de Bohai. Esforçando-nos durante outros vinte anos, faremos de Guangdong e outros lugares dotados das condições necessárias zonas fundamentalmente modernizadas para o nosso país.

Há que se expandir as áreas de utilização de capital externo. É necessário continuar melhorando, mediante formas mais flexíveis, o ambiente para os investimentos, a fim de criar maiores facilidades e garantias legais para os investimentos e negócios dos empresários do exterior. Conforme nossa política de desenvolvimento econômico, é necessário atrair ativamente investimentos do exterior e destiná-los principalmente à infra-estrutura, à indústria básica e à transformação tecnológica das empresas, às indústrias de capital e tecnologia intensivos e, na medida apropriada, às finanças, ao comércio, ao turismo e ao setor imobiliário.

Na construção das zonas de desenvolvimento econômico e tecnológico e das zonas de desenvolvimento das indústrias com nova e alta tecnologia, deve-se realizar, de forma racional, a sua distribuição geográfica, e o trabalho a respeito deve ser levado a cabo com sucesso.

Devemos realizar esforços ativos para ganhar terreno no mercado internacional, impulsionar a diversificação do nosso comércio exterior e desenvolver uma economia orientada às exportações. Há que se ampliar as exportações, melhorar sua composição, elevar sua qualidade e categoria e, simultaneamente, aumentar, na medida apropriada, as importações, utilizando mais recursos do exterior e introduzindo mais tecnologias avançadas. É indispensável aprofundar a reforma do sistema de comércio exterior para estabelecer, o mais rápido possível, um novo sistema que se adapte ao desenvolvimento da economia de mercado socialista e que corresponda às normas do comércio internacional. Há que se conceder o direito de operação por conta própria no comércio exterior às empresas e às entidades científicas e tecnológicas que reúnam os requisitos para isso. Devem-se ampliar ativamente os investimentos das empresas chinesas no exterior e suas ações transnacionais.

Terceiro, reajustar e otimizar a correlação entre os diversos ramos da economia, atribuindo grande importância à agricultura e acelerando o desenvolvimento das indústrias de base, da infra-estrutura e do setor terciário.

Em vista da realidade e da tendência de desenvolvimento da economia do nosso país, devemos melhorar com empenho a qualidade do setor primário, ou seja, a agricultura, e incrementar com passos firmes o volume de sua produção, continuar desenvolvendo o setor secundário e reajustar energicamente a estrutura industrial, e, finalmente, fazer grandes esforços para impulsionar o aumento do setor terciário.

Tendo a agricultura como base da economia nacional, devemos persistir em atribuir importância primordial ao seu fortalecimento, impulsionando a economia rural em toda a sua extensão. Há que se deixar bem assentada a concepção da economia rural diversificada, manter um aumento estável na produção de cereais e algodão, continuar reajustando a estrutura interna e fomentar ativamente a agricultura, a silvicultura, a pecuária, o setor de subprodutos e a pesca, e fazer esforços para desenvolver uma agricultura de elevada produção, excelente qualidade e alta eficiência. É necessário apoiar-se firmemente na ciência, na tecnologia e na educação para impulsionar o desenvolvimento da agricultura, aumentar os investimentos nela mediante diversas formas e canais, fazer um esforço concentrado na construção de obras hidráulicas e no melhoramento do solo e elevar incessantemente o nível de exploração intensiva e a capacidade de produção integral da agricultura Devemos continuar desenvolvendo energicamente as empresas das vilas e comarcas e, especialmente, ajudar e acelerar sua expansão nas zonas do Centro e do Oeste e nas zonas das minorias nacionais. Há que se aplicar as decisões da 8ª sessão plenária do 13º Comitê Central do Partido e aprofundar a reforma da estrutura da economia rural e de seu mecanismo de exploração. É preciso estabilizar por longo tempo e como instituição fundamental o sistema de responsabilidade que consiste essencialmente no contrato familiar e com remuneração em função do rendimento, assim como o sistema de integração dos níveis coletivo e individual de gestão, e complementar esses sistemas e aperfeiçoá-los continuamente. Há que se desenvolver energicamente as mais variadas formas de redes de serviços agrícolas socializados. Devemos reforçar, passo a passo, o poderio da economia coletiva, partindo das circunstâncias do mercado no campo, e continuar reforçando o papel regulador do mercado na economia rural.

Há que acelerar o desenvolvimento e a construção de serviços de infra-estrutura e de indústrias básicas, tais como o transporte, as telecomunicações, os recursos energéticos, as principais matérias-primas e obras hidráulicas. Tudo isso constitui no momento atual uma urgente necessidade para acelerar o desenvolvimento econômico e um importante requisito para fortalecer o impulso ulterior do mesmo. Devemos concentrar as forças indispensáveis para construir, com elevada qualidade e eficiência, uma quantidade de obras prioritárias de importância fundamental e empreender, sem perda de tempo, a construção de obras de tal envergadura que unirão os dois ciclos, como são o complexo hidráulico das Três Gargantas do rio Yang-tsé, a canalização de águas do Sul para o Norte, uma nova linha ferroviária para transporte do carvão do Oeste para o Leste e uma base siderúrgica com capacidade de produção da ordem de 10 milhões de toneladas. Há que se reforçar o trabalho de prospeção geológica. É necessário vitalizar as indústrias mecânica, eletrônica, petroquímica, automobilística e da construção civil, fazer delas os pilares da economia nacional e desenvolver, sem deixar escapar o momento, as indústrias de alta e nova tecnologia. É preciso elevar a qualidade e o nível das indústrias manufatureiras existentes, tais como a leve e a têxtil mediante a associação, a reorganização e a transformação técnica. Há que se prestar grande atenção à economia de energia e das matérias-primas em geral, e aumentar a eficiência na utilização dos recursos materiais. Os investimentos nos ativos fixos devem destinar-se principalmente ao fortalecimento da infra-estrutura e das indústrias básicas e à transformação técnica, à renovação e ampliação das empresas existentes, sendo necessário atribuir particular importância à transformação técnica das antigas bases industriais e das grandes empresas-chave.

A prosperidade e o desenvolvimento do setor terciário são uma importante característica da economia moderna. Atualmente, o dito setor ocupa pouco espaço no PIB do nosso país, uma porcentagem muito mais baixa em comparação com os países desenvolvidos e muitos dos países em desenvolvimento. Desenvolver o setor terciário, incluindo o comércio, os bancos, o seguro, o turismo e a consultoria na informação econômica, jurídica, de contabilidade e de auditoria e os serviços comunitários para os moradores locais, não somente favorecerá o fomento do mercado, a elevação do nível de socialização e especialização dos serviços, o melhoramento da rentabilidade e da eficiência da economia, a facilitação e enriquecimento da vida do povo, mas também permitirá abrir amplas possibilidades de emprego e criar condições importantes para o reajuste da estrutura econômica, a alteração do mecanismo de funcionamento das empresas e a reforma dos organismos governamentais. Há que pôr em ação a iniciativa do Estado, da coletividade e dos indivíduos para acelerar o desenvolvimento do setor terciário, a fim de elevar visivelmente seu peso relativo no PIB do país.

Quarto, acelerar o progresso científico e tecnológico, desenvolver energicamente a educação e pôr em plena função o papel dos intelectuais.

A ciência e a tecnologia constituem a primeira força produtiva. Vitalizar a economia pressupõe, antes de tudo, vitalizar a ciência e a tecnologia. Somente impulsionando resolutamente o progresso neste campo, pode-se ganhar a iniciativa em uma competição acirrada. Na atualidade, frente às árduas tarefas de aceleração do desenvolvimento da nossa economia, reajuste de sua estrutura e elevação da sua eficiência, requer-se, com maior razão, que toda a sociedade tenha mais clara consciência da importância da ciência e da tecnologia, incremente por múltiplas vias os investimentos e apóie-se realmente no progresso científico e tecnológico. O trabalho científico e tecnológico deve orientar-se rumo ao campo principal de batalha, ou seja, a construção econômica, e é preciso distribuir racionalmente nossas forças entre os três planos, a saber, pesquisas e desenvolvimento, a alta e nova tecnologia e suas indústrias coligadas, e a pesquisa teórica básica, definindo os cumes para alcançar nos respectivos planos. A Nação Chinesa deve ocupar o lugar que lhe corresponde no domínio das ciências e tecnologia sofisticadas do mundo. É necessário estabelecer e aperfeiçoar, mediante o aprofundamento da reforma, o mecanismo que faça possível a integração da ciência e tecnologia com a economia, e acelerar a comercialização das conquistas científicas e tecnológicas e sua transformação em força produtiva real. Há que se aperfeiçoar incessantemente o sistema de proteção da propriedade intelectual. Devemos trabalhar conscienciosamente para digerir, assimilar e inovar os avanços tecnológicos que foram introduzidos no país. Há que esforçar-se para elevar o peso relativo com que participa o progresso científico e tecnológico no crescimento econômico e impulsionar a virada de toda a economia da exploração extensiva para a intensiva.

O progresso científico e tecnológico, o florescimento econômico e o desenvolvimento social dependem, em última análise, da elevação da qualidade dos trabalhadores e da preparação de grande número de homens de valor. Devemos atribuir à educação a prioridade estratégica no desenvolvimento e elevar energicamente o nível ideológico, moral, científico e cultural de toda a nação, pois isto é fundamental para realizar a modernização do nosso país. Há que otimizar a estrutura da educação, reforçar vigorosamente a educação básica, desenvolver ativamente a educação profissional, a dos adultos e o ensino superior e estimular a capacidade autodidata. Os governos dos diversos níveis devem incrementar o investimento na educação. Há que se estimular a fundação de escolas com fundos angariados no âmbito social e de escolas não-públicas mediante múltiplos canais e formas, modificando a situação de acumulação de toda a estrutura educativa nas mãos do Estado. As escolas dos distintos níveis e modalidades devem aplicar todas as instruções da política educacional do Partido e concentrar sua atenção na elevação integral da qualidade da educação. Até finais do presente século, eliminaremos, fundamentalmente, o analfabetismo entre os jovens e os de meia-idade, e teremos implantado basicamente o sistema de educação obrigatória de nove anos. É necessário dar novos passos na reforma educacional, no conteúdo do ensino e nos métodos pedagógicos, reforçar a preparação e a capacitação do corpo docente, dar mais atribuições às escolas na autogestão e promover uma estreita integração da educação com a economia, a ciência e a tecnologia.

Os intelectuais constituem uma parte da classe operária que domina relativamente mais conhecimentos científicos e culturais e, como pioneiros das forças produtivas avançadas, desempenham um papel de particular importância na reforma e abertura e na modernização do país. De ser possível ou não aproveitar o talento dos numerosos intelectuais dependem, em grande medida, o florescimento ou decadência da nossa nação e o processo de modernização do país. Há que esforçar-se para criar um ambiente ainda mais favorável para que os intelectuais façam valer sua inteligência e seu talento, e fomentar em todo o âmbito social um saudável hábito de respeito ao saber e às pessoas qualificadas. Devemos ter a decisão de adotar importantes políticas e medidas para melhorar ativamente as condições de trabalho, de estudo e de vida dos intelectuais, outorgar reconhecidos prêmios aos que tenham feito grandes contribuições, e institucionalizar um sistema de premiação. Acolheremos calorosamente aqueles estudantes chineses no exterior que, mediante diversas formas, mostrem sua preocupação com a obra da modernização da pátria, que celebrem seu apoio e tomem parte dela. Seja qual for a atitude política que tenham assumido no passado, lhes daremos boas-vindas e um destino apropriado quando regressarem para participar na construção socialista, e aplicaremos com eles a política de liberdade de entrada e saída do país e de facilidades a esse respeito. Os numerosos intelectuais, que fizeram grandes contribuições para a obra da modernização socialista, saberão adiante justificar as grandes esperanças que o Estado e o povo depositam neles e cumprir suas missões e, providos de maior entusiasmo, realizarão novos aportes.

Quinto, fazer valer plenamente as vantagens das diversas zonas, acelerar o desenvolvimento econômico regional e promover uma distribuição geográfica racional na economia do país.

Nosso país tem grandes extensões territoriais com enormes diferenças regionais e um desenvolvimento econômico muito desigual. Guiando-se por planos unificados do Estado e de acordo com os princípios de adaptação às condições locais, de divisão racional do trabalho, de pleno conhecimento das vantagens de cada região, de complementação mútua com as respectivas vantagens e de desenvolvimento conjunto, é preciso promover a distribuição geográfica racional e o desenvolvimento saudável das economias regionais. Nas zonas litorâneas no Leste, deve-se desenvolver energicamente uma economia orientada ao exterior, pondo ênfase no desenvolvimento das indústrias e nos produtos com alto valor agregado, elevada captação de divisas, alto conteúdo tecnológico e baixo consumo de energia, de matérias-primas, e aproveitando ao máximo os recursos financeiros e materiais do exterior para conseguir um ritmo ainda mais acelerado do desenvolvimento econômico e uma maior eficiência econômica. Nas zonas do Centro e do Oeste, incluídas as regiões fronteiriças onde há abundância de recursos naturais e ainda, com vantagens locais para a abertura ao exterior, são muitas as possibilidades potenciais de desenvolvimento, e o Estado deve dar-lhes apoio, segundo um plano traçado com visão de conjunto. Estas zonas devem, em concordância com os requisitos da economia de mercado, acelerar a abertura ao interior e ao exterior, intensificar a construção da infra-estrutura e promover a exploração e utilização dos recursos naturais; devem esforçar-se por desenvolver aqueles ramos e produtos com os quais tenham vantagens e, no caso de reunirem os requisitos necessários, desenvolver ativamente uma economia orientada ao exterior, contribuindo assim para o desenvolvimento da economia em conjunto. Todas as zonas devem partir dos interesses gerais da nação inteira, e ter uma visão de conjunto em lugar de buscar o objetivo de constituir-se em sistemas travados; devem fazer todo o possível para evitar construções irracionais e introduções repetidas. É indispensável impulsionar ativamente o intercâmbio racional e a associação e cooperação, a fim de configurar um novo panorama de circulação econômica caracterizado por benefícios mútuos entre as diversas regiões. É preciso fazer valer plenamente o papel das principais cidades de acordo com as características geográficas e os vínculos econômicos, que lhes são inerentes, e esforçar-se por desenvolver diversas economias regionais, cada qual com suas respectivas peculiaridades.

A aceleração do desenvolvimento econômico das regiões habitadas por minorias nacionais tem um significado importantíssimo para o fortalecimento da unidade nacional, a consolidação da defesa fronteiriça e o desenvolvimento econômico de todo o país. Desempobrecer e enriquecer, o mais rápido possível, as zonas menos favorecidas são uma parte importante das metas estratégicas da segunda etapa. O Estado deve adotar uma política de ajuda eficaz às regiões das minorias nacionais, às antigas bases de apoio revolucionárias, às zonas fronteiriças e às zonas pobres e, por sua vez, as zonas com desenvolvimento mais avançado devem adotar múltiplas medidas para ajudar aquelas a acelerar seu desenvolvimento.

Sexto, fazer avançar ativamente a reforma da estrutura política, em busca de um considerável desenvolvimento no fomento da democracia e da legalidade socialista.

Acompanhando a reforma da estrutura econômica e o desenvolvimento da economia, deve-se, de acordo com a exigência da estreita integração da democratização à institucionalização, impulsionar ativamente a reforma do sistema político. A reforma que estamos introduzindo em nossa estrutura política tem como objetivo construir uma democracia política socialista do tipo chinês e, em absoluto, não aplicar os sistemas multipartidários ou parlamentares do Ocidente. A Constituição do nosso país estipula que os organismos estatais da República Popular da China se regem pelo princípio do centralismo democrático. Este é um sistema básico nosso. A democracia popular é uma exigência essencial e uma propriedade inerente ao socialismo. Sem democracia e legalidade, não há socialismo, nem modernização socialista. Devemos fazer um progresso significativo no sentido de desenvolver a democracia socialista e aperfeiçoar a legalidade socialista, a fim de consolidar e desenvolver o ambiente social e político estáveis e garantir a feliz marcha da construção econômica e da reforma e abertura.

É necessário aperfeiçoar o sistema de assembléia popular, reforçar as funções legislativas, de supervisão e outras funções das assembléias e seus comitês permanentes e fazer valer ainda mais o papel dos deputados. Deve-se aperfeiçoar o sistema de cooperação multipartidária e de consulta política, dirigido pelo Partido

Comunista, consolidar e desenvolver a frente única patriótica no novo período, e pôr em plena função o papel da consulta política e de supervisão democrática da Conferência Consultiva Política do Povo. É preciso persistir no princípio de "coexistência duradoura, supervisão recíproca, sincero tratamento, participação conjunta tanto na glória como na dor", fortalecer a discussão e as consultas com os partidos democráticos e apoiar seus membros e as personalidades sem partido no desempenho de cargos dirigentes nos organismos do Estado, com o fim de consolidar ainda mais a aliança do nosso Partido com as personalidades de fora dele. Sendo o nosso país uma unidade multiétnica, a grande unidade entre todas as etnias do país é uma importante garantia para defender a unificação da pátria e levar a cabo a modernização socialista. Há que se aplicar integralmente a política do Partido na questão nacional, persistir no sistema de autonomia das zonas de minorias nacionais e aperfeiçoar e manter as relações de igualdade, ajuda mútua, unidade e cooperação entre elas, a fim de promover a prosperidade comum. Deve-se levar a cabo conscientemente as políticas do Partido para com as religiões e para com os chineses do ultramar, a fim de favorecer a modernização socialista.

Imprimir um caráter científico e democrático ao processo de tomada de decisões é um importante elo na aplicação do centralismo democrático e uma importante tarefa na construção da democracia política socialista. Os organismos e quadros dirigentes devem escutar atentamente a voz das massas populares, pôr em plena ação o papel dos especialistas e organismos de pesquisa e consultoria de todos os tipos e estabelecer com rapidez todo um conjunto de mecanismos democráticos e científicos para a tomada de decisões. É necessário fortalecer a construção da democracia na base e fazer valer efetivamente o papel das assembléias de trabalhadores, dos comitês dos moradores urbanos e dos comitês dos aldeões. Há que fortalecer as funções dos organismos de fiscalização jurídica e dos órgãos de supervisão administrativa, conceder grande importância à supervisão da opinião pública através dos meios de comunicação de massa e aperfeiçoar, pouco a pouco, o conjunto de mecanismos de supervisão, de modo que os organismos estatais de todos os níveis e seus trabalhadores permaneçam sempre sob uma supervisão eficaz.

Há que se prestar grande atenção à construção da legalidade. Reforçar o trabalho legislativo, sobretudo a elaboração e o aperfeiçoamento das leis e regulamentos que garantam a reforma e abertura, fortaleçam a administração macroeconômica e a normatização dos procedimentos microeconômicos, é uma necessidade do estabelecimento do sistema de economia de mercado socialista. É preciso aplicar a Constituição e as leis rigorosamente, fortalecer a fiscalização de seu comprimento, retificar firmemente práticas tais como a de substituir a lei por uma opinião de esse ou aquele dirigente, e punição por multas, e garantir que os tribunais populares e os fiscais estejam em condição de trabalhar independentemente e sempre sujeitos às leis. Há que se reforçar a construção dos próprios departamentos de segurança pública e de fiscalização e dos tribunais, e elevar a qualidade de seu pessoal e sua capacidade para aplicar a lei. Há que se conjugar a prática da democracia e da legalidade com a educação, e elevar incessantemente a consciência democrática e de legalidade das amplas massas e quadros.

Uma ordem pública sadia é de grande importância para os interesses vitais das amplas massas e para a estabilidade social e o desenvolvimento econômico. Há que se adotar medidas enérgicas para alterar a situação de segurança precária em alguns lugares do país. É preciso reforçar as funções da ditadura democrática popular, valer-se de uma estreita coordenação entre a ação dos organismos especiais e das amplas massas, persistir no tratamento através dos múltiplos canais, para combater decididamente as forças hostis e as diversas atividades criminais, fazer valer a justiça e proteger o povo.

Sétimo, tomar a firme decisão de realizar a reforma do sistema administrativo e dos respetivos organismos relacionados, transformar realmente suas funções, harmonizar suas relações, reduzir de forma seletiva o seu pessoal e simplificar seu aparato, assim como elevar sua eficiência.

A reforma dos organismos, a redução seletiva de seu pessoal e a simplificação de seu aparato constituem uma tarefa urgente da reforma da estrutura política, e também um importante requisito para o aprofundamento da reforma econômica, o estabelecimento do sistema de economia de mercado e a aceleração da modernização. Atualmente, os organismos partidários e governamentais padecem de hipertrofia e multiplicidade de níveis, e muitas entidades têm mais funcionários que tarefas a realizar e trabalham com pouca eficiência e divorciadas das massas, o que representa um obstáculo para a reforma do mecanismo operacional das empresas e deve ser modificado a todo custo. Os comitês do Partido e os governos de todos os níveis devem unificar a compreensão, tomar a firme decisão de realizar a reforma do atual sistema administrativo e dos organismos governamentais e do Partido, de acordo com os princípios de separação entre as funções de governo e de empresa e de simplificação, unificação e alta eficiência. Os departamentos de administração econômica integral devem passar a concentrar seu trabalho no fortalecimento do macrocontrole. Devem ser suprimidos ou fusionados alguns departamentos econômicos especializados e organismos que têm a seu encargo função igual ou similar, e devem ser suprimidos muitos dos organismos não permanentes. Será reduzido seletivamente o pessoal dos organismos e fixadas estritamente suas formas de atuação. A reforma dos organismos e a redução seletiva de seu pessoal e simplificação de seu aparato constituem uma tarefa árdua que deve ser colocada concretamente em prática, mediante uma planificação de conjunto, um esmerado trabalho de organização, um esforço coordenado entre os níveis superiores e inferiores e um processo de execução dividido em fases, tudo isso com o fim de conseguir seu cumprimento fundamentalmente dentro de três anos. É necessário combinar a redução de pessoal com a elevação da eficiência do trabalho e o desenvolvimento das forças produtivas sociais, de tal modo que ao mesmo tempo em que se melhore a composição do pessoal dos organismos e se elevem suas qualidades, pode-se recolocar grande número de pessoas valiosas no setor terciário e em outros postos de trabalho que necessitam ser reforçados e fazer delas uma vigorosa força adicional na obra de modernização.

Há que se acelerar a reforma do sistema de pessoal e de emprego, estabelecer e aperfeiçoar paulatinamente um sistema científico para administração dos assuntos de pessoal por ramos distintos de atividades e alguns mecanismos motivadores eficazes que se ajustam às diferentes características dos organismos, das empresas e das instituições públicas. A reforma a este respeito deve conjugar-se com a reforma dos organismos e do sistema salarial. É necessário pôr em prática, o mais rápido possível, o regime de carreira administrativa.

Oitavo, persistir em tomar o trabalho com as duas mãos e ter a mesma firmeza em ambas, elevando assim a um novo nível a civilização espiritual socialista.

A reforma e abertura e a obra de modernização estão impulsionando energicamente o povo chinês a emancipar a mente, a ampliar seu campo visual, a orientar-se sobre o mundo e a marchar rumo ao futuro, despertando o espírito de incessante superação e luta árdua; ao mesmo tempo, apresentam ainda maiores exigências para a construção da civilização espiritual. Somente trabalhando com êxito na civilização tanto espiritual como material, teremos um socialismo do tipo chinês. O fomento da civilização espiritual deve ser levado adiante, tendo firmemente como meta a construção econômica e brindando a esta e à reforma e abertura com uma poderosa força motriz moral e um apoio em termos intelectuais.

O mais importante para a civilização espiritual é sua construção. Há que se dar suma importância à construção teórica, assegurar a liberdade acadêmica, atribuir importância à integração da teoria com a prática, realizar pesquisas com espírito criador, fazer prosperar a filosofia e as ciências sociais e defender e desenvolver o marxismo. É necessário fortalecer a formação do contingente de teóricos e levar seriamente em conta a preparação e elevação do nível dos teóricos jovens e de meia-idade. É necessário perseverar na orientação de "servir ao povo e ao socialismo" e na política de que "cem flores desabrochem, cem escolas de pensamento rivalizem". Há que se promover ativamente a reforma do sistema cultural, aperfeiçoar nossa política econômica relacionada com as atividades culturais e fazer prosperar a cultura socialista. É preciso conceder grande importância à influência das atividades culturais, estimular a produção intelectual que tenha um conteúdo sadio, sobretudo a que apóie a reforma, abertura e a modernização e que seja atraente do ponto de vista artístico. Há que se fortalecer nosso trabalho nos terrenos da imprensa, publicação, radiodifusão, televisão, literatura e arte. Fazendo valer nossas vantagens no trabalho ideológico e político, devemos despertar nas amplas massas o entusiasmo pela construção socialista. Há que se reforçar ainda mais entre o povo das distintas etnias do país, particularmente entre os jovens e adolescentes, a educação ideológica e o espírito de patriotismo e coletivismo e socialismo, e a educação sobre a história moderna e contemporânea e a realidade do país, com vistas a acrescentar seu espírito de dignidade, confiança e superação nacional, resistindo à influência corrosiva da decadente ideologia capitalista e feudal, e fomentando o correto ideal, convicção e concepção de valores. Todos os ramos de atividades devem conceder importância à sua própria construção em termos de ética profissional, formular, passo a passo, critérios a este respeito que se ajustem às suas características, e retificar com decisão as práticas mafiosas e abuso de atribuições em procura de benefícios egoístas. É preciso fortalecer a educação na ética social e louvar entusiasticamente aquelas pessoas cuja conduta possa servir de exemplo e corresponda ao espírito da época. Há que se levar a bom termo a construção cultural nas comunidades residenciais, povoados, empresas e centros de ensino, desenvolver, em maior medida, as atividades nas massas direcionadas para criar entidades de civilização espiritual, mediante esforços conjuntos de militares e civis ou de policiais e civis, visando assegurar que a civilização espiritual chegue a cada entidade de base tanto nas cidades como nas zonas rurais. Dado que a civilização espiritual necessita de garantias materiais correspondentes, é preciso aumentar, através de diversos canais, os investimentos para este fim e incluir a construção das instalações necessárias no programa geral de construção urbana e rural.

A proliferação das repugnantes larvas sociais, tão nocivas para a saúde física e moral das pessoas, particularmente dos jovens e adolescentes, dificulta a marcha da modernização e da reforma e abertura e deteriora a imagem do socialismo, sendo por isso repudiada pelo povo. Ao eliminar estas larvas repugnantes, não devemos afrouxar o pulso, mas sim persistir em trabalhar por longo tempo neste sentido e tentar fazer com que este trabalho surta efeito.

Os comitês do Partido de todos os níveis devem resumir conscienciosamente as experiências acumuladas desde o começo da reforma e abertura, e reforçar e melhorar sua direção sobre a civilização espiritual. Devemos aprender e levar adiante as belas tradições do pensamento e da cultura da Nação Chinesa, assimilar todos os excelentes frutos alcançados pela civilização da humanidade e criar uma avançada civilização espiritual humana no seio da nossa prática socialista, tão vívida e fecunda. Devemos criar um ambiente favorável à reforma e abertura e à modernização e preparar mais e mais novas gerações com elevado ideal, integridade moral, ampla cultura e alto senso de disciplina.

Nono, melhorar constantemente as condições de vida do povo, controlar estritamente o crescimento demográfico e reforçar a proteção do meio ambiente.

Tanto a aceleração da reforma e abertura como o desenvolvimento econômico têm como objetivo satisfazer as crescentes necessidades materiais e culturais do povo. À medida que ocorre o desenvolvimento da produção e o aumento da riqueza social, devemos incrementar notavelmente os rendimentos reais dos habitantes urbanos e rurais, elevar seu nível de consumo e melhorar visivelmente a qualidade de vida. Devemos melhorar, em medida relativamente grande, suas condições em matéria de vestuário, alimentação, habitação e transporte, sobretudo na habitação. Há que se enriquecer ainda mais sua vida cultural e impulsionar em maior medida o desenvolvimento dos desportos e da saúde pública, elevando sem cessar a qualidade de sua saúde. Será uma vitória extraordinária que o povo de um país como o nosso, com a quinta parte da população mundial, chegue a gozar de uma vida modestamente confortável. Ao mesmo tempo, é de assinalar que, como nosso país conta com uma base material fraca e está atravessando uma fase inicial de modernização, necessitamos de mais fundos para a construção, razão pela qual temos que continuar a desenvolver as belas tradições de trabalho árduo, vida simples e economia na construção nacional, e preconizar os hábitos de poupança.

É preciso pôr em prática conscientemente a fundamental política estatal do controle do crescimento demográfico e do reforço na proteção ambiental. Não se deve afrouxar em absoluto o trabalho de planejamento familiar. É necessário assegurar a realização infalível das metas já previstas do controle demográfico, persistir em assegurar a eugenia e puericultura, e elevar a qualidade da população. Há que se atribuir importância ao estudo do envelhecimento da população, e levar a bom termo o trabalho a respeito. É necessário fortalecer a consciência ecológica de toda a Nação, proteger e aproveitar, de maneira racional, os recursos naturais como terras, jazidas minerais, florestas e águas, e esforçar-se por melhorar o ambiente ecológico.

Décimo, fortalecer a construção do exército e fortalecer nosso poderio de defesa nacional, a fim de assegurar a feliz marcha da reforma e abertura e da construção econômica.

O Exército Popular de Libertação da China é um firme pilar da ditadura democrática popular, uma grande muralha em defesa da pátria socialista e uma importante força na construção do socialismo do tipo chinês. Na atualidade e num futuro vindouro bastante longo, nossa obra de modernização socialista deverá ser levada adiante, como antes, em condições internacionais complexas e sujeitas a múltiplas mudanças. É preciso manter inabalavelmente a absoluta direção do Partido sobre o exército. Devemos empreender o caminho de formar um exército-elite do tipo chinês conforme a idéia do camarada Deng Xiaoping sobre a construção de nosso exército no novo período; fazer do Exército Popular de Libertação um poderoso exército revolucionário moderno e regular, e reforçar constantemente nosso poderio defensivo, com o fim de proporcionar uma sólida e poderosa garantia à reforma e abertura e à construção econômica. Nosso país reduziu em um milhão os efetivos das forças armadas; no futuro estas devem esforçar-se por atender as exigências da guerra moderna, atribuir importância ao aspecto qualitativo em sua própria construção e fortalecer sua combatividade em todas as ordens, com o propósito de situar-se melhor à altura da sua sagrada missão de defender a soberania territorial, aérea e marítima do país e seus interesses marítimos, e salvaguardar a unidade e a segurança da pátria; ao mesmo tempo, devem submeter-se conscientemente aos interesses conjunturais da construção econômica e apoiar e participar ativamente da reforma e abertura e da modernização econômica, dando contribuições para o florescimento e desenvolvimento da nação. O exército deve esforçar-se por levar a bom termo sua própria reforma e construção, atribuir importância estratégica à educação e ao treinamento e elevar a qualidade dos comandantes e combatentes em todas as ordens, de maneira que todas as unidades militares estejam à altura das exigências, ou seja, qualificação política, domínio perfeito de técnicas militares, excelente estilo, vigorosa disciplina e garantia eficaz. Há que se atribuir importância à pesquisa científica e tecnológica relacionada com a defesa nacional e à indústria bélica, e melhorar, passo a passo, os equipamentos e armamentos. As organizações do Partido e governos em diversos escalões, assim como o povo de todo o país, devem preocupar-se, igualmente como antes, com a construção da defesa nacional e apoiar o exército no cumprimento de suas tarefas. É necessário levar zelosamente adiante a educação entre todo o povo sobre a defesa nacional, desempenhar com amplitude e profundidade e de maneira prolongada as atividades de apoio ao governo e amor ao povo por parte do exército e das atividades de apoio ao exército e preocupação dos civis pelas famílias dos combatentes, e desenvolver a excelente prática de solidariedade e apoio mútuo entre as forças armadas e o governo e entre o exército e a população. É necessário realizar bem o trabalho relacionado com as milícias populares e as unidades de reservistas, e fortalecer sem cessar a construção das forças de reserva para a defesa nacional. A Polícia Armada Popular da China é uma das mais importantes forças para defender a modernização socialista. É necessário continuar reforçando a construção de suas unidades, assim como dos organismos de segurança pública, de segurança estatal etc., com vistas a manter a seguridade estatal e a estabilidade social de modo mais eficaz.

Camaradas! A reforma e abertura e a modernização constituem uma grandiosa obra das massas populares. Para cumprir com êxito as pesadas tarefas dos anos 90, devemos apoiar-nos de todo o coração na classe operária e nas amplas massas trabalhadoras e pôr em ação o entusiasmo e a faculdade criadora de todo o povo. Desde que o povo de todas as etnias do país rigorosamente se una e faça grandes e tenazes esforços em prol da prosperidade da pátria, será sempre vitoriosa a causa da nossa modernização socialista.

III. Situação internacional e nossa política exterior

Em uma situação internacional complicada e mutável, nosso país conquistou importantes êxitos em suas relações com o exterior. Nossas relações de boa vizinhança e amizade com os países de nossas fronteiras se encontram na melhor etapa desde a proclamação da República Popular; a unidade e cooperação com os demais países em desenvolvimento foram consolidadas e desenvolvidas ainda mais, e nossas relações com os diversos países do mundo, inclusive os países desenvolvidos do Ocidente, melhoraram e se desenvolveram com base nos cinco princípios de coexistência pacífica. A influência do nosso país no mundo está aumentando gradativamente, e seu prestígio internacional se eleva cada vez mais.

O mundo atual encontra-se num período histórico de grandes mudanças. A configuração bipolar já não existe, as diversas forças experimentam uma nova divisão e reagrupamento e o mundo está caminhando para a multipolaridade. A nova configuração passará por um processo longo e complicado. Durante um período relativamente longo e sucessivo, existe a possibilidade de alcançar um ambiente internacional de paz e evitar uma nova guerra mundial. Ao mesmo tempo, devemos ter em conta que a situação internacional atual continua conturbada. As diversas contradições do mundo estão se desenvolvendo profundamente; as contradições étnicas, disputas territoriais e conflitos religiosos em muitos países e regiões apareceram em cena, chegando inclusive a transformar-se em choques sangrentos e guerras regionais. A concorrência internacional torna-se cada dia mais violenta, a situação econômica de muitos países em desenvolvimento vai de mal a pior, e a diferença entre o Sul e o Norte está aumentando.

A paz e o desenvolvimento continuam sendo os dois grandes temas para o mundo de hoje. O desenvolvimento necessita de paz, e a paz não pode separar-se do desenvolvimento. A existência da hegemonia e da política de força têm sido os obstáculos principais para a solução das questões da paz e desenvolvimento. O progresso mundial não deve ser feito à custa da pobreza e do atraso dos numerosos países em desenvolvimento por longo tempo. As drásticas mudanças e as convulsões na situação internacional contribuíram para um novo despertar dos povos do mundo. Está sendo reforçada a tendência de manutenção da independência, soberania, unidade e cooperação entre os países em desenvolvimento que têm a mesma experiência histórica. A paz do mundo, o desenvolvimento dos países, o progresso da sociedade, o florescimento da economia e a elevação do nível de vida passaram a ser uma demanda geral dos povos dos diversos países.

Frente a nova situação internacional, o Partido Comunista da China, o governo e o povo chineses continuarão desenvolvendo ativamente suas relações com o exterior, esforçando-se por criar um ambiente internacional favorável à reforma e abertura e à modernização do nosso país, dando suas contribuições para a paz e o desenvolvimento do mundo.

A China aplica invariavelmente a política exterior de paz, independência e autonomia. O objetivo fundamental da política diplomática da China é salvaguardar a independência e soberania do nosso país e fomentar a paz e desenvolvimento no mundo. Nos problemas que dizem respeito aos interesses nacionais e à soberania estatal, não nos submeteremos jamais a nenhuma pressão estrangeira, venha de onde vier. A China é uma firme força na manutenção da paz mundial. Não sela aliança com nenhum país ou grupo de países nem participa de nenhum bloco militar. Jamais buscará a hegemonia nem a expansão, enquanto combate o hegemonismo, a política de força, a agressão e a expansão, seja qual for sua forma. A China se opõe à corrida armamentista, sustenta um efetivo desarmamento e controle de armas segundo o princípio de justiça, razão, coordenação integral e equivalência. Atualmente, certos países também falam em desarmamento, mas não reduziram suas armas sofisticadas. No tratamento dos assuntos internacionais, nosso país adere estritamente à Carta da ONU e às normas universalmente reconhecidas para as relações internacionais, em busca da verdade nos fatos e manutenção da justiça.

Um importante problema de preocupação generalizada para a comunidade mundial na atualidade é saber que tipo de nova ordem internacional deve ser estabelecido. À luz das experiências do passado e do atual estado de coisas, nós nos pronunciamos pelo estabelecimento de uma nova ordem internacional de paz, estabilidade, justiça e razão com base nos princípios de respeito mútuo à soberania e integridade territorial, não agressão e não intervenção de um país nos assuntos internos de outro, igualdade e benefício recíproco e coexistência pacífica. Esta fase inclui o estabelecimento de uma nova ordem internacional de igualdade e benefício mútuo na área econômica. O mundo é diverso, e entre países existem diferenças de toda classe. Todos os povos têm direito a escolher o sistema social e o caminho de desenvolvimento correspondente a sua situação nacional, baseando-se nas condições específicas de seus respectivos países. Todos os países, sejam grandes ou pequenos, poderosos ou débeis, ricos ou pobres, devem ser membros da comunidade internacional com direitos iguais no tratamento dos assuntos internacionais. Todos os países devem respeitar-se mutuamente, buscar os terrenos comuns deixando de lado as diferenças, tratar-se em pé de igualdade e conviver em amizade. As discrepâncias e as disputas entre países devem ser resolvidas de maneira pacífica, mediante consultas, conforme a Carta da ONU e as normas do direito internacional, sem recorrer à força nem à ameaça de uso da força. Não é viável o hegemonismo nem a política de força, nem é praticável que alguns poucos países monopolizem ou manipulem os assuntos internacionais. O estabelecimento de uma nova ordem internacional é uma tarefa de longo prazo, e a este respeito o povo chinês fará esforços incansáveis junto com os demais povos do mundo.

Como membro da ONU e membro permanente do seu Conselho de Segurança, a China atribui grande importância ao papel da ONU e toma parte ativa em seus assuntos. Apoiamos a ONU e seu Conselho de Segurança para que desempenhem um papel positivo na manutenção da paz mundial, na promoção do desarmamento, no fomento do desenvolvimento do mundo inteiro e na solução dos litígios internacionais, assim como outros assuntos pertinentes.

A China é um país em desenvolvimento. O ponto fundamental de sua política exterior é fortalecer sua unidade e cooperação com outros países do Terceiro Mundo. Tal como tem feito sempre, a China fomentará a solidariedade mútua com os demais países em desenvolvimento, a fim de salvaguardar sua independência e soberania, e incrementará os intercâmbios com eles nos campos econômico e cultural. A China já é observadora no Movimento dos Não-alinhados, estabeleceu estreitos vínculos com o Grupo dos 77, e adiante fortalecerá com eles ainda mais sua cooperação.

A China está disposta a desenvolver as relações de amizade e a cooperação com todos os países com base nos cinco princípios de coexistência pacífica. As diferenças em termos de sistema social e ideologia não devem ser obstáculo para o desenvolvimento das relações entre os países. Nas relações internacionais, nunca imporemos aos demais o nosso regime social e nossa ideologia; tampouco permitiremos, em absoluto, que outros países imponham seu sistema social e sua ideologia à China. Esta nossa posição de princípios nunca será alterada.

Praticamos invariavelmente a abertura ao exterior e desejamos fortalecer e ampliar sem cessar a cooperação econômica, científica e tecnológica com os diversos países do mundo com base na igualdade e no benefício mútuo, e incrementar os intercâmbios de tipo cultural, educacional, de saúde, esportivo etc.

O Partido Comunista da China confere grande importância às suas relações com os partidos políticos de outros países. Agora estabeleceu distintas formas de contatos com numerosos partidos e organizações políticas de mais de cem países. Continuaremos estabelecendo e desenvolvendo tais relações de amizade com os partidos políticos de outros países conforme os princípios de "independência e autonomia, completa igualdade, respeito mútuo e não intervenção nos assuntos internos por parte do outro" e, à luz do espírito de buscar terrenos comuns deixando de lado as diferenças, promoveremos a compreensão e cooperação com eles.

A fundação da República Popular da China pôs fim à trágica história do povo das diversas etnias do país, história em que foram vítimas de agressões, opressões e humilhações durante longo tempo; agora melhorou radicalmente a situação dos direitos humanos na China. O povo se fez dono do país e está criando incessantemente para si uma nova vida. A Constituição do nosso país assegura ao povo os diversos direitos nas áreas fundamentais. A China aderiu a uma série de convênios internacionais sobre os direitos humanos, e é a favor dos diálogos internacionais, em pé de igualdade, sobre o problema dos direitos humanos. Este problema é, no fim das contas, um assunto inerente à soberania do país em questão. Opomo-nos firmemente à intervenção nos assuntos internos de outros países, sob o pretexto do problema dos direitos humanos.

A experiência histórica nos indica que, seja qual for a bandeira, encontrará a antipatia da gente, se um país infringe a independência e a soberania ou intervém nos assuntos internos, se um país grande ultraja um pequeno, se um país poderoso agride um fraco, se um país rico oprime um pobre. Quem estende excessivamente seus braços e oprime os demais, se colocará no banco dos réus e na oposição dos povos do mundo. Quem tem razão terá o apoio da maioria; quem não a tem encontrará pouco apoio. As forças da justiça são, ao fim e ao cabo, invencíveis.

IV. Fortalecer a construção do Partido e melhorar sua direção

Para persistir sem vacilações e por longo tempo na linha fundamental do Partido, para levar adiante, de forma mais rápida e ainda melhor, a reforma e abertura e a modernização socialistas, e para assegurar ao país um longo período de ordem e estabilidade e de florescimento e poderio, a chave está no nosso Partido, em persistir em armar todo o Partido com a teoria do camarada Deng Xiaoping sobre a construção do socialismo do tipo chinês.

Nos últimos 70 anos, o Partido Comunista da China, agrupando todo o povo das diversas etnias, pondo-se à frente e vencendo todas as dificuldades e obstáculos, transformou radicalmente a posição do povo chinês, o rumo do desenvolvimento histórico do país e a fisionomia da sociedade chinesa. Desde a 3ª sessão plenária de seu 11° Comitê Central levou o povo a abrir uma nova situação de reforma e abertura e modernização. O grande, glorioso e correto Partido Comunista da China não somente soube dirigir a revolução e coroá-la de triunfo, como também é capaz de fazê-lo com a reforma e a construção. São radicalmente errôneos e sumamente prejudiciais todos os pontos de vista ou práticas que contestem, debilitem ou neguem a posição governamental e o papel dirigente do Partido. Durante o novo período histórico, mudaram consideravelmente o ambiente em que o Partido está e as tarefas que lhe incumbem, e este enfrenta muitas novas circunstâncias e novos problemas em sua construção ideológica, política, organizacional e de estilo de trabalho. Tendo em conta a nova realidade e seguindo a linha fundamental do Partido, devemos persistir na necessidade de que o Partido se ocupe dos seus assuntos e os maneje rigorosamente, fortaleça e melhore sua construção e se esforce para elevar seu nível como partido governante e dirigente, de modo que este nosso Partido marxista, longamente provado, desempenhe ainda melhor seu papel de núcleo dirigente na grande obra da construção do socialismo do tipo chinês.

Primeiro, estudar conscienciosamente a teoria sobre a construção do socialismo do tipo chinês e aplicar, de modo ainda mais consistente e firme, a linha fundamental do Partido.

Nosso Partido é a vanguarda da classe operária, que se orienta ideologicamente pelo marxismo-leninismo e o pensamento de Mao Tsé-tung. O marxismo é uma ciência com profunda raiz na prática e de incessante desenvolvimento na mesma. A teoria sobre a construção do socialismo tipo chinês é o mais recente fruto do marxismo em sua integração com a realidade chinesa, é o marxismo da China contemporânea e uma poderosa arma que nos guia no cumprimento de nossas novas tarefas históricas. No estudo do marxismo-leninismo e do pensamento de Mao Tsé-tung há que se concentrar na teoria sobre a construção do socialismo do tipo chinês. Os quadros dirigentes militantes do Partido, sobretudo os de alto escalão, devem ser os primeiros a estudá-la e aplicá-la com êxito. Devemos estudar com consistência as idéias estratégicas e opiniões teóricas do camarada Deng Xiaoping, assim como a atitude científica e o espírito criador com que ele aplica a posição, os pontos de vista e os métodos do marxismo ao estudo das novas circunstâncias e à solução dos novos problemas. O estudo deve vincular-se com a realidade, ser substancialmente penetrante e produzir efeitos práticos. Mediante o estudo, a grande massa de militantes e quadros devem fortalecer sua convicção socialista e comunista e elevar sem cessar sua qualidade política e sua capacidade de resolver os problemas práticos, convertendo a força espiritual na imensa força material aceleradora da reforma e abertura e da modernização do país.

Emancipar a mente e buscar a verdade nos fatos constitui a quintessência da teoria sobre a construção do socialismo do tipo chinês e é um trunfo para garantir a sempre poderosa vitalidade do nosso Partido. A emancipação da mente e a busca da verdade nos fatos significam que devemos condicionar nossa mente e nosso entendimento à realidade objetiva e, guiando-nos pelo marxismo, livramo-nos das amarras às concepções tradicionais atrasadas e dos preconceitos subjetivos e modificamos nosso estado espiritual rotineiro, conservador e pouco receptivo pelo novo. Não devemos, de modo algum, deter-nos em uma compreensão dogmática de tais ou quais princípios ou livros do marxismo, nem na compreensão pouco científica e inclusive a distorcida versão do que é o socialismo. Devemos, pelo contrário, analisar e resolver os problemas à luz da concepção do mundo e da metodologia do materialismo dialético e do materialismo histórico, ajustando assim nosso pensamento à nova situação no processo de desenvolvimento e transformação. Os organismos e quadros dirigentes de todos os níveis devem, em plena prática da reforma e construção, integrar a linha, a orientação e a política do Partido com a realidade concreta de sua zona ou departamento, dar provas de audácia nas explorações e nos ensaios, e sintetizar oportunamente as experiências, desenvolvendo seu trabalho com espírito criador.

É preciso ser lúcido e ter em conta que a ciência e a tecnologia modernas estão avançando a passos gigantescos, a economia de mercado socialista se desenvolve sem cessar, e são muitas as coisas que não conhecemos ou com as quais não estamos familiarizados. Todos os camaradas do Partido devem ir aprendendo ao mesmo tempo com os que trabalham na prática e fazer da persistente aprendizagem uma importante tarefa, tão urgente quanto duradoura. Não somente se deve intensificar o estudo político, mas também o estudo da economia, os avançados métodos de gestão e administração, assim como a ciência e a cultura modernas, trabalhando arduamente para penetrar no que deve saber do ofício e para se tornar homem conhecedor e perito no seu próprio ramo de atividade.

Segundo, reforçar a construção dos grupos dirigentes e formar continuadores da causa do socialismo.

Há que se fazer dos grupos dirigentes de todos os níveis sólidos grupos diretivos fiéis ao marxismo e persistentes no caminho do socialismo do tipo chinês, de acordo com a orientação de revolucionarizar o contingente de quadros, rejuvenescê-lo e dotá-lo de conhecimentos culturais e capacitá-lo profissionalmente e em consonância com o princípio de ter em conta tanto as qualidades morais como as habilidades, pois se trata de uma medida de importância fundamental para assegurar a continuidade da linha do Partido e garantir um longo período de ordem e estabilidade do Estado. Por qualidades morais e habilidades na avaliação dos quadros, entende-se essencialmente seu comportamento na execução da linha fundamental do Partido. Há que se confiar cargos de grande responsabilidade aos quadros que apliquem firmemente a linha fundamental do Partido, que tenham espírito empreendedor revolucionário e forte senso de responsabilidade de servir ao povo, e que possam distinguir-se por suas realizações administrativas e gozem da confiança das massas no curso da reforma e abertura e na obra de modernização. A quem trabalhe de maneira irresponsável, não esteja à altura do cargo que ocupa ou inclusive abuse de seu poder em proveito pessoal, deve-se afastá-lo resolutamente através de reajustes. Não se deve, em absoluto, promover nem colocar em cargos importantes os que sejam gravemente egoístas ou que não aspirem a mais que cargos de direção. Ao selecionar e nomear os quadros é preciso exercer a democracia, seguir a linha das massas e proceder rigorosamente de acordo com os regulamentos estabelecidos, prevenindo e retificando com decisão toda prática insana em matéria de nomeação. No momento atual, é uma tarefa urgente e importante selecionar grande número de jovens bem preparados para incorporá-los aos corpos dirigentes a diversos níveis. É necessário romper concepções arcaicas, tais como a da hierarquização por tempo de serviço ou a do perfeccionismo, ampliar o campo visual na seleção dos candidatos e multiplicar e ampliar-lhes os caminhos. Há que rodear de um clima magnânimo os quadros jovens e tratá-los de modo exigente. Deve-se atribuir grande importância à capacitação e seleção de quadros do sexo feminino e quadros provenientes das minorias nacionais. Há que se persistir no intercâmbio de quadros. É preciso aplicar seriamente o sistema de pensão e aposentadoria dos quadros e continuar impulsionando a sucessão e a cooperação entre os quadros velhos e os novos. Aos quadros retirados ou aposentados, há que conceder-lhes efetivas atenções na política e na sua vida quotidiana, de modo que tenham ao que se dedicar e possam gozar de uma velhice tranqüila.

A consolidação e o desenvolvimento do socialismo requerem uma tenaz luta de geração em geração. Nossa causa nos impõe tarefas pesadas, e nosso caminho é longo. Depositamos nossas esperanças nos jovens. Somente conquistando os jovens, será possível conquistar o porvir. A Liga da Juventude Comunista é auxiliar e reserva do Partido. A ela se incumbe pôr em plena função o papel de unir e educar a juventude. Todo o Partido e toda a sociedade devem zelar pelo sadio desenvolvimento dos jovens e dos adolescentes e esforçar-se por formar, na prática da reforma e da construção, milhões e milhões de sucessores da causa do socialismo.

No processo da modernização socialista, está presente por longo tempo a luta entre as tentativas dirigidas a propiciar a evolução pacífica rumo ao capitalismo e a resistência a ditas tentativas, e sob nenhuma circunstância devemos afrouxar nossa vigilância. A esse respeito, os quadros de alto nível do Partido, sobretudo, devem manter a cabeça sempre lúcida.

Terceiro, estreitar os vínculos do Partido com as massas e eliminar decididamente a corrupção e os demais fenômenos negativos.

As massas populares são uma fonte da nossa força e a origem das nossas vitórias. Dado que a linha do Partido e suas orientações e políticas fundamentais formuladas desde a 3ª sessão plenária do 11° Comitê Central correspondem aos interesses do povo, as relações entre o Partido e as massas são fundamentalmente boas. Ao mesmo tempo, é preciso ter em conta que as práticas insanas do burocratismo e formalismo, hoje em dia, existentes nos trabalhos de direção e as infrações à lei e à disciplina por parte de um reduzido número de quadros militantes, degradam seriamente o prestígio do Partido e sufocam as ligações com a massa. Cada um de nossos militantes deve ter bem presente que a qualquer momento e sob qualquer circunstância é preciso servir de corpo e alma ao povo e persistir em manter vigente o excelente estilo de trabalho do Partido, fundamentado em integrar a teoria com a prática, vincular-se estreitamente com as massas e praticar a autocrítica. Os organismos e quadros dirigentes de todos os níveis devem penetrar na base, realizar investigações e estudos, conhecer a vontade das massas, preocupar-se por sua inquietude, escutar atentamente suas críticas, reduzir o número de reuniões e de documentos e fazer esforços reais por obter resultados efetivos, concretizando assim em ações práticas os objetivos fundamentais do Partido, seu formidável estilo de trabalho e sua linha de massas. Deve-se reforçar e melhorar a direção do Partido com respeito às organizações das massas, entre elas os sindicatos, a Liga da Juventude Comunista e as federações de mulheres, fazendo valer plenamente o papel que lhes corresponde como pontes e esteiras de comunicação entre o Partido e as massas.

A luta contra a corrupção é um assunto vital para estreitar os vínculos do Partido com as massas populares. Devemos ter plena consciência da luta urgente e prolongada durante todo o processo da reforma e abertura, e é preciso combater a corrupção, atribuir importância vital à manutenção da correta maneira de ser do Partido e ao fortalecimento da honestidade administrativa e tomar a firme decisão de obter resultados positivos a esse respeito, a fim de ganhar a confiança do povo. Os organismos e quadros dirigentes de todos os níveis devem ser os primeiros a manter a integridade administrativa e trabalhar com total dedicação para o bem do povo. Os militantes com cargos de direção, em primeiro lugar, todos os de alto e médio escalões, devem manter rigorosamente sua própria integridade, proceder de forma exemplar, educar bem seus filhos e marchar à frente na luta contra os fenômenos de corrupção. A honestidade administrativa depende da educação, mas em maior grau da legalidade. É preciso reforçar com eficácia a supervisão das organizações do Partido e de seus organismos de controle disciplinar de todos os níveis sobre a conduta dos quadros militantes, assim como a supervisão pelas massas populares, pelos partidos democráticos e pelas personalidades sem partido sobre a conduta do nosso Partido, implementando e aperfeiçoando assim o sistema que combina a supervisão "intrapartidária com a extrapartidária", e a de cima para baixo com a de baixo para cima dentro do Partido. Particularmente para os organismos encarregados da aplicação das leis e para os cargos de controle direto dos recursos humanos, financeiros e materiais, há que se estabelecer eficazes mecanismos condicionantes a fim de atacar o abuso do poder com fins egoístas, assim como as práticas insanas de caráter mafioso. Os elementos corruptos prejudicam o Partido e o povo, e portanto há que aplicar-lhes resolutamente, não importando quem sejam, a disciplina partidária e a lei do Estado.

Quarto, fortalecer a construção das organizações de base do Partido e fazer valer plenamente o papel dos militantes como elementos de vanguarda e modelo.

As organizações de base são os pisos sobre os quais se apóiam todo o trabalho e toda a combatividade do Partido. Os comitês do Partido de todos os níveis devem adotar medidas eficazes para fazer delas baluartes de combate que saibam agrupar e encabeçar as massas na concretização da reforma e construção. Nas zonas rurais, há que se realizar com maior eficácia a construção orgânica ao nível das aldeias, com a célula do Partido como núcleo político. Nas empresas de propriedade estatal, é preciso fazer valer plenamente o papel da organização do Partido como núcleo político, defender e aperfeiçoar o sistema de responsabilidade da direção e apoiar-se de todo coração na classe operária. Em outras organizações econômicas, é imperativo criar e aperfeiçoar, sem perda de tempo e em consonância com as condições específicas, as organizações do Partido e o regulamento de trabalho deste. As organizações de base do Partido nas instituições governamentais, centros de ensino, institutos de pesquisa científica e comunidades dos moradores devem reforçar e aperfeiçoar sua própria construção de acordo com suas respectivas peculiaridades. Há que se ter grande cuidado em absorver para o Partido os melhores elementos operários, camponeses e intelectuais de primeira linha da produção. Atualmente, certas organizações de base adoecem de debilidade e impotência, e a elas devem os comitês superiores do Partido ajudar em sua reorganização, mediante o envio de gente que se encarregue especialmente disso.

No novo período histórico, o papel exemplar dos militantes comunistas deve responder a novas demandas. Há que se reforçar e aperfeiçoar conscientemente a educação e o controle de seus militantes, elevar sua qualidade e fortalecer seu espírito de Partido, de modo que se comportem como elementos de vanguarda que saibam aplicar com firmeza a linha fundamental do Partido, consagrem-se à reforma, à abertura e à modernização, sirvam sinceramente aos interesses do povo e obtenham, à frente das massas, êxitos efetivos no desenvolvimento econômico e no progresso social. É preciso preconizar energicamente em todo o Partido o espírito de emancipação da mente e de reforma e inovação, o espírito de ação e de respeito à ciência, o espírito de antepor todos os interesses de conjunto e velar pela unidade e cooperação, o espírito de proceder com modéstia e precaução e de exaltar o avançado, e o espírito de trabalho árduo e de dedicação desinteressada, de sorte que se ponha em plena ação o caráter de vanguarda dos comunistas na civilização socialista no material e no espiritual.

Quinto, persistir no centralismo democrático, aperfeiçoá-lo e salvaguardar a coesão e a unidade do Partido.

A modernização e a reforma e abertura constituem uma obra extremamente grandiosa e árdua. Somente integrando uma centralização baseada na democracia com uma democracia sob uma direção centralizada poder-se-á pôr em plena ação o entusiasmo e o espírito criador das organizações de diversos níveis do Partido e dos seus militantes, concentrar a sabedoria de todo o Partido para assegurar o acerto das decisões do mesmo e sua execução eficaz e fortalecer sua disciplina e combatividade, de modo que nossa causa possa avançar por um caminho plano. Há que se desenvolver ainda mais a democracia no seio do Partido, reforçar a construção institucional e garantir efetivamente os direitos democráticos às organizações de diversos níveis do Partido e a seus membros. Há que desobstruir e expandir os canais da democracia dentro do Partido, de modo que as opiniões, sugestões e críticas dos militantes possam chegar precisa e oportunamente aos níveis superiores. Na vida interna do Partido, devemos melhorar o excelente estilo de dizer a verdade, de não mentir e de fazer com que a conduta corresponda às palavras; devemos apoiar e proteger os militantes que expressem suas opiniões baseando-se nos direitos estipulados nos Estatutos do Partido. Há que se investigar e censurar, de maneira séria, aquelas pessoas ou ações que atentem contra os direitos democráticos dos militantes ao amordaçar suas críticas, agir em represália contra eles ou torná-los objeto de calúnia e falsas e insidiosas acusações. Os comitês do Partido de todos os níveis devem perseverar o sistema de direção coletiva e aperfeiçoá-lo. Permite-se aos militantes, como indivíduos, reservar suas opiniões divergentes, sem prejuízo de seu dever de respeitar e cumprir as decisões da coletividade. Há que se persistir no princípio da organização de que todos os membros do Partido devem submeter-se à organização do Partido, da minoria à maioria, as organizações inferiores às superiores, as organizações do Partido e todos seus membros a seu Congresso Nacional e a seu Comitê Central. É imperativo combater o liberalismo e lutar contra a desobediência à organização e à disciplina, o não cumprimento das ordens e proibições e a tendência de ir cada um para seu lado. Deve-se fortalecer a disciplina e o controle disciplinar do Partido. Todos os militantes são iguais ante a disciplina do Partido, e quem quer que a viole deve receber as devidas punições. Nosso propósito reside em continuar criando uma vigorosa e dinâmica situação política em que tanto haja centralismo como democracia, tanto disciplina como liberdade e tanto unidade de vontade como satisfação individual.

A unidade do Partido é sua própria vida. Em um período crucial de aceleração da reforma e abertura e da modernização, é particularmente necessário que os camaradas de todo o Partido fortaleçam sua unidade sobre a base da linha fundamental. Cada militante, sobretudo os quadros dirigentes, deve defender conscientemente a unidade do Partido e a autoridade do Comitê Central e manter sua identificação ideológica e política com este último. Não se permite, em absoluto, nenhum ato destinado a minar ou desmembrar o Partido. Todos os comitês do Partido, desde o nível central até os níveis locais, devem praticar com consciência o sistema de reuniões regulares de franqueza no seio do Partido. Dentro dos grupos dirigentes, deve-se criar uma sadia atmosfera de confiança, solidariedade e compreensão mútua e de crítica e autocrítica, para levar a bom termo o trabalho mediante os esforços conjuntos. Os quadros dirigentes de distintos níveis devem dar exemplo de adesão aos princípios, de estrito acatamento da disciplina, da defesa dos interesses gerais e de fortalecimento da unidade. Com todo o Partido cheio de vitalidade e unido na luta, nossa causa contará com a garantia de vitória.

Com o propósito de fortalecer a construção do Partido e melhorar sua direção, o 13° Comitê Central apresentou um "Projeto de revisão dos Estatutos do Partido Comunista da China" para deliberação por parte deste congresso. O projeto de revisão inclui nos Estatutos uma referência à teoria da construção do socialismo do tipo chinês e a linha fundamental do Partido, o que é de suma importância para a unificação dos critérios e das ações de todo o Partido e sua perseverante marcha pelo caminho do socialismo.

Durante dez anos de sua existência, a Comissão Central de Conselheiros efetuou uma série de trabalhos frutíferos, ao ajudar o Comitê Central do Partido na manutenção da unidade partidária e da estabilidade social, assim como no fomento da reforma e abertura e da modernização do país, realizando novas e históricas façanhas em favor do Partido, do Estado e do povo. A Comissão Central de Conselheiros apresentou ante este Congresso uma proposta no sentido de que não a instale novamente no 14° Congresso Nacional.

Camaradas! A realização da grande obra de reunificação da pátria encarna os interesses fundamentais da Nação Chinesa e representa a aspiração comum de todo o povo chinês, incluindo os compatriotas de Taiwan, Hong Kong e Macau e os chineses do ultramar. Faremos ativos esforços por impulsionar a reunificação da pátria, seguindo invariavelmente a orientação da "reunificação pacífica e um país, dois sistemas". O governo do nosso país continuará fortalecendo suas colaborações com os governos do Reino Unido e Portugal para assegurar a transferência de Hong Kong e Macau e sua estabilidade e prosperidade duradoura. Taiwan é parte inseparável do sagrado território da China. Opomo-nos resolutamente a tudo que signifique "duas Chinas", "uma China e um Taiwan" ou "um país, dois governos" sob qualquer forma, e combateremos decididamente todo intento ou ato destinado a criar um Taiwan independente. Continuaremos promovendo a ligação direta entre os dois lados em matéria de correio, navegação e comércio, impulsionando o intercâmbio e cooperação nos diversos campos entre os povos de ambos os lados e, sobretudo, desenvolvendo com energia sua cooperação econômica, a fim de fortalecer, mediante esforços conjuntos, a economia da nação. Reiteramos uma vez mais o desejo do Partido Comunista da China de estabelecer, o quanto antes, contatos com o Kuomintang da China, a fim de criar condições para a efetuação das negociações destinadas a pôr fim formalmente às hostilidades entre ambas as partes e conseguir com isso, passo a passo, a reunificação pacífica da pátria. Nas negociações e consultas, poderão estar as personalidades representativas de outros partidos políticos e organizações e de diversos setores sociais das duas margens. Sob o pré-requisito de uma só China, poderão ser realizadas discussões sobre qualquer questão, inclusive a discussão com a parte de Taiwan sobre a maneira das negociações formais dos dois lados do Estreito, em busca de uma solução que convenha a ambas as partes. Esperamos que as autoridades de Taiwan respondam ao anseio do povo e eliminem todo obstáculo artificial que se oponha à reunificação da pátria, para que as relações entre ambas as margens tenham um novo desenvolvimento.

Camaradas! O socialismo, que é um sistema social totalmente novo na história da humanidade, substituirá inevitavelmente o capitalismo, seguindo a tendência geral do desenvolvimento da história da sociedade. O nascimento, consolidação e desenvolvimento de qualquer sistema social novo passa inevitavelmente por um processo tortuoso, repleto de sacrifícios e lutas, com êxitos e fracassos. Os comunistas e as massas populares unir-se-ão e dele extrairão experiências e lições, para impulsionar o socialismo rumo a um desenvolvimento ainda mais sadio. Em nosso país, graças à luta conjunta dos camaradas de todo o Partido e do povo das diversas etnias, a causa socialista está em uma prosperidade ascendente. A China é um grande país com 1,1 bilhão de habitantes, e o Partido Comunista da China é um grande partido com 50 milhões de militantes. O vigoroso desenvolvimento do socialismo do tipo chinês dará indubitavelmente importantes contribuições à causa do socialismo no mundo e à causa do progresso da humanidade.

O tempo que vai de agora a meados do próximo século é um período muito importante e valioso para a prosperidade da pátria e para o florescimento da causa socialista. Nossas tarefas são pesadas e nossa responsabilidade é grande. Na década de 1990, estabeleceremos preliminarmente uma nova estrutura econômica, concretizaremos o objetivo do segundo passo de desenvolvimento, de chegar a um nível de vida modestamente confortável. Mediante os esforços que realizaremos nos próximos dois decênios, quando celebrarmos o centenário da fundação do nosso Partido, estabeleceremos uma série de estruturas mais maduras e mais definidas nos diversos terrenos. Sobre esta base, em meados do próximos século, ou seja, quando celebraremos o centenário da proclamação da República Popular da China, alcançaremos o objetivo do terceiro passo de desenvolvimento, que é concretizar fundamentalmente a modernização socialista. Que os camaradas de todo nosso Partido e o povo de todas as etnias do país se unam mais estreitamente sob a direção do Comitê Central do PCCh e, ligando-se intimamente como carne e unha para compartilhar o mesmo destino, e mantendo no alto a grande bandeira da construção do socialismo do tipo chinês, marchem valentemente rumo às nossas grandiosas metas!

NOTA

1. Em 15 de abril de 1989, faleceu Hu Yaobang e, por diversas formas, as massas populares manifestaram seu pesar. Durante os funerais, um grupo de pessoas mal intencionadas aproveitou-se da oportunidade para criar rumores demagógicos e utilizaram jornais murais para caluniar, injuriar e atacar dirigentes do Partido e do Estado e estimular a oposição ao sistema socialista e à direção do Partido Comunista. Em 26 de abril, o jornal *Diário do Povo* estampou um editorial intitulado "É necessário opor-se resolutamente às agitações". Com uma atitude de conivência e apoio, o então secretário-geral do Comitê Central do Partido Comunista da China, Zhao Ziyang, fomentou a evolução das agitações. A partir do dia 13 de maio, a Federação de Autonomia das Escolas Superiores, organização estudantil ilegal em Beijing, instigou certas pessoas a entrarem em greve de fome e ocupar a praça Tian An Men durante um longo tempo. Para garantir a estabilidade social e restaurar a ordem normal, o Conselho de Estado decidiu impor a lei marcial em algumas zonas de Beijing, a partir do dia 20 de maio. Porém, aproveitando-se da atitude de contenção adotada pelo governo e pelas tropas da lei marcial, os organizadores e instigadores das agitações continuaram ocupando a praça e organizando diversas atividades ilegais, acabando por convertê-las num motim contra-revolucionário. Em 4 de junho, apoiando-se no povo, o Partido e o governo adotaram medidas categóricas para desmantelar o motim contra-revolucionário.

Dar Atenção Constante e Intensa à Questão da Agricultura, do Campo e dos Camponeses*

(18 de outubro de 1993)

*Discurso feito por Jiang Zemin na Conferência Central do Trabalho Rural.

Esta é uma importante Conferência Central do Trabalho Rural na nova situação em que se aprofundam o estudo e a aplicação da teoria do camarada Deng Xiaoping sobre a construção do socialismo do tipo chinês e do espírito do 14° Congresso Nacional do Partido Comunista, e se aceleram o processo de reforma e abertura e o desenvolvimento econômico. O Comitê Central do Partido e o Conselho de Estado têm dispensado muita atenção ao trabalho rural. A 8ª sessão plenária do 13° Congresso Nacional do Partido adotou importantes decisões sobre a diretriz, as tarefas fundamentais e a política para a reforma e o desenvolvimento do campo nos anos 90. Desde fins do ano passado, o Comitê Central do Partido e o Conselho de Estado formularam a política e medidas destinadas a solucionar os problemas urgentes dos assuntos rurais. Esta conferência visa principalmente, no processo de formação do sistema da economia de mercado socialista, a encontrar a forma de fortalecer em todos os aspectos a posição básica da agricultura, garantir o seu desenvolvimento a passos firmes, alcançar a meta de uma vida modestamente confortável dos camponeses e elevar a agricultura e a economia rural do nosso país a um novo patamar. Agora, apresento algumas opiniões a respeito.

1) Todo o Partido deve dispensar constantemente uma atenção intensa à questão da agricultura, do campo e dos camponeses.

Sobre a importante posição e papel da agricultura e dos assuntos rurais, falei em várias ocasiões. Na realidade, entretanto, parece que o problema de compreensão sobre isso ainda não foi solucionado entre um número bastante grande de quadros dirigentes que ainda não colocam de fato a agricultura no primeiro lugar do trabalho econômico, tanto no seu pensamento orientador como nos seus trabalhos práticos e, em alguns lugares, aparece até a tendência de negligenciar e descuidar-se da agricultura. Por isso, o Comitê Central considera necessário enfatizar mais uma vez a questão, a fim de criar um consenso ainda maior entre os camaradas de todo o Partido, especialmente dos quadros dirigentes de diversos escalões.

A agricultura, o campo e os camponeses têm sido a questão fundamental que diz respeito a toda a conjuntura do nosso Partido e do nosso país. Assim foi no período da revolução da nova democracia e assim é também no período da modernização socialista. A reforma do nosso país teve início no campo após a 3ª plenária do 13° Congresso Nacional do Partido. Os grandes sucessos obtidos na reforma no campo têm promovido energicamente o desenvolvimento da economia rural e de toda a economia nacional, proporcionando importantes experiências para a feliz implantação da reforma na área urbana e em outras áreas. Pode-se afirmar que sem o sucesso da reforma no campo e a prosperidade da economia rural, seria impossível realizar plenamente a reforma do sistema econômico, duplicar com antecedência o PIB e não teria sido possível a atual situação vigorosa do nosso país. A realização da reforma e do desenvolvimento demonstra plenamente a posição de extrema importância da agricultura e dos assuntos rurais no desenvolvimento do nosso país.

Face a nova situação da economia de mercado socialista, a agricultura e a economia rural têm pela frente uma série de novas contradições e problemas, cuja solução está diretamente ligada não apenas ao campo, mas também à estabilidade e prosperidade de todo o país. Sem dúvida alguma, o estabelecimento do sistema de economia de mercado socialista traz oportunidades inéditas para o desenvolvimento da economia rural. Mas é de se notar que a agricultura, diferente da indústria, é condicionada não apenas pelos riscos do mercado, mas ainda pelos riscos naturais, é um setor com alto efeito social e baixos benefícios próprios na economia nacional e encontra-se muitas vezes numa posição relativamente vulnerável e desfavorável na competição tanto do mercado como dos recursos econômicos. Por isso, a agricultura constitui um setor que deve ser protegido pelo macrocontrole do Estado. Todos os países economicamente desenvolvidos têm legislação e política destinadas a proteger e subsidiar a própria agricultura. No processo de transformação da agricultura tradicional para a moderna e no período de transição do sistema da economia planejada para o sistema da economia de mercado socialista, a agricultura do nosso país deve ser mais protegida ainda pelo Estado. Quanto a esta questão, devemos ter uma profunda compreensão e tomar decisões corretas. Os fatos objetivos têm demonstrado plenamente este problema. Nos últimos anos, a nossa indústria tem crescido em ritmo acelerado, em forte contraste da estagnação da agricultura, dando origem a um acentuado desequilíbrio no desenvolvimento entre a agricultura e a indústria. Além de ocupar grande quantidade de recursos econômicos, o rápido avanço industrial conduz à constante alta do preço dos produtos intermediários, o que originou uma rápida alta do preço dos materiais de produção para uso agrícola e amplia rapidamente a diferença de tesouro. Verifica-se uma redução dos subsídios à agricultura e, liberalizados a aquisição e o fornecimento de cereais, os subsídios para o preço de cereais, em algumas localidades deixaram de ser utilizados como subsídios à agricultura, mas passaram a ser aplicados à indústria, aos parques de desenvolvimento e aos empreendimentos imobiliários. Grande quantidade de fundos de crédito agrícolas começaram a fluir para a indústria ou para as cidades. Tudo isto causa óbvias conseqüências prejudiciais ao desenvolvimento da agricultura e da economia rural: queda dos interesses comparativos agrícolas, queda da iniciativa dos camponeses no cultivo de cereais e algodão e até abandono de terras cultiváveis em algumas localidades; o aumento de renda dos camponeses tem sido lento, de forma que a percentagem entre a renda líquida *per capita* dos camponeses e a receita *per capita* da população urbana para o consumo tem voltado basicamente aos níveis anteriores à reforma no campo; o investimento na agricultura se reduziu, o que torna este o elo mais frágil da economia nacional. Esta situação mostra que, no processo do desenvolvimento da economia de mercado socialista, a falta de um forte macrocontrole e a dependência exclusiva do mecanismo do mercado alargarão cada dia mais a diferença no ritmo de desenvolvimento entre a indústria e a agricultura, a diferença da renda entre a população urbana e rural e a diferença do desenvolvimento econômico entre as regiões desenvolvidas e menos desenvolvidas. Com a continuidade dessa situação, não só o desenvolvimento da indústria e de toda a economia perderá seu apoio, mas também as contradições na vida econômica e social aguçar-se-ão ainda mais e provocar-se-ão novos problemas e contradições, o que afetará gravemente a consolidação do poder e a estabilidade social. Perante isso, jamais devemos relaxar a vigilância.

Vistos a longo prazo, a agricultura e o campo têm ocupado uma posição de suma importância para alcançarmos a nossa meta estratégica no desenvolvimento socioeconômico. Em nosso país populoso e carente de terras cultiváveis, a esmagadora maioria da população vive no meio rural. Trata-se da realidade fundamental do país. Desde a implantação da reforma e abertura, o campo tem conhecido mudanças históricas, de forma que foi resolvido basicamente a questão de alimentação e abrigo dos camponeses, e estes começam a empreender o caminho de enriquecimento, o que representa um admirável êxito. Mas é imperativo notar que a base material e técnica da nossa agricultura continua muito precária, a educação e a causa cultural no campo estão relativamente atrasadas, e é árdua a tarefa para concretizar a especialização, a mercantilização e a modernização da agricultura. A consolidação da base da agricultura, a prosperidade da economia rural e a vida abastada dos camponeses relacionam-se não apenas com o efetivo abastecimento dos produtos agrícolas, mas ainda ao mercado dos produtos industriais e ao desenvolvimento da economia nacional como um todo. Sem um maior desenvolvimento da agricultura e sem a elevação da economia rural a um novo nível, a meta da modernização do nosso país para o segundo e o terceiro passos de desenvolvimento[1] não será atingida com facilidade. A grandiosa meta da concretização da modernização constitui uma questão estratégica fundamental que diz respeito ao futuro e ao destino do nosso Partido e nosso país. Todos os camaradas do Partido devem partir desta altura para entender o transcendente significado do fortalecimento da agricultura.

Atualmente, a competição é muito acirrada em torno dos cereais e da agricultura na comunidade internacional. Os países desenvolvidos do Ocidente consideram a agricultura não só como um setor básico para estabilizar sua própria situação de política interna, mas também uma arma estratégica para promover sua política de força no exterior. Eles têm colocado a agricultura numa posição importante e adotado políticas enérgicas para apoiá-la e protegê-la. Os subsídios e o investimento deles na agricultura são de quantias consideráveis. Num país populoso como o nosso, nenhum país conseguirá salvar-nos na eventualidade de ocorrerem problemas na agricultura e na produção de cereais. Se vivermos de cereais importados, teremos de ser controlados por outros. É justamente partindo dos aspectos econômico e político no interior e exterior do país, que o Comitê Central insiste em enfatizar repetidamente a necessidade de reforçar a posição fundamental da agricultura e garantir o desenvolvimento duradouro da agricultura e da economia rural. Isto visa a um objetivo claro. Em nenhum momento, os comitês do Partido e os governos em todos os níveis podem esquecer-se desta grande questão relacionada com a independência e o fortalecimento do Estado e da nação.

Os camaradas de todo o Partido devem estudar conscienciosamente as importantes teorias do camarada Deng Xiaoping sobre a questão agrícola, sintetizar as experiências históricas do desenvolvimento agrícola do nosso país e consolidar ainda mais o pensamento orientador de que a agricultura constitui a base. Desde a reforma e abertura, tanto na avaliação da situação e na investigação dos problemas como na elaboração dos programas e na tomada de decisões, o camarada Deng Xiaoping e outros revolucionários da velha geração, de acordo com suas ricas experiências práticas, priorizavam sempre as questões da agricultura, do campo e dos camponeses, colocando tais questões em primeiro plano no trabalho do Partido e na estratégia de desenvolvimento do Estado. Todos os camaradas do Partido devem seguir o seu exemplo. O camarada Deng Xiaoping afirmou em várias ocasiões: "Na China, 80% da população vivem no campo. A estabilidade da China depende, em primeiro lugar, da estabilidade destes 80% da população. As cidades, por mais bonitas que sejam, não se sustentam sem a estabilidade do campo como base." "O desenvolvimento da economia chinesa depende, em primeiro lugar, do desenvolvimento do campo e do melhoramento da vida dos camponeses." "Sem a estabilidade do campo, toda a situação política não terá estabilidade. Se os camponeses não se livrarem da pobreza, nosso país não se livrará dela." "Sem a iniciativa dos camponeses, o país não se desenvolverá." Ele disse ainda: "Não se deve esquecer de que a agricultura é a base." "Se tivermos problemas na economia da década de 1990, é muito provável que ocorram no setor agrícola." "Se a agricultura sofrer reveses, não se conseguirá voltar à normalidade em três ou cinco anos." Estas instruções do camarada Deng Xiaoping são mesmo corretas e clarividentes. Temos que ter em mente as lições de grandes altas e quedas da economia nacional causadas por grandes reveses no setor agrícola desde a proclamação da República Popular. No processo da criação do sistema de economia de mercado socialista, é necessário continuar aplicando inabalavelmente o princípio de considerar a agricultura como base, colocando com firmeza a agricultura no primeiro lugar dos trabalhos econômicos. Quanto mais se acelere a reforma e abertura, maior atenção, proteção e reforço devem ser dados à agricultura. É preciso fortalecer a agricultura como base, verdadeira e não superficialmente, real e não oralmente, com todo o coração e não só com a metade do coração. Nos primeiros anos após a fundação da República Popular, era indispensável adotar uma estratégia do desenvolvimento industrial apoiando-se na acumulação agrícola. Agora as condições são diferentes, e é preciso reajustar a estrutura, incluindo reajustar os investimentos na construção infra-estrutural, dos fundos do orçamento financeiro e dos fundos de crédito. Deve-se garantir o atendimento às necessidades prementes do desenvolvimento agrícola, mesmo que para isso tenha que se abrir mão de alguns projetos industriais. É necessário garantir especialmente a produção e o abastecimento dos principais produtos agrícolas, garantir o constante fortalecimento das infra-estruturas agrícolas e garantir um progresso relativamente rápido do desenvolvimento e da construção nas zonas pobres. É sob a condição prévia de se garantir o desenvolvimento duradouro e estável da agricultura que se deve determinar a envergadura e a velocidade de desenvolvimento de toda a economia nacional e determinar a percentagem dos investimentos na indústria e na agricultura que são os dois setores importantes. Não só o governo central, mas também os de todas as localidades devem persistir em trabalhar desta maneira. Com os esforços centrais e regionais conjugados, tudo se fará para conseguir um novo avanço agrícola no ano próximo e assim se prossegue a longo prazo, para se obter, a cada ano, novos progressos.

2) As principais tarefas atuais para aprofundar a reforma no campo.

Para agarrar-se bem à oportunidade, acelerar o desenvolvimento e concentrar as forças em busca de um maior desenvolvimento da construção econômica, todo o país está esforçando-se pela implementação de um sistema de economia de mercado socialista. No atual aprofundamento da reforma no campo, também é necessário priorizar a criação do corpo principal do mercado, o aperfeiçoamento do sistema do mercado, o fortalecimento da orientação do macrocontrole e a proteção da agricultura, estabelecendo a passos acelerados um mecanismo das operações econômicas e um sistema de administração da economia rural que satisfaçam as demandas da economia de mercado socialista.

Deve-se aperfeiçoar ainda mais o sistema de operações no campo para vitalizar e fazer prosperar o corpo principal do mercado rural. Trata-se de um trabalho fundamental em busca de desenvolvimento da economia de mercado socialista no campo. Como sistema fundamental da nossa economia rural, o sistema de operações duplas, que tem como principal aspecto o sistema de responsabilidade pela produção mediante contrato familiar com remuneração em função do rendimento e que abrange a distribuição centralizada deve ser mantido durante longo tempo e aperfeiçoado constantemente na prática. A responsabilidade familiar mediante contrato é a base das operações duplas em que deve ser plenamente respeitado o direito de autonomia das operações das famílias camponesas. É necessário prorrogar adequadamente o prazo dos contratos da terra e, com base no princípio de voluntariado dos camponeses e benefício mútuo e com o acordo do concessor, o direito de uso da terra pode ser transferido de forma não gratuita, em conformidade à lei. O aperfeiçoamento das operações unificadas da coletividade visa principalmente a fortalecer a sua função nos serviços à produção, na coordenação da administração e na acumulação dos fundos, sendo os serviços às famílias camponesas a função mais importante. Por isso, é necessário fortalecer passo a passo o poder da economia coletiva, ampliar constantemente os terrenos de serviço, elevar o nível dos serviços, estendendo os serviços de certos elos da cadeia de produção a todo o seu processo e até aos períodos anterior e posterior à produção. Ao mesmo tempo, é necessário tomar como elo de ligação a divisão e colaboração segundo a especialização para desenvolver organizações especializadas de serviços. Desta maneira, com base no funcionamento do sistema de responsabilidade familiar e na estreita integração dos serviços gerais das organizações rurais da economia coletiva com os serviços especializados prestados pelo Estado e pela sociedade, forma-se um sistema de serviços socializados no campo. Através do sistema de serviços unem-se os milhares e milhares de famílias, ligando estreitamente as operações das famílias camponesas de pequena envergadura e o mercado em constante crescimento e promovendo o desenvolvimento da nossa agricultura rumo à mercantilização, especialização e modernização. Paralelamente ao desenvolvimento da economia mercantil rural, nas aldeias com setores secundário e terciário relativamente desenvolvidos e a passagem da grande parte da mão-de-obra para os setores não agrícolas e com renda estável, pode-se aplicar as operações de envergadura moderada nas terras, mas é imperativo partir da realidade e respeitar a vontade dos camponeses. Quanto ao sistema cooperativo por ações, é necessário orientá-lo ativamente e aperfeiçoá-lo constantemente.

Em torno da produção mercantil especializada do campo, deve-se continuar promovendo e aperfeiçoando as formas de operação, tais como a integração dos setores comercial, industrial e agrícola e a cadeia da produção, abastecimento e venda. Com o setor de manufatura ou a administração empresarial como liderança, pode-se levar as entidades básicas rurais e as famílias camponesas a criar organizações de cooperação econômica; com apoio nas cooperativas de abastecimento e venda e nas outras entidades econômicas e técnicas, criar cooperativas especializadas; e organizar associações setoriais conjuntamente pelos camponeses etc. Estas formas de operação correspondem às demandas da produção socializada e integram organicamente a produção, a manufatura e a circulação, realizando a manufatura segundo a necessidade do mercado e organizando a produção segundo a necessidade de manufatura, o que favorece a solução das contradições entre a produção dispersa e o mercado unificado e entre as operações de pequena envergadura e a modernização agrícola, contribui para a distribuição adequada dos fatores produtivos e para a integração de vantagens entre as cidades e o campo, tendo-se assim amplas perspectivas de desenvolvimento. Segundo as necessidades do mercado nacional e internacional, todas as localidades devem explorar suas indústrias pilares, criar um grupo de carros-chefe, empreender a distribuição regionalizada, a produção especializada, a administração integrada e os serviços socializados e acelerar o processo de modernização agrícola. Ao mesmo tempo, é necessário acelerar os passos da reforma das cooperativas de abastecimento e venda, levando-as a formar uma verdadeira comunidade de interesse com os camponeses e a tornar-se uma organização de serviços gerais no campo, desempenhando um papel ainda maior no desenvolvimento da economia de mercado socialista no campo.

Deve-se criar um sistema de mercado aberto, ordenado e unificado nos meios urbanos e rurais com a concorrência eqüitativa e formar um novo sistema de grande circulação. A criação do mercado de produtos agrícolas deve centralizar-se na construção de mercados atacadistas, formando gradualmente toda uma rede de mercados centrais e regionais e feiras urbanas e rurais. O desenvolvimento dos mercados de elementos produtivos deve ser feito em etapas e de acordo com sua importância. É necessário promover ativamente a reforma do sistema monetário no campo, visando à criação gradual de um sistema monetário que integra estreitamente os bancos de orientação política, os bancos comerciais e as organizações monetárias de caráter cooperativo. As fundações cooperativas estabelecidas pelas organizações da economia coletiva rural devem ser organizações comunitárias de assistência mútua de fundos e prestar serviços aos camponeses e à produção dentro da comunidade, em vez de dedicar-se às operações de depósito e empréstimo. Através do desenvolvimento do mercado de mão-de-obra nos meios urbanos e rurais, deve-se orientar corretamente a transferência e o fluxo, de forma ordenada e razoável, da mão-de-obra excedente do campo. É preciso reforçar a construção de obras infra-estruturais, nomeadamente de estradas, armazéns, produção elétrica e telecomunicações, para criar as condições necessárias à melhoria da circulação de mercadorias.

Deve-se estabelecer um sistema científico e eficaz de macrocontrole e elevar o nível de macroorientação e administração da economia rural. Os governos em seus diversos níveis devem exercer plenamente suas funções no planejamento com uma visão de todo o conjunto, na aplicação da política, na orientação das informações, na organização e coordenação, na prestação de serviços, na fiscalização e supervisão. Para desenvolver a economia de mercado socialista no campo, é necessário pôr em jogo o papel fundamental do mercado na distribuição dos recursos agrícolas por um lado, e o papel orientador do governo na produção, venda, reserva e exportação dos principais produtos agrícolas por outro. É necessário aperfeiçoar, nos níveis centrais e regionais, um sistema regulador da reserva dos produtos agrícolas importantes, um sistema de proteção e apoio à produção agrícola e um sistema de seguridade social do campo. É preciso intensificar a proteção da agricultura, incluindo a proteção do preço dos produtos agrícolas, das terras cultiváveis e do meio ambiente no campo e a assistência em caso de calamidade. É necessário realizar bem a reforma geral em nível distrital e reforçar-lhe a capacidade de coordenação geral. Quanto às unidades básicas diretamente subordinadas aos governos distritais e estabelecidas nas vilas e comarcas, deve-se, segundo diferentes casos, continuar ordenando suas relações, fortalecendo as funções das autoridades de vila e comarca e promovendo o desenvolvimento econômico local.

3) Tudo se faz para acelerar o desenvolvimento econômico e o progresso social no campo.

O aprofundamento da reforma rural visa a abrir caminhos mais amplos e criar melhores condições para acelerar o desenvolvimento da agricultura e da economia rural. Afinal de contas, a solução das questões da agricultura, do campo e dos camponeses depende do vigoroso desenvolvimento da força de produção social no campo. Os comitês do Partido e os governos em todos os níveis têm de tomar o aceleramento do desenvolvimento da economia rural e o aumento da renda dos camponeses como o ponto de partida e o destino fundamental de seu trabalho no campo.

Deve-se persistir na orientação pelo mercado para reajustar a estrutura setorial da agricultura, otimizar a distribuição de recursos e seguir o caminho de alta produção, melhor qualidade e eficácia elevada. Trata-se de profundas transformações indispensáveis ao desenvolvimento da agricultura, e de uma mudança estratégica dos princípios orientadores dos trabalhos econômicos rurais do nosso país. No reajuste da estrutura setorial do campo, é necessário tratar corretamente as relações entre o aumento da produção de cereais e o aumento da renda dos camponeses. A produção de cereais tem de se desenvolver estavelmente, eis uma inabalável idéia fundamental. Com base no desenvolvimento da produção, é imperativo garantir o aumento de renda dos camponeses, eis outra inabalável idéia fundamental. Devem-se coordenar as metas estabelecidas para o abastecimento de cereais e o aumento de renda dos camponeses e adotar o princípio de "manter a estabilidade em uma parte e ativar outra", isto é, manter o crescimento estável da produção de cereais por um lado e, por outro, ativar as operações econômicas diversificadas. É necessário elevar a rentabilidade comparativa da produção de cereais, aumentar a renda dos camponeses e mobilizar a iniciativa dos camponeses através de diferentes medidas, tais como elevação do preço de proteção na aquisição de cereais, estabelecimento do sistema regulador da reserva de cereais, estabelecimento de bases produtoras de cereais comerciais e apoio às principais regiões produtoras de cereais no seu desenvolvimento econômico. Tendo a estabilidade de abastecimento de cereais como precondição, devem-se desenvolver sem restrição os setores e os produtos de alto valor agregado, alto índice comercial e alta rentabilidade de divisas e esforçar-se para a elevação do rendimento econômico da agricultura. Paralelamente ao desenvolvimento da agricultura a passos firmes, deve-se promover ativamente o desenvolvimento dos setores secundário e terciário no campo e realizar bem a construção de pequenas cidades e vilas. As experiências estrangeiras e a prática das regiões desenvolvidas do nosso país demonstram que, a fim de resolver radicalmente os nossos problemas da agricultura e da economia rural e concretizar a modernização agrícola no nosso país, são precisos grandes esforços para impulsionar a operação intensiva da agricultura e sua exploração integral e desenvolver os setores não agrícolas e acelerar a transferência, *in loco*, da mão-de-obra excedente da agricultura. Deve-se continuar tendo o desenvolvimento das empresas rurais como ponto de ênfase estratégico para fazer prosperar a economia rural, dinamizar ainda mais o mecanismo das operações, otimizar a estrutura, elevar o rendimento e aumentar a competitividade dos produtos. Deve-se, sobretudo, acelerar o desenvolvimento das empresas rurais na região Centro-Oeste, às quais o Estado deve dar apoio necessário no investimento, renovação técnica e cooperação Leste-Oeste. É necessário orientar as empresas rurais a concentrar-se adequadamente nas pequenas cidades e vilas para que estas tornem-se centros econômicos regionais. É necessário planejar bem a construção de pequenas cidades e vilas e realizá-la por etapas.

Deve-se aplicar com firmeza a estratégia de desenvolvimento agrícola mediante a ciência, tecnologia e educação. A prosperidade da nossa economia rural depende, afinal de contas, dos importantes progressos da ciência e tecnologia agrícolas e de sua ampla aplicação. Temos de fomentar o firme conceito de que a ciência e a tecnologia são a primeira força produtiva, utilizar plenamente os resultados da ciência e tecnologia modernas para transformar a agricultura tradicional e reduzir, o mais rápido possível, a diferença entre a ciência e a tecnologia agrícolas do nosso país e os líderes internacionais. A tarefa premente reside na divulgação e aplicação dos resultados científicos e tecnológicos agrícolas já existentes e na sua transformação, o mais rápido possível, em força produtiva na prática. Ao mesmo tempo, devem-se fortalecer as pesquisas básicas, enriquecer as reservas científicas e tecnológicas, organizar as investigações dos projetos-chave científicos e tecnológicos relativos à agricultura, divulgar, o mais rápido possível, um grupo de importantes resultados das pesquisas. É de se notar que cada progresso importante da ciência e tecnologia agrícolas provoca sempre uma revolução na produção agrícola. O século XXI será de grandes saltos da biotecnologia. Fortalecer o estudo da biotecnologia e outras tecnologias sofisticadas constitui uma questão estratégica de longo prazo para o desenvolvimento da força de produção agrícola, e para isso os departamentos concernentes, tanto centrais como regionais, devem fazer de antemão os preparativos. É necessário dedicar grande atenção ao trabalho educacional no campo, tomando como ponto de ênfase a popularização efetiva do ensino obrigatório de nove anos e a alfabetização de jovens e dos de meia-idade, além de esforçar-se pelo desenvolvimento da educação técnica profissional e da educação para os adultos no meio rural. Enquanto garantem que seus alunos dominem bem os conhecimentos culturais básicos, as escolas primárias e secundárias rurais devem introduzir, segundo as circunstâncias da produção e da vida do campo, as disciplinas de ensino profissional em fases apropriadas, para combinar a formação cultural com a formação técnica. É necessário esforçar-se para elevar o nível cultural e científico dos camponeses, mobilizar plenamente a iniciativa dos cientistas e técnicos na agricultura e impulsionar o desenvolvimento sustentável da ciência e tecnologia do nosso país neste aspecto.

Deve-se fortalecer a construção infra-estrutural da agricultura e melhorar as condições de sua produção. Trata-se de um assunto importante que se relaciona com o crescimento estável e ao reforço do impulso ulterior da agricultura. Atualmente, em muitas regiões, as obras hidráulicas antigas encontram-se envelhecidas e carentes de manutenção, com seus efeitos reduzidos, a erosão agrava-se a cada dia e a resistência às calamidades diminui visivelmente, enquanto as secas, inundações e outras calamidades naturais são cada vez mais freqüentes, o que representa um verdadeiro alarme para nós sobre o estado em que se encontram as obras infra-estruturais agrícolas. Por isso, é imperativo dar às obras infra-estruturais agrícolas, incluindo aos projetos hidráulicos, a mesma importância dedicada às de recursos energéticos, transporte e matérias-primas importantes. Ao elaborar seus programas do desenvolvimento socioeconômico, os governos em diversos níveis devem priorizar a construção de obras hidráulicas e acelerar os trabalhos em busca do controle de grandes rios e lagos e a construção de um grupo de grandes empreendimentos hidráulicos de base de grande porte. Deve-se persistir incansavelmente na construção básica no campo destinada principalmente ao melhoramento da terra, ao controle da água e ao reflorestamento, acelerar os passos de controle nas regiões gravemente afetadas pela erosão, e melhorar o ambiente ecológico da agricultura. No processo de reforço da construção de obras infra-estruturais agrícolas, devem levar os camponeses a aumentar a acumulação de trabalho e de fundos, enquanto os governos central e regional também devem garantir os investimentos necessários. O camarada Deng Xiaoping disse que é preciso aumentar o investimento na agricultura e fazer com que os camponeses sintam os benefícios e tenham a iniciativa. Este deve ser um importante princípio diretor na organização do nosso trabalho econômico. À medida que se desenvolve toda a economia e incrementam-se as forças financeiras do país, tanto o governo central e os regionais como as coletividades rurais e os camponeses devem persistir no aumento gradual dos investimentos na agricultura. Isto deve ser muito claro e inabalável. É com uma boa política rural e o progresso científico e tecnológico a que se associa ainda o aumento do investimento, que a posição fundamental da agricultura terá uma garantia segura. Atualmente, em vez de aumentar o investimento na agricultura, algumas localidades chegam a desviar verba e materiais destinados à agricultura para outros usos, até para projetos não produtivos. Este comportamento errôneo deve ser resolutamente impedido.

Deve-se fortalecer a civilização espiritual socialista e a construção da democracia e da lei no campo e promover a administração integrada da segurança social no campo, o que é parte importante da modernização e do progresso social, além de ser uma significativa garantia para promover o desenvolvimento da agricultura e da economia no campo. Junto com a reforma e abertura e o desenvolvimento econômico no campo, deve-se realizar amplamente a educação pela teoria do camarada Deng Xiaoping sobre a construção do socialismo do tipo chinês e da linha básica do Partido, promover a educação ideológica do patriotismo, coletivismo e socialismo, desenvolver vigorosamente as boas tradições, tais como lutar arduamente, administrar a família com diligência e poupança, respeitar os idosos e zelar pelos menores e ajudar zonas pobres, assim como persistir nas atividades de criar aldeias e famílias civilizadas, educar e levar os camponeses a reformar os hábitos e costumes, boicotar idéias feudais e supersticiosas, abandonar os maus hábitos e costumes, fazer bem o planejamento familiar e criar uma boa atmosfera social nas aldeias. Ao mesmo tempo, é preciso adotar medidas categóricas e eficazes, em busca de uma melhoria óbvia, num curto prazo, do estado da ordem social no campo, para que as massas camponesas sintam efetivamente a segurança na produção e na vida. Deve-se persistir no princípio da integração dos trabalhos especializados e da linha de massas, isto é, organizar operações coordenadas dos serviços de segurança pública, procuradoria, legislação e justiça para combater, nos termos da lei e com rapidez e rigor, os crimes que prejudiquem gravemente a ordem social no campo e, ao mesmo tempo, agilizar a prevenção e a administração de massas e conjugar os esforços das partes policial e popular, formando uma forte linha de defesa para manter a segurança social no campo. É necessário tratar corretamente as contradições de dois tipos — as antagônicas e as no seio do povo —, fortalecer a educação sobre a lei entre os camponeses, sobretudo entre os jovens e adolescentes, eliminar os fatores inseguros, e promover e salvaguardar a estabilidade social no meio rural.

4) Empenhar-se na construção das organizações básicas rurais.

Na nova situação do desenvolvimento da economia de mercado socialista, o fortalecimento da construção das organizações básicas do campo representa uma importante e premente tarefa do Partido nos seus trabalhos rurais e uma importante garantia política e institucional para a reforma, o desenvolvimento econômico e o progresso social no meio rural. Os comitês do Partido e os governos em todos os níveis têm de dedicar muita atenção, adotar medidas eficazes e obter resultados visíveis.

Deve-se compreender plenamente o significado da construção das organizações básicas rurais e torná-la o elo-chave na execução dos princípios e políticas do Partido para com o campo e na promoção da reforma e desenvolvimento rurais. Desde a reforma e abertura, o campo tem obtido enormes êxitos, o que é inseparável dos esforços das amplas organizações básicas, onde a grande maioria dos quadros dirigentes são bons. Entretanto, deve-se notar que atualmente existem problemas inegligenciáveis nas organizações básicas rurais. Algumas organizações do Partido encontram-se débeis e relaxadas, até paralisadas ou semiparalisadas, de forma que não conseguem funcionar como núcleo dirigente; em certas localidades, eles pedem muito aos camponeses, mas dão-lhes pouco serviço, tornando tensas as relações entre os quadros dirigentes e as massas; a qualidade de algumas organizações básicas rurais e dirigentes no campo não corresponde a seus trabalhos de reforma e construção de que estão encarregados. Por que em algumas localidades rurais surgem desordem e outros fenômenos negativos, até sociedades secretas feudais, e tais problemas não são resolvidos durante longo tempo? Um importante motivo é que as organizações básicas naquelas localidades relaxam em seu papel e perdem a combatividade, o que é muito perigoso. Se esta situação não for corrigida rapidamente, impedirá o desenvolvimento da economia rural, ameaçará a estabilidade no campo, enfraquecerá e abalará a base do nosso Partido e nosso Estado no campo. Por isso, os comitês do Partido e os governos em todos os níveis têm de estar vigilantes imediatamente e estar determinados a, num período de três ou cinco anos, construir, em etapas, as mais de 800 mil organizações básicas rurais para que estas desempenhem seu devido papel. Quando este trabalho estiver coroado de êxito, a fisionomia socioeconômica no campo experimentará transformações ainda maiores.

Deve-se continuar intensificando a construção complementar das organizações no nível de aldeia que têm as células do Partido como núcleo. Através da construção em todos os sentidos da ideologia, estilo e estrutura orgânica, as organizações no nível de aldeia devem satisfazer essas demandas: as células do Partido podem funcionar verdadeiramente como núcleo da liderança e baluarte de combate; as comissões de aldeões podem exercer efetivamente sua autonomia e administrar bem os assuntos da própria aldeia; as organizações da economia coletiva podem dispor de certo poder econômico e funcionar a serviço das famílias camponesas; as outras organizações no nível de aldeia podem assumir sua respectiva responsabilidade e trabalhar de maneira frutífera. Para que as organizações no nível de aldeia desempenhem seu papel, é preciso mobilizar plenamente a iniciativa dos quadros de aldeia. Na primeira linha dos trabalhos rurais, os quadros de aldeia enfrentam tarefas pesadas e trabalham em condições difíceis. Os comitês do Partido e os governos em todos os níveis devem apoiar seus trabalhos com entusiasmo e sinceridade, fortalecer a avaliação, premiação e formação dos mesmos e elevar sua capacidade de trabalho. Devem adotar amplamente o sistema de responsabilidade dos quadros dirigentes de aldeia pelas metas estabelecidas para o mandato com remuneração em função de seu êxito, e adotar, nas regiões com condições, o sistema de aposentadoria e de seguro para os quadros de aldeia. Deve-se prestar atenção à seleção de quadros dirigentes de vila e comarca dentre os destacados quadros de aldeia e de empresa rural e à seleção de quadros dirigentes distritais dentre os quadros dirigentes de vila e comarca destacados por seus efetivos êxitos no trabalho.

Os dirigentes superiores devem fortalecer a orientação na construção das organizações básicas de aldeia e enviar os quadros dirigentes competentes às aldeias para que estes façam ali um trabalho sólido e esmerado. Cada um dos membros do grupo dirigente de distrito e dos quadros dirigentes de seus departamentos partidários e governamentais deve ajudar pessoalmente uma ou duas aldeias atrasadas a transformar sua fisionomia. Ao mesmo tempo, é preciso escolher certo número de quadros competentes em idade ativa dos órgãos distritais do Partido e do governo e enviá-los às aldeias atrasadas para ajudar estas a organizar seu grupo dirigente, buscar seu caminho de enriquecimento e corrigir a atmosfera maligna. Devem-se promover oportunamente para postos dirigentes os quadros que tenham obtido visíveis êxitos.

5) Fortalecer e melhorar efetivamente a direção do Partido sobre os trabalhos rurais.

A realização de grandes metas de reforma e desenvolvimento rurais para os anos 90 e a construção de um novo campo socialista do tipo chinês constituem uma causa criadora inteiramente nova, enfrentando uma série de problemas novos que requerem soluções criadoras à luz da teoria e da linha fundamentais do Partido, segundo a realidade de desenvolvimento e transformação no campo. Para isso, é imperativo fortalecer e melhorar em todos os aspectos a direção do Partido sobre os trabalhos rurais.

Os comitês do Partido em todos os níveis devem dedicar-se ainda mais ao trabalho rural. O Comitê Central do Partido sublinhou repetidamente que os comitês do Partido das províncias, regiões autônomas e municípios centrais devem dedicar grandes esforços ao trabalho rural, os comitês das regiões administrativas (municípios) e dos distritos devem colocar o centro de ênfase de seu trabalho e os principais esforços no trabalho rural. Atualmente, estas exigências não estão totalmente atendidas em várias localidades. Hoje gostaria de reiterar aqui que tanto os secretários dos comitês do Partido das províncias, regiões autônomas e municípios centrais como os dos comitês das regiões administrativas (municípios) e dos distritos devem zelar freqüentemente e orientar pessoalmente o trabalho rural e pesquisar pessoalmente os importantes problemas na reforma e desenvolvimento do campo, tomar decisão ou disposição a respeito e examinar a sua execução. Um dos subsecretários de cada comitê das províncias, regiões administrativas (municípios) e distritos deve estar encarregado dos trabalhos rurais. Este assunto deve ser materializado rapidamente pelos comitês do Partido em nível central e regional. Seja qual for seu trabalho, cada um dos membros do grupo dirigente dos comitês do Partido das regiões administrativas (municípios) e distritos deve zelar e pesquisar os problemas rurais, para que os trabalhos dentro de sua competência sirvam ainda melhor ao desenvolvimento do campo. Os comitês dos municípios com distritos sob sua administração devem dedicar suficiente esforço ao trabalho rural. Os departamentos encarregados da agricultura e do trabalho rural devem ser reforçados para desempenhar totalmente seu papel de coordenação, administração, serviço e orientação. Os departamentos administrativos da agricultura também devem ser reforçados, em vez de enfraquecidos.

Deve-se ir freqüentemente ao campo e intensificar as pesquisas e os estudos. O Comitê Central do Partido exige que os camaradas dirigentes partidários e governamentais nos níveis provincial, regional e municipal permaneçam um mês ao ano no campo, pelo menos, para pesquisas e estudos, enquanto os camaradas dirigentes das regiões administrativas (municípios) e distritos, pelo menos três meses ao ano. Por permanecer no campo, entende-se visitar aldeias e famílias, especialmente as aldeias pobres, para ouvir os clamores das massas camponesas, conhecer o que eles pensam, o que eles desejam e exigem e a que eles se opõem, além de fazer amizade íntima com os camponeses. Ao visitar o campo, todos os quadros dirigentes devem ir com comitiva enxuta, aparecer entre as massas como servidor público do povo, apreender com ele com modéstia e sintetizar conscienciosamente suas experiências. Os camponeses almejam que nossos quadros dirigentes recuperem e desenvolvam estas boas tradições, e nós não devemos frustrar a expectativa dos camponeses. Espero que, após esta conferência, os camaradas dirigentes das províncias, das regiões administrativas (municípios) e dos distritos e os camaradas dos departamentos concernentes vão ao campo para fazer pesquisas profundas e não superficiais, sistemáticas e não segmentárias, a fim de obter novos conhecimentos sobre a reforma e o desenvolvimento rurais e contribuir para um maior avanço do trabalho rural. Pesquisas similares devem ser feitas uma ou duas vezes por ano, tendo em vista o estudo de um grupo de problemas-chave e sua solução.

Devem organizar os diversos departamentos para que sirvam ao campo e aos camponeses. O serviço dos dirigentes às massas populares constitui uma boa tradição do nosso Partido. Mas, atualmente, alguns camaradas invertem esta relação. Alguns departamentos não servem ativamente ao campo, mas aumentam encargos extras às entidades básicas rurais e aos camponeses. Este fenômeno tem de ser alterado. Os diversos departamentos centrais devem desempenhar sua função de promotor neste aspecto e servir como bom exemplo. Os departamentos em todos os níveis devem determinar suas tarefas, programas e medidas a serviço do campo, em conformidade com as áreas de suas atividades. Os comitês do Partido e os governos em todos os níveis devem fiscalizar regularmente os serviços dados pelos seus departamentos. Quando examinar e sintetizar os trabalhos dos organismos distritais a serviço do campo, os comitês e os governos distritais devem convidar certo número de quadros de aldeia para ouvir suas opiniões, críticas e propostas.

Deve-se maximizar os esforços pela implementação das diversas políticas do Partido para com o campo. Desde a reforma e abertura, o Comitê Central do Partido e o Conselho de Estado têm elaborado uma série de importantes políticas novas em relação à agricultura e ao trabalho rural, e a prática comprova que estas políticas são totalmente corretas e têm que ser mantidas estáveis durante o longo prazo. Atualmente, o problema-chave consiste na execução destas políticas. Se não forem executadas ou, depois de certo tempo de execução, forem relaxadas, as políticas, por melhores que sejam, não terão o devido efeito. Todas as localidades devem não só dispor as tarefas e políticas publicadas pelo Comitê Central mas também fiscalizar sua execução. A avaliação não se limita a ouvir relatórios, mas deve ser feita através de visitas às aldeias e às famílias para discutir com as massas camponesas e observar, de baixo para cima, se a disposição das tarefas é adequada, se a execução das políticas é vigorosa e os resultados são bons. É preciso estimular, através de exame, os quadros a trabalharem com seriedade e eficácia. Os quadros de diversos escalões devem falar a verdade, fazer trabalhos práticos, informar tanto os acertos como os desacertos, evitar a jactância, o exagero dos êxitos e outros formalismos, e unir as massas populares para pôr em prática, um por um, os princípios, políticas e medidas do Comitê Central.

Na atualidade e nos vários anos vindouros, a agricultura e o trabalho rural encontram-se num importante período histórico. Sob a orientação da teoria do camarada Deng Xiaoping sobre a construção do socialismo do tipo chinês e da linha fundamental do Partido, todos os camaradas do Partido têm que unificar ainda mais seus entendimentos, lutar unidos, envidar maiores esforços para coroar de êxito o trabalho rural, resolver ininterruptamente as novas contradições e novos problemas que surjam no caminho de avanço, continuar aprofundando a reforma no campo, impulsionar o desenvolvimento duradouro da agricultura, garantir que os camponeses vivam felizes e trabalhem em paz e promover a prosperidade do campo. Desta maneira, podemos realizar, sem dúvida alguma, as grandiosas metas para construir um novo campo socialista do tipo chinês e lançar sólidas bases para concretizar os objetivos estratégicos dos segundo e terceiro passos estratégicos planejados para o desenvolvimento socioeconômico do nosso país.

NOTA

1. Após a 3ª plenária do 11° Comitê Central do Partido Comunista da China, Deng Xiaoping formulou a estratégia do desenvolvimento em três passos da modernização socialista da China. O 13° Congresso Nacional do Partido Comunista da China, realizado em 1987, definiu o objetivo estratégico do desenvolvimento econômico do nosso país, com o seguinte conteúdo: "Após a 3ª plenária do 11° Comitê Central do Partido, a disposição estratégica da construção econômica do nosso país divide-se em três passos: primeiro, dobrar o PIB com base no de 1980 e resolver a questão de alimentação e abrigo do povo. Esta tarefa foi fundamentalmente cumprida. Segundo, quadruplicar o PIB em fins deste século, de forma que o povo leve uma vida modestamente confortável. E terceiro, em meados do próximo século, o PIB *per capita* atingirá o nível dos países medianamente desenvolvidos, o povo levará uma vida relativamente abastada e a modernização será fundamentalmente concretizada. Com o cumprimento antecipado do objetivo estratégico original do segundo passo em fins de 1995 e de acordo com proposta do Comitê Central do Partido Comunista da China, a 4ª plenária da 8ª legislatura da Assembléia Popular Nacional, realizada em março de 1996, reformulou o objetivo estratégico do segundo passo nestes termos: "Concretizar em todos os aspectos a disposição estratégica do segundo passo da modernização, e em 2000, manter a população abaixo de 1,3 bilhão de habitantes, quadruplicar o PIB *per capita* com base no de 1980; eliminar a pobreza, elevar a vida do povo ao nível de conforto moderado; acelerar a construção do sistema de empresas modernas e estabelecer preliminarmente o sistema de economia de mercado socialista, assentando melhores alicerces materiais, tecnológicos e de sistema econômico para a execução da disposição estratégica do terceiro passo no início do próximo século." Atualmente, a China já concretizou o objetivo estratégico dos dois primeiros passos, iniciando a execução da disposição estratégica do terceiro passo.

Discurso na Comemoração do Centenário de Nascimento do Camarada Mao Tsé-tung

(26 de dezembro de 1993)

Camaradas e amigos:

Hoje reunimo-nos nesta solenidade para comemorar o centenário de nascimento do camarada Mao Tsé-tung, o principal fundador do Partido Comunista, do Exército Popular de Libertação e da República Popular da China e grande líder do povo de todas as nacionalidades chinesas.

À luz da teoria do camarada Deng Xiaoping sobre a construção do socialismo do tipo chinês e do espírito do 14° Congresso Nacional do Partido, todo o Partido, todo o Exército e o povo de todo o país estão lutando incansavelmente pela concretização da linha fundamental do Partido e pela construção de um país socialista moderno próspero, democrático e civilizado. A China socialista mantém a estabilidade política, o desenvolvimento econômico, a unidade nacional e o progresso social, demonstrando pleno vigor. Nestas circunstâncias, ao homenagear o camarada Mao Tsé-tung e fazer um retrospecto da história do nosso Partido e do nosso país, compreendemos ainda mais profundamente que foi a coletividade dirigente central da primeira geração do Partido com o camarada Mao Tsé-tung como núcleo que fez as proezas criadoras e inapagáveis para construir uma nova China socialista moderna.

Quando o camarada Mao Tsé-tung e outros fundadores do Partido Comunista da China subiram ao palco político, a Nação Chinesa encontrava-se sob a tenebrosa dominação do imperialismo e feudalismo, o país estava desmembrado, a nação sofria humilhações, as guerras entre os caudilhos militares sucediam-se sem cessar e o povo debatia-se na miséria. Desde a Guerra do Ópio, a salvação do país e do povo e a construção de um país com independência, unidade, democracia e prosperidade tornaram-se a aspiração comum do povo de todas as nacionalidades da China. Os chineses progressistas lutavam arduamente e avançavam um atrás do outro, deixando-nos comoventes páginas na história. Contudo, antes da fundação do Partido Comunista da China, todas as sondagens e esforços fracassaram. A agressão imperialista desvaneceu os sonhos fascinantes que os chineses tinham em copiar o Ocidente. A Nação Chinesa continuava debatendo-se no abismo de sofrimentos, sem encontrar uma saída para a libertação.

O maior mérito histórico do camarada Mao Tsé-tung reside em ter integrado os princípios fundamentais do marxismo-leninismo com a realidade concreta da China, levado nosso Partido e nosso povo a encontrar o correto caminho da revolução de nova democracia, a cumprir as tarefas de luta contra o imperialismo e o feudalismo, a pôr fim à sociedade semicolonial e semifeudal, a fundar a República Popular da China e estabelecer o sistema socialista. Em seguida, ele começou a buscar o caminho da construção socialista, partindo da realidade do país.

Na velha China, grande país semicolonial e semifeudal do Oriente, a classe operária representava uma população muito reduzida e os camponeses eram a esmagadora maioria da população total, de maneira que, sob a direção do Partido Comunista, apoiando-se na classe operária e na sólida aliança entre operários e camponeses e unindo o povo de todas as nacionalidades do país, conquistar, em primeiro lugar, a libertação nacional e independência nacional e determinar a posição do povo como dono do seu próprio destino, e abrir posteriormente um caminho rumo ao socialismo eram os novos temas extremamente complexos na história da revolução proletária. Com o marxismo-leninismo, o camarada Mao Tsé-tung analisou profundamente a estrutura da sociedade chinesa, a posição econômica de cada uma das classes e sua respectiva atitude política, definiu claramente a natureza, o alvo, o objetivo e a força motriz da revolução chinesa, formulou a estratégia de dois passos para avançar rumo ao socialismo, através da revolução da nova democracia, elaborou a linha geral da revolução da nova democracia dirigida pelo proletariado com a participação das massas populares contra o imperialismo, o feudalismo e o capitalismo burocrático, abriu um caminho revolucionário de estabelecer bases de apoio no campo, utilizar este para cercar as cidades e tomar o poder com luta armada. O camarada Mao Tsé-tung e seus companheiros de armas fundaram um partido político proletário armado com a teoria revolucionária marxista-leninista e o estilo revolucionário, um exército popular que, sob a direção absoluta do Partido, luta heroicamente pela libertação do povo e uma frente única que une a maioria esmagadora da população de toda a nação na luta comum. Após 28 anos de luta extremamente árdua e corajosa, foram derrubadas finalmente as "três grandes montanhas" sobre o povo chinês e fundou-se a Nova China em 1949. Foi neste momento que o povo chinês se ergueu em pé.

Depois da fundação da Nova China, o povo de todo o país, sob a direção do Comitê Central do Partido que tinha o camarada Mao Tsé-tung como núcleo, continuou impulsionando o desenvolvimento da história chinesa com base na rápida cicatrização das feridas de guerra e restauração da economia nacional. Pela proposta do camarada Mao Tsé-tung, o Comitê Central do Partido formulou oportunamente a linha geral do Partido durante o período de transição, visando à paulatina industrialização socialista do país e a gradual transformação socialista da agricultura, do artesanato e da indústria e comércio capitalistas. Sob a orientação desta linha geral, nosso país lançou uma base preliminar para a industrialização, abriu um caminho da transformação socialista correspondente à realidade chinesa. Conforme as características da China, foram adotadas a forma de capitalismo do Estado e a política de resgate pacífico para transformar a indústria e o comércio capitalistas, e a forma de transição gradual para transformar a agricultura individual e indústria artesanal individuais, fazendo com que, no processo de transformação socialista, as forças produtivas sociais continuassem desenvolvendo-se e o nível de vida do povo se elevasse, o que é uma invenção original do Partido Comunista da China. O término fundamental da transformação socialista e o estabelecimento total do sistema socialista foram as mais profundas e maiores mudanças sociais na história chinesa e a base de todos os progressos e desenvolvimentos da Nova China.

Concluída a transformação socialista em sua base, o camarada Mao Tsé-tung, tomando as experiências da União Soviética como referência, começou a explorar ativamente um caminho socialista próprio da China. Em 1956, o camarada Mao Tsé-tung publicou o artigo "Sobre as dez grandes relações", enfatizando que nossas diretivas básicas residem em mobilizar todos os fatores positivos internos e externos do país a serviço da causa socialista. Em 1957, o camarada Mao Tsé-tung publicou o artigo "Sobre a questão do correto tratamento das contradições no seio do povo", assinalando que as contradições básicas na sociedade socialista continuam sendo as que existem entre as relações de produção e as forças produtivas e entre a superestrutura e a base econômica; considerando que nossa tarefa fundamental passou da libertação das forças produtivas para a proteção e o desenvolvimento das mesmas sob as novas relações de produção; formulando o pensamento estratégico de distinguir estritamente e tratar corretamente as duas espécies de contradições, unir o povo de todas as nacionalidades do país para desenvolver nossa economia e nossa cultura e construir um poderoso país socialista. No período inicial da exploração, por nosso Partido, de um caminho para a construção socialista, estes são dois artigos de suma importância. Nestas e outras obras, o camarada Mao Tsé-tung formulou muitos importantes conceitos sobre a construção do socialismo da China, que se referem a todos os aspectos da política, economia, cultura, defesa nacional e diplomacia. Apesar dos reveses e até de graves falhas durante a exploração, nós, sob a direção do Partido e do camarada Mao Tsé-tung e com base no sistema básico socialista correspondente às circunstâncias concretas da China, empenhamo-nos em buscar um caminho da construção do socialismo correspondente à realidade chinesa, começamos a construção total em grande envergadura, e conseguimos criar um sistema industrial e um sistema de economia nacional independentes e relativamente completos. Das drásticas mudanças verificadas no cenário internacional nos últimos anos, pode-se ver mais clara e profundamente que, tanto a persistência do Partido Comunista da China na independência e autonomia durante a construção socialista e na incansável exploração do próprio caminho, como o espírito de autofortalecimento, de independência, de audácia perante as forças malignas desempenharam tão importante papel para salvaguardar a soberania estatal e a dignidade nacional e consolidar e desenvolver o sistema socialista.

Sob a direção do Partido e do camarada Mao Tsé-tung, a sociedade chinesa conheceu as drásticas transformações. A China passou, de uma sociedade semicolonial e semifeudal, para a nova época socialista. De um país saqueado e escravizado pelo imperialismo, tornou-se um país independente e soberano. De um país desmembrado, um país unificado, com exceção da ilha de Taiwan. De um país onde o povo encontrava-se humilhado e oprimido, um país onde o povo é o dono do seu próprio destino e goza dos direitos democráticos. De um país com uma cultura e economia atrasadas, um país com uma economia próspera e o rápido progresso em todas as áreas. De um país menosprezado no mundo, um país que goza de amplo respeito da comunidade internacional. Tudo isso constitui as condições básicas econômica, política e cultural para a construção de um país socialista moderno próspero, democrático e civilizado e lança uma sólida base para que o país avance para um futuro brilhante.

Conforme os princípios fundamentais do marxismo-leninismo, os comunistas chineses, cujo principal representante foi o camarada Mao Tsé-tung, sintetizaram teoricamente uma série de experiências acumuladas na prática da prolongada revolução e construção, formularam o pensamento orientador científico adaptado à realidade chinesa, isto é, o pensamento de Mao Tsé-tung. Integrou os princípios fundamentais do marxismo-leninismo com a realidade concreta da China, fez com que o marxismo-leninismo deitasse profundas raízes na China. O pensamento de Mao Tsé-tung é todo um sistema ideológico científico. Com as teorias criadoras, ele enriqueceu e desenvolveu o marxismo-leninismo quanto à revolução da nova democracia, à revolução e construção socialistas, à construção do exército revolucionário, à estratégia militar e defesa nacional, às políticas e táticas, aos trabalhos ideológico, político e cultural e à construção do Partido. A alma viva do pensamento de Mao Tsé-tung reside na posição, pontos de vista e métodos em relação a todas estas áreas. Eles têm três aspectos básicos: a busca da verdade nos fatos, a linha das massas populares e a independência e autonomia. Pela busca da verdade nos fatos, entende-se aprofundar sempre a compreensão da realidade concreta da China, estudar e dominar a lei objetiva do desenvolvimento social e encontrar um caminho apropriado à revolução e à construção da China, definir a estratégia e as táticas do nosso Partido para levar o povo a transformar e construir a China e realizar o objetivo de impulsionar o progresso da história. A linha das massas populares significa a linha fundamental de trabalho do Partido formada na aplicação sistemática dos princípios marxista-leninistas, segundo os quais as massas populares são o criador da história em todas as suas atividades. Foi exatamente trabalhando pelas massas, acreditando nas massas, apoiando-se nas massas, concentrando a sua sabedoria e unindo as suas forças, que nosso Partido venceu as dificuldades e fez milagres. Pela independência e autonomia, entende-se salvaguardar com firmeza a independência nacional e a soberania nacional, tomando as próprias forças como ponto de apoio, ao mesmo tempo em que procura ativamente a ajuda estrangeira, promove o intercâmbio internacional nas áreas econômica e cultural e aprende todas as coisas avançadas e proveitosas para nós. O pensamento de Mao Tsé-tung é a aplicação e o desenvolvimento do marxismo-leninismo na China e a cristalização da sabedoria coletiva do Partido Comunista da China. O pensamento de Mao Tsé-tung é sempre um tesouro teórico dos comunistas chineses e um pilar espiritual da Nação Chinesa, assim como o guia da nossa construção de um país socialista moderno.

Da história de prolongada luta, os comunistas chineses compreendem profundamente que, porque nosso Partido é forjado na luta árdua e criador das teorias, formulou, enriqueceu e desenvolveu constantemente o pensamento de Mao Tsé-tung e adotou este firmemente como ideologia orientadora, que o Partido Comunista da China pode assumir a missão histórica, contar com o apoio do povo e tornar-se a força-núcleo dirigente da revolução e construção chinesas. Num grande país oriental como a China, havendo uma vanguarda do proletariado que integra o marxismo-leninismo à realidade concreta do país e tendo formado sua própria característica e tradição, a vitória da causa da revolução e da construção terá sua garantia fundamental. O Partido Comunista da China, armado com o pensamento de Mao Tsé-tung, é um partido que tem como princípio fundamental servir de todo coração ao povo, trabalhando fielmente em busca de interesses da nação e do povo e categoricamente sem buscar os interesses particulares. Nosso Partido sabe integrar a aspiração de longo alcance com as atuais tarefas concretas, persiste no materialismo dialético e materialismo histórico e conhece a lei da sobrevivência e o desenvolvimento das coisas e, com a perspicácia revolucionária e a rigorosa atitude científica de buscar a verdade nos fatos, integra desde sua fundação os objetivos da revolução da nova democracia com o do futuro socialismo e comunismo. Nosso Partido, impregnado de espírito de auto-sacrifício, luta árdua e perseverança, fez os maiores sacrifícios em prol da libertação nacional e o progresso social, obtendo brilhantes vitórias e ganhando a confiança e o apoio do povo de toda a Nação. Nosso Partido, dotado de bom estilo, persiste na integração da teoria com a prática, na manutenção de íntimas relações com as massas populares e na autocrítica, possui firme convicção, rigorosa vitalidade e forte combatividade. Nosso Partido, organizado segundo o princípio do centralismo democrático, desenvolve plenamente a democracia, concentra a sabedoria de todo o Partido e a do povo todo, tem sua disciplina unificada, realiza ações orquestradas, une as amplas massas populares e apóia-se nelas para lutar pela concretização da linha e das tarefas do Partido.

O camarada Mao Tsé-tung é um grande marxista, um revolucionário estrategista e teórico do proletariado, assim como um grande patriota e herói nacional na história moderna da China. Durante os prolongados anos revolucionários árduos, o camarada Mao Tsé-tung demonstrou a perspicácia política, a firme convicção revolucionária, a madura arte de luta e a aptidão dirigente de um líder revolucionário para controlar toda a conjuntura. Foi ele um grande líder que surgiu e cresceu dentre massas populares e pertence sempre ao povo. O espírito revolucionário do camarada Mao Tsé-tung possui grande força coesiva, sua elevada moral possui uma força comovente e seu pensamento científico conta com extraordinária força convocadora. As grandes façanhas históricas feitas por ele e seus companheiros de armas desfrutam o respeito de todas as pessoas honestas do mundo. Sua prática revolucionária e seus brilhantes méritos estão registrados na história. O seu nome, seu pensamento e seu espírito estimulam sempre os comunistas chineses e o povo de todas as nacionalidades da China e continuam impulsionando o avanço da história chinesa. Como grande figura histórica, o camarada Mao Tsé-tung pertence à China e pertence também ao mundo. O camarada Mao Tsé-tung vive sempre entre nós, devemos estudar com seriedade suas obras científicas para absorver delas a sabedoria e a força. Na China surge um Mao Tsé-tung, orgulho de nosso Partido, orgulho de nosso país e orgulho da Nação Chinesa. Alimentaremos sempre os sentimentos de profundo respeito e amor pelo camarada Mao Tsé-tung!

Camaradas e amigos!

Com o sucessivo falecimento do camarada Mao Tsé-tung e de seus íntimos companheiros de armas Chou En-lai, Liu Shaoqi, Zhu De e outros revolucionários proletários da velha geração, os camaradas de todo o Partido e o povo de todas as nacionalidades do país mergulharam em profunda tristeza. Naquela altura, o nosso Partido e o país ainda não se livraram da desastrosa "Grande Revolução Cultural". O desenvolvimento da sociedade chinesa encontrava-se numa encruzilhada crítica do seu momento histórico. Como herdar e levar adiante a causa da construção de um país socialista moderno próspero, democrático e civilizado que nosso Partido e nosso povo almejavam, era o foco de atenção de todo o Partido, todo o Exército e o povo de todas as nacionalidades do país. A história colocou dois importantes temas interligados perante os comunistas chineses. Isto é, como avaliar o camarada Mao Tsé-tung e a posição histórica do pensamento de Mao Tsé-tung e como determinar um caminho correto da modernização socialista chinesa conforme a mudança das condições internas e externas e as experiências históricas tanto positivas como negativas. Sob a direção da coletividade dirigente central da segunda geração, com o camarada Deng Xiaoping como núcleo, nosso Partido ofereceu as respostas científicas a estes dois temas históricos.

Em dezembro de 1978, nosso Partido realizou vitoriosamente a 3ª sessão plenária do 11° Comitê Central, concretizando uma grande virada de significado profundo na história do Partido. A sessão plenária definiu a diretiva orientadora de libertar a mente, pôr a criatividade em funcionamento, buscar a verdade nos fatos, unir-se como um só homem e mirar para frente, iniciou os trabalhos de corrigir o errado e voltar ao correto, pôs fim decididamente à aplicação da palavra de ordem de "tomar a luta de classes como alavanca" que não correspondia às principais contradições sociais após o estabelecimento completo do sistema socialista no nosso país, adotou a decisão estratégica de transferir o ponto de gravidade do trabalho de todo o Partido para a construção da modernização socialista e restabeleceu a linha ideológica, política e organizacional marxista.

A correta avaliação dos méritos e dos erros do camarada Mao Tsé-tung na história e o estabelecimento da posição histórica do seu pensamento relaciona-se com as avaliações dos êxitos do Partido e do Estado obtidos durante a luta em dezenas de anos transcorridos, com a unidade do Partido e estabilidade do país, assim como com o caminho de desenvolvimento do Partido e do país no futuro. Trata-se de uma questão de caráter global, premente e importantíssima perante nosso Partido após o falecimento do camarada Mao Tsé-tung. Dirigindo nosso Partido e nosso país para livrar-se das profundas desgraças causadas pela "Grande

Revolução Cultural" e corrigir o errado e retornar ao correto no pensamento orientador, o camarada Deng Xiaoping dedicou grande energia para encontrar uma solução da questão. Ele assinalou que, sem o presidente Mao Tsé-tung, pelo menos o povo chinês teria de andar às apalpadelas na escuridão durante um período ainda mais longo. O pensamento de Mao Tsé-tung é um sistema científico e deve-se entendê-lo e aplicá-lo integral e corretamente para orientar todo o Partido, todo o Exército e todo o povo do país e impulsionar a causa do nosso Partido e a causa socialista. Ele foi o primeiro a boicotar e criticar a diretiva errada de "dois quaisquer", apoiando o debate em todo o Partido e à escala nacional sobre o tema de que a prática é o único critério para comprovar a verdade, e dirigindo todo o Partido a romper o jugo ideológico da "esquerda". O camarada Deng Xiaoping assinalou que as contribuições do camarada Mao Tsé-tung foram o aspecto principal, seus erros na sua velhice foram secundários e foram cometidos por ele ao contrariar seus próprios conceitos corretos. Foram erros de um grande revolucionário e um grande marxista. O camarada Deng Xiaoping criticou firmemente a tendência errônea de negar fundamentalmente o camarada Mao Tsé-tung e seu pensamento a pretexto de seus erros cometidos nos últimos anos de sua vida. Ele disse que foi por ter seguido o pensamento de Mao Tsé-tung que obtivemos a grande vitória da revolução chinesa; não podemos abandonar a bandeira do pensamento de Mao Tsé-tung e, se não persistirmos no pensamento de Mao Tsé-tung, cometeremos um grande erro histórico; o mais importante é estabelecer a posição histórica do camarada Mao Tsé-tung e persistir no pensamento de Mao Tsé-tung e desenvolvê-lo, não só hoje, como daqui para diante, devemos manter no alto a bandeira do pensamento de Mao Tsé-tung. Estes importantes pontos de vista do camarada Deng Xiaoping vieram a ser o pensamento fundamental da "Resolução sobre várias questões históricas do Partido desde a fundação da República Popular" elaborada sob sua direção e aprovada pela 6ª sessão plenária do 11° Comitê Central do Partido. A resolução persiste no marxismo, sintetiza as experiências históricas do Partido e avalia os líderes do Partido, com base nos fatos e de maneira objetiva e justa, demonstrando mais uma vez que nosso Partido é um partido marxista maduro e firme nos terrenos tanto político como teórico. A resolução eliminou as interferências de "esquerda" e de direita, unificou o pensamento de todo o Partido, fortaleceu sua unidade e estimulou os camaradas de todo o Partido e todo o povo que, confiantes, abrirão o caminho para o futuro.

Ao resolver corretamente o importante tema sobre a avaliação do camarada Mao Tsé-tung e a salvaguarda da posição histórica de seu pensamento, o Comitê Central do Partido, com o camarada Deng Xiaoping como núcleo, pôs-se a solucionar outro importante tema relacionado com o futuro e o destino do Partido e do Estado, isto é, continuar procurando o caminho rumo à modernização socialista da China. Desde os anos 50, nosso Partido começou a sua exploração árdua e passou por muitas vicissitudes, experiências de êxitos e lições de falhas, incluindo repetidos reveses. Nessa importante fase do desenvolvimento da história chinesa, o camarada Deng Xiaoping, integrando os princípios fundamentais do marxismo com a realidade e as características da época da China, herdando e desenvolvendo o pensamento de Mao Tsé-tung, com a grande coragem política de abrir um novo caminho da construção do socialismo e com a grande coragem teórica de atingir a nova fronteira do marxismo, reunindo a sabedoria de todo o Partido e de todo o povo, formulou com criatividade a teoria sobre a construção do socialismo do tipo chinês. Esta respondeu cientificamente o que é o socialismo, a maior questão da teoria fundamental, revelou profundamente que a essência do socialismo reside em libertar e desenvolver as forças produtivas, eliminar a exploração e polarização e alcançar finalmente a prosperidade comum, formulando pela primeira vez e de maneira sistemática e preliminar uma série de questões básicas sobre a construção do socialismo num país com uma economia e uma cultura relativamente atrasadas como a China, assim como sua consolidação e seu desenvolvimento. Sob a orientação desta teoria, formou-se a linha fundamental do Partido na fase inicial do socialismo, segundo a qual se deve tomar a construção econômica como centro do trabalho, persistir nos quatro princípios fundamentais e persistir na reforma e abertura, determinando, desta maneira, o caminho correto da modernização socialista da China. Isto significa que, depois de ter integrado o marxismo com a realidade concreta da China, encontrado o caminho da revolução da nova democracia, estabelecido o sistema socialista e realizado um salto histórico do desenvolvimento chinês, nosso Partido deu um novo vôo histórico, indicando o amplo caminho e o brilhante porvir rumo a um país socialista moderno próspero, democrático e civilizado.

Durante mais de setenta anos de luta, nosso Partido levava a sua bandeira com a inscrição do marxismo-leninismo e o pensamento de Mao Tsé-tung, pensamento que integra o marxismo-leninismo com a prática da revolução chinesa e, agora, a inscrição da bandeira acrescentou a teoria de Deng Xiaoping sobre a construção do socialismo do tipo chinês, isto é, o marxismo da China moderna. O amadurecimento e o desenvolvimento teóricos do Partido garantem energicamente o avanço da nossa causa de vitória em vitória.

A teoria do camarada Deng Xiaoping sobre a construção do socialismo do tipo chinês é a sintetização teórica da rica experiência acumulada na reforma e abertura e na construção de modernização socialista, constituindo nosso pilar espiritual e guia científico que nos levam a continuar avançando vitoriosamente. Rica e profunda, esta teoria abrange todos os aspectos do trabalho partidário e governamental. Recentemente foi publicado o terceiro tomo das "Seleção de Obras de Deng Xiaoping". O Comitê Central fez especialmente uma decisão sobre o seu estudo. Os quadros, especialmente os dirigentes, devem estudar sistematicamente esta teoria, dominar sua essência espiritual, integrá-la com as próprias condições regionais ou setoriais e com sua própria realidade ideológica, e aplicá-la em todos os trabalhos.

Libertar a mente e buscar a verdade nos fatos constituem a alma da teoria sobre a construção do socialismo do tipo chinês. O camarada Deng Xiaoping assinalou que a busca da verdade nos fatos é a base da concepção do mundo proletário, a base ideológica do marxismo e a tese fundamental do pensamento de Mao Tsé-tung. Por libertação da mente, entende-se adaptar o pensamento à realidade e o subjetivo ao objetivo, ou seja, buscar a verdade nos fatos. Tal como o camarada Mao Tsé-tung, o camarada Deng Xiaoping sempre se opôs ao estudo da teoria marxista afastado da realidade da sociedade, revolução e construção da China. Ele disse que em nenhum momento devemos contrariar os princípios fundamentais do marxismo-leninismo e do pensamento de Mao Tsé-tung, isto é indubitável. Entretanto, há que integrá-los com a realidade, analisar e estudar as condições concretas e resolver os problemas reais. Determinar a diretriz de trabalho conforme a realidade, é o método de pensamento e o método de trabalho mais fundamental que todos os militantes do Partido têm de ter em mente. No discurso feito na cerimônia de abertura do 12° Congresso Nacional do Partido, o camarada Deng Xiaoping afirmou claramente: os assuntos da China devem ser tratados conforme a realidade da China e apoiando-se nas próprias forças dos chineses. Também nesse discurso importante, o camarada Deng Xiaoping formulou, pela primeira vez, a todo o Partido e todo o povo a brilhante idéia de "seguir nosso próprio caminho e construir o socialismo do tipo chinês". A China, grande país em desenvolvimento, tem muitas condições e características de desenvolvimento diferentes das de outros países, por isso, no processo de modernização socialista, não se deve aprisionar no dogmatismo nem copiar os moldes de outros, e deve-se persistir em partir da realidade do próprio país e explorar um caminho da construção do socialismo do tipo chinês. Quando seguimos este caminho, ninguém pode abalar-nos a firme convicção de realizar o grande ideal. Quando seguimos este caminho, podemos traçar uma clara linha demarcatória, tanto na teoria como na prática, com todas as tendências errôneas da "esquerda" e de direita quanto à construção do socialismo. O camarada Deng Xiaoping sempre persistiu em buscar a verdade nos fatos, em respeitar a prática e o espírito criador das massas populares, em apoiar com solicitude seus esforços pela exploração e inovação na prática e em sintetizar permanentemente as novas experiências criadas pelas massas para enriquecer e desenvolver a teoria e a política do nosso Partido, estabelecendo para nós um brilhante exemplo.

Libertar e desenvolver ainda mais as forças produtivas sociais constitui o ponto de partida fundamental da construção do socialismo do tipo chinês. O camarada Mao Tsé-tung considerava que a revolução visa a libertar as forças produtivas e aplicou corretamente esta idéia em todo o processo da revolução da nova democracia e do socialismo. A política de "tomar a luta de classes como alavanca" foi errônea porque, afinal de contas, concluídas fundamentalmente as transformações socialistas, a principal contradição na sociedade chinesa deixou de ser a contradição entre as classes, mas passou a ser a contradição entre as crescentes necessidades materiais e culturais do povo e o atraso das forças produtivas sociais. Para resolver esta contradição, o mais fundamental reside em concentrar as forças em busca do desenvolvimento das forças produtivas sociais. Sintetizando as experiências e lições da história, o camarada Deng Xiaoping sublinhou que a tarefa mais fundamental da fase socialista consiste em desenvolver as forças produtivas e lançar os alicerces materiais para realizar o comunismo. Assim, partindo da visão histórica, ligou e integrou todas as transformações e práticas sociais efetuadas pelo povo sob a direção do Partido Comunista da China em torno da libertação e desenvolvimento das forças produtivas, desde a revolução democrática, a revolução socialista, a construção do socialismo até a concretização do comunismo. Compreendendo profundamente e persistindo conscienciosamente neste ponto de vista fundamental, poderemos estabelecer com firmeza tanto na teoria como na prática o pensamento orientador, segundo o qual a construção do socialismo tem de ter a construção econômica como foco, e avaliaremos efetivamente os êxitos e falhas dos trabalhos em todos os terrenos com o critério estabelecido para verificar se eles são favoráveis ou não ao desenvolvimento das forças produtivas sociais socialistas, favoráveis ou não ao aumento do poderio nacional do país socialista e favoráveis ou não à melhora do nível de vida do povo. Há 15 anos tomamos sempre a construção econômica como centro, empenhamo-nos na construção das civilizações material e espiritual socialistas, obtendo notáveis êxitos que merecem a atenção de todo o mundo. Desde que persistamos em prosseguir desta maneira com toda a firmeza, nosso país concretizará vitoriosamente a modernização socialista.

A reforma e abertura é a mais inequívoca característica da construção do socialismo do tipo chinês. Ao analisar a situação em que a harmonia e as contradições existem simultaneamente entre as relações de produção e as forças produtivas e entre a superestrutura e a base econômica após o estabelecimento do sistema socialista no nosso país, o camarada Mao Tsé-tung assinalou que as contradições da sociedade socialista podem ser resolvidas pelo próprio sistema socialista. O camarada Deng Xiaoping levou nosso Partido a encontrar a via correta para solucionar estas contradições, isto é, a reforma e abertura. Ele disse: "A reforma é o auto-aperfeiçoamento do sistema socialista e requer certas transformações revolucionárias em determinado âmbito. Trata-se de um grande acontecimento que demonstra que começamos a encontrar o caminho da construção do socialismo do tipo chinês." "As experiências dos vinte anos, sobretudo as lições da 'Grande Revolução Cultural', dizem-nos que é impossível deixarmos de realizar a reforma, é impossível deixarmos de elaborar novas orientações política, econômica e social. A 3ª sessão plenária do 11° Comitê Central do Partido elaborou uma série destas diretivas e políticas e abriu um novo caminho. Em resumo, estas políticas são a reforma e abertura." A persistência na reforma e abertura e a persistência nos quatro princípios fundamentais constituem os dois pontos de apoio básicos da linha fundamental do Partido, elas são interligadas e dependentes uma da outra. Em todo o processo da reforma e abertura, há que se dispensar permanente atenção à persistência nos quatro princípios fundamentais. Como mais uma revolução na China, como um inevitável caminho em busca do desenvolvimento das forças produtivas sociais e da modernização socialista e como uma correta via para o auto-aperfeiçoamento e o desenvolvimento do sistema socialista, a reforma é uma invenção inédita na história do desenvolvimento do socialismo. Com o pensamento e a prática fundamentais da reforma e abertura, nossa causa socialista entrou num novo período de progresso vigoroso. O camarada Deng Xiaoping foi o arquiteto geral da reforma e abertura e da modernização socialista do nosso país. A reforma e abertura foi sua mais proeminente contribuição para desenvolver de maneira criadora o pensamento de Mao Tsé-tung e a teoria do marxismo-leninismo sobre a construção do socialismo. Persistir na reforma e abertura é uma importantíssima decisão que determina o destino do desenvolvimento da China contemporânea, além de ser um grande ensaio. A prática comprovou e continuará comprovando que ela tem sido bem-sucedida e correta. Desde que sejamos inabaláveis em impulsionar a reforma e abertura, as forças produtivas sociais serão mais emancipadas e desenvolvidas e a causa do socialismo da China estará sempre cheia de vigor e dinamismo.

Persistir no desenvolvimento da China com independência e autodeterminação é o ponto de apoio para a construção do socialismo do tipo chinês. O camarada

Deng Xiaoping disse: "Afinal de contas, nossa diretiva para a construção continua sendo a de apoiar-se nas próprias forças como principal e procurar ajuda do exterior como subsidiário, ou seja, a mesma diretiva determinada pelo presidente Mao no passado." Ele enfatizou que tanto no passado como na atualidade e no futuro, a independência, a autonomia e o apoio nas próprias forças são sempre nossos pontos de apoio. O povo chinês aprecia a amizade e cooperação com outros países e outros povos e aprecia ainda mais o direito de independência e autonomia por ele conquistado através de uma longa luta. Nenhum país estrangeiro pode esperar que a China lhe seja um apêndice nem esperar que a China engula os frutos amargos que prejudiquem os interesses do nosso país. Aplicamos com firmeza a política de abertura ao exterior, ampliamos ativamente o intercâmbio e a cooperação com o exterior com base na igualdade e benefício recíproco e assimilamos todas as boas coisas favoráveis ao desenvolvimento do socialismo do nosso país. Ao mesmo tempo, mantemos a lucidez e jamais permitiremos que as idéias e modos de vida decadentes do capitalismo se alastrem no nosso país. O povo chinês tem sua dignidade e auto-estima nacionais, considerando que o amor à pátria e a contribuição de todas as forças para a construção da pátria socialista é a maior glória e que o prejuízo aos interesses, à dignidade e à honra da pátria socialista é a maior humilhação. O camarada Deng Xiaoping enfatizou a necessidade de colocar a soberania e segurança nacionais sempre em primeiro lugar e opôr-se firmemente à hegemonia e à política de força. Os camaradas de todo o Partido têm de esforçar-se para desenvolver esta nobre integridade nacional, salvaguardar resolutamente a soberania e a dignidade nacionais, integrar o socialismo com o patriotismo e concentrar as forças para resolver bem os assuntos do próprio país.

O camarada Deng Xiaoping assinalou que o que fizemos após a 3ª sessão plenária do 11º Comitê Central do Partido foi restaurar as coisas corretas do camarada Mao Tsé-tung e estudar e aplicar precisa e integralmente o pensamento de Mao Tsé-tung. Os pontos de apoio continuam sendo os mesmos. Em muitos aspectos, estamos efetuando agora as coisas que o camarada Mao Tsé-tung propôs mas não fez, recuperando as coisas às quais ele se opôs erradamente e fazendo bem o que ele não fez bem. Vamos trabalhar desta maneira durante um período bastante longo. É claro que fizemos algum progresso e assim continuaremos. Os fatos comprovam que, quanto à aplicação e ao desenvolvimento do pensamento de Mao Tsé-tung, o camarada Deng Xiaoping demonstrou plenamente sua atitude científica de busca da verdade nos fatos, sua distinta sabedoria política e seu espírito criador do marxismo. Ele merece o título de fiel companheiro de armas do camarada Mao Tsé-tung e do melhor sucessor que desenvolveu seu pensamento de maneira distinta.

A criação da teoria do camarada Deng Xiaoping sobre a construção do socialismo do tipo chinês demonstra que a compreensão do nosso Partido sobre a lei objetiva da construção do socialismo na China atingiu um novo patamar, e demonstra também que a prática da construção de um país socialista moderno próspero, democrático e civilizado sob a direção do nosso Partido entrou numa nova fase histórica. Há mais de dez anos, sob a orientação da teoria do camarada Deng Xiaoping e da linha fundamental do Partido, nossa grande pátria vem avançando a passos largos. Perante as mudanças drásticas no âmbito internacional, o vigoroso desenvolvimento e os enormes êxitos da causa socialista da China levam-nos a compreender cada vez mais que a avaliação científica feita por todo o Partido dirigido pelo camarada Deng Xiaoping sobre o camarada Mao Tsé-tung e a salvaguarda da posição histórica do pensamento de Mao Tsé-tung, assim como a abertura do caminho da construção do socialismo do tipo chinês revestem-se de significado extremamente profundo.

Camaradas e amigos!

O pensamento de Mao Tsé-tung é uma ciência que se desenvolve acompanhando o avanço da época. A teoria do camarada Deng Xiaoping sobre a construção do socialismo do tipo chinês herdou, enriqueceu e desenvolveu o pensamento de Mao Tsé-tung e elevou o pensamento de Mao Tsé-tung a uma nova altura. Persistindo em avançar a passos largos sob a orientação desta teoria, e através da luta de várias gerações, poderemos, sem dúvida, converter a China num país socialista moderno próspero, democrático e civilizado. Aconteça o que acontecer, daqui por diante, devemos ser firmes na aplicação e concretização da linha fundamental do Partido, e seremos inabaláveis nisso durante cem anos. Devemos estudar bem o marxismo-leninismo e o pensamento de Mao Tsé-tung e tomar como centro do estudo a teoria do camarada Deng Xiaoping sobre a construção do socialismo do tipo chinês, integrando-os com as tarefas da reforma e da construção, conforme a realidade objetiva em transformação, e armar o pensamento de todos os camaradas do Partido e todo o povo com esta teoria, como a orientação de todos os trabalhos partidários e governamentais. As atuais situações interna e externa nos proporcionam boas oportunidades raramente vistas para nosso desenvolvimento. Devemos agarrar a chance, acelerar os passos da reforma, ampliar a abertura ao exterior, fortalecer e aperfeiçoar o macrocontrole e manter o crescimento duradouro, rápido e saudável da economia nacional. Em todo o processo da modernização socialista, devemos seguir sempre a teoria e a linha fundamentais do Partido, dominar com firmeza a construção econômica como foco, esforçar-nos para desenvolver a economia de mercado socialista, desenvolver a política democrática socialista, desenvolver a civilização espiritual socialista e levar adiante ininterruptamente o grande empreendimento da construção do socialismo do tipo chinês.

Temos de persistir firmemente no desenvolvimento da economia de mercado socialista e promover o rápido desenvolvimento das forças produtivas sociais do nosso país. O 14° Congresso Nacional do Partido definiu que na década de 1990 devemos implementar preliminarmente o sistema de economia de mercado socialista e alcançar o objetivo do segundo passo determinado para atingir o nível da vida modestamente confortável. Quer dizer, devemos alcançar novas alturas nos aspectos tanto de reforma como de desenvolvimento. O desenvolvimento é a razão que prevalece. A reforma e o desenvolvimento estão integrados, a reforma visa a promover o desenvolvimento. Conforme a teoria do camarada Deng Xiaoping sobre a construção do socialismo do tipo chinês e o espírito do 14° Congresso Nacional do Partido, a "Decisão sobre várias questões do estabelecimento da economia de mercado socialista", aprovada pela 3ª sessão plenária do 14° Comitê Central, sintetizou os resultados de exploração e as experiências dos 15 anos de prática da reforma e abertura, e elaborou o projeto de estabelecimento do sistema de economia de mercado socialista, sendo um programa de ação para aprofundarmos a reforma do sistema econômico. O sistema de economia de mercado socialista está integrado com o sistema básico socialista. O estabelecimento do sistema de economia de mercado socialista visa a desenvolver o papel fundamental do mercado sob o macrocontrole do Estado na distribuição dos recursos. Ele possui inequívocas características socialistas na estrutura das propriedades, no sistema de distribuição e no macrocontrole, contando, por isso, com a superioridade que o capitalismo não pode ter. Devemos tanto persistir e desenvolver nossa própria superioridade e valorizar as experiências por nós próprios criadas, como assimilar e aproveitar, ativamente, e conforme a realidade chinesa, as experiências proveitosas dos países avançados do Ocidente na utilização do mercado para promover o desenvolvimento das forças produtivas sociais, a fim de desenvolver plenamente a superioridade do sistema socialista e os pontos fortes do mercado na distribuição dos recursos. No desenvolvimento da economia de mercado socialista, nosso objetivo e nossas tarefas fundamentais residem em manter a vitalidade, o dinamismo e o impulso ulterior da economia nacional, manter as estruturas econômica e setorial razoáveis e coordenadas, manter a integração do ritmo de crescimento positivo e a boa rentabilidade econômica e manter uma correta combinação entre o rendimento da produção e a eqüidade na distribuição, ao mesmo tempo em que devemos garantir a constante consolidação da posição da agricultura como base, garantir o reforço da competitividade das grandes e médias empresas estatais no mercado e seu papel dirigente no desenvolvimento econômico, garantir a posição da propriedade pública como principal e o desenvolvimento positivo do papel complementar de outros elementos econômicos e garantir, com base no crescimento da produção, o incessante melhoramento da vida do povo até alcançar a prosperidade comum. Estamos convencidos de que, desde que saibamos sintetizar constantemente as experiências da prática, e com o apoio total do povo e com a direção correta do Partido, poderemos criar e aperfeiçoar com sucesso o sistema de economia de mercado socialista e, através da elevação permanente das forças produtivas sociais do nosso país graças ao novo sistema econômico, conseguiremos vitoriosamente a modernização.

Temos de persistir em desenvolver a democracia socialista e esforçar-nos pela criação e o aperfeiçoamento da política democrática do tipo chinês. O socialismo é um empreendimento do povo, é uma causa a que as massas populares incorporam voluntariamente para concretizar seus próprios interesses. O povo é o dono da sociedade do nosso país e é também o dono do empreendimento socialista. A democracia popular é uma exigência essencial do socialismo. Esta democracia é a democracia que visa a concretizar os interesses de todo o povo, e está integrada naturalmente com o sistema legal socialista para garantir a construção do socialismo de maneira ordenada e dirigida. Sem a democracia popular e o sistema legal unificado, não haverá o socialismo nem a modernização socialista. Ao efetuar a reforma do sistema econômico, temos de empreender a reforma do sistema político. O objetivo e as tarefas gerais da reforma do sistema político do nosso país são: com base na persistência e no aperfeiçoamento dos sistemas políticos fundamentais socialistas, e nomeadamente o sistema de assembléia popular nacional e o sistema da cooperação multipartidária e consulta política sob a direção do Partido Comunista, através da reforma do sistema de direção do Partido e do Estado, do sistema do pessoal e da estrutura dos organismos, através da eliminação do burocratismo e formalismo, através da elevação da eficácia de trabalho e através do estabelecimento e aperfeiçoamento das diversas formas de sistema de responsabilidade e dos sistemas de decisão e supervisão democráticas, empenhar-se em desenvolver a democracia socialista, mobilizar plenamente a iniciativa e a criatividade dos operários, camponeses, intelectuais e de outros setores em prol da salvaguarda da estabilidade nacional e da grande unidade do povo de todas as nacionalidades, em prol da consolidação da direção do Partido e do sistema socialista, e em prol do desenvolvimento das forças produtivas socialistas. A democracia socialista é a mais ampla democracia popular e é diferente, na essência, da democracia capitalista de que apenas um reduzido número de pessoas gozam. No processo da construção da política democrática socialista, devemos seguir sempre inabalavelmente nosso próprio caminho. Não devemos copiar aqueles modelos políticos do Ocidente, caso contrário, não deixarão de ocorrer confusões. Há mais de dez anos, temos acumulado muita experiência na reforma do sistema político e no desenvolvimento da democracia socialista. Devemos estar convencidos de que, apoiando-nos na sabedoria de todo o Partido e de todo o povo, não só podemos estabelecer e aperfeiçoar um sistema de economia de mercado socialista chinês repleto de vigor, mas também de que estamos em perfeitas condições para estabelecer e aperfeiçoar gradualmente nosso sistema político democrático tipo chinês.

Temos de esforçar-nos para fortalecer a construção da civilização espiritual socialista e promover a constante elevação da qualidade moral ideológica, científica e cultural de todo o povo. A superioridade do socialismo manifesta-se não apenas na capacidade de libertar e desenvolver grandemente as forças produtivas sociais para criar uma civilização material de alto grau, mas também na capacidade de eliminar todos os fenômenos de cupidez e corrupção inevitavelmente produzidos pelo sistema capitalista e outros sistemas de exploração para criar uma civilização espiritual de alto grau, garantindo o progresso total da sociedade. Devem persistir no desenvolvimento total das duas civilizações e em tomar o trabalho com as duas mãos e com a mesma firmeza em ambas, o que representa uma importante conclusão de significado orientador a longo prazo feita pelo camarada Deng Xiaoping com base nas experiências da reforma e construção. Sem qualquer uma das duas civilizações, não se construirá o socialismo do tipo chinês. O núcleo do desenvolvimento da civilização espiritual socialista, incluindo o fortalecimento da construção ideológica e moral e da construção científica e cultural, consiste em formar, para a construção socialista, gerações e gerações de talentos dotados de nobre ideal, integridade moral, conhecimentos culturais e observância às disciplinas. Para impulsionar o último progresso da civilização espiritual em toda a sociedade e garantir a feliz realização da reforma e abertura e da modernização, é imperativo persistir em promover a educação sobre o patriotismo, coletivismo e socialismo, em promover a educação sobre a teoria marxista-leninista, a história chinesa e a boa tradição do Partido, em promover a educação da moral pública e profissional em todo o Partido e no povo de todo o País, preconizar o espírito de dar primazia à situação em seu conjunto, ao estilo, à ajuda a outros e às contribuições desinteressadas, e formar a convicção firme, sentimento nobre e modo de vida científico, saudável e civilizado do povo e sem permitir que as idéias decadentes tais como o culto ao dinheiro, o hedonismo e o individualismo extremo corrompam o pensamento das pessoas poluam a atmosfera social e perturbem a ordem social. Todos os departamentos de educação ideológica e cultural e todas as entidades empresariais e institucionais dedicadas à produção e divulgação de produtos espirituais têm de colocar os efeitos sociais em primeiro lugar e, sob este pré-requisito, é que podem procurar a rentabilidade econômica, integrando corretamente os efeitos sociais e os econômicos e criando mais produtos espirituais de qualidade. E nunca é permitido que a tendência errada de "tudo voltado para o dinheiro" afete ou prejudique a civilização espiritual socialista, e muito menos é permitido que esta tendência errônea se alastre sem ser criticada e impedida. Ao mesmo tempo, devemos herdar e desenvolver as boas tradições culturais da nação, esforçar-nos pela prosperidade das causas educacional, científica e cultural socialistas, eis as exigências prementes da civilização espiritual socialista e a garantia fundamental da prosperidade e desenvolvimento da Nação Chinesa e do sucesso de todo o empreendimento da modernização socialista. O fortalecimento da civilização espiritual socialista é uma importante prova para todos os camaradas do Partido. Todos os militantes do Partido e os quadros dirigentes fiéis ao empreendimento socialista do tipo chinês têm de prestar grande atenção e trabalhar com seriedade em prol do desenvolvimento da civilização espiritual socialista, impulsionando sem cessar a civilização espiritual.

Para concretizar totalmente a grandiosa tarefa de modernização socialista, o ponto-chave reside em armar todo o Partido com a teoria do camarada Deng Xiaoping sobre a construção do socialismo do tipo chinês e construir ainda melhor nosso Partido. Num novo ambiente internacional em que a paz e o desenvolvimento são os dois temas principais do mundo e existem simultaneamente os desafios e as oportunidades de todo o tipo, e num novo ambiente nacional em que a construção econômica é o centro de todos os trabalhos e realizam-se a reforma e abertura em todos os terrenos, temos de persistir mais conscientemente na natureza do Partido como vanguarda da classe operária, no propósito de servir ao povo de todo o coração e na posição orientadora do marxismo, persistir mais conscientemente no princípio de centralismo democrático, herdar e desenvolver a boa tradição e o bom estilo do nosso Partido formados durante a luta de dezenas de anos, convertendo o Partido no firme núcleo dirigente da modernização socialista. Para persistir e aperfeiçoar a direção do Partido e elevar o nível de governança e o nível de direção do Partido, uma importante questão reside em consolidar e fortalecer incessantemente as íntimas relações entre o Partido e as massas populares. Com estas relações, como a fonte mais profunda da sabedoria e força, nossa reforma e construção têm sua base de vitória e a garantia para adotar decisões corretas e reduzir e evitar as falhas. Há que elevar totalmente a qualidade dos quadros, especialmente dos quadros dirigentes em todos os níveis e, de acordo com as diretivas, segundo as quais o contingente dos quadros deve ser revolucionário, jovem e especializado e ter conhecimentos culturais, e o princípio da formação de quadros com integridade política e habilidade, transformar os grupos dirigentes em todos os níveis em firmes coletividades dirigentes que sejam fiéis ao marxismo e persistam no caminho do socialismo do tipo chinês e garantam a continuidade da linha do Partido e a ordem e estabilidade duradouras do país. Ao mesmo tempo, deve-se recorrer à educação ideológica e política para levar os militantes do Partido e os quadros a compreenderem a extrema importância de persistir no ideal, convicção e concepção de valor corretos e persistir na honestidade e no autocontrole sob as condições da economia de mercado socialista. Quanto mais a economia se desenvolve e quanto melhores são as condições de vida material, mais os militantes do Partido, especialmente os quadros dirigentes, devem desenvolver o espírito de luta árdua e servir mais ao povo de todo o coração. A decidida luta firme contra a corrupção e pela honestidade administrativa que empreendemos atualmente conta com o aplauso e apoio das massas populares. Os militantes do Partido devem servir ao público; isto é determinado pela natureza e pelos propósitos do Partido. Na essência, os fenômenos de corrupção são produtos do sistema de exploração e da classe exploradora, e se não mantivermos alta vigilância nem os eliminarmos firmemente eles corromperão gravemente o contingente dos quadros do Partido, debilitarão a sua combatividade, prejudicarão as relações entre o Partido e as massas populares e até acarretarão desastres ao Estado e ao povo. A luta contra a corrupção e pela honestidade administrativa é um grande tema que determina diretamente o sucesso ou o fracasso da reforma e da construção; temos de persistir nela durante longo tempo e obter sucesso. Os militantes do Partido Comunista da China devem ter sempre em mente que devemos e temos a obrigação de ser sempre fiéis representantes e defensores dos interesses do povo de todas as nacionalidades.

Camaradas e amigos!

A história de luta do Partido e do povo nos diz que só o socialismo pode salvar a China e fazer a China desenvolver-se; só com a reforma e abertura é que se pode construir o socialismo do tipo chinês; só pelo caminho de socialismo do tipo chinês é que se pode construir independentemente o país socialista moderno próspero, democrático e civilizado. Trata-se da verdade histórica mais importante da China contemporânea. Dirigindo o Partido e o povo na exploração e na prática desta verdade, a coletividade dirigente central da primeira geração do Partido, com Mao Tsé-tung como núcleo, e a da segunda geração com Deng Xiaoping como núcleo contribuíram com toda sua sabedoria e energia, realizando grandiosos méritos. Esta verdade manifesta-se historicamente no pensamento de Mao

Tsé-tung e na teoria do camarada Deng Xiaoping sobre a construção do socialismo do tipo chinês. Somos marxistas lúcidos e compreendemos profundamente que no caminho de avanço encontraremos estas ou aquelas dificuldades, riscos e agitações. Entretanto, desde que lutemos incansavelmente seguindo o largo caminho aberto pela verdade marxista, venceremos todas as dificuldades, passaremos por todos os riscos e agitações e seremos invencíveis!

A construção de um país socialista moderno próspero, democrático e civilizado foi o grande ideal do camarada Mao Tsé-tung, de seus companheiros de armas e de milhões de mártires revolucionários, é a inevitável conclusão do desenvolvimento social da China e a aspiração comum da Nação Chinesa nestes cento e tantos anos. A melhor homenagem ao camarada Mao Tsé-tung reside em, sob a orientação da teoria sobre a construção do socialismo do tipo chinês e da linha fundamental do Partido, levar adiante o empreendimento iniciado por ele e os revolucionários proletários da velha geração. Em nossa época, os militantes do Partido, os membros da Liga da Juventude Comunista e todas as pessoas que estimam o socialismo e a pátria têm no ombro a sagrada missão e a gloriosa responsabilidade. Devemos realizar o grandioso projeto concebido pelo camarada Deng Xiaoping e concretizar em primeiro lugar o objetivo estratégico do segundo passo, na década de 1990, lançando sólidos alicerces para materializar o objetivo estratégico do terceiro passo e realizar basicamente a modernização da China na primeira metade do próximo século. Esta grande tarefa relacionada com o futuro e o destino da Nação Chinesa e do socialismo da China tem de ser realizada e será realizada vitoriosamente. Que os camaradas de todo o Partido e o povo de todas as nacionalidades do país unam-se mais estreitamente, agarrem a oportunidade, acelerem o desenvolvimento, promovam a reforma e inovação, lutem arduamente e avancem corajosamente rumo ao grande objetivo já determinado!

Propostas sobre os Princípios da Cooperação Econômica Ásia-Pacífico*

(15 de novembro de 1994)

* Discurso de Jiang Zemin proferido na 2ª Reunião de Cúpula Não-Oficial da APEC realizado em Bogor, Indonésia.

Nos últimos cinco anos após a fundação da APEC, a situação do mundo vem conhecendo constantes mudanças, a tendência de multipolarização encontra-se em desenvolvimento acelerado e as relações internacionais em alterações profundas e complexas. Os povos de todos os países do mundo enfrentam tanto oportunidades como desafios. Nos últimos anos do presente século, salvaguardar eficazmente a paz mundial, promover o desenvolvimento econômico e levar um mundo belo de paz e prosperidade para o século XXI constituem uma séria questão sobre a qual os povos de todos os países estão refletindo, assim como uma importante missão histórica que nós, dirigentes desta geração, temos nos ombros. Devemos perceber que o mundo está cheio de contradições e conflitos e os fatores imprevisíveis de agitação aumentam. Vários países e regiões encontram-se devastados por guerras sucessivas, o que leva seus povos a um abismo de miséria. Em meio às agitações, como se pode falar em desenvolvimento? A estabilidade é a premissa primordial para garantir que o navio da história chegue com sucesso à margem do novo século. O mundo necessita de estabilidade, as regiões necessitam de estabilidade e os países também necessitam de estabilidade. Sem estabilidade, nada se conseguirá fazer e até se perderá os êxitos já obtidos. A paz, a estabilidade, o desenvolvimento e a cooperação constituem clamor dos povos de todo o mundo. Neste mundo cheio de diferenças e alterações, deve-se promover a compatibilidade em vez de exclusão, a boa vizinhança em vez de humilhação e confrontação, buscar os pontos semelhantes, e deixar de lado as divergências em vez de intervir nos assuntos alheios. Um dos principais motivos do rápido desenvolvimento econômico da Ásia Oriental nestes últimos anos resultou da salvaguarda da estabilidade, do respeito mútuo e da cooperação econômica baseada na igualdade e benefício recíproco entre os países da região. Tal situação assentou uma boa base para a cooperação regional, garantindo a vitalidade do constante desenvolvimento da economia da Ásia-Pacífico.

Os litígios entre os países só podem ser solucionados mediante negociações pacíficas. O processo da paz do Oriente Médio confirmou esta correta solução. O acordo estrutural recém-assinado entre os EUA e a República Democrática Popular da Coréia através de negociações foi uma prova disso. Vemos com bons olhos esses progressos positivos e desejamos que negociações pacíficas sejam mais utilizadas na solução dos litígios internacionais.

Dar prioridade à economia constitui a corrente mundial, o que é o produto inevitável do progresso da época e do desenvolvimento da história. Hoje em dia, o desenvolvimento econômico é a maior prioridade para todos os países. O desenvolvimento está relacionado não só com a economia nacional, a vida do povo e a estabilidade nacional, mas também com a paz e a segurança do mundo inteiro. A economia converte-se cada vez mais numa questão-chave e primordial nas atuais relações internacionais. Baseando-se no princípio de igualdade e benefício recíproco, todos os países intensificam de maneira constante a cooperação e a coordenação entre si e trocam, em escala ainda maior, o que têm pelo que não têm e assimilam os pontos fortes de outrem para superar a própria debilidade, o que constitui o único caminho do fomento do desenvolvimento econômico e da concretização da prosperidade geral, e também assenta importantes alicerces para a salvaguarda da paz mundial. A comunidade internacional deve envidar maiores esforços para que os pontos fortes dos países desenvolvidos e em desenvolvimento se complementem mutuamente e diminuam a diferença entre os ricos e os pobres, a fim de impulsionar a economia mundial a desenvolver-se permanente, equilibrada e estavelmente. É este não só o desejo dos países em desenvolvimento mas também a necessidade dos países desenvolvidos para manter seu contínuo desenvolvimento econômico.

Constatamos com satisfação que, nas grandes alterações do mundo, verifica-se na região Ásia-Pacífico uma boa situação com a política relativamente estável e a economia se desenvolvendo rapidamente; o comércio cresce de maneira constante, os investimentos aumentam dia a dia, a ciência e a tecnologia de ponta renovam-se sucessivamente, refletindo a grande potencialidade da cooperação regional. O desenvolvimento e cooperação econômicas regionais obterão maiores êxitos se julgarmos bem o momento e a situação, envidarmos esforços conjuntos, atendermos às necessidades da época e enfrentarmos a realidade da região.

Mêncio, filósofo da antiga China, disse: "É de razão existir diferenças entre todas as coisas da natureza." A natureza é assim e a sociedade humana não é nada diferente. Entre os membros da APEC, há países situados nos hemisférios norte e sul, tanto na Ásia e Oceania como na América do Norte e Sul, há tanto países com longa civilização como industrialmente desenvolvidos nos tempos modernos, há tanto países soberanos como economia regional. Também encontram-se entre eles tanto países transcontinentais como países ilhéus espalhados no vasto oceano, tanto países que ficam na dianteira do desenvolvimento econômico mundial como países empenhados em construir suas instalações infra-estruturais, tanto um país com uma população de quase 1,2 bilhão de habitantes como aqueles com apenas centenas de milhares de habitantes, tanto países com o PIB *per capita* anual superior a 20 mil dólares americanos por ano como países com apenas centenas de dólares americanos anuais. Além disso, são diferentes em relação à história, cultura, religião e costume e hábito. Com tudo isso, são formados diferentes sistemas políticos e sociais e ideologias na região Ásia-Pacífico, apresentando um panorama bem colorido. Perante tal diversidade, não é viável impor a homogeneidade. Só admitindo fatos de natureza diversa e aprendendo um com outro é que podemos impulsionar o desenvolvimento e o progresso comuns.

O mundo de hoje caracteriza-se pela interdependência. A tecnologia moderna encurta a distância inter-regional. Os desafios enfrentados pela humanidade ultrapassam freqüentemente as fronteiras. As relações econômicas, os intercâmbios comerciais, o desenvolvimento científico e tecnológico, a proteção ambiental, o controle demográfico, a prevenção de calamidades naturais e os socorros a regiões vitimadas, o combate a entorpecentes, a prevenção de crimes e o controle de proliferação nuclear, bem como a prevenção e o tratamento de Aids, todos estes constituem problemas de caráter global e interdependente que requerem a cooperação e as regras padronizadas que todos observam. A partir da década de 1980, verificou-se entre os membros da região Ásia-Pacífico um visível crescimento em intercâmbio comercial, desenvolvimento do mercado, movimento de capital, transferência industrial, intercâmbio científico e tecnológico e circulação de informações.

A diversidade e a interdependência são a realidade da região Ásia-Pacífico. A primeira dá origem à complementaridade e gera-se junto com a segunda a necessidade de cooperação. Se reconhecermos esta realidade e a transformarmos em nosso favor, a cooperação econômica da região Ásia-Pacífico terá um vigoroso desenvolvimento e uma perspectiva cada vez mais brilhante. Baseando-se nesta consideração e recordando os desenvolvimentos verificados após a Reunião de Seattle do ano passado, quero propor cinco princípios para a futura cooperação econômica na região Ásia-Pacífico.

1) Respeito mútuo e unanimidade através de consultas. Os membros que estão em diferentes etapas de desenvolvimento econômico e que aplicam diferentes sistemas sociais devem respeitar-se mutuamente e coexistir com amizade. De-

vem ser estimulados a efetuar freqüentemente consultas e trocar constantemente opiniões com o objetivo de tomar decisões com base em unanimidade através de consultas quanto a importantes questões de cooperação econômica da região Ásia-Pacífico, como, por exemplo, seu rumo, os pontos principais de trabalho e andamento entre outros.

2) Desenvolvimento gradual e estável. Considerando a visível disparidade nos níveis de desenvolvimento econômico e a diferença de *status* político e de prioridade de desenvolvimento entre os membros, a cooperação deve avançar passo a passo, de forma prática. E especialmente quando da adoção de importantes decisões, ela deve realizar-se de forma ponderada, prudente, planificada, passo a passo e por fases, a fim de obter resultados efetivos.

3) Abertura mútua sem exclusão. Primeiro, os membros da APEC devem abrir-se um a outro sem discriminações. Quando surgirem divergências, não se deve recorrer a barreiras. E segundo, ao mesmo tempo em que intensificam a cooperação econômica regional, devem acelerar o intercâmbio e a cooperação extra-regional, a fim de aprender os pontos fortes do mundo.

4) Ampla cooperação e benefícios recíprocos. Os membros da APEC devem ter uma mente mais aberta para ampliar ainda mais os terrenos de cooperação, continuar prestando atenção ao comércio e investimento e, além disso, os problemas que preocupam os países membros em desenvolvimento, tais como a eliminação da pobreza, a transferência tecnológica, a construção de infra-estrutura e o desenvolvimento de recursos humanos devem ser o ponto de ênfase da cooperação.

5) Redução das diferenças e obtenção da prosperidade comum. Entre os 2 bilhões de habitantes da região Ásia-Pacífico, 1,5 bilhão vivem com um PIB *per capita* anual inferior a mil dólares americanos. Quando se discute a cooperação econômica regional, devemos considerar não só a abertura do mercado e liberalização comercial, mas também as necessidades dos membros em desenvolvimento, ajudando-os a superar as restrições, reduzindo as diferenças entre eles e os membros desenvolvidos, em busca da prosperidade comum. Os membros desenvolvidos devem abrir seus mercados aos produtos dos membros em desenvolvimento. A perspectiva de mais de um bilhão de pessoas livrar-se da pobreza exercerá uma influência incalculável sobre o desenvolvimento do mercado comercial, o aumento de oportunidades de investimento, a promoção do progresso científico e tecnológico e a intensificação da cooperação econômica da região.

A questão de liberalização comercial da região Ásia-Pacífico desperta atenção geral dentro e fora da região. Olhando para o futuro, todos os membros devem reduzir ainda mais as barreiras entre si, abrir o mercado e intensificar intercâmbios comerciais, o que atende às necessidades objetivas da independência da economia e ajuda a desenvolver as próprias vantagens e fortalecer a complementaridade, a fim de manter a tendência de constante crescimento econômico da região Ásia-Pacífico. A respeito da liberalização do comércio e do investimento, somos a favor de considerar a liberalização do comércio e investimento uma meta de longo prazo, e de elaborar um cronograma apropriado para sua execução, e também estamos de acordo com que a atual reunião assine acordos de intenção nesta matéria. Consideramos que a liberalização do comércio deve ser concretizada baseando-se no princípio de não discriminação e levando em conta a diversidade existente na região Ásia-Pacífico. Numa região em que se verificam amplas diferenças no nível de desenvolvimento econômico, tanto o processo como a prática da liberalização devem ser obviamente distintos dos que existem em outras regiões, onde as economias estão bastante desenvolvidas em seu conjunto. A liberalização do comércio deve ser realizada de forma gradual e ordenada e por etapas. Deve-se adotar diferentes calendários para a liberalização do comércio dos membros da APEC que estão em diferentes etapas de desenvolvimento econômico. Deve-se adotar diferentes ritmos e práticas para os diferentes terrenos. Se não levar em conta o nível de desenvolvimento econômico e as condições existentes e demandar todos os membros da APEC a avançar com mesmo ritmo, não será realista nem coincidirá com o espírito de uma competição justa. Em última análise, a liberalização do comércio não passa de um meio para obter a prosperidade comum nesta região.

O desenvolvimento econômico da China não pode ser separado do desenvolvimento do mundo nem da região Ásia-Pacífico, enquanto o desenvolvimento econômico do mundo e da região Ásia-Pacífico se beneficia do desenvolvimento e prosperidade da China. Uma China estável e próspera será uma força segura em favor da paz do mundo e da estabilidade da região. A mensagem do povo chinês a todos os povos da região Ásia-Pacífico e do mundo inteiro é: paz, amizade, cooperação e desenvolvimento. Criemos, de mãos dadas e ombro a ombro, um belo amanhã do novo século para APEC e para a região Ásia-Pacífico.

Contínuo Esforço pela Reunificação da Pátria*

(30 de janeiro de 1995)

*Discurso de Jiang Zemin feito no Chá para acolher o Festival da Primavera promovido pelo Gabinete do Comitê Central do Partido Comunista da China para os Assuntos de Taiwan e o Gabinete do Conselho de Estado para os Assuntos de Taiwan.

Nosso povo multiétnico celebrou o Ano-novo de 1995, e agora espera pela chegada do Festival da Primavera. Na ocasião desta tradicional festa da Nação Chinesa, é de grande significado a reunião dos compatriotas de Taiwan em Beijing com outras personalidades concernentes, para discutir o futuro das relações entre os dois lados do Estreito de Taiwan e a reunificação pacífica da pátria. Nesta ocasião, em nome do Comitê Central do Partido Comunista da China e do Conselho de Estado, gostaria de exprimir os melhores votos de felicidade do Ano-novo chinês aos 21 milhões de compatriotas em Taiwan.

Taiwan é parte inseparável da China. Há cem anos, em 17 de abril de 1895, recorrendo à guerra, os imperialistas japoneses obrigaram o corrupto governo da dinastia Qing a assinar o Tratado de Shimonoseki, de submissão e humilhação nacional. Com este tratado, o Japão ocupou Taiwan e as Ilhas Penghu, submetendo o povo de Taiwan à sua dominação colonial por meio século. O povo chinês nunca irá esquecer a humilhação sofrida durante este intervalo da história. Há 50 anos, junto com outros povos, o povo chinês venceu o imperialismo japonês. No dia 25 de outubro de 1945, viu-se o retorno de Taiwan e as Ilhas Penghu para o território chinês, marcando o fim da dominação colonial do Japão sobre nossos compatriotas de Taiwan. Porém, por motivo que todos sabem, Taiwan voltou a ficar separado do continente chinês em 1949. Por conseqüência, a reunificação total do país e a promoção da revitalização da nação como um todo continuam sendo a sagrada missão e nobre objetivo de todo o povo chinês.

Desde janeiro de 1979, quando o Comitê Permanente da Assembléia Popular Nacional emitiu a "Mensagem aos compatriotas de Taiwan", formulamos o princípio básico de "reunificação pacífica e um país, dois sistemas" e uma série de políticas para com Taiwan. O camarada Deng Xiaoping, arquiteto geral da política de reforma e abertura ao exterior, é também o criador do grande conceito de "um país, dois sistemas". Com grande perspicácia e baseando-se na busca da verdade nos fatos, ele formulou uma série de importantes teorias e idéias concernentes à solução da questão, que refletem as características da época, determinando os princípios a serem seguidos para a reunificação pacífica da pátria.

O camarada Deng Xiaoping afirmou que a chave do problema é a reunificação da pátria. Todos os descendentes da Nação Chinesa, sem exceção, aspiram à reunificação da pátria. O separatismo é contrário à vontade nacional. Só existe uma China e Taiwan faz parte da China. Jamais será admissível a existência de "duas Chinas" ou "uma China, um Taiwan". Opomo-nos firmemente à "independência de Taiwan". Há apenas duas formas para a solução da questão de Taiwan: pacífica ou não pacífica. A forma a ser adotada para a solução da questão de Taiwan será exclusivamente um assunto interno da China e qualquer interferência estrangeira neste aspecto jamais será aceita. Nós insistimos na solução pacífica para garantir a reunificação da pátria, por meio de negociações, mas, ao mesmo tempo, não podemos prometer que jamais recorreríamos à força. Se prometermos isto, só se poderá levar a reunificação pacífica à impossibilidade e conduzir finalmente ao uso de força na solução do problema. Após a reunificação, será aplicado o princípio de "um país, dois sistemas". A parte principal do país seguirá o sistema socialista, mas em Taiwan será mantido o sistema existente. A "reunificação não significa que uma parte coma a outra ou vice-versa". Após a reunificação, o sistema social e econômico e a maneira de viver de Taiwan manter-se-ão inalterados e não serão alteradas as relações não-governamentais com países estrangeiros, incluindo os investimentos externos em Taiwan e os intercâmbios não-governamentais entre Taiwan e outros países. Como região administrativa especial, Taiwan exercerá um alto grau de autonomia e gozará de poderes legislativo e judiciário, incluindo o de julgamento em última instância. Poderá também manter suas forças armadas, e administrar seus próprios sistemas partidário, governamental e militar. O governo central não enviará tropas ou pessoal administrativo para ficarem sediados na ilha. E mais ainda, um número de cargos do governo central estarão disponíveis a Taiwan.

Nos últimos pouco mais de dez anos, ocorreu, entre as duas margens do estreito, uma vigorosa expansão de visitas e da cooperação científica, tecnológica, cultural, acadêmica, esportiva e de outros campos, obedecendo sempre ao princípio básico de "reunificação pacífica e um país, dois sistemas", e com esforços comuns dos compatriotas de ambos os lados do estreito de Taiwan, de Hong Kong e Macau e dos chineses do ultramar. Está sendo formada gradualmente a realidade de que as economias dos dois lados promovem, complementam e beneficiam uma à outra. O estabelecimento, o mais cedo possível, de ligações diretas entre os dois lados dos correios, transporte aéreo e serviços de navegação e comércio não só representam um forte desejo de grande número de compatriotas de Taiwan, particularmente industriais e empresários, mas também passa a ser uma necessidade do futuro desenvolvimento econômico de Taiwan. O progresso registrado nas negociações específicas e as "conversações Wang Daohan-Koo Chenfu" representam um passo importante e histórico dado nas relações entre os dois lados.

Porém o que merece a vigilância dos chineses consiste no aumento da tendência separatista e no crescimento das atividades destas forças na ilha trabalhando para a "independência de Taiwan", que se verificaram nos últimos anos. Algumas forças estrangeiras estão se intrometendo ainda mais na questão de Taiwan, interferindo nos assuntos internos da China. Tudo isso não só emperra o processo da reunificação pacífica da China, mas também ameaça a estabilidade e o desenvolvimento da região Ásia-Pacífico.

A atual situação internacional é complexa e mutável, mas, em geral, tende a aliviar-se. Todos os países do mundo estão elaborando suas estratégias econômicas para o futuro e consideram o aumento do poderio nacional como assunto de primeira importância, para ocupar seus próprios lugares no mundo do próximo século. Estamos satisfeitos de ver as economias de ambos os lados crescerem. Em 1997 e 1999, a China voltará a exercer a soberania sobre Hong Kong e Macau, respectivamente, o que será um acontecimento glorioso do povo de todas as etnias do país, incluindo os compatriotas de Taiwan. A Nação Chinesa experimentou grandes vicissitudes e maus momentos, mas agora é a hora de realizar a reunificação da pátria e revitalizar a nação. Isso representa uma oportunidade para Taiwan; e também para toda a Nação Chinesa. Aqui, eu gostaria de apresentar os seguintes pontos de vista e propostas sobre algumas importantes questões que estão relacionadas com o desenvolvimento das relações dos dois lados e à promoção da reunificação pacífica da pátria.

1. Persistir no princípio de uma China é a base e a premissa para a reunificação pacífica. A soberania e o território da China jamais serão divididos. Devemos opor-nos firmemente a qualquer palavra ou ação destinada a criar a "independência de Taiwan" e às proposições como "divisões com administrações separadas", "duas Chinas em um curto período" e outras, que contrariam o princípio de uma China.

2. Não fazemos objeção ao desenvolvimento de relações econômicas e culturais não-governamentais de Taiwan com outros países. Sob o princípio de uma só China e de acordo com os princípios das organizações internacionais concernentes, Taiwan passou a ser membro do Banco de Desenvolvimento da Ásia, da APEC e outras organizações econômicas, sob o nome de "Taipé chinês". No entanto, opomo-

nos às atividades de "expansão" de seu "espaço internacional", com o objetivo de criar "duas Chinas" ou "uma China, um Taiwan". Todos os compatriotas patrióticos e outras personalidades sensatas entendem que, ao invés de resolver problemas, tais atividades só podem levar as forças que trabalham pela "independência de Taiwan" a minar ainda mais freneticamente o processo de reunificação pacífica. Apenas após a reunificação pacífica, podem os compatriotas de Taiwan usufruir verdadeira e completamente a dignidade e a honra conquistada pela grande pátria na arena internacional, junto com o povo das diversas etnias do país.

3. Negociar com as autoridades de Taiwan sobre a reunificação pacífica dos dois lados do estreito tem sido nossa sustentação. Nas negociações sobre a reunificação pacífica, pode-se contar com a participação das personalidades representativas dos diversos partidos políticos e organizações populares dos dois lados do Estreito de Taiwan. Eu disse no meu informe feito no 14º Congresso Nacional do Partido Comunista da China, realizado em outubro de 1992, "Sob o pré-requisito de uma só China, poderão ser realizadas discussões sobre qualquer questão, inclusive a discussão com a parte de Taiwan sobre a maneira das negociações dos dois lados do estreito, em busca de uma solução que convenha a ambas as partes". É claro, "qualquer questão" a que me referi abrange os diversos problemas com que se preocupam as autoridades de Taiwan. Propusemos em várias ocasiões que ambas as partes realizassem negociações sobre o "término oficial do estado de hostilidade entre os dois lados do estreito e a concretização gradual da reunificação pacífica". Aqui, proponho mais uma vez solenemente a realização destas negociações e formulo que, como primeiro passo, ambas as partes podem realizar negociações e chegar a um acordo sobre o "término oficial do estado de hostilidade entre os dois lados do estreito, de acordo com o princípio de uma só China". Nesta base, os dois lados devem assumir compromissos comuns para salvaguardar a soberania e a integridade territorial e traçar outros planos para o futuro desenvolvimento de suas relações. Sobre o nome, o local e a forma das negociações políticas, uma solução aceitável para ambos os lados poderá ser encontrada, desde que sejam realizadas consultas, o mais cedo possível e em pé de igualdade.

4. Devemos esforçar-nos para a reunificação pacífica, pois chineses não devem entrar em guerra contra chineses. Ao não prometer a desistência do uso de força, não estamos voltados contra os compatriotas de Taiwan, mas sim contra a conspiração das forças estrangeiras de interferir na reunificação da China e a dos que pretendem a "independência de Taiwan". Estamos inteiramente convencidos de que os compatriotas de Taiwan, Hong Kong e Macau e os chineses do ultramar compreendem esta nossa posição de princípio.

5. Em face ao desenvolvimento da economia mundial no século XXI, grandes esforços devem ser feitos para ampliar os intercâmbios e cooperações econômicas entre os dois lados para impulsionar a prosperidade de ambos em benefício de toda a Nação Chinesa. Sustentamos que as divergências políticas não devem afetar ou interferir nas cooperações econômicas entre os dois lados. Continuaremos a seguir, por um longo período, a política de encorajar os industriais e comerciantes de Taiwan a investirem no continente e a aplicar a "Lei da República Popular da China sobre a proteção dos investimentos dos compatriotas de Taiwan". Salvaguardaremos os legítimos direitos e interesses dos industriais e comerciantes de Taiwan em quaisquer circunstâncias. Devemos continuar expandindo os contatos e intercâmbios entre os compatriotas dos dois lados do estreito, assim como aumentar a compreensão e a confiança mútuas. As ligações diretas de correios, rotas aéreas e serviços de navegação e comércio entre os dois lados são as necessidades objetivas do desenvolvimento econômico e dos contatos em vários campos, mas também servem aos interesses dos compatriotas de ambos os lados, sendo absolutamente necessário adotar passos práticos para acelerar o estabelecimento de tais ligações. É necessário promover negociações em assuntos específicos entre os dois lados. Somos favoráveis às negociações e à assinatura de acordos não-governamentais, que protejam os direitos e interesses dos investidores de Taiwan, com base na reciprocidade e no benefício mútuo.

6. A esplêndida cultura de cinco milênios criada pelos filhos e filhas de todos os grupos étnicos da Nação Chinesa tem sido os laços espirituais que ligam todo o povo chinês e constitui uma importante base para a reunificação pacífica da pátria. O povo dos dois lados do Estreito de Taiwan deve herdar, assimilar e promover conjuntamente as finas tradições da cultura chinesa.

7. Os 21 milhões de compatriotas de Taiwan, ali nascidos ou em outras províncias, todos são chineses. Eles são nossa carne e nosso sangue. Devemos respeitar plenamente seus estilos de vida e seus desejos de serem donos de seus próprios destinos e proteger seus legítimos direitos e interesses. Os setores concernentes do nosso governo, incluindo as representações no exterior, devem fortalecer os contatos com os compatriotas de Taiwan, ouvir suas opiniões e solicitações, cuidar de seus interesses e fazer os maiores esforços para resolver suas dificuldades. Esperamos que a Ilha de Taiwan usufrua de estabilidade social, crescimento econômico e um alto padrão de vida. Também esperamos que todos os partidos políticos em Taiwan adotem uma atitude racional, perspicaz e construtiva para promover a expansão das relações entre os dois lados. Todos os partidos e figuras de todos os círculos de Taiwan são bem-vindos para trocar opiniões conosco sobre as relações

entre os dois lados e a reunificação pacífica. São também bem-vindas as visitas e viagens ao continente. A história lembrará os esforços de todas as figuras dos vários círculos, que contribuíram para a reunificação da China.

8. Líderes e autoridades de Taiwan são bem-vindos ao continente na qualidade adequada. Também estamos dispostos a aceitar convites para visitar Taiwan. Os dois lados podem discutir assuntos de Estado ou trocar idéias primeiramente sobre certas questões. Mesmo uma simples visita ao outro lado será útil. Os assuntos do povo chinês devem ser tratados pelos próprios chineses, sem necessitar de discussões em ocasiões internacionais, quaisquer que sejam elas. O Estreito de Taiwan é delgado e as pessoas de ambos os lados devem trocar visitas constantes e manter contatos próximos por toda a vida.

Nossos compatriotas em Hong Kong e Macau e os chineses residentes no exterior envidaram muito esforço para promover as relações entre os dois lados, a reunificação da pátria e a revitalização da nação. Essas contribuições serão sempre lembradas. Esperamos que eles façam novas contribuições neste sentido.

A reunificação da pátria, o mais cedo possível, é a aspiração comum do povo chinês. Todos os patrióticos compatriotas não querem que a reunificação seja adiada indefinidamente. O Dr. Sun Yat-sen, grande revolucionário precursor da Nação Chinesa, uma vez disse: "A unidade é a esperança de todo o povo da Nação Chinesa. Com a unidade, todas as pessoas do país irão levar uma vida feliz; falhando na unidade, irão sofrer." Apelamos a todos os chineses para que se unam e levantem a grande bandeira do patriotismo, persistam na reunificação, oponham-se à divisão, não economizem esforços em promover a expansão das relações entre os dois lados e trabalhem para realizar a grande causa da reunificação da pátria. É certo que o glorioso dia da reunificação chegará no processo do desenvolvimento moderno da Nação Chinesa.

Esforcemo-nos pela Aplicação da Estratégia de Prosperidade do País Mediante a Ciência e a Educação*

(26 de maio de 1995)

* Discurso de Jiang Zemin na Conferência Nacional da Ciência e Tecnologia.

A presente Conferência Nacional da Ciência e Tecnologia, que se realiza diante do novo contexto da reforma e abertura e da modernização socialista, é uma reunião de importante significado convocada pelo Comitê Central do Partido e pelo Conselho de Estado.

Em 1978, o Comitê Central do Partido realizou a Conferência Nacional da Ciência de profundo significado histórico, corrigindo o errado e restabelecendo o correto, e determinando o correto pensamento orientador dos trabalhos científicos e tecnológicos, o que trouxe a primavera para a ciência e tecnologia. Na ocasião, o camarada Deng Xiaoping formulou suas famosas conclusões, segundo as quais a ciência e tecnologia são forças produtivas, os intelectuais fazem parte da classe operária e o ponto-chave das quatro modernizações consiste na modernização da ciência e tecnologia etc. Posteriormente, ele deu um passo adiante, afirmando que a ciência e tecnologia são a primeira força produtiva. Em 1985, o Comitê Central do Partido deu a conhecer a "Decisão sobre a reforma do sistema científico e tecnológico", dando início à reforma geral do sistema científico e tecnológico. Com as práticas bem-sucedidas de reforma e desenvolvimento durante uns dez anos, os trabalhos científicos e tecnológicos do nosso país conheceram transformações históricas, de forma que o poderio e o nível da ciência e tecnologia foram consideravelmente elevados e o ponto de gravidade estratégico foi transferido para a construção da economia nacional, dando destacadas contribuições ao desenvolvimento econômico e ao progresso social. Em nome do Comitê Central do Partido e do Conselho de Estado, gostaria de expressar aqui o elevado apreço aos trabalhadores dos setores científico e tecnológico de todo o país!

Com base na análise científica da tendência do desenvolvimento econômico, científico e tecnológico do país e na situação interna e externa, e concentrando a sabedoria de todas as regiões, de todos os departamentos e de muitos camaradas dentro e fora do Partido, o Comitê Central do Partido e o Conselho de Estado vêm tomar a "Decisão sobre o aceleramento dos progressos científico e tecnológico". Trata-se de mais uma importante decisão estratégica que garante efetivamente as metas estratégicas divididas em três passos para a modernização do nosso país[1]. Esta conferência visa principalmente a mobilizar todo o Partido e todas as nacionalidades do país para aplicar plenamente o pensamento do camarada Deng Xiaoping, segundo o qual a ciência e tecnologia são a primeira força produtiva, pôr em prática conscienciosa o espírito da "Decisão", deflagrar em escala nacional uma onda, em busca da aplicação da estratégia de prosperidade do país mediante a ciência e tecnologia, emancipar e desenvolver ainda mais a força produtiva científica e tecnológica, e levar ativamente a construção econômica para a órbita da dependência do progresso científico e tecnológico e da elevação da qualidade dos trabalhadores.

Hoje, o camarada Li Peng fará um importante discurso perante a conferência. A seguir, gostaria de apresentar algumas opiniões sobre várias questões importantes.

1. Pôr em plena prática o pensamento de que a ciência e tecnologia são a primeira força produtiva

A teoria do camarada Deng Xiaoping sobre a construção do socialismo do tipo chinês sublinha a libertação e o desenvolvimento das forças produtivas sociais como tarefa fundamental do socialismo. É precisamente partindo desta altura e mediante o correto entendimento científico sobre a lei do desenvolvimento contemporâneo das forças produtivas e a dominação das características da época, que o camarada Deng Xiaoping formulou a sábia conclusão de que a ciência e tecnologia são a primeira força produtiva. O camarada Deng Xiaoping expôs, de maneira global e científica, as funções sociais da ciência e tecnologia, sua posição e papel, seu rumo de desenvolvimento, suas tarefas básicas, seus pontos de ênfase estratégicos, a reforma de seu sistema, sua abertura ao exterior e formação pessoal, formando o pensamento orientador ao nosso trabalho científico e tecnológico no novo período. A conclusão de a ciência e tecnologia serem a primeira força produtiva é a essência do seu pensamento sobre a ciência e a tecnologia, faz importante parte integrante da teoria da construção do socialismo do tipo chinês e constitui um desenvolvimento criador da doutrina marxista sobre a ciência e tecnologia e a teoria marxista sobre a força de produção.

Segundo o marxismo, a constante libertação e desenvolvimento das forças produtivas constituem a força motriz do progresso social da humanidade. A superioridade do sistema socialista manifesta-se, afinal de contas, no desenvolvimento mais rápido das forças produtivas que em outros sistemas. A construção socialista do nosso país partiu de uma base muito atrasada nos terrenos econômico, científico e tecnológico e cultural, e, para alcançar, num período relativamente curto, o nível de desenvolvimento das forças produtivas atingido pelos países economicamente avançados através de um processo de várias centenas de anos, e superar os avançados, é mais que necessário concentrar as forças para desenvolver vigorosamente e aplicar amplamente a ciência e tecnologia e pôr em pleno jogo a enorme função promotora das forças produtivas da ciência e tecnologia no desenvolvimento econômico e social. Trata-se de nossa missão histórica para converter o país numa potência socialista moderna que possa erguer-se entre as nações avançadas do mundo.

A superioridade do sistema socialista deve e pode refletir-se notavelmente no aceleramento do avanço das forças produtivas da ciência e tecnologia. Nos anos 50 e 60, período em que começamos a criar arduamente nosso empreendimento, mobilizávamos a iniciativa e a criatividade dos trabalhadores científicos e tecnológicos e as massas populares e juntávamos as forças financeiras e materiais limitadas para instalar uma série de instituições pilares de pesquisa científica, obtendo enormes êxitos na criação preliminar de um sistema industrial relativamente completo, além de brilhantes êxitos como a "bomba atômica, bomba de hidrogênio e satélite artificial". Em apenas pouco mais de dez anos, percorremos toda uma trajetória que os países desenvolvidos levaram dezenas de anos, fortalecendo grandemente o poderio geral do país e as forças de defesa nacional em que a ciência e tecnologia desempenharam seu papel-chave. Desde a 3ª plenária do 11° Congresso Nacional do Partido Comunista quando da transferência do ponto de ênfase dos trabalhos do Partido, os grandes êxitos do nosso país no desenvolvimento socioeconômico são inseparáveis da contribuição da ciência e tecnologia. Desde que coloquemos com firmeza os trabalhos científico e tecnológico na posição primordial, obteremos sucessos ainda mais brilhantes no aceleramento do avanço da economia nacional, no aumento do poderio geral do país e na elevação do nível de vida do povo. Estamos convencidos de que, à luz da teoria do camarada Deng Xiaoping sobre a construção do socialismo do tipo chinês e da linha geral do Partido, combinando a superioridade do sistema socialista e as grandes funções do sistema de economia de mercado socialista no desenvolvimento das forças produtivas com a potência da ciência e tecnologia, realizaremos sem sobressaltos as grandiosas metas de modernização socialista do nosso país.

Atualmente, sob o prisma tanto do ambiente internacional como das condições internas do país, a plena concretização do pensamento de a ciência e tecnologia serem a primeira força produtiva representa uma tarefa estratégica muito árdua e urgente da modernização socialista. A paz e o desenvolvimento constituem a corrente principal no mundo de hoje. A revolução mundial da ciência e tecnologia está entrando num novo apogeu e está próxima uma nova época de grande salto científico, tecnológico e econômico. Muitos países do mundo, especialmente as grandes potências, estão acelerando o reajuste de sua estratégia para com a ciência, tecnologia e economia e aumentando seu poderio geral com base nas forças econômica, científica e tecnológica, e a concorrência internacional é cada dia mais acirrada. Quanto à situação interna, todas as medidas de reforma adotadas para estabelecer a economia de mercado socialista têm sido materializadas com êxito, a economia nacional se desenvolve de forma duradoura, rápida e saudável, as etnias mantêm a unidade, a sociedade é estável e todos os setores progridem vigorosamente. É de se notar neste momento que, em geral, o atual nível tecnológico e o poderio econômico do nosso país estão longe de serem comparados com os países desenvolvidos. O modo de crescimento econômico que se baseia principalmente nas operações extensivas ainda não foi radicalmente alterado e alguns problemas de profundidade no desenvolvimento econômico, tais como a estrutura irrazoável dos produtos e das indústrias etc. estão por resolver, enquanto são muito árduas as tarefas no desenvolvimento da agricultura, a boa administração das empresas estatais de grande e médio portes e a elevação da eficácia econômica. As pressões da população, dos recursos naturais e do ambiente ecológico etc. crescem sobre o desenvolvimento econômico sustentável. Partindo das circunstâncias reais do país, agarrar-se à oportunidade de desenvolvimento, enfrentar os severos desafios e garantir a realização de nossas metas estratégicas divididas em três passos são as importantes questões estratégicas por estudar e resolver com seriedade. Adotar efetivamente o progresso científico e tecnológico como a poderosa força motriz para acelerar o desenvolvimento socioeconômico é o ponto-chave para cumprirmos esta tarefa estratégica.

A decisão adotada pelo Comitê Central do Partido e pelo Conselho de Estado sobre a aplicação da estratégia de prosperidade do país mediante a ciência e tecnologia em escala nacional constitui uma importante disposição feita com base na sintetização das experiências históricas e partindo da nossa realidade atual. Sem as poderosas forças da ciência e tecnologia, não haverá a modernização socialista. Fazer prosperar o país mediante a ciência e tecnologia significa aplicar totalmente o pensamento de a ciência e tecnologia serem a primeira força produtiva, persistir em considerar a educação fundamental e colocar a ciência e tecnologia e a educação numa importante posição no processo de desenvolvimento econômico e social, aumentar o poderio científico e tecnológico nacional e a capacidade de sua transferência para forças produtivas reais, elevar a qualidade científica, tecnológica e cultural de toda a nação, levar a construção econômica para a órbita da dependência do progresso científico e tecnológico e da elevação da qualidade dos trabalhadores e acelerar a prosperidade e fortalecimento do país. Eis uma opção correta para realizar as metas estratégicas divididas em três passos. A aplicação da estratégia de prosperidade do país mediante a ciência e tecnologia elevará grandemente a qualidade e o nível do desenvolvimento econômico do nosso país, contribuindo para uma nova emancipação e um maior progresso das forças produtivas.

2. Algumas importantes questões por resolver no aceleramento do progresso científico e tecnológico

A causa científica e tecnológica é importante parte integrante do grande empreendimento da construção do socialismo do tipo chinês. Devemos basear-nos nas próprias circunstâncias do país e aproveitar as experiências frutuosas dos países estrangeiros para encontrar um caminho de progresso científico e tecnológico do tipo chinês. Conforme a tendência do desenvolvimento econômico, científico e tecnológico do mundo contemporâneo e as exigências da nossa modernização, devemos sintetizar as experiências práticas do progresso científico e tecnológico obtido desde a reforma e abertura e esclarecer ainda melhor algumas importantes questões que se relacionam com todo o conjunto de trabalhos científico e tecnológico.

1) Sobre a integração da ciência e tecnologia com a economia. O Comitê Central do Partido e o Conselho de Estado definem ainda mais claramente o princípio fundamental dos trabalhos científico e tecnológico do nosso país: persistir no pensamento de que a ciência e tecnologia são a primeira força produtiva, a construção econômica tem de apoiar-se na ciência e tecnologia, os trabalhos científico e tecnológico têm de estar voltados para a construção econômica e esforçar-se para escalar os altos cumes da ciência e tecnologia. O núcleo deste princípio consiste na estrita integração da ciência e tecnologia com a economia. Persistir no princípio fundamental dos trabalhos científico e tecnológico e promover a integração da ciência e tecnologia com a economia correspondem à linha básica do Partido e à tendência de desenvolvimento da ciência e tecnologia e da economia no mundo de hoje.

A construção econômica tem de apoiar-se firmemente no progresso científico e tecnológico para poder desenvolver-se vigorosa e duradouramente e lançar uma sólida base material para o desenvolvimento científico e tecnológico. O estabelecimento do sistema de economia de mercado socialista proporciona um bom mecanismo e amplo espaço para que a construção econômica se apóie no progresso científico e tecnológico. Nestas circunstâncias, os trabalhos científico e tecnológico devem estar voltados ainda mais conscienciosamente para a construção econômica, focalizando e priorizando a promoção do desenvolvimento econômico.

É necessário tratar corretamente as relações entre estar voltados para a construção econômica e elevar o nível científico e tecnológico. Voltar-se para a construção econômica é a direção a seguir, enquanto elevar o nível científico e tecnológico e escalar os altos cumes científico e tecnológico são as exigências. Apoiar-se no progresso científico e tecnológico para promover o desenvolvimento econômico requer a constante elevação do nível da própria ciência e tecnologia. Devemos guiar-nos sempre para a direção principal de estar voltados para a construção econômica, persistir em partir da nossa realidade econômica e esforçar-nos por praticar o que o camarada Deng Xiaoping disse, isto é, na ciência e tecnologia, quanto mais avançada, melhor; quanto mais nova, melhor.

Como promover a integração orgânica entre a ciência e tecnologia e a economia, eis uma questão fundamental que deve ser resolvida com esforços na reforma do sistema econômico e do sistema científico e tecnológico. A integração da ciência e tecnologia com a economia encarna-se em todos os aspectos das atividades científica, tecnológica e econômica. É preciso fortalecer a integração em múltiplos aspectos, nomeadamente a determinação dos objetivos e tarefas, a elaboração dos esquemas e programas e a execução das políticas e medidas, fazendo tudo isso, procedendo de uma visão em seu conjunto e distinguindo os pontos de ênfase. O desenvolvimento econômico deve tomar o progresso científico e tecnológico como sua principal força motriz; o desenvolvimento científico e tecnológico deve centralizar-se em torno das metas de desenvolvimento econômico, dando-lhes enérgicos apoio e garantia. É necessário aprofundar a reforma do sistema econômico e do sistema científico e tecnológico e, sob o macrocontrole estatal, pôr em plena função o importante papel do mecanismo do mercado na promoção da integração entre a ciência e tecnologia e a economia. Tal como o camarada Deng Xiaoping afirmou: "O novo sistema econômico deve ser um sistema favorável ao progresso tecnológico. O novo sistema científico e tecnológico deve ser um sistema favorável ao desenvolvimento econômico." No aprofundamento da reforma, deve-se formar um mecanismo de integração das instituições de pesquisa científica e das escolas superiores com as empresas, e da pesquisa e exploração com a produção, levando as instituições de pesquisa científica a se voltarem para o mercado e entrar nas grandes corporações empresariais. No seio das empresas, é necessário concretizar a integração orgânica entre a pesquisa científica, o projeto e a produção, tendo em vista a elevação do nível das empresas para a exploração técnica. No fundo, a integração entre a ciência e tecnologia e a economia precisa de um sistema como garantia. É necessário considerar a criação de um novo mecanismo de inovação técnica como importante objetivo de estabelecimento do sistema de economia de mercado socialista, e considerar, sobretudo, a criação e o aperfeiçoamento do sistema de inovação técnica das empresas como parte integrante do moderno sistema das empresas e um elo-chave da administração das grandes e médias empresas estatais. Através da reforma, estabelece-se um novo sistema científico e tecnológico que corresponda ao sistema de economia de mercado socialista e à regra natural do próprio desenvolvimento da ciência e tecnologia.

2) Sobre a integração das metas a curto e longo prazos. Atualmente, a economia do nosso país ainda não está desenvolvida, com baixo nível tecnológico e econômico e grande desequilíbrio de desenvolvimento. Como fator-chave do desenvolvimento econômico e social, a ciência e tecnologia devem contribuir para resolver, em primeiro lugar, os problemas prementes, difíceis e importantes no desenvolvimento econômico e social; ao mesmo tempo, para manter um progresso econômico e social duradouro, deve-se realizar pesquisas e explorações antecipadas em comparação com o desenvolvimento econômico e social, a fim de proporcionar força motriz e as forças de impulso ulterior para o futuro desenvolvimento. Em conseqüência, é necessário, conforme a tendência de desenvolvimento da economia e da ciência e tecnologia no mundo, baseando-se na atualidade e dirigindo a visão para o futuro, persistir na integração das metas de curto e longo prazos e dispor racionalmente os trabalhos de desenvolvimento científico e tecnológico.

Os trabalhos científico e tecnológico devem tomar sempre a construção econômica como seu principal campo de batalha, e a solução dos problemas-chave urgentes no crescimento da economia nacional como sua principal tarefa. Atualmente, deve-se adotar medidas enérgicas para fortalecer os trabalhos científico e tecnológico relativos à agricultura, colocando-os em primeiro lugar entre todos os trabalhos científicos e tecnológicos, reforçando a transferência dos resultados científicos e tecnológicos, popularizando ativamente as técnicas práticas avançadas, incluindo a alta tecnologia, para satisfazer as demandas técnicas da agricultura no seu avanço para um novo patamar. Deve-se acelerar a reforma técnica dos setores tradicionais, elevar o teor técnico dos produtos e sua competitividade no mercado, melhorar a qualidade e a eficácia do aumento industrial e promover a otimização e a atualização da estrutura setorial. Devem-se, sobretudo, armar os setores infra-estruturais e os setores pilares com a tecnologia moderna, e acelerar a informatização, automatização e computadorização da administração da economia e da sociedade. É necessário dar maior atenção à solução dos problemas científicos e tecnológicos nos terrenos relacionados com o desenvolvimento social, nomeadamente a proteção ambiental, exploração e aproveitamento racional de recursos, redução e prevenção de calamidades, controle demográfico e saúde do povo, contribuindo para melhorar o ambiente ecológico, elevar a qualidade de vida do povo e seu nível de saúde, e promover o desenvolvimento duradouro e coordenado da economia e da sociedade.

A pesquisa de caráter básico e de tecnologia avançada constituem a fonte de força motriz da modernização do nosso país no século XXI. É necessário ter perspicácia, planejar o futuro e fortalecer a pesquisa básica, assim como a pesquisa e a exploração de alta tecnologia voltadas para problemas importantes que possam exercer influência no nosso desenvolvimento econômico e social do próximo século. É necessário proporcionar força motriz e acumular resultados científicos e tecnológicos para o futuro desenvolvimento econômico, o que deve ser a principal tarefa dos trabalhos de pesquisa de caráter básico. Devemos delimitar as metas, destacar os pontos de ênfase, procurando alcançar o nível avançado em certos terrenos e não almejar simplesmente todos. Só assim é que teremos realizações. É necessário selecionar, através de avaliações científicas, um grupo de temas de que temos sólida base e superioridade que podem ser garantidos pelas forças do país, saltar para a vanguarda do nível internacional e, com seu sucesso, alavancar significativamente a economia nacional e o desenvolvimento social. Para tal grupo de temas, devemos organizar um contingente especial, concentrar e coordenar as forças de todo o país, a fim de resolver os problemas-chave. O desenvolvimento de alta tecnologia em seus respectivos setores desempenha o papel-chave para aumentar o poderio econômico e elevar a força geral e a produtividade do nosso país. É preciso esforçar-se pelo desenvolvimento da ciência e alta tecnologia e pela sua industrialização, tomar os setores de alta tecnologia como setores prioritários de desenvolvimento no nosso país e construir, o mais rápido possível, um grupo de setores de alta tecnologia de grande porte e com significativa importância para o desenvolvimento da economia nacional, para que nosso país ocupe um lugar nos terrenos e dos setores de alta tecnologia do mundo.

3) Sobre a combinação entre as pesquisas e explorações autônomas e a introdução das técnicas avançadas do exterior. Ampliar a abertura ao exterior, fortalecer o intercâmbio e a cooperação internacionais, introduzir ativamente técnicas avançadas estrangeiras e assimilar os pontos fortes dos outros a nosso serviço são as vias eficazes tendentes a acelerar a atualização tecnológica e o desenvolvimento econômico do nosso país. Esta política fundamental deve ser mantida durante longo tempo.

A transferência tecnológica e a proteção dos direitos de propriedade intelectual constituem, hoje em dia, importantes problemas nas relações de cooperação econômica e tecnológica internacional. Agora, estamos ainda relativamente atrasados na tecnologia e devemos esforçar-nos para aprender e assimilar os pontos fortes de outros países e, mesmo realizada a nossa modernização, também devemos aprender constantemente os pontos fortes de outros países para complementar nossos pontos fracos. A ciência e tecnologia requerem consultas e discussão com todos os países do mundo para obter progressos ainda maiores e mais rápidos. Ao mesmo tempo, temos de estar cientes de que não se consegue comprar algumas tecnologias mais avançadas no mundo. A ciência e tecnologia no mundo contemporâneo progridem a cada dia em uma sucessão técnica acelerada. As técnicas hoje avançadas poderão ser atrasadas num futuro próximo. A criatividade, alma do progresso de uma nação, é uma força motriz inesgotável para a prosperidade e o desenvolvimento de um país. Sem a capacidade de desenvolvimento autônomo e criativo, com dependência exclusiva da introdução tecnológica, o atraso na tecnologia jamais será superado. Para uma nação sem capacidade de desenvolvimento autônomo e criativo, é difícil erguer-se entre as nações avançadas do mundo. Como um grande país socialista com independência e autonomia, temos de dominar nosso próprio destino na ciência e tecnologia. Nosso país já possui certo poderio e base científicos e tecnológicos e bastante capacidade de desenvolvimento autônomo e criativo. Ao aprender e introduzir as técnicas avançadas estrangeiras, temos de persistir incansavelmente na elevação da capacidade do país na pesquisa autônoma.

É necessário programar e coordenar a introdução das técnicas avançadas estrangeiras e os trabalhos de pesquisa e desenvolvimento autônomos, integrando ambos organicamente. Deve-se evitar introdução cega repetitiva. Quanto ao que possa ser pesquisado e desenvolvido, deve-se priorizar a pesquisa e desenvolvimento no interior do país. A introdução dos importantes projetos tecnológicos à custa de grande verba deve passar por rigorosas avaliações científicas e, para isso, é imperativo ouvir a opinião dos especialistas em ciência e tecnologia. É necessário enfatizar a introdução da tecnologia-chave e assimilar novas teorias e novos métodos, assim como experiências de exploração e administração na tecnologia avançada. É necessário elevar constantemente nossa própria capacidade de pesquisa e exploração e elevar a capacidade criativa, para que nosso país ingresse nas fileiras avançadas no desenvolvimento científico e tecnológico internacional. Devemos lutar para atingir esta meta estratégica.

4) Sobre a integração entre o mecanismo de mercado e a macroadministração. A ciência e tecnologia modernas têm estreitas relações com a economia, mas não são completamente iguais à economia e têm suas próprias leis. No sistema de economia de mercado socialista, o mecanismo do mercado e a macroadministração são os meios indispensáveis em busca do progresso científico e tecnológico. Para um grande país em desenvolvimento como o nosso, a correta utilização de ambos os meios e sua

integração orgânica se revestem de muita importância para acelerar o progresso científico e tecnológico e o desenvolvimento econômico. O princípio de "estabilizar um ponto e abrir um terreno" formulado pelo Comitê Central do Partido para a reforma do sistema científico e tecnológico encarna a lei inerente da integração dos dois meios.

A exploração e a divulgação dos resultados tecnológicos e outras atividades estreitamente ligadas à construção econômica devem tomar o mecanismo do mercado como plataforma principal. É necessário converter gradualmente as empresas em corpo principal da exploração e transferência dos resultados tecnológicos. Atualmente, frente ao mecanismo do mercado ainda incompleto, a mercantilização e a industrialização dos resultados científicos e tecnológicos requerem apoio das políticas indispensáveis pelo governo em todos os aspectos. É necessário considerar essencial o investimento do governo e manter um número reduzido de instituições de pesquisa científica importantes e organismos similares das escolas superiores, nas pesquisas de caráter básico, pesquisas aplicadas, pesquisas de alta tecnologia e pesquisas de beneficência social assim como à solução dos importantes problemas científicos e tecnológicos, que estejam vinculadas aos interesses gerais de longo prazo do país. De nenhuma maneira, pode-se pensar em dispensar o papel do governo na direção do progresso científico e tecnológico na economia de mercado socialista. É necessário resolver efetivamente o problema de "projetos pequenos mas auto-suficientes", que existem em muitos programas científicos e tecnológicos. É preciso desenvolver a superioridade do sistema socialista na concentração das forças em busca de grandes realizações e, através da macroorientação, juntar adequadamente as forças, formando um poder superior para resolver um grupo de temas importantes que desempenham um papel-chave no crescimento da economia nacional, no aumento do poderio estatal e na elevação da produtividade de trabalho. A região Leste deve continuar apoiando-se no progresso científico e tecnológico para elevar o nível tecnológico, enquanto adotam-se enérgicas medidas para apoiar a região Centro-Oeste, a fim de reforçar seu progresso científico e tecnológico e desenvolvimento.

Conforme o princípio de "estabilizar um ponto e abrir um terreno", deve-se reajustar, de maneira ativa e segura, a estrutura do contingente de cientistas e tecnólogos, fazer bem o trabalho de sua recolocação. Sem um reajuste da estrutura do sistema científico e tecnológico e a recolocação dos talentos, não se poderá pôr em função o papel do atual contingente de cientistas e tecnólogos, o que desfavorecerá não só a integração entre a ciência e tecnologia e a economia, mas também a estabilidade das pesquisas de caráter básico. Há que alterar com determinação a sobreposição de organismos de pesquisa científica, dispersão das forças e desarticulação entre a ciência e tecnologia por um lado, e a economia por outro. Deve-se reformar também os programas científico e tecnológico elaborados pelos governos em todos os níveis, incluindo o método de execução dos mesmos. É preciso introduzir o mecanismo de mercado e o mecanismo de concorrência, adotando a administração científica. Ao determinar os projetos de pesquisa sobre temas importantes, deve-se levar em consideração a demanda do mercado, consultar amplamente a opinião dos cientistas e especialistas e fazer avaliações científicas.

5) Sobre a integração entre as ciências naturais e as ciências sociais. A ciência abrange naturalmente as ciências sociais. As ciências naturais se referem ao conhecimento e à transformação da natureza pelo homem, enquanto as ciências sociais se referem ao conhecimento e à transformação da sociedade pelo homem e à promoção do progresso social.

O desenvolvimento da ciência e tecnologia contemporâneas faz com que as ciências naturais, a tecnologia e as ciências sociais interajam e infiltrem-se uma na outra, estreitando cada vez mais seus vínculos, do que decorrem os ramos abrangentes e entrelaçados da ciência, enquanto a economia social e a ciência e tecnologia se associam, formando um grande sistema complexo. O desenvolvimento das ciências naturais enriquece a teoria das ciências sociais. A concepção do mundo e a metodologia marxistas desempenham um importante papel orientador para a pesquisa das ciências naturais. Preconizamos que os trabalhadores das ciências sociais estudem conhecimentos das ciências naturais e os trabalhadores das ciências naturais estudem conhecimentos das ciências sociais e a teoria do marxismo, especialmente a teoria do camarada Deng Xiaoping sobre a construção do socialismo do tipo chinês. No grande empreendimento da modernização socialista da China, devemos estreitar ainda mais a integração entre as ciências naturais e as ciências sociais, e conhecer profundamente e dominar a lei natural inerente ao atual desenvolvimento econômico e social, orientando a prática com a teoria e a metodologia científicas.

3. Formar e preparar grande quantidade de talentos científicos e tecnológicos dotados de integridade moral e habilidade

Os cientistas e tecnólogos são importantes criadores de novas forças produtivas e importantes divulgadores dos conhecimentos científicos e tecnológicos, além de uma força vertebral da modernização socialista. Para concretizar a estratégia de prosperidade do país mediante a ciência e tecnologia, os talentos são a força-chave. O nível de automatização, informatização e computadorização da produção e dos serviços sociais da humanidade eleva-se constantemente e muitos dos trabalhos físicos pesados e repetitivos são substituídos por diversas máquinas automáticas e computadores, o que exige dos trabalhadores um nível cultural e técnico cada vez mais alto. Elevar grandemente a percentagem dos talentos científicos e tecnológicos entre nossos trabalhadores e elevar a qualidade geral do contingente dos trabalhadores têm suma importância para a modernização do nosso país.

O contingente científico e tecnológico do nosso país conta com 18 milhões de pessoas. Há mais de quarenta anos, sob a direção do Partido, eles têm empreendido uma árdua e tenaz luta com o espírito de abnegação, realizando eminentes proezas para a construção socialista. A pátria e o povo lhes agradecem. Contudo, há de notar que atualmente o número e o nível em geral de nossos cientistas e tecnólogos não satisfazem ainda as exigências da modernização socialista. Acelerar a formação de cientistas e tecnólogos talentosos constitui uma urgente tarefa estratégica. Devemos pôr em plena função o importante papel dos cientistas e tecnólogos existentes, criar-lhes um ambiente social em que todas as pessoas rendam o melhor do próprio talento e todos os talentos sejam plenamente aproveitados e melhorar constantemente suas condições de trabalho e de vida, mobilizando plenamente sua iniciativa e criatividade. Deve-se aplicar com seriedade o "Programa da reforma e desenvolvimento da educação da China", empenhar-se no desenvolvimento educacional e, conforme a tendência do avanço científico e tecnológico e as exigências da modernização do nosso país, aprofundar a reforma do sistema educacional, formar e preparar uma nova geração de milhares e milhares de talentos científicos e tecnológicos e criar um grandioso contingente de cientistas e tecnólogos voltados para o novo século. Os organismos de pesquisa científica devem dar à formação pessoal a mesma importância conferida aos trabalhos de pesquisa e exploração. É necessário dedicar atenção à formação de jovens pioneiros acadêmicos e técnicos voltados para o novo século, esforçar-se para criar o ambiente e as condições para que se destaquem os jovens talentos científicos e tecnológicos, especialmente os mais destacados, encarregando-os de tarefas importantes nos postos-chave, para que eles cresçam saudavelmente na prática. Os cientistas e tecnólogos da velha geração têm dedicado toda sua força intelectual e física ao desenvolvimento científico e tecnológico do país e à formação dos talentos, e suas contribuições iluminam as gerações posteriores. Daqui em diante, deve-se continuar recomendando os talentos íntegros e hábeis, levando os jovens talentos para a primeira linha e apoiando-os a trabalhar com audácia e criatividade.

É necessário criar ativamente condições e acolher zelosamente os cientistas e tecnólogos residentes no ultramar para que voltem à pátria, onde possam trabalhar ou servir à modernização sob variadas formas. Além de empenhar-nos em preparar talentos científicos e tecnológicos de todos os ramos da ciência, devemos dar grande atenção à preparação de todo tipo de especialistas na gestão moderna. É necessário dar muita atenção à seleção e formação, entre os operários, camponeses e trabalhadores de outros setores, de talentos científicos e tecnológicos e de mestres técnicos especializados. Através do esforço de toda a sociedade, forma-se um gigantesco contingente científico e tecnológico da Nação Chinesa, que marcha rumo à nova revolução da ciência e tecnologia e à modernização socialista!

Na preparação e formação de talentos científicos e tecnológicos, deve-se priorizar a sua integridade política e habilidade. Os cientistas e tecnólogos carregam a grande missão histórica de fazer prosperar o país mediante a ciência e a educação e devem contribuir com toda a sua força para a civilização material e espiritual socialista. É preciso persistir na linha básica do Partido, desenvolver vigorosamente o espírito patriótico, o espírito prático e criativo, o espírito de luta árdua e abnegação e o espírito de unidade e cooperação. Estes, encarnação da elevada moralidade das várias gerações de trabalhadores científicos e tecnológicos, constituem uma importante garantia da prosperidade da causa científica e tecnológica e devem ser adotados e desenvolvidos plenamente como importante conteúdo da civilização espiritual na comunidade científica e tecnológica.

O patriotismo é uma brilhante bandeira e gloriosa tradição dos intelectuais do nosso país. Ele tem estimulado gerações e gerações de trabalhadores científicos e tecnológicos na luta pelo fortalecimento da pátria e pela felicidade do seu povo. O patriotismo tem suas inequívocas características temporais. Hoje em dia, nosso patriotismo significa amar a pátria socialista, apoiar a direção do Partido Comunista da China, integrar o ideal e a vocação particulares com o grande empreendimento da modernização socialista da pátria. O espírito prático é a base da ciência, e a criatividade, a origem da vitalidade do desenvolvimento científico e tecnológico. Na pesquisa científica não cabe a menor desonestidade, há que se adotar uma atitude prática, de respeito à lei objetiva, de busca da verdade e da criatividade. O espírito abnegado de luta árdua é uma qualidade indispensável a todos os trabalhadores científicos e tecnológicos. O seu trabalho representa um árduo trabalho criativo. Os trabalhadores neste terreno devem ter grande ambição e altas aspirações, ter firme e indomável vontade, lutar arduamente, fazer pesquisas incansavelmente e ousar galgar sempre novas alturas. Beneficiar o povo com seus conhecimentos é uma gloriosa responsabilidade dos trabalhadores científicos e tecnológicos. Nas atuais condições de produção socialista, a unidade e a colaboração são uma demanda inerente para empreender pesquisas científica e tecnológica.

Nos trabalhos científico e tecnológico, é necessário preconizar, por um lado, que "cem flores desabrochem e cem escolas de pensamento rivalizem" nos estudos acadêmicos, e por outro, estimular o respeito mútuo, a unidade e a cooperação para aprender os pontos fortes de outrem e superar seus próprios pontos fracos, a fim de desenvolver a superioridade da coletividade e realizar as pesquisas-chave.

Paralelamente ao fortalecimento da construção do contingente científico e tecnológico, há que se dar atenção intensa à elevação do nível científico, tecnológico e cultural de toda a nação. Nem a pobreza nem a ignorância são socialismo. Deve-se aplicar com seriedade as "Várias opiniões do Comitê Central do Partido Comunista da China e do Conselho de Estado sobre o fortalecimento do trabalho de divulgação da ciência e tecnologia", esforçando-se para popularizar os conhecimentos científicos e tecnológicos entre as massas populares. É necessário continuar promovendo o ensino obrigatório e o ensino profissional de todos os tipos. Deve-se promover a civilização espiritual através de toda a mídia de imprensa e de outros meios eficazes, vencendo, com a ciência, a superstição feudal, a ignorância e o atraso. É preciso transformar o respeito aos conhecimentos e aos talentos em uma prática comum de toda a sociedade, e formar um novo costume de aprender e aplicar a ciência e tecnologia.

4. Fortalecer a direção do Partido nos trabalhos científicos e tecnológicos

A direção do Partido constitui uma garantia política da aplicação da estratégia de prosperidade do país mediante a ciência e a educação. O ponto-chave do progresso científico e tecnológico reside nos comitês do Partido e governos de todos os níveis. Os comitês do Partido e os governos de todos os níveis devem aplicar com seriedade a "Decisão do Comitê Central do Partido Comunista da China e do Conselho de Estado sobre o aceleramento dos progressos científico e tecnológico", e, conforme a realidade das respectivas localidades e departamentos, tomar o progresso científico e tecnológico como importante tarefa, colocando-a nas primeiras linhas de sua agenda de trabalho e elaborando as medidas viáveis. O Comitê Central exige que os principais líderes partidários e governamentais dirijam pessoalmente o trabalho da primeira força produtiva. Devem colocar com firmeza o progresso científico e tecnológico sempre numa importante posição do desenvolvimento socioeconômico, aumentando, por todas as vias, o investimento na ciência e tecnologia e na educação. Quando da elaboração e aplicação dos planos relacionados com o desenvolvimento socioeconômico nacional e das respectivas políticas, deve-se concretizar efetivamente a estratégia de prosperidade do país mediante a ciência e a educação. Os departamentos encarregados da administração dos trabalhos científicos e tecnológicos em todos os níveis devem mudar ainda mais suas funções mediante a própria reforma, fortalecendo e melhorando a orientação e a coordenação dos trabalhos científicos e tecnológicos para impulsionar incessantemente o progresso destes.

O desenvolvimento da reforma e abertura e da modernização socialistas do nosso país exige prementemente que os quadros dirigentes em todos os níveis elevem seu nível teórico e seu nível de conhecimentos e aumentem sua capacidade de direção. Eles devem estudar com seriedade o marxismo-leninismo, o pensamento de Mao Tsé-tung e a teoria do camarada Deng Xiaoping sobre a construção do socialismo do tipo chinês. Com o constante aprofundamento da reforma e abertura e da modernização socialistas, sucederão novas circunstâncias e novos problemas, o que requer ainda mais a correta aplicação da teoria sobre a construção do socialismo do tipo chinês na orientação da nossa prática. Ao mesmo tempo, devem estudar os conhecimentos científicos e tecnológicos modernos, estudar os conhecimentos da economia de mercado socialista, assim como os conhecimentos jurídicos. Somente com seus conhecimentos atualizados e enriquecidos podem ampliar constantemente a visão. Não devem aprender apenas dos livros, mas também, e ainda mais, da prática. Não é possível um quadro dirigente deter todos os conhecimentos da ciência e tecnologia modernas, o que implica que se apreenda freqüentemente com os cientistas e especialistas. Ao tomar decisões importantes, devem ouvir amplamente as opiniões e sugestões dos especialistas e fazer avaliações científicas com seriedade. A tomada de decisões, de forma científica e democrática, constitui importante conteúdo da aplicação do centralismo democrático.

Os quadros dirigentes em todos os níveis devem ter uma visão de longo alcance, levar em consideração a situação em seu conjunto e acompanhar a corrente de desenvolvimento da época. Aqui, gostaria de sublinhar a necessidade de estudar com seriedade o materialismo dialético e o materialismo histórico marxistas e estabelecer a concepção científica do mundo. Sem a concepção científica do mundo, nossas decisões e nossas causas perderão sua sólida base filosófica. A essência do pensamento, atitude e método científicos consiste na libertação da mente e na busca da verdade. O camarada Deng Xiaoping sabia utilizar o pensamento e o método científicos e persistir na libertação da mente e busca da verdade nos fatos, estabelecendo um brilhante exemplo para nós. Devemos seguir o exemplo do camarada Deng Xiaoping, persistir na linha ideológica de libertar a mente e buscar a verdade nos fatos, ter a coragem de inovar além de conhecer e desenvolver a verdade na prática, com base no respeito às leis da ciência e herdando as teorias e experiências dos antepassados.

Daqui a cinco anos, entraremos no século XXI. A modernização da China, pela qual várias gerações de mártires e heróis lutaram, concretizar-se-á no novo século. O Comitê Central do Partido e o Conselho de Estado conclamam todo o Partido e o povo de todo o país a aplicar plenamente o pensamento de Deng Xiaoping, que considera a ciência e a tecnologia a primeira força produtiva, dedicar-se ao grande empreendimento de fazer prosperar o país mediante a ciência e a educação, acelerar o progresso científico e tecnológico de toda a sociedade e lutar pela realização das metas estratégicas dos segundo e terceiro passos da modernização socialista do nosso país.

NOTA

1. Após a 3ª plenária do 11° Comitê Central do Partido Comunista da China, Deng Xiaoping formulou a estratégia do desenvolvimento em três passos da modernização socialista da China. O 13° Congresso Nacional do Partido Comunista da China, realizado em 1987, definiu o objetivo estratégico do desenvolvimento econômico do nosso país, com o seguinte conteúdo: "Após a 3ª plenária do 11° Comitê Central do Partido, a disposição estratégica da construção econômica do nosso país divide-se em três passos: primeiro, dobrar o PIB com base no de 1980 e resolver a questão de alimentação e abrigo do povo. Esta tarefa foi fundamentalmente cumprida. Segundo, quadruplicar o PIB em fins deste século, de forma que o povo leve uma vida modestamente confortável. E terceiro, em meados do próximo século, o PIB *per capita* atingirá o nível dos países medianamente desenvolvidos, o povo levará uma vida relativamente abastada e a modernização será concretizada." Com o cumprimento antecipado do objetivo estratégico original do segundo passo em fins de 1995 e de acordo com proposta do Comitê Central do Partido Comunista da China, a 4ª plenária da 8ª legislatura da Assembléia Popular Nacional, realizada em março de 1996, reformulou o objetivo estratégico do segundo passo nestes termos: "Concretizar em todos os aspectos a disposição estratégica do segundo passo da modernização, e em 2000 manter a população abaixo de 1,3 bilhão de habitantes, quadruplicar o PIB *per capita* com base no de 1980; eliminar fundamentalmente a pobreza, elevar a vida do povo ao nível de conforto moderado; acelerar a construção do sistema de empresas modernas e estabelecer preliminarmente o sistema de economia de mercado socialista, assentando melhores alicerces materiais, tecnológicos e de sistema econômico para a execução da disposição estratégica do terceiro passo no início do próximo século." Atualmente, a China já concretizou o objetivo estratégico dos primeiros dois passos, iniciando a execução da disposição estratégica do terceiro passo.

Tratamento Correto de Algumas Relações Principais no Processo de Modernização Socialista*

(28 de setembro de 1995)

*Extraído do discurso proferido por Jiang Zemin na cerimônia de encerramento da 5ª plenária do 14º Comitê Central do Partido.

No processo da modernização socialista, é necessário tratar bem as diversas relações, especialmente as mais importantes, que têm impacto direto sobre a situação geral do país. Uma guia geral para o tratamento correto destas relações principais é definir corretamente os princípios que devem ser mantidos sob a orientação da teoria de Deng Xiaoping sobre a construção do socialismo do tipo chinês e a linha fundamental do Partido, em vista de novas contradições e problemas que surgiram no processo da modernização sob as condições de economia de mercado socialista e que têm uma importância vital para a situação em seu conjunto. O objetivo reside em, com base na sintetização das experiências da história, esforçar-se para dominar a lei objetiva, unificar o entendimento de todo o Partido, unir o povo das diversas etnias de todo o país e mobilizar todos os fatores positivos para acelerar o processo da modernização socialista.

I. Relações entre a reforma, o desenvolvimento e a estabilidade

Para concretizar as metas e tarefas estratégicas dos próximos quinze anos, a China deve dominar com firmeza o propósito geral de "aproveitar as oportunidades, aprofundar a reforma, ampliar a abertura ao exterior, promover o desenvolvimento e manter a estabilidade", quer dizer, tratar corretamente as relações entre a reforma, o desenvolvimento e a estabilidade. A prática demonstra que, por meio de tratamento correto das relações entre a reforma, o desenvolvimento e a estabilidade, seremos capazes de dominar a situação geral e garantir um desenvolvimento econômico e social sem maiores solavancos. De outra maneira, sofreremos e pagaremos pelas conseqüências.

Existe uma relação intrínseca inseparável entre a reforma, o desenvolvimento e a estabilidade. O desenvolvimento é a razão que prevalece, pois a solução de todos os problemas na China depende de seu próprio desenvolvimento. O desenvolvimento é indispensável para aumentar o poderio nacional da China e melhorar a vida do povo, para consolidar e aperfeiçoar o sistema socialista e manter a estabilidade, para resistir às pressões do hegemonismo e à política de força e salvaguardar a soberania e independência do Estado e para livrar-se fundamentalmente do atraso econômico e pôr a China entre os países modernizados do mundo. Temos todas as condições para conseguir um crescimento econômico contínuo e rápido nos próximos quinze anos e devemos agarrar as oportunidades e usá-las adequadamente para promover o desenvolvimento, sem deixá-las escapar. A reforma é uma poderosa força motriz para o desenvolvimento econômico e social, cujo objetivo é emancipar e desenvolver ainda mais as forças produtivas. Os enormes êxitos na construção econômica nos últimos dezessete anos foram obtidos no curso de reforma. A chave para alcançar as metas dos próximos quinze anos consiste no aprofundamento da reforma. A reforma é um auto-aperfeiçoamento e um desenvolvimento do sistema socialista. Seu papel decisivo não é somente resolver alguns problemas importantes que surgem no atual desenvolvimento econômico e social e promover a emancipação e o desenvolvimento das forças produtivas, mas também servirá para assentar sólidos alicerces para o desenvolvimento contínuo da economia nacional e para a estabilidade prolongada da China no próximo século. A estabilidade é o pré-requisito para o desenvolvimento e a reforma. O desenvolvimento e a reforma requerem um ambiente político e social estável, que é o entendimento comum que tínhamos alcançado após pagar um preço. Estamos num período de transição do sistema econômico e isto requer certo tempo para a mudança da mentalidade das pessoas. Verificam-se agora drásticas mudanças na relação de interesses entre todos os setores, e várias contradições podem tornar-se muito agudas, de forma que a manutenção da estabilidade é de uma importância ainda maior. Sem um ambiente político e social estável, nada se pode fazer e será difícil concretizar os planos, por melhores que sejam.

É necessário saber compreender a situação geral, traçar planos cuidadosamente e dominar bem os vínculos internos entre a reforma, o desenvolvimento e a estabilidade como um todo, com a finalidade de conseguir uma coordenação entre todos os aspectos, de forma que estes se promovam um ao outro. É necessário combinar bem o sentido de urgência do acelerador da reforma com uma atitude científica e realista, quer dizer, tomar plenamente em conta as condições favoráveis e as possíveis dificuldades de todos os setores econômicos e sociais, a fim de promover a reforma e o desenvolvimento num ambiente de estabilidade política e social e realizar, por outro lado, a estabilidade duradoura política e social, por meio de promoção da reforma e desenvolvimento.

II. Relações entre a velocidade e a eficiência

A China deve seguir o princípio de integração da velocidade com a eficiência em seu processo da modernização e tratar corretamente suas relações. Para a China, um país em desenvolvimento, a chave para conseguir a modernização e reduzir a distância que a separa dos países desenvolvidos consiste em abrir um caminho para o desenvolvimento da economia nacional que combine a alta velocidade com a elevada eficiência. As experiências de muitos anos demonstram que, quando falamos do desenvolvimento, é difícil combinar corretamente a velocidade com a eficiência. Com freqüência aparecem problemas derivados de que se enfatiza o incremento quantitativo e na velocidade, ao mesmo tempo em que se negligencia a qualidade econômica, com o que se obtêm uma fraca eficiência e uma baixa qualidade em geral. Esse é um problema-chave que deve ser resolvido com toda seriedade no futuro trabalho econômico.

Para tratar corretamente as relações entre a velocidade e a eficiência, é imperativo alterar os delineamentos sobre o desenvolvimento e concretizar a transformação de um modelo de crescimento econômico extensivo para outro de crescimento econômico intensivo. Os requisitos fundamentais para esta transformação residem em deixar de se apoiar principalmente no aumento de investimentos, iniciar novos projetos de escala demais ampla e buscar aumentos quantitativos, para começar a apoiar-se principalmente no progresso científico e tecnológico e na elevação da capacitação dos trabalhadores, assumindo uma via centrada na eficiência econômica. Esta idéia foi exposta claramente na primeira etapa da reforma e abertura e, embora tivesse tido certo progresso, os resultados gerais não são evidentes. Os motivos deste fenômeno são complexos e multidimensionais, mas residem principalmente em que existem problemas na estrutura econômica e no mecanismo operacional. Por isso, todos os militantes do Partido devem elevar sua compreensão sobre o grande significado da transformação do modelo de crescimento econômico e acelerar, por meio de aprofundamento da reforma, o estabelecimento de uma estrutura e um mecanismo operacional próprios de economia de mercado socialista, com a finalidade de melhorar a eficiência econômica. Entretanto, é imperativo adotar medidas abrangentes de apoio em distintos aspectos, inclusive a construção da legalidade, a execução de políticas e a formulação de planos, para assegurar efetivamente o melhoramento da eficiência da economia como centro do trabalho econômico.

Ao realizar a transformação de um modelo de crescimento econômico em outro, há que prestar atenção à ciência e tecnologia e à educação, e há que aplicar decididamente a estratégia de prosperidade do país mediante a ciência e a educação, com a finalidade de conseguir uma estreita integração da ciência, tecnologia, educação e economia. A ciência e tecnologia são a primeira força produtiva, a construção econômica deve apoiar-se na ciência e tecnologia, e o trabalho científico e tecnológico deve servir à construção econômica, tomar esta como seu principal campo de batalha, tomar a solução dos problemas-chave prementes para o desenvolvimento da economia nacional como sua principal tarefa, galgar o cume científico e tecnológico e elevar a capacidade de inovação científica e tecnológica. Como base, a educação está relacionada com a prosperidade da nação, o desenvolvimento econômico e o progresso social em todos os aspectos. O trabalho educacional deve estar voltado para a modernização, para o mundo e o futuro, elevar a qualidade do povo e formar grande número de pessoal talentoso transecular para a modernização socialista.

III. Relações entre a construção econômica e a população, os recursos e o ambiente

No processo de modernização, há que se considerar a concretização do desenvolvimento sustentável uma importante estratégia. O controle demográfico, a preservação de recursos e a proteção do meio ambiente devem ser postos em lugar de destaque, para que o crescimento demográfico se adapte ao desenvolvimento das forças produtivas sociais e a construção econômica se coordene com os recursos e o meio ambiente, concretizando um círculo virtuoso.

Há que se seguir firmemente a política básica nacional de planejamento familiar, controlar estritamente o crescimento demográfico e elevar vigorosamente a qualidade da população. A China possui uma grande base populacional e terá mais 200 milhões de habitantes nos próximos quinze anos, o que determina maior exigência sobre o desenvolvimento agrícola, sobre o melhoramento das condições de vida do povo e sobre a construção econômica em geral, e aumentará também as pressões sobre o emprego. Com a constante elevação da produtividade do trabalho, há que se tratar adequadamente as relações entre a elevação da produtividade e a recolocação dos trabalhadores excedentes, diversificar os canais de emprego, em vez de transferir o problema para a sociedade. Por isto, há que se fazer esforços para desenvolver empresas rurais e pequenas cidades e vilas, promover o desenvolvimento agrícola integral, guiando os trabalhadores rurais excedentes para que se desloquem de forma racional e ordenada.

A China possui uma quantidade *per capita* relativamente baixa de recursos importantes, como terras cultiváveis, água e minérios. Com o futuro crescimento demográfico e o desenvolvimento econômico, a demanda de recursos será maior e disto derivarão dificuldades maiores para a proteção do meio ambiente. É necessário tomar medidas efetivas para proteger os recursos e o meio ambiente. Além de realizar bem o trabalho do atual desenvolvimento, devemos pensar nas futuras gerações. Não é permissível o desperdício de recursos e poluir primeiro para tratar depois. É necessário selecionar estruturas industriais e hábitos de consumo que conduzam à preservação de recursos e à proteção do meio ambiente, de acordo com a realidade do nosso país. A exploração dos recursos e sua conservação devem ser consideradas ao mesmo tempo, eliminando todo tipo de desperdícios, fazendo o uso múltiplo dos recursos e intensificando o controle da poluição.

IV. Relações entre os setores primário, secundário e terciário

Paralelamente ao desenvolvimento econômico, ocorrerá uma inevitável otimização constante da estrutura setorial e gradualmente será formada uma estrutura razoável dos setores primário, secundário e terciário, correspondente ao nível das forças produtivas sociais. Esta é uma tendência geral do desenvolvimento econômico dos diversos países. Neste sentido, nosso país não é uma exceção. Tratar bem as relações entre os setores primário, secundário e terciário favorece não apenas o desenvolvimento coordenado da economia, mas também a estabilidade social. Os três setores cresceram muito desde a aplicação da reforma e abertura em nosso país. Todavia, existem alguns grandes problemas como a débil base agrícola, a baixa qualidade geral da indústria, o atraso do setor terciário e a falta de equilíbrio entre os três setores. Posteriormente, será necessário fazer grandes esforços para fortalecer o setor primário, reajustar e elevar o nível do setor secundário e fomentar ativamente o setor terciário.

O fortalecimento da agricultura é um assunto da maior importância para o desenvolvimento da economia nacional. Além de proporcionar grãos e outros produtos agrícolas para mais de um bilhão de pessoas, a agricultura tem que prover as principais matérias-primas e um amplo mercado para os setores secundário e terciário. O fortalecimento da agricultura significa apoiar a indústria manufatureira e o setor de serviços, contribuir para a agricultura significa contribuir para a economia nacional. Há que se dar prioridade à agricultura na elaboração de planos e na formulação de políticas. Durante o período do Nono Plano Qüinqüenal, a

China se esforçará para levar sua capacidade de produção de cereais a um novo nível e tomará medidas efetivas para resolver o problema de eliminar a pobreza de 70 milhões de pessoas nas zonas rurais, permitindo que os camponeses tenham uma vida modestamente confortável. No ano de 2010, a capacidade integral de produção da agricultura, a economia rural e a renda dos camponeses chegarão a uma nova altura. Para desenvolver a agricultura, é imperativo estabilizar e aperfeiçoar as políticas básicas do Partido destinadas às zonas rurais, aprofundar ainda mais a reforma rural, aumentar os investimentos na agricultura por diversos meios e pôr plenamente em ação o papel da ciência e tecnologia no desenvolvimento agrícola. Deve-se fazer grandes esforços para explorar novas idéias e métodos para promover o desenvolvimento agrícola. Os comitês do Partido e os governos em todos os escalões devem fortalecer eficazmente a orientação, a organização e os serviços à agricultura, estabelecer e aperfeiçoar o sistema de serviço socializado na agricultura, conduzir o apoio dos setores secundário e terciário à agricultura e formar um mecanismo de "suplementar a agricultura com a indústria, construir a agricultura com a indústria e orientar a agricultura com a indústria".

Atualmente, a quantidade *per capita* dos principais produtos manufaturados no nosso país é comparativamente baixa e o desenvolvimento de todos os setores da economia nacional requer que a indústria proporcione grande quantidade de equipamentos tecnológicos avançados. Existe um enorme potencial para o desenvolvimento industrial, que serve como a principal força impulsora do desenvolvimento econômico geral do nosso país. É necessário reajustar sua estrutura de produtos, reforçar continuamente as indústrias básicas e fortalecer as indústrias pilares e elevar sua qualidade e seu nível geral. A prosperidade do setor terciário é uma das importantes características de uma economia moderna. O desenvolvimento do setor terciário alivia as tensões em matéria de capital e recursos, reduz as pressões em matéria de emprego e otimiza a estrutura de produtos, assim como melhora o rendimento econômico em seu conjunto e desenvolve o mercado. Atualmente, a taxa de participação do setor terciário na economia nacional é bastante baixa e deve ser elevada, passo a passo, para adaptá-la ao crescimento dos setores primário e secundário e formar uma envergadura e uma estrutura racionais. É necessário impulsionar a padronização e melhorar a administração do setor terciário, dar a máxima prioridade ao desenvolvimento dos setores que servem à produção social e à vida diária das massas populares, normalizar e promover o setor financeiro e orientar o setor imobiliário por um caminho de desenvolvimento saudável. Há que se evitar uma "economia de bolha", tendo em conta as lições da China e do resto do mundo.

V. Relações entre a região Leste e a região Centro-Oeste

Nos últimos dezessete anos desde a aplicação da reforma e abertura, tanto a região Leste como a região Centro-Oeste do país obtiveram um grande desenvolvimento sem precedentes na história. Devido a sua base econômica relativamente boa e às favoráveis condições geográficas e com o apoio do Estado na política, a região Leste obteve um desenvolvimento mais rápido do que a região Centro-Oeste. É necessário encarar seriamente e tratar corretamente a questão de ampliação das diferenças entre as regiões Leste e Centro-Oeste no curso do desenvolvimento econômico.

É necessário unificar o entendimento de todo o Partido, com base na idéia estratégica de Deng Xiaoping de permitir que certo número de regiões e pessoas enriqueçam primeiro para conseguir gradualmente a prosperidade comum. A realização da prosperidade comum é um princípio fundamental e uma característica essencial do socialismo. Nunca devemos vacilar nesta questão de princípio. É necessário partir dos pontos de vista histórico e dialético para compreender e tratar a questão das diferenças regionais. Primeiro, há que se compreender que o desequilíbrio de desenvolvimento entre as diversas regiões é um fenômeno histórico de longo tempo. Segundo, deve-se prestar elevada atenção e adotar medidas eficazes para resolver corretamente o problema das diferenças regionais. Terceiro, a solução do problema das diferenças regionais requer um processo. Deve-se considerar a redução das diferenças regionais uma importante diretriz em que persistir longamente.

Resolver o problema das diferenças em matéria do desenvolvimento entre as regiões e persistir no crescimento econômico equilibrado das mesmas constituem uma tarefa estratégica da reforma e do desenvolvimento no futuro. A partir do período do Nono Plano Qüinqüenal, a China prestará ainda maior atenção ao apoio ao desenvolvimento econômico na região Centro-Oeste, aumentará gradualmente a intensidade de seus esforços para corrigir a tendência da contínua ampliação da brecha entre as regiões, e envidará enérgicos esforços para reduzir tal brecha. A região Centro-Oeste deve adaptar-se às necessidades de desenvolvimento da economia de mercado, acelerar os passos da reforma e abertura, pôr em plena função suas vantagens em matéria de recursos naturais, desenvolver vigorosamente as indústrias e produtos em que têm vantagens e converter suas vantagens em matéria de recursos numa superioridade econômica. Esta plenária já fez disposições, formulando uma série de medidas, inclusive transferir o pagamento de recursos financeiros centrais, dar prioridade à exploração de recursos e à construção de projetos de infra-estrutura, estimular a aplicação de investimentos na região Centro-Oeste e regularizar bem o sistema de preço dos produtos de recurso. A região Leste deve continuar aproveitando as condições favoráveis e fortalecer ainda mais a vitalidade econômica, dando passos maiores para aprofundar a reforma, transformar a forma de crescimento econômico e elevar a qualidade e rentabilidade econômicas. A política fundamental das autoridades centrais para com as cinco zonas econômicas especiais e a Nova Zona de Pudong em Shanghai não se altera, e no processo de desenvolvimento da economia de mercado socialista, algumas medidas concretas devem ser reajustadas e aperfeiçoadas. As cinco zonas econômicas especiais e a Nova Zona de Pudong em Shanghai devem ser administradas ainda melhor. As zonas econômicas especiais, as cidades abertas do litoral e as zonas abertas devem pôr em plena função seu papel de exemplo, irradiação e promoção da reforma e desenvolvimento. Enquanto isto, a região Leste deve ajudar, por diversos meios, as zonas subdesenvolvidas e as zonas habitadas pelas minorias étnicas no Centro-Oeste a desenvolver a economia, para promover o desenvolvimento econômico equilibrado inter-regional.

VI. Relações entre o mecanismo de mercado e o macrocontrole

Pôr plenamente em função o mecanismo de mercado e fortalecer o macrocontrole econômico são dois requisitos fundamentais para o estabelecimento do sistema de economia de mercado socialista. Nenhum destes dois aspectos pode ser deixado de lado e de nenhuma maneira deve ser separado ou contraposto. Se se acentua somente um lado e se menospreza o outro, haverá danos à grande causa da reforma e do desenvolvimento. É imperativo entender que o sistema de economia de mercado socialista da China faz parte integral do sistema fundamental do socialismo, com o que se pode pôr em plena função tanto as vantagens da economia de mercado como a superioridade do sistema socialista. Este sistema deve funcionar melhor e mais efetivamente do que o sistema dos países ocidentais no tratamento das relações entre o mecanismo de mercado e o macrocontrole, entre o desenvolvimento imediato e o desenvolvimento a longo prazo e entre a eficiência e a eqüidade.

Para fortalecer a economia chinesa e elevar sua eficiência, nosso país deve pôr em plena ação o mecanismo de mercado. Esta é uma importante experiência acumulada desde o início da implantação da política de reforma e abertura. É necessário acelerar a formação e o desenvolvimento do sistema de mercado, porque este ainda não está maduro na China. Todas as atividades econômicas que devem ser reguladas pelo mercado devem ter maior liberdade na administração e sua vitalidade econômica deve ser incrementada. Particularmente no caso das indústrias competitivas, o mercado deve ter um papel fundamental na distribuição de recursos. O mecanismo de concorrência do mercado também deve ser introduzido nas indústrias básicas. Ao mesmo tempo, deve-se notar que o mercado tem um aspecto de espontaneidade, cegueira e inércia, e o Estado deve orientar corretamente as atividades do mercado e exercer o controle sobre elas. A China é um grande país em desenvolvimento, que está numa fase de transformação do sistema econômico, de ascensão da estrutura industrial e de acelerado desenvolvimento econômico. Por isso, é particularmente importante fortalecer e melhorar o macrocontrole. É necessário acelerar o aperfeiçoamento do sistema de macrocontrole e recorrer principalmente a meios econômicos e legais com apoio dos meios administrativos necessários, para conter a inflação, realizar o equilíbrio econômico geral e otimizar a estrutura econômica. As experiências comprovam que, quanto mais livre e aberta seja a microeconomia e mais acelerado seja o processo de mercantilização, será necessário um macrocontrole mais vigoroso, mais flexível e mais efetivo. Para fortalecer e melhorar o macrocontrole, é preciso contar com a necessária centralização e os respectivos meios.

Para pôr em plena função o mecanismo de mercado e fortalecer o macrocontrole, é necessário acelerar a transformação das funções governamentais. O problema-chave é separar o governo da administração das empresas e continuar empreendendo a reforma do sistema e das organizações administrativas. É imperativo acelerar os passos da reforma neste sentido, porque a atual estrutura orgânica do governo não se adapta ao desenvolvimento da economia de mercado socialista.

VII. Relações entre a economia de propriedade pública e outros elementos econômicos

Manter a economia de propriedade pública como o corpo dominante e permitir que outros elementos econômicos se desenvolvam ao mesmo tempo é a diretriz em que devemos persistir por longo tempo. Esta é determinada pelo sistema socialista e o atual nível de desenvolvimento das forças produtivas do país. A prática comprova que somente com a persistência nesta diretriz será possível fortalecer plenamente a economia do nosso país e promover um rápido desenvolvimento das forças produtivas sociais.

A manutenção do sistema de propriedade pública como o corpo dominante é um princípio fundamental do socialismo e o símbolo básico da economia de mercado socialista. Em todo o processo de reforma, abertura e modernização, devemos persistir neste princípio. É assegurando a posição dominante do setor público que poderemos evitar a polarização e obter a prosperidade comum. Qualquer iniciativa de debilitá-lo para deixar de lado a posição dominante do setor público desviar-se-á do rumo do socialismo. Para manter o setor público como setor dominante, é importante dominar bem os seguintes aspectos: primeiro, os ativos de propriedade estatal e das coletividades devem ter uma posição dominante nos ativos totais da sociedade; segundo, o setor de propriedade estatal deve dominar os principais ramos e terrenos-chave da economia que têm a ver com os aspectos básicos da vida econômica nacional; terceiro, a economia estatal deve ter o papel dirigente no desenvolvimento econômico em seu conjunto, e quarto, o setor público, especialmente as empresas de propriedade estatal, devem adaptar-se às necessidades da economia de mercado socialista e desenvolver-se e robustecer-se de forma constante. É claro que, no país em seu conjunto, o setor de propriedade pública deve dominar a economia em geral, mas pode-se aceitar diferenças em algumas localidades e setores industriais. É necessário estudar e elaborar a estratégia e a distribuição geográfica do desenvolvimento da economia do Estado e promover energicamente a reforma das empresas de propriedade estatal, com o objetivo de estabelecer um sistema empresarial moderno. Deve-se concentrar as forças para fazer bem o trabalho nas empresas grandes de propriedade estatal, ao mesmo tempo em que se dá maior liberdade às empresas comuns e pequenas de propriedade estatal. Todas as empresas estatais devem fortalecer sua administração interna, assegurando a base de sua operação. O setor coletivo urbano e rural faz importante parte da economia de propriedade pública. O mesmo tem um brilhante futuro e deve ser desenvolvido vigorosamente. As empresas de propriedade coletiva também devem aprofundar constantemente a reforma, criando condições para estabelecer o sistema empresarial moderno.

Ao mesmo tempo em que se desenvolve ativamente a economia de propriedade estatal e coletiva, há que se permitir e estimular o desenvolvimento das empresas individuais, privadas, de capital externo e outros setores que não pertencem à propriedade pública. É necessário orientá-las corretamente, fortalecer a supervisão sobre elas e regulá-las de acordo com a lei, para que se convertam no necessário complemento da economia socialista. O Estado tratará todos os tipos de empresas sem discriminação e criará um ambiente favorável e boas condições para que todos os setores de diferentes sistemas de propriedade participem da concorrência, em pé de igualdade no mercado.

VIII. Relações entre o Estado, a empresa e o indivíduo na distribuição das receitas

Em matéria de distribuição de receitas, é imperativo persistir no princípio de distribuição de acordo com o trabalho como a principal forma, e ao mesmo tempo, desenvolver métodos diversificados de distribuição, de modo a colocar em primeiro lugar a eficiência e a eqüidade, aspectos que devem ser considerados combinando os interesses do Estado, das empresas e dos indivíduos. Nos últimos mais de dez anos, a iniciativa das empresas e dos trabalhadores foi estimulada através da reestruturação econômica e do reajuste da política de distribuição, permitindo e estimulando algumas localidades e indivíduos a enriquecerem primeiro por meio do trabalho honesto e operações legais. Porém, alguns problemas destacados que emergiram demandam atenção, especialmente o fato de que a distribuição da receita nacional está demasiadamente inclinada a favor dos indivíduos, a participação do Estado é demasiado pequena e são muito grandes as diferenças entre certos membros da sociedade.

Ao pensar nos problemas e atuar, devemos considerar sempre os interesses básicos das massas populares. Deve ser este o nosso ponto de partida e nosso propósito. É necessário tratar corretamente as relações entre a acumulação e o consumo. Para levar a cabo o processo de modernização, o Estado deve ter certa acumulação para poder concentrar forças em grandes projetos. Com o crescimento da economia, é imperativo elevar gradualmente a participação das receitas financeiras no PIB e a participação do governo central nas receitas financeiras nacionais, duas participações estas que vêm decrescendo e que, por isso, provocam dificuldades financeiras e déficit cada vez maiores para o Estado. Ao mesmo tempo, é necessário fazer economias, combinando o "aumento das receitas" com a "poupança". As empresas também devem ter certa acumulação para expandir sua produção e fortalecer o impulso ulterior do desenvolvimento. Nos últimos anos, ocorreram problemas de perda de ativos de propriedade estatal. É necessário fazer bem o trabalho de gestão, administração e supervisão sobre os ativos do Estado, acelerar a construção do contingente de administradores e operadores de empresas e formar o mecanismo e o sistema que permitam manter e incrementar o valor dos ativos do Estado. É imperativo levar toda a sociedade a continuar mantendo a boa tradição de luta árdua, estimular a frugalidade e evitar e corrigir o consumo que supera o desenvolvimento econômico.

Na fase inicial do socialismo, é inevitável a existência de certa diferença nas receitas entre os membros da sociedade. Se esta diferença é demasiadamente grande e se deixá-la crescer sem controle, haverá graves conseqüências em vários aspectos. Devemos persistir na política de permitir que algumas pessoas enriqueçam primeiro para obter depois a prosperidade comum. É necessário incrementar gradualmente a renda dos residentes rurais e urbanos com base no desenvolvimento econômico. Ao mesmo tempo, é necessário adotar medidas para regular a distribuição das receitas individuais e evitar a polarização entre ricos e pobres, como um importante assunto que diz respeito à situação em seu conjunto. Há que se tomar medidas efetivas, de acordo com as diferentes condições, para proteger as receitas legais e proibir as receitas ilegítimas, e para regular as receitas demasiadamente altas e assegurar as condições básicas de vida dos membros de baixa renda na sociedade.

IX. Relações entre a abertura ao exterior e o apoio nas próprias forças

A expansão da abertura ao exterior com base no apoio nas próprias forças é a política em que a China deve persistir por longo tempo. O camarada Deng Xiaoping assinalou: "A abertura ao exterior é de grande significado. Isolando-se e fechando as portas ao mundo, nenhum país consegue desenvolver-se e, sem estreitar as relações internacionais, introduzir experiências e meios científicos e tecnológicos avançados e capital dos países desenvolvidos, será impossível o desenvolvimento." Desde a aplicação da reforma e abertura, a China conseguiu alterar seu estado de isolamento ou semi-isolamento e elevar o nível de sua economia e tecnologia. Isto desempenhou um papel muito importante para acelerar seu processo de modernização. Devemos expandir sem vacilação a abertura ao exterior. Ao mesmo tempo, deve-se notar que existem alguns problemas na expansão das relações econômicas com o exterior. É necessário sintetizar conscienciosamente as experiências, fomentar a orientação correta e a administração e proteger os interesses fundamentais do Estado, de acordo com as leis e as políticas do Estado, a fim de melhorar o trabalho de abertura.

Para levar a cabo a modernização num grande país socialista como a China, é imperativo tratar corretamente as relações entre a ampliação da abertura ao mundo exterior e a persistência no princípio de apoiar-se nas próprias forças, colocando a abertura nos alicerces do apoio nas próprias forças. É necessário introduzir tecnologia avançada do exterior, mas a introdução deve ser combinada com o desenvolvimento e a inovação, a fim de formar nossa própria superioridade. É necessário utilizar capital externo, mas ao mesmo tempo devemos dar importância à acumulação de nossos próprios fundos. Somente desta maneira é que poderemos ganhar tempo e acelerar o processo de redução da distância que nos separa dos países desenvolvidos. A independência e autonomia não significam isolar-se de outros países, o apoio nas próprias forças não significa a xenofobia cega. Ao falar da independência e apoio nas próprias forças, não nos referimos ao isolamento do nosso país do mundo exterior, nem empenhar-se em construção interna com as portas fechadas, mas sim elevar a abertura a uma nova altura.

X. Relações entre as autoridades centrais e as locais

Nosso Partido tem dado muita importância ao tratamento adequado das relações entre as autoridades centrais e as locais. Pôr em plena função tanto a iniciativa central como a iniciativa local é um importante assunto de princípio na vida política e econômica nacional, diretamente relacionado com a unidade do país, a solidariedade entre as etnias e o desenvolvimento coordenado da economia nacional. O nosso é um país populoso com vasto território, condições complexas e desenvolvimento econômico desequilibrado entre as diferentes regiões. Delegar poder necessário às autoridades locais, para que estas possam ter maior flexibilidade de acordo com suas condições e desenvolver seu entusiasmo e sua criatividade no desenvolvimento da economia local ajuda a fortalecer o vigor e a vitalidade da economia em seu conjunto. Ao mesmo tempo, como a economia nacional está organicamente integrada, as autoridades centrais devem formular e implantar as leis, os princípios e as políticas nacionais para assegurar o equilíbrio geral e a otimização da estrutura para salvaguardar o mercado unificado nacional e promover o funcionamento ordenado e o desenvolvimento coordenado da economia nacional.

A delegação de poder às autoridades locais, desde a aplicação da reforma e abertura, pôs em plena função o entusiasmo das autoridades locais, impulsionando fortemente a reforma e o desenvolvimento. Trata-se de uma importante experiência que deve ser plenamente afirmada. É verdade que apareceram neste processo muitas contradições e problemas novos. Algumas localidades e departamentos prestaram demasiada atenção a seus interesses parciais e não fizeram o que deviam para implementar os princípios e políticas das autoridades centrais, e alguns chegaram inclusive a desobedecer às ordens e desafiar as proibições. O poder que pertence às autoridades centrais não está completamente centralizado e, em alguns aspectos, está demasiadamente descentralizado. Não permitiremos a existência de interesses locais ou departamentais que ponha em perigo os interesses do país em seu conjunto. Nas novas circunstâncias, há que se fazer maiores esforços para persistir no princípio do desenvolver tanto as iniciativas centrais como as locais. O princípio geral deve ser o seguinte: deve haver tanto uma unidade que reflete os interesses do todo, como uma flexibilidade sob a orientação unificada, a fim de ter em conta os interesses parciais, e deve haver tanto o centralismo que protege o macrocontrole nacional da autoridade central, como a delegação de poderes necessários às autoridades locais sob a orientação centralizada. Na atualidade, há que se prestar muita atenção à divisão racional do poder de administração econômica entre as autoridades centrais e locais, definindo claramente suas respectivas jurisdições nos assuntos de pessoal, finanças e tomada de decisões, para integrar o poder e a responsabilidade e padronizálas e institucionalizá-las. É necessário fortalecer a direção central unificada e salvaguardar a autoridade central. O poder de macrocontrole deve ser centralizado nas autoridades centrais e estas devem considerar plenamente os interesses e as demandas racionais locais ao formular as políticas, enquanto as localidades devem obedecer e submeter-se conscientemente aos interesses da situação geral, usar apropriadamente o poder necessário que o Estado lhes atribuiu e regularizar bem as atividades econômicas locais. Somente quando as iniciativas centrais e locais estiverem postas em função de maneira adequada, a economia nacional pode avançar de forma vigorosa, sustentada e saudável.

XI. Relações entre a defesa nacional e a construção econômica

A modernização da defesa nacional é parte importante da modernização do nosso país e o fortalecimento da defesa nacional é a garantia básica fundamental da segurança do Estado e do desenvolvimento da economia nacional. Os esforços feitos pelo nosso país para fortalecer a construção da defesa nacional visam exclusivamente à autodefesa, ao mesmo tempo em que contribuem para salvaguardar a paz mundial. Após a 3ª plenária do 11° Comitê Central do Partido e de acordo com as mudanças da situação internacional, o camarada Deng Xiaoping indicou com perspicácia a necessidade de transformar a idéia orientadora sobre a construção da defesa nacional, isto é, passar da concepção de estar ao pé de guerra para a órbita da regularização e modernização em tempos de paz. A construção da defesa nacional e das forças armadas deve basear-se na construção econômica e submeter-se aos interesses fundamentais da construção econômica nacional. É com o desenvolvimento da economia nacional que se pode proporcionar a base material e tecnológica necessária à modernização da defesa nacional. O Estado deve apoiar e fortalecer a construção da defesa nacional, de acordo com as necessidades e as possibilidades.

A construção da defesa nacional deve seguir o princípio estratégico da defesa ativa e seguir o caminho da construção de um exército-elite do tipo chinês. É necessário dominar as características da construção da defesa nacional e das forças armadas na nova era, elevar a capacidade de defesa e a de combate de emergência das forças armadas nas condições de tecnologia moderna, especialmente nas de alta tecnologia, e dar prioridade à elevação da qualidade geral e da eficácia integral das forças armadas. É necessário fortalecer a pesquisa científica para a defesa nacional e para a elevação do nível de modernização dos equipamentos das forças armadas. De acordo com as demandas do desenvolvimento da economia de mercado socialista, deve-se persistir na combinação das necessidades de tempos de guerra e de paz e na combinação dos serviços civis e militares, há que se fazer esforços para estabelecer e aperfeiçoar o mecanismo operacional da indústria de defesa nacional, elevar a compatibilidade das indústrias civis e militares e desenvolver a compatibilidade militar-civil de sua produção, seguindo o caminho da modernização da defesa nacional, que se adapte às condições próprias do nosso país e reflita as características da atualidade.

XII. Relações entre a civilização material e a civilização espiritual

Para empreender a modernização, devemos dedicar-nos, sem dúvida nenhuma, ao desenvolvimento das forças produtivas, para realizar bem a civilização material. Ao mesmo tempo, é necessário colocar a civilização espiritual socialista numa posição ainda mais destacada. É necessário tomar a civilização material e a civilização espiritual como o objetivo integrado e agarrá-las com as duas mãos e ter a mesma firmeza em ambas. Em nenhuma circunstância deve-se buscar um crescimento econômico temporal à custa da civilização espiritual.

Desde a aplicação da reforma e abertura, a situação política e econômica tem sido boa e a civilização espiritual tem obtido progressos muito grandes. Porém, ainda existem problemas que requerem solução imediata, nomeadamente a debilidade do trabalho ideológico e político, o aparecimento da idolatria ao dinheiro, o hedonismo, a falta da segurança pública em alguns lugares e o reaparecimento e alastramento dos fenômenos de corrupção e outras aberrações. Devemos prestar muita atenção a esses problemas e tomar medidas práticas e enérgicas para resolvê-los.

A civilização espiritual socialista deve ser orientada pelo marxismo-leninismo, o pensamento de Mao Tsé-tung e a teoria de Deng Xiaoping sobre a construção do socialismo do tipo chinês. É imperativo desenvolver energicamente a boa tradição do Partido, assim como as excelentes idéias e a cultura da Nação Chinesa, fortalecer a educação ideológica em matéria do patriotismo, coletivismo e socialismo, formar cidadãos socialistas com elevados ideais, integridade moral, boas qualidades culturais e alto senso de disciplina, absorver todos os bons frutos da civilização mundial e elevar a qualidade de toda a nação nos terrenos ideológico, moral, científico e cultural. Há que se explorar novos delineamentos e métodos para a promoção cultural ideológica nas condições de economia de mercado socialista, e gradualmente criar a força de opinião pública, os conceitos de valor, os critérios de moralidade e as condições culturais que favoreçam à modernização socialista. A civilização espiritual deve adaptar-se à estratégia de desenvolvimento econômico e ser incluída no programa geral do desenvolvimento socioeconômico do país.

Estas 12 relações são problemas de importância geral na nova situação de reforma e desenvolvimento. Paralelamente ao andamento da prática, a compreensão será aprofundada ainda mais, aparecerão novas contradições, e as relações entre alguns aspectos conhecerão novas mudanças, sendo inevitável reajustar a diretriz e as políticas que estamos promovendo. Desejo que os camaradas de todo o Partido, especialmente os quadros dirigentes de alto nível, estudem esses importantes assuntos, libertem a mente, e busquem a verdade nos fatos, fortaleçam a investigação e o estudo, concentrem a sabedoria das massas populares e elevem o nível de direção em busca de soluções, para impulsionar ainda mais a modernização do nosso país.

Trabalhemos Juntos por um Mundo Melhor*

(24 de outubro de 1995)

* Discurso de Jiang Zemin na reunião comemorativa especial das Nações Unidas por ocasião do 50° aniversário da Organização.

Sr. Presidente:

Em poucos anos, a humanidade dirá adeus ao século XX, um período saturado de vicissitudes, e entrará no século XXI, um século cheio de promessas. Nesta passagem de século, é de grande importância que estejamos reunidos aqui, procedentes de todo o mundo, para comemorar o 50° aniversário das Nações Unidas, a organização intergovernamental mais representativa e autorizada do nosso tempo. Podemos aproveitar a oportunidade para fazer uma retrospectiva do passado e considerar o futuro em um plano superior e compartilhar juntos nossas opiniões sobre como realizar os nobres objetivos das Nações Unidas.

Faz cinqüenta anos que a guerra mundial contra o fascismo chegou a um final vitorioso, quando nasceu a ONU. Esse foi um grande evento na história das relações internacionais. O mundo passou por duas guerras mundiais num curto período de trinta anos na primeira metade do século, deixando à humanidade desastres inéditos e dolorosas lições. A formulação da Carta das Nações Unidas e a fundação da Organização responderam às necessidades objetivas do progresso da época, refletiram o forte desejo dos povos de todos os países em eliminar as calamidades de guerra e manifestaram o sonho da humanidade de ter um novo mundo de paz, igualdade, cooperação e prosperidade.

Nos cinqüenta anos que se passaram desde a Segunda Guerra Mundial, nosso mundo tem experimentado extraordinárias mudanças, radicais e inspiradoras em alguns momentos, e tormentosas e preocupantes em outros.

Os povos de todos os países que experimentaram um despertar sem precedentes nas desgraças de guerra exigem o controle de seu próprio destino. A luta pela libertação nacional e o progresso social alastrou-se como um fogo nas pradarias. Bilhões de pessoas romperam as cadeias do colonialismo e mais de cem países obtiveram sua independência nacional. Os países em desenvolvimento, como nova força, subiram no palco político internacional e têm importantes papéis impossíveis de se desprezar nos assuntos mundiais. Graças à rápida expansão das forças produtivas e ao avanço da ciência e tecnologia, a economia mundial alcançou um grau sem precedentes na envergadura e no nível. As forças que buscam a salvaguarda da paz e a eliminação das guerras têm aumentado de forma constante. Com a paz que dura já meio século, a sociedade humana alcançou enorme progresso.

No entanto, o período posterior à guerra mundial não tem sido um tempo de harmonia e tranqüilidade. A confrontação da guerra fria entre o Leste e o Oeste, a agudização das contradições entre o Norte e o Sul, o incessante surgimento de conflitos regionais e a persistente escalada de corrida armamentista nuclear fizeram os habitantes deste planeta viverem com temor e insegurança sob as sombras das armas nucleares. Com o fim da guerra fria, a situação internacional moveu-se em conjunto rumo à distensão, mas o hegemonismo e a política de força continuam presentes, e os conflitos armados e as guerras regionais por territórios, problemas étnicos, questões religiosas e recursos naturais têm aparecido um após o outro. A injusta e irracional ordem política e econômica internacional não foi alterada e centenas de milhões de pessoas nos países em desenvolvimento ainda estão imersas na pobreza. A sobrevivência e o desenvolvimento da humanidade continuam enfrentando uma série de duros desafios.

As Nações Unidas, como um espelho, refletem as mudanças do panorama internacional. Com as mudanças do quadro político mundial há cinqüenta anos, as Nações Unidas também seguiram um caminho acidentado e tortuoso.

Apoiando-se nos esforços concentrados de seus membros, as Nações Unidas têm feito muitos trabalhos úteis e têm contribuído positivamente para diminuir os conflitos regionais, erradicar o colonialismo, impulsionar a redução dos arsenais de guerra e promover a paz, a cooperação e o desenvolvimento do mundo. O intenso debate entre os membros sobre os informes do secretário-geral titulados de "A agenda para a paz" e "A agenda para o desenvolvimento" mostra o desejo geral de todos os países de contar com uma ONU mais dinâmica e eficaz na promoção da nobre causa pela paz e desenvolvimento. Dado seu papel e sua influência no mundo atual, as Nações Unidas não podem ser substituídas por nenhuma outra organização internacional ou bloco de países. No entanto, as Nações Unidas também têm suas falhas e fracassos. Certas grandes potências tentaram usar a organização como cobertura para defender suas vontades políticas particulares, e suas rivalidades com freqüência deixam a ONU no limbo. Além disso, a vontade e os direitos e interesses de um grande número de países em desenvolvimento não têm sido propriamente respeitados nas Nações Unidas já há muito tempo. Esta não é certamente uma situação satisfatória.

Confúcio, o filósofo da antiga China, disse: "Aos quarenta anos não tinha mais dúvidas, e aos cinqüenta entendi a vontade dos céus." Um homem, com décadas de vida, pode entender melhor as mudanças das coisas e pode ser mais firme em suas decisões de alcançar suas aspirações e ideais. Hoje, ao comemorar o 50° aniversário da ONU, é natural que a gente tenha muitas esperanças de que a Organização observe os propósitos e princípios de sua Carta, ouça os clamores dos povos de todos os países, acompanhe os passos da época e receba o novo século com uma nova fisionomia.

O que as transformações do mundo nos ensinam é que o povo faz a história e a impulsiona adiante. À medida que a história avança como uma torrente impávida, a sociedade humana progride com força irresistível. Qualquer país que se considera poderoso, prefere usar a força e busca a hegemonia e a expansão através do poder está condenado a fracassar. Quem forja pretextos para violar a soberania de outros países e interferir em seus assuntos internos provará ao final o amargo fruto de suas próprias ações. Um país que faz caso omisso da variada e diversificada realidade do mundo e pratica atos hegemônicos, como a imposição do seu próprio sistema social, seu modo de desenvolvimento e seu conceito de valor particular a outros, e as arbitrárias ameaças a outros por meio do isolamento e sanções, prejudicará esses outros países no início e no final sai prejudicado. Basear sua própria prosperidade na pobreza e atraso dos outros, sob uma injusta e irracional ordem econômica internacional, é impopular. A pretensão de monopolizar os assuntos mundiais e controlar o destino de outras nações é cada vez mais inviável. No final, qualquer ato que seja anacrônico e que vá contra os interesses fundamentais dos povos de todos os países encontrará inevitavelmente resistência e oposição.

As experiências e as lições de meio século, os propósitos e princípios da Carta da ONU e o tema da época da paz e desenvolvimento nos impõem sérias e urgentes tarefas.

Devemos criar um ambiente internacional de paz seguro e estável. A paz é a primeira necessidade dos povos do mundo. Sem paz não se pode falar de desenvolvimento. Os litígios entre os países devem ser resolvidos por meio de negociações pacíficas e consultas em lugar de recorrer ao uso ou à ameaça de uso da força. As operações de manutenção da paz da ONU devem realizar-se observando estritamente as provisões relevantes da sua Carta e não devem converter-se em uma intervenção encoberta nos assuntos internos dos países-membros. É menos desejável ainda que as forças de manutenção da paz se vejam envolvidas em conflitos como parte dos mesmos. Além disso, as Nações Unidas devem atuar na medida da sua capacidade ao realizar operações de manutenção de paz. Há que fazer esforços para chegar à completa proibição e total destruição das armas nucleares, assim como de outras armas de destruição em massa, a redução dos grandes arsenais que um pequeno número de países possui, o controle e a eliminação de vários fatores que possam conduzir à guerra, para salvaguardar a segurança de todos os países e regiões do mundo.

Devemos observar as normas que regem as relações internacionais sob os princípios de igualdade entre Estados soberanos e de não interferência de um país nos assuntos internos de outros. Estes princípios, definidos na Carta da ONU há cinqüenta anos por seus fundadores, revestem-se no dia de hoje de maior vitalidade e significado real. Todos os Estados soberanos, grandes ou pequenos, fortes ou fracos, ricos ou pobres, são membros da comunidade internacional em pé de igualdade. Todos os países, desenvolvidos ou em desenvolvimento, têm o direito a participar dos assuntos internacionais em pé de igualdade. Os princípios de respeito mútuo da soberania e da integridade territorial, de não agressão mútua, de não interferência nos assuntos internos de outros países, de igualdade e benefício recíproco e de coexistência pacífica devem servir como normas que todas as nações observam em suas relações mútuas. A inviolabilidade da soberania nacional nega a todos os países qualquer privilégio para interferir nos assuntos internos de outros ou impor sua própria vontade a outros. Algumas grandes potências, muitas vezes sob o pretexto de promover a "liberdade", a "democracia" e os "direitos humanos", violam a soberania de outros países, intervêm em seus assuntos internos e minam sua unidade nacional e sua harmonia étnica. Esta é uma importante causa da intranqüilidade no mundo de hoje. É tempo de escrevermos um novo capítulo nos anais das relações internacionais, eliminando por completo os fenômenos como os abusos cometidos por países grandes contra os pequenos, a dominação dos países fracos pelos países fortes, e a opressão dos países pobres pelos ricos.

Devemos estabelecer um novo tipo de relações econômicas internacionais caracterizadas por benefício recíproco, a complementação mútua e o desenvolvimento comum. À medida que os países se aproximam uns dos outros, sua interdependência econômica e complementaridade mútua de vantagens comparativas se fazem mais e mais claras. Nenhum país pode estar afastado da comunidade internacional ou isolar-se do mercado mundial. A internacionalização da vida econômica requer que todos os países realizem amplos intercâmbios e cooperação nos terrenos da economia, da ciência, da tecnologia, das finanças, no comércio e outros, aplicando a política de abertura e descartando o protecionismo e as políticas comerciais discriminatórias. O prolongado domínio colonial e a injusta e irracional ordem econômica internacional causaram pobreza e atraso em muitos países do Terceiro Mundo. A luta para eliminar a pobreza é uma importante meta no mundo de hoje. Os países desenvolvidos devem ajudar os países em desenvolvimento proporcionando-lhes capital, reduzindo ou perdoando suas dívidas, transferindo tecnologia e realizando intercâmbios comerciais em termos eqüitativos, para ajudá-los a revitalizar suas economias e melhorar as condições de vida do povo. Isso também corresponde aos interesses de longo prazo dos países desenvolvidos. O crescimento econômico comum e a prosperidade de todos os países são as metas a que deveria dedicar-se toda a humanidade.

Devemos criar uma situação de harmonia internacional que permita que cada país decida seu futuro independentemente, e devemos buscar os terrenos comuns deixando de lado as diferenças. No mundo existem cerca de 200 países diferentes entre si em termos de sistema social, concepção de valores, nível de desenvolvimento, história, religião e cultura. É da soberania de cada nação decidir, considerando suas condições nacionais e a vontade de seu povo, que sistema social terá e que caminho escolherá para seu desenvolvimento. Ninguém tem o direito de intervir nesta decisão. Cada país e cada povo tem características especiais e pontos fortes. Somente por meio de respeito mútuo, buscando terrenos comuns e arquivando as diferenças, praticando a coexistência amistosa e complementando-se mutuamente, pode-se fazer do mundo um jardim colorido onde cem flores compitam na beleza. Sem diversidade, não poderia existir o mundo tal como o conhecemos. Sem diversidade, não poderia existir sequer as Nações Unidas. Quem se negue a reconhecer ou respeitar a diversidade do mundo e pretenda impor a uniformidade, inevitavelmente se estraçalhará em um muro de pedra.

Devemos unir nossas mãos para encarar os desafios de sobrevivência e desenvolvimento da humanidade. Todos nós compartilhamos o mesmo planeta. Problemas como a degradação ecológica, a pobreza e o desemprego, a explosão demográfica, o surgimento de enfermidades epidêmicas, a extensão do abuso de drogas e dos crimes transfronteiriços e a falta de proteção dos direitos das mulheres e das crianças são temas de âmbito global que têm a ver com a sobrevivência e o desenvolvimento da humanidade. Os países desenvolvidos devem muito ao mundo por haver causado a degradação ambiental em sua modernização e sua industrialização, e naturalmente deveriam fazer uma contribuição maior à proteção do ambiente. A solução gradual destes assuntos globais requer não somente os esforços de nível nacional mas também a coordenação e cooperação estreitas entre os países.

Consideramos que os pontos acima mencionados devem ser incorporados na nova ordem política e econômica internacional, cujo estabelecimento é desejado pelos povos de todo o mundo. As Nações Unidas podem cumprir um importante e específico papel neste aspecto. Pode-se dizer que a materialização de tal ordem é uma característica principal do mundo melhor que vamos construir juntos.

Sr. Presidente!

A China é membro da grande família internacional. Não pode manter-se separada do resto do mundo, porque sua reforma e seus processos de abertura e modernização demandam um ambiente internacional de paz duradoura e fortes relações de amizade e cooperação com outros países. O mundo, por seu lado, necessita da China, já que um mundo pacífico e próspero requer uma China estável e próspera.

A China é um país de numerosa população e com longa história. É a terra de uma esplêndida e antiga civilização e uma grande contribuinte ao progresso da humanidade. A partir de meados do século XIX, a China foi reduzida gradualmente a uma sociedade semifeudal e semicolonial, pobre e atrasada. O povo chinês realizou uma prolongada e incessante luta para defender a independência, a soberania e a unidade do país e para realizar sua renascença, que culminou com a fundação da República Popular da China em 1949. Agora, o povo chinês avança a passos decididos pelo caminho do socialismo do tipo chinês, concentrando suas forças no desenvolvimento econômico e no melhoramento de suas condições de vida. O povo chinês ama a paz, deseja o desenvolvimento e deseja cultivar as relações de amizade e cooperação com os povos de todos os países do mundo, mantendo invariavelmente uma política exterior independente e de paz. Mesmo quando a China se faça mais forte e desenvolvida, não buscará a hegemonia nem será uma ameaça para os outros; ao contrário, a China é uma importante força para a manutenção da paz e estabilidade mundiais e fará contribuições ainda maiores para a humanidade. Se a China, país com cerca de um quarto da população mundial, mantiver-se subdesenvolvida e pobre durante muito tempo, isso terá graves conseqüências para a paz e a estabilidade da região Ásia-Pacífico e para o mundo em geral.

Somente existe uma China no mundo. Taiwan é uma parte inalienável do território chinês. O governo da República Popular da China é o único governo legítimo e o único representante da China nas Nações Unidas. A reunificação pacífica da pátria é a vontade e decisão firmes de todo o povo chinês, incluindo os compatriotas de Taiwan, e é uma corrente irresistível da história. Com a tradição patriótica que remonta a milênios, o povo chinês tem a capacidade, os recursos e a confiança para superar todas as interferências e concretizar a reunificação nacional.

Como país promotor da Conferência sobre a Organização Internacional de São Francisco e como uma das quatro nações integrantes do Presidium, a China fez importante contribuição ao nascimento das Nações Unidas. Como fundadora desta organização internacional e membro permanente do Conselho de Segurança, a China tem respeitado os propósitos e princípios da Carta e cumprido conscientemente sua responsabilidade e suas obrigações internacionais. A China deseja ver mais em função o papel positivo das Nações Unidas nos assuntos internacionais. Sustentamos que as Nações Unidas devem adotar as reformas necessárias e apropriadas com base em sérias deliberações e discussões em espírito de eqüidade, justiça e plena consulta. Esta reforma deve favorecer a realização dos propósitos e princípios da Carta da ONU para realizar as pesadas tarefas confiadas às Nações Unidas por nossa era, para refletir o princípio de distribuição geográfica equilibrada e para fortalecer a posição e o papel dos países do Terceiro Mundo nesta organização internacional.

Sr. Presidente!

Os dirigentes políticos da nossa geração carregam nos ombros a missão histórica de levar adiante a causa da paz mundial, o desenvolvimento e o progresso rumo ao futuro. A história é ao mesmo tempo justa e impiedosa. Não devemos frustrar as grandes expectativas dos povos de todo o mundo. Unamos nossas mãos e trabalhemos juntos para receber o novo século com um mundo ainda belo!

Obrigado.

Persistir em Administrar o País Conforme a Lei*

(8 de fevereiro de 1996)

*Discurso de Jiang Zemin feito ao final do seminário realizado pelo Comitê Central do Partido Comunista da China sobre a legalidade, com a participação dos dirigentes centrais.

Desde a 3ª plenária do 11º Congresso Nacional do Partido, temos obtido importantes progressos na construção do sistema legal socialista. O trabalho legislativo tem acelerado seus passos com a elaboração de uma série de importantes leis e normas relativas a numerosos aspectos da vida política, econômica, cultural e social; o trabalho de divulgação da lei em nível nacional tem obtido grandes êxitos, elevando visivelmente a conscientização dos cidadãos sobre a democracia e o sistema legal socialistas; o trabalho de execução e fiscalização das leis tem sido fortalecido ainda mais; e as atividades realizadas em algumas regiões e setores de todo o país, para administração nos termos da lei, têm obtido êxito. Contudo, devemos estar cientes lucidamente de que o atual estado de lei do nosso país está bastante distante das demandas da modernização em seu conjunto e das demandas do estabelecimento de um sistema legal socialista relativamente completo, o que requer incansáveis esforços de todo o Partido e do povo de todas as etnias do país durante longo tempo.

Fortalecer a construção do sistema legal socialista e administrar o país conforme a lei constituem importantes partes integrantes da teoria do camarada Deng Xiaoping sobre a construção do socialismo do tipo chinês e uma importante diretriz do nosso Partido e do nosso governo na administração dos assuntos estatais e sociais. Por aplicação e persistência na administração do país conforme a lei, entende-se colocar gradualmente todos os trabalhos do Estado na órbita da lei, institucionalizando e regularizando a vida política, econômica e social do país; isto é, a participação das massas populares sob a direção do Partido e conforme as previsões da Constituição e da lei, através de todas as vias e de todas as formas, na administração dos assuntos estatais, econômicos, culturais e sociais do país; e também a concretização paulatina da sistematização e legalização da democracia socialista. A aplicação e persistência na administração do país conforme a lei reveste-se de suma importância para impulsionar o desenvolvimento econômico duradouro, rápido e saudável e o progresso social em todos os aspectos e garantir a ordem e a estabilidade duradouras no país.

A história da Humanidade entrará em breve no século XXI. A 5ª plenária do 14° Congresso Nacional do Partido formulou o programa de desenvolvimento do nosso país até o ano 2010, quando nosso sistema de economia de mercado socialista alcançará um nível relativamente aperfeiçoado. As práticas da economia mundial comprovam que uma economia de mercado relativamente madura requer e tem naturalmente um sistema legal relativamente completo. As operações das atividades de gestão do mercado, a manutenção da ordem do mercado, o macrocontrole e administração das atividades econômicas pelo Estado, assim como a produção, o intercâmbio, a distribuição, o consumo e outros elos precisam ser orientados e regularizados pela lei. Nas relações econômicas internacionais, é necessário também agir conforme as práticas internacionais e as regras convencionadas entre os países. Estas são as exigências inerentes da economia de mercado. Em busca de uma transformação radical do sistema econômico e do modo de crescimento econômico, temos de completar e aperfeiçoar também todo o sistema legal, estabelecendo toda uma ordem jurídica indispensável à economia de mercado socialista e à economia intensiva, de acordo com as regras gerais do mercado e as nossas próprias circunstâncias. A economia está em desenvolvimento, a sociedade está em progresso, e não cessam de surgir novos casos e novos problemas, incluindo novas experiências para solucioná-los. É exatamente por isso que a construção do nosso sistema legal tem de ser um processo de incessante aprofundamento, fortalecimento, complementação e aperfeiçoamento, não podendo ser feita de uma vez por todas. Quando surgirem os novos casos, novos problemas e novas experiências, é necessário elaborar, depois de estudo e de sintetização, novas leis e normas correspondentes. Só assim pode-se evitar, quando surgirem novos problemas, uma situação passiva em que, atado pelos velhos métodos, mal se pode solucioná-los com calma ou a solução não será feita conforme a norma. Existe ainda um outro problema importante que deve despertar nossa atenção, isto é; no trabalho legislativo, há que se elaborar, além das leis e normas fundamentais, os regulamentos concretos necessários à sua aplicação com base nas experiências acumuladas na prática, como garantia da aplicação dos mesmos; sem estes regulamentos, a aplicação e execução das leis e normas fundamentais encontrarão muitas dificuldades.

Para fortalecer o sistema legal socialista e a administração do país conforme a lei, uma importante tarefa consiste em elevar constantemente o senso jurídico e o conceito de legalidade dos quadros dirigentes e das massas populares. O pensamento é a guia da ação. A tomada de decisão e o exercício das funções conforme a lei pelos quadros dirigentes representam um importante elo da administração do país conforme a lei. A observância espontânea à lei e a salvaguarda dos interesses estatais e de seus próprios direitos por parte dos cidadãos constituem uma importante base para a administração do país conforme a lei. O nível jurídico dos quadros dirigentes e das massas populares exerce influências diretas no processo da administração do país conforme a lei. As experiências da prática demonstram que, com desordem jurídica e graves falhas de sistema, os malfeitores poderão aproveitar-se da situação para andar à solta, enquanto os virtuosos não terão condições suficientes para fazer coisas boas. A experiência demonstra também que, mesmo que existam leis e sistemas relativamente completos e aperfeiçoados, mas devido à falta de senso jurídico, ao fraco conceito da legalidade e à baixa qualidade ideológica e política das pessoas, as leis e sistemas, por melhores que sejam, não exercerão suas funções, até se tornarem meras folhas de papel por não serem observados. Por isso, é imperativo fortalecer a construção do sistema legal socialista em dois aspectos: fortalecer, por um lado, os trabalhos legislativos, complementando e aperfeiçoando constantemente o sistema jurídico, e por outro, intensificar a divulgação e a educação sobre o sistema jurídico, elevando constantemente a qualidade e a consciência dos quadros dirigentes e das massas populares de observar a lei e agir nos termos da lei. Ambos são indispensáveis e nenhum dos dois pode ser valorizado à custa do outro. Por isso, ao empenhar-nos no trabalho legislativo, temos de persistir incansavelmente nos trabalhos de divulgação e de educação do sistema jurídico, visando a uma nova elevação da qualidade jurídica dos quadros dirigentes e das massas populares durante o período dos três programas qüinqüenais de divulgação das leis, ou seja, antes do ano 2000. Como o estabelecimento de um conceito, a formação de uma consciência precisa de um processo bastante longo, devemos entender plenamente o caráter prolongado e a dureza dos trabalhos de divulgação e educação sobre o sistema jurídico e sistematizá-los e padronizá-los passo a passo. Os quadros dirigentes, sobretudo, têm de fortalecer seu estudo de conhecimentos das leis e da ciência jurídica, esforçar-se pela dominação e elevação de sua aptidão para administrar os assuntos econômicos e sociais por meios jurídicos, além de mobilizar com suas próprias ações os quadros dirigentes e as massas populares, criando uma boa atmosfera de estudo e aplicação das leis em toda a sociedade e lançando uma base ideológica para administrar o país conforme a lei.

A administração do país conforme a lei constitui um importante marco do progresso social e da civilização social e uma exigência natural para a construção de um país socialista moderno. Estamos convencidos de que, através dos esforços conjugados de todo o Partido e de toda a sociedade, com o avanço da construção da democracia e do sistema legal socialista, e paralelamente à criação e ao aperfeiçoamento do sistema de economia de mercado socialista, o nível do nosso Partido e do nosso governo para a administração do país conforme a lei se elevará dia-a-dia.

Proteção do Meio Ambiente e Aplicação da Estratégia de Desenvolvimento Sustentável*

(16 de julho de 1996)

*Discurso proferido por Jiang Zemin na 4ª Conferência Nacional da Proteção do Meio Ambiente.

De suma importância, a proteção do meio ambiente é um assunto estratégico global que diz respeito ao desenvolvimento permanente do nosso país. Os camaradas que trabalham arduamente neste setor vêm obtendo notáveis sucessos. Aqui, gostaria de expressar-lhes meus cumprimentos e agradecimentos!

Na modernização socialista, deve-se considerar sempre a aplicação da estratégia de desenvolvimento sustentável um importante trabalho. A idéia de desenvolvimento sustentável, oriunda da proteção ambiental, tornou-se atualmente a estratégia geral de muitos países do mundo na orientação de seu desenvolvimento socioeconômico. O desenvolvimento econômico deve ser considerado em coordenação com a demografia, o ambiente e os recursos. Além de planejar bem o atual desenvolvimento, deve-se ter em mente as gerações futuras, criando melhores condições para o futuro desenvolvimento, sem percorrer o caminho de desperdício de recursos e de poluição no início para tratá-la depois, nem viver da herança legada pelos antepassados, obstruindo o caminho das futuras gerações.

Como um país populoso com relativa escassez de recursos *per capita*, baixo nível tecnológico, base econômica e tecnológica relativamente fraca, a China tem pela frente uma tarefa muito dura na proteção do ambiente ecológico. Portanto, no desenvolvimento socioeconômico, devemos envidar grandes esforços para conseguir alta eficácia socioeconômica e boa proteção do meio ambiente com pouco investimento e reduzido consumo de recursos. Se negligenciarmos a proteção ambiental no desenvolvimento para tratarmos e recuperarmos o ambiente ecológico depois de tê-lo destruído, pagaremos pesados custos e até teremos perdas irreparáveis.

Partindo da realidade do país, devemos empenhar-nos nos seguintes trabalhos na aplicação da estratégia do desenvolvimento sustentável: primeiro, persistir em economizar água, terra, recursos energéticos, matérias-primas, cereais e outros recursos; no setor agrícola, a produção deve ser alta, de boa qualidade, alto rendimento e baixo custo; na indústria, deve-se destacar a qualidade, o baixo custo e os efeitos; o setor terciário deve desenvolver-se em coordenação com os setores primário e secundário; segundo, continuar controlando o aumento demográfico e elevar a qualidade da população em todos os aspectos; terceiro, a estrutura de consumo deve ser racional, a maneira de consumo deve favorecer a proteção ambiental e a de recursos, em vez de promover o alto consumo sem considerar o nível de desenvolvimento da força produtiva, desperdiçando os recursos; quarto, intensificar a divulgação e a educação sobre a proteção do meio ambiente e elevar a conscientização dos quadros e das massas populares quanto à proteção do ambiente ecológico. E quinto, conter e reverter categoricamente a tendência de destruição dos recursos e de deterioração do meio ambiente em certas localidades.

Omitindo-se no trabalho de proteção ambiental, certos camaradas consideram que devem desenvolver a economia em primeiro lugar, podendo, no momento, deixar de lado a proteção ambiental. Esta idéia é errônea e prejudicial. Uma séria lição no desenvolvimento mundial consiste em que muitos países desenvolvidos percorreram um caminho de grave desperdício de recursos e de poluição no início e seu tratamento depois, originando graves danos aos recursos e ao ambiente ecológico do mundo. Jamais seguiremos este caminho. Nosso desenvolvimento socioeconômico deve basear-se na otimização da estrutura industrial e na coordenação entre a economia, a sociedade e o ambiente. Os fatos objetivos demonstram que no crescimento econômico baseado na expansão cega de investimentos e na realização de projetos sem planificação, quanto maior for a velocidade de crescimento, maior será o desperdício de recursos, mais grave será a poluição do ambiente e a destruição ecológica, e mais diminuirá a capacidade de desenvolvimento contínuo. Isso é inaceitável. Reiterei em várias ocasiões que os lugares que estão em condições podem desenvolver-se mais rápido. Porém, temos que prestar maior atenção para que o desenvolvimento acelerado jamais possa ser obtido a custo de desperdício de recursos e de sacrifício do ambiente. Em qualquer local, o desenvolvimento econômico deve levar em consideração a elevação da qualidade e eficácia e a otimização estrutural, e persistir em tomar o círculo virtuoso do ambiente como base, garantindo um desenvolvimento saudável e sustentável.

O controle do aumento demográfico e a proteção do ambiente ecológico constituem uma política fundamental em que o Partido e o povo de todo o país devem insistir para sempre. A 5ª sessão plenária do 14º Congresso Nacional do Partido formulou claramente a realização da transformação fundamental do sistema econômico e do modelo de crescimento econômico e a aplicação das estratégias de prosperidade do país mediante a ciência e a educação e do desenvolvimento sustentável, fornecendo uma garantia segura para a proteção ambiental no processo de desenvolvimento.

As experiências da história nos dizem que, para garantir a segurança do ambiente, é necessário controlar o volume total de emissão de substâncias poluentes. No Nono Plano Qüinqüenal, o crescimento econômico foi determinado para um ritmo de cerca de 8% por ano. Na proteção ambiental, a meta que definimos foi, até o ano de 2000, esforçar-se para controlar basicamente a tendência da poluição ambiental e do agravamento da destruição ecológica e melhorar a qualidade ambiental em algumas cidades e regiões. Trata-se de uma dura tarefa que devemos cumprir com todo o empenho. Para este fim, em primeiro lugar, devemos intensificar o controle do ambiente urbano e rural. Porém, tudo isto depende, fundamentalmente, da transformação do sistema econômico e do modelo de crescimento econômico e da combinação efetiva da velocidade e eficácia para reduzir o volume de emissão de poluentes e o desgaste ecológico por PIB unitário. A política econômica exerce uma influência extremamente grande sobre o ambiente. Deve-se adotar um sistema de combinação da política ambiental com a do desenvolvimento, a começar pelo macrocontrole na administração. Na elaboração de importantes políticas socioeconômicas e na planificação da exploração dos importantes recursos e na definição de importantes projetos, deve-se pesar os prós e contras sob o prisma da integração da promoção do desenvolvimento e da proteção ao ambiente para formular as contramedidas. É dessa forma que se pode prevenir a poluição ambiental e a destruição ecológica desde sua origem. Ao mesmo tempo, os diversos setores e toda a sociedade devem intensificar a proteção e o controle do meio ambiente, fazendo esforços em conjunto e trabalhando com todo o empenho, para garantir a concretização efetiva da meta de controle do volume total da emissão de substâncias poluentes.

Perante o grande desenvolvimento registrado no trabalho de proteção ambiental do nosso país, devemos reconhecer os sucessos obtidos e, ao mesmo tempo, enxergar lucidamente que a atual situação do ambiente continua bastante crítica. A poluição do ambiente nas cidades continua agravando-se e se estende a zonas rurais, pelo que a esfera de destruição ecológica está em expansão. Devemos estar cientes de que, na essência, a proteção ambiental é a proteção da força produtiva, de modo que devemos reforçar o trabalho. O senso ecológico e a qualidade do ambiente constituem um importante símbolo de grau de civilização de um país e de uma nação. Agora, o problema do ambiente já está relacionado com diversos domínios, tais como a política, a economia, o comércio e a cultura no cenário internacional. Estamos dispostos a contribuir ativamente para a proteção do ambiente em nível global, porém não podemos assumir os deveres que não correspondam ao nível de desenvolvimento do nosso país. É lógico que os países desenvolvidos devem arcar com mais responsabilidade neste setor e opomo-nos firmemente à chamada "diplomacia de proteção ambiental" seguida por certos países desenvolvidos para intervir nos assuntos internos de outros países a pretexto deste problema. Para ampliar a abertura e atrair investimento estrangeiro, devemos empenhar-nos em desenvolver a proteção do ambiente e melhorar o ambiente de investimento ao mesmo tempo, também devemos evitar a transferência, por certos estrangeiros, de projetos altamente poluidores e até de "lixo estrangeiro" para nosso país. Não se pode ambicionar interesses parciais ou imediatos para prejudicar os interesses gerais do país, da nação e das futuras gerações.

O problema ambiental está diretamente ligado à vida normal e à saúde física e mental do povo. Se o ambiente não for bem protegido, as condições de vida das massas populares serão prejudicadas, podendo ser provocado o alastramento de certas enfermidades. Deve-se tratar urgentemente a poluição ambiental já existente que prejudica gravemente a vida normal e a saúde física e mental da população. Durante o Nono Plano Qüinqüenal devem ser dispostos alguns importantes projetos de tratamento do ambiente para resolver os problemas ambientais relevantes das principais regiões, bacias hidrográficas e outras localidades, a fim de se garantir o melhoramento da qualidade do ambiente em certas cidades e regiões.

Os comitês do Partido e os governos em todos os níveis devem incluir a proteção do ambiente como importante assunto na ordem do dia, devem ouvir, todos os anos, a informação a este respeito e estudar e resolver a tempo os problemas existentes, o que deve ser uma regra. É necessário criar melhores condições para o vigoroso cumprimento da lei e dos regulamentos pelos setores de proteção ambiental e estabelecer todo um mecanismo viável para supervisionar e administrar a proteção ambiental. Os quadros dirigentes devem ser exemplos na observação da lei e dos regulamentos relativos à proteção ambiental e apoiar os setores de proteção ambiental no severo cumprimento da lei. Os comitês do Partido e os governos em todos os níveis devem exercer o controle da proteção ambiental, salvaguardando os interesses gerais a longo prazo da Nação Chinesa. Deve-se combinar estreitamente a aplicação da estratégia de prosperidade do país mediante a ciência e tecnologia e a do desenvolvimento sustentável. A solução de muitas questões referentes à proteção ambiental depende do progresso científico e tecnológico e da elevação da qualidade do povo. A avaliação dos méritos dos quadros dirigentes de todos os escalões deve incluir o trabalho na área de proteção ambiental. É com o desenvolvimento econômico e o melhoramento da proteção ambiental que os populares ficarão mais satisfeitos e apoiarão mais o trabalho do Partido e do governo.

Como uma importante força na proteção ambiental, todas as empresas devem observar a lei e os regulamentos e produzir de maneira civilizada para estabelecer uma boa imagem. Os quadros e as massas populares devem elevar seu senso ecológico e participar ativamente da proteção do meio ambiente. Além disso, deve-se pôr em plena função o papel da propaganda e educação e da supervisão pela opinião pública na proteção ambiental. Estamos convencidos de que, com o zelo e o apoio do Partido e de toda a sociedade à proteção ambiental, o trabalho neste setor terá grande esperança.

Em suma, a proteção ambiental constitui uma causa nobre e virtuosa. Os méritos obtidos em nosso tempo beneficiarão as futuras gerações. É glorioso se dedicar a uma causa como esta. Espero que os camaradas da frente de proteção ambiental redobrem os esforços e trabalhem melhor para obter êxitos ainda maiores!

Discurso Proferido na Cerimônia da Fundação da Região Administrativa Especial de Hong Kong da República Popular da China

(1º de julho de 1997)

Senhoras, senhores e compatriotas:

No dia de hoje, os governos chinês e britânico efetuaram a Cerimônia de Transferência de Hong Kong, anunciando solenemente a reassunção, por parte do governo chinês, do exercício da soberania sobre o território de Hong Kong. Agora, a Região Administrativa Especial de Hong Kong da República Popular da China está formalmente fundada, o que representa um importante evento de grande significado, que exercerá profunda influência sobre Hong Kong e toda a China, inclusive em todo o mundo. Hoje transcorre uma grandiosa festa não só para os compatriotas de Hong Kong, mas também para todo o povo chinês e para toda a Nação Chinesa.

Neste solene momento histórico, em nome do governo popular central e do povo das diversas etnias de todo o país, gostaria de manifestar nossas mais calorosas felicitações pelo retorno de Hong Kong à pátria e pelo estabelecimento da Região Administrativa Especial de Hong Kong, bem como nossas cordiais saudações aos mais de 6 milhões de compatriotas de Hong Kong retornados agora à grande família da pátria, e expressar meus agradecimentos aos compatriotas de Hong Kong, Macau e Taiwan e aos chineses do ultramar que contribuíram para o regresso de Hong Kong e a todas as personalidades patrióticas que apóiam a reunificação da China. Nossos agradecimentos são dirigidos também a todos os nossos amigos estrangeiros que têm zelado e apoiado o retorno de Hong Kong à China. Também gostaria de apresentar, em nome do governo chinês, as boas-vindas a todos os ilustres hóspedes e amigos que estão presentes nesta cerimônia.

O regresso de Hong Kong à pátria é um acontecimento esplêndido e imortal nos anais da Nação Chinesa. A partir de agora, os compatriotas de Hong Kong se tornam verdadeiros donos deste território, abrindo uma nova página na história de Hong Kong.

Desde a antigüidade, os nossos antepassados têm vivido e trabalhado nesta terra, de geração em geração. Desde a dinastia Qin (221-206 a.C.) até o reinado do imperador Daoguang da dinastia Qing (1644-1911), a China exerceu jurisdição e soberania sobre Hong Kong. Depois das duas guerras do ópio desencadeadas em meados do século XIX, a Grã-Bretanha obrigou o então governo Qing, corrupto e incompetente, a assinar o "Tratado de Nanjing", em 1842, a "Convenção de Beijing", em 1860, e as "Cláusulas especiais para a extensão das fronteiras de Hong Kong", em 1898, ocupando dessa maneira toda a região de Hong Kong. Apesar da prolongada separação, nunca foram cortados os vínculos de carne e osso entre o povo do interior do país e os compatriotas de Hong Kong, que compartilham o mesmo sentimento pela sorte da Nação, e nunca foi cortado o sentimento de compartilhamento do destino comum entre o povo do interior do país e os compatriotas de Hong Kong. O povo chinês nunca reconheceu os tratados desiguais a ele impostos, nunca esqueceu, nem sequer por um só dia, o estado de humilhação de Hong Kong sob a ocupação e nunca abandonou sua incansável luta pela salvaguarda da soberania estatal e pela emancipação nacional.

Com o passar do tempo, a China vem conhecendo grandes mudanças que comoveram a Terra. A primeira bandeira vermelha de cinco estrelas içada na Praça Tian An Men mostrou ao mundo que a China tinha obtido a independência nacional e a libertação do seu povo, passando a tomar o caminho de desenvolvimento socialista. Devido à reforma e abertura, a Nação Chinesa obteve uma fisionomia inteiramente nova de rejuvenescimento, elevando enormemente sua posição internacional. É precisamente sob estas condições e este pano do fundo histórico que Hong Kong regressa finalmente à pátria.

Nestes dias de júbilo nacional pelo regresso de Hong Kong, rendemos tributo, com grande respeito e profunda saudade, à memória de Deng Xiaoping, que faleceu há pouco tempo. Com a sabedoria excepcional de um grande estadista, ele apresentou a idéia inovadora de "um país, dois sistemas", indicando uma correta direção para a solução da questão de Hong Kong mediante negociações diplomáticas e a manutenção de sua prosperidade e estabilidade duradouras.

Depois que o governo chinês voltar a exercer a soberania sobre Hong Kong, o território continuará adotando o sistema capitalista, seu anterior sistema socioeconômico e modo de vida permanecerão inalterados, e suas leis ficarão basicamente sem alterações, enquanto a parte principal da nação persiste no sistema socialista.

Como região administrativa especial da República Popular da China, Hong Kong exercerá um alto grau de autonomia conferida pela Lei Básica, a qual abrange os poderes executivo, legislativo e judiciário independentes, incluindo o de julgamento de última instância. O governo popular central tratará, nos termos da lei, dos assuntos exteriores e da defesa da Região Administrativa Especial de Hong Kong. Gostaria de manifestar nossas sinceras felicitações ao senhor Tung Chee Hwa, chefe do Executivo da Região Administrativa Especial de Hong Kong, que prestou hoje o juramento de posse. Temos a plena confiança no governo da Região Administrativa Especial por ele dirigido e o apoiaremos totalmente. Além de Hong Kong, todos os departamentos do governo central, as províncias, as regiões autônomas e municípios diretamente subordinados ao governo central deverão observar a Lei Básica da Região Administrativa Especial de Hong Kong. Nenhum departamento do governo central e local poderá nem será autorizado a intervir nos assuntos que a Região Administrativa Especial de Hong Kong deve tratar segundo a Lei Básica.

Depois do regresso de Hong Kong à pátria, a esmagadora maioria das leis anteriormente vigentes serão mantidas, pelo que os residentes locais poderão gozar de todos os direitos e liberdades de acordo com a lei e serão iguais diante da lei. As disposições do "Convênio internacional sobre os direitos civis e políticos", do "Convênio internacional sobre os direitos econômicos, sociais e culturais" e das convenções internacionais laborais que se aplicam atualmente em Hong Kong continuarão vigentes e serão cumpridos mediante a legislação da Região Administrativa Especial de Hong Kong. Aperfeiçoar paulatinamente o sistema democrático que se adapta à realidade de Hong Kong constitui uma importante garantia para sua estabilidade social e política. De acordo com a Lei Básica, Hong Kong desenvolverá, passo a passo, a democracia com o objetivo final de atingir a meta de eleger o chefe do Executivo e o Conselho Legislativo da Região Administrativa Especial, através de sufrágio universal.

Depois do seu regresso à pátria, Hong Kong continuará mantendo sua posição de porto franco e de centro internacional das finanças, de comércio e de navegação, poderá continuar mantendo e desenvolvendo as relações econômicas e culturais com outros países e regiões e organizações internacionais concernentes, de maneira que esta metrópole econômica internacional seja para sempre vigorosa e dinâmica. A Região Administrativa Especial de Hong Kong protegerá o direito à propriedade privada e elaborará, por si própria, as políticas econômica, comercial, monetária, financeira, educacional, científica e tecnológica, cultural e esportiva nos termos da lei, manterá independentes suas finanças, aplicará um sistema independente de tributações e será um território aduaneiro separado. Todas as atividades econômicas e comerciais e os interesses de investimento de outros países e regiões em Hong Kong serão protegidos pela lei.

Estas políticas e orientações foram apresentadas pelo governo popular central, depois de uma madura mediação, para a salvaguarda dos interesses imediatos dos compatriotas de Hong Kong e dos interesses fundamentais da Nação Chinesa. A persistência nestas políticas favorece Hong Kong, favorece o país e favorece assim mesmo o mundo. Portanto, não há nenhum motivo para alterá-las. Reafirmo aqui que os princípios de "um país, dois sistemas", "a administração de Hong Kong pela gente de Hong Kong" e o alto grau de autonomia em Hong Kong permanecerão por mais cinqüenta anos. Eis uma política fundamental de longo prazo.

Os atuais êxitos de Hong Kong resultaram, afinal de contas, dos trabalhos dos compatriotas de Hong Kong. Seu espírito empreendedor e trabalho árduo mereceram profunda admiração de todo o mundo. Os compatriotas de Hong Kong desenvolverão ainda mais este valioso espírito para criar um brilhante futuro de Hong Kong. O Sr. Deng Xiaoping afirmou: "Os hongkongneses são capazes de tratar bem os assuntos de Hong Kong e há de se ter confiança nisso."

Os atuais êxitos de Hong Kong são inseparáveis do desenvolvimento da China e do apoio do povo do interior do país. Depois da proclamação da Nova China, o governo chinês vem dando apoio à estabilidade social e ao desenvolvimento econômico de Hong Kong. Desde a aplicação da reforma e abertura no interior do país, Hong Kong obteve da pátria grande e efetivo apoio. Como importante ponte entre a China e o resto do mundo no intercâmbio econômico, científico, tecnológico e cultural, Hong Kong é beneficiado de forma considerável. Com o constante desenvolvimento da modernização da pátria, os vínculos econômicos de Hong Kong com o interior da China serão mais estreitos e seu papel de ponte será cada vez maior, dando um novo e maior impulso ao incremento econômico de Hong Kong.

Os atuais êxitos de Hong Kong dependem ainda de diversos outros fatores. Sua vantajosa localização geográfica, sua política de porto franco totalmente aberto, seu sistema legal relativamente completo, seu contingente de funcionários públicos qualificados e suas efetivas administrações econômica e municipal proporcionaram condições favoráveis para o desenvolvimento econômico de Hong Kong. Estes fatores continuarão desempenhando um papel efetivo depois do seu retorno.

Com a gloriosa tradição de patriotismo, os compatriotas de Hong Kong deram importantes contribuições tanto à luta pela libertação nacional como ao processo da modernização da pátria. Os compatriotas de Hong Kong vão ativar ainda mais seu amor à pátria e a Hong Kong, e considerar como sua maior glória a manutenção da prosperidade e estabilidade duradouras de Hong Kong e a salvaguarda dos interesses fundamentais do país e da nação.

Vivem em Hong Kong muitos estrangeiros, alguns dos quais consideram-na como a própria casa. No futuro, Hong Kong continuará sendo um lugar ideal para viver e trabalhar em paz. No futuro Hong Kong, todas as pessoas terão a oportunidade de competir em pé de igualdade e gozarão de todos os direitos e liberdades protegidos pela lei, sem importar sua raça e cor da pele.

Através de negociações, os governos chinês e britânico resolveram a questão de Hong Kong, estabelecendo, no palco internacional, um exemplo de como solucionar pacificamente os assuntos interestatais legados pela história. Eu desejo expressar aqui meus agradecimentos às personalidades britânicas de dentro e fora do governo pelas contribuições dadas para a transição de Hong Kong sem sobressaltos. Estamos convencidos de que a bem-sucedida solução da questão de Hong Kong ajudará a desenvolver ainda mais a amizade entre os povos dos dois países.

Graças à grande prática de reforma e abertura e à modernização, nosso país conheceu enormes transformações em sua vida econômica e social. Todos nossos sucessos resultaram fundamentalmente do caminho da construção do socialismo do tipo chinês que conseguimos trilhar. Estamos decididos a persistir firmemente em considerar a construção econômica o centro, aprofundar a reforma e ampliar a abertura ao exterior para promover o progresso social integral. Estamos determinados a promover a reunificação pacífica da pátria, de acordo com o princípio de "um país, dois sistemas", garantindo o retorno de Macau sem sobressaltos e resolvendo finalmente a questão de Taiwan. Aplicaremos a política externa de independência, autonomia e paz e, junto com outros povos, contribuiremos ativamente para a salvaguarda da paz mundial, a promoção do desenvolvimento comum e o estabelecimento de uma nova ordem internacional de paz, estável, justa e eqüitativa.

A chegada do século XXI já entrou na contagem regressiva. Nosso país encontra-se num importante período histórico. O povo chinês, inclusive os compatriotas de Hong Kong, Macau, Taiwan e os chineses do ultramar, unam-se, e todos os patriotas que apóiam a reunificação da Pátria e zelam pela construção do país unam-se, esforçando-se conjuntamente e aproveitando cada dia e cada hora, e acompanhando estreitamente o progresso da época, lutem pela reunificação total da pátria e pela prosperidade geral da Nação Chinesa!

Obrigado.

Manter no Alto a Grande Bandeira da Teoria de Deng Xiaoping para Impulsionar em todos os Sentidos a Causa da Construção do Socialismo do Tipo Chinês Rumo ao Século XXI*

(12 de setembro de 1997)

*Informe apresentado por Jiang Zemin no 15º Congresso Nacional do Partido Comunista da China.

Camaradas:

Agora gostaria de apresentar ante ao congresso um informe em nome do 14° Comitê Central.

O 15° Congresso Nacional do Partido Comunista da China é um congresso extremamente importante. Realizado no limiar do novo século para abrir novos caminhos ao futuro, o mesmo assegurará que todo o Partido cumpra o que nos encomendou o camarada Deng Xiaoping e que marche sem vacilações e com triunfo pela linha correta adotada desde a 3ª sessão plenária do 11° Comitê Central.

O tema do congresso é manter no alto a grande bandeira da teoria de Deng Xiaoping para impulsionar em todos os sentidos a causa da construção do socialismo do tipo chinês rumo ao século XXI.

O tema da bandeira é da maior importância. A bandeira representa nossa orientação e nossa imagem. Persistir firmemente na linha formulada desde a 3ª sessão plenária do 11° Comitê Central implica manter no alto, sem vacilação, a bandeira da teoria de Deng Xiaoping. Depois do falecimento do camarada Deng Xiaoping, é mais necessário para todo o Partido manter um elevado nível de consciência e firmeza no assunto.

Para impulsionar em todos os sentidos nossa causa rumo ao século XXI, devemos aproveitar as oportunidades sem falta e abrir novos caminhos em lugar de seguir pelas vias já experimentadas. Ao tomar o desenvolvimento econômico como nossa tarefa central, devemos conseguir novos avanços na restruturação econômica, aprofundar a reestruturação política e desenvolver efetivamente a construção da civilização espiritual. Estes aspectos de trabalho devem ser tratados como um conjunto, visando a obter êxitos no desenvolvimento econômico e um progresso social em todos os terrenos.

O tema se definiu à luz dos requisitos dos tempos e das aspirações do povo.

I. Retrospectiva e perspectiva na virada do século

Quando o Congresso Nacional do Partido se realiza no limiar do século, todos percebemos que nosso Partido assume uma grande responsabilidade histórica em relação ao destino da Nação Chinesa.

Foram realizadas enormes transformações ao longo deste século, desde 1900, quando as forças aliadas de oito potências ocuparam Beijing, impondo humilhação ao povo chinês e quase levando a Nação Chinesa ao colapso, até quando a China irá gozar em 2002 de uma vida modestamente confortável, tendo como base o socialismo, e dará grandes passos rumo à meta de ser próspera e forte.

Depois da Guerra do Ópio de 1840, a China converteu-se num país semicolonial e semifeudal. A Nação Chinesa enfrentou duas grandes tarefas históricas: obter a independência nacional e a libertação do povo, converter-se num país próspero e forte e obter a prosperidade para o povo. A primeira tarefa devia realizar-se para eliminar os obstáculos e criar as condições essenciais para o cumprimento da segunda tarefa.

Desde o início do século, o povo chinês experimentou três enormes mudanças históricas em seu caminho de avanço e apareceram Sun Yat-sen, Mao Tsé-tung e Deng Xiaoping, três grandes homens que se puseram à frente da época.

A primeira mudança foi a Revolução de 1911, que derrubou a monarquia autocrática que havia governado a China durante vários milênios. Esse movimento foi dirigido pelo Dr. Sun Yat-sen. Ele foi o primeiro a lançar a palavra de ordem "Revitalização da China" e encabeçou a revolução democrática nacional no seu verdadeiro sentido nos tempos modernos. A Revolução de 1911 não pôde mudar a natureza social da velha China nem liberar o povo de sua amarga sorte, mas abriu as portas do progresso e tornou impossível que a dominação reacionária se mantivesse estável.

A segunda mudança foi marcada pela fundação da República Popular da China e o estabelecimento do sistema socialista. Esta foi atingida após a fundação do Partido Comunista da China e sob a direção da primeira geração das lideranças, tendo Mao Tsé-tung como núcleo. Com a Expedição ao Norte, a Revolução Agrária, a Guerra de Resistência ao Japão e a Guerra de Libertação, nós derrubamos as três grandes montanhas: o imperialismo, o feudalismo e o capitalismo burocrático. O povo chinês se pôs de pé. Partindo de uma nova democracia, tomou o caminho rumo ao socialismo e conquistou grandes êxitos na construção socialista. Esta foi uma grande vitória da revolução popular nunca vista na história chinesa, uma grande vitória de significado global para o socialismo e a libertação nacional.

A terceira mudança consistiu na reforma e abertura e no esforço pela conquista da modernização socialista. Foi uma nova revolução iniciada pela segunda geração da liderança coletiva, tendo Deng Xiaoping como núcleo. Baseando-se nos êxitos alcançados na revolução e na construção desde a fundação da República Popular, nosso Partido sintetizou as experiências e as lições da história e abriu com sucesso um novo caminho para a construção do socialismo de tipo chinês. O exuberante vigor e a vitalidade do socialismo revelados na China atraíram a atenção mundial.

A conclusão que tiramos das grandes transformações ocorridas neste já quase terminado século são as seguintes: somente o Partido Comunista da China pode dirigir o povo chinês para conquistar vitórias na independência nacional, na libertação do povo e no socialismo, encontrar o caminho da construção do socialismo do tipo chinês, revitalizar a nação, tornar próspero e forte o país e melhorar as condições de vida do povo.

Quando se aproxima o novo século, temos pela frente duros desafios, e o mais importante é que encontramos condições favoráveis sem precedentes e excelentes oportunidades. Devemos ser seriamente conscientes de que a competição internacional está se tornando cada vez mais feroz, de que o abismo econômico, científico e tecnológico entre a China e os países desenvolvidos significa uma grande pressão para nós e de que, de nossa parte, aparecem muitas dificuldades. Ao mesmo tempo, devemos ter muito presente os seguintes fatores: em primeiro lugar, a paz e o desenvolvimento se converteram nos temas principais da época atual. O padrão mundial se está movendo na direção da multipolaridade. Por isso é possível ganhar um ambiente internacional pacífico durante um período bastante longo. A revolução científica e tecnológica mundial está avançando em saltos e a economia continua crescendo. Isto criou condições externas favoráveis para nós. Em segundo lugar, desde a fundação da República Popular conseguiu-se acumular um considerável poderio nacional integral, especialmente nos últimos vinte anos. A reforma e abertura criaram condições estruturais favoráveis para o processo de modernização, criaram amplas demandas no mercado e fontes de fundos, e colocaram em pleno jogo uma nova criatividade de centenas de milhões de pessoas. Em terceiro lugar, o mais importante é que nosso Partido estabeleceu a teoria básica e a linha mestra para a construção do socialismo do tipo chinês, que demonstraram sua correção na prática. Estas são as condições que temos atualmente e que no passado não estavam presentes ou as tínhamos somente em parte.

E que sejamos capazes de aproveitar as oportunidades sempre foi o assunto de vital importância para o êxito da nossa revolução e nossa construção. Aproveitamos algumas oportunidades históricas importantes, mas perdemos outras. Agora todo o Partido deve manter um elevado nível de consciência e agarrar firmemente as oportunidades históricas do período da virada do século e dar novos passos para frente.

Contemplando o novo século, fixamos nossas metas a seguir: na primeira década o PIB chegará ao dobro do nível do ano 2000, o povo gozará de uma vida mais confortável e será estabelecido um sistema de economia de mercado socialista mais ou menos perfeito. Com os esforços ao longo da outra década, quando o Partido celebrar seu centenário, a economia nacional estará mais desenvolvida e as distintas estruturas melhorarão muito. Para meados do próximo século, quando a República Popular já completar seu centenário, o programa de modernização será cumprido em seus fundamentos, a China se converterá num país socialista próspero, forte, democrático e culturalmente avançado. Como dizia Deng Xiaoping: "Como contamos com condições internas necessárias e um ambiente internacional favorável e com o sistema socialista, temos a vantagem de concentrar nossas forças para concluir grandes tarefas, agora é tanto possível como necessário que encontremos vários períodos de acelerado crescimento econômico com bons resultados econômicos. Devemos ter esta aspiração."

II. Trabalho nos últimos cinco anos

Os cinco anos transcorridos desde que Deng Xiaoping fez suas observações durante uma visita ao sul do país e desde o 14° Congresso Nacional do Partido em 1992 foram um qüinqüênio extraordinário. Neste período, nosso Partido levou o povo de todas as etnias a superar as duras provas de distúrbios políticos no país e no exterior no final dos anos 80 e começo dos anos 90 e continuar dando passos gigantescos no caminho rumo ao socialismo do tipo chinês. Nestes cinco anos, emancipamos mais nossa mente e fizemos esforços de exploração, levando a reforma e abertura e a modernização a uma nova etapa de desenvolvimento. Nestes cinco anos, no curso de profundas transformações, com o estabelecimento de um sistema de economia de mercado socialista, tratamos adequadamente as relações entre a reforma, o desenvolvimento e a estabilidade e alcançamos grandes êxitos em diversos terrenos. Nestes cinco anos, a posição internacional da China se elevou notavelmente em meio a mudanças radicais na configuração do cenário mundial.

No 14° Congresso, o Partido tomou três decisões políticas de grande significado. Primeiro, aproveitar as oportunidades para acelerar o desenvolvimento; segundo, definir o estabelecimento de um sistema de economia de mercado socialista como meta da restruturação econômica da China e terceiro, estabelecer a posição orientadora da teoria de Deng Xiaoping sobre a construção do socialismo do tipo chinês em todo o Partido. Pondo em prática o espírito do 14° Congresso, o Comitê Central realizou sete sessões plenárias para traçar programas e planos sobre uma série de assuntos importantes em relação à situação geral, como o estabelecimento de um sistema de economia de mercado socialista, o fortalecimento da construção do Partido, a formulação do Nono Plano Qüinqüenal para o desenvolvimento econômico e social e as metas de longo prazo para o ano 2010 e a construção da civilização espiritual socialista. Ao longo destes cinco anos, o trabalho de todo o Partido foi caracterizado pela implementação plena da teoria e linha básica do Partido, a aplicação consciente das decisões políticas importantes do 14° Congresso, a formulação e execução do princípio básico de "aproveitar a oportunidade atual para aprofundar a reforma e ampliar a abertura, promover o desenvolvimento e manter a estabilidade", e pôr um impulso na civilização tanto material como espiritual. As forças produtivas, o poderio nacional integral e as condições de vida do povo chegaram a um nível mais alto.

Foram obtidos notáveis êxitos no desenvolvimento econômico dos últimos cinco anos. Entre 1992 e 1996, o PIB aumentou 12,1% em média, anualmente. Foi registrado um crescimento econômico acelerado. Não só a inflação foi posta sob controle efetivo, mas também se evitaram flutuações drásticas na economia. A reestruturação econômica avançou notavelmente. Prestou-se mais atenção à agricultura e a produção de cereais e outros produtos agrícolas aumentaram constantemente. As infra-estruturas, incluindo os projetos hidráulicos, de transporte, de telecomunicações, e as indústrias básicas como a siderúrgica e a de energia se expandiram velozmente. Registrou-se um crescimento econômico acelerado na parte oriental do país e o desenvolvimento econômico se acelerou também no Centro e no Oeste. O Oitavo Plano Qüinqüenal foi coroado com êxito e foi visto um bom começo na implementação do Nono Plano Qüinqüenal.

Foram conquistados novos avanços na reforma e na abertura ao exterior. De acordo com os requisitos para estabelecer um sistema de economia de mercado socialista, demos grandes passos na reforma dos sistemas de finanças, tributação, bancos, comércio exterior, divisas, planificação, investimento, tabelamento de preços, circulação, habitação e seguridade social. As funções de mercado serviram notavelmente como mecanismo básico para regulamentar a distribuição de recursos e o padrão do sistema de macrocontrole econômico foi estabelecido de forma preliminar. Impulsionamos ativamente a reforma das empresas de propriedade estatal, depois de fazer experimentos em algumas unidades selecionadas. Desenvolvemos em maior medida o padrão baseado na manutenção da propriedade pública como setor dominante, com o desenvolvimento de diversos setores da economia de forma paralela. Continuamos ampliando a cooperação e os intercâmbios econômicos e tecnológicos com outros países, concretizamos expressivos aumentos no comércio exterior e no uso de investimentos estrangeiros e conseguimos assim uma significativa elevação nas reservas de divisas do Estado.

Demos novos passos na promoção do progresso da civilização espiritual. Alcançamos resultados recompensadores na ciência, na tecnologia, na educação, na cultura, na saúde pública, nos esportes, no planejamento familiar e em outras atividades sociais. Melhoramos ainda mais os trabalhos de difusão e orientação da opinião pública e promovemos o progresso ético e ideológico. Conseguimos progressos significativos no desenvolvimento da democracia socialista e no aperfeiçoamento do sistema legal. Uma série de leis e regulamentos adequados ao desenvolvimento da economia de mercado socialista foram elaborados, e se fortaleceu a aplicação das leis e do trabalho judicial. Ampliou-se a frente única patriótica e consolidou-se e desenvolveu-se ainda mais a grande unidade de todas nossas etnias. A unidade e a estabilidade social e política deram uma garantia importante para a reforma e o desenvolvimento.

Fizeram-se novos progressos na modernização da defesa nacional. A capacidade de combate do exército foi potencializada em maior escala. O Exército Popular fez grandes contribuições à defesa da segurança nacional, à salvaguarda da unidade da pátria, à participação no desenvolvimento econômico nacional e ao cumprimento de tarefas como a luta contra as calamidades e desastres e a provisão de auxílio à população afetada.

As condições de vida do povo melhoraram notavelmente. A renda média anual *per capita* dos habitantes urbanos, destinada a gastos de consumo, aumentou em 7,2%, enquanto a receita anual *per capita* dos habitantes rurais cresceu 5,7% em termos reais, com o que o período foi registrado como um dos em que foram alcançados os maiores aumentos. O mercado teve uma farta provisão de mercadorias e as condições de vida do povo, incluindo os alimentos, as roupas, as habitações, os artigos de uso cotidiano e o transporte, melhoraram significativamente. Os depósitos de poupança da população urbana e rural aumentaram consideravelmente. A população pobre das zonas rurais decresceu em 32 milhões.

Nos cinco anos passados, realizamos grande quantidade de trabalhos com resultados frutíferos na reunificação da pátria. O governo voltou a exercer a soberania sobre Hong Kong, o que consolou os mártires e veteranos revolucionários, já que foi superada a humilhação de mais de um século da Nação Chinesa. Este foi um grande evento que alegrou todos os chineses, também aclamado pela comunidade internacional.

Aplicamos firmemente a política exterior de independência, autonomia e paz e continuamos melhorando o ambiente externo para a reforma e abertura e a modernização do país. A influência da China nos assuntos internacionais crescia cada dia mais.

Incrementamos nossos esforços para fortalecer a construção do Partido. Todo o Partido estudou mais e em maior profundidade a teoria de Deng Xiaoping sobre a construção do socialismo do tipo chinês. Verificaram-se progressos no fortalecimento dos grupos dirigentes e do contingente de quadros, e um grande número de quadros jovens talentosos assumiu postos de direção. Redobramos nossos esforços para melhorar o estilo de trabalho do Partido para construir um governo honesto e lutar contra a corrupção, conquistando êxitos por etapas. Foi fortalecida a construção de organizações de base e os membros do Partido desempenharam um papel de vanguarda exemplar. Alcançaram-se progressos na institucionalização e na padronização das atividades internas do Partido.

Contudo, somos plenamente conscientes de que existem não poucos problemas e dificuldades no caminho de avanço e que também existem limitações e defeitos no nosso trabalho. Estes são os principais: a qualidade e eficiência da economia nacional em seu conjunto continuam representando um problema bastante destacado e, especialmente, parte das empresas estatais carece de vitalidade; o estilo de trabalho do Partido e do governo, a conduta social e a segurança pública continuam abaixo das expectativas do povo, a decadência, a corrupção e o esbanjamento e desperdícios, bem como outros fenômenos indesejáveis continuam difundindo-se e crescendo, e o burocratismo, o formalismo e a falsificação constituem sérios problemas; a relação entre a receita e a distribuição deve ser racionalizada, o desenvolvimento regional desigual é evidente, parte dos residentes urbanos e rurais leva uma vida difícil e o crescimento demográfico e o desenvolvimento econômico causam sérias tensões sobre os recursos naturais e o meio ambiente. Devemos prestar grande atenção a estes problemas e resolvê-los com o pé no chão.

Fazendo um retrospecto sobre o trabalho nos cinco anos passados, podemos dizer que, no seu conjunto, a reforma e o desenvolvimento avançaram de forma bastante satisfatória neste período. Nosso Partido levou a cabo a substituição dos quadros de veteranos por outros mais jovens em sua liderança coletiva, manteve a consistência da linha, dos princípios e da política, assim como a estabilidade social e política em todo o país, resolveu apropriadamente uma série de assuntos importantes no país e nas relações internacionais, e consolidou e desenvolveu a excelente situação existente desde a 3ª sessão plenária do 11° Comitê Central. Isto deu satisfação ao povo de todo o país, sendo elogiado pela opinião pública internacional. A prática dos cinco anos mostra que as decisões políticas tomadas no 14° Congresso foram corretas e que nosso Partido é capaz de manejar situações complexas tanto no plano interno como no externo. Os êxitos alcançados nos cinco anos são o resultado do esforço comum de todo o Partido e do povo de todo o país. Eles deram novas e valiosas experiências e assentaram uma base ainda mais sólida para nosso futuro desenvolvimento. Tudo isso nos estimula grandemente a conquistar novas vitórias com maior confiança e entusiasmo.

III. Papel histórico e sentido orientador da teoria de Deng Xiaoping

Durante o novo período da reforma, abertura e modernização socialista e na nova marcha de um século a outro, devemos manter no alto a bandeira da teoria de Deng Xiaoping e aplicá-la em toda a nossa causa e em todos os nossos trabalhos. Esta é uma firme conclusão que o Partido extraiu da realidade passada e presente.

O Partido Comunista da China dá muita importância ao papel criador da teoria. Desde que o povo chinês conheceu o marxismo-leninismo, a revolução chinesa adquiriu um aspecto completamente novo. A combinação do marxismo-leninismo com a realidade chinesa deu dois saltos históricos, que resultaram em duas grandes teorias. O resultado do primeiro salto foram os princípios teóricos sobre a revolução e a construção na China e um compêndio de experiências nestes terrenos, cuja correção foi provada na prática. Como seu principal fundador foi Mao Tsé-tung, nosso Partido designou essa teoria como o pensamento de Mao Tsé-tung. O resultado do segundo salto foi a teoria da construção do socialismo do tipo chinês. Como seu principal fundador foi Deng Xiaoping, nosso Partido a designou como a teoria de Deng Xiaoping. Estas duas grandes teorias assim conquistadas foram a cristalização da experiência prática e da sabedoria coletiva do Partido e do povo.

Desde que foi fundado, nosso Partido tomou o marxismo-leninismo como sua ideologia orientadora. Depois da Reunião de Zunyi e da Retificação de Yan'an, o Partido decidiu assumir em seu 7° Congresso o pensamento de Mao Tsé-tung — a integração da teoria do marxismo-leninismo com a prática da revolução chinesa — como sua ideologia orientadora. Esta histórica decisão foi baseada numa síntese da experiência de 24 anos desde a fundação do Partido. Sobre a base da 3ª sessão plenária do 11° Comitê Central e dos 12° e 13° Congressos, e especialmente do 14° Congresso, o Comitê Central propôs que o Partido, em seu 15° Congresso, estabelecesse a teoria de Deng Xiaoping como sua ideologia orientadora, estipulando claramente em seus Estatutos que o Partido Comunista da China assume o marxismo-leninismo, o pensamento de Mao Tsé-tung e a teoria de Deng Xiaoping como guia para ação. Esta histórica decisão foi tomada pelo nosso Partido depois de quase vinte anos de exitosa prática na reforma e abertura e no processo de modernização socialista. Isso mostra a determinação e a convicção da liderança coletiva central e de todo o Partido para impulsionar em todos os sentidos a causa da construção do socialismo do tipo chinês iniciada por Deng Xiaoping rumo ao novo século. Isso também reflete a compreensão comum e as aspirações do povo de todo o país.

A prática prova que a teoria de Deng Xiaoping, continuação e desenvolvimento do pensamento de Mao Tsé-tung, é uma teoria correta que guia o povo chinês no vitorioso cumprimento de sua modernização socialista no processo de reforma e abertura. Na China de hoje, é a teoria de Deng Xiaoping que integra o marxismo com a prática concreta da China atual e com as características da época, e somente ela é que pode resolver os problemas relativos ao futuro e ao destino do socialismo. A teoria de Deng Xiaoping é o marxismo da China atual e representa uma nova etapa do desenvolvimento do marxismo na China.

As razões pelas quais a teoria de Deng Xiaoping se converteu numa nova etapa do desenvolvimento do marxismo na China são as seguintes:

Em primeiro lugar, a teoria de Deng Xiaoping, mantendo os princípios de emancipar a mente e buscar a verdade nos fatos, não somente herda os êxitos dos antecessores, mas também rompe com as convenções obsoletas com base em uma nova prática, explorando novos terrenos para o marxismo. A busca da verdade nos fatos é a essência do marxismo e também do pensamento de Mao Tsé-tung e da teoria de Deng Xiaoping. O discurso de Deng Xiaoping intitulado "Emancipar a mente e atuar em função da realidade, olhando unidos para a frente", pronunciado em 1978, foi uma declaração que, ao final da "Revolução Cultural", quando a China estava numa fase crucial de sua conjuntura histórica e enfrentava o problema de que caminho seguir, rechaçou o argumento dos "dois quaisquer", abriu um novo caminho para o novo período e iniciou uma nova teoria para a construção do socialismo do tipo chinês. As palavras proferidas por Deng Xiaoping no Sul em 1992 constituíram outra declaração que mostrou o espírito de emancipar a mente e buscar a verdade nos fatos, em um momento crucial histórico em que experimentávamos sérias provas devido às perturbações políticas no país e no exterior, mantendo no alto a teoria e a linha formuladas desde a 3ª plenária do 11° Comitê Central, esclarecendo muitos importantes problemas mal-entendidos que restringiram durante muito tempo o pensamento das pessoas e levando a reforma e abertura e a modernização a uma nova etapa. Na nova situação, quando se aproxima o novo século, e quando enfrentamos muitos assuntos difíceis nunca encontrados, a teoria de Deng Xiaoping nos exige que emancipemos nossa mente e busquemos a verdade nos fatos com maior firmeza e de forma mais consciente e que julguemos tudo segundo o critério fundamental de que se "é favorável para promover o desenvolvimento das forças produtivas da sociedade socialista, se é favorável para incrementar o poderio integral do Estado socialista e se é favorável para melhorar as condições de vida do povo" — critério que se resume na expressão "os três favoráveis", com o objetivo de abrir novos horizontes para nossa causa.

Em segundo lugar, a teoria de Deng Xiaoping, mantendo as conquistas fundamentais da teoria e da prática do socialismo científico, ao enfrentar o problema fundamental de "o que é o socialismo e como construí-lo", expôs de maneira profunda a essência do socialismo, elevando nossa compreensão do mesmo a um novo nível científico. Para emancipar a mente no novo período, o ponto-chave é fazê-lo em relação a esta questão. Em última análise, a ausência de uma concepção muito clara deste assunto causou os reveses e as falhas que o socialismo do nosso país teve antes da reforma e abertura e também a perplexidade que encontrou no caminho de avanço, desde então. Fizemos esforços para endireitar as coisas, realizar a reforma em todos os terrenos e passar da luta de classes como elo-chave à construção econômica como a tarefa central, do auto-isolamento ou semi-isolamento à reforma e abertura e de uma economia planificada à economia de mercado socialista, conseguindo transformações históricas durante os últimos vinte anos, o que constitui um processo gradual de compreensão desta questão fundamental. E este processo continuará na prática nos anos vindouros.

Em terceiro lugar, a teoria de Deng Xiaoping, persistindo em observar o mundo com uma ampla visão do marxismo, fez novos julgamentos científicos com base em análises corretas sobre as características nos tempos presentes e a situação internacional em seu conjunto, o êxito ou fracasso de outros países socialistas no mundo, os prós e contras dos países em desenvolvimento que buscam desenvolver-se, a tendência de desenvolvimento e as contradições dos países desenvolvidos. As grandes e rápidas alterações verificadas no mundo e especialmente a ciência e a tecnologia, que avançam dia a dia, alteraram profundamente e continuarão alterando a vida econômica e social da atualidade e a fisionomia do mundo. Os marxistas de qualquer país têm que considerar isto seriamente. Foi nestas circunstâncias que a teoria de Deng Xiaoping determinou a linha e a estratégia internacional do nosso Partido, demandando que compreendêssemos, levássemos adiante e desenvolvêssemos o marxismo com um novo ponto de vista e enfatizando que somente isto é o marxismo verdadeiro e que seguir as convenções obsoletas somente pode levar ao atraso e inclusive ao fracasso. Isso mostra que a teoria de Deng Xiaoping está claramente voltada para o presente.

Em quarto lugar, para resumir, a teoria de Deng Xiaoping constitui um novo sistema científico da teoria sobre a construção do socialismo do tipo chinês. A mesma foi formada e desenvolvida gradualmente sob condições históricas, nas quais a paz e o desenvolvimento converteram-se em temas principais do tempo presente, na prática da reforma e abertura e a modernização da China, e com base na sintetização da experiência histórica dos êxitos e fracassos do socialismo na China, e da experiência histórica de ascensão e queda de outros países socialistas. Pela primeira vez foram dadas respostas preliminares, mas sistemáticas, a uma série de questões básicas sobre o caminho do socialismo na China; às etapas de desenvolvimento, às tarefas fundamentais, às forças motivadoras, às condições externas, às garantias políticas, aos passos estratégicos, à direção do Partido, às forças nas quais devemos nos apoiar e à reunificação da pátria. Ela tem guiado nosso Partido na reformulação da linha básica para a etapa inicial do socialismo. É um sistema científico relativamente completo que compreende a filosofia, a economia política e o socialismo científico e cobre, entre outras coisas, a economia, a política, a ciência e tecnologia, a educação, a cultura, os assuntos étnicos, os assuntos militares, as relações com o exterior, a frente única e a construção do Partido. Trata-se também de um sistema científico que necessita ser enriquecido e desenvolvido em todos os aspectos.

Deng Xiaoping foi um grande marxista. Ele realizou façanhas imortais para a independência e a libertação da Nação Chinesa, para o estabelecimento do sistema socialista na China e para a reforma e abertura e a modernização da China. Ele dedicou toda sua vida ao povo chinês com os interesses do povo como ponto de partida e objetivo em tudo que fez. Sua maior contribuição ao Partido, ao povo e ao marxismo e a valiosa herança que nos deixou é a teoria de Deng Xiaoping. Esta teoria está cristalizada nas obras de Deng Xiaoping e nos importantes documentos do Partido e do Estado apresentados desde a 3ª sessão plenária do 11º Comitê Central.

O marxismo é uma ciência, que se baseia firmemente nos fatos objetivos. Porém, a vida real está sempre mudando e as mudanças ao longo de mais de um século foram tão fortes e profundas que nossos antecessores dificilmente podiam imaginar. Por isso, o marxismo avançará necessariamente junto com o desenvolvimento dos tempos, a prática e a ciência; é impossível que permaneça sem alteração. Existe um assunto importante a considerar em relação ao estilo de estudo do marxismo: devemos dedicar-nos ou não à adoração de livros, ou usar a posição, o ponto de vista e o método do marxismo para estudar e resolver os problemas práticos da China. Durante a Campanha de Retificação de Yan'an, Mao Tsé-tung enfatizou a necessidade de "estabelecer a orientação de tomar como centro o estudo dos problemas práticos da revolução chinesa e como guia os princípios fundamentais do marxismo-leninismo, e descartar o método de estudar o marxismo-leninismo de forma estática e sem combinação com a vida". Atualmente, quando pretendemos armar todo o Partido com a teoria de Deng Xiaoping e estudar o marxismo-leninismo e o pensamento de Mao Tsé-tung, nos referimos principalmente ao estudo da teoria sobre a construção do socialismo do tipo chinês e do desenvolvimento desta boa tradição. Nunca devemos abandonar o marxismo-leninismo nem o pensamento de Mao Tsé-tung. Se o fizéssemos, perderíamos nosso fundamento. Paralelamente, concentrando-nos nos problemas práticos da reforma e abertura e a modernização do nosso país e nas coisas que estamos fazendo, devemos enfatizar a aplicação da teoria marxista, o estudo teórico dos problemas práticos e as novas práticas e desenvolvimentos. Não tem sentido falar de marxismo fora da realidade de um país e longe da evolução dos tempos. Não chegaríamos a nenhuma saída se estudássemos o marxismo de forma estática e isolada e o separássemos do seu vigoroso desenvolvimento na vida real, ou os opuséssemos um ao outro. Hoje, na China, o marxismo-leninismo, o pensamento de Mao Tsé-tung e a teoria de Deng Xiaoping constituem um sistema científico unificado articulado pelo mesmo espírito. Persistir na teoria de Deng Xiaoping significa persistir no marxismo-leninismo e no pensamento de Mao Tsé-tung. Manter no alto a bandeira da teoria de Deng Xiaoping é manter verdadeiramente no alto a bandeira do marxismo-leninismo e do pensamento de Mao Tsé-tung.

IV. Linha básica e programa para fase inicial do socialismo

Desde a 3ª sessão plenária do 11º Comitê Central, o Partido analisou corretamente as condições da China e formulou a tese científica de que a China está na fase inicial do socialismo. Quando falamos sobre as necessidades de partir da realidade em tudo que fazemos, a maior realidade é que a China está atualmente na fase inicial do socialismo e que permanecerá nessa fase por muito tempo. Quando dizemos que devemos estar claros sobre o que é o socialismo e como construí-lo, devemos compreender claramente o que é o socialismo em sua fase inicial e como construí-lo nessa fase. Uma das razões fundamentais de nossas falhas na construção do socialismo antes da 3ª sessão plenária do 11º Comitê Central foi que algumas de nossas tarefas e políticas transpassaram a fase inicial do socialismo. Uma das razões básicas para os êxitos da reforma e abertura e da modernização nas últimas duas décadas é que corrigimos os conceitos e políticas erradas que transpassavam a fase inicial do socialismo e rechaçamos a errônea proposição de que devíamos deixar de lado o sistema básico do socialismo. Ao fazê-lo, em vez de desviar do mesmo, estamos construindo o socialismo com pé no chão, que agora encontra vigor e florescimento na China, e que o povo, graças a sua experiência pessoal, é mais entusiasta em seu apoio ao socialismo.

A razão pela qual estamos dando mais ênfase a esta questão no atual congresso é que, perante as duras tarefas que encontramos ao enfrentar os problemas difíceis da reforma e da criação de uma nova situação, o ponto-chave para resolver diversas contradições, superar as dúvidas e compreender por que devemos levar a cabo a linha e as políticas existentes e não qualquer outra linha ou política está em nossa compreensão unificada e correta das condições básicas da China na fase inicial do socialismo.

O socialismo é a fase inicial do comunismo e a China está na fase inicial do socialismo, quer dizer, na fase do subdesenvolvimento. Neste grande país oriental, é uma grande vitória nossa tomar o caminho socialista após um período da nova democracia. Mas no momento em que a China aderiu ao socialismo, estava muito atrasada em relação aos países desenvolvidos em termos de nível de desenvolvimento das forças produtivas. Por isso estamos destinados a passar por uma fase inicial do socialismo bastante prolongada. Durante essa fase devemos realizar a industrialização e a socialização, a orientação para o mercado e a modernização da economia. Esta é uma etapa histórica e não podemos saltar por cima dela.

Esta é a primeira vez na história do marxismo que se especifica no programa de um partido o conceito científico da fase inicial do socialismo. Ao falar da construção do socialismo na fase inicial, Deng Xiaoping enfatizou especialmente o seguinte: "O nosso é um propósito totalmente novo, que nunca foi mencionado por Marx, nunca foi assumido por nenhum antecessor e nunca foi tentado por nenhum outro país socialista. Por isso não existem precedentes dos quais possamos aprender. Somente podemos aprender na prática, procurando nosso caminho à medida que avançamos." Isso implica que, se realmente queremos construir o socialismo na China, devemos partir, em tudo o que façamos, da situação real da fase inicial do socialismo, e não de nossos desejos subjetivos ou de um ou outro modelo estrangeiro, nem das interpretações dogmáticas de algumas teses das obras marxistas nem de certos pontos de vista errôneos impostos ao marxismo.

A fase inicial do socialismo é uma etapa histórica na medida em que gradualmente poremos fim ao subdesenvolvimento e materializaremos fundamentalmente a modernização socialista, é uma etapa histórica, na qual um país agrícola, em que as pessoas dedicadas à agricultura ocupam uma percentagem muito grande da população e dependem principalmente do trabalho manual, gradualmente se converterá num país industrial onde a população não rural será a maioria e em que se praticará uma agricultura moderna, além de desenvolver o setor de serviços; é uma etapa histórica em que uma sociedade com uma grande proporção de economia natural e seminatural gradualmente se converterá em outra com uma economia voltada para o mercado bastante desenvolvido; é uma etapa histórica em que a sociedade com uma grande proporção de habitantes alfabetizados ou semi-analfabetos e com uma ciência, uma tecnologia, uma educação e uma cultura atrasadas se converterá passo a passo em outra com ciência, tecnologia, educação e cultura relativamente desenvolvidas; é uma etapa histórica em que uma sociedade onde a gente afetada pela pobreza é uma grande parte da população e as pessoas ainda têm um nível de vida relativamente baixo se converterá gradualmente em outra, onde toda a população terá uma vida relativamente confortável; é uma etapa histórica em que uma sociedade com desenvolvimento econômico e cultural muito desigual entre as regiões se converterá em outra em que a brecha entre as mesmas se reduzirá gradualmente, com algumas regiões que se desenvolvem primeiro; é uma etapa histórica em que, ao introduzir reformas e explorando novas vias, estabeleceremos e melhoraremos um sistema de economia de mercado socialista, um sistema político de democracia socialista e outros sistemas que serão relativamente maduros e cheios de vitalidade; é uma etapa histórica em que as massas populares promoverão firmemente o ideal comum de construir um socialismo do tipo chinês, farão esforços incansáveis para superar as dificuldades, construirão o país com laboriosidade e poupança, e promoverão o progresso cultural e ético junto com o progresso material; é uma etapa histórica em que reduziremos a distância entre o nosso nível de desenvolvimento e os níveis mais avançados do mundo e em que materializaremos a grande revitalização da Nação Chinesa sobre a base de socialismo. Este processo histórico levará pelo menos um século. E levará muito mais para se consolidar e desenvolver o sistema socialista, demandando a luta persistente de várias gerações, uma dezena ou até várias dezenas.

Nas quatro décadas que se passaram desde meados dos anos 50, quando a China entrou na fase inicial do socialismo, e especialmente nas duas décadas passadas, a China desenvolveu muito suas forças produtivas e progrediu muito nos diversos terrenos. Em geral, porém, devido à enorme população e a uma fraca base inicial, a China conheceu um desenvolvimento regional desigual e suas forças produtivas subdesenvolvidas não melhoraram substancialmente. O sistema socialista deve ser aperfeiçoado, o sistema de economia de mercado socialista não está maduro, a democracia socialista e o sistema legal ainda devem ser fortalecidos e as idéias decadentes feudais e capitalistas e a força de hábito dos pequenos produtores ainda têm muita presença na sociedade. Tudo isto mostra que a sociedade socialista na China encontra-se na sua fase inicial.

A tarefa fundamental do socialismo é desenvolver as forças produtivas sociais. Como estamos durante a fase inicial do socialismo, é muito importante colocar em primeiro lugar o seu desenvolvimento. Existem diferentes contradições na economia, na política, na cultura e nas atividades sociais da China, e as contradições de classe, devido a fatores internacionais e internos, existem de alguma forma durante muito tempo. Mas a contradição principal na sociedade reflete-se entre as crescentes necessidades materiais e culturais do povo e o atraso da produção social. Esta contradição principal se manterá durante o processo da fase inicial do socialismo da China e estará presente em todos os aspectos da vida social. Por isso, tomamos a construção econômica como a tarefa central de todo o Partido e de todo o país e asseguramos que todos os outros trabalhos se subordinem e sirvam a essa tarefa. Somente agarrando essa contradição principal e a tarefa central, podemos observar e manejar sobriamente as contradições sociais em seu conjunto e promover definitivamente sua solução. O desenvolvimento é a razão que prevalece. O ponto-chave para a solução de todos os problemas da China está em nosso próprio desenvolvimento.

Na fase inicial do socialismo, concentrando-nos na tarefa fundamental de desenvolvimento das forças produtivas sociais, devemos tomar a reforma como a força motriz para promover todos os trabalhos na construção do socialismo do tipo chinês. A nossa é uma reforma global, o que implica que, sob a premissa de manter o sistema básico do socialismo, devemos reajustar conscientemente todos os aspectos e elos das relações de produção e da superestrutura, a fim de ajustar o nível de desenvolvimento das forças produtivas na fase inicial e o requerimento histórico da modernização. A combinação do socialismo com a economia de mercado é um grande projeto pioneiro. Para isso é necessário realizar pesquisas constantemente e experiências audazes para respeitar a iniciativa criadora das massas.

É necessário aprofundar a reforma e resolver as contradições profundamente arraigadas e os problemas cruciais que possam surgir durante a transformação estrutural. É necessário ampliar a abertura ao exterior e absorver e usar como referência a tecnologia e experiências administrativas avançadas dos países estrangeiros, incluindo as dos países capitalistas desenvolvidos.

Na fase inicial do socialismo, é de extrema importância tratar adequadamente as relações entre a reforma, o desenvolvimento e a estabilidade e manter um ambiente político e uma ordem pública estáveis. Sem estabilidade, nada pode ser alcançado. Devemos manter a direção do Partido e da ditadura democrática popular. Devemos promover com firmeza a civilização material e a civilização espiritual, dando igual importância aos dois aspectos. Devemos eliminar todos os fatores que ameaçam a estabilidade, opor-nos à liberalização burguesa e manter vigilância ante as atividades de infiltração, subversão e divisão das forças hostis internacionais e internas. Devemos equilibrar a intensidade da reforma, a velocidade do desenvolvimento e a capacidade do povo para suportá-las, promovendo a reforma e o desenvolvimento com base na estabilidade social e política e assegurando a estabilidade social e política, através da reforma e do desenvolvimento.

Neste momento histórico em que impulsionamos em todos os sentidos nossa causa rumo ao século XXI, devemos assinalar solenemente que todo o Partido deve persistir sem vacilação na linha básica do Partido para a fase inicial do socialismo e na grande prática da construção do socialismo do tipo chinês, devemos combinar a tarefa central da construção econômica com os dois pontos básicos: persistir nos quatro princípios fundamentais, de um lado, e na reforma e abertura, do outro. Esta é a mais valiosa experiência que nosso Partido adquiriu em mais de duas décadas e a mais segura garantia para o vitorioso avanço da nossa causa. Devemos manter-nos vigilantes em relação às tendências de direita, mas principalmente em relação às tendências de esquerda. Devemos manter nossas mentes lúcidas, superar todas as interferências e persistir firmemente na teoria de Deng Xiaoping e na linha básica. De acordo com esta teoria e a linha básica e concentrando-nos na meta de construir um país socialista moderno, próspero, poderoso, democrático e culturalmente avançado, é necessário compreender melhor o que são a economia, a política e a cultura socialistas na fase inicial do socialismo do tipo chinês e como devem ser construídas.

Construir uma economia socialista do tipo chinês implica desenvolver uma economia de mercado sob o socialismo e emancipar e desenvolver constantemente as forças produtivas. Para isto, devemos manter e melhorar o sistema econômico básico em que a propriedade pública socialista é predominante e em que os diferentes tipos de propriedade se desenvolvam lado a lado; devemos manter e melhorar o sistema de economia de mercado socialista, de modo que o mercado desempenhe um papel básico na disposição dos recursos sob o macrocontrole econômico estatal. Devemos manter e melhorar diferentes modos de distribuição, tomando principalmente a distribuição segundo o trabalho. Permite-se que algumas pessoas e algumas regiões prosperem primeiro para que logo possam estimular e ajudar outras a fazer o mesmo, conseguindo a prosperidade comum passo a passo; e devemos manter e melhorar a abertura ao exterior e assumir um papel ativo na cooperação e competição econômica internacional. Devemos assegurar que a economia nacional se desenvolva de maneira sustentável, rápida e saudável e que o povo compartilhe dos frutos da prosperidade econômica.

Construir uma política socialista do tipo chinês significa administrar o Estado de acordo com a lei e desenvolver uma democrática política socialista sob a direção do Partido Comunista da China e com o povo como dono do país. Para isso, devemos manter e melhorar a ditadura democrática popular dirigida pela classe operária e baseada na aliança "operário-camponesa"; manter e melhorar o sistema de assembléia popular, o sistema de cooperação multipartidária e de consulta política sob a direção do Partido Comunista e o sistema de autonomia regional nas zonas habitadas pelas minorias étnicas; e promover a democracia, melhorar o sistema legal e construir um país socialista governado pela lei. Devemos criar uma situação política em que tenhamos estabilidade social, um governo honesto, eficiente e de unidade com harmonia e vivacidade entre o povo e todos os grupos étnicos.

Construir uma cultura socialista do tipo chinês significa tomar o marxismo como guia, ter como meta a preparação de cidadãos dotados de altos ideais, integridade moral, boa educação e forte sentido de disciplina, e desenvolver uma cultura socialista nacional, científica e popular dirigida a satisfazer as necessidades da modernização, do mundo e do futuro. Para isso devemos persistir em armar todo o Partido e educar o povo com a teoria de Deng Xiaoping; devemos esforçar-nos para elevar as qualidades ideológicas e morais e os níveis educacionais, científicos e culturais de toda a nação; e devemos persistir na orientação de servir ao povo e ao socialismo e no princípio de deixar que "cem flores desabrochem e cem escolas de pensamento rivalizem", colocando ênfase no fomento e no florescimento das atividades acadêmicas, na arte e na literatura. Devemos promover a civilização espiritual socialista, baseada na realidade da China, levando adiante as boas tradições culturais herdadas da história e assimilando os bons resultados das culturas estrangeiras.

As metas básicas e as políticas básicas mencionadas antes para a construção de uma economia, uma política e uma cultura socialistas do tipo chinês estão organicamente integradas e são inseparáveis. Elas constituem o programa básico do Partido para a fase inicial do socialismo. Este programa é parte importante da teoria de Deng Xiaoping, um desdobramento da linha básica do Partido nos campos da economia, da política e da cultura e uma síntese das principais experiências que acumulamos ao longo destes anos.

V. Reforma do sistema econômico e estratégia para o desenvolvimento econômico

O período que vai desde o presente até a primeira década do próximo século será crucial para que a China alcance seu objetivo do segundo passo estratégico antes de avançar para o terceiro passo[1]. Devemos promover a transformação fundamental do sistema econômico e do modelo de crescimento econômico, cumprir o Nono Plano Qüinqüenal e conseguir os objetivos de longo prazo até o ano 2010, a fim de assentar uma sólida base para concretizar a modernização básica do país em meados do século vindouro. Durante este período, devemos resolver dois problemas fundamentais, que são como estabelecer uma economia de mercado socialista relativamente completa e como manter um desenvolvimento sustentável, rápido e saudável para a economia nacional. Mantendo a orientação de construir uma economia de mercado socialista, devemos esforçar-nos para conquistar novos avanços em alguns aspectos importantes da nossa reforma e fazer progressos substanciais na otimização da estrutura econômica, no desenvolvimento da ciência e tecnologia e na elevação do nível de abertura, a fim de encontrar realmente um caminho para o desenvolvimento coordenado da economia caracterizado por uma velocidade bastante elevada, um rendimento bastante bom e uma melhora constante de qualidade da economia em seu conjunto.

1) Reajustar e melhorar a estrutura de propriedade. O sistema econômico básico da China na fase inicial do socialismo deverá tomar a propriedade pública com a posição dominante e desenvolver diversas formas de propriedades paralelas. O estabelecimento deste sistema é determinado pela natureza socialista e pela realidade da China na fase inicial do socialismo: em primeiro lugar, sendo um país socialista, a China deve manter a propriedade pública como fundamento do seu sistema econômico socialista; em segundo lugar, encontrando-se na fase inicial do socialismo, a China precisa desenvolver diversas formas de propriedade com a propriedade pú-

blica na posição dominante; em terceiro lugar, qualquer forma de propriedade que siga os critérios dos "três favoráveis" pode e deve ser utilizada para servir ao socialismo.

Desde a 3ª sessão plenária do 11° Comitê Central, nosso Partido sintetizou conscientemente suas experiências e as lições passadas em relação à questão da propriedade, formulou o princípio de manter a propriedade pública numa posição dominante e desenvolver diversos elementos econômicos de forma paralela, eliminar gradualmente os obstáculos que uma estrutura de propriedade irracional impõe ao desenvolvimento das forças produtivas, criando assim uma situação caracterizada pela diversificação das formas de propriedade pública e o desenvolvimento conjunto dos diversos elementos da economia. Será uma importante tarefa de restruturação econômica continuar reajustando e melhorando a estrutura de propriedade com o objetivo de liberar e desenvolver mais as forças produtivas.

Devemos observar o significado total do setor público na economia. O setor público inclui não somente os setores de propriedade estatal e coletiva, mas também os elementos de propriedade pública estatal e coletiva no setor de propriedade mista. A posição dominante da propriedade pública deve manifestar-se principalmente da seguinte maneira: os ativos públicos dominam o total dos ativos da sociedade e o setor de propriedade estatal controla os aspectos fundamentais da economia nacional e tem um papel dirigente no desenvolvimento econômico. Este é um caso que considera o país em seu conjunto. Podem existir diferenças em algumas localidades e indústrias. A dominação dos ativos públicos deve ser efetiva em termos quantitativos, porém mais em termos de melhoramento da qualidade. O papel dirigente do setor de propriedade estatal deve manifestar-se principalmente em seu poder de controle. Devemos fazer um reajuste estratégico do padrão do setor de propriedade pública da economia. O setor de propriedade estatal deve estar em uma posição dominante nas principais indústrias e nas áreas-chave que dizem respeito ao essencial da vida econômica nacional. Mas, em outras áreas, há que se fazer esforços para reorganizar os ativos e reajustar a estrutura, a fim de fortalecer os pontos focados e melhorar a qualidade dos ativos do Estado como um todo. Sobre a premissa de que mantenhamos a propriedade pública em uma posição dominante, que o Estado controle os elementos-chave da economia nacional e que o setor de propriedade estatal tenha um maior poder de controle e seja mais competitivo, inclusive se a porção quantitativa do setor de propriedade estatal que representa a economia diminuir um pouco, isso não afetará a natureza socialista do nosso país.

O setor de propriedade coletiva é um componente importante do setor público da economia. A economia coletiva pode refletir o princípio de prosperidade comum, absorver em grande escala fundos dispersos na sociedade, aliviar a pressão de emprego e ajudar a aumentar a acumulação pública e as receitas tributárias do Estado. Devemos apoiar, estimular e ajudar todas as formas da economia coletiva em seu desenvolvimento nas zonas urbanas e rurais, o que será de grande importância para que o setor público da economia desempenhe seu papel dominante.

A propriedade pública pode e deve assumir diferentes formas. Todos os métodos de administração e formas de organização que refletem as leis que governam a produção socializada devem ser utilizados com audácia. Devemos esforçar-nos para buscar várias formas de materializar a propriedade pública que possam promover em grande medida o desenvolvimento das forças produtivas. O sistema de propriedade do capital por ações é uma forma de composição do capital das empresas modernas que serve para separar a propriedade da administração e elevar a eficiência da operação das empresas e do capital. O mesmo pode ser usado tanto sob o capitalismo como sob o socialismo. Não podemos dizer em termos gerais que o sistema de propriedade do capital por ações é público ou privado, porque o ponto-chave reside em quem tem capacidade de controle da empresa assim organizada. Se o Estado ou uma coletividade tem uma porção do capital suficiente para o controle, obviamente isso mostra as características da propriedade pública, o que é favorável para a expansão do alcance de controle por parte do capital público e para potencializar o papel dominante da propriedade pública. Apareceram numerosas formas distintas de sociedades com capital por ações nas zonas rurais e urbanas. Tratam-se de coisas novas que surgem no processo da reforma. Devemos apoiá-las, orientá-las, sintetizar suas experiências e melhorá-las. O que se deve defender e estimular, de forma especial, é o tipo de economia coletiva que se caracteriza fundamentalmente pela associação dos trabalhadores, unindo o trabalho e o capital.

O setor não público é um componente importante da economia de mercado socialista da China. Devemos continuar estimulando e orientando o setor não público, que compreende as empresas individuais e privadas, para facilitar seu desenvolvimento saudável. Isto é de grande importância para satisfazer as diversas necessidades do povo, criar mais empregos e promover o desenvolvimento da economia nacional

É necessário melhorar o sistema legal concernente à propriedade e proteger os direitos e interesses legítimos e a competição eqüitativa entre todos os tipos de empresas e ao mesmo tempo exercer a supervisão e o controle dos mesmos de acordo com a lei.

2) Acelerar a reforma das empresas de propriedade estatal. As empresas de propriedade estatal são o pilar da economia nacional. Uma reforma bem executada das empresas de propriedade pública é, por isso, de vital importância para a construção de uma economia de mercado socialista e para consolidar o sistema socialista.

O estabelecimento de um moderno sistema empresarial é a orientação da reforma das empresas de propriedade estatal. Devemos conduzir reformas padronizadas nas empresas grandes e médias de propriedade estatal de acordo com os requerimentos da "nítida definição das relações de propriedade, definição dos direitos e responsabilidade, separação da administração governamental na gestão das empresas e administração científica", com o objetivo de que as empresas se convertam em pessoas coletivas e competidoras adaptadas ao mercado. Devemos definir mais claramente os direitos e deveres do Estado e das empresas. O Estado goza dos direitos de propriedade sobre o capital, de acordo com o montante do capital aplicado nas empresas e é responsável, dentro de certo limite, pelas dívidas das empresas, enquanto as mesmas operam independentemente, de acordo com a lei, sendo responsáveis por seus prejuízos e lucros. O governo não deve intervir diretamente na administração das empresas e estas devem ser controladas por seus donos e não causar prejuízos aos investidores. Devemos adotar todas as formas possíveis, incluindo o financiamento direto para aumentar os fundos de capital das empresas. Devemos cultivar e desenvolver uma diversidade de investidores para impulsionar a separação das funções administrativas de gerenciamento das empresas e alterar o mecanismo de operação das empresas.

Devemos combinar a reforma das empresas de propriedade estatal com sua reorganização, transformação e aperfeiçoamento da administração. Com o fim de melhorar o setor estatal da economia em seu conjunto, devemos efetuar uma reorganização estratégica das empresas de propriedade estatal, administrando bem as grandes empresas, ao mesmo tempo que adotamos uma política flexível com relação às pequenas. Desenvolvendo o papel do capital e apoiando-nos nas forças do mercado, devemos estabelecer grandes grupos de empresas altamente competitivas transregionais, intersetoriais, de diversas formas de propriedade e multinacionais. Devemos também acelerar o passo na redução do controle sobre as pequenas empresas de propriedade estatal e revigorá-las por meio de reorganização, associação, fusão, arrendamento, operação sob contrato, cooperação por ações ou venda. Devemos promover o progresso tecnológico das empresas, estimulando-as e canalizando o fluxo de fundos das empresas e da sociedade rumo à atualização tecnológica, a fim de dar forma a um novo mecanismo para o desenvolvimento de novos produtos e renovações técnicas orientadas ao mercado. É necessário fortalecer a administração científica, criar nas empresas um sistema de liderança e um sistema de organização e administração, conforme as leis de economia de mercado e condizente com as condições nacionais, e estabelecer um sistema de tomada de decisões, aplicação e supervisão, a fim de criar mecanismos de incentivo e controle eficazes. Devemos melhorar a liderança das empresas, pôr em jogo o papel das organizações do Partido nas empresas como núcleo político e persistir no princípio de apoiar-se na classe operária de todo coração.

Devemos estimular a fusão de empresas, padronizar os procedimentos de falência, recolocar os trabalhadores dispensados, incrementar a eficiência reduzindo o pessoal e estimular os programas de reciclagem de mão-de-obra, com o objetivo de estabelecer um mecanismo competitivo que conserve os melhores e elimine os incapazes. Com o aprofundamento da reforma das empresas, o progresso tecnológico e o reajuste da estrutura econômica, será difícil evitar uma movimentação no mercado de emprego e dispensa de trabalhadores. Isso causará dificuldades temporárias a uma parte dos trabalhadores. Mas, fundamentalmente, ajudará no desenvolvimento econômico e coincide com os interesses de longo prazo da classe operária. O Partido e o governo tomarão medidas apoiando-se em todos os setores da sociedade para ocupar-se dos trabalhadores dispensados, para garantir seu bem-estar, organizar treinamento profissional e abrir novas vias de emprego e promover projetos de recolocação funcional. Todos os trabalhadores devem mudar sua mentalidade sobre o emprego e melhorar suas próprias capacidades para colocar-se à altura das novas exigências da reforma e do desenvolvimento.

Devemos levar adiante todas as reformas complementares. Devemos construir um mecanismo efetivo para a administração, a supervisão e a operação dos ativos do Estado para conservar ou incrementar seu valor e evitar sua perda. Devemos estabelecer um sistema de seguridade social, introduzir um sistema de pensão para velhice e outro de seguro médico, combinando os recursos sociais com as contas individuais e aperfeiçoar o seguro-desemprego e os sistemas de assistência social, a fim de proporcionar uma seguridade social básica. Devemos estabelecer fundos públicos para a construção de habitações urbanas e acelerar a reforma do sistema atual de habitação.

O aprofundamento da reforma das empresas de propriedade estatal é uma tarefa importante mas muito difícil para todo o Partido. Devemos ser firmes na determinação e audazes na exploração e na prática para assegurar que, no final do presente século, a maioria das empresas-chave grandes e médias estabeleçam de forma preliminar um sistema empresarial moderno e registrem melhoras operacionais, abrindo assim novos terrenos na reforma e no desenvolvimento das empresas de propriedade estatal.

3) Melhorar a estrutura e o modo de distribuição. Devemos persistir no sistema de distribuição tendo os trabalhos como fundamento, assumindo a coexistência de vários modelos de distribuição, combinando a remuneração de acordo com o trabalho e a remuneração de acordo com os fatores de produção envolvidos e dando prioridades à eficiência com adequada consideração de igualdade, num sistema para conduzir e otimizar a distribuição de recursos, a promoção do desenvolvimento econômico e a manutenção da estabilidade social. Devemos proteger as receitas legais nos termos da lei, permitindo e estimulando que uma parte do povo enriqueça primeiro por meio do trabalho honesto e operações legais, e permitindo e estimulando o uso do capital, da tecnologia e outros fatores de produção na distribuição dos lucros. As receitas ilegais devem ser reprimidas e quem se apoderar da propriedade pública, ou buscar rendas por meios obscuros como a evasão ou a sonegação de impostos, ou realizar tratos entre o poder e o dinheiro devem ser punidos de acordo com a lei. Devemos controlar as receitas irrazoáveis e corrigir as práticas irregulares de indivíduos que obtêm receitas adicionais tirando vantagens dos monopólios setoriais e de alguns privilégios especiais. Devemos regular as receitas excessivamente elevadas, aperfeiçoar o sistema de imposto de renda e introduzir novas taxas como a de herança e padronizar a distribuição de renda para que as diferenças sejam racionais e não gerem uma polarização social.

A concentração da capacidade financeira na melhora das finanças estatais é um pré-requisito essencial para assegurar o desenvolvimento de todos os projetos econômicos e sociais. É necessário manejar corretamente as relações de distribuição entre o Estado, as empresas e os indivíduos, e entre as autoridades centrais e locais, a fim de elevar gradualmente a proporção das receitas fiscais no PIB e a proporção das receitas do Tesouro Nacional nos ingressos nacionais e, ao mesmo tempo, ajustar a estrutura da receita e da despesa para adaptá-la à transformação da estrutura de propriedade e da modificação das funções governamentais e estabelecer as finanças estatais sólidas e equilibradas.

4) Pôr em pleno jogo o papel do mecanismo de mercado e aperfeiçoar o sistema de macrocontrole econômico. Devemos acelerar o processo de construção de um sistema completo de mercado na economia nacional. Devemos continuar desenvolvendo todos os tipos de mercado, dando ênfase aos mercados de capital, mão-de-obra, tecnologia e outros fatores de produção e o mecanismo de formação de preços destes fatores. Devemos reformar o sistema de escoamento, complementar as regras de mercado, fortalecer a administração do mercado, eliminar os

obstáculos que possam deter o desenvolvimento do mercado, superar o bloqueio regional e o monopólio setorial, a fim de construir, o mais rápido possível, um sistema único de mercado aberto com uma competição ordenada e fazer o melhor uso do papel do mercado na destinação dos recursos.

A principal tarefa do macrocontrole econômico é manter um equilíbrio entre a demanda total e a oferta total, controlar a inflação, promover a otimização das principais estruturas econômicas e alcançar um crescimento econômico estável. No macrocontrole econômico, devemos empregar principalmente os meios econômicos e legais. Devemos aprofundar a reforma dos sistemas bancário, fiscal e de planificação, a fim de melhorar os meios de macrocontrole econômicos e o mecanismo de coordenação. Devemos levar adiante uma política financeira e monetária de austeridade adequada, mantendo nossa atenção centrada no nível de controle. Devemos, de acordo com a lei, fortalecer a fiscalização e o controle das instituições e mercados financeiros, incluindo o mercado de valores, padronizar e salvaguardar a ordem financeira e evitar efetivamente os riscos financeiros.

5) Fortalecer a agricultura como fundamento da economia e reajustar e otimizar a estrutura econômica. De acordo com nosso desenvolvimento econômico e tomando em conta plenamente a tendência de desenvolvimento acelerado da ciência e da tecnologia no mundo, assim como a acelerada remodelação das estruturas econômicas internacionais, devemos realizar reajustes estratégicos na estrutura econômica para melhorar a qualidade e o rendimento de toda a economia nacional de forma geral, e potencializar o poderio nacional e a capacidade de competição no plano internacional. Este é um requisito atual do desenvolvimento econômico nacional e uma tarefa de longo prazo. Os princípios gerais são os seguintes: tendo o mercado como orientação, devemos fazer com que a produção social responda à demanda flutuante dos mercados nacional e estrangeiro; otimizar a estrutura industrial, apoiando-nos no progresso científico e tecnológico; conseguir um desenvolvimento coordenado das economias regionais pondo em jogo as vantagens de cada localidade; e transformar o modelo de crescimento econômico pondo fim à situação caracterizada por elevados investimentos, baixo retorno, alto consumo e baixa eficiência.

Devemos continuar dando prioridade à agricultura em todo nosso trabalho econômico. Devemos manter estáveis as políticas rurais básicas do Partido, aprofundar as reformas no campo e assegurar que a agricultura e a economia rural se desenvolvam e a renda dos camponeses aumente. Devemos incrementar os investimentos na agricultura por canais múltiplos, fomentar a infra-estrutura agrícola e melhorar constantemente as condições de produção. Devemos intensificar os esforços para desenvolver a agricultura apoiando-nos na ciência e na educação, tendo como meta alta produtividade, boa qualidade, alta eficiência e bom nível de aproveitamento da água. Devemos promover a administração industrializada da agricultura para que se integrem a produção, o processamento e a comercialização e para que se promovam entre si, de modo que a agricultura se desenvolva visando à comercialização, à especialização e à modernização. Devemos desenvolver de maneira integral a produção agrícola, florestal, pecuária, de seus subprodutos e de pesca e continuar desenvolvendo as empresas nas áreas rurais, a fim de criar uma estrutura industrial racional. Devemos realizar bem a planificação e a construção de pequenos povoados e cidades. Devemos manter estável durante um longo período o sistema de responsabilidade pela produção mediante contrato familiar com remuneração em função do rendimento, melhorar o sistema de trabalho de via dupla, que combina a administração unificada com a administração independente, e gradualmente potencializar a força da economia coletiva. Devemos reformar o sistema de compra e comercialização de grãos e algodão e introduzir uma política racional de formação de preços. Devemos estabelecer e melhorar um sistema de serviços socializados para a agricultura, um sistema de mercado de produtos agrícolas e um sistema de apoio e proteção estatal. Devemos respeitar o poder de tomada de decisões dos camponeses no que diz respeito a sua produção e suas operações, proteger seus direitos e interesses legítimos e realmente aliviar sua carga, a fim de que as amplas massas de camponeses se beneficiem das diversas políticas e dos trabalhos na área rural do Partido.

Devemos transformar e atualizar as indústrias tradicionais, desenvolver as indústrias de alta e nova tecnologia e tratar de informatizar a economia nacional. Devemos continuar fortalecendo a construção das instalações de infra-estrutura e as indústrias básicas, intensificar o reajuste e a transformação da indústria de processamento, fortalecer as indústrias pilares e criar ativamente novos focos de crescimento econômico. Devemos combinar os esforços para desenvolver nova tecnologia, produtos e indústrias com o esforço para abrir mercados e integrar o desenvolvimento das atividades de tecnologia intensiva com as de mão-de-obra intensiva. Estimularemos e orientaremos o setor terciário para que se desenvolva aceleradamente.

Devemos promover uma distribuição racional e um desenvolvimento coordenado das economias regionais. Aproveitando as condições favoráveis, a região Leste do país deve esforçar-se para atingir um nível mais alto de desenvolvimento ao longo do processo da reforma e abertura e tomar a dianteira para alcançar a modernização básica, onde as condições permitem. As regiões Centro e Oeste devem acelerar a reforma, a abertura e o desenvolvimento, fazer uso de suas vantagens em recursos naturais e desenvolver as indústrias relacionadas. O Estado incrementará seu apoio às regiões Centro e Oeste, dando prioridade ao planejamento de projetos de infra-estrutura e de exploração de recursos, estabelecendo passo a passo um sistema padronizado de transferência de pagamento e estimulando os investidores nacionais e estrangeiros a investir nestas regiões. É necessário desenvolver mais todas as formas de associação e cooperação entre as regiões Leste, Centro e Oeste. Devemos prestar mais atenção e dar apoio ativo às zonas habitadas por minorias étnicas no que diz respeito ao seu desenvolvimento econômico. Devemos prover todos os meios para minimizar gradualmente as disparidades regionais. Partindo de suas condições reais, todas as regiões devem desenvolver suas economias com características locais, acelerar a atualização das velhas bases industriais, deixar que as cidades centrais desempenhem seu papel e continuar orientando a formação de zonas econômicas transregionais e as zonas industriais-chave. Devemos acelerar a reforma dos sistemas de investimento e financiamento, melhorar a política industrial do Estado e tomar medidas para resolver questões como lançamento de projetos "grandes e completos" ou "pequenos e completos", assim como evitar os projetos irracionais ou repetitivos.

6) Implementar as estratégias de prosperidade do país mediante a ciência e a educação e conseguir um desenvolvimento sustentável. A ciência e a tecnologia são a primeira força produtiva e seu progresso é um fator decisivo para o desenvolvimento econômico. Devemos levar plenamente em conta o grande impacto do futuro desenvolvimento da ciência e da tecnologia, especialmente da alta tecnologia, no poderio nacional integral, na estrutura social e econômica e na vida do povo, e devemos fazer da aceleração do dito progresso uma tarefa vital do desenvolvimento econômico e social. Desta maneira, conduziremos realmente nossa economia ao caminho de desenvolvimento baseado no progresso científico e tecnológico e melhoraremos a qualidade dos trabalhadores. Ao estabelecer programas de desenvolvimento da ciência a longo e médio prazos, devemos partir das necessidades de desenvolvimento de longo prazo na China, ter em mente a situação geral, eleger as áreas-chave, tratar de fazer algumas coisas e deixar de fazer outras, fortalecer as pesquisas básicas e as pesquisas de alta tecnologia e acelerar o passo de aplicação da alta e nova tecnologia à produção. Devemos intensificar o desenvolvimento e difusão da tecnologia aplicada, promover a tradução de êxitos científicos e tecnológicos em forças produtivas práticas e concentrar-nos em resolver os grandes problemas técnicos-chave no desenvolvimento econômico e social. Tendo em conta nossas prioridades e de maneira seletiva, devemos introduzir tecnologia avan-

çada de outros países, visando a potencialização de nossas próprias capacidades de criação independente. Como nação em desenvolvimento, a China deve dar grande importância à aplicação dos mais recentes êxitos técnicos e conseguir um salto em seu desenvolvimento tecnológico.

Devemos aprofundar a reforma do sistema de administração da ciência e tecnologia e da educação para promover sua integração com a economia. Devemos dar plena importância ao papel do mercado e da demanda social na orientação e promoção do progresso científico e tecnológico e estimular e ajudar as empresas a se dedicarem à pesquisa, ao desenvolvimento e à transformação técnica das mesmas, de modo que estas se convertam em corpos principais de pesquisa, desenvolvimento e investimento. Quando as condições permitirem, as instituições de pesquisa científica e os centros de ensino superior devem tomar o caminho de combinar a produção com o conhecimento e a pesquisa, associando-se ou cooperando com empresas de diferentes maneiras, a fim de resolver os problemas de segmentação e dispersão de forças no campo da ciência, tecnologia e educação. A inovação, a competição e a cooperação devem ser estimuladas. Devemos implementar o regime de proteção dos direitos de propriedade intelectual. Como as pessoas competentes constituem o principal recurso para o progresso científico e tecnológico e para o desenvolvimento econômico e social, devemos estabelecer um sistema completo de mecanismos favoráveis para a formação e o emprego destas pessoas. Devemos atrair ativamente as forças intelectuais do exterior e estimular aqueles que estudam no exterior a retornarem, trabalharem e prestarem serviços à pátria de uma ou outra forma.

Sendo um país com grande população e com uma escassez relativa de recursos naturais, a China deve implementar uma estratégia de desenvolvimento sustentável no processo de modernização. Devemos tomar como política nacional básica o planejamento familiar e a proteção ambiental, e tratar corretamente a relação entre o desenvolvimento econômico e a população, os recursos naturais e o ambiente. Ao mesmo tempo em que exploramos nossos recursos naturais e fazemos um uso econômico dos mesmos, devemos dar ênfase ao último, a fim de elevar a eficiência de sua utilização. Devemos estabelecer um plano geral para o desenvolvimento e melhora de nossos recursos do solo e aplicar rigorosamente as leis que governam a administração e proteção de recursos tais como o solo, a água, as florestas, as jazidas minerais e os mares. Devemos instituir um sistema de pagamento pela utilização dos recursos naturais. Devemos fortalecer o controle sobre a poluição e melhorar o ambiente ecológico, plantando árvores e pastos, realizando satisfatoriamente o trabalho de conservação de solo e água e detendo e controlando a desertificação. Com relação à população, devemos controlar seu crescimento e melhorar sua qualidade e prestar atenção ao problema do envelhecimento da população.

7) Esforçar-nos para realizar melhor a abertura ao exterior. A abertura ao exterior é uma política básica de longo prazo do Estado. Considerando a tendência à globalização do desenvolvimento econômico, científico e tecnológico, devemos assumir uma posição mais ativa no mundo, melhorando o padrão de abertura em todas as direções, em todos os níveis e de amplo alcance, desenvolvendo uma economia aberta, potencializando nossa competitividade internacional, otimizando nossa estrutura econômica e melhorando a qualidade da economia nacional.

Concentrando-nos em obter melhores resultados, devemos ampliar o comércio exterior de mercadorias e serviços e otimizar a estrutura das importações e exportações. Devemos manter a estratégia de conseguir o êxito com base na qualidade, contando com um mercado de múltiplas saídas e abrindo vigorosamente mercados no exterior. Devemos reduzir mais o nível geral das tarifas e estimular a importação de tecnologia avançada e equipamentos-chave. Devemos aprofundar a reforma do sistema de comércio e das relações econômicas com os países estrangeiros, melhorar os sistemas de agenciamento e ampliar o poder das empresas para que manejem seu próprio comércio exterior, a fim de criar um ambiente político que favoreça a competição em pé de igualdade. Devemos participar ativamente na cooperação econômica regional e no sistema global de comércio multilateral.

Devemos usar ativa, racional e eficazmente o capital estrangeiro. Devemos abrir ao exterior o comércio de serviços pouco a pouco. De acordo com a lei, protegeremos os direitos e interesses das empresas com capital estrangeiro, lhes daremos os mesmos tratamentos que recebem seus concorrentes locais, e melhoraremos a orientação e supervisão destas empresas. Estimularemos os investidores chineses a investirem no exterior para que isso permita à China pôr em jogo suas vantagens comparativas e possa aproveitar melhor os mercados e recursos do país e do exterior. Complementaremos e aplicaremos as leis e regulamentos que regem o comércio e as relações econômicas da China com outros países. Devemos manejar corretamente a relação entre a abertura por um lado e a independência e autonomia por outro, e salvaguardaremos a segurança econômica do país.

Devemos administrar melhor as zonas econômicas especiais e a Nova Zona de Pudong em Shanghai, estimulando-as a continuar avançando na liderança, para desempenhar seu papel modelo, de difusão e direção na inovação, na atualização das indústrias e na maior abertura ao exterior.

8) Continuar melhorando a vida do povo. A elevação do nível de vida do povo é a meta fundamental da reforma e abertura e do desenvolvimento econômico. Devemos fazer com que o povo leve uma vida modestamente confortável com base no crescimento econômico e avançar em seguida para alcançar um nível mais alto. Devemos esforçar-nos para incrementar as rendas reais da população, tanto nas zonas urbanas como rurais, e ampliar o poder do consumo com uma orientação adequada. Ao mesmo tempo em que se melhora as condições materiais de vida da população, devemos enriquecer sua vida cultural e embelezar o ambiente para dar apoio à melhora da qualidade de vida. Devemos fazer esforços especiais para melhorar a habitação, a saúde, o transporte e as telecomunicações e ampliar o alcance dos serviços de consumo. Devemos continuar construindo mais instalações para o bem-estar público e social, melhorar o nível da educação e de assistência médica e de saúde. Devemos adotar uma política que assegure as necessidades básicas dos residentes urbanos com problemas econômicos. O Estado adotará uma série de medidas e fará um grande esforço para lutar contra a pobreza, lidando por todos os meios para cumprir a tarefa central de resolver o problema de alimentação e abrigo aos pobres da zona rural até o fim do presente século.

Camaradas! As metas e tarefas que fixamos para a reforma e o desenvolvimento da economia representam os interesses fundamentais do povo e podem ser atingidas somente apoiando-nos na iniciativa e criatividade do povo e em seu árduo trabalho. Desde que persistamos na aplicação de política correta e na correta orientação, proteção e emprego da iniciativa de todos os setores da sociedade, teremos êxitos, sem dúvida, no estabelecimento de uma economia de mercado socialista e na conquista de um desenvolvimento sustentável, rápido e saudável da economia nacional.

VI. Reforma do sistema político e fortalecimento da democracia e do sistema legal

O aprofundamento da reforma do sistema econômico e o desenvolvimento transecular da modernização socialista requerem que persistamos nos quatro princípios básicos, continuemos levando adiante a reforma do sistema político, estendamos mais o alcance da democracia socialista e aperfeiçoemos o sistema legal, governando o país de acordo com a lei e fazendo dele um país socialista governado pela lei.

Uma meta permanente do nosso Partido é desenvolver a política democrática socialista. Sem a democracia, não haveria o socialismo nem a modernização socialista. A essência da democracia socialista reside em que o povo é o dono do país. Todos os poderes do Estado pertencem ao povo. O sistema estatal da China, caracterizado pela ditadura democrática popular e por um sistema de governo baseado nas assembléias populares, é um resultado de lutas travadas pelo povo e foi estabelecido como opção histórica. É imperativo que mantenhamos e melhoremos este sistema político fundamental, em lugar de copiar qualquer modelo político ocidental. Isso é de importância decisiva para manter a liderança do Partido e o sistema socialista e para realizar a democracia popular.

O desenvolvimento da democracia deve integrar-se estreitamente com o aperfeiçoamento do sistema legal, de modo que o país seja governado conforme a lei. Governar o país por meio da lei significa que as amplas massas do povo, sob liderança do Partido e de acordo com a Constituição e outras leis, participam, de uma maneira ou de outra e por todos os canais, na administração dos assuntos de Estado e dos assuntos econômico, cultural e social, para que todo o trabalho do Estado se realize de acordo com a lei, de modo que a democracia socialista se institucionalize gradualmente e se codifique, para que tais instituições e leis não se alterem com as modificações de dirigentes ou com as mudanças de pontos de vista ou enfoque de qualquer dirigente. Governar o país conforme a lei é uma estratégia básica empregada pelo Partido para dirigir o povo na administração do país. Também é uma demanda objetiva da economia de mercado socialista, uma característica importante do progresso social e cultural e uma garantia vital para a estabilidade política duradoura no país. O Partido dirige o povo na elaboração da Constituição e outras leis, às quais estejam sujeitas suas atividades. Ao governar o país conforme a lei, podemos unificar a liderança do Partido com o desenvolvimento da democracia popular e o tratamento rigoroso dos assuntos de acordo com as leis, assegurando assim, de forma institucional e legal, que a linha e a política básica do Partido se apliquem sempre, e que o Partido tenha o papel de núcleo dirigente em todo momento, comandando toda a situação e coordenando os esforços de todos os setores.

A reforma do sistema político deve ajudar a potencializar a vitalidade do Partido e do Estado, a manter e colocar em ação as características e vantagens do sistema socialista, a salvaguardar a unidade nacional, a unidade dos grupos étnicos e a estabilidade social, a desprender plenamente a iniciativa do povo e a estimular o desenvolvimento das forças produtivas e o progresso social. As tarefas fundamentais da reforma do sistema político no presente e num futuro imediato vão desenvolver a democracia, fortalecer o sistema legal, separar as funções governamentais da administração das empresas, simplificar a estrutura dos órgãos governamentais, melhorar o sistema de supervisão democrática e salvaguardar a estabilidade e a unidade.

1) Melhorar o sistema da democracia. Como partido no poder, o Partido Comunista dirige e apóia o povo no exercício do poder de administrar o Estado, realizando eleições democráticas, tomando decisões políticas de forma democrática, instituindo uma administração e uma supervisão democrática, assegurando que o povo goze de amplos direitos e liberdades estabelecidos conforme a lei, e respeitando e garantindo os direitos humanos. Ao desenvolver a democracia socialista, os sistemas são de importância fundamental geral, estabilizadora e duradoura. Devemos continuar melhorando o sistema de assembléia popular, assegurando que as mesmas e seus comitês permanentes exerçam as funções de órgãos de poder estatal, nos termos da lei, fortaleçam seu trabalho legislativo e de supervisão, e estabeleçam laços mais estreitos entre os deputados e o povo. Ao mesmo tempo que tomamos grandes decisões políticas sobre a reforma e o desenvolvimento, devemos aplicar as leis correspondentes. Gradualmente devemos estabelecer um mecanismo que ajude os legisladores a aprofundar o contato com o povo, para conhecer suas condições, refletir plenamente seus desejos e reunir sua sabedoria para que o processo de tomada de decisões seja mais científico e democrático. Devemos persistir e melhorar o sistema de cooperação multipartidária e de consulta política dirigido pelo Partido Comunista. Mantendo o princípio de "coexistência duradoura, supervisão recíproca, sincero tratamento e participação conjunta tanto na glória como na dor", devemos fortalecer nossa cooperação com os partidos democráticos e consolidar nossa aliança com as personalidades que não são do Partido Comunista. Devemos continuar ajudando as conferências consultivas do povo a padronizar e institucionalizar seu processo de consulta política, a supervisão democrática, a participação nos assuntos de Estado e a deliberação sobre os mesmos, fazendo destas instituições um canal importante para que o Partido se una com pessoas de todos os círculos sociais. Devemos consolidar e desenvolver uma ampla frente única patriótica. Devemos aplicar, de forma plena, a política do Partido para com as minorias étnicas, manter e melhorar o sistema de autonomia regional para as mesmas, reforçar nosso trabalho em relação aos grupos étnicos e consolidar e desenvolver as relações socialistas interétnicas de igualdade, solidariedade e assistência mútua, promovendo a prosperidade e o progresso comum de todas nossas nacionalidades. Devemos aplicar, de forma séria, a política do Partido para com as religiões e em relação aos chineses do ultramar. Os sindicatos, a Liga Comunista da Juventude, as federações de mulheres e outras organizações das massas devem desempenhar seus papéis de participação e supervisão demo-

crática na administração dos assuntos estatais e sociais e servir como ponto de ligação entre o Partido e o povo.

Devemos estender o alcance da democracia na base, para assegurar que o povo exerça diretamente seus direitos democráticos, administre seus próprios assuntos de acordo com a lei e crie uma vida feliz para si mesmo. Esta é a prática da democracia socialista na escala mais ampla. Os órgãos de poder de base e as organizações autônomas da massa, tanto das zonas urbanas como rurais, devem estabelecer um sistema saudável de eleições democráticas e manter o público informado sobre suas atividades políticas e suas finanças, a fim de que o povo possa participar diretamente das discussões e da tomada de decisões sobre os assuntos públicos locais e as iniciativas de bem-estar público e para que possa exercer a supervisão sobre os quadros. Devemos manter e melhorar o sistema democrático de administração das empresas e instituições com assembléias de trabalhadores como forma fundamental, de modo que os trabalhadores possam participar da reforma e administração e proteger assim seus direitos e interesses legítimos. Devemos corrigir decididamente as ações errôneas como a eliminação da democracia, e o uso da coerção e a imposição de ordens.

2) Reforçar o sistema legal. O bom progresso das causas do Partido e do Estado inevitavelmente necessita da existência de leis, as quais têm que ser cumpridas, observadas e aplicadas estritamente, assim como deve ser punido quem as viole. Devemos fortalecer a legislação, melhorar sua qualidade e formar um ordenamento jurídico socialista com características chinesas até o ano 2010. Para salvaguardar a dignidade da Constituição e de outras leis, devemos assegurar que todas as pessoas sejam iguais perante a lei e que nenhum indivíduo ou organização tenha o privilégio de desrespeitar as leis. Todos os órgãos do governo devem realizar suas funções oficiais de acordo com a lei e garantir, de forma séria, os direitos dos cidadãos, formando um sistema de responsabilidade na aplicação da lei e um sistema de avaliação e exame. Devemos promover a reforma nos assuntos jurídicos, para assegurar institucionalmente que os órgãos judiciais estejam em posição de exercer seus poderes de julgar e fiscalizar, de forma independente e eqüitativa e de acordo com a lei, e devemos criar um sistema para investigar e exigir responsabilidade a quem quer que seja culpado em casos de injustiça ou de erros de veredicto. Devemos melhorar as fileiras do pessoal encarregado da aplicação da lei e dos procedimentos judiciais. Devemos educar o povo sobre a lei, para que seja mais consciente de sua importância. Em particular, devemos potencializar a percepção dos quadros dirigentes sobre a importância do sistema legal e de sua capacidade, para realizar suas funções de acordo com a lei. Devemos integrar

estreitamente o aperfeiçoamento do sistema legal com a promoção do progresso ético e cultural e assegurar que avancem sincronizados.

3) Promover a reforma das instituições. As organizações demasiadamente grandes, o excesso de pessoal, a não separação das funções do governo e das empresas e o sério burocratismo criam obstáculos diretos ao aprofundamento da reforma e do desenvolvimento econômico e afetam as relações entre o Partido e as massas. Este problema demanda uma solução urgente e deve ser estudado em conjunto. Há que se organizar grupos especiais para elaborar projetos, a fim de resolvê-lo. De acordo com os requerimentos da economia de mercado socialista, devemos modificar as funções do governo e separá-las das funções das empresas, de modo que estas recebam realmente o poder em relação a sua produção, operação e administração. Seguindo o princípio de simplificação, uniformização e eficiência na reforma, devemos estabelecer um sistema administrativo altamente eficiente, bem coordenado e padronizado, para melhorar os serviços prestados ao povo. Os departamentos encarregados de administração econômica integrada devem converter-se em departamentos de macrocontrole econômico, e temos que reorganizar ou reduzir os departamentos econômicos especializados. Devemos fortalecer os departamentos que supervisionam a aplicação das leis e cultivar e expandir as organizações sociais intermediárias. Devemos aprofundar a reforma do sistema administrativo, delimitando sob um regimento, as estruturas, funções, tamanhos e procedimentos de trabalho dos organismos do Estado e assegurando que seus tamanhos se mantenham dentro dos limites autorizados e que o pessoal excessivo seja dispensado. Devemos também aprofundar a reforma do sistema de pessoal introduzindo um mecanismo de competição e incentivos e melhorando o sistema de funcionários para formar um contingente de administradores que sejam altamente competentes e especializados.

4) Melhorar o sistema de supervisão democrática. Nossos poderes provêm do povo e todos os quadros são servidores que devem se sujeitar à supervisão por parte do povo e da lei. Devemos aprofundar a reforma neste sentido, melhorar o sistema legal de supervisão e estabelecer e melhorar um mecanismo que assegure que nossos quadros exerçam sua autoridade conforme a lei. Os departamentos que administram os assuntos de interesse imediato do povo devem aplicar um sistema administrativo aberto para assegurar que o que fazem seja eqüitativo, justo e aberto. Devemos integrar a supervisão por parte dos membros do Partido com a supervisão através da lei e por parte das massas, e devemos pôr em plena função o papel de supervisão, por meio da opinião pública. Devemos fortalecer a

supervisão sobre a aplicação da Constituição e de outras leis para salvaguardar a uniformidade do sistema legal do Estado, assim como a supervisão da aplicação da política e orientações do Partido e do Estado, para que elas se apliquem efetivamente. Devemos também fortalecer a supervisão dos quadros em todos os níveis e especialmente os quadros dirigentes, para evitar que abusem de seus poderes. Devemos punir severamente a quem esteja encarregado de aplicar as leis e as viole, e também a quem aceite suborno.

5) Salvaguardar a estabilidade e a unidade. Com o aprofundamento da reforma e abertura e o reajuste das relações econômicas, verificam-se muitas alterações nas diferentes contradições na vida econômica e social, e algumas contradições relacionadas com os interesses imediatos do povo são realmente notáveis. Os comitês do Partido e os governos de todos os níveis devem trabalhar, de modo consciente, responsável e entusiasta, para resolver os problemas práticos da vida e do trabalho do povo. Em relação às contradições no seio do povo, devemos penetrar profundamente na realidade, realizar pesquisas e estudos e fazer, de forma satisfatória, o trabalho ideológico e político. Levando em conta as diferentes circunstâncias, devemos utilizar, de forma correta, meios econômicos, administrativos e legais para resolver as contradições e evitar que se tornem mais agudas.

Uma sólida segurança pública é de suma importância para a segurança da vida e da propriedade do povo, assim como para a reforma, o desenvolvimento e a estabilidade. Devemos melhorar o trabalho dos departamentos encarregados de trabalhos fiscal, judicial e de segurança. Devemos punir duramente todo tipo de crime de acordo com a lei e erradicar os fenômenos sociais sinistros, como a pornografia, os jogos de azar e o consumo e tráfico de drogas. Em nossos esforços para melhorar todos os setores da segurança pública, devemos combinar a punição com a prevenção e dar maior ênfase ao segundo aspecto. Devemos intensificar a educação e a administração para aplicar o sistema de responsabilidade e criar um ambiente saudável na segurança pública.

A construção da política democrática socialista é um processo histórico gradual e deve ser impulsionada sob a direção do Partido, tendo em conta as condições da China, passo a passo, de forma ordenada. Quanto mais desenvolvido for o socialismo, mais desenvolvida será a democracia. Devemos continuar promovendo a democracia socialista do tipo chinês, explorando a lei do seu desenvolvimento na prática e fazendo com que tenha maior vitalidade no século XXI.

VII. Construção da cultura socialista do tipo chinês

A cultura socialista do tipo chinês, no que diz respeito ao seu conteúdo, é idêntica à civilização espiritual socialista que temos promovido desde a implementação da reforma e abertura ao exterior. A cultura é relativa à economia e à política, tanto quanto a civilização espiritual é relativa ao aspecto material. Somente quando o desenvolvimento econômico, político e cultural estiver bem coordenado e somente quando se realizarem bem as duas civilizações, haverá, por sua vez, o socialismo do tipo chinês.

A modernização socialista requer tanto uma economia próspera como uma cultura florescente. O processo de modernização do nosso país é dependente, em grande medida, da potencialização da qualidade de toda a população e do fomento dos recursos intelectuais. Perante o acelerado desenvolvimento científico e tecnológico, a intensa competição entre os poderes nacionais, a interação mundial de diferentes ideologias e culturas, e devido às crescentes necessidades culturais do nosso povo no caminho rumo a uma vida modestamente confortável, todo o Partido deve entender plenamente que o avanço cultural é importante e urgente, porque tem um papel decisivo no desenvolvimento da causa do socialismo e da prosperidade da Nação.

Uma cultura socialista do tipo chinês é uma grande força que incide na unidade e na inspiração do povo de todas as etnias, e é também um importante símbolo da integração das forças nacionais. Essa cultura se originou da civilização de 5.000 anos de desenvolvimento da Nação Chinesa e está profundamente arraigada em nossa prática de construção do socialismo do tipo chinês. Tem nítidas características dos tempos presentes, representa as características fundamentais da nossa economia e política socialistas e, por isso mesmo, tem um grande papel na promoção do desenvolvimento econômico e político. Na construção do socialismo do tipo chinês, devemos redobrar nossos esforços para elevar as qualidades ideológicas e éticas e os níveis científicos e educacionais de toda a nação e para criar uma poderosa força ideológica impulsionadora e um grande apoio intelectual para o desenvolvimento econômico e o progresso social em todos os terrenos. Devemos nutrir os cidadãos, geração após geração, para que tenham ideais elevados, integridade moral, boa educação e forte sentido de disciplina, atendendo aos requisitos do processo de modernização socialista. Esta é uma tarefa dura e de longo prazo no nosso progresso cultural.

A promoção de ideais e aspirações comuns em toda a sociedade é o objetivo essencial do nosso progresso da cultura socialista do tipo chinês. Devemos fazer esforços incansáveis para educar os quadros e as massas com a teoria de Deng Xiaoping. Devemos conduzir persistentemente uma educação na ética socialista, com ênfase no núcleo de servir ao povo e no princípio do coletivismo, e devemos fortalecer a educação sobre a democracia, a legalidade e a disciplina, com o fim de guiar nosso povo, para que siga concepções corretas do mundo, da vida e do valor. Devemos fazer grandes esforços para promover o patriotismo, o coletivismo, o socialismo e o espírito empreendedor e de trabalho árduo. Devemos defender a ideologia e a ética comunistas e, combinando a progressividade com a extensibilidade, devemos promover todas as ideologias e éticas que conduzam à unificação do país, à unidade nacional, ao desenvolvimento econômico e ao progresso social. Devemos levar adiante o humanismo socialista. Os jovens adolescentes são o futuro da pátria e a esperança da nação, por isso devemos prestar muita atenção ao seu progresso ideológico e ético.

O desenvolvimento da educação e da ciência é uma obra básica para o avanço cultural. O treinamento de centenas de milhões de trabalhadores qualificados e de dezenas de milhões de profissionais para cobrir as necessidades da modernização e para explorar as vantagens de nossos vastos recursos humanos tem impacto direto em toda a causa do socialismo no século XXI. Devemos assegurar que a educação tenha uma prioridade estratégica. Devemos respeitar os mestres nos seus ensinamentos, e fortalecer as fileiras do magistério. Pondo em ação a iniciativa de todos os setores da sociedade, não poupamos esforços para difundir o ensino obrigatório de nove anos, para eliminar o analfabetismo entre os jovens e os de meia-idade, para ampliar a educação vocacional e de adultos de diferentes tipos e para desenvolver, a passos seguros, a educação superior. Devemos otimizar a estrutura educacional, acelerar a reforma do sistema de administração do ensino superior e distribuir racionalmente os recursos para a educação, de modo a potencializar a qualidade do ensino e elevar a eficiência geral das instituições educacionais. Devemos implementar a política educacional do Partido, com ênfase na melhoria da qualidade dos estudantes, para convertê-los em construtores e sucessores da causa do socialismo, os mesmos que deverão ser desenvolvidos integralmente nos aspectos moral, intelectual e físico. Grandes esforços devem ser feitos para elevar o nível científico e tecnológico, para difundir a ciência e tecnologia, para orientar as pessoas a assumirem uma aproximação científica e dominar os métodos científicos e para estimular a criatividade e a inovação. Devemos eliminar a ignorância e lutar contra as atividades feudais e supersticiosas. Devemos desenvolver a filosofia e outras ciências sociais, o que é de grande importância para manter a posição orientadora do marxismo na esfera ideológica do nosso país, para estudar as leis do desenvolvimento do socialismo do tipo chinês, e para melhorar nossa capacidade de compreender o mundo e transformá-lo.

O desenvolvimento das iniciativas na literatura, na arte, na imprensa, na indústria editorial, na rádio, na cinematografia e na televisão é um importante aspecto do progresso cultural. No trabalho de imprensa e publicação, devemos ater-nos ao princípio de manter o espírito do Partido, persistir em buscar a verdade nos fatos e manter uma orientação correta frente à opinião pública. Devemos reforçar a administração da imprensa e publicação, otimizar suas estruturas e melhorar sua qualidade. Devemos aprofundar a reforma do sistema de administração das iniciativas culturais e implementar e melhorar as políticas culturais e econômicas relacionadas. Devemos ater-nos aos princípios de servir ao povo e à causa do socialismo e de deixar que "cem flores desabrochem e cem escolas de pensamento rivalizem", dando plena extensão ao tema de nossa época ao mesmo tempo em que advogamos pela diversidade, com o fim de criar obras excelentes que integrem o conteúdo ideológico com a arte.

Um ambiente cultural saudável é uma condição importante para promover a civilização da sociedade, a reforma e abertura e a modernização. Devemos realizar atividades de massas para promover a civilização com profundidade e a longo prazo, e devemos tratar de impulsionar nossas iniciativas culturais, e devemos esforçar-nos para defender a ética social, profissional e familiar. Por uma parte, devemos tratar de impulsionar nossas iniciativas culturais e, por outra, devemos fortalecer a administração dos mercados de produtos culturais, com o fim de facilitar seu desenvolvimento saudável. Devemos construir mais estabelecimentos culturais. Há que se prestar mais atenção à proteção das heranças científicas, históricas e culturais e das relíquias revolucionárias. Devemos promover a reforma e o desenvolvimento da saúde pública e dos esportes. Devemos defender estilos de vida saudáveis e civilizados e melhorar constantemente a vida cultural das massas.

A China não pode desenvolver sua cultura isoladamente dos frutos comuns da civilização humana. Seguindo o princípio de manter nossa própria cultura como base e fazer uso de outras, devemos realizar diferentes intercâmbios culturais com outros países, aprendendo seus pontos fortes, ao mesmo tempo em que introduzimos nossos próprios frutos no âmbito mundial. Devemos resistir resolutamente à corrosão causada por idéias e culturas decadentes.

Como parte da classe operária, os intelectuais têm um papel importante no processo de modernização. Devemos implementar a política do Partido para com os intelectuais e pôr em plena ação sua iniciativa e criatividade. Os intelectuais devem estudar com firmeza e instruir-se a si mesmos para que sejam propagadores de pensamentos avançados, pioneiros no desenvolvimento da ciência e tecnologia, educadores que treinem as pessoas a serem cidadãos com elevados ideais, integridade moral, uma boa educação e forte sentido de disciplina, e produtores de excelentes trabalhos intelectuais, capazes de contribuir, ao lado dos operários e camponeses, para a prosperidade da Nação Chinesa.

A cultura chinesa tem uma história gloriosa. Na grande prática da modernização socialista, estamos seguros de poder criar uma cultura socialista mais avançada do tipo chinês e daremos assim nossa devida contribuição para a civilização humana.

Camaradas! Após falar das tarefas econômicas, políticas e culturais, quero agora fazer especial referência à defesa nacional e às forças armadas. O fortalecimento da construção da defesa nacional e das forças armadas é a garantia básica da nossa segurança nacional e da modernização. A concepção de Deng Xiaoping sobre a construção das forças armadas no novo período é a continuação e o desenvolvimento do pensamento de Mao Tsé-tung sobre os assuntos militares e o guia científico para a construção das nossas forças armadas e nossa defesa nacional. Alinhados com os requisitos gerais de serem qualificadas politicamente e competentes no campo militar e terem um apurado estilo de trabalho, uma estrita disciplina e um eficiente apoio logístico na defesa nacional, devemos seguir adiante com a construção e a reforma das forças armadas, a fim de fazer do Exército Popular de Libertação uma tropa mais revolucionária, moderna e regular. Em seus setenta anos de brilhante história, nosso exército passou por diversos tipos de provas e tornou-se progressivamente mais forte. Tudo isso resultou no fundamental da forte liderança do Partido. Nas novas condições históricas, o exército deve manter-se invariavelmente sob o comando absoluto do Partido, estar de acordo com o Comitê Central do Partido no ideológico e no político, obedecer às ordens do Comitê Central do Partido em todas as ações e nunca esquecer sua natureza e seus propósitos como exército do povo. Deve ater-se à estratégia de defesa ativa, melhorar sua qualidade e tomar o caminho do tipo chinês de um exército de elite. O exército deve ser exigente consigo mesmo, fortalecer o trabalho ideológico e político, levar adiante suas requintadas tradições e tomar a dianteira no conjunto da sociedade na promoção do progresso ideológico e ético. A fim de adaptar-se às profundas transformações no terreno militar em nível mundial, o exército deve intensificar sua educação e treinamento e atualizar sua capacidade de defesa em condições de tecnologia moderna, especialmente de alta tecnologia. Além da redução do contingente em um milhão de efetivos nos anos 80, reduziremos das forças armadas outros 500 mil homens nos próximos três anos. Devemos fortalecer o exército, apoiando-o na ciência e tecnologia, reforçar a investigação científica e tecnológica relacionada com a defesa, estabelecer e melhorar o mecanismo operativo para que as indústrias de defesa se adaptem à economia de mercado socialista, e gradualmente atualizar o armamento e outros equipamentos. O exército deve subordinar-se e servir aos interesses gerais do desenvolvimento econômico nacional, fortalecer-se, por meio de economia e árduo trabalho, e apoiar e participar ativamente do desenvolvimento econômico do país. As organizações do Partido e os governos de todos os níveis e as massas devem preocupar-se com o desenvolvimento da defesa nacional e da construção das forças armadas e apoiar estas tarefas. Devemos intensificar a educação na defesa, incrementar a percepção do povo sobre a importância da defesa nacional. O exército deve continuar apoiando o governo e servindo de todo o coração o povo, e o governo e o povo devem continuar apoiando o exército e dando tratamento preferencial às famílias dos soldados e mártires, com o fim de consolidar a unidade entre o exército e o governo e entre o exército e o povo. Devemos também fortalecer o trabalho em relação às milícias e aos reservistas, e melhorar o sistema de mobilização nacional. Devemos continuar fortalecendo a Polícia Armada Popular Chinesa e os departamentos de segurança pública e de segurança do Estado.

VIII. Promover a reunificação pacífica da pátria

A completa reunificação da pátria é a aspiração comum de todos os chineses no país e no exterior. Considerando a grande causa da reunificação pacífica da pátria como tarefa histórica, os comunistas chineses vêm realizando esforços incansáveis com esse fim, há muito tempo. O conceito científico de Deng Xiaoping de "um país, dois sistemas" tem impulsionado vigorosamente o processo de reunificação pacífica da pátria.

Como marca do grande êxito no conceito de "um país, dois sistemas", o retorno de Hong Kong à pátria constitui um importante passo do povo chinês na grande causa da reunificação da pátria. Desde o retorno de Hong Kong, a política de "um país, dois sistemas" e de "administração de Hong Kong pela gente de Hong Kong" e alto grau de autonomia foi implementada à risca, e Hong Kong tem mantido sua prosperidade e estabilidade. Os fatos provarão que o governo da Região Administrativa Especial de Hong Kong e nossos compatriotas em Hong Kong seguramente serão capazes de administrar bem Hong Kong, de acordo com a Lei Básica da Região Administrativa Especial.

Macau retornará ao seio da pátria em 1999, o que será outro grande evento para a Nação Chinesa. Todos os preparativos para o retorno de Macau estão sendo feitos, de forma enérgica e ordenada. A transição e a transferência do poder de Macau sem sobressaltos serão asseguradas e se manterá o desenvolvimento e a estabilidade a longo prazo.

O conceito de "um país, dois sistemas" é um importante componente da teoria de Deng Xiaoping. A idéia básica é que, sobre a premissa da reunificação nacional, a parte principal da China manterá o sistema socialista, enquanto Taiwan, Hong Kong e Macau seguirão com o atual sistema capitalista e seu modo de vida durante longo período. Este conceito é uma política básica para promover a grande causa da reunificação pacífica da pátria, porque não somente encarna a posição de princípio de conquistar a reunificação nacional e salvaguardar a soberania do país, mas também leva em plena consideração o passado e o presente de Taiwan, Hong Kong e Macau e representa um alto nível de flexibilidade. A adoção da política de "um país, dois sistemas" coincide com os interesses da reunificação da pátria e a prosperidade da Nação Chinesa e é favorável à paz e ao desenvolvimento do mundo.

Graças à introdução dos princípios básicos de "reunificação pacífica" e "um país, dois sistemas", assim como de outras políticas relacionadas, houve muitos avanços nas relações entre os dois lados do estreito de Taiwan. O desembaraçado retorno de Hong Kong e a manutenção de sua prosperidade e estabilidade a longo prazo, sem dúvida nenhuma, criarão condições favoráveis para a solução da questão de Taiwan. No entanto, o crescimento da tendência separatista na ilha de Taiwan e a interferência de forças estrangeiras antichinesas impedem a reunificação pacífica, constituindo-se em grandes obstáculos, que encontram, logicamente, a completa oposição do povo chinês, incluindo os compatriotas de Taiwan.

Devemos ater-nos aos princípios de "reunificação pacífica" e "um país, dois sistemas", e à proposta de oito pontos para desenvolver as relações entre as duas partes e promover a reunificação pacífica da pátria. Devemos ater-nos ao princípio de "uma China" e opor-nos ao separatismo, à "independência de Taiwan", à intenção de se criar "duas Chinas" ou "uma China e um Taiwan", e a toda interferência das forças estrangeiras. Não permitiremos que alguma força altere, sob nenhuma forma, o *status* de Taiwan como parte da China. Devemos trabalhar pela reunificação pacífica, mas não renunciaremos ao uso da força. Isto não está dirigido contra nossos compatriotas de Taiwan, mas sim contra as forças estrangeiras que interferem na reunificação da China e nas tramas de "independência" de Taiwan. Não pouparemos esforços para expandir intercâmbios e cooperações econômicos entre as duas partes, para acelerar o estabelecimento de laços diretos de correio, transporte aéreo, serviços marítimos e comércio entre as duas margens do estreito, e continuaremos promovendo as visitas de pessoal e os intercâmbios em diversos setores, como os da ciência, da tecnologia e da cultura. Depositamos nossas esperanças nos compatriotas de Taiwan dotados de uma gloriosa tradição de patriotismo. Com exceção de um punhado de indivíduos que teimosamente se aferram à posição de "independência de Taiwan", todos os partidos e personalidades de todos os círculos de Taiwan são bem-vindos para trocar conosco pontos de vista sobre as relações entre as duas partes e a reunificação pacífica.

Agora queremos renovar nossa solene apelação: como primeiro passo, as partes do estreito podem sustentar negociações e chegar a um acordo para "pôr fim oficialmente ao estado de hostilidade entre as duas partes, de acordo com o princípio de uma China". Sobre esta base, as duas partes devem assumir conjuntamente compromissos para salvaguardar a soberania e a integridade territorial da China e determinar planos para o futuro desenvolvimento das relações. Esperamos que as autoridades de Taiwan respondam com sinceridade às nossas sugestões e propósitos e entrem em negociações políticas conosco em um futuro próximo. Sobre a premissa de uma China, estamos preparados para discutir qualquer assunto. Todas as opiniões e propostas podem ser levantadas, na medida em que correspondam ao interesse da reunificação. A questão da reunificação da pátria deve ser resolvida por nós, os chineses das duas margens do estreito de Taiwan.

O futuro de Taiwan depende da reunificação da pátria, e a separação não é a porta de saída da questão. Com plena determinação, somos capazes de encontrar a solução para finalizar a questão de Taiwan. Não importando quantas dificuldades e obstáculos que encontremos no caminho, a completa reunificação da pátria e a prosperidade da Nação Chinesa se farão realidade, porque todos os chineses das duas margens do estreito e os que vivem no exterior partirão dos interesses fundamentais da Nação Chinesa e seguirão adiante de mãos dadas.

IX. Situação internacional e nossa política exterior

Atualmente, a situação internacional em seu conjunto está se tornando mais branda. A paz e o desenvolvimento são os temas principais da presente era. A tendência rumo à multipolaridade se desenvolveu mais globalmente ou regionalmente nos terrenos político, econômico e outros. As forças do mundo estão experimentando novas divisões e realinhamentos. As relações entre as grandes potências estão registrando grandes e profundos reajustes. As organizações regionais e intercontinentais de cooperação estão mais ativas que nunca. O poderio de grande número de países em desenvolvimento está aumentando. O desenvolvimento da tendência rumo à multipolaridade contribui positivamente para a paz, a estabilidade e a prosperidade do mundo. A voz dos povos de todos os países para tratar-se mutuamente em pé de igualdade e para viver juntos em amizade está cada vez mais forte. O desejo da paz, a busca da cooperação e a promoção do desenvolvimento já se tornaram a tendência fundamental da época. Os fatores de salvaguarda da paz mundial estão ganhando força. Durante um período bastante longo, será possível evitar uma nova guerra mundial e assegurar um bom ambiente internacional pacífico, e manter boas relações com os países vizinhos.

No entanto, a mentalidade de guerra fria continua existindo e o hegemonismo e a política de força seguem sendo a principal fonte de ameaça para a paz e a estabilidade mundiais. A expansão dos blocos militares e o reforço das alianças militares não conduzirão à garantia da paz e da segurança. A injusta e irracional ordem econômica internacional continua violando os interesses das nações em desenvolvimento e a brecha existente na riqueza ainda aumenta. Continua sendo muito sério o uso de direitos humanos e de outros assuntos para interferir nos assuntos internos de diferentes países. Os conflitos locais devidos a fatores étnicos, religiosos e territoriais aparecem de tempos em tempos. O mundo ainda não está tranqüilo.

Devemos ater-nos às idéias de Deng Xiaoping sobre os trabalhos diplomáticos e seguir firmemente a política exterior independente e de paz. Nestes assuntos internacionais, devemos determinar nossa posição e nossa política, partindo dos interesses fundamentais do povo chinês e demais povos do mundo, e julgando cada caso por seus próprios méritos. Não devemos ceder ante nenhuma pressão exterior nem entrar em alianças com nenhuma potência ou grupo de países, e não estabelecer nenhum bloco militar, não participaremos da corrida armamentista nem buscaremos a expansão militar.

Opomo-nos ao hegemonismo e defendemos a paz mundial. Todos os países devem resolver seus conflitos, por meio de consultas pacíficas, em lugar de usar a força ou ameaça de uso da mesma. Nenhum país deve interferir nos assuntos internos de outro, sob nenhum pretexto, muito menos abusar dos fracos, invadir outro país ou subverter sua ordem interna. Não imporemos nosso sistema social ou nossa ideologia a outros, nem permitiremos que outros países o façam conosco.

Devemos trabalhar para criar uma nova ordem política e econômica internacional que seja justa e racional. Esta ordem deve basear-se nos cinco princípios de coexistência pacífica, de acordo com os propósitos e princípios da Carta das Nações Unidas, e deve refletir a tendência da época, em busca da paz e do desenvolvimento.

É necessário respeitar a diversidade do mundo. O mundo, na atualidade, é de grande diversidade e multiplicidade. Todos os países têm o direito de eleger o sistema social, as estratégias de desenvolvimento e os estilos de vida adequados às suas próprias condições. Os assuntos de um país devem ser decididos por seu próprio povo, e os assuntos globais devem ser tratados por todos os países, através de consultas.

A política de boa vizinhança deve ser mantida. Esta é nossa posição firme e nunca mudará. Tendo em conta o objetivo comum de manter a paz e a estabilidade, devemos resolver as disputas entre a China e os países vizinhos por meio de consultas e negociações amistosas. Em caso de não se encontrar uma solução adequada de certas questões por um momento, devemos colocar de lado o problema temporariamente, buscando terrenos comuns e guardando as diferenças.

Devemos fortalecer mais nossa solidariedade e cooperação com os países do Terceiro Mundo. Os países em desenvolvimento compartem a mesma meta fundamental de proteger sua independência e desenvolver sua economia. A China, como sempre, se unirá a um amplo número de países em desenvolvimento no apoio mútuo e na estreita cooperação em todos os terrenos para salvaguardar conjuntamente seus legítimos direitos e interesses.

Devemos melhorar e desenvolver continuamente nossas relações com os países desenvolvidos, com base nos cinco princípios de coexistência pacífica. Todos os países devem respeitar-se entre si e viver juntos em amizade, não importando a diferença entre seus sistemas sociais e de ideologia. Os países devem buscar os pontos de convergência em seus interesses comuns, expandir a cooperação mutuamente benéfica e trabalhar juntos para encarar o desafio que aguarda a humanidade no que diz respeito a sua sobrevivência e desenvolvimento. Os países devem persistir no diálogo, evitar confrontações, tratar propriamente suas diferenças, partindo de seus interesses de longo prazo e da tarefa global de promover a paz e o desenvolvimento mundiais. Opomo-nos a que se imponham sanções ou se ameacem com as mesmas sem razões verdadeiramente sólidas.

Seguindo o princípio de igualdade e mútuo benefício, devemos levar a cabo amplos intercâmbios comerciais, programas de cooperação econômica e tecnológica e intercâmbios científicos e culturais com todos os países e regiões para promover o desenvolvimento comum.

Devemos praticar intensamente as atividades diplomáticas multilaterais e colocar em plena ação o papel da China nas Nações Unidas e outras organizações internacionais.

Sobre a base dos princípios de independência e autodeterminação, completa igualdade, respeito mútuo e não interferência nos assuntos internos dos outros, devemos desenvolver novos tipos de relações de intercâmbio e cooperação com os partidos políticos de outros países que estão dispostos a relacionar-se com nosso Partido, com o fim de promover as relações entre os Estados.

A China é uma força que defende inalteravelmente a paz mundial e a estabilidade regional. Ao realizar a modernização socialista, necessitamos de um ambiente internacional pacífico por longo prazo e, sobretudo, necessitamos manter boas relações com os países vizinhos. O desenvolvimento da China não representa uma ameaça para nenhum outro país. A China nunca buscará a hegemonia, mesmo quando se transformar em um país desenvolvido no futuro. O povo chinês, sujeito durante muito tempo à agressão, opressão e humilhação por parte de potências estrangeiras, nunca fará assim sofrer a outros.

O futuro do mundo é brilhante, mas o caminho é tortuoso. O povo chinês está disposto a dar as mãos aos povos de outros países para realizar esforços incansáveis, com o fim de promover a elevada causa pela paz e desenvolvimento, e trabalhar por um melhor futuro para a humanidade.

X. Partido Comunista da China frente ao novo século

Manter, fortalecer e melhorar a direção do Partido e realizar satisfatoriamente o trabalho de construção partidária é essencial para manter no alto a grande bandeira da teoria de Deng Xiaoping, cumprir as tarefas definidas neste congresso e impulsionar nossa causa em todos os sentidos rumo ao século XXI.

O Partido Comunista da China é o núcleo dirigente do povo de todas as etnias da China. O papel dirigente do Partido é determinado por sua natureza de vanguarda da classe operária e foi formado após ter passado por muitas provas ao longo de muitos anos de luta. Nunca, na China, existiu outra organização política que, como nosso Partido, tenha absorvido tantos elementos avançados, que esteja tão bem organizada, que tenha uma base tão ampla, que tenha feito tantos sacrifícios pela Nação Chinesa, que mantenha estreitos laços com o povo e que, em sua marcha rumo ao futuro, tenha capacidade para revisar sua experiência e assumir seriamente os seus erros, formulando e mantendo teorias e linhas corretas. A história confiou uma responsabilidade colossal ao nosso Partido, e nele o povo deposita grandes esperanças. Tendo conduzido o povo a escrever um capítulo glorioso nos anais do século XX, o Partido poderá escrever, sem dúvida, outro no século vindouro.

A direção do Partido e a construção partidária sempre estão conectadas com as tarefas históricas do Partido e com as teorias e linhas que formulou para cumprir suas ditas tarefas. Guiada pelo marxismo-leninismo e mantendo em mente a linha política do Partido, a primeira geração de liderança coletiva com Mao Tsé-tung como núcleo lançou com êxitos um grande projeto de construção do Partido — estabeleceu uma vanguarda da classe operária que dirigiu o povo ao obter a vitória na revolução da nova democracia e no estabelecimento do sistema socialista. A segunda geração de liderança coletiva, com Deng Xiaoping como núcleo, aplicando criativamente o marxismo-leninismo e o pensamento de Mao Tsé-tung na China de hoje, lançou outro grande projeto de construção do Partido, centrado em que tipo de Partido devia ser e como construí-lo na situação da reforma e abertura e da modernização. Encarando o novo século, o Comitê Central está dirigindo todo o Partido a impulsionar o avanço deste grande projeto, que visa a fazer do nosso Partido um partido político marxista armado com a teoria de Deng Xiaoping, que serve ao povo de todo o coração, que está completamente consolidado nos terrenos ideológico, político e organizacional, que pode resistir a todas as provas, que sempre está na vanguarda dos tempos e que dirige o povo do País na construção do socialismo do tipo chinês. Em vista dos objetivos gerais do novo grande projeto, todo o Partido deve fortalecer sua construção na ideologia, na organização, no estilo de trabalho e todos os outros aspectos, tratando sempre de melhorar sua capacidade de direção e de governança, e resguardando-se da corrupção e da degeneração, para mostrar uma nova imagem e maior combatividade na orientação do povo para cumprir as novas tarefas históricas.

Para fortalecer a construção do Partido no nível ideológico, é essencial armar, sem vacilações, todo o Partido com a teoria de Deng Xiaoping e dar plena vigência à superioridade ideológica e política do Partido. A teoria de Deng Xiaoping criou um novo instrumento ideológico muito poderoso que permitirá ao nosso Partido compreender o mundo e alterá-lo. Todo o Partido deve dar grande importância ao estudo da teoria, dedicar-se ao estudo e iniciar um novo auge no estudo do marxismo-leninismo, do pensamento de Mao Tsé-tung, em particular, da teoria de Deng Xiaoping. Os quadros dirigentes de todos os níveis, sobretudo as centenas de membros do Comitê Central do Partido e os milhares de quadros de nível provincial e ministerial, têm a responsabilidade especial de manter no alto a grande bandeira da teoria de Deng Xiaoping. Eles devem tomar a dianteira no estudo desta teoria e dominar seu sistema científico, de forma completa e precisa. Eles devem compreender tanto as idéias básicas como os pontos de vista e espírito básicos da teoria, em seu conjunto, e analisar e entender sistematicamente os aspectos da teoria relacionados com seus próprios campos de trabalho. Devemos continuar educando os quadros de nível distrital para cima no espírito e estilo do Partido, centrando-nos na necessidade de estudar, de manter a correta orientação política e de ser honestos e corretos. Devemos pôr em prática em todo o Partido o estudo consciente, discussões democráticas, exploração de novos caminhos e manutenção de uma atitude realista e prática. Devemos continuar integrando a teoria do marxismo com a prática, melhorar a capacidade de resolver os problemas práticos e transformar nosso mundo subjetivo ao trabalhar por transformar o mundo objetivo.

Para fortalecer a construção do Partido no nível organizacional, é essencial fazer do Partido um sólido núcleo dirigente e dar expressão a sua superioridade organizativa. Nosso Partido tem 58 milhões de membros e 3,4 milhões de organizações de base, constituindo um todo integral de acordo com o centralismo democrático sob a orientação do marxismo, e trabalhando tenazmente para concretizar seu objetivo comum. Esta é uma enorme vantagem organizacional. Sob as condições da reforma e abertura ao exterior e do desenvolvimento da economia de mercado socialista, o centralismo democrático, em lugar de debilitar-se, deve ser melhorado e desenvolvido. Devemos potencializar mais a democracia, garantir os direitos democráticos dos membros do Partido e tornar ativos e ampliar os canais para a democracia interna do Partido, a fim de pôr em funcionamento a iniciativa e a criatividade de todo o Partido. Devemos defender a autoridade do Comitê Central do Partido e estar de acordo com ele em termos de ideologia e política, assegurando a constante implementação da linha do Partido e das decisões políticas do Comitê Central. Devemos melhorar o sistema de congresso do Partido e o sistema pelo qual as lideranças coletivas dos comitês do Partido de todos os níveis se integram com a divisão de trabalho e a de responsabilidade individual. Devemos assegurar que os comitês locais do Partido tenham um melhor papel dirigindo as diferentes organizações em seus níveis correspondentes. Os quadros dirigentes devem tomar a dianteira na observação das diferentes regras do centralismo democrático, proteger os interesses do Partido como um todo, observar estritamente a disciplina, prevenir qualquer tendência de arbitrariedade nas decisões e seguir o próprio caminho, e se opor ao desconhecimento das ordens e proibições. De acordo com o princípio de formar nossos quadros mais revolucionários, mais jovens, mais educados e mais competentes profissionalmente, devemos promover um contingente de quadros altamente qualificados que possam cumprir os requerimentos da modernização socialista, porque tal é a chave para assegurar sucessivas vitórias da nossa causa. Com ênfase na construção ideológica e política, devemos converter os grupos dirigentes de todos os níveis em lideranças coletivas unidas e firmes, que apliquem resolutamente a teoria e a linha básica do Partido, que sirvam ao povo de todo coração e que sejam capazes de encabeçar o processo de modernização. Devemos acelerar a reforma do sistema de quadros, potencializar a democracia, melhorar as avaliações, promover o intercâmbio, e fortalecer a supervisão para que suba gente competente. Em particular, é necessário fazer claros progressos mostrando que nossos quadros estão prontos para subir, assim como para descer em seu nível de responsabilidade. Ao selecionar os quadros, devemos aplicar inteiramente o princípio de integridade política e capacidade profissional, persistir em nomear gente com base em seus méritos e opor-se ao favoritismo, e evitar ou retificar as práticas malignas. Devemos promover rapidamente aos postos de direção os quadros que sejam reconhecidos de forma geral por ter aplicado firmemente a linha do Partido e por ter obtido grandes êxitos, além de serem corretos e honestos. As pessoas que se desviam da linha do Partido, que buscam proveitos pessoais, que praticam a fraude e que anseiam por postos oficiais, nunca deveriam ser nomeadas aos postos de direção. É uma tarefa estratégica treinar e selecionar grande número de quadros jovens e excelentes que possam assumir tarefas importantes na passagem de um século para outro. Não podemos perder tempo no cumprimento desta tarefa. Devemos prestar grande atenção à preparação e promoção de quadros do sexo feminino, quadros das minorias étnicas e quadros que não sejam do Partido Comunista. Devemos melhorar o sistema de aposentadoria dos quadros e cuidar dos quadros veteranos tanto no nível político como em benefícios materiais, estimulando-os a cumprir seu papel. As organizações de base do Partido são a base de todo o trabalho do Partido e de sua combatividade. O trabalho de consolidação e melhoria das organizações primárias do Partido deve estar orientado rumo à linha fundamental do Partido e servir a sua tarefa central. Devem estudar as novas situações e novos problemas com o espírito de reforma e melhorar seus métodos e seu estilo de trabalho e suas formas de atividades. Elas devem educar, administrar e supervisionar conscientemente os membros do Partido e potencializar sua capacidade de resolver seus próprios problemas. Conforme suas próprias características, elas devem realizar seriamente suas tarefas prescritas nos Estatutos do Partido e esforçar-se para converter-se em um firme e poderoso baluarte que possa observar as linhas, os princípios e as políticas do Partido e que possam unir-se com as massas e dirigi-las no cumprimento das tarefas de suas próprias entidades.

Para melhorar o estilo de trabalho do Partido, é essencial ater-se ao princípio de servir ao povo de todo o coração e pôr em plena ação as forças do Partido ao fixar vínculos estreitos com as massas. O apurado estilo de trabalho de integrar a teoria com a prática, de forjar laços estreitos com as massas e praticar a crítica e a autocrítica, que nosso Partido cultivou no processo de uma longa luta, é um reflexo de sua natureza e de seu propósito e deve ser desenvolvido em todo o Partido segundo a nova prática. Como provêm do povo e tem suas raízes nele, nosso Partido serve ao povo. Trabalhar de todo o coração em benefício do povo é o ponto de partida, assim como o propósito de todo nosso esforço para construir o socialismo do tipo chinês. Os membros do Partido devem escutar as opiniões das massas, ajudar a aliviar seus sofrimentos e realizar coisas práticas de seu interesse. Os quadros do Partido, especialmente os quadros dirigentes, devem levar a cabo fielmente a linha, os princípios e a política do Partido, sem nenhum desvio dos mesmos. Eles devem executar corretamente o poder atribuído pelo povo, e nunca podem aproveitá-lo para buscar seus interesses particulares. Eles devem combinar a responsabilidade frente a seus superiores com a responsabilidade frente às massas, sem separá-las ou opor-se a elas. Em seus trabalhos, eles devem manter a linha das massas, entrar na realidade para investigá-la e estudá-la, e nunca cair no burocratismo ou no formalismo ou na coerção. Desde que sirvamos aos interesses das massas, tenhamos fé nelas e nos apoiemos nelas em tudo o que façamos, nosso Partido obterá uma fonte de força inesgotável.

A luta contra a corrupção é uma séria luta política de ordem vital para a existência tanto do Partido quanto do Estado. Nosso Partido nunca pode ser dominado nem vencido por nenhum inimigo. Mas a forma mais fácil de conquistar uma fortaleza é a partir de seu interior, por isso, de nenhuma maneira devemos destruir a nós mesmos. Se a corrupção não for punida efetivamente, nosso Partido perderá o apoio e a confiança do povo. Devemos lutar contra a corrupção e estar em constante alerta neste sentido ao longo do processo de reforma e abertura ao exterior. Devemos estar mentalmente preparados para uma longa luta contra a corrupção e devemos ganhar as batalhas uma a uma, etapa por etapa. Devemos continuar assegurando que os quadros dirigentes sejam limpos, honestos e autodisciplinados, investigar e tratar os casos mais graves e importantes, e retificar as práticas malignas nos departamentos e ramos de atividades. Os comitês do Partido em todos os níveis devem tomar posições claras e permanecer firmemente neste trabalho. Devemos buscar tanto soluções temporárias como radicais. A educação é a base, o sistema legal é a garantia e a supervisão é a chave. Ao aprofundar a reforma, devemos gradualmente erradicar o leito onde se cria e se difunde a corrupção. Com os comitês do Partido exercendo a liderança unificada, com os órgãos do Partido e do governo realizando esforços concentrados, com as comissões de controle disciplinar organizando e coordenando o trabalho, com os departamentos assumindo sua respectiva responsabilidade, e confiando no apoio e na participação das massas, acabaremos firmemente com a corrupção. Os quadros dirigentes, especialmente os de alto nível, devem ter um papel exemplar em observar a disciplina e a lei, aceitar conscientemente a supervisão e resistir à corrosão pelas idéias decadentes, dar o exemplo trabalhando duramente e realizando as funções oficiais com honestidade para dirigir o povo na luta decisiva contra a corrupção. Devemos combinar a luta contra a corrupção com a limpeza das organizações do Partido, sem permitir que os elementos corruptos se escondam dentro do mesmo.

O reforço da disciplina do Partido é a garantia para manter a natureza avançada do Partido e sua pureza e para potencializar sua coesão e sua combatividade. Esforçamo-nos para avançar rumo ao programa máximo da realização final do comunismo, e quem se esquece desta elevada meta não é membro qualificado do Partido. E não o são também aqueles que não se entregam plenamente para implantar o programa do Partido na fase final do socialismo. Nas novas condições históricas, para manter sua natureza avançada, os membros do Partido devem estar à altura das exigências dos tempos. Eles devem ter elevados ideais comunistas em mente, tomar a dianteira na implementação de todas as políticas do Partido e do Estado na etapa presente, ser audazes na abertura de novos caminhos, tomar a iniciativa fazendo avanços e desafiando as dificuldades e reveses. Eles devem trabalhar sinceramente pelos interesses do povo, ser os primeiros a suportar as dificuldades e os últimos a gozar do conforto, dedicar-se às tarefas públicas de todo o coração e dar contribuições ainda maiores. Eles devem estudar o marxismo com dedicação, potencializar sua capacidade para diferenciar o correto do incorreto, dominar os conhecimentos e capacidades profissionais necessárias para seus trabalhos e esforçar-se para obter grandes êxitos. No momento crítico, eles devem dar audazes passos adiante, salvaguardar os interesses do Estado e do povo e combater resolutamente os atos que causem danos ao povo, à sociedade e ao Estado. Os comitês do Partido de todos os níveis devem ater-se ao princípio de "o Partido se administra a si mesmo", levar adiante a política de fortalecer a disciplina do Partido em todos os aspectos da construção partidária e retificar firmemente o fenômeno de relaxamento da disciplina e de debilidade que se faz presente no seio da organização. Por isso devemos atuar estritamente de acordo com os Estatutos do Partido, seguindo as regras e regulamentos internos. Devemos ser rigorosos com os membros do Partido, especialmente com os quadros dirigentes, e administrá-los e supervisioná-los à risca. Na vida interna do Partido, devemos enfatizar o espírito partidário e em seus princípios, conduzir uma luta ideológica ativa, estimular as tendências saudáveis e opormo-nos às práticas de má-fé. Devemos assegurar que a admissão de novos militantes se realize de acordo com as regras dos Estatutos do Partido, que os membros não qualificados do Partido sejam tratados de acordo com a disciplina do Partido e que se aplique com seriedade a disciplina do Partido, garantindo que todos os membros da organização sejam iguais frente à disciplina partidária. Com uma disciplina rígida e plena de vigor, nosso Partido certamente avançará de vitória em vitória.

Camaradas! Os cinco anos entre este congresso e o 16° Congresso Nacional do Partido constituirão um período em que passaremos por novas provas e alcançaremos novas vitórias, um período em que provaremos com novos resultados positivos que nosso Partido, levando adiante o legado do camarada Deng Xiaoping, é capaz de estar à altura das expectativas do povo e de abrir novos horizontes para nossa causa, e um período em que implementaremos o Nono Plano Qüinqüenal em todos os sentidos e assentaremos as bases para realizar os objetivos de longo prazo até 2010. Agora podemos dizer com plena certeza que o objetivo de alcançar uma vida modestamente confortável em fins do presente século, como nosso Partido determinou desde os primeiros dias de reforma e abertura, pode ser alcançado como previsto. É de grande significado entrar na sociedade com uma vida modestamente confortável e desenvolvê-la na China, um país com uma população de mais de um bilhão de pessoas. Isto dará um novo fundamento para a estabilidade do país a longo prazo e criará um novo ponto de partida para promover vigorosamente o processo de modernização socialista.

A alma do atual congresso é manter no alto a grande bandeira da teoria de Deng Xiaoping. Esta será a marca do presente congresso nos anais da história. Iniciamos um brilhante caminho, o qual, sem dúvida, não será fácil. Haverá dificuldades e riscos, previsíveis e imprevisíveis, procedentes do interior e do exterior do país, nos distintos níveis da vida econômica, social e política. Nenhuma dificuldade ou risco pode fazer-nos vacilar em nossa fé na teoria de Deng Xiaoping, e somente nos estimulará a usá-la mais conscientemente para superar os problemas em nosso caminho rumo ao sucesso. Persistir na teoria de Deng Xiaoping e enriquecê-la e desenvolvê-la criativamente na prática é uma solene responsabilidade histórica da liderança coletiva do Comitê Central do Partido e de toda a militância.

Neste congresso, nossa tarefa é mobilizar todo o Partido e o povo de todas as etnias do País para unir-se e trabalhar com firmeza pelo avanço da grande causa da construção do socialismo do tipo chinês em todos os aspectos. A unidade coincide com nossos interesses gerais, e a unidade é a força. Antes de mais nada, nosso Partido deve estar unido, e as organizações do Partido em todos os níveis devem fortalecer a unidade. Paralelamente, devemos manter uma estreita cooperação entre nosso Partido e os partidos democráticos e amigos de diferentes círculos, criar laços estreitos entre nosso Partido e as massas e consolidar e desenvolver a grande unidade de todo o povo. Esta unidade se baseia nos interesses comuns da prosperidade integral da Nação Chinesa e no ideal comum de construir o socialismo do tipo chinês. Com toda a militância do Partido, e com o povo de todas as etnias salvaguardando e fortalecendo esta unidade, nossa causa será invencível.

Mantenhamos no alto a grande bandeira da teoria de Deng Xiaoping, unamo-nos estreitamente ao redor do Comitê Central do Partido e trabalhemos com todas nossas forças e sem vacilações, com um só coração e uma só mente, para levar adiante em todos os terrenos a grande causa da construção do socialismo do tipo chinês rumo ao próximo século.

NOTA

1. Após a 3ª plenária do 11° Comitê Central do Partido Comunista da China, Deng Xiaoping formulou a estratégia do desenvolvimento em três passos da modernização socialista da China. O 13° Congresso Nacional do Partido Comunista da China, realizado em 1987, definiu o objetivo estratégico do desenvolvimento econômico do nosso país, com o seguinte conteúdo: "Após a 3ª plenária do 11° Comitê Central do Partido, a disposição estratégica da construção econômica do nosso país divide-se em três passos: primeiro, dobrar o PIB com base no de 1980 e resolver a questão de alimentação e abrigo do povo. Esta tarefa foi fundamentalmente cumprida. Segundo, quadruplicar o PIB em fins deste século, de forma que o povo leve uma vida modestamente confortável. E terceiro, em meados do próximo século, o PIB *per capita* atingirá o nível dos países medianamente desenvolvidos, o povo levará uma vida relativamente abastada e a modernização será concretizada." Com o cumprimento antecipado do objetivo estratégico original do segundo passo em fins de 1995 e de acordo com proposta do Comitê Central do Partido Comunista da China, a 4ª plenária da 8ª legislatura da Assembléia Popular Nacional, realizada em março de 1996, reformulou o objetivo estratégico do segundo passo nestes termos: "Concretizar em todos os aspectos a disposição estratégica do segundo passo da modernização, e em 2000, manter a população abaixo de 1,3 bilhão de habitantes, quadruplicar o PIB *per capita* com base no de 1980; eliminar fundamentalmente a pobreza, elevar a vida do povo ao nível de conforto moderado; acelerar a construção do sistema de empresas modernas e estabelecer preliminarmente o sistema de economia de mercado socialista, assentando melhores alicerces materiais, tecnológicos e de sistema econômico para a execução da disposição estratégica do terceiro passo no início do próximo século." Atualmente, a China já concretizou o objetivo estratégico dos primeiros dois passos, iniciando a execução da disposição estratégica do terceiro passo.

Discurso no Almoço Oferecido pela Associação Estados Unidos-China e outras Cinco Organizações

(30 de outubro de 1997)

Sr. Conable,

Doutor Henry Kissinger,

Senhoras e senhores:

Hoje, estou muito contente por estarmos reunidos neste almoço oferecido conjuntamente pela Associação EUA-China, Comitê Nacional de Relações EUA-China, Fundo das Políticas Norte-americano-chinesas, Comissão das Relações Exteriores, Conselho de Relações Exteriores dos EUA, Sociedade Asiática e Comitê dos Cem. Há muitos anos, os presentes têm dado contribuições positivas para incrementar a compreensão mútua e a amizade entre os povos chinês e norte-americano. Em nome do governo chinês e do seu povo, gostaria de manifestar sinceros agradecimentos a todos os presentes e fazer estender profundos agradecimentos e melhores votos a todas as personalidades amistosas que se preocupam e apóiam a normalização e o desenvolvimento das relações sino-norte-americanas!

Agora, gostaria de relatar, aos presentes, as políticas interna e externa da China e expor minhas opiniões quanto às relações sino-norte-americanas.

Desde o início do presente ano, ocorreram na China alguns fatos de extraordinária relevância: no dia 19 de fevereiro, faleceu o Sr. Deng Xiaoping, arquiteto geral da nossa reforma e abertura, dele o povo das diversas etnias do país sente profunda saudade e manifesta a inabalável determinação de continuar a sua causa não concretizada; em 1° de julho, o governo chinês voltou a exercer a soberania sobre Hong Kong, livrando-se da humilhação da ocupação desta região durante mais de cem anos, garantindo a prosperidade e a estabilidade desta região segundo o princípio de "um país, dois sistemas", "administração de Hong Kong pela gente de Hong Kong" e alto grau de autonomia; em meados de setembro, realizou-se o 15° Congresso Nacional do Partido Comunista da China com o tema principal de manter no alto a grande bandeira da teoria de Deng Xiaoping e levar plenamente a causa da construção do socialismo do tipo chinês para o século XXI.

O encontro respondeu claramente a esta importante questão: como continuarão avançando a reforma e abertura e a modernização da China.

Do presente até os primeiros dez anos do próximo século, estabeleceremos um sistema da economia de mercado socialista relativamente completo e manteremos um crescimento rápido e saudável da economia nacional, assentando firmes alicerces para concretizar fundamentalmente a modernização da China em meados do próximo século.

Sintetizando as experiências da história e da realidade, definimos que o desenvolvimento conjunto da economia de propriedade pública como dominante e das diversas formas de propriedade como sistema econômico básico em que a China deve persistir sempre na fase inicial do socialismo na China. Podem ser diversificadas as formas de expressão da propriedade pública, deve-se utilizar de maneira positiva todos os métodos de administração e formas de organização que refletem as regras de produção socializada, inclusive o sistema acionário e o sistema de cooperação acionário. Deve-se continuar estimulando e orientando a economia de propriedade não-pública, importante parte integrante da economia de mercado socialista, a desenvolver-se de maneira saudável.

Aprofundaremos a reforma das empresas estatais segundo a necessidade de estabelecimento de sistema empresarial moderno, com o objetivo de desenvolver ainda melhor o seu papel predominante na economia nacional. Aceleraremos o processo de mercantilização da economia nacional, desenvolveremos plenamente o papel básico do mercado na distribuição de recursos e aperfeiçoaremos o sistema de macrocontrole; reajustaremos e otimizaremos a estrutura econômica e persistiremos na estratégia de prosperidade do país mediante a ciência e a educação e do desenvolvimento sustentável; aperfeiçoaremos ainda mais a configuração de abertura, que é onidiredional, de múltiplos níveis e de amplo alcance e desenvolveremos uma economia aberta e elevaremos o nível de abertura ao exterior, a fim de realizar o enriquecimento conjunto de todo o povo com base no desenvolvimento econômico.

Expandiremos ainda mais a democracia e governaremos o país conforme a lei, a fim de construir um Estado de direito socialista. Há mais de 2000 anos, já existia na China a singela ideologia democrática e legal, segundo a qual "o povo é a essência do país" e "o país deve ser administrado conforme a lei". Hoje, essa ideologia adquiriu novo conteúdo da época. Consideramos que sem a democracia não haverá a modernização. Garantiremos ainda melhor que o povo chinês realize eleições democráticas, tome decisões democráticas e efetue administração e supervisão democráticas e goze de plenos direitos e liberdade e, ao mesmo tempo, desenvolva o seu espírito de dono do país e sua criatividade. Continuaremos a salvaguardar a dignidade da Constituição e das leis, aperfeiçoar ainda mais o sistema legal, fortalecer o controle de administração conforme a lei nos órgãos governamentais em todos os níveis e a supervisão dos quadros dirigentes, garantindo que todos os trabalhos do Estado sejam realizados nos termos da lei. A nossa meta geral de reestruturação política reside em persistir e aperfeiçoar o sistema político básico do nosso país e desenvolver a democracia socialista com características chinesas.

Construiremos uma cultura socialista, científica e popular, voltada para a modernização, o mundo e o futuro, e dedicaremos esforços para elevar a qualidade moral, científica e cultural de toda a nação, e ao mesmo tempo promoveremos intercâmbios culturais de diversas formas com o exterior, absorvendo os pontos fortes de outros países e mostrando ao mundo os nossos êxitos obtidos na construção cultural.

Os êxitos obtidos pelo 15° Congresso Nacional do Partido Comunista da China refletem a aspiração comum de todas as nacionalidades do povo chinês. A opinião pública internacional afirma que o 15° Congresso Nacional transmite ao mundo uma clara mensagem na reforma e abertura; a China não voltará para trás. É exata esta avaliação.

A atual situação do nosso país é bastante boa, a economia nacional está em rápido crescimento, e neste ano, o incremento do PIB está previsto em cerca de 9% e a inflação vai ser eficazmente controlada. Com a contínua abertura ao exterior e o constante melhoramento do ambiente de investimento, o número de investidores estrangeiros chegou a casa de 290 mil, o volume total do capital estrangeiro efetivamente utilizado pela China ultrapassou 200 bilhões de dólares americanos, o que converteu a China no segundo país do mundo em matéria de atração de investimentos do ultramar. Ao mesmo tempo, a China tem mantido a estabilidade social, obtendo progressos em todos os setores. Muitos amigos estrangeiros consideram que a China está convertendo-se numa das regiões da maior vitalidade de desenvolvimento no mundo. A China já obteve enormes êxitos, mas, como maior país em desenvolvimento do mundo, enfrenta ainda não poucas dificuldades e desafios. Continuaremos lutando.

Nos cem anos entre meados do século XIX e meados do século XX, o povo chinês sofreu todo tipo de opressão e humilhação e, através de tenaz resistência, conquistou a independência e a libertação nacional. Nos cem anos entre meados do presente século e meados do próximo, o povo chinês estabelecerá a Nova China e, através de luta árdua, a converteremos num país próspero e vigoroso em que o povo leva uma vida feliz. Eis as grandes evoluções e progressos históricos ocorridos ou a ocorrer no vasto território chinês em duzentos anos.

Prestar atenção à dignidade e ao valor do homem é uma virtude tradicional da Nação Chinesa. "Os seres humanos são os mais valiosos do mundo" e "os que respeitam os seres humanos são verdadeiros bondosos", pensamento formulado por nossos filósofos ancestrais, que exerce profunda influência na sociedade chinesa. Hoje, o povo chinês goza de uma garantia de direitos humanos inédita na sua história. Como um país em desenvolvimento com 1,2 bilhão de habitantes, a realidade da China determina que o direito à sobrevivência e ao desenvolvimento é o mais fundamental e mais importante direito humano na China. Se não se resolver em primeiro lugar a questão de alimentação e abrigo, será difícil realizar outros direitos. Nos últimos vinte e tantos anos, o número de pessoas que vivem abaixo da linha de pobreza foi reduzido na China em cerca de 200 milhões, o que proporcionou condições materiais necessárias para que o povo goze melhor de todos os direitos.

A questão dos direitos humanos reveste-se de significado universal. Devido à realidade da existência de numerosos países neste mundo, a concretização dos direitos humanos depende dos esforços de todos os países. Fundamentalmente, portanto, os direitos humanos constituem uma questão que pertence à esfera da soberania nacional de um país. A plena concretização dos direitos humanos, como produto da história, constitui um processo paulatino relacionado com o nível econômico e cultural de cada país. São inseparáveis os direitos coletivos e individuais, os direitos econômico, social e cultural e os direitos civil e político. O governo chinês protege os direitos humanos segundo a lei e opõe-se a todas as atividades de violação dos direitos legais de seu cidadão. A China já se tornou membro de dezessete pactos internacionais de direitos humanos e assinou há pouco a "Convenção internacional sobre os direitos econômico, social e cultural". As divergências dos diversos países sobre os direitos humanos devem ser solucionadas através do diálogo, em vez de confrontação. Estamos dispostos a intensificar o intercâmbio e cooperação com outros países, com o objetivo de promover conjuntamente a causa dos direitos humanos no mundo.

O governo chinês tem garantido os direitos e interesses de todas as suas nacionalidades nos termos da lei e aplica a política de autonomia regional nas zonas de concentração étnica, onde elas gozam de plena liberdade no uso e desenvolvimento de suas própria língua falada e escrita e na manutenção e reforma de seus costumes e hábitos. Na China, todos os cidadãos gozam de liberdade de crença religiosa. Fortalecem-se cada dia mais as relações de igualdade, unidade e ajuda mútua entre todas as etnias, acelerando assim o desenvolvimento e a prosperidade em todas as regiões do país.

Aqui eu gostaria de salientar que o estabelecimento e desenvolvimento do sistema socialista na China levaram alguns grupos étnicos a dar um salto em certas etapas de desenvolvimento social. Como, por exemplo, antes da reforma democrática em 1959, o Tibet encontrava-se numa sociedade de servidão feudal com nítidas características do sistema escravista, aplicando um sistema de integração da administração com a religião. Naquela época, todos os servos pertenciam aos senhores, e não se pode dizer que gozavam de algum direito humano. Libertamos por meio pacífico um milhão de servos através da aplicação de reforma democrática. Isto, semelhante à libertação dos escravos negros na história norte-americana, representa uma grande evolução e progresso da sociedade. Tais progressos históricos não recuarão. Hoje, com a ajuda do governo central e dos governos de todos os níveis locais, o Tibet prospera dia a dia e a população vive feliz e trabalha em paz.

A manutenção e a salvaguarda da paz e estabilidade do mundo constituem o objetivo fundamental da política externa do nosso país. Tanto agora como no futuro, a China é sempre uma firme força na salvaguarda da paz mundial. A política de defesa nacional da China é de natureza defensiva e o nível de suas despesas é o mais baixo entre todas as grandes potências. Nos anos 80, a China reduziu unilateralmente suas tropas em um milhão de efetivos e declarou há pouco que reduziria outros 500 mil dentro de três anos. O desenvolvimento da China e o enriquecimento de seu povo promoverão sem dúvida a paz e a estabilidade do mundo e não representarão nenhuma ameaça a ninguém. A China não buscará jamais a hegemonia, mesmo quando ela se converta num país desenvolvido no futuro. É exatamente como o senhor Deng Xiaoping profetizou, se uma China com 1,2 bilhão de habitantes não se desenvolver e não se mantiver estável ou ocorrer nela qualquer agitação, e se seu povo não puder livrar-se da pobreza, será não só uma desgraça para a Nação Chinesa, mas também uma catástrofe mundial.

A sociedade humana encontra-se no limiar do novo século. Buscar a paz, a estabilidade, a cooperação e o desenvolvimento tornou-se a tendência principal da época. Embora cresçam dia a dia os fatores da salvaguarda da paz duradoura, o mundo, em vez de viver em paz, enfrenta ameaças. Não foi radicalmente eliminada a injusta e irrazoável velha ordem econômica internacional e ocorrem freqüentemente conflitos localizados. Além disso, a deterioração ambiental, a proliferação de armas, os crimes e o terrorismo internacionais constituem novos desafios à humanidade. Os povos de todo o mundo desejam que o século XXI seja um século cheio de esperança. Este tema histórico está colocado perante os dirigentes de todos os países, e perante os dirigentes chineses e norte-americanos.

Ontem, eu e o presidente Bill Clinton mantivemos uma conversação, trocando opiniões sobre como estabelecer relações construtivas de parceria estratégica entre a China e os Estados Unidos voltadas para o século XXI, e obtivemos importantes frutos, o que significa um bom início no estabelecimento e desenvolvimento de tais relações.

Neste meio século, as relações sino-norte-americanas passaram por um caminho sinuoso. Houve nesse período tanto isolamentos como intercâmbios, tanto confrontações como cooperações, tanto atritos como harmonias. Num retrospecto histórico, o problema-chave para impulsionar o desenvolvimento ainda maior das relações sino-norte-americanas reside em conhecer corretamente os interesses comuns dos dois países e tratar adequadamente as divergências existentes entre eles. Ambos os países desejam salvaguardar a paz, a estabilidade e a prosperidade tanto da região Ásia-Pacífico como do mundo inteiro, prevenir a proliferação de armas de destruição maciça, impulsionar o estabelecimento de um sistema comercial internacional aberto e saudável, enfrentar todos os problemas transnacionais de interesse comum e intensificar o intercâmbio e a cooperações bilaterais em todos os terrenos. Como membros permanentes do Conselho de Segurança da ONU, a China e os Estados Unidos têm importante responsabilidade pela paz e segurança mundiais.

Com base em esclarecer os interesses e responsabilidade comuns, devemos sintetizar o passado e olhar para o futuro, definir os princípios para desenvolver as relações sino-norte-americanas voltadas para o século XXI: 1) persistir em partir da perspectiva estratégica e do ponto de vista de longo alcance para examinar e manter firme controle da configuração geral das relações bilaterais; 2) buscar ativamente o ponto de convergência de interesses comuns e tomar em conta tanto dos próprios interesses como os da outra parte; 3) observar rigorosamente os três comunicados conjuntos sino-norte-americanos, que constituem a base do desenvolvimento das relações sino-norte-americanas; 4) tratar corretamente as divergências mediante consultas na base da igualdade e dentro do espírito de respeito mútuo, e buscar os pontos comuns e deixar de lado as diferenças; 5) tratar adequadamente a questão de Taiwan. O governo norte-americano reafirmou repetidas vezes que aplica a política de "uma só China" e que observa os três comunicados conjuntos sino-norte-americanos. A esse respeito manifestamos apreço e desejamos que os EUA cumpram o que dizem.

No momento do estabelecimento das relações diplomáticas, o governo norte-americano decidiu romper as relações diplomáticas com Taiwan, retirar suas tropas e anular os tratados, o que foi uma ação sensata de perspicácia política que beneficia tanto os interesses dos dois países como a paz mundial. A questão de Taiwan tem sido o assunto núcleo mais sensível nas relações sino-norte-americanas. Sempre que ocorram complicações nesta questão, as relações bilaterais encontram dificuldades em seu desenvolvimento e até sofrem retrocesso. Diferente das questões de Hong Kong e Macau, a questão de Taiwan é um produto das lutas entre o Partido Comunista e o Partido Kuomintang. Por isso, a questão de Taiwan, puro assunto interno da China, deve ser resolvida pelos próprios chineses dos dois lados do estreito de Taiwan. A política básica do governo chinês para a solução da questão de Taiwan é a "reunificação pacífica" e "um país, dois sistemas".

Já apelamos solenemente para que os dois lados do estreito de Taiwan realizem em primeiro lugar negociação sob o princípio de "uma só China" sobre o término formal da hostilidade entre os dois lados e cheguem enfim a um acordo. Com base nisso, os dois lados assumirão conjuntamente obrigações da salvaguarda da soberania e da integridade territorial da China e farão um plano para o futuro desenvolvimento das relações dos dois lados. Se as autoridades de Taiwan retornarem ao princípio de "uma só China" e deixarem o princípio de separação e a "independência de Taiwan", se as forças externas não interferirem nos assuntos da reunificação da China, a situação do estreito de Taiwan poderá manter-se estável e as relações dos dois lados poderão desenvolver-se de maneira fluente.

A China e os EUA são dois grandes países e seus povos, grandes povos. No passado, nossos dois países deram suas próprias contribuições para a civilização e o progresso da humanidade. Hoje, devemos atender as tendências da época e esforçar-nos para dar novas contribuições para a paz, o desenvolvimento e o progresso do mundo.

Obrigado a todos!

Melhorar a Compreensão Mútua e Fortalecer a Amizade e a Cooperação*

(1º de novembro de 1997)

*Discurso feito por Jiang Zemin na Universidade de Harvard, Estados Unidos.

Sr. Reitor, senhoras e senhores:

Desejo agradecer ao Dr. Neil L. Rudenstine, reitor da Universidade de Harvard, por convidar-me a esta antiga mas moderna instituição dos Estados Unidos neste dourado outono.

Desde sua fundação, há cerca de 360 anos, Harvard nutriu um grande número de notáveis estadistas, cientistas, escritores e homens de negócios, entre eles seis presidentes norte-americanos e mais de trinta ganhadores de prêmios Nobel. O fato de Harvard ter sido fundada antes dos Estados Unidos da América testemunha sua posição na história norte-americana.

Harvard está entre as primeiras universidades norte-americanas que receberam estudantes chineses. As comunidades educacional, científica e cultural chinesas têm mantido, todas, intercâmbios acadêmicos com esta universidade. Harvard deu contribuições úteis à melhoria da compreensão mútua entre os povos chinês e norte-americano.

A compreensão mútua é um pré-requisito para o desenvolvimento das relações interestatais. Sem ela seria impossível para os países se entenderem mutuamente, aumentarem a confiança e fortalecerem a cooperação. Desde o estabelecimento das relações diplomáticas entre a China e os Estados Unidos, o intercâmbio e compreensão mútua entre os dois povos têm-se ampliado e aprofundado de maneira constante. No entanto, isto não é suficiente. Para promover o desenvolvimento das relações sino-norte-americanas, a China precisa conhecer mais os Estados Unidos e vice-versa.

Pode-se conhecer a China sob diferentes ângulos. A China de hoje evoluiu do seu passado. A China é um país com 5.000 anos de civilização, por isso é importante aproximar-se da China sob uma perspectiva histórica e cultural.

Relembro minha primeira lição de cálculo diferencial e integral no segundo ciclo da escola secundária. Meu professor citou uma linha de "Zhuang Zi", filósofo chinês de mais de 2.000 anos atrás, o qual disse: "Corte pela metade uma vara e continue dividindo em duas a parte que sobra, e esse processo não terá fim." Isto me deu um vívido conceito de limites. Isto mostra que os antigos chineses compreenderam o processo interminável de mudança das coisas e que tiveram uma boa compreensão da natureza. Já no ano 2500 antes da nossa era, os chineses estavam realizando observações astronômicas e pesquisas geológicas e gradualmente formaram uma perspectiva do mundo da "fusão entre o universo e o ser humano". A China produziu ao longo de sua história muitos ilustres filósofos, pensadores, estadistas, estrategistas, cientistas, escritores e artistas, os quais nos deixaram numerosos volumes de literatura. A situação de "cem escolas de pensamento rivalizarem" no período da Primavera e Outono há 2.500 anos e no período dos Reinos Combatentes há mais de 2.200 anos e o surgimento de diversas escolas de pensamento e de seus expoentes como Lao-tsé e Confúcio, por volta de 2.400 anos atrás, ocupa uma posição muito importante na história mundial da filosofia. A China antiga fez contribuições singulares em muitas áreas da ciência, entre elas a da astronomia, o sistema de calendário, a geografia, a matemática, a agronomia, a medicina e as ciências humanas. Nas inscrições sobre ossos e carapaças de tartaruga da dinastia Shang, há mais de 3.000 anos, encontram-se registros de eclipses lunares e solares. Entre os 2.100 anos compreendidos entre as dinastias Qin e ao final da dinastia Qing (221 a.C. - 1911) foram registradas na China todas as 27 aparições do cometa Halley. Zhang Heng, da dinastia Han, há 1.800 anos, inventou um sismógrafo para determinar a ocorrência de terremotos e um globo celeste que mostrava o movimento do Sol, da Lua e outros corpos celestes. Os matemáticos anteriores à dinastia Qin, há 2.200 anos, chegaram a formular o Teorema de Pitágoras. Durante o período das dinastias do Norte e do Sul, no século IV da nossa era, o matemático chinês Zu Chongzhi calculou que o valor π era de 3,1415926. O tecido de seda, a elaboração da porcelana, a metalurgia e a construção de barcos alcançaram o nível avançado do mundo em tempos antigos. Na dinastia Ming, Zhu Zaiyu criou a ordem dos doze tons, que mais tarde se converteu no registro universal dos tons. A medicina chinesa é uma escola singular entre as outras do seu tipo. Em particular, as quatro grandes invenções chinesas, a saber, a fabricação do papel, a pólvora, a imprensa e a bússola, mudaram a fisionomia do mundo. A China foi líder mundial na ciência e tecnologia durante 1.000 anos até o século XV. As invenções e criações da China promoveram a brilhante relação de harmonia entre o ser humano e a natureza e da integração do espírito científico com os ideais morais.

A cultura chinesa nunca deixou de desenvolver-se na história. Enriqueceu a si mesma mediante a luta e a penetração em diversas disciplinas e escolas de pensamento, e também mediante os intercâmbios e os aprendizados mútuos entre a China e outros países do mundo. Desde os tempos antigos, o povo chinês tem sabido ao máximo "assimilar os pontos fortes de outros para melhorar a si mesmo". As dinastias Han e Tang foram uma época de prosperidade econômica e também de florescimento dos intercâmbios internacionais. Na viagem do enviado imperial Zhang Qian ao Oeste, no período da dinastia Han (206 a.C.-220) há mais de 2.000 anos, abriu-se a mundialmente famosa "Rota da Seda"; o eminente monge Xuan Zhuang da dinastia Tang (618-907) trouxe de volta uma antiga cultura depois de realizar uma peregrinação pelos países do Sul da Ásia. Na dinastia Ming (1368-1644), o navegador chinês Zheng He conduziu uma frota ao que na época era chamado de "Mar do Oeste" por sete vezes e difundiu a cultura chinesa nessas terras distantes. Somente mais tarde, exatamente no final da dinastia Qing, os governantes feudais adotaram uma política de reclusão, que atrapalhou o progresso e os intercâmbios da China com o mundo exterior. Depois da Guerra do Ópio, gerações e gerações de ilustres chineses progressistas, visando à revigorização nacional, não pouparam esforços para aprender a ciência avançada e as conquistas culturais dos países ocidentais na combinação com as realidades chinesas, promovendo as reformas sociais e o desenvolvimento do país. Hoje, o povo chinês, que está lutando para alcançar a modernização, considera a abertura ao exterior uma política estatal básica e realiza amplos intercâmbios e colaborações com o resto do mundo, criando desta maneira uma nova situação de abertura na história chinesa.

O arco-íris é composto de sete cores. Assim nosso mundo está cheio de cores e esplendor. Cada país e cada nação têm suas próprias tradições históricas e culturais, pontos fortes e vantagens. Devemos respeitar e aprender uns com os outros e assimilar os pontos fortes dos outros para superar nossas deficiências e alcançar o progresso comum.

No prolongado percurso do desenvolvimento, a China formou suas belas tradições históricas e culturais, que têm sido desenvolvidas ou descartadas com o tempo e com o progresso social. Estas tradições exerceram um profundo impacto sobre os valores e formas de vida do povo chinês, assim como sobre o caminho de desenvolvimento da China de hoje. Agora, gostaria muito de fazer algumas observações com a esperança de que ajudem a fazê-los conhecer melhor a China.

Em primeiro lugar, a tradição de solidariedade e unidade. A Nação Chinesa é uma grande família composta de 56 etnias. Desde a antigüidade remota, os povos de todas as etnias estabeleceram estreitos vínculos políticos, econômicos e culturais e de mãos dadas exploraram as extensas terras do nosso país. A China se converteu em um vasto país unificado há mais de 2.000 anos. A arraigada cultura chinesa se converteu em um forte laço para a harmonia étnica e a unidade nacional. A solidariedade e a unidade estão inscritas no coração do povo chinês como parte de sua identidade nacional. Apesar das divisões ocasionais em certos momentos da história, a harmonia étnica e a unidade nacional têm sido a tendência principal da história da Nação Chinesa e uma importante garantia do desenvolvimento e do progresso da China. A fundação da República Popular da China marcou uma grande unidade sem precedentes na Nação Chinesa. Foi estabelecido um novo tipo de relações de igualdade, solidariedade e ajuda mútua entre as diferentes nacionalidades. Os povos de todas as etnias desfrutam de plenos direitos e de todas as liberdades oferecidas pela lei. Nas regiões habitadas pelas minorias étnicas, pratica-se a autonomia nacional.

Em segundo lugar, a tradição de manter a independência e autodeterminação. Nossos ancestrais sempre consideraram como a base de uma nação o espírito de independência e autodeterminação. Como um dos berços da civilização humana, a China sempre manteve sua tradição cultural sem interrupção há milhares de anos. Nos tempos modernos, as freqüentes intimidações e humilhações por parte das potências imperialistas sacudiram o país. No entanto, depois de cem anos de luta de toda a Nação Chinesa, o país novamente se colocou de pé como um gigante. Isto testemunha a plenitude e a força indestrutível do espírito de independência nacional do povo chinês. Na atualidade, na busca por um caminho próprio de desenvolvimento, seguiremos adiante a partir de nossas próprias condições nacionais para fazer frente à questão de como realizar a construção econômica e o avanço político e cultural, sem copiar às cegas os moldes de outros países. No tratamento dos assuntos internacionais, adotamos nossas posições e políticas de um enfoque independente. O povo chinês aprecia a amizade e cooperação com os povos de todos os países, assim como seu direito à independência e à autodeterminação, que conquistou depois de prolongadas lutas.

Em terceiro lugar, a tradição de amor pela paz. Os pensadores chineses dos períodos anteriores à dinastia Qin, há mais de 2.000 anos, elaboraram a doutrina de que "amar ao povo e tratar os vizinhos com bondade são as coisas mais valiosas de uma nação". Isto é um reflexo da aspiração do povo chinês a um mundo pacífico, onde os povos vivam em harmonia. Na atualidade, o povo chinês, que está dedicando-se à modernização, necessita inclusive de mais um prolongado clima de paz internacional e um ambiente favorável na vizinhança. A política externa da China é orientada para a paz. Estabelecemos e desenvolvemos relações amistosas e de cooperação com todos os países do mundo com base nos cinco princípios de coexistência pacífica, em especial os princípios de respeito mútuo, igualdade e benefício recíproco e não interferência nos assuntos internos do outro. Jamais imporemos a outros o sofrimento que uma vez experimentamos. O desenvolvimento e o progresso da China não constituem ameaças a ninguém. A China jamais buscará a hegemonia mesmo depois de se tornar um país desenvolvido no futuro. A China sempre será uma força segura para a paz mundial e a estabilidade regional.

Em quarto lugar, a tradição de manter um esforço constante para o autofortalecimento. Observando a natureza em constante mudança no universo e de todas as coisas terrenas, os antigos filósofos chineses propuseram a seguinte doutrina: "Assim como o céu mantém seu vigor mediante o movimento, um cavalheiro deve esforçar-se constantemente pelo seu autofortalecimento." Esta idéia se converteu em uma importante força espiritual que estimula o povo chinês a trabalhar arduamente pela reforma e inovação. Os frutos da antiga civilização chinesa foram colhidos graças aos incansáveis esforços e ao trabalho árduo da Nação Chinesa. Durante os últimos cem anos, aproximadamente, o povo chinês empreendeu árduas lutas para livrar-se do sofrimento de que foi vítima em um regime semicolonial e semifeudal. O Dr. Sun Yat-sen, precursor da revolução democrática na China, foi o primeiro a lançar o *slogan* de "revigorar a China". Ele dirigiu a Revolução de 1911 para eliminar da China a velha monarquia autocrática milenar. Sob a orientação do pensamento de Mao Tsé-tung, o Partido Comunista da China conduziu o povo chinês a sua independência nacional e à libertação popular, transformando a China em um país socialista com uma prosperidade inicial. Na atualidade, guiado pela teoria de Deng Xiaoping, o povo chinês está marchando firmemente adiante com a reforma e abertura ao exterior e alcançou notáveis resultados na modernização. A China ingressou em um período que registra o desenvolvimento mais veloz e saudável deste século.

A reforma e abertura é a encarnação e o desenvolvimento criativo do espírito chinês de autofortalecimento e da inovação nos tempos modernos. Referimo-nos a nossa reforma e abertura ao exterior como reforma e abertura ao exterior socialistas, pois estas constituem o processo de auto-aperfeiçoamento e desenvolvimento do sistema socialista na China. Esta prática tem provado de maneira eloqüente nos últimos vinte anos que estamos indo na direção certa, firmes em convicção, seguros em nossos passos e graduais em nosso modo e que temos obtido gigantescos êxitos. Temos superado com sucesso diversas dificuldades e riscos no curso do nosso avanço sem provocar uma grande inquietude social. Em vez dele, tivemos bons resultados ao libertar e desenvolver grandemente as forças produtivas e mantivemos a estabilidade social e um progresso em todas as áreas.

Estamos realizando uma reforma integral com plena confiança. No terreno econômico, aceleraremos o estabelecimento de um sistema de economia de mercado socialista e realizaremos a industrialização, assim como a socialização, mercantilização e modernização da economia; no terreno político, esforçar-nos-emos para desenvolver a democracia socialista, para governar o país de acordo com a lei, para construir um país socialista de legalidade e para garantir ao povo o pleno exercício dos direitos à participação na administração dos assuntos estatais e sociais; no terreno cultural, trabalharemos arduamente para desenvolver uma cultura socialista científica para o povo, uma cultura adaptada às necessidades das modernizações, da nação, do mundo e do futuro, adotaremos uma estratégia da prosperidade do país mediante a ciência e a educação e elevaremos incessantemente a qualidade ideológica e moral, assim como o nível científico e cultural de toda a nação. Em resumo, nossa meta é converter nosso país em um país moderno próspero, democrático e civilizado.

A China, país com vasto território, grande população e prolongada história, deve fazer maiores contribuições à humanidade. O povo chinês sustentou uma intrépida luta durante cem anos para obter grandes transformações, para converter a China em um país próspero e forte, para fortalecer a harmonia étnica, para obter a reunificação nacional e para promover a nobre causa da paz e do desenvolvimento mundial, em uma análise final, razão pela qual estas vitórias estão dirigidas a um objetivo, isto é, a grande renascença da Nação Chinesa e novas e maiores contribuições da China para a humanidade.

Em poucas palavras, a opção da China por um sistema social e um caminho de desenvolvimento, as políticas internas e externas que segue e as metas que identificou para o próximo século são baseadas tanto na realidade como na história. Estão em conformidade não somente com o desenvolvimento histórico e atual da humanidade, mas também refletem as características da Nação Chinesa. Favorecem não somente os interesses fundamentais do povo chinês, mas também a paz, estabilidade, prosperidade e progresso do mundo. Esta é a chave para uma compreensão da China atual e seu futuro.

Os intercâmbios amistosos entre os povos chinês e norte-americano remontam a mais de duzentos anos. Já em 1784 o navio mercante dos Estados Unidos *Imperatriz da China* abriu uma grande rota para a China. Em 1847 o estudante chinês Rong Hong e outros vieram aos Estados Unidos e formaram o primeiro grupo de estudantes chineses neste país. Muitos chineses contribuíram para a construção nacional dos Estados Unidos, tanto que numerosos amigos americanos simpatizaram e ajudaram a causa da libertação nacional do povo chinês. Jamais esqueceremos sua contribuição, que nos comoveu profundamente.

O povo chinês sempre admirou o povo norte-americano por sua atitude pragmática e seu espírito criativo. Minhas visitas de ontem à IBM, à AT&T e à Bell Labs proporcionaram-me um conhecimento em primeira mão sobre os últimos progressos da ciência e tecnologia moderna. O rápido desenvolvimento da ciência e da tecnologia de hoje está exercendo um crescente impacto nos quadros políticos e econômicos globais e na vida social da população. Se persistirmos em nossa reforma, poderemos converter nossos ideais em realidade. Em nosso curso da ampliação da abertura e nos esforços pela modernização, daremos muita atenção a aprender e aproveitar todos os belos produtos culturais do povo norte-americano.

A amizade e a cooperação entre os povos da China e dos Estados Unidos são de grande importância para o mundo. Os Estados Unidos são o país mais desenvolvido e a China é o maior em desenvolvimento. A China é um país com 1,2 bilhão de habitantes. Sua estabilidade e rápido desenvolvimento são de vital importância para a estabilidade e desenvolvimento da Ásia-Pacífico e para todo o mundo. A China conta com um gigantesco mercado e uma grande demanda para o desenvolvimento, tanto quanto os Estados Unidos contam com ciência e tecnologia avançadas, assim como uma enorme força material. As economias dos dois países são, por isso, altamente complementares. O mercado potencial da China, uma vez combinado com a avançada tecnologia e o capital do exterior, oferecerá muitas oportunidades e grande dinamismo para o desenvolvimento. A China e os Estados Unidos compartilham amplos interesses comuns e têm uma responsabilidade comum sobre muitas importantes questões cruciais para a sobrevivência e o desenvolvimento humanos, entre elas a manutenção da paz e a segurança mundial, a prevenção da propagação de armas de destruição maciça, a proteção do ambiente para a sobrevivência humana e o combate contra os crimes internacionais. Tudo isso proporciona uma importante base para um desenvolvimento ainda maior das relações amistosas e de cooperação sino-norte-americanas. Devemos agarrar-nos ao relacionamento entre a China e os Estados Unidos em seu conjunto, resolver adequadamente as divergências de modo a alcançar a meta de promover a compreensão mútua, ampliar o terreno comum, desenvolver a cooperação e construir um futuro juntos.

Durante minha atual visita aos Estados Unidos, tive uma profunda troca de opiniões com o presidente Clinton sobre o futuro desenvolvimento das relações entre os dois países e chegamos a amplo consenso. Concordamos que, com os olhos voltados para a promoção da nobre causa da paz e do desenvolvimento mundiais, a China e os Estados Unidos devem fortalecer a cooperação e esforçar-se para estabelecer a parceria estratégica construtiva orientada para o século XXI. Isto marcará uma nova etapa de desenvolvimento nas relações sino-norte-americanas.

A Universidade de Harvard sempre dispensa grande importância aos estudos sobre a China. O finado professor Fairbank foi um reconhecido especialista de Harvard e dedicou toda sua vida ao estudo da história e da cultura chinesa. A fim de promover o estudo do passado e do presente na China, presenteio Harvard com uma coleção das recém-publicadas "24 histórias com comentários de Mao Tsé-tung". Estas 24 histórias são importantes obras clássicas sobre a história milenar chinesa. O Sr. Mao Tsé-tung fez numerosos comentários e anotações sobre estes trabalhos, deixando-nos uma rica herança ideológica para entender e aprender as experiências da história chinesa. Estou contente de saber que o Sr. Reitor irá à China no próximo ano. Espero reunir-me com você em Beijing.

Aprecio muito o lema inscrito na porta de sua universidade, que diz: "Entre para crescer na sabedoria e parta para servir melhor ao país e ao povo." Os jovens da China têm também um lema, que diz: "Mantenha a pátria no coração e sirva ao povo." Espero que na causa de construir nossos próprios países e promover a paz e o desenvolvimento mundiais, as gerações mais jovens da China e dos Estados Unidos se compreendam melhor, aprendam umas com as outras, aumentem a amizade e se esforcem para construir um mundo melhor.

Obrigado a todos!

Continuar Promovendo a Reforma Rural Segundo o Sistema de Economia de Mercado Socialista*

(25 de setembro de 1998)

* Extrato de discurso feito por Jiang Zemin durante sua inspeção dos trabalhos em Anhui.

A reforma rural tem obtido enormes êxitos, mas está ainda longe de terminar, e as tarefas de aprofundar a reforma rural são ainda muito árduas. O 15° Congresso Nacional do Partido formulou os objetivos e as tarefas de impulsionar a nossa causa para o século XXI em todos os aspectos, tais como econômico, político e cultural, e apresentou dois importantes temas por resolver da atualidade à primeira dezena do próximo século, isto é, estabelecer um sistema de economia de mercado socialista relativamente completo e manter o desenvolvimento da economia nacional duradouro, rápido e sadio. Isto estabelece também a orientação para a reforma e o desenvolvimento nas zonas rurais. É necessário aprofundar firmemente a reforma rural conforme o espírito do 15° Congresso Nacional do Partido e a meta determinada para o estabelecimento de um sistema da economia de mercado socialista.

Para aprofundar a reforma rural, é imperativo, em primeiro lugar, estabilizar por longo tempo o sistema de operações duplas que tem como base o sistema da responsabilidade pela produção mediante contrato familiar com remuneração em função do rendimento. Trata-se da base da política rural do Partido, que é inabalável em qualquer momento. A agricultura baseia-se em operações familiares, o que é definido pela lei da produção agrícola e também pela lei segundo a qual as relações de produção têm de corresponder às demandas do desenvolvimento das forças produtivas. Após a criação da cooperativa de produção agrícola de tipo superior, os camponeses começaram a exigir operações familiares. No início, eles se retiraram das comunas levando seus cavalos, e depois de serem criticados passaram a cultivar suas terras de uso privado. No período da comuna popular, de todas as maneiras, nomeadamente a administração com quotas, a avaliação dos trabalhos e a pontuação do trabalho e o trabalho por empreitada não deram certo. Só depois da implementação da reforma, com a adoção do sistema de responsabilidade pela produção mediante contrato familiar e do sistema de responsabilidade pelos trabalhos mediante contrato familiar, os camponeses ficaram satisfeitos e a produção agrícola começou a aumentar. Num longo período, o sistema de responsabilidade pela produção mediante contrato familiar dos camponeses era considerado uma tendência espontânea capitalista, o que é um erro sob o ponto de vista de hoje. Na prática, este sistema adapta-se às forças produtivas agrícolas em diferentes níveis, seja a agricultura tradicional, seja a agricultura moderna, pois conta com ampla adaptabilidade e demonstra que as operações familiares associadas aos serviços socializados têm rigorosa vitalidade, e não existe a necessidade de mudar o sistema de responsabilidade pelas operações mediante contrato familiar, mesmo depois da elevação das forças produtivas. Somos um país socialista, é natural não adotarmos o sistema de propriedade privada da terra, o que adotamos é o sistema de responsabilidade pelas operações mediante contrato familiar baseado no sistema de propriedade coletiva da terra. Primeiro, não se aplica a propriedade privada da terra, segundo, não se muda o sistema de responsabilidade pelas operações mediante contrato familiar, esta é a agricultura socialista do tipo chinês. Deve-se esclarecer bem esta razão para que os quadros em todos os níveis compreendam efetivamente por que é imperativo persistir durante longo tempo no sistema de operações duplas que tem como base o sistema de responsabilidade pela produção mediante contrato familiar com remuneração em função do rendimento e para que os camponeses se livrem definitivamente do receio de que se retorne, no futuro, à situação da "comuna popular que se destacava pela grande envergadura e pelo seu caráter público".

Para estabilizar o sistema de responsabilidade pelas operações mediante contrato familiar, é essencial estabilizar as relações de contratação da terra. A terra é o mais básico meio de produção na agricultura e também a mais segura garantia social dos camponeses. A estabilidade, durante longo tempo, das relações de contratação da terra no campo é tanto uma demanda objetiva do desenvolvimento das forças produtivas agrícolas como uma medida fundamental em busca da estabilidade social no campo. A política das autoridades centrais sobre a contratação da terra é muito clara, isto é, manter inalterada a política por mais trinta anos. E não há necessidade de mudá-la depois de trinta anos. Entretanto, por que a política das autoridades centrais não está sendo executada em algumas localidades? É ainda um problema de compreensão ideológica. Até hoje alguns camaradas continuam excluindo da economia coletiva o sistema de responsabilidade pelas operações mediante contrato familiar. Eles ainda não compreendem que a contratação da terra de propriedade coletiva mediante contrato familiar e o sistema das operações duplas são as mais eficazes formas da valorização da economia coletiva no campo. Algumas localidades retiraram as terras já contratadas e aumentam terras de reserva, adotam a concessão de terras a alto preço, o que viola a política do Partido, sendo por isso errado, seja qual for o seu intuito. Se for abalada a base do sistema de responsabilidade pelas operações mediante contrato familiar, a economia coletiva perderá seu alicerce. As organizações rurais da economia coletiva devem administrar bem os ativos coletivos, organizar bem os serviços à produção e à exploração dos recursos coletivos, coordenar bem as relações de interesses e aumentar as funções a serviço das famílias camponesas. É necessário explorar novas formas e novos caminhos para fortalecer o poderio da economia coletiva; jamais se pode promover a chamada economia coletiva que afete o interesse dos camponeses e coletivize seus bens. As poucas localidades que efetivamente estão em condições podem desenvolver as operações diversificadas de envergadura adequada da terra com base na elevação do grau de agricultura intensiva, mas devem ser feitas com base na espontaneidade das massas populares.

No aprofundamento da reforma do sistema de economia rural, o objetivo geral consiste em criar um sistema de economia rural que corresponda às demandas do desenvolvimento da economia de mercado socialista, tendo como base o sistema de responsabilidade pelas operações mediante contrato familiar e o sistema de serviços socializados no campo, o sistema de mercado dos produtos agrícolas e o sistema de apoio e proteção do Estado à agricultura como suporte. Em toda a fase inicial do socialismo, é imperativo tomar sempre a aceleração do desenvolvimento das forças produtivas como centro de assuntos rurais, e todas as políticas devem favorecer o aumento do dinamismo da economia rural. Atualmente e num período daqui adiante, deve-se priorizar o trabalho nos seguintes aspectos. Primeiro, aperfeiçoar ainda mais a estrutura das propriedades rurais. As características do subdesenvolvimento do nosso país na fase inicial do socialismo destacam-se especialmente no meio rural. Para aperfeiçoar a estrutura das propriedades rurais, é necessário ser mais aberto partindo da realidade e, ao mesmo tempo em que se fortalece a economia coletiva, é necessário adotar políticas e medidas mais flexíveis e mais eficazes e estimular e conduzir a economia rural não-pública para um desenvolvimento maior. Segundo, com base na estabilidade e no aperfeiçoamento do sistema das operações duplas, promover o razoável fluxo e a combinação otimizada dos fatores de produção do campo tais como terra, fundos, técnica e mão-de-obra, desenvolvendo a união e cooperação em múltiplas formas. Terceiro, apoiar os camponeses a desenvolver organizações de serviços especializados de todas as espécies, e ao mesmo tempo transformar as funções dos departamentos econômicos e técnicos do setor agrícola do governo e estabelecer um sistema de serviços socializados agrícolas que integre as organizações estatais, coletivas e camponesas, assim como outras organizações cooperativas. Quarto, aprofundar a reforma do sistema de circulação de produtos agrícolas, criar gradualmente um novo mecanismo segundo o qual o mercado se forme principalmente conforme o preço, sob o macrocontrole do Estado, e estabelecer um sistema aberto, competitivo e ordenado de mercado de produtos agrícolas. Quinto, reformar o sistema de investimento e financiamento no campo, aumentar o investimento na agricultura, aperfeiçoar o sistema de controle da reserva de cereais, de fundo de riscos e de aquisição a preço de proteção, estabelecer um sistema de seguro para a agricultura e acelerar a construção de um sistema de apoio e proteção estatais à agricultura. E sexto, reformar e regularizar o sistema tributário no campo, desenvolver uma política efetiva para reduzir os encargos dos camponeses. O aprofundamento da reforma rural é uma grande composição, refiro-me aqui apenas aos temas. Desejo que todas as localidades continuem fazendo explorações e práticas com audácia conforme a disposição unificada do governo central e partindo da própria realidade.

A reforma do sistema econômico e a reforma do sistema político devem coordenar-se e promover-se mutuamente. Ampliar a democracia básica no campo e garantir aos camponeses o exercício direto de seus direitos democráticos é a prática mais ampla da democracia socialista no campo, e é também um grande tema fundamental para pôr em plena ação a iniciativa dos camponeses, promover a construção das duas civilizações no campo e garantir a ordem e a estabilidade duradouras no campo. É necessário promover no campo as eleições democráticas nas unidades de base, a tomada de decisões, a administração e a supervisão democráticas. Atualmente, deve-se priorizar a construção do sistema democrático no nível de aldeia e implementar, conforme a lei, três sistemas: primeiro, o sistema de eleição direta da comissão dos aldeões para que as massas camponesas elejam as pessoas satisfatórias para a administração dos assuntos da aldeia. Segundo, o sistema de debate dos aldeões sobre os assuntos da aldeia, todos os assuntos importantes, especialmente as questões relacionadas com os interesses vitais das famílias devem ser discutidos pela assembléia dos aldeões ou pelos representantes eleitos pelos aldeões, em vez de ser decididos por poucas pessoas. E terceiro, pôr em prática o sistema de transparência dos assuntos da aldeia: todos os assuntos de interesse das massas devem ser publicados periodicamente entre os aldeões e supervisionados pelas massas. Para ampliar a democracia básica rural, é imperativo persistir na direção do Partido e persistir em atuar conforme a lei e, com estes dois pontos, os trabalhos podem ser feitos de maneira ordenada, dirigida e conforme o procedimento. Os governos de vilas e comarcas também devem transformar efetivamente as funções e simplificar seu organismo e pessoal. Agora, os encargos dos camponeses são muito pesados, e um dos principais motivos disso reside na quantidade excessiva do pessoal sustentado pelos camponeses. "Para alimentar o povo, é imperativo diminuir em primeiro lugar o número dos funcionários." Ao reformar os organismos de vila e comarca, deve-se estudar e resolver com sinceridade esta questão.

O objetivo da reforma consiste em promover o desenvolvimento das forças produtivas sociais. Sob a perspectiva de longo prazo, os problemas mais importantes do desenvolvimento agrícola referem-se à água e à ciência e tecnologia. É necessário sintetizar as experiências e lições, agarrar-se efetivamente à construção básica da agricultura, integrando-a aos trabalhos de reconstrução após as inundações deste ano. É necessário agarrar, com uma das mãos, a construção das instalações hidráulicas e os projetos contra inundações, e com outra, a construção do ambiente ecológico, nomeadamente plantio de árvores e gramíneas e controle da erosão, elevando a capacidade de resistência às calamidades naturais. Ao mesmo tempo, é necessário dispensar esforços para resolver o problema de carência de água na agricultura no Norte, desenvolver o sistema de irrigação racional para melhorar o aproveitamento dos recursos hídricos. É necessário persistir na diretiva de prosperidade da agricultura mediante a ciência e tecnologia. O camarada Deng Xiaoping assinalou: "Os problemas agrícolas no futuro serão resolvidos finalmente pela bioengenharia, e dependem da tecnologia de ponta." Agora, alguns países avançados aplicam a alta e nova tecnologia, tais como a biotecnologia para produção de sementes, a internet e o GPS. Temos de ter o senso de emergência para alcançar o nível avançado. É necessário agarrar-se à pesquisa intensiva dos projetos importantes científico e tecnológico, à divulgação das técnicas avançadas adequadas e à formação científica e tecnológica dos camponeses para que o aumento agrícola passe a depender do progresso científico e tecnológico e da elevação da capacitação dos trabalhadores.

O aumento de renda dos camponeses é uma questão de caráter global, não apenas relacionada diretamente com a concretização da vida modestamente confortável no campo, como ainda relaciona-se diretamente com a ampliação do mercado rural, a ampliação da procura interna e ao aumento da indústria e da economia nacional total, podendo influenciar provavelmente o abastecimento dos produtos agrícolas a partir de uma perspectiva de longo prazo. Agora, o problema de lentidão no aumento de renda dos camponeses se destaca cada dia mais, e tem de merecer uma grande atenção. Deve-se conduzir os camponeses, conforme as necessidades do mercado, a reajustar e otimizar a estrutura setorial, desenvolver a agricultura de alta eficiência, alta qualidade e altos efeitos, desenvolver o gerenciamento empresarial integrado do comércio, indústria e agricultura para elevar os múltiplos rendimentos da agricultura. É necessário continuar envidando esforços para desenvolver empresas de vila e comarca, desenvolver pequenas cidades e vilas para que estas tenham maior papel na promoção do desenvolvimento da agricultura e no aumento da renda dos camponeses. É necessário abrir amplamente os espaços de emprego no campo e avançar em profundidade e amplitude da produção agrícola, e ao mesmo tempo transferir razoável e ordenadamente a mão-de-obra excedente do campo. O Estado tem aumentado o investimento em infra-estrutura, e é necessário promover mais a assistência aos necessitados em forma do pagamento pelos trabalhos realizados, contratar mais camponeses para que estes recebam mais remuneração por prestação de serviço. Deve-se insistir nos trabalhos de apoio às zonas pobres para promover o desenvolvimento econômico coordenado de todas as regiões e realizar finalmente a prosperidade geral.

Experiências Históricas sobre a Construção do Exército nos Últimos Vinte e Poucos Anos*

(25 de dezembro de 1998)

*Extraído do discurso de Jiang Zemin numa reunião ampliada da Comissão Militar Central.

Já se passaram vinte anos desde a realização da 3ª plenária do 11° Comitê Central do Partido Comunista da China. Nos últimos vinte anos, unindo e liderando o povo das diversas nacionalidades de todo o país e sob a orientação da teoria de Deng Xiaoping e da linha fundamental do Partido, com o espírito de unidade e luta árdua, nosso Partido empreendeu a reforma e abertura e a modernização socialista, obtendo abundantes frutos e ricas experiências. Nestes vinte anos, a revolucionarização, modernização e regularização do exército progrediram sem cessar e sua combatividade atingiu um novo nível, dando importantes contribuições para a defesa e construção da pátria e a promoção da nobre causa da paz mundial.

Após a 3ª plenária do 11° Comitê Central do Partido, o camarada Deng Xiaoping orientou nosso exército a fazer uma retificação total, corrigir o equivocado, eliminar a influência sobre o exército acarretada pela interferência e sabotagem de Lin Biao e do "Bando dos Quatro" durante a "Revolução Cultural" e a recuperar e desenvolver a boa tradição de nosso exército, de maneira que a construção de nosso exército entrou na correta órbita.

Levando em consideração a situação internacional e nacional em seu conjunto e a missão histórica de nosso exército no novo período, o camarada Deng Xiaoping formulou o objetivo geral da construção de um exército revolucionário poderoso, modernizado e regular, determinando uma série de diretrizes e princípios para a construção do exército e abrindo um caminho para a construção de um exército de elite do tipo chinês. Nosso exército concretizou a transformação estratégica do pensamento orientador da sua construção, ou seja, transferiu a concepção de "preparar-se para guerra antecipada, guerra de grande envergadura e guerra nuclear" para a órbita da construção do período da paz, livrando-se assim da construção de emergência passiva, às vésperas de guerra, que se realizava durante muitos anos e concretizando a modernização, planificada e paulatinamente, sob o pré-requisito da obediência e a serviço da construção econômica do país. Em 1985, nosso exército realizou uma importante reorganização e reforma no sistema e na estrutura, com a redução de um milhão de efetivos, conseguindo dar um importante passo em direção a "elite, multifunção e alta eficácia". Em princípios de 1993, conforme a nova situação da multipolarização estratégica do mundo e da transformação revolucionária verificada no domínio militar mundial, elaboramos a nova estratégia militar para o novo período. Trata-se de um importante desenvolvimento da estratégia de defesa ativa, ao mesmo tempo que um aprofundamento da transformação estratégica do pensamento orientador da construção do exército. Foi sob esta diretriz que executamos concentradamente a construção de todo o exército em todos os aspectos, cumprimos a estratégia de fortalecer o exército mediante a ciência e tecnologia e impulsionamos a transformação do exército com o espírito de reforma e inovação, do modelo quantitativo para o de alta eficácia e do modelo de recursos humanos intensivos para o de recursos científicos e tecnológicos intensivos. Tomamos a iniciativa de explorar as características e leis de administração do exército e dos preparativos da luta militar; o trabalho de todo o exército nos terrenos político, militar, de logística e de equipamentos foi fortalecido com novos progressos, e a qualidade ideológica, política, militar, tecnológica, científica e cultural dos comandantes e comandados do exército elevou-se visivelmente.

Nestes vinte anos, nosso exército passou por diversas provas rigorosas, inclusive a resistência às agitações políticas ocorridas dentro e fora do país, a abertura ao exterior e o desenvolvimento da economia de mercado socialista, mantendo sempre a firme e correta direção política, a essência e o propósito do exército popular e a alta estabilidade e a unificação concentrada do exército. Nosso exército cumpriu triunfalmente importantes lutas militares e tarefas urgentes, difíceis e perigosas, como a guerra de autodefesa e contra-ataque fronteiriço, uma série de manobras militares integradas realizadas entre julho de 1995 e março de 1996, o estacionamento na Região Administrativa Especial de Hong Kong no dia 1° de julho de 1997, a resistência às inundações em 1998 e a salvaguarda da estabilidade social, proporcionando uma firme garantia para a reforma e abertura e a modernização socialista. Os fatos comprovam plenamente que nosso exército é digno de ser um exército popular sob a absoluta direção do Partido, politicamente qualificado, que pode passar por rigorosas provas nos momentos cruciais e merece a plena confiança do Partido e do povo.

Nestes vinte anos, na prática da construção do exército, dominamos e tratamos corretamente vários importantes problemas de significado geral, elevando a um novo nível nossa compreensão quanto à lei da construção do exército no novo período. Fazer um retrospecto da trajetória de desenvolvimento do nosso exército nos últimos vinte anos, desde a aplicação da reforma e abertura, e sintetizar seriamente as experiências históricas reveste-se de um grande significado para impulsionar ainda mais a construção do nosso exército e concretizar o grandioso objetivo de desenvolvimento transecular da defesa nacional e da modernização do exército. Essas experiências históricas refletem principalmente a correta compreensão e o tratamento das relações nos sete seguintes aspectos.

1) Relações entre a guerra e a paz. Num período muito longo, devido ao bloqueio, cerco e hostilidade do exterior, enfrentávamos uma grave ameaça militar e política, sendo por isso correto intensificar os preparativos para evitar o perigo da guerra. Porém, nossa compreensão tinha aspectos afastados da realidade, segundo os quais uma nova guerra mundial era inevitável e iminente. Depois da 3ª plenária de 11° Comitê Central, quanto à situação internacional, nosso Partido fez um julgamento realista, assinalando que a paz e o desenvolvimento são os dois temas da atualidade, o aumento das forças da paz mundial ultrapassa o das forças de guerra e será possível evitar uma nova guerra mundial num período relativamente longo. Este novo julgamento científico assentou importantes alicerces para a transferência do ponto de ênfase do trabalho do Partido e do Estado e para a transformação estratégica do pensamento orientador da construção do exército. Em fins da década de 1980 e princípios da década de 1990, a estrutura bipolar terminou e a situação mundial conheceu uma grande e profunda mudança. Após uma observação sensata e análise científica, o Comitê Central do Partido confirmou que a tendência de distensão internacional é irreversível, e ainda é possível ganhar um bom ambiente internacional e contíguo, sendo necessário realizar inabalavelmente a reforma e abertura, continuar acelerando os passos da modernização e concentrar as forças para nosso próprio desenvolvimento. Ao mesmo tempo, assinalou explicitamente que o hegemonismo e a política de força continuam existindo, os litígios territoriais, étnicos e religiosos são complexos e as guerras parciais e conflitos armados são inevitáveis em algumas regiões do mundo. Devemos salvaguardar decididamente a unidade e a integridade territorial e da soberania da pátria e manter plena vigilância, em vez de estar desprevenidos ante o perigo de guerra. Devemos considerar mais o assunto e discuti-lo sob o prisma de longo prazo para realizar a modernização do exército, planificada e gradualmente, ao mesmo tempo em que nos empenhamos nos preparativos da luta militar e combinamos e integramos, de maneira correta, os dois aspectos acima referidos.

2) Relações entre a construção da defesa nacional e a construção econômica. Realizar bem a construção econômica e criar uma defesa nacional poderosa são duas

importantes tarefas estratégicas da modernização do nosso país. No sentido essencial, essas duas tarefas estratégicas são integradas, mas devem ser tratadas da maneira correta, de conformidade com a realidade da fase inicial do socialismo do nosso país. Com a prática de vinte anos, formamos uma compreensão muito importante sobre este problema. Em primeiro lugar, é necessário persistir em considerar a construção econômica o centro e submeter a construção da defesa nacional à configuração geral da construção econômica do país. Manter o desenvolvimento econômico duradouro e fortalecer notavelmente o poderio econômico do país são a base para a solução de todos os problemas, inclusive a modernização da defesa nacional, ao mesmo tempo em que representam o ponto-chave para nós na elevação da competitividade internacional, na resistência à pressão do hegemonismo e da política de força e na salvaguarda da independência e soberania nacionais. A construção da defesa nacional deve colaborar estreitamente com esta situação geral, em vez de impedi-la e afetá-la. Em segundo lugar, é necessário empenhar-se para fortalecer a construção da defesa nacional, paralelamente à construção econômica, realizada com esforços concentrados, para que a construção da defesa nacional obtenha um desenvolvimento constante baseado no aumento do poderio financeiro do Estado. A modernização da defesa nacional é parte importante da modernização socialista do nosso país, e uma defesa nacional sólida é a garantia básica para o desenvolvimento econômico e a segurança nacional. Se não nos esforçarmos, junto com o desenvolvimento econômico, para fortalecer a construção da defesa nacional e elevar o nível de modernização das armas e equipamentos do exército, poderemos mergulhar numa situação passiva no caso de guerra, o que dificultará a salvaguarda eficaz da segurança nacional. A construção da defesa nacional e os preparativos da luta militar devem ser adequados para garantir os interesses e a segurança do país. Em terceiro lugar, é necessário formar um mecanismo de promoção recíproca e desenvolvimento coordenado entre a construção da defesa nacional e a construção econômica. A construção da defesa nacional deve não apenas obedecer, mas também servir à construção econômica, e o exército deve dar contribuições positivas à construção econômica do país, as instalações militares de forte caráter de uso misto devem ser utilizadas ao mesmo tempo para fins civis, enquanto a indústria científica e tecnológica da defesa nacional deve servir simultaneamente aos fins militares e civis. Na construção econômica, sobretudo na construção de infra-estruturas, é necessário considerar plenamente as necessidades da defesa nacional e do exército, para impulsionar o desenvolvimento econômico e fortalecer a capacidade da defesa nacional.

3) Relações entre a revolucionarização, a modernização e a regularização. Nosso exército são forças armadas que cumprem a missão política revolucionária

sob a absoluta direção do Partido; a essência do nosso exército é diferente da de qualquer exército dos países capitalistas, e a modernização do nosso exército também é diferente da dos exércitos dos países capitalistas. É necessário colocar a revolucionarização no primeiro plano, o que determina a essência e a orientação da modernização e proporciona a poderosa força espiritual para a modernização do nosso exército. É necessário fortalecer a construção ideológica e política, persistir sempre no princípio fundamental da absoluta direção do Partido no exército e manter sempre a essência, o objetivo e a qualidade inerente do exército popular. Uma das principais contradições que nosso exército enfrenta atualmente em sua construção é a incompatibilidade entre o nível de modernização e as necessidades da guerra moderna. Para elevar a combatividade do nosso exército, a principal tarefa é resolver o problema da modernização. Por isso, a construção do nosso exército deve persistir em ter a modernização como centro e todo o trabalho do exército deve ser realizado em torno da modernização. A regularização é uma exigência inevitável da modernização. Em certo sentido, sem a regularização, não haverá a modernização para o exército. Uma importante tarefa da regularização é definir os frutos e experiências básicas da revolucionarização e modernização com normas, regulamentos e decretos, para que a construção do exército seja padronizada em todos os aspectos, a fim de administrar o exército rigorosamente conforme a lei. De acordo com a exigência geral de "qualificação política, domínio perfeito de técnicas militares, excelente estilo, vigorosa disciplina e garantia eficaz", é necessário fortalecer a construção do exército em todos os aspectos, para aplicar os objetivos da revolucionarização, modernização e regularização em todos os aspectos do trabalho do exército. Interligadas e mutuamente dinamizadas entre si, a revolucionarização, a modernização e a regularização não podem ser separadas e opostas uma à outra e devem ser consideradas unificadamente e impulsionadas em todos os aspectos.

4) Relações entre a quantidade e a qualidade do exército. Tratar corretamente tais relações é sumamente importante para a construção do exército. Como nosso país tem vasto território, com geografia complexa, e devido ao desempenho relativamente baixo de seus equipamentos, o exército deve manter uma certa envergadura. Porém, uma envergadura demasiada afetará a modernização do exército. Com constantes progressos científicos e tecnológicos do mundo, assim como o desenvolvimento acelerado da transformação militar mundial e a elevação sem precedentes das funções sistemáticas das armas daí decorrentes, fortalecer a construção qualitativa do exército mostra-se cada vez mais importante e urgente. Na guerra moderna, a qualidade do exército tem significado decisivo. Devemos colo-

car em maior destaque o fortalecimento da construção qualitativa como a diretriz fundamental orientadora para a modernização do exército. A questão-chave para fortalecer a construção qualitativa é executar a estratégia de fortalecer o exército por meio científico e tecnológico, elevar o teor científico e tecnológico da modernização do exército em todos os aspectos e aumentar a combatividade de autodefesa, com tecnologia moderna, sobretudo com a alta tecnologia.

5) Relações entre tropas regulares e tropas de reserva. Apoiar-se intimamente nas massas populares é a mais ampla fonte de força do nosso exército. Independente de como as armas e equipamentos são desenvolvidos e a forma de guerra é alterada, a guerra popular é um trunfo para vencer o inimigo. Devemos combinar as novas condições históricas com a nova realidade, para persistir e desenvolver com criatividade o pensamento da guerra popular. De acordo com o pensamento estratégico da guerra popular, é necessário combinar o exército regular de elite com as poderosas forças de reserva da defesa nacional e prestar muita atenção tanto no fortalecimento da construção do exército quanto na construção das forças de reserva da defesa nacional, a fim de manter menos efetivos militares em tempos de paz e mobilizar mais efetivos militares em tempos de guerra. A construção das forças de reserva da defesa nacional, realizada sob a nova situação, deve adaptar-se às características da futura luta militar e às exigências do desenvolvimento da economia de mercado socialista, dar atenção à elevação da qualidade e aperfeiçoar o sistema orgânico e o sistema político correlacionado. As tropas de reserva e a milícia devem manter uma envergadura adequada, otimizar a estrutura e elevar a capacidade de mobilização rápida e o nível de treinamento, para que elas estejam prontas para agrupar-se à primeira chamada e vençam o inimigo quando combaterem. Enquanto isso, é necessário reajustar e aperfeiçoar ainda mais o sistema de mobilização da defesa nacional e elevar a capacidade de mobilização da defesa nacional, de acordo com a diretriz de "combinação dos tempos de paz com os de guerra, combinação do exército com o povo e colocação do exército entre o povo".

6) Relações entre a herança da boa tradição e a reforma e inovação. Os fatos históricos demonstram plenamente que a reforma constitui tanto uma poderosa força para o desenvolvimento do nosso exército como um motivo fundamental para nosso exército na obtenção de importantes êxitos. A boa tradição que nosso exército criou e desenvolveu na prolongada prática reflete concentradamente as características e a superioridade do nosso exército e constitui a garantia fundamental para manter sua natureza e sua combatividade. Se perder essa boa tradição, nosso exército degenerará. Nas novas condições históricas, as tarefas da construção do nosso exército e o ambiente que ele encara conheceram profundas

mudanças, o que requer que façamos reformas e inovações com coragem, persistindo na boa tradição, de forma que esta se desenvolva com a nova prática. Somente com isso nosso exército poderá manter uma vitalidade e um vigor e colocar-se numa posição invencível. Nestes vinte anos, persistindo na elevação da combatividade como critério fundamental, empreendemos uma série de reformas, obtendo importantes progressos essenciais, elevando a eficácia da construção do exército em seu conjunto e aumentando sua combatividade. É necessário aperfeiçoar ainda mais o sistema e a estrutura do exército, resolver os problemas existentes, tais como o sistema de direção e comando, a estrutura das forças, a proporção entre oficiais e soldados. Enquanto isso, é necessário esforçar-se para que nosso exército forme um sistema institucional que corresponda às necessidades do desenvolvimento da economia de mercado socialista, a fim de favorecer ainda mais a mobilização e o desenvolvimento da iniciativa de todo o exército em todos os aspectos.

7) Relações entre a assimilação das experiências úteis dos exércitos estrangeiros e a manutenção das características do nosso exército. No mundo de hoje, empenhando-se na construção a portas fechadas e recusando-se a assimilar as coisas avançadas do exterior, nenhum exército poderá concretizar a modernização. Para realizar a modernização, nosso exército deve estar voltado para o mundo, acompanhar as tendências de transformação e desenvolvimento militares do mundo, aproveitar, com uma atitude positiva, as experiências proveitosas da modernização dos exércitos de outros países, sobretudo dos países desenvolvidos, e introduzir, de forma seletiva, os equipamentos tecnológicos e meios administrativos avançados. Como exército popular sob a absoluta direção do Partido, nosso exército deve manter sempre sua própria natureza e superioridade políticas, e jamais pode copiar simplesmente os princípios administrativos dos exércitos estrangeiros. Como as realidades são diferentes, de país para país, também não podemos copiar simplesmente os modelos de modernização dos exércitos estrangeiros. Quanto a algumas boas experiências e maneiras dos exércitos estrangeiros, também não podemos usá-las simplesmente, mas sim digeri-las, absorvê-las e inová-las conforme a realidade do nosso exército e seguir o caminho de modernização militar do tipo chinês.

Os êxitos e experiências obtidos por nosso exército nestes vinte anos em sua construção e reforma foram realizados sob a orientação do pensamento de Deng Xiaoping sobre a construção do exército no novo período. A idéia de Deng Xiaoping sobre a construção do exército no novo período constitui a continuidade e desenvolvimento do pensamento militar de Mao Tsé-tung e a orientação científica para a revolucionarização, a modernização e a regularização do nosso exército, sendo necessário persistir nela, sem nenhuma hesitação. A época avança, enquanto a prática se desenvolve. Temos pela frente muitos domínios desconhecidos e, no caminho de avanço, ainda poderemos encontrar muitas dificuldades e desafios. Como seguir o caminho no futuro será uma questão que devemos continuar sondando, sob a orientação da teoria de Deng Xiaoping. Os camaradas de todo o exército devem partir da realidade, libertar a mente, buscar a verdade nos fatos e usar a posição, as perspectivas e a metodologia marxistas para estudar a nova situação, resolver os novos problemas, acumular novas experiências e, através da nova prática, enriquecer e desenvolver ainda mais a idéia de Deng Xiaoping sobre a construção do exército no novo período.

Nestes vinte anos, nosso exército obteve enormes progressos em sua construção e o motivo-chave consiste na atenção intensa por nós dada à construção de um contingente de oficiais, fiel ao Partido e ao povo. De acordo com a diretriz de "revolucionarização, rejuvenescimento, intelectualização e profissionalização" e o princípio de integridade da moralidade e habilidade, cumprimos com relativa facilidade a substituição e cooperação entre os quadros velhos e novos, assentando importantes alicerces para a revolucionarização, modernização e regularização do exército. Com sua contribuição abnegada e serviço diligente ao Partido, os quadros em todos os níveis tornaram-se a espinha dorsal da construção do exército. Para concretizar o objetivo estratégico do desenvolvimento transecular da modernização da defesa nacional e do exército e garantir a não alteração da natureza do exército do povo, é necessário fortalecer ainda mais a construção do contingente de quadros de nosso exército, elevar sua qualidade ideológica, política, militar, tecnológica, científica e cultural e empenhar-se, sobretudo, em formar e selecionar um grande número de destacados quadros jovens com integridade moral e habilidade, para que o contingente de quadros do nosso exército tenha vitalidade e dinamismo ainda maiores.

A Educação Deve Considerar a Elevação da Qualidade da População Nacional um Princípio Fundamental*

(15 de junho de 1999)

*Discurso pronunciado por Jiang Zemin na 3ª Conferência Nacional dos Trabalhos Educacionais.

Jiang Zemin graduou-se da Universidade de Comunicações de Shanghai em 1947.

Jiang Zemin, com sua senhora Wang Yeping e a neta em Março de 1992.

Jiang Zemin na Embraer em São Paulo durante a visita ao Brasil em Novembro de 1993.

Jiang Zemin, com os líderes da França, Rússia, Grã-Bretanha e Estados Unidos na Conferência de Cúpula dos Países Membros Permanentes do Conselho de Segurança da ONU, realizada em Setembro de 2000 sob proposta da China.

Jiang Zemin na comemoração do primeiro aniversário da fundação da Região Administrativa Especial de Macau da República Popular da China em Dezembro de 2000.

Jiang Zemin, com os dirigentes do setor econômico participantes da 9ª conferência não-oficial dos líderes da APEC, diante do Palácio Científico e Tecnológico de Shanghai em Outubro de 2001.

Esta conferência, realizada pelo Comitê Central do Partido e o Conselho de Estado, a terceira conferência nacional do trabalho educacional desde a reforma e abertura, é muito importante. Como tema principal, a conferência visa a mobilizar todos os camaradas do Partido e todo o povo a aprofundar as reformas do sistema e estrutura educacionais, priorizar a elevação da qualidade e da capacidade inovadora da nação, impulsionar plenamente a educação de qualidade, prosperar a causa educacional, efetuar a estratégia de prosperidade do país mediante a ciência e a educação e lutar pela concretização do grandioso objetivo de modernização socialista determinado pelo 15° Congresso Nacional do Partido.

Através da reforma e desenvolvimento em cinqüenta anos, especialmente nos últimos vinte anos, desde a reforma e abertura, a causa educacional da Nova China preparou grande contingente de trabalhadores qualificados e talentos especializados para a construção socialista e acumulou ricas experiências de trabalho educacional. Os trabalhadores educacionais de várias gerações empreenderam explorações árduas, e com o espírito de abnegação dedicaram grande energia e fizeram contribuições históricas para a prosperidade da pátria e o progresso nacional. Em nome do Comitê Central do Partido e do Conselho de Estado, gostaria de expressar os sinceros agradecimentos e cumprimentos aos trabalhadores educacionais e aos quadros, às massas populares e personalidades dos diversos setores de todo o país que apóiam com toda a solicitude a causa educacional!

Atualmente, a situação do país é em geral boa. Depois de uma luta árdua para vencer as graves inundações e superar as influências da crise monetária da Ásia, a economia nacional continua desenvolvendo-se. A reforma econômica e as reformas em outros terrenos continuam avançando ordenadamente. No mundo atual, a competição pelo poderio nacional integral é cada vez mais demonstrada na competição no poderio econômico, poderio da defesa nacional e forças coesivas nacionais. Seja qual for o poderio a sofrer aumento, a educação mantém sua posição de caráter fundamental.

O papel da ciência e tecnologia no desenvolvimento da economia, defesa nacional e sociedade torna-se cada dia mais importante e destacado, e o ritmo da atualização dos conhecimentos e de sua transferência às forças produtivas reais se acelera cada dia mais também. Se, no passado, por trás da luta militar e política internacional, as disputas concentraram-se principalmente na disputa direta pelos recursos e pelo mercado de exportação de mercadorias e fundos indispensáveis à industrialização, hoje em dia as competições internacionais nas áreas econômica, científica e tecnológica giram cada vez mais em torno da disputa pelos talentos e conhecimentos. As vantagens do desenvolvimento residem nos conhecimentos e na ciência e tecnologia, as riquezas sociais concentram-se cada dia mais em países e regiões possuidores de vantagens em conhecimentos e de ciência e tecnologia, e quem predomina na inovação dos conhecimentos e na ciência e tecnologia ocupa a posição dominante no desenvolvimento. Para os países do terceiro mundo, este contexto de desenvolvimento tanto proporciona boas oportunidades para aproveitar a alta tecnologia e os conhecimentos avançados com o fim de ultrapassar os moldes de desenvolvimento tradicionais, como também impõe sérios desafios sem precedentes. Sendo um país socialista em desenvolvimento, a China pode ou não agarrar bem esta oportunidade, aumentar constantemente seu próprio poderio nacional e competitividade internacional e vencer efetivamente todos os desafios, o que é uma importante prova relacionada com o futuro e o destino do nosso Partido, nosso Estado e nossa nação.

Nosso país tem grande população e pouca base, e o nível de educação e o nível de ciência e tecnologia mantêm uma grande distância com os dos países desenvolvidos ocidentais. Em busca da modernização básica em meados do próximo século, temos de continuar partindo da nossa realidade, persistir na reforma e abertura, apoiar-nos nas próprias forças, acreditar com firmeza na criatividade do povo chinês e seguir um caminho de desenvolvimento econômico do tipo chinês, diferente do dos países industrializados tradicionais. As profundas lições da crise monetária da Ásia merecem nossa plena atenção. Nesta crise, retrocedeu gravemente a economia de alguns países, que a comunidade internacional via com bons olhos como forças emergentes. Isto demonstra que os países em desenvolvimento, se dependerem demasiadamente dos países avançados ocidentais, apoiarem-se apenas na própria mão-de-obra barata e no consumo dos recursos naturais e dependerem dos produtos tecnológicos estrangeiros existentes para alcançar seu desenvolvimento econômico, em vez de se esforçarem para elevar a qualidade científica e tecnológica e cultural da própria nação e sua capacidade da inovação intelectual e da inovação técnica, ficarão inevitavelmente numa posição passiva e dependente no quadro da competição econômica internacional e ampliarão ainda mais, sem dúvida, sua diferença com os países avançados quanto ao desenvolvimento.

Há vinte anos, desde a reforma e abertura, nosso país obteve enormes êxitos na construção econômica e no progresso científico e tecnológico. Entretanto, devemos estar conscientes de que o modelo do crescimento econômico do nosso país não mudou radicalmente e a pesada carga demográfica não passou a ser uma vantagem relativa aos recursos humanos. Os fatos comprovam cada dia mais que a qualidade da mão-de-obra e a fraca capacidade de inovação científica e tecnológica do nosso país converteu-se num fator principal que trava o desenvolvimento econômico do país e o aumento da nossa competitividade internacional. Tendo analisado a situação nacional e internacional de desenvolvimento, o Comitê Central considera necessário aplicar com firmeza a estratégia de prosperidade do país mediante a ciência e a educação, esforçar-se para elevar a qualidade ideológica e moral e a qualidade científica e tecnológica de toda a nação, elevar a capacidade de inovação intelectual e de inovação tecnológica, estreitar a integração da educação com a economia e a ciência e tecnologia e acelerar as transformações radicais do modelo de crescimento econômico e do sistema econômico. Trata-se de uma opção natural para impulsionar totalmente a modernização do nosso país e da garantia fundamental da posição da Nação Chinesa entre as nações de todo o mundo. Na área de desenvolvimento científico e tecnológico, já acumulamos importantes experiências na pesquisa e fabricação de "bomba atômica, bomba de hidrogênio e satélite artificial", e são elas nossa preciosa fortuna. Sob as novas condições, devemos persistir em aplicar, enriquecer e desenvolver estas experiências.

A educação é uma base principal para a inovação, divulgação e aplicação dos conhecimentos e um berço importante para formar o espírito inovador e os talentos inovadores. Tanto na formação dos trabalhadores altamente qualificados e dos talentos especializados como na elevação da capacidade de inovação e na oferta dos resultados da inovação dos conhecimentos e da inovação tecnológica, a educação tem suma importância. Aqui, queria lembrar aos camaradas que há que se dedicar muita atenção ao importante papel desempenhado pela educação para aumentar a força coesiva da nação. No ano passado ocorreram grandes inundações, e quando a vida e os bens do povo das regiões afetadas estavam gravemente ameaçados, nosso Partido dirigiu e organizou milhares e milhares de militares e civis para uma luta coordenada com o espírito de perseverança, obtendo grande vitória e formando o grande espírito de luta contra as inundações. Neste combate, o Partido e o Estado tomaram decisões corretas, as organizações em todos os níveis empenharam-se nos trabalhos, os militantes do Partido puseram-se na vanguarda e todo o exército e todo o povo uniram-se como um só homem e coordenaram seus esforços. Trata-se de uma prova da combatividade de todo o Partido e do contingente dos quadros e uma prova da força coesiva de toda a nação. Diante da enorme força coesiva da nação, qualquer dificuldade e qualquer inimigo serão vencidos. Isso comprova mais uma vez que só o Partido Comunista da China, armado com o marxismo-leninismo, o pensamento de Mao Tsé-tung e a teoria de Deng Xiaoping, e só o povo chinês confiante no socialismo sob a direção deste Partido podiam unir-se como uma grande muralha de ferro inexpugnável. Os camaradas podem pensar, de onde veio essa força coesiva da nação? Ela veio da boa tradição da Nação Chinesa, do sublime ideal de nossos comunistas e superioridade do sistema socialista, e da educação de patriotismo, coletivismo, socialismo e marxismo. O estabelecimento da correta concepção do mundo, concepção da vida e concepção do valor, o desenvolvimento das boas tradições nacionais, a formação e consolidação do ideal comum e do pilar espiritual e a elevação do nível científico e cultural não podem separar-se dos trabalhos educacionais, eles se associam em uma importante base e conteúdo da nossa força coesiva nacional. Todos os nossos organismos, em todos os níveis e de todos os tipos, e todos os trabalhadores educacionais assumem uma solene responsabilidade pelo aumento do poderio nacional integral, incluindo a força coesiva da nação.

É de notar que, perante a nova situação nacional e internacional da atualidade, nosso pensamento educacional, sistema e estrutura educacionais, assim como os conteúdos e métodos educacionais não correspondem às necessidades do desenvolvimento da modernização socialista, e esta contradição sobressai e se evidencia a cada dia. Dez anos atrás, o camarada Deng Xiaoping assinalou perspicazmente: "A nossa maior falha foi na educação, a instrução política e ideológica para os jovens foi insuficiente e o desenvolvimento educacional foi insuficiente." O camarada Deng Xiaoping dirigiu esta afirmação à situação de então. Os comitês do Partido e os governos em todos os níveis, assim como os camaradas de todo o setor educacional, devem ter uma compreensão lúcida sobre os problemas e as insuficiências existentes nos trabalhos educacionais. A educação ideológica e política deve ser colocada numa posição importante nas escolas em todos os níveis e de todos os tipos e não deve ser relaxada nem enfraquecida em nenhum momento. Quanto à qualidade, a qualidade ideológica e política é a mais importante. O reforço permanente do patriotismo, coletivismo e socialismo dos discentes e das massas é a alma da educação de qualidade. Em discurso feito no curso de estudo das finanças ministrado no início deste ano pelo Comitê Central, enfatizei uma questão: é imperativo instruir com seriedade os quadros, as massas populares e o corpo discente com os conhecimentos histórico, geográfico, literário e político da China, e sem estas instruções é difícil estabelecer o patriotismo, coletivismo e socialismo por entre a população. Nas escolas, deve-se destinar a atenção ao ensino dos conhecimentos da matemática, física, química e língua estrangeira, e é necessário dar atenção também às instruções dos conhecimentos acima mencionados. Se forem menosprezadas a educação ideológica e política, a educação dos conhecimentos históricos e a formação da integridade moral, acontecerá uma grande parcialidade, e esta poderá influenciar a trajetória de uma pessoa em toda a sua vida. Desejo que os dirigentes, os administradores do setor educacional e os docentes dediquem sua atenção a isso, custe o que custar. Temos de aplicar totalmente as diretivas educacionais do Partido, persistir no serviço de educação ao socialismo e ao povo, persistir na integração da educação com a prática social, considerar a elevação da qualidade da população nacional como o princípio fundamental e a formação do espírito inovador dos discentes e sua capacidade de prática como ponto de ênfase, esforçar-nos para formar os construtores e sucessores da causa socialista, que têm ideal, moral, conhecimentos culturais e disciplina e que se desenvolvem integralmente nos aspectos moral, intelectual, físico e estético.

A popularização do ensino obrigatório de nove anos, a satisfação às necessidades básicas de estudo e a elevação geral da qualidade dos trabalhadores devem ser os primeiros alvos dos trabalhos educacionais, e é necessário esforçar-se para elevar o nível educacional da esmagadora maioria da população. Deve-se envidar esforços para criar as escolas técnicas profissionais de todos os níveis e de todos os tipos, admitindo amplamente os discentes urbanos e rurais e outras massas populares que não tenham acesso ao ensino superior, para estudar e dominar uma ou várias técnicas de produção, administração e serviço. Não se deve fazer com que os alunos secundários comuns, que não consigam entrar nas escolas superiores, tenham apenas os conhecimentos gerais de chinês, matemática, física e química. Se aprenderem uma ou várias técnicas especializadas práticas, eles terão seu caminho ampliado para criar empreendimento, o que desempenhará um importante papel promotor no desenvolvimento e na estabilidade dos meios urbano e rural. Por isso, esforçar-se para promover a educação técnica profissional de todo tipo e todos os níveis significa um grande empreendimento. Apesar de a educação técnica profissional secundária ter um certo desenvolvimento, encontra-se na fase inicial em seu conjunto. Todas as localidades e todos os departamentos devem agarrar-se a este trabalho durante dez até vinte anos e conseguir grandes resultados. Ao mesmo tempo em que se fazem grandes esforços pela popularização do ensino obrigatório de nove anos, do ensino do segundo grau regular e do curso técnico profissionalizante de todas as espécies, deve-se, conforme a necessidade e a possibilidade, adotar as formas múltiplas para desenvolver ativamente o ensino superior, especialmente o ensino profissional superior nas comunidades, aumentar a admissão nas existentes escolas superiores regulares e nas escolas superiores para adultos, a fim de satisfazer o máximo possível às necessidades das massas populares ao ensino superior. Podem-se também mobilizar as forças sociais a criar algumas escolas superiores como complementares às escolas superiores existentes. Não é fácil criar uma nova universidade, mas com a administração e a orientação intensificadas pelos departamentos concernentes governamentais e acompanhadas de políticas e medidas correspondentes e de distribuição razoável dos recursos, através dos esforços durante um período de tempo, é possível obter uma melhoria gradual. Os governos em todos os níveis devem proporcionar, o mais eqüitativamente possível, o acesso ao ensino aos educandos, e devem dar uma atenção especial à solução dos problemas educacionais das zonas e dos grupos populacionais em condições desfavoráveis e aumentar a assistência educacional às zonas pobres e às famílias pobres. Devem dar uma atenção especial ao desenvolvimento da causa educacional no meio rural. De 1,2 bilhão da população do nosso país, 900 milhões vivem no campo. A possibilidade de a população rural vir ou não a receber uma boa educação representa uma grande questão diretamente relacionada com a concretização da meta estabelecida para atingir uma vida modestamente confortável e com a modernização do campo. Os governos em todos os níveis devem garantir seu investimento à educação rural e aumentá-lo constantemente. O Conselho de Estado deve continuar concedendo a assistência necessária ao desenvolvimento do ensino obrigatório no campo nas regiões pobres. A educação de todos os níveis e de todos os tipos deve ter como centro estratégico a promoção plena da educação de qualidade e a elevação da qualidade total dos educandos. Devem dar importância e fortalecer e melhorar incansavelmente tanto o ensino dos conhecimentos culturais como a educação ideológica e moral. É necessário melhorar, através da educação ideológica e moral, a qualidade ideológica e moral e o senso de responsabilidade social dos educandos, formar-lhes a diligência na profissão e zelo pelo trabalho e a consciência da qualidade dos serviços e criar tanto o espírito competitivo e empreendedor como o estilo da unidade e cooperação. Devem ainda esforçar-se para popularizar a educação da ciência e tecnologia, elevar o nível científico e tecnológico de todo o povo e lançar os alicerces dos recursos humanos para divulgar as técnicas práticas aplicadas e desenvolver a tecnologia de ponta.

A Nação Chinesa é uma grande nação, cheia de espírito criador e de capacidade inovadora; os chineses da antigüidade eram famosos em todo o mundo pelas "quatro grandes invenções" e inúmeras outras invenções científicas e tecnológicas, dando importantes contribuições ao desenvolvimento da civilização mundial. Hoje em dia, diante do desafio do grande progresso científico e tecnológico mundial, temos de considerar o fortalecimento da capacidade inovadora da nação, a partir de um patamar vinculado à prosperidade ou decadência e à vida ou à morte da Nação Chinesa. A educação está encarregada da missão especial na formação do espírito inovador da nação e dos talentos inovadores. Cada escola deve cuidar e formar a curiosidade e o desejo de saber dos discentes, ajudá-los a estudar por própria iniciativa e pensar independentemente, proteger seu espírito de exploração e seu pensamento inovador, e criar um ambiente em que adotem os pareceres corretos e procurar a verdade e um ambiente relaxado para o pleno desenvolvimento de dons naturais e a potencialidade dos discentes. Para este fim, temos de transformar o conceito e modelo de educação que impedem o desenvolvimento do espírito e a capacidade inovadores dos discentes, especialmente o método de ensino de inculcabilidade unidirecional de docentes e a adoção de notas dos exames como único critério para avaliar os resultados do ensino, assim como o sistema educacional demasiado rígido e unificado. Os diretores e docentes das escolas têm a responsabilidade especial na formação cuidadosa dos talentos, devem tanto ser rigorosos, como também tratar as pessoas em pé de igualdade e saber descobrir e explorar a qualidade criadora potencial dos discentes. Os docentes e os discentes devem aprender um com outro, consultar-se, inspirar-se e estimular-se reciprocamente. Esta é mais uma boa tradição existente desde a antigüidade da nossa nação, segundo a qual "os professores e os alunos progridem mediante o ensino". Enquanto preparam um grande número de pessoas especializadas em todos os terrenos, as escolas superiores devem esforçar-se para criar condições que possibilitem o surgimento de talentos excelentes; devem dedicar, especialmente, maiores esforços para formar um contingente de pioneiros acadêmicos e destacados talentos que andem na vanguarda científica e tecnológica do mundo, para puxar e promover a elevação do nível científico e tecnológico e da capacidade inovadora de toda a nação. Esta não é apenas a responsabilidade do setor educacional, como também uma tarefa estratégica de todo o Partido e toda a sociedade. Quanto ao surgimento de talentos, devem estimular e apoiar os talentos a destacar-se, estimulá-los e apoiá-los a serem pioneiros, estimulá-los e apoiá-los a tomarem a dianteira, o que não significa preconizar a ostentação dos atos individuais e o heroísmo individual, mas sim satisfazer as demandas naturais da lei do crescimento dos talentos.

Os que estudam bem influenciam e puxam aqueles que menos estudam, os que têm nível alto influenciam e puxam aqueles com nível relativamente baixo, e assim pode-se promover o progresso e a elevação comuns. É imperativo superar com firmeza a tendência de formar os talentos em "modelo único". Não permitir que outros se destaquem, isolar e espremer quem se destaca e tomar a dianteira e pensar que assim todo o mundo sente a "justiça" e a satisfação, tudo isso constitui uma conduta extremamente errada que tende a sufocar os excelentes talentos e negar as coisas avançadas. Se este fenômeno se ampliar livremente, como podem falar do espírito inovador e onde está a esperança do nosso país e da nossa nação?

Os fatos demonstram plenamente que a educação do tipo "torre de marfim" não satisfaz as necessidade de nossa época. A integração cada dia mais estreita da educação com a economia, ciência e tecnologia e prática social está transformando-se numa importante força promotora do progresso científico e tecnológico e do desenvolvimento socioeconômico. Na fase inicial do socialismo em que nosso país se encontra, a educação, como base da construção econômica, política e cultural, não só deve proporcionar os talentos e a reserva intelectual para a modernização, como ainda deve participar diretamente da construção em todos os aspectos, dando contribuições para promover todas as causas da construção. É justamente para este fim que se deve reformar o pensamento e modelo educacionais que se separam da realidade social, e estabelecer, o mais rápido possível e através da reforma complementar do sistema econômico, o sistema científico e tecnológico e o sistema educacional, um novo mecanismo que integra estreitamente a educação com a economia e a ciência e tecnologia. Quanto à educação profissional e à educação dos adultos, devem integrar a educação e o treinamento com a inovação técnica e a divulgação das técnicas práticas para elevar o nível técnico da produção industrial e agrícola. O ensino superior deve voltar-se ativamente ao principal campo de batalha da construção econômica, pesquisar e resolver os importantes problemas teóricos e práticos no desenvolvimento socioeconômico, promover a transferência dos resultados científicos e tecnológicos às forças produtivas reais e tornar-se um importante exército de frente na inovação intelectual, inovação técnica e industrialização da nova e alta tecnologia. É necessário ampliar, através da reforma do sistema de administração educacional, a competência dos governos locais para a coordenação e a administração do setor educacional e impulsionar a reforma geral da educação regional para que a educação sirva melhor ao desenvolvimento econômico e social regional. É necessário ajudar os educandos a estabelecer a consciência e a capacidade de criar empreendimentos. Através dos esforços dos departamentos educacionais, é preciso formar cada dia mais fundadores dos ramos de profissão diferentes, o que pode proporcionar à sociedade mais empregos e desempenhar um importante papel para a salvaguarda da estabilidade social e a prosperidade de todas as causas.

Hoje em dia, a educação vitalícia é uma tendência natural do desenvolvimento social. A educação regular já não pode satisfazer as necessidades das pessoas para a atualização de seus conhecimentos. Devemos estabelecer e aperfeiçoar gradualmente o sistema educacional favorável ao estudo vitalício. As escolas devem dar maior acesso à sociedade, pôr em jogo as múltiplas funções da educação curricular, educação não-curricular, educação contínua e a educação técnica profissionalizante. É necessário fortalecer o vínculo e a interligação entre a educação regular, a educação profissionalizante, a educação dos adultos e a educação superior e proporcionar aos educandos mais oportunidades diversificadas para o estudo. Tomando a rede educacional à distância como suporte, deve-se criar um sistema educacional aberto que cubra todo o país, e proporcionar os serviços de educação em múltiplos níveis, sob múltiplas formas, aos integrantes de todos os tipos da sociedade. A Nação Chinesa possui a boa tradição de adorar a educação e a China do século XXI deve ser um país onde toda a população adora o estudo.

A prosperidade ou decadência de um país depende da educação; o desenvolvimento da educação depende da responsabilidade de toda a população. Os camaradas de todo o Partido e o povo de todas as nacionalidades do país devem continuar cuidando e apoiando o desenvolvimento educacional do nosso país, partindo da prosperidade da Pátria e do fortalecimento da nação. Enquanto se promove a educação estatal, é necessário mobilizar todas as forças sociais para instalar e apoiar as causas educacionais, especialmente a educação técnica profissionalizante de todos os níveis e de todas as espécies. Em resumo, devem-se converter a estratégia de prioridade do desenvolvimento educacional num amplo consenso de toda a população e aplicá-la nas ações reais de toda a sociedade, proporcionando alicerces sólidos de massas e as forças unidas em busca da prosperidade do setor educacional do nosso país.

Os dirigentes perspicazes, maduros e qualificados são naturalmente os dirigentes que dão grande atenção à educação. Os comitês do Partido e os governos em todos os níveis devem incluir a educação em toda a disposição dos pontos de ênfase do desenvolvimento estratégico e da modernização, e adotar efetivamente a educação como setor intelectual e infra-estrutura-chave com caráter orientador e básico, influenciando a situação em seu conjunto, colocando-a numa importante posição estratégica de prioridade de desenvolvimento. Os quadros dirigentes partidários e governamentais em todos os níveis devem agarrar-se ao trabalho educacional, persistir em garantir à prioridade educacional um adequado desenvolvimento antecipado quando elaboram seu programa de desenvolvimento econômico e social, e persistir em realizar, ao elaborar o orçamento financeiro de todos os níveis, os três crescimentos dos fundos para a educação, até procurar elevar os gastos destinados para a educação na percentagem dos gastos financeiros à custa da redução nos trabalhos em outros aspectos, a fim de dar uma garantia material à prioridade da educação. É necessário melhorar a eficiência dos fundos usados, estabelecer e aperfeiçoar o mecanismo de supervisão, garantir a aplicação dos fundos de educação nos aspectos a que devem se destinar e prevenir e opor-se ao desperdício.

Os comitês do Partido e os governos em todos os níveis devem zelar freqüentemente e ajudar a resolver as dificuldades e problemas surgidos nos trabalhos educacionais. É necessário criar e aperfeiçoar um sistema de responsabilidade pela administração dos objetivos e estabelecer claramente os objetivos e a responsabilidade de todos os níveis. Devem considerar os méritos nos trabalhos educacionais, especialmente os méritos na educação de qualidade, como importante conteúdo de exame e avaliação dos méritos dos quadros dirigentes partidários e governamentais em todos os níveis, do exame e avaliação dos inferiores pelos superiores e do exame e avaliação para a seleção dos quadros. É necessário estabelecer um sistema de vínculo entre os quadros dirigentes, e as escolas. Os dirigentes de todos os níveis, especialmente os dois primeiros dirigentes devem manter contatos com determinadas escolas, conhecê-las bem, ouvir as opiniões dos docentes e discentes, investigar e tratar pessoalmente os problemas existentes, empenhar-se nos casos típicos e pontos de experimentação e impulsionar a reforma e a administração escolares. Devem implementar ainda os sistemas de exame e de recompensa e punição. O governo central e os governos regionais devem prestigiar e premiar os que dão notáveis contribuições e obtêm resultados destacados; é imperativo investigar e punir com firmeza, conforme a lei, os que violam a lei, as regras e os regulamentos, especialmente os que desfalcam os fundos da educação e prejudicam os legítimos direitos e interesses dos docentes.

Um contingente docente de alta qualidade é uma condição fundamental da educação de alta qualidade. Os docentes são engenheiros da alma da humanidade. Em nosso país, os docentes populares são divulgadores e construtores da civilização espiritual socialista. Devemos persistir em herdar e divulgar em toda a sociedade a boa tradição da Nação Chinesa de respeitar os professores e priorizar a educação. Os dirigentes partidários e governamentais de todos os níveis devem fazer coisas reais a favor dos professores, adotar medidas eficazes para garantir-lhes os direitos e interesses legítimos e esforçar-se para melhorar o tratamento para com eles. Ao mesmo tempo, é necessário adotar providências eficazes para fortalecer a construção do contingente docente, otimizar constantemente a sua estrutura e sua qualidade. Em algumas localidades e escolas, o corpo docente é demasiadamente grande, e é imperativo expulsar resolutamente do contingente os reprovados profissional, ideológica e politicamente; os docentes cujo nível intelectual não satisfaça as necessidades de ensino devem ser treinados e seu nível elevado oportunamente. Os educadores devem receber a educação em primeiro lugar e devem aprender não apenas os conhecimentos especializados, científicos e culturais, como também os conhecimentos políticos e práticos para enriquecer e elevar permanentemente o seu nível de ensino. Os docentes são orientadores dos discentes no aumento de conhecimentos e progresso ideológico, cujos comportamentos e palavras exercem influência sobre os educandos; por isso, devem servir de exemplo em todos os sentidos, nomeadamente na ideologia e política, na qualidade moral e na erudição e estilo acadêmico, e ir adiante como modelo; só assim são dignos de serem professores. É necessário intensificar o intercâmbio entre os docentes, entre as faculdades e entre as escolas, que devem aprender um com outro; as diferentes escolas acadêmicas e pontos de vista acadêmicos podem realizar discussões e debates livres com o objetivo de aprender os pontos fortes de outrem para superar a própria deficiência e progredir conjuntamente. Jamais é permitido o desprezo entre os intelectuais, entre os ramos de ciência e entre as escolas acadêmicas, porque, além de desfavorecer nossa causa educacional, não corresponde à gloriosa tradição da educação popular sob a direção do nosso Partido.

Toda a sociedade deve assumir a responsabilidade por nossas gerações futuras. A formação dos talentos e o crescimento dos jovens e adolescentes precisam de esforços das escolas de todos os níveis e de todas as espécies e precisam ainda de um bom ambiente social. É necessário fortalecer a administração geral da sociedade e a construção cultural, boicotar firmemente os estragos dos pensamentos supersticiosos feudais e das culturas decadentes nos jovens e adolescentes; é imperativo fortalecer a construção das comunidades, criar ativamente um ambiente familiar, de vizinhos e escolar, favorável ao crescimento saudável dos jovens e adolescentes. Os departamentos culturais e artísticos e os meios de comunicação de massa têm de educar os jovens e adolescentes com os produtos espirituais saudáveis, progressistas e cheios de encanto artístico. Em resumo, todo o Partido e toda a sociedade devem envidar esforços conjugados para criar um ambiente de estudo civilizado e saudável.

Que mantenhamos no alto a grande bandeira da teoria de Deng Xiaoping, efetuemos o espírito do 15° Congresso Nacional do Partido, ponhamos em pleno desenvolvimento o espírito do povo chinês de apoiar-se nas próprias forças para o fortalecimento e o espírito empreendedor da nação. Esforcemo-nos para criar uma nova situação cheia de vigor em que os talentos se destaquem, a educação se desenvolva vigorosamente e façamos as contribuições dignas da época e do povo para a grande renascença da Nação Chinesa!

Consolidar a Confiança, Aprofundar a Reforma e Criar uma Nova Situação de Desenvolvimento das Empresas Estatais*

(12 de agosto de 1999)

*Discurso proferido por Jiang Zemin no Seminário sobre a Reforma e o Desenvolvimento das Empresas Estatais do Nordeste e Norte da China.

Desde o início deste ano, estive fazendo investigação nas regiões Sudoeste, Centro-Sul, Noroeste e Leste do país, onde presidi palestras sobre a reforma e o desenvolvimento das empresas de propriedade estatal. Na palestra que se realizou em Dalian sobre a reforma e o desenvolvimento das empresas estatais do Nordeste e Norte do país, os camaradas responsáveis dos comitês do Partido de oito províncias, regiões autônomas e municípios centrais e das empresas concernentes emitiram opiniões muito boas.

O 15º Congresso Nacional do Partido assinalou que daqui aos primeiros dez anos do próximo século estaremos no período-chave da reforma e do desenvolvimento do nosso país. Neste período, há que esforçar-se para estabelecer o sistema de economia de mercado socialista relativamente completo e manter o contínuo, rápido e saudável desenvolvimento da economia nacional. Para resolver bem estes dois temas, é necessário impulsionar a reforma e o desenvolvimento das empresas estatais sem perder a oportunidade, para que estas tenham progressos essenciais na reforma. Trata-se de um requisito indispensável para a concretização do grandioso objetivo do desenvolvimento transecular na modernização, assim como para a constante manutenção e promoção da situação geral da reforma, desenvolvimento e da estabilidade do nosso país. Agora, vou falar sobre o assunto em três aspectos.

I. Promover inabalavelmente a reforma e o desenvolvimento das empresas estatais

As empresas de propriedade estatal têm ocupado uma posição muito importante na economia nacional e no desenvolvimento social. Nos últimos cinqüenta e tantos anos desde a fundação da Nova China, as empresas estatais e a classe operária deram importantes contribuições históricas para a formação do sistema industrial e do sistema da economia nacional relativamente completos, para o aumento do poderio econômico e do potencial geral do país, para a consolidação e o fortalecimento da defesa nacional, a promoção do progresso social em todos os aspectos e a elevação do nível de vida do povo.

Desde a 3ª plenária do 11º Comitê Central do Partido, sob a orientação da teoria de Deng Xiaoping, nosso Partido abriu um novo caminho para a construção do socialismo do tipo chinês. Persistindo em libertar a mente e buscar a verdade nos fatos, superando firmemente as falhas do velho sistema para proporcionar nova força motriz às empresas estatais e ao desenvolvimento de toda a economia e levando plenamente em consideração a grande importância do desenvolvimento estável das empresas estatais para o desenvolvimento de toda a economia nacional, aprofundamos de forma gradual a reforma de empresas, conseguindo dar importantes passos sem precedentes. Após mais de vinte anos da grande prática da reforma e abertura, as empresas estatais conheceram profundas mudanças no sistema administrativo e no mecanismo operacional; o reajuste da disposição e da estrutura da economia de propriedade estatal obteve progressos, e o desenvolvimento dos diversos modelos acionários, tais como: companhia de capital exclusivamente estatal, *holdings* estatais e aquelas com participação estatal, aumentou a capacidade de controle da economia estatal, e um número de empresas estatais e de *holdings* estatais tiveram nova vitalidade no processo de reforma, robustecendo-se sem cessar na competição do mercado.

Nos vinte anos entre 1978 e 1998, em média, o valor global da produção industrial das empresas estatais e das *holdings* estatais aumentou 8,7% ao ano, o valor do total dos ativos 16,8% ao ano e o valor de impostos, 12,3%. Os setores-chave, tais como: financeiro, ferroviário, de telecomunicações, de aviação civil, petrolífero e de energia elétrica, estão fundamentalmente sob o controle das empresas estatais; nos setores básicos, tais como os de energia, transporte e correios e nos importantes setores de matéria-prima e indústrias de base, como os siderúrgico, petroquímico, automobilístico, mecânico e eletrônico, a economia estatal ocupa a posição dominante. A produção dos importantes produtos industriais como aço, carvão e fertilizantes saltou para o primeiro lugar do mundo, e a de eletricidade, petróleo bruto e fibras sintéticas está na dianteira do mundo. Todos os produtos acima referidos são fabricados principalmente pelas empresas estatais ou pelas *holdings* estatais. As empresas estatais continuam sendo a fonte principal da receita financeira do Estado, 55% da qual vêm dos impostos por elas pagos, o que constitui um enérgico apoio à reforma e construção do país. Na configuração do desenvolvimento conjunto das atividades econômicas com distintos regimes de propriedade, o poderio da economia de propriedade estatal aumentou ainda mais e continua desempenhando papel orientador na economia nacional, controlando sempre a artéria da economia nacional. Pode-se dizer que todos os importantes êxitos da industrialização e modernização socialistas do nosso país, o poderio nacional relativamente forte na atualidade, a importante posição internacional do nosso país e o duradouro e estável desenvolvimento que a economia do nosso país pode manter na acirrada concorrência internacional são frutos inseparáveis do enorme papel desempenhado pelas empresas estatais.

Ao mesmo tempo, também é necessário notar com lucidez que, agora, a reforma das empresas estatais encontra-se no período mais difícil, e seu desenvolvimento, no momento-chave. Na ampla e profunda transformação verificada no desenvolvimento da economia de mercado socialista, a reforma e o desenvolvimento das empresas estatais enfrentam algumas contradições e problemas profundos e prementes: algumas empresas carecem de flexibilidade no mecanismo operacional, sua produção e operação encontram-se numa situação difícil, com baixa rentabilidade econômica e um índice demasiadamente alto de passivos, numeroso pessoal excedente, pesados encargos sociais e vida relativamente difícil por parte de seus empregados. Essas contradições e problemas surgiram por diversos motivos, que devem ser analisados cientificamente em todos os aspectos. A profunda influência do sistema tradicional de economia planificada não poderá ser superada em curto tempo, a solução das numerosas contradições deixadas pela história também requer um processo, a demasiada sobra das forças produtivas causada pelas prolongadas e irrazoáveis construções repetidas é um dos importantes motivos por que muitas empresas mergulhavam em uma difícil situação. Algumas minas encontram-se em estado difícil devido ao esgotamento dos recursos decorrente do abuso de exploração durante muitos anos. Para adaptar-se às grandes mudanças do mercado dentro e fora do país, o reajustamento da estrutura setorial e de estrutura orgânica das empresas tem de passar por um árduo processo. De modo geral, estes são problemas surgidos no processo de avanço e desenvolvimento. A tais problemas devemos prestar muita atenção, assim como devemos também ter confiança e adotar medidas eficazes para resolvê-los.

Encontramo-nos num importante momento histórico transecular. A paz e o desenvolvimento continuam sendo os temas da época atual, a configuração tende a desenvolver-se rumo à multipolarização, mas o hegemonismo e a política de força continuam presentes e passam por novo avanço. A ciência e tecnologia progridem a cada dia, enquanto o reajuste da estrutura setorial e a da economia aceleram a passos largos em todo o globo. A competição no poderio nacional torna-se cada vez mais o fator principal para decidir o futuro de um país. Temos pela frente tanto oportunidades raramente vistas como rigorosos desafios. É com o constante aumento do poderio econômico e da defesa nacional, assim como da força coesiva da nação, que poderemos manter-nos numa posição invencível na competição internacional cada vez mais renhida e salvaguardar eficazmente a soberania e a dignidade nacionais do país.

Para desenvolver as forças produtivas sociais socialistas e impulsionar a industrialização e modernização do país, é necessário pôr em prática o papel dirigente das empresas estatais, sobretudo das empresas grandes e médias. No nosso país, a escassez de mercadorias no passado já foi alterada e, em certo sentido e em determinados setores, estamos numa situação em que existem forças produtivas excedentes e a oferta supera a demanda na sua estrutura. Por outro lado, ainda não podemos fabricar alguns tipos de produtos sofisticados em equipamentos tecnológicos de informática e de outras importantes indústrias, importantes instalações e equipamentos de infraestrutura e no setor de meio ambiente, assim como alguns tipos de produtos especiais das indústrias tradicionais, e temos de depender da importação em grande quantidade. No comércio internacional de produtos de alto teor tecnológico e alto valor agregado, a proporção que nosso país ocupa continua sendo muito baixa. A enorme potencialidade do mercado rural com uma população de 900 milhões de pessoas está por ser explorada. Devemos dominar perspicazmente a nova tendência do desenvolvimento econômico e do progresso científico e tecnológico dentro e fora do país, agarrar a oportunidade, avançar desafiando as dificuldades, transformar com eficácia o modelo de crescimento econômico, empenhar-se em explorar novos terrenos de desenvolvimento e fortalecer o poderio da economia estatal, para que esta desempenhe ainda melhor seu papel dirigente.

Para estabelecer o sistema de economia de mercado socialista e integrar organicamente o sistema de propriedade pública com a economia de mercado, é necessário considerar a reforma das empresas estatais o elo central da reforma do sistema econômico. No estabelecimento e aperfeiçoamento do sistema de economia de mercado socialista, a base está nas empresas, e o mais importante é a formação do sistema administrativo e do mecanismo operacional nas empresas estatais que correspondam às demandas do desenvolvimento da economia de mercado socialista. Devemos tomar os "três pontos favoráveis" como critério fundamental, esforçar-nos para buscar as formas de propriedade pública que possam impulsionar energicamente o desenvolvimento das forças produtivas, aproveitar com audácia os diversos meios administrativos e formas orgânicas que reflitam a lei de produção socializada e correspondam às exigências da economia de mercado, estabelecer o sistema empresarial moderno e aumentar sem cessar a capacidade de exploração científica e tecnológica, a competitividade mercantil e a resistência ao risco.

A classe operária é a classe dirigente do nosso país e a coluna vertebral na promoção de estabilidade e unidade sociais, razão pela qual é necessário prestar constante atenção à salvaguarda e ao desenvolvimento dos interesses da classe operária e das massas populares. Os interesses fundamentais de longo alcance da classe operária estão na promoção do desenvolvimento econômico através do aprofundamento da reforma empresarial, para elevar incessantemente o nível de vida dos trabalhadores. Devemos tratar corretamente as relações entre a reforma, o desenvolvimento e a estabilidade, para harmonizar a intensidade da reforma, a velocidade do desenvolvimento e a capacidade de apoio da sociedade, concretizar a coordenação e a promoção recíprocas entre a reforma, o desenvolvimento e a estabilidade, e garantir a estabilidade social e a ordem e a estabilidade duradouras do país.

Administrar bem as empresas estatais constitui tanto um importante assunto econômico relacionado com o sadio funcionamento da economia nacional e o desenvolvimento de longo prazo, como um importante assunto político relacionado com o futuro e o destino do sistema socialista. No século XXI, impulsionar inabalavelmente a reforma e o desenvolvimento das empresas estatais é uma importante tarefa para todo o Partido, assim como uma missão gloriosa que a história nos atribui.

II. Acelerar ainda mais os passos da reforma e do desenvolvimento das empresas estatais

Na prática do impulsionamento da reforma e do desenvolvimento das empresas estatais, já traçamos uma série de importantes princípios e devemos continuar observando-os e aplicando-os em todos os aspectos.

Primeiro, reajustar a distribuição da economia de propriedade estatal e reorganizar as empresas estatais partindo do patamar estratégico. Para atender às necessidades do desenvolvimento da economia de mercado socialista, administrar bem a economia estatal em seu conjunto, concretizar a razoável distribuição dos recursos e elevar a eficácia operacional dos bens estatais, é necessário reajustar estrategicamente a estrutura da economia estatal e realizar a reorganização estratégica das empresas estatais. É necessário persistir em avançar em certos aspectos e retroceder em outros, contribuir em certos aspectos e deixar de fazer o mesmo em outros. Nos setores importantes e domínios-chave relacionados com a artéria da economia nacional, a economia estatal deve ocupar uma posição predominante. Em outros setores e domínios, pode-se recorrer à reorganização dos bens e à reestruturação para concentrar as forças e dar primazia aos pontos de ênfase, para elevar a qualidade dos bens estatais em seu conjunto. O papel dirigente da economia estatal no desenvolvimento econômico deve ser concretizado através das companhias de capital exclusivamente estatal, e muito mais pelo desenvolvimento positivo do sistema acionário, ou seja, através de *holdings* estatais e de empresas com participação estatal que se pretenda explorar. Na reestruturação da economia estatal, é necessário absorver e aproveitar ativamente o capital social não estatal, para maximizar as funções do capital estatal e elevar a força de controle, a força de influência e força de impulso da economia estatal. É necessário continuar aplicando o princípio de "focar em empresas grandes e flexibilizar as pequenas". Nos importantes setores e domínios-chave relacionados com a artéria da economia nacional, o Estado deve dar ênfase à preparação e administração de um grupo de grandes empresas e corporações empresariais estatais ou *holdings* estatais e pôr em funcionamento a superioridade destas grandes empresas na operação de capital, no desenvolvimento tecnológico e na exploração do mercado dentro e fora do país, para convertê-las em principais forças para a reestruturação econômica e reorganização empresarial e em coluna vertebral na competição no mercado internacional. É necessário liberar e fortalecer as empresas estatais médias e pequenas, dar atenção ao desempenho do importante papel das empresas estatais médias e pequenas e das de outros regimes de propriedade, além de apoiar o desenvolvimento das empresas médias e pequenas com caráter científico e tecnológico. É necessário continuar adotando as diversas formas, tais como a reorganização, a união, a anexação, o arrendamento, a contratação, o sistema de cooperação de ações e a venda, para liberar e fortalecer as empresas estatais pequenas. Seja como for a forma, é necessário partir da realidade, escutar opiniões das massas populares, normalizar operações e dar ênfase à eficiência prática.

Segundo, persistir em tomar o estabelecimento do sistema de empresas moderno como o rumo da reforma. Estabelecer este sistema nas empresas estatais constitui um meio eficaz para a integração do sistema de propriedade pública com a economia de mercado, assim como o elo-chave da reforma de todo o sistema econômico. Empenhar-se neste trabalho favorecerá à formação da microbase da economia de mercado socialista. É necessário compreender e aplicar em todos os aspectos o princípio de "propriedade clara, competência e responsabilidade definidas e separação das funções governamentais das empresariais". Os governos em diversos escalões devem transformar suas funções, empreender a reforma institucional e alterar o estado em que o governo administre diretamente as empresas e assuma a responsabilidade ilimitada e as empresas dependam do governo. O sistema de companhias é uma forma orgânica eficaz do sistema de empresas modernas. É necessário impulsionar ativamente a reforma do sistema de companhias padronizado nas empresas estatais grandes e médias. Os bens estatais do nosso país são riqueza comum de todo o povo, que devemos não apenas administrar e utilizar bem, mas também devemos manter e aumentar constantemente seu valor. Nas empresas por ações que o Estado financiou e nas quais possui ações, este deve exercer a função de proprietário, através do representante ou instituição dos financiadores e gozar dos direitos e interesses dos financiadores conforme a participação no capital. Os financiadores devem ser bem definidos e há que se ter alguém ou alguma instituição que assuma a responsabilidade pelo capital estatal. As empresas devem empreender operações com autonomia, ser responsáveis por seus ganhos e perdas, pagar impostos segundo a lei e assumir a responsabilidade pela manutenção e o aumento do valor líquido dos ativos dos financiadores. Para umas poucas empresas cujas operações devem ser monopolizadas pelo Estado, deve-se fundar companhias de capital exclusivamente estatal, enquanto para as empresas comuns devem-se estabelecer companhias com múltiplas partes investidoras, e as empresas importantes devem ser *holdings* estatais. As empresas de capital exclusivamente estatal também devem ter a participação acionária de várias empresas estatais, na medida do possível. É necessário aperfeiçoar o modo de operações com a delegação de poder do capital estatal, adotada pelas grandes empresas, corporações empresariais e *holdings* estatais. É necessário permitir e estimular ensaios locais, sintetizar constantemente as experiências e sondar as formas concretas de estabelecer e aperfeiçoar a administração dos bens estatais. É necessário fortalecer a supervisão eficaz dos bens estatais no sistema e no mecanismo, através do aperfeiçoamento do conselho supervisor, a fim de garantir que os bens estatais e seus direitos e interesses não sejam violados.

A estrutura de administração por pessoas jurídicas constitui o núcleo do sistema de sociedades moderno. É necessário definir as funções da assembléia de acionistas, do conselho de administração, do conselho fiscal e dos gerentes conforme a "lei de sociedade", para que eles assumam suas próprias responsabilidades, coordenem seus funcionamentos e pratiquem uma fiscalização efetiva. Atualmente, as *holdings* estatais, em sua absoluta maioria, têm as assembléias de acionistas, conselhos de administração e conselhos fiscais e têm, ao mesmo tempo, os comitês do Partido, os sindicatos e as assembléias gerais dos empregados, razão pela qual se pode adotar a maneira da participação bidirecional para tratar bem as relações entre si. Nas empresas estatais e *holdings* estatais, os responsáveis pelos comitês do Partido e representantes dos empregados podem entrar no conselho de administração e no conselho fiscal conforme o processo legal, ao mesmo tempo em que o presidente do conselho de administração, o responsável do conselho fiscal e o gerente geral podem entrar nos comitês do Partido conforme os Estatutos do Partido e as regras concernentes. O cargo de secretário do comitê do Partido e o cargo de presidente do conselho de administração podem ser acumulados por uma só pessoa. É através destas medidas que as empresas formam um mecanismo unificado para decidir sobre os assuntos importantes.

Terceiro, empenhar-se em fortalecer e aperfeiçoar a administração empresarial. A administração é o tema perpétuo para as empresas. A administração rigorosa é o único caminho para a prosperidade das empresas. Para fortalecer a administração da estratégia do desenvolvimento empresarial, o problema-chave consiste em agarrar bem os importantes elos, tais como a estratégia de desenvolvimento, a estratégia de inovação tecnológica e a estratégia de venda no mercado, conforme as exigências do mercado em constante mudança. Atualmente, a competição no mercado, tanto dentro e como fora do país torna-se cada vez mais renhida e o fator incerteza vem aumentando, o que requer muita atenção das empresas à decisão científica e ao tratamento dos riscos, para que elas possam resistir ao impacto da mudança no mercado e escapar eficazmente dos riscos. Sem regras, não haveria êxitos. Em todos os elos e os aspectos da operação e administração das empresas, deve-se estabelecer e aperfeiçoar os regulamentos e sistemas. Somente estabelecendo o sistema, atuando conforme as regras e aplicando rigorosamente o regime de recompensa e punição, a administração poderá ser mais eficaz e a eficiência do trabalho poderá ser elevada verdadeiramente. É necessário persistir em colocar a qualidade no primeiro lugar, adotar critérios avançados, gerenciar bem a qualidade com a participação de todos os empregados e de todos os processos e elevar em todos os aspectos a qualidade dos produtos, das obras e dos serviços.

O desenvolvimento da ciência e tecnologia modernas proporciona condições inteiramente novas para o fortalecimento da administração das empresas. É necessário prestar atenção e recorrer a diversos meios administrativos e tecnológicos modernos para fortalecer a administração. Na prolongada prática da construção das empresas estatais, acumulamos muitas experiências administrativas eficazes, que não podemos perder e devemos atribuir-lhes novo conteúdo com base na sua integração com a nova prática, para que elas continuem desempenhando positivo papel na nova situação. Quanto às recentes experiências obtidas pelas empresas avançadas no processo de reforma e desenvolvimento, é necessário dar atenção à sua sintetização, sublimação e divulgação. Ao mesmo tempo, é necessário introduzir ativamente talentos estrangeiros e assimilar os métodos de administração modernos das empresas estrangeiras. É necessário integrar nossas experiências históricas com as novas na administração empresarial, os métodos eficazes criados por nós na administração empresarial com os avançados das empresas estrangeiras, para explorar e formar um sistema científico de administração das empresas modernas com características chinesas e fazer incessantes inovações na administração.

É necessário fortalecer o trabalho básico, agarrar com todo o empenho os elos fracos na administração empresarial e dar ênfase à administração dos custos, dos assuntos financeiros e da qualidade dos produtos. Os assuntos financeiros, contabilistas e estatísticos das empresas devem ter critérios unificados e operações padronizadas que reflitam o funcionamento empresarial de maneira correta e oportuna. As falhas existentes na produção e operação das empresas causam freqüentemente grandes desgraças, tais como a má administração e a queda de rentabilidade, fatores negativos que deverão ser superados através da reforma eficaz e do fortalecimento da avaliação financeira. É necessário integrar o fortalecimento da administração com a luta contra a corrupção e pela honestidade administrativa para fortalecer a auditoria e fiscalização da contabilidade, e opor-se e corrigir firmemente a adulteração de contabilidade, a infração às disciplinas financeiras e o recurso a meios ilegais para fins egoístas. As empresas devem elevar a conscientização jurídica e a noção de crédito, e empreender a administração operacional nos termos da lei.

Quarto, resolver eficazmente os destacados problemas e dificuldades existentes nas empresas estatais. Quando os destacados problemas e dificuldades restringirem o desenvolvimento empresarial e colocarem as empresas em situação difícil, os comitês do Partido e os governos em diversos escalões, assim como os departamentos centrais concernentes devem prestar muita atenção e adotar outras medidas para resolvê-los com todo o empenho. É necessário aumentar fundos de reserva bancários para compensar as dívidas roladas ou podres, e destiná-los à fusão, a falência ou à reorganização dos bens das empresas estatais grandes e médias, aproveitar o mercado de capital dentro e fora do país para angariar fundos e aumentar a mobilidade dos empréstimos estatais, o que desempenha um papel muito grande para as empresas no aumento de capital e na redução das dívidas, e este trabalho deve ser fortalecido ainda mais. A partir deste ano, integrando a reforma dos bancos estatais no tratamento centralizado dos empréstimos falhados e adotando diversas formas, tal como o estabelecimento de companhias de administração financeira e de empréstimos, o Estado converterá em ações os créditos bancários impagáveis de partes das importantes empresas estatais com dívidas pesadas, que estejam em condições, para reduzir tais dívidas. Trata-se de uma importante medida para ajudar as empresas estatais grandes e médias a concretizar o objetivo da reforma e a livrar-se da difícil situação em três anos. Os setores concernentes devem coordenar seus esforços para aplicá-la com todo o empenho. Na sua aplicação, é necessário observar o princípio da economia de mercado e aplicar rigorosamente as regras concernentes para evitar o tumulto, a fuga às dívidas bancárias e a perda dos bens estatais. Ao converter créditos impagáveis em ações, as empresas devem transformar eficazmente o mecanismo operacional, para melhorar a administração interna.

A transferência do pessoal excedente a outros postos, a redução do pessoal, a elevação da eficiência e a execução do projeto de recolocação constituem uma importante medida para a solução da questão de pessoal excedente das empresas estatais. As empresas devem integrar organicamente a redução do pessoal com a elevação da eficiência, a fim de reduzir os custos, elevar a eficácia e aumentar a competitividade. Os comitês do Partido e governos de diversos escalões devem preocupar-se, cheios de entusiasmo, com a vida e a recolocação dos trabalhadores deslocados de seus postos. Trata-se de uma importante responsabilidade política que deve ser assumida com toda a diligência. Para julgar se é bem feita a reforma e o desenvolvimento numa empresa, é necessário não só considerar se ela conseguiu reduzir seu prejuízo e aumentar seu lucro, mas também se ela zelou verdadeiramente pela ideologia, pela vida e pela recolocação do pessoal. As autoridades centrais decidiram elevar o nível de garantia da vida básica e o seguro-desemprego dos trabalhadores deslocados das empresas estatais e o nível da garantia mínima da vida dos residentes urbanos. Os departamentos financeiros centrais concederão subsídios adequados às velhas bases industriais e à região Centro-Oeste com dificuldades financeiras.

A administração dos serviços sociais pelas empresas constitui um pesado encargo para estas, e este problema deve ser resolvido passo a passo, conforme as distintas situações. Os governos devem dar apoio positivo a diversos escalões. Melhorar o ambiente externo das empresas é um assunto sumamente importante para impulsionar a reforma e o desenvolvimento das empresas estatais, que deve ser bem-feito em todos os aspectos. É necessário ampliar ainda mais a abertura ao exterior, fazer todo o possível para expandir a exportação, aproveitar ativa e eficazmente capitais estrangeiros e desenvolver planificada e paulatinamente a cooperação econômica e tecnológica com o exterior, a fim de criar condições para que as empresas estatais aproveitem as duas espécies de recursos e os dois mercados. É necessário continuar cumprindo rigorosamente a lei, fortalecer a fiscalização jurídica, combater severamente diversas infrações, tais como o contrabando, a manufatura e venda de produtos falsificados, adulterados e de má qualidade e outras violações à lei, tal como violações aos direitos e interesses legítimos das empresas.

Quinto, acelerar e impulsionar o progresso tecnológico e a atualização industrial. A inovação é a alma para o progresso de uma nação e a força motriz inesgotável para a prosperidade e o desenvolvimento de um país. Na atualidade, o núcleo da concorrência internacional é a inovação intelectual, inovação tecnológica e industrialização de alta tecnologia. Entre as empresas estatais, há muitas empresas velhas, um número bastante grande delas ainda usa equipamentos e meios tecnológicos atrasados, razão pela qual, para ajudá-las a livrar-se da situação difícil e explorar novos espaços de desenvolvimento, é necessário persistir na importante idéia de que "a ciência e tecnologia são a primeira força produtiva" e ater-se bem ao elo-chave que é o progresso tecnológico e a atualização industrial. Ao acelerar o desenvolvimento, as empresas estatais não podem fazer simplesmente a expansão quantitativa, mas devem ter um desenvolvimento na qualidade e na rentabilidade. Caso contrário, será difícil para as empresas estatais terem a força de impulso ulterior em seu desenvolvimento e para mantermos o duradouro, rápido e saudável desenvolvimento da economia nacional. É necessário persistir em tomar o mercado como guia, transformar as tradicionais indústrias por meios tecnológicos avançados, diversificar, melhorar a qualidade e elevar a rentabilidade, e ao mesmo tempo avançar, com todos os esforços, rumo às indústrias recém-surgidas e às indústrias de alta tecnologia, esforçar-se em dominar a tecnologia-chave e os pontos culminantes da tecnologia. Deve-se formar uma série de empresas-base em certos setores importantes e domínios-chave de alta e nova tecnologia, para ocupar uma posição favorável na configuração da divisão de trabalho econômico internacional. É necessário introduzir, digerir e absorver a tecnologia avançada do exterior e é ainda mais necessário fortalecer a capacidade de inovação autônoma e estimular os projetos de desenvolvimento tecnológico com propriedade intelectual autônoma e de industrialização de alta tecnologia. A efetiva formação de um novo sistema de inovação tecnológica que tenha as empresas como centro não apenas pode proporcionar a força motriz para o desenvolvimento duradouro das empresas, mas também pode trazer enorme impulso ao progresso tecnológico de toda a sociedade. As empresas devem fortalecer as forças de exploração tecnológica e aumentar o investimento, enquanto as grandes empresas devem estabelecer centros de exploração tecnológica, para, ao mesmo tempo, estar produzindo um produto novo, tendo um outro pronto para ser lançado e já desenvolvendo um terceiro. Em breve, o Comitê Central do Partido e o Conselho de Estado tomarão uma decisão sobre o fortalecimento da inovação tecnológica, o desenvolvimento da alta tecnologia e a industrialização, e convocarão uma reunião nacional para este fim. As diversas regiões, departamentos e empresas estatais devem observar e aplicar seriamente esta decisão e envidar incansáveis esforços para impulsionar as empresas estatais a dar novos passos ainda maiores na inovação tecnológica.

O nosso país é um país em desenvolvimento, cujas indústrias tradicionais têm amplas demandas no mercado, podem pôr em função a superioridade de abundante mão-de-obra do nosso país e possuem competitividade no mercado internacional. Isto merece nossa plena atenção. Este ano e nos próximos anos, deveremos aumentar adequadamente os fundos financeiros destinados a subsidiar os juros dos empréstimos na transformação tecnológica das empresas, concentrar os investimentos na transformação tecnológica dos importantes setores, importantes empresas e importantes produtos, e promover uma política inclinada para as velhas bases industriais. É necessário definir claramente o objetivo, selecionar com precisão os projetos de transformação tecnológica, organizar com todo esmero a sua execução, orientar os fundos para os projetos valorizados e rentáveis, evitar o surgimento de novas e irrazoáveis construções repetidas e a formação de novos empréstimos falhados e de empresas deficitárias.

Sexto, construir um contingente de administradores de alta qualidade. O contingente dos administradores das empresas estatais é bom em seu conjunto. Eles levaram os empregados a lutar arduamente e a progredir incessantemente na renhida competição mercantil, dando importantes contribuições à reforma e ao desenvolvimento das empresas. Um bom grupo dirigente e um bom responsável revestem-se de significado decisivo para o desenvolvimento da empresa. É necessário fortalecer a construção do contingente dos administradores dotados de boa qualidade ideológica e política, especializados em operação e administração, e detentores de conhecimentos profissionais, assim como disciplinados e honestos. É necessário aprofundar a reforma do sistema de pessoal das empresas estatais, integrar a administração dos quadros pelo Partido e a avaliação e recomendação pelas organizações com a introdução do mecanismo mercantil e o recrutamento aberto, estudar e aperfeiçoar ainda mais os métodos concretos de administração dos dirigentes das empresas estatais e esforçar-se para criar um ambiente social para seu sadio desenvolvimento e sua distinção com base no seu talento. É necessário estabelecer e aperfeiçoar o mecanismo de estímulo e restrição para os administradores das empresas estatais, integrar o estímulo material com o estímulo espiritual e promover o espírito de abnegação. É necessário aperfeiçoar o mecanismo de supervisão para os administradores das empresas estatais, estabelecer o sistema de responsabilidade por decisões falhas das empresas e concretizar o sistema de auditoria da responsabilidade econômica dos dirigentes das empresas.

III. Fortalecer a direção do Partido sobre a reforma e o desenvolvimento das empresas estatais

Persistir na direção do Partido é um princípio político fundamental e a garantia política básica para nossa realização das diversas causas. Quanto mais muda a situação internacional, quanto mais pesadas são as tarefas da reforma e do desenvolvimento, mais será necessário fortalecer a direção do Partido. Os comitês do Partido em diversos escalões devem liderar a reforma e o desenvolvimento das empresas estatais e garantir eficazmente a direção, para garantir a aplicação das importantes decisões e disposições do Comitê Central do Partido.

Primeiro, é necessário analisar e compreender corretamente a situação e impulsionar firmemente o avanço da reforma e do desenvolvimento das empresas estatais. Vista em seu conjunto, a atual situação da reforma e do desenvolvimento das empresas estatais é boa. No primeiro semestre deste ano, a produção industrial do nosso país teve um aumento contínuo e estável, e os principais índices de rentabilidade econômica saíram do nível mais baixo e voltaram a subir. As empresas estatais e as *holdings* estatais conseguiram ter progressos relativamente grandes na reversão do déficit em superávit, o valor agregado da produção industrial de todo o país aumentou 9,4% em comparação com o mesmo período do ano passado, o valor do lucro das empresas dobrou, o valor de impostos pagos teve um aumento relativamente grande e o valor de perdas das empresas deficitárias foi reduzido visivelmente. Após um ano e meio de esforços, o setor têxtil, determinado pelas autoridades centrais como brecha da reforma e do livramento da situação difícil das empresas estatais, obteve progressos essenciais na redução de fusos, pessoal e déficit, e em junho deste ano conseguiu reverter o déficit em superávit, em seu conjunto. Os setores petrolífero, químico, mecânico, eletrônico e da indústria leve tiveram uma boa tendência de aumento de lucros e da eliminação ou redução do déficit. Isto demonstra que são corretas a política elaborada pelas autoridades centrais para com a reforma das empresas estatais e uma série de medidas formuladas desde o ano passado para ampliar a procura interna. Desde que observemos e apliquemos com persistência a política e as medidas acima mencionadas e ponhamos em prática as boas condições das empresas estatais, tais como os ativos e equipamentos tecnológicos existentes, a capacidade geral de integração e o contingente dos trabalhadores e quadros, será completamente possível concretizar o objetivo da reforma e do desenvolvimento das empresas estatais.

Levando se em consideração o desenrolar e a mudança da atual situação internacional e as demandas do desenvolvimento econômico estável do nosso país, as autoridades centrais decidiram fortalecer ainda mais o macrocontrole, continuar fortalecendo a execução da política financeira ativa, esforçar-se para pôr em função a política monetária e adotar uma série de importantes medidas. Aplicar bem essas políticas e medidas poderá incentivar eficazmente a procura interna e promover o crescimento econômico, assim como ajudar a reforma e o desenvolvimento das empresas estatais. Ao adotar importantes medidas, como fortalecer a inovação tecnológica, "converter créditos impagáveis em ações", reduzir a capacidade de produção excedente, fechar "as empresas pequenas de cinco tipos", aumentar os subsídios aos juros dos empréstimos destinados à transformação tecnológica e ampliar o financiamento direto das empresas, as autoridades centrais visam a resolver os destacados problemas e dificuldades das empresas estatais, considerando-as como medidas muito eficazes. Observar e aplicar bem essas medidas desempenhará um importante papel na concretização do objetivo da reforma e do livramento da situação difícil pelas empresas estatais em três anos e no impulsionamento de seu desenvolvimento de longo prazo.

O 15º Congresso Nacional do Partido e a 1ª plenária de seu Comitê Central formularam a meta de três anos da reforma e do livramento da situação difícil para as empresas estatais. Para impulsionar a reforma e o desenvolvimento das empresas estatais, é necessário, em primeiro lugar, fazer todo o possível para concretizar este objetivo e, com base nisto, continuar avançando. Devido às diferentes situações e ao desequilibrado desenvolvimento nas diferentes regiões e setores, é necessário ater-se bem aos setores e empresas principais segundo a realidade, para integrar a solução dos atuais problemas destacados das empresas com seu desenvolvimento de longo prazo. Com condições relativamente boas, a região Leste deve ser a primeira a concretizar este objetivo. A região Centro-Oeste e as velhas bases industriais devem acelerar o ajustamento da distribuição da economia de propriedade estatal e a reestruturação orgânica das empresas, resolver com todo o empenho os atuais problemas destacados e assentar firmes alicerces para a futura reforma e desenvolvimento.

Segundo, é necessário observar e aplicar em todos os aspectos a política e as diretrizes do Partido e dominar firmemente a correta direção da reforma das empresas estatais. Para impulsionar a reforma e o desenvolvimento das empresas estatais, é necessário persistir sempre no sistema econômico básico, tendo a propriedade pública como o corpo principal e levando em consideração o desenvolvimento comum da economia de diversos regimes de propriedade. Isto é determinado pela natureza do socialismo de nosso país e a situação do país na fase inicial do socialismo. Afastados do correto caminho da construção do socialismo do tipo chinês, não poderemos administrar bem as empresas estatais, e mal conseguiremos manter a situação geral da reforma, do desenvolvimento e da estabilidade do nosso país. A economia de propriedade pública é a importante força com que o Estado orienta, impulsiona, reajusta e controla o desenvolvimento econômico e social, ao mesmo tempo em que é a importante garantia para a concretização dos interesses fundamentais das amplas massas populares. Em última análise, ao impulsionar a reforma e o desenvolvimento das empresas estatais, visamos a robustecer constantemente a economia estatal no processo do desenvolvimento da economia de mercado socialista e fortalecer o papel dirigente e a capacidade de controle da economia estatal. Neste sentido, nossa idéia orientadora deve ser muito clara. Devemos empreender ativamente o trabalho e avançar com coragem, mas não podemos realizar a privatização. Trata-se de um grande princípio em que não podemos hesitar. É necessário persistir no princípio de administração dos quadros pelo Partido e o Comitê Central e os comitês em diversos níveis locais do Partido devem fortalecer a administração dos grupos dirigentes das importantes empresas estatais, que estão relacionadas com a segurança estatal e a artéria econômica do país. A economia de propriedade não-pública é parte importante da economia de mercado socialista, razão pela qual é necessário continuar estimulando-a e orientando-a, para que ela tenha um desenvolvimento saudável. Seguir o caminho da construção do socialismo do tipo chinês é a opção correta que fizemos ao sintetizar as experiências e lições do desenvolvimento de alguns países, partindo das condições históricas e da realidade do nosso país. Nos últimos vinte anos desde a aplicação da reforma e abertura, nosso país tem mantido um constante incremento econômico e a estabilidade social e política, enquanto tem elevado o nível de vida do povo, da razão fundamental de tudo isso é termos persistido no caminho socialista e acrescentado novo vigor e vitalidade ao socialismo através da reforma. A prática comprova que nosso caminho de reforma foi correto e bem-sucedido. Devemos persistir inabalavelmente em seguir este caminho.

Terceiro, é necessário fortalecer ainda mais a construção orgânica do Partido nas empresas e pôr em pleno funcionamento seu papel como núcleo político. Observando seriamente a linha fundamental e as diretrizes do Partido, as organizações do Partido nas empresas devem empreender o trabalho em torno da produção e operação, servir à concretização das tarefas do Partido e à reforma e desenvolvimento das empresas, participar da decisão nos importantes assuntos das empresas e apoiar a assembléia de acionistas, o conselho de administração e gerentes (ou chefes das fábricas) a exercer suas funções conforme a lei. É necessário apoiar-se sinceramente nos empregados, respeitar verdadeiramente sua posição de dono, pôr em plena função sua iniciativa e criatividade e o papel dos sindicatos e assembléias gerais dos empregados na decisão, administração e supervisão democráticas. Levando em consideração a importância do trabalho ideológico e político e a civilização espiritual das empresas, é necessário fortalecer eficazmente a direção, persistir em armar os empregados com a teoria de Deng Xiaoping e a linha fundamental do Partido, fortalecer-lhes a educação e elevar-lhes a qualidade ideológica, moral, científica e cultural e esforçar-se pela construção de um contingente de empregados dotados de ideal, moral, conhecimentos culturais e disciplinas. É necessário melhorar constantemente as formas de atividade e o conteúdo do trabalho das organizações do Partido nas empresas em novas condições históricas. Somente sabendo integrar organicamente a superioridade política do Partido com o mecanismo do mercado, mobilizando todos os fatores positivos e reunindo todas as forças, poderemos revigorar as empresas estatais.

Quarto, é necessário fortalecer o estudo com persistência e ir ao fronte da reforma e do desenvolvimento das empresas para fazer investigações e estudos. Agora, perante tarefas muito pesadas da reforma e desenvolvimento e a nova situação e novos problemas que nos aparecem um após outro, os camaradas de todo o Partido, sobretudo os quadros dirigentes, devem fortalecer ainda mais a investigação e o estudo. Os quadros dirigentes em diversos escalões e os responsáveis pelas empresas estatais devem compreender e dominar constantemente os novos conhecimentos, ampliar sua própria visão, elevar com todo o empenho a capacidade de inovação, a capacidade de análise e solução dos problemas e a capacidade de decisão científica, e resolver a tempo diversas contradições e problemas destacados no processo da reforma e desenvolvimento. É necessário estudar seriamente o marxismo-leninismo, o pensamento de Mao Tsé-tung e a teoria de Deng Xiaoping, elevar constantemente a capacidade teórica e de raciocínio e esforçar-se para dominar a correta concepção do mundo e a metodologia científica. É necessário aprender não apenas com os livros, mas também com a prática. Os quadros em diversos escalões, sobretudo os quadros dirigentes, devem penetrar na prática para fazer investigação e estudo, esforçar-se para compreender e dominar o trabalho econômico e tudo o que obedece a certa regra no processo de reforma e desenvolvimento das empresas. Desde que todos persistam em se comportar desta maneira, poderemos elevar constantemente nosso trabalho a um novo nível e fazê-lo ainda melhor.

Em suma, devemos compreender plenamente a importância e a urgência do impulsionamento da reforma nas empresas estatais, assim como notar a longevidade e a arduidade deste trabalho. Contando com a orientação da teoria de Deng Xiaoping e da linha fundamental do Partido, com as ricas experiências da reforma obtidas nos últimos vinte anos, com maior poderio nacional e uma base material e tecnológica mais fortes do que antes e com a participação ativa dos empregados, assim como com a firme convicção, o entendimento unificado, o espírito empreendedor em mente e os esforços conjugados de todo o Partido e de todo o país, poderemos criar uma nova situação da reforma e desenvolvimento das empresas estatais.

Tomar a Inovação Científica e Tecnológica como Guia e Promover Saltos Essenciais no Desenvolvimento das Forças Produtivas*

(23 de agosto de 1999)

* Extrato do discurso feito por Jiang Zemin na Conferência Nacional de Inovação Tecnológica.

Para pôr em prática a estratégia de prosperidade do país mediante a ciência e tecnologia em todos os aspectos e acelerar o progresso científico e tecnológico em toda a sociedade, a questão-chave consiste em fortalecer e impulsionar constantemente a inovação de conhecimentos e de tecnologia. Eu afirmei que a inovação é a alma do progresso nacional e a inesgotável força motriz da prosperidade do país. Na sociedade de hoje, a inovação científica e tecnológica torna-se cada vez mais a importante base e o símbolo da libertação e do desenvolvimento das forças produtivas, exercendo um papel cada vez mais decisivo no processo de desenvolvimento de um país e de uma nação. Sem inovação, uma nação mal pode prosperar e erguer-se no mundo. Quanto a esta questão, não apenas os quadros dirigentes em diversos escalões devem ter uma consciência política muito forte, mas também toda a sociedade deve estabelecer tal consciência.

Após meio século de árdua luta desde a fundação da Nova China, o poderio material e tecnológico do nosso país conheceu um desenvolvimento muito grande, mas, em seu conjunto, nosso país continuará na fase inicial do socialismo durante longo tempo. Grande população, débil base econômica, insuficientes recursos naturais *per capita* e forças produtivas relativamente atrasadas continuam sendo a realidade básica do nosso país. Com base nisto, concretizar a modernização fundamental daqui a cinqüenta anos, quer dizer, em meados do próximo século, continuará sendo uma tarefa muito difícil. Devemos tomar a inovação científica e tecnológica como guia para impulsionar saltos qualitativos no desenvolvimento das forças produtivas, e colocá-la no primeiro plano da construção econômica. Isto deverá ser uma importante orientação estratégica.

Nesta reunião, as autoridades centrais formularam a necessidade de fortalecer ainda mais a inovação tecnológica, desenvolver a alta tecnologia e concretizar a industrialização. Trata-se de uma obra sistemática em que muitos problemas devem ser dominados. Todos devem intensificar o trabalho, fazer uma planificação levando em consideração todos os fatores e arranjos racionais segundo a decisão e a disposição das autoridades centrais. A inovação científica e tecnológica abrange muitos aspectos, dos quais a inovação tecnológica é um dos mais importantes. A inovação tecnológica significa principalmente que as empresas utilizarão os conhecimentos novos, a tecnologia nova, os processos novos, as maneiras novas de produção e os novos modelos de operação e administração, para elevar a qualidade dos produtos, explorar novos produtos, aumentar a competitividade no mercado e a capacidade de resistência a riscos. Além do seu importante significado para a administração das empresas estatais, o fortalecimento da inovação tecnológica reveste-se de um significado decisivo para a elevação da qualidade e da eficiência de toda a economia nacional, da produtividade de toda a sociedade e da competitividade internacional do nosso país. Foi partindo desta consideração que as autoridades centrais enfatizaram nesta reunião o problema do fortalecimento da inovação tecnológica. Para fortalecer a inovação tecnológica, o mais fundamental é formar verdadeiramente um mecanismo eficaz para impulsionar a inovação tecnológica em toda a sociedade. Neste processo, deve-se dar prioridade aos seguintes aspectos.

Primeiro, pôr em plena função a superioridade política do sistema socialista e abrir um novo caminho de inovação tecnológica do tipo chinês. O camarada Deng Xiaoping assinalou que, com o sistema socialista, nosso país pode concentrar as forças para fazer grandes coisas. Nas décadas de 1950 e 1960, sob as condições difíceis de débil base material e tecnológica e dificuldades econômicas a que se acrescentava o bloqueio imperialista, apoiando-nos na superioridade do sistema socialista e no espírito empreendedor de luta árdua dos cientistas e técnicos e de todo o povo, obtivemos brilhantes êxitos científicos e tecnológicos num período relativamente curto, tais como a pesquisa e o fabrico de "bomba atômica, bomba de hidrogênio e satélite artificial" e a prospecção e exploração do campo petrolífero de Daqing, dando inapagáveis contribuições para salvaguardar a soberania e segurança nacionais, promover o desenvolvimento da economia nacional e determinar a posição de grande potência do nosso país. Devemos continuar persistindo, aproveitando e desenvolvendo esta superioridade política do sistema socialista, no sentido de concentrar as forças para fazer grandes coisas. Nas novas condições do desenvolvimento da economia de mercado socialista, precisamos reajustar a maneira de utilizar e desenvolver esta superioridade, mas não podemos hesitar em utilizar e pôr em função esta superioridade. Conforme o princípio de fazer em certos aspectos e deixar de fazer em outros, dando ênfase aos centros de ênfase, devemos escolher, de maneira precisa, alguns domínios que tenham importante função para impulsionar o desenvolvimento econômico e social, salvaguardar a segurança nacional e elevar as forças produtivas e o poderio nacional, e concentrar as forças, coordenar as ações para resolver os problemas-chave, e obter progressos essenciais. É especialmente necessário fortalecer a inovação nos domínios-base e domínios-chave de alta tecnologia, acelerar o desenvolvimento e aplicação da indústria de alta tecnologia, sobretudo das indústrias recém-surgidas de importância estratégica, ao mesmo tempo em que elevamos constantemente as tradicionais indústrias a uma nova altura. É necessário dar alta atenção ao fortalecimento da inovação de alta tecnologia na defesa nacional, dar prioridade ao desenvolvimento da tecnologia para fins tanto militar como civil e dominar, o mais rápido possível, novos "trunfos" necessários à salvaguarda da soberania e segurança nacionais. É necessário integrar a superioridade do sistema socialista com a superioridade da economia de mercado, pôr em plena função o papel básico do mercado na distribuição de recursos e, através do mecanismo competitivo, otimizar a composição dos diversos fatores, tais como os recursos financeiros, o pessoal, a tecnologia, a operação e a administração, mobilizando ao máximo as forças positivas de toda a sociedade, favoráveis à promoção da inovação tecnológica.

Segundo, persistir em voltar-se para a construção econômica e acelerar a transformação dos frutos científicos e tecnológicos em forças produtivas reais. Desde seu início, o surgimento e o desenvolvimento da ciência têm sido determinados pela produção social. Em mensagem dirigida a V. Borgeus, Friedrich Engels assinalou profundamente: "Quando a sociedade tiver necessidade da tecnologia, tal necessidade poderá mais que dez universidades no impulsionamento do avanço da ciência." Somente integrando-se intimamente com o desenvolvimento econômico e social, o progresso científico e tecnológico e a inovação tecnológica poderão ter uma grande vitalidade. Paralelamente ao desenvolvimento da agricultura, indústria, defesa nacional, proteção ambiental, serviços e outros setores sociais e à elevação do nível de vida do povo, haverá grande número de temas científicos e tecnológicos urgentes por estudar e resolver. A criatividade e a potencialidade do enorme mercado do nosso país, com mais de 1,2 bilhão de habitantes, não apenas apresentaram amplas exigências à inovação tecnológica, mas também proporcionaram uma poderosa força motriz e um amplo palco para a mesma. Desde o ano passado, a Academia de Ciências da China começou a experimentação do projeto estatal de inovação intelectual, no qual fez uma reforma relativamente forte na inovação de objetivos, estrutura orgânica, mecanismo de pessoal e distribuição de recursos, dando novos passos para promover a íntima integração da inovação tecnológica no domínio da ciência e tecnologia aplicadas com a construção econômica. Três dias atrás, estive no Instituto de Pesquisa Físico-química da Academia de Ciências da China, em Dalian, uma das entidades experimentais. Quanto às recentes experiências obtidas na execução da experimentação do referido projeto estatal, é necessário dominar sua lei, sintetizá-la, elevá-la e popularizá-la conforme a realidade dos diversos lugares. Para fortalecer a transformação dos frutos científicos e tecnológicos em forças produtivas reais, é necessário considerar o mercado e as necessidades sociais a principal orientação do trabalho científico e tecnológico e dar ênfase à ligação orgânica entre o estudo e o desenvolvimento e a industrialização. Deve-se criar um bom ambiente político e social, orientar e estimular a entrada das forças científicas e tecnológicas, em sua maioria, na construção econômica, que é o principal campo de batalha, e adaptar-se, na medida do possível, às necessidades do desenvolvimento da economia de mercado socialista.

O estudo básico e a inovação e exploração de vanguarda de alta tecnologia constituem a guia e a fonte dos progressos científicos e tecnológicos. Os novos progressos essenciais obtidos no estudo básico e na inovação e exploração de vanguarda de alta tecnologia originam freqüentemente o surgimento e a prosperidade da alta e sofisticada tecnologia e suas indústrias. Devemos continuar dando prioridade ao fortalecimento do estudo básico e à exploração de vanguarda de alta tecnologia e aumentar paulatinamente investimentos neste domínio. É necessário apoiar os cientistas a empreenderem pesquisa básica e a aplicação do estudo e exploração em torno dos objetivos determinados pelo Estado, assim como estimular entusiasticamente alguns cientistas a empreender a pesquisa por livre iniciativa. Para a pesquisa básica, é necessário persistir no princípio de fazer em certos aspectos e deixar de fazer em outros, escolher os objetivos de maneira precisa, dar ênfase aos pontos de ênfase e estimular a inovação corajosa. Em certos domínios e pesquisas da ponta importantes, é necessário concentrar as forças, organizar os cientistas a galgarem o cume científico e esforçar-se para ocupar um posto na dianteira científica do mundo, assentando alicerces ainda mais firmes para o fortalecimento da capacidade de inovação duradoura do nosso país e dando devidas contribuições ao progresso da civilização da humanidade.

Terceiro, deve-se fortalecer a capacidade de inovação autônoma e realizar saltos no desenvolvimento tecnológico. No processo de modernização socialista, devemos fazer todo o possível para herdar os excelentes frutos da civilização criados por nossos antepassados e absorver ativamente os excelentes frutos de toda a civilização humana, estudar, assimilar e aproveitar seriamente os frutos científicos e tecnológicos avançados de outros países, sobretudo dos países desenvolvidos do Ocidente. É necessário integrar verdadeiramente a superioridade do sistema socialista com os excelentes frutos da civilização humana e as forças científicas e tecnológicas avançadas. O camarada Deng Xiaoping assinalou: "Como a ciência e tecnologia em si não têm caráter de classe, os capitalistas usam-nas para servir ao capitalismo, enquanto os países socialistas usam-nas para servir ao socialismo." O imperialismo usa os meios científicos e tecnológicos avançados para promover a política hegemonista e explorar e agredir os países do terceiro mundo. Ao dominar a ciência e tecnologia avançadas, visamos a promover o desenvolvimento econômico e o progresso social em todos os aspectos, salvaguardar a soberania e segurança nacionais e a paz, e concretizar os interesses da maioria absoluta do povo. É necessário dotar nosso país tanto da superioridade política do socialismo como da superioridade da ciência e tecnologia modernas, de maneira que nossa economia e nossa sociedade possam avançar para a frente, com a mais poderosa força motriz. É claro que, quando aprendemos a tecnologia avançada do exterior, não podemos ir ao encalço de outros ou depender às cegas dos meios tecnológicos já existentes no exterior, mas devemos fazer nossas próprias explorações e criações. Como um grande país socialista em desenvolvimento, a China deve apoiar-se nas próprias forças, em importantes projetos científicos e tecnológicos de caráter estratégico e básico, devendo ter a capacidade de inovação e a propriedade intelectual autônomas. Não podemos apoiar-nos em outros, pois quem se apóia em outros não tem segurança. Se não conseguirmos ter progressos essenciais, o mais rápido possível, nestes aspectos e dependermos às cegas exclusivamente de outros, será muito difícil salvaguardarmos a segurança nacional em caso de eventualidade. Na história mundial, houve muitos exemplos positivos no sentido de os atrasados superarem os avançados, e em certos domínios do nosso país, também houve semelhantes exemplos. Agora, já temos base e condições para concretizar grandes saltos tecnológicos em certos domínios. O problema-chave consiste em que, ao estudar, digerir e absorver a tecnologia avançada do exterior, devemos fortalecer a inovação autônoma, a formação de pessoal e a construção das bases de inovação, elevar a capacidade de inovação das empresas, dominar a iniciativa de desenvolvimento científico e tecnológico e concretizar grandes saltos tecnológicos num nível ainda mais elevado.

Quarto, fortalecer a coordenação entre toda a sociedade e estabelecer e aperfeiçoar, o mais rápido possível, o sistema complementar da transformação da inovação tecnológica e dos frutos científicos e tecnológicos em forças produtivas reais. Nas condições de desenvolvimento da economia de mercado socialista, como fortalecer a inovação tecnológica e como acelerar a transformação dos frutos científicos e tecnológicos em forças produtivas reais, conforme a lei econômica, constituem um grande tema que se deve continuar estudando e resolvendo seriamente. É necessário notar que no velho sistema científico e tecnológico existe geralmente a desconexão entre a ciência e tecnologia e a economia, de forma que cada região ou departamento tem, com demasiada divisão de trabalho, superposição de organismos e dispersão de forças. Isto é uma grave falha, que não só causa a repetição de pesquisas científicas e o desperdício de recursos, mas também conduz ao baixo índice da transformação dos frutos científicos e tecnológicos e de suas contribuições ao desenvolvimento econômico e social. Através da reforma realizada nos últimos anos, tal situação foi alterada consideravelmente, mas o problema ainda não foi resolvido no nível fundamental, sendo necessário realizar ainda mais a reforma para eliminar tal falha, radicalmente. Conforme o objetivo de favorecer a inovação científica e a transformação dos frutos científicos e tecnológicos em forças produtivas reais e através do macrocontrole e distribuição do mercado, deve-se romper os limites existentes entre os diferentes organismos de pesquisa científica, entre diferentes empresas e entre os organismos de pesquisa científica e as empresas, pôr em pleno funcionamento suas próprias superioridades, fazer coordenação de grande envergadura entre si e reunir todas as forças. Não se pode continuar atuando da mesma maneira, segundo a qual "cada um esconde-se num pequeno prédio para formar um sistema independente" e "nunca se visitam durante toda a vida, embora cada um ouça o cantar dos galos e o ladrar dos cães do outro". A maneira de "esconder num pequeno prédio para formar um sistema independente", fechar suas próprias "portas" e estabelecer "fortalezas na montanha" e separar-se e isolar-se um do outro causam grandes desperdícios na distribuição de recursos científicos e tecnológicos, o que contraria as exigências do sistema socialista e da economia de mercado socialista, as necessidades de grande produção socializada e a própria lei da inovação científica e tecnológica. Esta maneira é um reflexo, nos domínios econômico, científico e tecnológico, da influência remanescente da atrasada maneira de produção da economia da pequena agricultura e pequena produção, que durou milênios na história do nosso país. Ideologicamente, isto também é a demonstração do remanescente do "igualitarismo" dos pequenos produtores na história. Devemos compreender seu caráter atrasado e nocivo nos terrenos ideológico, político e econômico, fazer uma reforma radical e expulsar o antiquado para desenvolver o moderno. Atualmente, surgiu na arena internacional a maneira chamada "manufatura virtual". Por "manufatura virtual" entende-se que a empresa usa computadores para explorar, pesquisar, fabricar e administrar os produtos conforme as necessidades do mercado, e dominam a tecnologia de ponta dos *softwares* e a administração da venda dos produtos, enquanto os *hardwares* dos produtos são fabricados pelas empresas concernentes na sociedade, segundo as exigências sobre a tecnologia, o custo e o ritmo da produção. Os *hardwares* são compostos e depois, os *softwares* de ponta são embutidos pela empresa de manufatura virtual. As empresas deste tipo quase não têm equipamento nem linha de produção. Recentemente, visitei em Shenyang o centro de manufatura virtual de uma empresa de *softwares* de alta tecnologia. Era justamente desta maneira que eles agiam. Esta maneira não apenas pode pôr em prática a superioridade tecnológica das diversas empresas de manufatura, mas também pode acelerar a atualização dos produtos para atender às necessidades do mercado. Desde a aplicação da reforma e abertura, nosso país obteve progressos muito rápidos no domínio científico e tecnológico, com o que se formou uma nova superioridade de produção e de tecnologia em todos os setores. Quanto aos novos frutos científicos e tecnológicos, deve-se dar atenção ao pleno aproveitamento da capacidade de manufatura que as empresas ou setores concernentes já têm, ou na base atual, complementá-la e fortalecê-la para formar rapidamente novas forças produtivas. Para a entrada em produção de cada fruto científico e tecnológico, nem sempre é necessário estabelecer novas instalações desde o início. Desta maneira, pode-se reduzir os investimentos em equipamentos e instalações de infra-estrutura desnecessários e acelerar o processo da industrialização e, quando for necessária a produção de novos produtos, as empresas existentes poderão mudar de produção rapidamente através da transformação tecnológica, para evitar desperdícios de recursos. Para concretizar a inovação tecnológica e a industrialização, o ponto de ênfase consiste em resolver as duas extremidades. Por um lado, é necessário fortalecer a pesquisa tecnológica e a capacidade de exploração, e por outro, é necessário fortalecer a integração sistemática, a montagem final, a inspeção e os serviços de venda. O processamento e a fabricação da matéria-prima dos componentes e processos intermediários devem ser feitos, na medida do possível, pelas empresas existentes, selecionadas através da cooperação, a fim de deixar de repetir a construção e formar mais um sistema independente, "pequeno mas completo" ou "grande e completo". Isto quer dizer que se deve formar a estrutura do "modelo halters", em vez do "modelo azeitona". Neste sentido, todos devem libertar a mente, buscar a verdade nos fatos e fazer sondagem corajosa, para formar um sistema razoável que corresponda à lei do desenvolvimento da economia moderna com alta rentabilidade, flexibilidade e cheia de vitalidade, e favoreça a conversão dos frutos científicos e tecnológicos em forças produtivas reais.

Quinto, promover ativamente a construção do sistema estatal de inovação intelectual e proporcionar uma eficaz garantia e um mecanismo de estímulo para a inovação tecnológica e a conversão dos produtos científicos e tecnológicos em forças produtivas reais. Em primeiro lugar, é necessário determinar a posição das empresas como o corpo principal da inovação tecnológica, fortalecer a construção do mecanismo de inovação tecnológica das empresas e esforçar-se para elevar a capacidade de inovação e nível de administração científica das empresas. É necessário otimizar a distribuição das forças e recursos científicos e tecnológicos, fortalecer as ligações orgânicas e a cooperação com base na divisão de trabalhos entre o governo, as instituições de pesquisa científica, as universidades e as empresas, para converter de maneira mais rápida, e ainda melhor, os novos frutos tecnológicos em forças produtivas reais e acelerar o desenvolvimento da indústria de alta tecnologia e a atualização das indústrias tradicionais. É necessário estimular e impulsionar ativamente a entrada dos órgãos de pesquisa de ciências aplicadas nas empresas, convertê-los em empresas científicas e tecnológicas ou em órgãos de serviços intermediários científicos e tecnológicos, e pôr em pleno funcionamento o papel das instituições de pesquisa científica e das universidades no sistema estatal de inovação intelectual. É necessário fortalecer a ligação, a combinação e a cooperação entre os sistemas de pesquisa científica para fins militar e civil, ao mesmo tempo em que é necessário fortalecer a transferência da tecnologia avançada de fim militar para fim civil e dar atenção ao desempenho do importante papel de pesquisas científicas de fim civil no fortalecimento do exército por meio científico e tecnológico. É necessário persistir no sistema econômico fundamental, tendo a propriedade pública como o corpo principal e baseado no desenvolvimento geral de diversas formas de propriedade, desenvolver e apoiar ativamente as empresas médias e pequenas do tipo científico e tecnológico de diversas propriedades e diversas formas orgânicas, e estimular o desenvolvimento dos organismos de serviços intermediários científicos e tecnológicos. É necessário administrar ainda melhor as zonas de exploração de alta tecnologia em nível estatal e os parques de pesquisa científica e tecnológica de universidades, para convertê-los verdadeiramente em bases destinadas à criação e ao desenvolvimento de indústrias de alta tecnologia. Conforme as experiências na formação e desenvolvimento da indústria da alta tecnologia no exterior, o estabelecimento de um mecanismo de investimentos de risco constitui uma importante condição para a promoção do desenvolvimento de alta tecnologia e de sua industrialização. É necessário estabelecer um sistema de investimento e financiamento, favorável à inovação tecnológica e à conversão dos frutos científicos e tecnológicos em forças produtivas reais. É necessário observar e aplicar seriamente o princípio da prioridade do resultado e a eficiência, de cada um segundo o trabalho, levando em consideração a igualdade, e aplicar o princípio da tecnologia, a administração e outros fatores essenciais de produção participando da distribuição, para que a renda do pessoal científico e tecnológico corresponda ao valor e à contribuição de seus trabalhos.

Sexto, esforçar-se para construir um grandioso contingente de pessoal talentoso pleno de criatividade e alta qualidade. Para impulsionar o progresso científico e tecnológico e a inovação tecnológica, o problema-chave consiste em pessoal talentoso. É necessário pôr em pleno funcionamento o entusiasmo, a iniciativa e a criatividade do pessoal científico e tecnológico. O rápido crescimento de um grande número de jovens talentosos constitui a esperança de progresso científico e tecnológico e da inovação tecnológica. A juventude é a idade dourada, plena de espírito de inovação. Alguns progressos essenciais no desenvolvimento científico e tecnológico do mundo foram feitos por jovens. É necessário preparar um bom ambiente social para os jovens se distinguirem por seu talento, para que eles desenvolvam plenamente seu talento, ousem fazer inovações e realizem seus ambiciosos planos. Para preparar pessoal talentoso, a base está na educação. É necessário observar o princípio do desenvolvimento geral nos aspectos moral, intelectual, físico e estético e, conforme a lei e as características do crescimento do pessoal talentoso, é necessário considerar a formação da consciência de inovação e do espírito empreendedor dos estudantes a principal tarefa da educação qualitativa. As instituições de pesquisa científica também devem ser bases de preparação do pessoal talentoso incluídas no sistema educacional de preparação do pessoal de alto nível do Estado. As instituições de pesquisa científica e as universidades devem estabelecer um sistema administrativo de pessoal científico e tecnológico, de caráter aberto, circulatório, competitivo e cooperativo, criar uma atmosfera acadêmica de vivacidade, dinamismo e democracia, e estimular a sondagem e a inovação. É necessário estabelecer e desenvolver em toda a sociedade um bom hábito reinante de respeito aos conhecimentos e ao pessoal talentoso e admiração pela inovação. É necessário criar ativamente condições, estimular e absorver o pessoal que estuda no exterior, sobretudo o pessoal científico e tecnológico residente no ultramar, a criar suas indústrias científicas e tecnológicas no país. É necessário formar um grande número de pessoal operacional e administrativo especializado que domine bem conhecimentos científicos e tecnológicos. É necessário estimular ativamente as inovações e renovações tecnológicas e as atividades de popularização tecnológica entre as massas. Nobres ideais e aspirações, entusiasmo patriótico elevado e férrea força de vontade são as condições indispensáveis para o sucesso da inovação. Entre o pessoal científico e tecnológico, sobretudo entre os jovens do setor, é necessário desenvolver vigorosamente o patriotismo, o coletivismo e o socialismo, o espírito prático, de inovação, de luta árdua e de abnegação, para que cresça vigorosamente um grande número de pessoal talentoso científico e tecnológico, de boa moralidade e habilidade. É necessário empenhar-se em difundir as façanhas criadas pelo pessoal científico e tecnológico na inovação e na luta árdua. O Comitê Central do Partido e o Conselho de Estado decidiram criar prêmios de contribuições científicas e tecnológicas do mais alto nível do Estado para os excelentes trabalhadores do setor científico e tecnológico que tenham obtido êxitos extraordinários no setor científico e tecnológico, com o objetivo de estimular a inovação tecnológica.

Discurso Proferido na Conferência Central de Trabalho Étnico e na 3ª Conferência Nacional de Elogios de Unidade e Progresso Étnicos do Conselho de Estado

(29 de setembro de 1999)

Camaradas:

Por ocasião do 50° aniversário da fundação da Nova China, o Comitê Central do Partido e o Conselho de Estado realizam a Conferência Central de Trabalho Étnico e a Conferência Nacional de Unidade e Progresso Étnicos, em que os representantes das 56 etnias se reúnem nesta capital, Beijing, para celebrar o Dia Nacional. Isto é de grande significado. Em nome do Comitê Central do Partido e do Conselho de Estado, gostaria de manifestar calorosas saudações às coletividades-modelo e indivíduos de destaque que estão sendo elogiados, render nobre homenagem aos camaradas da frente de trabalho étnico e a todos os camaradas que dedicaram atenção e apoio à causa de unidade e progresso étnicos e apresentar sinceros cumprimentos ao povo das diversas etnias do país.

A tarefa desta conferência de trabalho étnico reside em, à luz da teoria de Deng Xiaoping e da linha fundamental do Partido e através do retrospecto dos grandes êxitos obtidos por nosso país no trabalho étnico nos últimos cinqüenta anos, compreender e dominar ainda mais a regra da questão étnica da fase inicial do socialismo, aprofundar o estudo da nova situação que o trabalho étnico enfrenta e fazer uma disposição em todos os aspectos do trabalho étnico transecular, a fim de unir ainda melhor o povo das diversas nacionalidades do país e levá-lo a esforçar-se para concretizar o grandioso objetivo determinado pelo 15° Congresso Nacional do Partido.

A fundação da Nova China abriu uma nova era na história da Nação Chinesa. Avaliando e analisando a situação e integrando, de maneira criadora, a teoria étnica marxista com a realidade da questão étnica chinesa, o camarada Mao Tsé-tung, o camarada Deng Xiaoping e outros revolucionários proletários da velha geração determinaram as relações étnicas socialistas de igualdade, unidade e ajuda mútua, estabeleceram um sistema de autonomia regional das minorias nacionais que corresponde à realidade e aos interesses fundamentais das diversas nacionalidades, elaboraram uma série de diretrizes e políticas para promover o desenvolvimento e a prosperidade comum das diversas nacionalidades e levaram-nos a seguir um caminho correto do tipo chinês para tratar os assuntos étnicos.

Ao elaborar a política e o sistema para o tratamento do assunto étnico, nosso Partido levou em plena consideração tanto o fato básico de que nosso país unificado multiétnico segue o caminho socialista como o de que existem diversidade e diferença no nível de desenvolvimento, na cultura e nos hábitos entre as 56 etnias; sintetizou profundamente as experiências e lições na história do nosso país no tratamento dos assuntos étnicos, e tomou com uma atitude positiva as experiências e lições de outros países nos mesmos, de forma que tal política e sistema têm sua base científica tanto histórica como prática. Essa política e sistema corretos garantiram a formação e a consolidação das relações étnicas socialistas de igualdade, unidade e ajuda mútua, garantiram o constante avanço das diversas etnias no caminho de desenvolvimento e prosperidade comuns e garantiram a unidade política, o desenvolvimento econômico e a estabilidade social do nosso país multiétnico. Essa política e sistema de caráter fundamental constituem uma de nossas importantes superioridades políticas e uma garantia básica para fazermos bem o trabalho étnico, razão pela qual temos de continuar aplicando-os firmemente, sem nenhuma hesitação ou vacilo em qualquer momento.

O trabalho étnico da Nova China tem principalmente duas grandes tarefas históricas: a primeira, levar o povo das diversas etnias, já emancipado, a seguir o caminho socialista, através da transformação do sistema social, e a segunda, através da construção socialista, acelerar o desenvolvimento socioeconômico das diversas etnias, sobretudo das minorias nacionais e das regiões étnicas, e promover a prosperidade comum das diversas etnias. Sob a direção do Partido, a primeira tarefa já foi cumprida triunfalmente há muito tempo, e a segunda já obteve grandes êxitos que merecem atenção mundial. Os fatos demonstram plenamente que nossa política étnica é totalmente correta e, em comparação com outros países do mundo, obtivemos maior sucesso no tratamento dos assuntos étnicos. Trata-se de um fruto que todos devem levar na máxima estima, pois foi obtido pelos camaradas de todo o Partido e pelo povo das diversas nacionalidades do país, unidos como um só homem na árdua luta conjunta.

No mundo atual, a paz e o desenvolvimento são os temas da época, mas ainda não reina a paz sobre a Terra. Dos conflitos e guerras ocorridos em algumas regiões de foco de todo o globo, a maioria estava relacionada com o tratamento inadequado dos problemas étnicos ou a intervenção das forças de fora nos litígios étnicos. Em todas as regiões que não conseguiram resolver bem os problemas étnicos, ocorreram problemas ou distúrbios de diferentes graus. Sem a estabilidade e a unidade sociais, nenhum país conseguirá fazer alguma coisa, para não falar em desenvolvimento econômico e social. Nos últimos anos, encontramos muitas dificuldades e riscos no processo de avanço, um dos quais vieram dos domínios político e econômico ou da natureza, outros provieram dentro do país ou procederam do exterior, mas conseguimos resistir a tudo isso, mantendo assim o contexto geral da reforma, desenvolvimento e estabilidade do nosso país. Um dos importantes motivos disso consiste na vontade comum e na unidade estreita em que as 56 etnias do nosso país têm insistido. No caminho de desenvolvimento transecular, devemos persistir incansavelmente em levar a bom termo o trabalho étnico e fortalecer a unidade étnica.

Após a fundação da Nova China e o estabelecimento do sistema socialista, o povo das diversas nacionalidades de todo o país tornou-se o dono do Estado e da sociedade, dominando verdadeiramente seu próprio destino e concretizando a unanimidade das diversas etnias nos interesses fundamentais. Trata-se da sólida base política para a grande unidade das diversas etnias que, ligadas como carne e unha, compartilham. As características e diferenças étnicas continuarão existindo por longo tempo. Não podemos negligenciar as características das etnias e as suas diferenças, nem devemos ampliar artificialmente as diferenças étnicas. Os camaradas de todo o Partido devem tomar o fortalecimento da unidade étnica e a promoção do desenvolvimento e prosperidade comuns das diversas etnias como programa de ação do trabalho étnico ao longo de toda a fase inicial do socialismo.

De acordo com o objetivo estratégico de desenvolvimento transecular, formulado no 15° Congresso Nacional do Partido, de agora até ao ano 2010, a principal tarefa do trabalho étnico do nosso país é seguinte: manter no alto a grande bandeira da teoria de Deng Xiaoping, persistir na linha fundamental do Partido na fase inicial do socialismo, tomar como centro a construção econômica, acelerar o desenvolvimento econômico e o progresso social das minorias nacionais e das regiões por estas habitadas, elevar o nível de vida das minorias nacionais, fortalecer a unidade étnica, salvaguardar a unidade da pátria e a estabilidade social, consolidar e desenvolver as relações étnicas socialistas de igualdade, unidade e ajuda mútua e concretizar, passo a passo, o desenvolvimento e prosperidade comuns das diversas etnias.

Primeiro, agarrar-se à oportunidade histórica para acelerar o desenvolvimento das minorias nacionais e das regiões por estas habitadas. A aceleração do desenvolvimento das minorias nacionais e das regiões por estas habitadas encarna a essência da causa socialista do nosso país no trabalho, e constitui o ponto de partida básico e o destino da política étnica do Partido. Com vastos territórios e abundantes recursos naturais, as regiões habitadas pelas minorias nacionais formam um grande mercado em potencial e sua posição estratégica é sumamente importante. Na estratégia do futuro desenvolvimento do país, a aceleração do desenvolvimento de tais regiões será colocada numa posição ainda mais destacada. Eis uma exigência para diminuir gradualmente a diferença de desenvolvimento entre as diversas regiões do país e concretizar finalmente o enriquecimento comum de todo o povo, uma exigência para manter o desenvolvimento contínuo, rápido e saudável da economia nacional e concretizar o objetivo estratégico do terceiro passo da modernização do nosso país,[1] e uma exigência para fortalecer a unidade étnica, manter a estabilidade social e salvaguardar a unidade da pátria. Em suma, acelerar o desenvolvimento das minorias nacionais e das regiões por elas habitadas constitui não apenas uma importante questão econômica, mas também uma importante questão política. Os camaradas de todo o Partido devem compreender plenamente a importância e emergência deste trabalho.

Existe ainda uma diferença bastante grande de desenvolvimento entre as regiões habitadas pelas minorias nacionais e as regiões costeiras. Desde a reforma e abertura, os passos de desenvolvimento das regiões das minorias nacionais têm sido acelerados consideravelmente, mas é impossível eliminar em curto período tal diferença formada pela história. Devemos continuar agarrando-nos à oportunidade para acelerar o desenvolvimento das regiões étnicas, a fim de favorecer a diminuição paulatina de tal diferença e a concretização da prosperidade comum. O desenvolvimento das regiões das minorias nacionais deve adaptar-se, na medida do possível, à economia de mercado socialista e às novas condições históricas de abertura ao exterior, persistir em tratar os assuntos conforme a lei econômica objetiva, persistir em partir da realidade das próprias regiões e pôr em pleno funcionamento as vantagens regionais. O Estado deve fortalecer o apoio às regiões étnicas e, através da orientação da política, atrair os recursos financeiros, tecnológicos e humanos, tanto nacionais como estrangeiros, para o desenvolvimento das regiões étnicas. Deve-se ajudar principalmente as regiões étnicas a construir uma série de projetos de infra-estrutura hidráulicos, de transporte, de telecomunicações e de recursos energéticos que desempenhem importante papel para o desenvolvimento econômico. Deve-se desenvolver e aproveitar racionalmente os recursos de tais regiões e estabelecer algumas bases industriais, convertendo-as em importantes pontos de apoio para a promoção do crescimento econômico das próprias regiões e de todo o país. Na exploração desses recursos e na construção desses projetos, é necessário possibilitar que as minorias nacionais e as regiões por elas habitadas obtenham benefícios e proveitos. Ao mesmo tempo, deve-se dar atenção à proteção e construção do ambiente ecológico das regiões étnicas e colocar a proteção ambiental na mesma importância do desenvolvimento econômico. A tarefa de ajuda aos pobres nas regiões étnicas continua sendo relativamente árdua, sendo necessário fortalecer ainda mais o trabalho neste sentido.

Estão basicamente prontas as condições para acelerar o desenvolvimento do Centro e Oeste, sobretudo a execução da estratégia do grande desenvolvimento do Oeste. A execução do grande desenvolvimento do Oeste é uma importante tarefa estratégica do desenvolvimento do nosso país no próximo século, assim como uma importante oportunidade histórica para a aceleração do desenvolvimento das regiões étnicas, de forma que, a partir de agora, os departamentos concernentes devem intensificar o estudo deste assunto. É necessário esclarecer ainda mais os principais objetivos, tarefas básicas e importantes políticas e diretrizes do desenvolvimento das regiões étnicas e impulsionar, segundo os objetivos e por etapas, o desenvolvimento coordenador da população, dos recursos, do meio ambiente, da economia e da sociedade dessas regiões. Os quadros e as massas populares das regiões habitadas por minorias nacionais devem agarrar-se à oportunidade, desenvolver o espírito de apoio nas próprias forças e de luta árdua, e esforçar-se para estabelecer novos resultados na reforma e construção.

Para acelerar o desenvolvimento das regiões de minorias nacionais, é necessário aplicar inabalavelmente a estratégia de prosperidade do país mediante a ciência e tecnologia. É necessário dar prioridade ao desenvolvimento da causa educacional e promover a educação qualitativa em todos os aspectos. Deve-se acelerar o desenvolvimento de ciência e tecnologia aplicadas e a sua conversão em frutos, esforçar-se para popularizar a tecnologia prática e desenvolver a alta e nova tecnologia, dentro das condições disponíveis, apoiar e estimular os centros de ensino superior e as instituições de pesquisa científica a transferir frutos científicos e tecnológicos para as regiões étnicas, e orientar ativamente o fluxo racionalizado do pessoal científico e tecnológico para tais regiões. É necessário continuar impulsionando as diversas causas sociais, tais como as de cultura, higiene e esporte, empenhar-se em popularizar os conhecimentos científicos e tecnológicos e orientar o povo a cultivar a ciência e a acabar com a superstição. É necessário concretizar o planejamento familiar e a eugenia e puericultura segundo a realidade das minorias nacionais, com a finalidade de ajudar a elevação da qualidade da população e equilibrar o aumento demográfico e o desenvolvimento socioeconômico. As diversas etnias respeitando-se, compreendendo-se reciprocamente, aprendendo uma com outra e ajudando-se entre si, constituem uma boa tradição da Nação Chinesa que deve ser propagada constantemente. É necessário herdar e desenvolver a excelente cultura das diversas etnias, enquanto absorver ativamente novos conhecimentos e novas concepções.

Segundo, persistir e aperfeiçoar o sistema de autonomia regional das minorias nacionais e empenhar-se em preparar seus próprios quadros. A autonomia regional das minorias étnicas é um dos sistemas políticos fundamentais do nosso país, sistema este que integra intimamente a direção única e concentrada com a autonomia regional das zonas habitadas por minorias nacionais, possuindo uma poderosa vitalidade política, de forma que devemos persistir nela inabalavelmente e aperfeiçoá-la sem cessar. Em qualquer momento, é necessário dominar corretamente as relações entre a salvaguarda da unidade do país e a aplicação da autonomia regional das minorias étnicas. O Estado garante os direitos de autonomia das localidades de autonomia étnica e estas devem observar em todos os aspectos os princípios e a política do Partido e do Estado e, de acordo com a própria realidade, realizar criadoramente o trabalho. É necessário aperfeiçoar o sistema legal no trabalho étnico, a fim de favorecer a salvaguarda e a promoção da boa situação de reforma, desenvolvimento e estabilidade das localidades de autonomia étnica.

É necessário intensificar ainda mais a formação de quadros das minorias nacionais. Os comitês do Partido e governos em todos os níveis devem preocupar-se, com todo o entusiasmo, com a construção do contingente de quadros das minorias nacionais e, de acordo com a diretriz de "revolucionarização, rejuvenescimento, intelectualização e profissionalização" do contingente dos quadros e o princípio de integridade da moralidade e habilidade, elaborar planos de formação e selecionar ativamente os destacados quadros jovens e de meia-idade das minorias nacionais para os grupos dirigentes em todos os níveis, dando particular atenção à formação e seleção de quadros dirigentes de alta e média hierarquia. É necessário esforçar-se para elevar sua qualidade ideológica e política através da educação sobre o espírito e o estilo do Partido que têm como teor principal dar primazia ao estudo, à política e à honestidade. Enquanto isso, é necessário esforçar-se para melhorar a estrutura do contingente de quadros e preparar mais pessoal talentoso em ciência e tecnologia e em administração econômica, que se adapte às necessidades da construção das regiões étnicas. Unindo-se e lutando arduamente, os quadros da nacionalidade Han e das minorias nacionais deram inapagáveis contribuições ao desenvolvimento econômico e progresso social das regiões étnicas. Tanto os quadros das minorias nacionais como os da nacionalidade Han são quadros do Partido e do Estado e devem levar em consideração a causa do Partido e do povo de todo o país, respeitar-se mutuamente, zelar um pelo outro, aprender reciprocamente e apoiar-se entre si, em busca dos interesses das massas populares das diversas etnias.

Terceiro, fortalecer a unidade das diversas etnias e salvaguardar a unidade da pátria e a estabilidade social. Trata-se da vontade comum e dos interesses fundamentais do povo das diversas etnias de todo o país. É necessário esforçar-se para desenvolver a tradição gloriosa do povo das diversas etnias de ligar-se intimamente como carne e unha para compartilhar o mesmo destino, o que constitui uma importante garantia para vencermos as diversas dificuldades e riscos e impulsionarmos o constante avanço da construção do socialismo do tipo chinês. Sem a estabilidade das regiões étnicas, não haverá a mesma em todo o país; sem uma vida confortável nas regiões étnicas, não haverá a mesma em todo o país, e sem a modernização nas regiões étnicas, não se poderá falar em concretização da modernização em todo o país. Na atual situação internacional, é de importância ainda maior fortalecer a unidade étnica e salvaguardar a estabilidade social. Os camaradas de todo o Partido devem levar a questão étnica em elevada consideração.

É necessário persistir em empreender o estudo e a educação sobre a teoria étnica marxista e a política do Partido para com as etnias, elevar o nível dos quadros de todos os escalões e dos militantes do Partido na aplicação da política do Partido para com as etnias e aumentar-lhes a consciência e senso de responsabilidade pelo trabalho étnico. Além disso, deve-se persistir em empreender a divulgação e a educação da unidade e progresso das etnias em toda a sociedade, para que as massas populares tenham firmemente em mente a concepção de que a nacionalidade Han não pode afastar-se das minorias nacionais e vice-versa, enquanto as minorias nacionais não podem afastar-se uma da outra. Deve-se dedicar particular atenção à educação, neste aspecto, entre os jovens e adolescentes das diversas etnias, para que a boa tradição da grande unidade entre as diversas etnias do nosso país seja transmitida de geração em geração.

A salvaguarda da estabilidade social é uma importante tarefa no trabalho étnico. É por meio de unidade, educação e orientação que se deve tratar corretamente as contradições no seio do povo existentes entre as diversas etnias e as regiões por estas habitadas, resolver oportunamente os litígios de interesses e prevenir a ocorrência dos casos de desrespeito aos hábitos étnicos e prejudiciais ao sentimento étnico. É necessário educar as massas populares das diversas etnias para que mantenham no alto a bandeira da unidade e da lei e salvaguardar conscienciosamente a estabilidade social. É necessário fazer bem o trabalho entre as massas populares das minorias nacionais que vivem dispersas e mistas, respeitar seus hábitos e proteger seus direitos e interesses legítimos.

A salvaguarda da unidade da pátria e a oposição ao separatismo étnico constituem uma longa tarefa política. Aproveitar problemas étnicos e religiosos é um artifício freqüente a que as forças hostis ocidentais recorrem para realizar a tentativa política de ocidentalização e desintegração da China. Os separatistas étnicos são inimigos comuns das diversas etnias. A salvaguarda da unidade da pátria e da grande unidade das diversas etnias é uma sagrada responsabilidade comum das 56 etnias. Devemos nos opor nitidamente ao separatismo étnico, unir e apoiarmo-nos ao máximo nos quadros e mnas massas populares das diversas etnias, isolar ao máximo e combater segundo a lei os separatistas étnicos, e prevenir e resistir à infiltração e sabotagem das forças hostis do exterior.

A questão étnica está freqüentemente entrelaçada com a questão religiosa. É necessário observar corretamente a política do Partido sobre a liberdade religiosa, fortalecer a direção sobre o trabalho religioso e fortalecer a administração dos assuntos religiosos nos termos da lei. É necessário orientar ativamente as religiões para que se adaptem à sociedade socialista, de forma que o trabalho étnico sirva à unidade étnica, a estabilidade social e a modernização. Deve-se persistir na unidade e cooperação quanto à política e no respeito recíproco quanto à crença, e continuar consolidando e desenvolvendo a frente única do Partido com o setor religioso patriótico. É necessário opor-se firmemente às forças separatistas étnicas que se aproveitam da religião para realizar atividades de separação, aprofundar ainda mais a educação do patriotismo, de forma que a direção das religiões fique firmemente nas mãos das personalidades religiosas patrióticas. Deve-se persistir no princípio da separação do Estado e da religião; nenhuma religião tem o privilégio de passar por cima da Constituição e da lei e nem é permitido interferir no exercício das funções estatais como a administrativa, a judiciária e a educacional. É necessário fortalecer a divulgação e a educação sobre a concepção científica do mundo entre os quadros, as massas populares e os jovens e adolescentes das diversas etnias. Na divulgação e educação, é necessário observar a política religiosa. Deve-se fortalecer a unidade entre as massas populares crentes e não crentes e concentrar suas forças na aceleração da modernização das regiões étnicas.

Quarto, persistir e fortalecer a direção do Partido sobre o trabalho étnico e elevar constantemente o nível do referido trabalho. Os quadros dirigentes de todos os escalões, sobretudo os quadros de alto nível, devem estudar seriamente a teoria étnica marxista e a política étnica do Partido, estudar com seriedade as experiências históricas do trabalho étnico do Partido e a nova situação e os novos problemas que o mesmo trabalho enfrenta, acompanhar oportunamente a tendência do desenvolvimento das questões étnicas do mundo, esforçar-se para dominar as características e as regras do trabalho étnico nas condições da reforma e abertura e da economia de mercado socialista, e elevar constantemente a capacidade no correto tratamento das questões étnicas. Os diversos departamentos e localidades devem empenhar-se em colaborar entre si, para resolver os problemas prejudiciais à unidade étnica e à estabilidade social, na entidade de base *in loco* e em seu estado de embrião.

É necessário fortalecer consideravelmente a construção das organizações básicas do Partido nas regiões étnicas e adotar medidas práticas e eficazes para ajudar os militantes do Partido das regiões étnicas a elevar a qualidade ideológica e política, o nível cultural, científico e tecnológico e a habilidade de desenvolvimento econômico. Os militantes do Partido, seja qual for sua origem étnica, devem consolidar a convicção socialista e comunista e não podem professar religião, nem participar ou organizar atividades religiosas e de superstição feudal. As organizações básicas do Partido das regiões étnicas devem estreitar ainda mais suas relações com as massas populares das diversas etnias, desempenhar verdadeiramente seu papel de baluarte de combate e levar as massas populares a esforçar-se para desenvolver a produção, livrar-se da pobreza e enriquecer, fortalecer a unidade étnica e criar um novo ambiente civilizado.

Os comitês do Partido e os governos de todos os níveis devem zelar e apoiar os departamentos de trabalho étnico, esforçar-se para formar um contingente de quadros de trabalho étnico de alta qualidade e ajudá-los a resolver as dificuldades práticas encontradas no trabalho. É necessário fortalecer o trabalho entre as personalidades representativas dos setores étnico e religioso, unir todas as forças susceptíveis de serem unidas e mobilizar todos os fatores positivos a serviço da reforma e abertura e da modernização. Os departamentos da frente única dos comitês do Partido e departamentos governamentais do trabalho étnico a todos os escalões devem elevar sua própria qualificação política e profissional e, através do desempenho de suas próprias funções, continuar servindo como conselheiros e ajudantes do Partido e do governo no trabalho étnico. É necessário continuar pondo em funcionamento o papel positivo das organizações sindicais, da Liga de Juventude e da Confederação de Mulheres em todos os níveis na promoção da causa da unidade e progresso étnicos.

O Comitê Central do Partido e o Conselho de Estado conclamam as 56 etnias irmãs do país a unirem-se mais estreitamente, a manter no alto a grande bandeira do marxismo-leninismo, do pensamento de Mao Tsé-tung e da teoria de Deng Xiaoping e, com o espírito empreendedor e prático e agarrando-se à oportunidade, lutar com esforços redobrados para impulsionar a causa da unidade e progresso étnicos do nosso país e realizar a prosperidade total da Nação Chinesa.

NOTA

1. Após a 3ª plenária do 11º Comitê Central do Partido Comunista da China, Deng Xiaoping formulou a estratégia do desenvolvimento em três passos da modernização socialista da China. O 13º Congresso Nacional do Partido Comunista da China, realizado em 1987, definiu o objetivo estratégico do desenvolvimento econômico do nosso país, com o seguinte conteúdo: "Após a 3ª plenária do 11º Comitê Central do Partido, a disposição estratégica da construção econômica do nosso país divide-se em três passos: primeiro, dobrar o PIB com base no de 1980 e resolver a questão de alimentação e abrigo do povo. Esta tarefa foi fundamentalmente cumprida. Segundo, quadruplicar o PIB em fins deste século, de forma que o povo leve uma vida modestamente confortável. E terceiro, em meados do próximo século, o PIB *per capita* atingirá o nível dos países medianamente desenvolvidos, o povo levará uma vida relativamente abastada e a modernização será concretizada." Com o cumprimento antecipado do objetivo estratégico original do segundo passo em fins de 1995 e de acordo com proposta do Comitê Central do Partido Comunista da China, a 4ª plenária da 8ª legislatura da Assembléia Popular Nacional, realizada em março de 1996, reformulou o objetivo estratégico do segundo passo nestes termos: "Concretizar em todos os aspectos a disposição estratégica do segundo passo da modernização, e em 2000, manter a população abaixo de 1,3 bilhão de habitantes, quadruplicar o PIB *per capita* com base no de 1980; eliminar fundamentalmente a pobreza, elevar a vida do povo ao nível de conforto moderado; acelerar a construção do sistema de empresas modernas e estabelecer preliminarmente o sistema de economia de mercado socialista, assentando melhores alicerces materiais, tecnológicos e de sistema econômico para a execução da disposição estratégica do terceiro passo no início do próximo século." Atualmente, a China já concretizou o objetivo estratégico dos primeiros dois passos, iniciando a execução da disposição estratégica do terceiro passo.

Mensagem de Congratulação ao Presidente do Brasil pelo Bem-Sucedido Lançamento do Satélite de Recursos Terrestres

(14 de outubro de 1999)

Ao Presidente da República Federativa do Brasil

Sua Excelência Sr. Fernando Henrique Cardoso:

Pelo êxito do lançamento do primeiro satélite de recursos terrestres co-fabricado pela China e pelo Brasil, em nome do governo e do povo da China e em meu próprio nome, gostaria de expressar a Sua Excelência a mais calorosa congratulação e melhores votos.

É com satisfação que constatamos que, com os incansáveis esforços dos governos e cientistas da China e do Brasil, foi lançado com êxito o primeiro satélite sino-brasileiro de recursos terrestres. Trata-se de um grande evento na área de ciência e tecnologia de ponta entre os dois países e de um modelo para a cooperação Sul-Sul. Espero sinceramente que, partindo deste bom início, a China e o Brasil continuem intensificando e desenvolvendo as relações de cooperação amistosa em ciência e tecnologia de ponta.

Jiang Zemin

Presidente da República Popular da China

Beijing, 14 de outubro de 1999

Discurso Proferido na Entrevista por Escrito com o Presidente Alain Peyrefitte do Comitê Editorial do Jornal *Le Figaro* da França

(25 de outubro de 1999)

1. Trajetória percorrida pela China durante os últimos cinqüenta anos após a proclamação da Nova China e motivos dos enormes êxitos obtidos neste período.

No dia 1° de outubro de 1949, o presidente Mao Tsé-tung proclamou no Pavilhão Tian An Men de Beijing a fundação da República Popular da China, pondo fim à história moderna da China de submissão e humilhação por outros, abrindo uma nova era de desenvolvimento no nosso país, um acontecimento que sacudiu a Ásia e o mundo inteiro e intensificou grandemente as forças da paz e progresso do mundo, o que se reveste de grande significado para o desenvolvimento mundial.

Quando eu estudava na escola secundária e na universidade, justamente a revolução democrática nacional do povo chinês, dirigida pelo Partido Comunista da China, seguia rumando para seu auge de desenvolvimento. Foi então que conheci o marxismo e ingressei no Partido Comunista da China e, depois, participei da luta dirigida pelo Partido contra a agressão fascista do Japão e a dominação reacionária do Kuomintang. Estou orgulhoso e feliz por ter escolhido minha convicção política e o caminho de vida.

A Nova China já percorreu uma trajetória longa e árdua de cinqüenta anos, conquistando êxitos no desenvolvimento, que despertam atenção de todo o mundo. Nos primeiros trinta anos, o Partido dedicou-se a duas grandes questões: primeira, estabeleceu o sistema socialista e efetuou a transformação socialista da propriedade dos meios de produção, formando a base econômica socialista; segunda, desenvolveu em todos os terrenos a construção socialista. Sem experiências sucedidas onde se basear, a construção do socialismo, realizada na China como sociedade semicolonial e semifeudal, inevitavelmente enfrentava dificuldades muito grandes e muitos problemas precisavam ser mais bem conhecidos e solucionados. Tudo isto requer que façamos explorações e práticas duras. O caminho de explorações é sinuoso e progressivo, às vezes com sucessos, às vezes com reveses. Neste período, enquanto conquistamos grandes êxitos, cometemos também graves falhas. Nos últimos vinte anos após a aplicação da política de reforma e abertura, nosso Partido e nosso povo, dirigidos pelo camarada Deng Xiaoping, sintetizaram as experiências positivas e negativas na construção socialista da China e criaram com sucesso o correto caminho da construção do socialismo do tipo chinês. Nos últimos vinte e tantos anos, as forças produtivas sociais da China tiveram rápido desenvolvimento, o poderio integral nacional aumentou notavelmente e a vida do povo melhorou dia a dia. A China está avançando firmemente rumo ao século XXI.

Estamos imensamente contentes com os brilhantes êxitos obtidos por nosso país e estamos profundamente tristes pelas eventuais falhas e reveses, mas nunca vacilamos em nossa fé e confiança. Estamos convencidos de que nosso Partido e nosso povo vencerão, sem falta, qualquer dificuldade e continuarão avançando rumo à vitória, pois o Partido Comunista da China, originado do povo chinês, sempre tem como seu supremo objetivo servir de todo o coração ao povo. O Partido não tem nenhum interesse particular, mas sim interesses estatais, nacionais e populares. O Partido Comunista é um partido que busca a verdade, sabendo aprender com as experiências bem-sucedidas e absorver lições das falhas próprias e alheias. Ele persiste na verdade e corrige os erros em prol dos interesses estatais, nacionais e populares, sendo por isso respeitado e apoiado pelo povo. Eis o segredo do constante avanço do povo chinês dirigido pelo Partido Comunista da China.

2. O "comunismo" tem ou não seu significado na atual situação nacional e internacional?

A humanidade passa das sociedades primitiva, escravista e feudal às sociedades capitalista e socialista, e entra finalmente na sociedade comunista. Trata-se do processo integral do desenvolvimento da sociedade humana e ponto de vista fundamental do materialismo marxista. Como a mais bela causa do progresso da sociedade humana, o comunismo é o objetivo supremo pelo qual lutam todos os comunistas do mundo. A concretização final deste objetivo passará por um processo de desenvolvimento extremamente longo. Atualmente, a China se encontra e se encontrará na fase inicial do socialismo por um longo período. A fase inicial do socialismo é um período histórico em que se desembaraça gradualmente do subdesenvolvimento e se concretiza fundamentalmente a modernização, que durará pelo menos cem anos. Para consolidar e desenvolver o sistema socialista, necessita-se de mais tempo e dos esforços persistentes e incansáveis de algumas gerações, mais de dez ou dezenas de gerações.

Após a entrada na década de 1990, alguns países socialistas do mundo conheceram drásticas transformações ou desintegrações. Os comunistas de muitos países, inclusive da China, estão sintetizando a profunda lição destas evoluções históricas. Porém, pode-se tirar deste incidente a conclusão de que o comunismo e o marxismo já morreram neste mundo? A meu ver, as personalidades perspicazes, inclusive as dos países desenvolvidos do Ocidente, não podem tirar semelhante conclusão. O capitalismo já passou por vários séculos desde seu surgimento, mas será que seu processo de desenvolvimento não está cheio de fracassos, crises e reveses? Como novo sistema social, uma vez surgido do desenvolvimento da história mundial, o socialismo se robustecerá e se amadurecerá cada dia mais, sem dúvida nenhuma, não importando quantos reveses e fracassos sofra em seu caminho de desenvolvimento. O mundo de hoje deve ser um mundo em que os diferentes sistemas sociais, inclusive o socialismo, coexistam em paz e competição. Tenho plena confiança na perspectiva do desenvolvimento do socialismo.

Segundo as experiências históricas, os diferentes países seguem caminhos de desenvolvimento diferentes por serem diferentes suas situações. Para construir o socialismo, devemos partir da realidade do país, em vez de copiar o modelo de desenvolvimento de outros países socialistas. Os comunistas chineses persistem invariavelmente em integrar os princípios básicos do marxismo com a realidade concreta do país e determinar, de maneira independente e autônoma, suas próprias diretrizes, princípios e políticas. Esta é a razão fundamental do nosso sucesso. O povo chinês, através de suas próprias práticas, compreende profundamente que só o socialismo pode salvar e desenvolver a China. Esta é uma verdade histórica. A construção do socialismo do tipo chinês corresponde à situação da China e aos interesses fundamentais da maioria dos chineses, e constitui o único e correto caminho para concretizar a prosperidade da China e a felicidade do povo.

3. Como o povo chinês pode manter o equilíbrio espiritual no período da reforma e abertura?

O caminho de reforma e abertura criado pelo camarada Deng Xiaoping constitui o único caminho da modernização socialista da China e da prosperidade em todos os terrenos da Nação Chinesa. Devido à profundidade da transformação econômica e social, a reforma chinesa é uma nova revolução. Ela motivará, sem dúvida, enormes transformações no mundo espiritual. Nos últimos vinte anos, após a aplicação da reforma e abertura, enquanto tomamos a construção econômica como centro e aceleramos a civilização material, prestamos especial atenção à civilização espiritual socialista e persistimos em impulsionar o desenvolvimento coordenado nos terrenos econômico, político e cultural. A fisionomia moral do povo chinês conheceu enormes transformações após a aplicação da reforma e da abertura. O patriotismo, o coletivismo, a ideologia socialista, a ciência e a civilização, o espírito empreendedor e o progresso saudável, bem como a concepção ideológica e o ambiente moral correspondentes à reforma e abertura e à modernização constituem a corrente principal do mundo espiritual do povo chinês. O mundo espiritual do povo chinês é substancioso, rico e positivo, proporcionando assim grande força motriz para a promoção da civilização material.

Estamos empenhando-nos em desenvolver a cultura socialista voltada para a modernização, o mundo e o futuro e de caráter nacional e científico, a fim de elevar, de maneira constante, a qualidade ideológica e moral e o nível de educação, ciência e cultura de toda a nação. Por motivo histórico e do ambiente de abertura ao exterior, a superstição feudal e outras coisas decadentes, tanto da China como do exterior, podem produzir, em certa esfera, tal ou qual influência entre as massas populares. À medida que se desenvolvem a ciência, a cultura e a construção econômica, tais influências tornam-se cada dia menores. É claro, mesmo nas condições de vida abastada e prosperidade científica e cultural, existem ainda algumas pessoas que se encontram num vazio espiritual. Tal fenômeno existe de fato entre certos chineses. Em muitos países do mundo, inclusive nos países economicamente desenvolvidos, este fenômeno não é raramente visto. Este é um tema mundial.

A "Falun gong" é uma seita apocalíptica, que prejudica a sociedade e o povo. Segundos dados incompletos, mais de 1.400 pessoas morreram por ter praticado a "Falun gong" e muitos outros sofrem de desvios mentais e suas famílias se arruinaram, causando graves conseqüências sociais. Desconhecendo as atividades ilegais dos instigadores, organizadores e elementos principais, a esmagadora maioria dos praticantes da "Falun gong" pratica-a com o objetivo de fortalecer a saúde. Porém, quando perceberam sua natureza anti-social, anticientífica e anti-humana, eles deslindaram os campos com ela. Embora a ciência e tecnologia e cultura sejam muito desenvolvidas no mundo de hoje, surgem, de vez em quando, seitas apocalípticas, que prejudicam a saúde física e mental do público e a ordem social, tais como o "Ramo Davidiano", o "Templo do Povo" dos EUA, a "Religião da Verdade" do Japão, a "Ordem do Templo Solar" da Europa etc., cujos motivos são bastante complicados. Qualquer governo responsável não pode ficar de braços cruzados perante as atividades destas seitas apocalípticas, prejudiciais à sociedade e ao seu povo. Isto demonstra que quanto mais desenvolvida a civilização material, maior atenção deve ser dada à civilização espiritual. O povo somente poderá levar uma vida verdadeiramente feliz e civilizada com o desenvolvimento conjunto da civilização material e espiritual.

4. Sobre a atual situação econômica da China.

A crise financeira da Ásia e as grandes inundações ocorridas no ano passado no nosso país exerceram influências negativas no desenvolvimento econômico da

China. Avaliando e analisando a situação, o governo chinês elaborou uma série de políticas e medidas destinadas a impulsionar o desenvolvimento econômico e fortalecer ainda mais a aplicação da política financeira ativa, promovendo eficazmente as necessidades de investimento, consumo e exportação e mantendo o crescimento estável da economia nacional, em coordenação com a aplicação de outras medidas econômicas, tomando impostos, preços, taxas de juro e distribuição de receitas como alavanca econômica. No ano passado, a economia nacional cresceu 7,8% e a do primeiro semestre deste ano, 7,6%, comparada ao mesmo período do ano passado. Tal desenvolvimento é relativamente acelerado no mundo inteiro.

A China conseguiu alterar no fundamental a escassez de mercadorias do passado, mas seu desenvolvimento econômico encontrou muitos problemas novos. Atualmente, ainda não foi completamente eliminada a influência negativa causada pela crise financeira da Ásia, e algumas profundas contradições que enfrentamos na reforma devem ser resolvidas imediatamente, como a reestruturação setorial, a insuficiência da demanda de mercado, a grande pressão de exportação e comércio exterior e a recolocação do pessoal excedente das empresas estatais. Porém, para tais dificuldades e problemas, há soluções, e estamos adotando medidas para este fim. A China tem muitas condições favoráveis ao desenvolvimento econômico, por exemplo, o grande mercado do país, o maior mercado potencial, elevação em grande grau das forças produtivas sociais e do nível científico e tecnológico, suficiente reserva de materiais e divisas, aumento das experiências e dos meios no macrocontrole e na promoção do crescimento econômico, assim como a estabilidade social e política. Desde que aproveitemos tais condições favoráveis e apoiemo-nos na sabedoria e forças do povo de todas as etnias do nosso país, poderemos vencer todas as dificuldades e ameaças surgidas no caminho de avanço. É brilhantíssima a perspectiva do desenvolvimento econômico da China.

5. Sobre a questão do Timor Leste e a "nova interferência humanitária".

Diferente da situação de Kosovo, a situação do Timor Leste sofreu uma grave agitação após o plebiscito. A pedido do governo da Indonésia, o Conselho de Segurança da ONU aprovou uma resolução para enviar tropas multinacionais ao Timor Leste. Desejamos que a questão do Timor Leste seja resolvida, o mais rápido possível, dentro do âmbito da ONU.

Desde que existam diferentes países no mundo e os povos do planeta vivam em diferentes países, a questão dos direitos humanos sempre é um assunto interno de cada país. O problema dos direitos humanos de qualquer país, grande ou pequeno, poderoso ou fraco, deve ser solucionado independentemente por seu governo e seu povo. Trata-se de um princípio fundamental. Nenhum país ou organização internacional tem o direito de intervir neste assunto do outro, a não ser que este tenha pedido a ajuda da ONU. Todos os países têm deveres de promover e garantir os direitos humanos e a liberdade básica do seu povo, segundo os propósitos e princípios da Carta da ONU e o Documento de Direitos Humanos Internacional e sua própria realidade. O governo chinês e seu povo opõem-se a qualquer intervenção nos assuntos internos de um país, sob o pretexto da "crise humanitária", e opõem-se ao uso da força para fazer a chamada "interferência humanitária", sem a autorização do Conselho de Segurança da ONU. Os problemas, inclusive os conflitos regionais, atualmente enfrentados pela comunidade internacional, devem ser resolvidos conforme os propósitos e princípios da Carta da ONU e outras normas de relações internacionais mundialmente reconhecidas, e os litígios internacionais devem ser solucionados por meio pacífico, com base no princípio de respeito mútuo à soberania e à integridade territorial, não intervenção nos assuntos internos um a outro. Tais princípios absolutamente não estão antiquados. Na atual situação, em vez de ser debilitados, devem ser observados ainda mais eficazmente.

6. Sobre o princípio básico da solução da questão de Taiwan.

A "reunificação pacífica e um país, dois sistemas" é o nosso princípio básico para a solução da questão de Taiwan. Desejamos sinceramente cumprir, por meio pacífico, a grande causa da reunificação da pátria segundo o princípio de "um país, dois sistemas". Recentemente, Lee Teng-hui formulou descaradamente a "tese de dois Estados", desafiando abertamente o princípio de uma só China, reconhecido pela comunidade internacional. A essência da tese reside em separar da China a ilha de Taiwan, razão pela qual encontra firme oposição por parte de todo o povo chinês, inclusive dos compatriotas de Taiwan, e é rejeitada pela comunidade internacional. Defender a soberania nacional e a integridade territorial e concretizar a reunificação total da China constituem a aspiração comum e a missão sagrada de todo o povo chinês. Os compatriotas de Taiwan são nossos compatriotas vinculados pelo sangue. Não prometemos renunciar ao uso de força, o que não está dirigido contra os compatriotas de Taiwan, mas sim contra as tentativas das forças de fora de intervir na reunificação da China e das forças separatistas de Taiwan tendentes a praticar a "independência de Taiwan". O governo e o povo chineses não ficarão, em nenhuma hipótese, de braços cruzados perante qualquer tentativa política de separar Taiwan da China. O governo, o povo e as forças armadas da China estão determinados e são capazes de defender a soberania e integridade territorial da pátria.

7. Quanto à política das autoridades centrais para com o Dalai Lama.

A política do governo chinês para com o Dalai Lama é conseqüente e clara, isto é, o Dalai Lama deve abandonar realmente a sustentação da "independência do

Tibet", deixar de praticar as atividades para desmembrar a pátria, declarar abertamente o Tibet como parte inalienável da China e reconhecer Taiwan como uma província da China, e o governo da República Popular da China como o único e legítimo governo que representa toda a China. Com base nisso, o governo central pode dialogar com o Dalai Lama sobre o seu próprio futuro. Contatos e conversações entre o governo central e o Dalai Lama são assuntos internos da China. Antes da libertação pacífica, o Tibet aplicava um cruel sistema de escravidão feudal e de teocracia, em que os escravos levavam uma vida desumana, sem falar dos direitos humanos. O Dalai Lama era, no velho Tibet, não apenas um líder religioso, mas também um grande senhor de servos. Após a libertação pacífica do Tibet, um milhão de servos emancipados tornaram-se donos da região, passando a levar uma nova vida. Mas, quando o povo de todas as etnias do Tibet estava construindo com entusiasmo sua nova vida, o Dalai Lama, contrariando a vontade e os interesses de todas as etnias do Tibet, desencadeou uma rebelião destinada a desmembrar a pátria. Foi ele mesmo que escolheu o caminho de traição à pátria e ao povo. Nos últimos quarenta anos, apoiado por certas forças estrangeiras, o Dalai Lama tem persistido obstinadamente na posição de desmembrar a pátria e apregoado por toda parte a "independência do Tibet", na vã tentativa de recuperar o obscuro sistema político no Tibet. Para alcançar seu objetivo, o bando do Dalai Lama provocou no Tibet distúrbios e atos violentos, bem como muitas outras atividades separatistas, prejudiciais à estabilidade e ao desenvolvimento do Tibet. Para observar uma pessoa, é necessário não apenas fazê-lo por suas palavras, mas também por suas ações. Por suas ações, tanto no passado como no presente, o Dalai Lama não mostrou nenhuma sinceridade de arrependimento, e todos os seus atos visam a acelerar as atividades separatistas. Logicamente, isto é firmemente oposto pelo governo e ao povo da China.

8. Sobre a política externa da China e a multipolarização mundial.

A China aplica sempre o princípio diplomático de paz, independência e autonomia e está disposta a desenvolver relações amistosas com os demais países do mundo, com base nos cinco princípios de coexistência pacífica. A China presta atenção tanto às relações com os EUA, a França e outros países desenvolvidos, como à intensificação de cooperação com os países em desenvolvimento. A tendência de multipolarização do mundo ajuda a impulsionar o estabelecimento de uma justa e nova ordem política e econômica internacional, favorável à paz e à estabilidade do mundo. O processo de multipolarização mundial terá provavelmente reveses, mas é a tendência objetiva, independente da vontade do homem. Qualquer tentativa de criar um mundo unipolar não corresponde à corrente do progresso da história.

As experiências históricas merecem nossa atenção. Havia neste mundo este ou aquele hegemonista que agia despoticamente em certo período. Eles aplicavam a lógica de que "a força é a razão", atuando tiranicamente por toda a parte e trazendo desastres e sofrimentos tanto aos seus próprios povos como aos povos dos países vitimados. Finalmente, eles caíram um após outro. Com o fim da guerra fria, desapareceu a situação de disputa entre as duas superpotências, mas os assuntos do mundo não podem ser tratados por um só país. O mundo futuro será um rico e variado mundo de multipolarização com o desenvolvimento comum de todos os países. A China jamais buscará a hegemonia nem será uma superpotência. Esta é a solene promessa do povo chinês perante o mundo.

Discurso Proferido na Cerimônia da Celebração do Estabelecimento da Região Administrativa Especial de Macau da República Popular da China

(20 de dezembro de 1999)

Senhoras e senhores, compatriotas:

Hoje é um dia de júbilo nacional, celebrado pelos compatriotas de Macau e pelo povo de todos os grupos étnicos do país. Os governos chinês e português realizaram a Cerimônia de Transferência de Poderes de Macau. O governo chinês anunciou solenemente a reassunção do exercício da soberania sobre Macau e o estabelecimento oficial da Região Administrativa Especial de Macau (RAEM) da República Popular da China (RPC). O que significa que, a partir desse momento, os compatriotas de Macau se tornaram verdadeiros donos desta terra, e Macau entrou numa nova era no seu desenvolvimento. Este grande acontecimento glorioso resplandecerá sempre ao longo da história.

Neste momento solene e histórico, em nome do governo popular central e do povo de todos os grupos étnicos do país, queria felicitar calorosamente o estabelecimento da RAEM, cumprimentar afetuosamente os compatriotas de Macau que regressaram à grande família da pátria e agradecer sinceramente aos compatriotas, tanto do continente como do ultramar, que têm contribuído para o retorno de Macau à pátria. Queria ainda agradecer, em nome do governo chinês, a todos os amigos estrangeiros que acompanharam e apoiaram o retorno de Macau, e dar as boas-vindas aos ilustres convidados e amigos dos diversos países que estão presentes nesta cerimônia.

Neste momento solene e histórico, temos profundas saudades do Sr. Deng Xiaoping que formulou, com grande coragem política e extraordinária sabedoria, o princípio de "um país, dois sistemas", indicando o caminho certo para solucionar as questões de Hong Kong, Macau e Taiwan. O retorno triunfal de Macau representa um novo marco histórico no caminho da reunificação da pátria do povo chinês, depois do retorno de Hong Kong.

Macau tem sido parte do território da China desde os tempos mais remotos. O povo chinês tem lutado indomavelmente para o retorno desta sagrada terra à pátria. Embora Macau tenha sido separado da pátria há longo tempo, os compatriotas deste território têm estado sempre intimamente unidos ao povo da pátria, por laços de sangue e idênticos sentimentos nacionais. A pátria socialista cada vez mais próspera é a força fundamental que impulsiona a mudança do estatuto de Macau, a qual marcou uma nova época. O retorno de Macau representa também uma grande vitória da causa da paz e justiça mundiais, o que demonstra mais uma vez que nenhuma força poderá obstruir a corrente histórica do progresso da humanidade.

A decisão política de resolver a questão de Macau mediante negociações entre o governo chinês e o português é uma ação sensata, condizente com as exigências de época. Queria aqui agradecer às personalidades portuguesas, dentro e fora do governo, que têm contribuído para a solução da questão de Macau. O êxito dessa solução fornece um novo ponto de partida histórico para o fortalecimento da amizade sino-portuguesa no século XXI.

Após a reassunção do exercício da soberania sobre Macau pelo governo chinês, continuará a aplicar-se em Macau o sistema capitalista anteriormente existente, mantendo-se inalterados os sistemas social e econômico originais e a maneira de viver, e basicamente inalterado o ordenamento jurídico. O direito à propriedade privada será protegido em conformidade com a lei. Sendo uma região administrativa especial da RPC, Macau gozará de um alto grau de autonomia atribuída pela Lei Básica, nomeadamente os poderes executivo, legislativo, judiciário independentes, incluindo o de julgamento em última instância, enquanto o governo popular central será responsável pelos assuntos das relações externas e defesa de Macau. Serão protegidos os interesses dos residentes de dascendência portuguesa em Macau nos termos da lei, e respeitados os seus costumes e tradições culturais. Vivem em Macau não poucos estrangeiros, para os quais a RAEM continuará a ser um lar onde poderão viver e trabalhar em paz. Em Macau, no futuro, todos os residentes terão oportunidades de concorrer em pé de igualdade e gozarão dos direitos e liberdades asseguradas pela lei, independentemente da sua raça e da sua cor.

Após a reassunção do exercício da soberania sobre Macau pelo governo chinês, a RAEM manter-se-á como porto franco e um território aduaneiro separado, podendo, com a denominação de "Macau, China", manter e desenvolver, por si própria, as relações econômicas com os diversos países, regiões e as organizações internacionais interessadas. A RAEM manterá finanças independentes, e aplicará um sistema tributário independente. O governo central não arrecadará quaisquer impostos em Macau. A RAEM definirá, por si própria conforme a lei, as políticas nas vertentes da economia, comércio, finanças, moeda, educação, assistência médica, saúde, ciência e tecnologia, cultura e religião e outros. A RAEM poderá ainda definir, por si própria e em harmonia com os interesses locais como um todo, a política relativa à indústria de turismo e diversões. As atividades econômicas e comerciais, bem como os interesses de investimento dos diversos países e regiões do mundo em Macau serão protegidos conforme a lei.

Os princípios e a política do governo central em relação a Macau, e as estipulações da Lei Básica da RAEM, correspondem inteiramente aos interesses fundamentais do país e de Macau, e outrossim aos interesses dos investidores dos diversos países e regiões. Eles são a garantia fundamental do desenvolvimento duradouro e estável de Macau. A Lei Básica da RAEM é uma lei constitucional de Macau, é também uma lei nacional. Tanto Macau quanto o país inteiro nos diversos níveis devem observar e cumprir esta lei. As repartições do governo central e as demais autoridades regionais não interferirão, nem lhes serão permitidas interferir, nos assuntos da competência própria da RAEM, definidos nos termos da Lei Básica.

Queria saudar sinceramente o Sr. Edmund Ho, que hoje prestou juramento e tomou posse como primeiro Chefe do Executivo da RAEM. O governo central deposita a sua plena confiança e concede todo o seu apoio ao Chefe do Executivo, bem como ao governo da RAEM por ele liderado.

Os compatriotas de Macau têm desempenhado um papel importante na luta do povo chinês para a sua libertação nacional, e na construção para modernizar a pátria. Os compatriotas de Macau participaram ativamente nos assuntos referentes ao processo de transição, dando valiosas contribuições para o sucesso do retorno de Macau. Estamos convencidos de que os compatriotas de Macau continuarão a desenvolver a tradição gloriosa de amar a pátria e Macau, a dar novas e maiores contribuições para garantir a estabilidade e o crescimento de Macau a longo prazo, e para salvaguardar os interesses fundamentais do Estado e da nação.

A grande pátria é sempre um forte respaldo para Macau. Desde a fundação da Nova China, a estabilidade e o desenvolvimento de Macau têm sido objeto de preocupação e de apoio por parte do povo do continente, e os contatos entre Macau e o continente cada vez mais estreitos. Após o retorno de Macau, o seu papel como ponte e janela importantes que servem para ligar a pátria e o exterior será constantemente reforçado. O ambiente social tranqüilo é uma condição básica para desenvolver a economia, viver e trabalhar em paz. O governo central apoiará firmemente as medidas necessárias que o governo da RAEM tomará no sentido de assegurar a estabilidade de Macau. Estou certo de que, com o apoio do governo central e da população de 1,2 bilhão de habitantes da pátria, e sob a liderança do governo da RAEM, a população de Macau redobrará o seu espírito empreendedor, esforçar-se-á incansavelmente e criará um futuro esplêndido para Macau.

A aurora do século XXI já se revela no horizonte. O governo e povo chineses continuarão a seguir o princípio da "reunificação pacífica" e "um país, dois sistemas" para concluir a grande causa da reunificação da pátria. A experiência de sucesso do princípio de "um país, dois sistemas" em Hong Kong e em Macau poderá desempenhar, sem dúvida, um papel positivo para impulsionar a solução, quanto antes, da questão de Taiwan. O povo de todos os grupos étnicos do país e todos os patriotas que defendem a reunificação da pátria e se preocupam com a sua construção unir-se-ão mais estreitamente, a fim de contribuir ativamente para fazer da China um país próspero, poderoso, democrático, civilizado e modernizado, e para a realização da grande restauração da Nação Chinesa. O mundo do futuro deverá encaminhar-se para a paz duradoura e realizar o desenvolvimento conjunto e a prosperidade comum de todos os estados. O povo chinês está disposto a lutar, sem poupar esforços e juntamente com os demais povos, no sentido de criar um porvir melhor para o mundo.

Obrigado.

Esforcem-se para Preconizar o Espírito Científico e o Espírito Inovador em todo o Partido e em toda a Sociedade*

(5 de junho de 2000)

*Discurso de Jiang Zemin na 10ª Conferência dos Membros da Academia de Ciência e na 5ª Conferência dos Membros da Academia de Engenharia da China.

É com muito prazer que vim participar da 10ª Conferência dos Membros da Academia de Ciência da China e da 5ª Conferência dos Membros da Academia de Engenharia da China. Hoje, estão reunidos aqui os amigos íntimos e cientistas de virtude eminente. Em nome do Comitê Central do Partido, do Conselho de Estado e da Comissão Militar Central, queria dar calorosas congratulações às conferências! E aos membros das duas academias que dão eminentes contribuições à causa científica e tecnológica e à construção econômica do nosso país e aos trabalhadores científicos e tecnológicos que trabalham com abnegação em todos os setores, expresso-lhes as elevadas considerações!

Esta é uma grande reunião das duas academias no limiar do novo século. Neste importante momento histórico da passagem dos séculos, como impulsionar o progresso e inovação científicas e tecnológicas e pôr em pleno funcionamento o importante papel da ciência e tecnologia, a primeira força produtiva, proporcionando constantemente uma enorme força promotora ao desenvolvimento econômico e social do nosso país para que nosso país obtenha mais e ainda maiores progressos nas futuras competições internacionais acirradas, é uma grande questão que temos de considerar com seriedade.

No século XX, a ciência e tecnologia obtiveram progressos sem precedentes, provocando profundas transformações na vida social, econômica e cultural da humanidade. Neste século, a China conheceu transformações históricas. No limiar do século XX, as Forças Aliadas das Oito Potências invadiram Beijing e a Nação Chinesa mergulhava numa crise e num desastre nacional sem precedentes. Foi justamente nesse período que apareceram, um após outro, os resultados científicos que marcaram a época, tais como a teoria quântica e a teoria da relatividade. Estes grandes progressos científicos e tecnológicos no mundo exerceram verdadeiras influências para o desenvolvimento científico e tecnológico e das forças produtivas de então e dos tempos posteriores. Contudo, para a China de então, com a obscuridade política e agitações sociais que o povo tinha que suportar, sequer era possível acompanhar as correntes avançadas do desenvolvimento científico e tecnológico do mundo, e os cientistas patriotas não tinham como contribuir para o país. Sob a direção do Partido Comunista da China, através de uma luta heróica e extremamente árdua, o povo de todas as etnias do nosso país conquistou, em meados do presente século, a independência e a libertação nacionais, fundou a Nova China com o povo sendo o dono do país, criando as condições políticas fundamentais para o desenvolvimento cheio de vigor da nossa ciência e tecnologia e de todos os setores do país. Após a fundação da Nova China, especialmente após a reforma e abertura, nosso Partido e o Estado dedicam grande atenção à causa científica e tecnológica e os trabalhadores do setor lutam arduamente com o espírito perseverante e empreendedor, produzindo um após outro notáveis milagres científico e tecnológico, nomeadamente os êxitos na pesquisa e fabricação de "bomba atômica, bomba de hidrogênio e satélite artificial", obtendo grande número de resultados científicos e tecnológicos em muitas importantes áreas e impulsionando energicamente a construção econômica e o desenvolvimento social do nosso país. A nossa boa situação de desenvolvimento e a posição internacional de hoje não se separam dos trabalhos laboriosos dos trabalhadores científicos e tecnológicos de geração em geração.

A trajetória da China nestes cem anos mostra uma verdade profunda: a causa científica e tecnológica de um país relaciona-se estreitamente com o destino do país, a causa dos cientistas relaciona-se com o destino da pátria e da nação; somente o sob pré-requisito da independência, segurança e estabilidade estatais, a causa científica e tecnológica poderá desenvolver-se permanentemente e só os cientistas que se dediquem à causa da pátria e do povo terão grandes realizações.

Estão sendo conquistados no mundo novos e grandes progressos científicos e tecnológicos, e a ciência e tecnologia modernas representadas pela ciência de informática e ciência de vida avançam a passos gigantescos, abrindo novas e brilhantes perspectivas para o desenvolvimento das forças produtivas do mundo. Temos pela frente oportunidades de desenvolvimento raramente encontradas, além de severos desafios. Sob as condições da multipolarização política mundial e da crescente globalização econômica, temos de acelerar o progresso e a inovação científicos e tecnológicos e proporcionar um forte apoio científico e tecnológico à modernização socialista para atingir os objetivos estratégicos do desenvolvimento transecular. Trata-se da missão histórica de nossos trabalhadores científicos e tecnológicos de nossos tempos. Com a estabilidade política, o desenvolvimento econômico e as sólidas bases material e técnica, nosso país tem todas as condições e a capacidade para alcançar a corrente avançada da ciência e tecnologia do mundo. Se não acelerarmos o desenvolvimento econômico, científico e tecnológico e não nos esforçarmos para reduzir a distância de nosso país com o nível avançado do mundo, será difícil dominarmos a iniciativa na renhida competição internacional. A China está em desenvolvimento, e o mundo também. O tempo não nos espera! Os trabalhadores científicos e tecnológicos do nosso país têm de assumir sua missão histórica conferida pela época, trabalhar e lutar aproveitando cada minuto. O Comitê Central do Partido e todo o povo depositam grande esperança nos trabalhadores científicos e tecnológicos. No grande empreendimento da construção do socialismo do tipo chinês, os trabalhadores científicos e tecnológicos poderão produzir extraordinárias façanhas dignas da época.

Diante da nova situação do progresso econômico, científico e tecnológico do mundo, temos de fazer surgir um auge de progresso e inovação científica e tecnológica em todo o país. Devemos empenhar-nos em aplicar a estratégia de prosperidade do país mediante a ciência e tecnologia e a estratégia de desenvolvimento sustentável, apressar-nos a criar um sistema estatal de inovação e a promover a inovação científica e tecnológica e inovação intelectual e, enquanto fortalecemos as pesquisas das ciências de caráter básico, devemos acelerar especialmente o desenvolvimento e a industrialização da alta e nova tecnologia, impulsionar ativamente a reforma do sistema científico e tecnológico, acelerar a transferência dos resultados científicos e tecnológicos para as forças produtivas reais, a fim de promover a construção econômica e elevar o nível de modernização da ciência e tecnologia em todos os setores.

A construção econômica e o desenvolvimento das causas científica e tecnológica têm que contar com as diretivas e política corretas do Partido e do Estado, com o grande apoio dos comitês do Partido e dos governos em todos os níveis, com os esforços incansáveis dos trabalhadores científicos e tecnológicos e também com a participação comum do povo de todas das etnias do país. No desenvolvimento das causas científica e tecnológica, o papel dos cientistas é muito importante, mas apoiar-se apenas nos esforços dos cientistas é insuficiente; deve-se mobilizar todas as forças sociais para dar o apoio e participar juntos. Só assim pode-se formar a mais sólida base do desenvolvimento científico e tecnológico. Persistindo na integração estreita com a prática de produção das massas populares e com as demandas reais da construção econômica e do desenvolvimento social, a ciência e tecnologia poderão obter a força motriz mais fundamental e produzir maior efeito. É necessário criar uma boa atmosfera da promoção conjunta do desenvolvimento científico e tecnológico em todos os setores do país e esforçar-se para preconizar o espírito científico em todo o Partido e toda a sociedade, popularizar os conhecimentos científicos, criar o conceito científico e fomentar os métodos científicos. A preconização da ciência é o mais essencial e o mais básico. Armados com espírito científico, todos poderão estudar mais espontaneamente os conhecimentos científicos, estabelecer o conceito científico e dominar os métodos científicos.

O espírito científico possui conteúdo muito rico, tem como demanda mais fundamental a busca da verdade, a atitude prática e a inovação empreendedora. Para preconizar o espírito científico, é necessário libertar a mente, buscar a verdade nos fatos, ousar enfrentar novos casos e novos problemas surgidos no desenvolvimento científico e tecnológico e em todos os trabalhos, e procurar as inovações e o avanço através de pesquisas e práticas repetidas; é necessário amar a ciência, cultivar a verdade, tomar decisões conforme os princípios e métodos científicos e atuar conforme a lei científica; é necessário ser diligente no estudo, saber pensar e fazer esforços para armar-se com as teorias e conhecimentos científicos e com todos os excelentes resultados da civilização criada pela humanidade; é necessário dar contribuições de boa vontade e buscar objetivos mais altos para contribuir toda sua sabedoria e força à pátria e ao povo, ousar vencer qualquer dificuldade ou perigo no caminho de avanço, marchando sempre heroicamente. O setor científico deve preconizar com empenho o espírito científico, e todos os setores e departamentos também devem fazer o mesmo. Em resumo, é necessário pôr em pleno fundamento, em todo o Partido e em toda a sociedade, o espírito de buscar a verdade nos fatos, explorar e buscar o saber, cultivar a verdade e ousar fazer inovações.

Reiterei em várias ocasiões: "A inovação é a alma de uma nação, uma força motriz inesgotável de um país para a prosperidade." A essência da ciência está na inovação, está nos descobrimentos e invenções. Diante do desafio decorrente do progresso científico e tecnológico do mundo cada dia mais rápido e diante das demandas científicas e tecnológicas cada dia maiores da modernização do nosso país, temos de ampliar a visão, acompanhar de perto a corrente mundial, agarrarmo-nos aos importantes temas científico e tecnológico que possam desempenhar um papel estratégico, básico e crucial para a economia, ciência e tecnologia, defesa nacional e desenvolvimento social, agarrarmo-nos aos temas-chave e às inovações autônomas. A história comprova repetidas vezes que o ponto-chave do desenvolvimento científico e tecnológico consiste em ousar e saber fazer inovações. Ter ou não a capacidade de inovação e poder ou não fazer inovações, isso constitui o fator decisivo nas competições econômica, científica e tecnológica no mundo de hoje. Todas as descobertas científicas e dos avanços tecnológicos na história, sem exceção, resultaram da inovação. No século XX, a teoria da relatividade, a teoria quântica, a teoria da genética e a teoria da informática foram todas resultados da inovação. Foi com base nos progressos das ciências materiais, ciências de vida e ciências de pensamento que a humanidade criou os êxitos científicos e a riqueza material que superaram os de todas as épocas anteriores. No século XXI, a inovação científica e tecnológica tornar-se-á ainda mais uma força dirigente do desenvolvimento socioeconômico. A situação urge! Se não fizermos maiores esforços, estaremos mais longe do nível avançado do mundo. Dominar os resultados científicos e tecnológicos acumulados pelos ancestrais, abandonar os conceitos antiquados, criar pareceres novos e divulgá-los em toda a sociedade, fazê-los durar até as gerações vindouras e transformá-los constantemente em forças produtivas e em riqueza social, esta é a via de transmissão e desenvolvimento dos conhecimentos. O ponto-chave é a inovação permanente sobre a base existente. Devemos persistir no princípio de empreender algumas coisas e deixar de fazer outras, dirigir atenção para a vanguarda do desenvolvimento científico e tecnológico mundial, procurar avançar nas áreas com condições e procurar as descobertas da ciência básica e invenções técnicas e esforçarmo-nos para desenvolver a ciência e tecnologia do nosso país. O camarada Deng Xiaoping assinalou claramente que a China deve ocupar uma posição nas áreas de alta tecnologia no mundo. Desejo que os trabalhadores científicos e tecnológicos do nosso país levem sempre em mente sua missão histórica e persistam na inovação!

O mundo encontra-se em permanentes movimentos e mudanças de contradições, não é possível manter-se invariável. Nosso empreendimento está avançando sem parar. Nossas políticas, medidas, conceitos, pensamentos e métodos de trabalho têm de adaptar-se às mudanças, desenvolver-se e ousar fazer inovações constantemente. Temos de persistir em libertar a mente, buscar a verdade nos fatos, partir da realidade, integrar o subjetivo com o objetivo, integrar a teoria com a prática, formular oportunamente as diretivas e políticas correspondentes às demandas do desenvolvimento da prática, reformar oportunamente os elos de desenvolvimento das forças produtivas que não correspondam às relações de produção e os elos de desenvolvimento da superestrutura que não correspondam à base econômica. Trata-se da demanda mais fundamental do materialismo dialético e do materialismo histórico e da metodologia científica do marxismo. Marx, Engels, Lenin, o camarada Mao Tsé-tung e o camarada Deng Xiaoping, todos eles sabiam formular novo pensamento e nova teoria conforme o desenvolvimento e as mudanças da realidade, criando-nos brilhantes exemplos de persistir no espírito científico e no espírito inovador. O marxismo respeita o espírito científico e o espírito inovador. Ao persistir no marxismo, o mais importante é persistir no princípio científico, no espírito científico e no espírito inovador do marxismo, saber descobrir e estudar oportunamente novos casos e novos problemas surgidos no avanço conforme as mudanças da realidade objetiva, assimilar as experiências novas criadas pelas massas populares na prática e melhorar e aperfeiçoar constantemente nossos trabalhos. No caminho do avanço, jamais devemos nos restringir em regras rotineiras e determo-nos diante do avanço. Ao formularmos a construção do Partido conforme a exigência da "tríplice representatividade", devemos estudar novos casos e novas práticas, responder aos importantes problemas surgidos no processo da construção do socialismo do tipo chinês e impulsionar constantemente a modernização e a construção do próprio Partido.

Promover e preconizar com empenho o espírito científico e o espírito inovador em todo o Partido e em toda a sociedade é uma tarefa muito importante e árdua. Através dos esforços prolongados, nosso trabalho de popularização dos conhecimentos científicos e tecnológicos tem obtido enormes êxitos, e a divulgação do conceito científico e do espírito científico está tornando-se uma prática de toda a sociedade. Devido ao subdesenvolvimento educacional, científico, tecnológico e cultural e ao desenvolvimento desequilibrado e devido às influências prolongadas dos remanescentes culturais feudais, algumas coisas atrasadas de ignorância e superstição feudais têm ainda certo terreno entre as massas, enquanto a superstição sob novas formas e a pseudociência aparecem de vez em quando. Até acontece que, em seus trabalhos, certos quadros dirigentes não atuam conforme a ciência, chegando a contrariar a teoria e a lei científicas. Isto demonstra que precisamos continuar esforçando-nos para preconizar o espírito científico em todo o Partido e em toda a sociedade. Dominar certos conhecimentos científicos não significa ter o firme espírito científico. Este só se estabelece efetivamente sob a orientação da teoria científica do marxismo e através de estudo e provas da prática durante longo tempo. É necessário popularizar incansavelmente os conhecimentos científicos entre todo o povo, promover os métodos científicos, preconizar o espírito científico e esforçar-se para criar um bom ambiente de estudo das ciências, acreditar na ciência e apoiar-se nela em toda a sociedade. É necessário especialmente fortalecer a educação científica entre os jovens e adolescentes, formar-lhes o conceito científico desde pequenos e formar-lhes o espírito científico. Recentemente, mais de cem membros da Academia redigiram a "Coleção de ciências populares" e mais de cinqüenta livros estão escritos e serão publicados em breve. Trata-se de um trabalho importante. Sendo cientistas e engenheiros, representantes do máximo nível científico e tecnológico do país, os membros das duas academias devem empenhar-se na invenção e criação em áreas avançadas da ciência e engenharia, e ao mesmo tempo devem dedicar seus esforços para elevar o nível científico, tecnológico e cultural de toda a nação. Para avaliar o nível científico e tecnológico e cultural de um país, é preciso ver não somente os êxitos equivalentes ao nível avançado internacional, como ainda o nível científico e tecnológico e cultural de toda a sociedade. O nível científico e tecnológico e cultural de toda a sociedade, que se eleva a cada dia, proporciona grande impulso ulterior ao desenvolvimento econômico e à causa científica e tecnológica. Isto é consenso dialético. Persistir incansavelmente em preconizar o espírito científico é a responsabilidade irrenunciável de todo o Partido e também dos trabalhadores científicos e tecnológicos. Todos os trabalhadores científicos e tecnológicos devem manter no alto a bandeira da ciência, persistir no materialismo, opôr-se ao idealismo, persistir na dialética, opôr-se à metafísica, e devem impulsicnar com toda a solicitude a popularização da ciência. Os comitês do Partido e os governos a todos os níveis devem coordenar seus planos, elaborar as medidas e promover a passos firmes os trabalhos neste aspecto.

Os quadros dirigentes em todos os níveis, especialmente os quadros de alto nível, devem ser pioneiros em estudo dos conhecimentos científicos e tecnológicos, ser pioneiros em preconizar o espírito científico e ser pioneiros em aplicar os métodos científicos em seus trabalhos. Quando tratam de importantes problemas relacionados com a ciência e a engenharia, devem ouvir opiniões e propostas dos cientistas e engenheiros, tomando estas como fundamento e referência de suas decisões. Agora, novos conhecimentos, novas invenções, novas coisas e novos setores aparecem sem cessar no mundo. Sem estudar nem pesquisar ou cogitar estas novas transformações, os quadros dirigentes ficarão deslocados com relação à situação, de maneira que dificilmente farão bem os trabalhos de direção. Os quadros dirigentes devem estudar conhecimentos de múltiplas áreas, entre as quais, a dos conhecimentos científicos e tecnológicos é muito importante. Marx, Engels, Lenin e o camarada Mao Tsé-tung e o camarada Deng Xiaoping davam grande atenção ao conhecimento e ao estudo dos saberes científicos e tecnológicos e sabiam utilizar novos progressos científicos e tecnológicos para desenvolver e aperfeiçoar suas teorias. Em 1883, ano do falecimento de Marx, Engels escreveu: "Ninguém como o Marx sente o verdadeiro prazer com cada êxito científico em qualquer terreno, seja este posto ou não em prática. Mas ele considera a ciência, em primeiro lugar, como forte alavanca da história e como força revolucionária no sentido máximo. E ele aplica a ciência como estas forças; para ele, é importante o uso dos abundantes conhecimentos por ele dominados, especialmente os conhecimentos sobre todos os aspectos da história." Os quadros dirigentes, sejam nos departamentos e nas localidades, sejam nos trabalhos relacionados com a situação em seu conjunto e nos trabalhos setoriais, têm de estudar conhecimentos científicos, aplicar o espírito científico, procurar os métodos científicos e servir de exemplo para as massas populares. Alguns quadros dirigentes não estudam conhecimentos científicos e tecnológicos ou estudam para embelezar a aparência em vez de armar-se com o espírito científico, ao contrário, andam entusiasmados com as coisas supersticiosas feudais, queimam incenso e rendem culto a buda, praticam a adivinhação para saber da sorte, causam más influências entre as massas populares. Será que estas pessoas são dignas de serem militantes do Partido? Será que estas pessoas são dignas de serem dos quadros dirigentes? Para estes quadros dirigentes, os departamentos concernentes devem fortalecer a educação e mandá-los corrigir os erros, e se eles obstinarem nos erros, devem criticá-los e castigá-los. Alguns quadros dirigentes conformam-se com o *status quo*, não pensam em progredir, tomam uma atitude negligente com os trabalhos, passam os dias vagabundeando e carecem de espírito inovador; alguns quadros dirigentes preconizam verbalmente a prosperidade do país mediante a ciência e tecnologia, mas demoram a pôr suas palavras em prática. Tudo isto não corresponde às demandas do Partido. Os quadros dirigentes em todos os níveis devem dedicar sua atenção ao progresso científico e tecnológico e fazer amizade com cientistas. Quanto às criações e invenções nas áreas científica e tecnológica, sejam do passado ou do presente, sejam nacionais ou internacionais, todos devem esforçar-se para conhecê-las. Enriquecidos os conhecimentos científicos e tecnológicos dos quadros dirigentes em todos os níveis e enraizado na sua cabeça o espírito científico, os nossos trabalhos em todos os terrenos serão feitos de melhor maneira.

Quanto à questão de acelerar a formação pessoal, enfatizei na conferência das duas academias em 1998. Hoje, gostaria de sublinhar mais esta questão. A prosperidade e a ordem e estabilidade duradouras das causas do nosso Partido e do nosso Estado precisam de um grande número de talentos em todas as áreas. O desenvolvimento da causa científica e tecnológica do nosso país precisa também formar e criar uma geração de jovens talentos científicos e tecnológicos. Trata-se de uma tarefa estratégica muito urgente e importante. Agora vemos cada vez mais claramente que as concorrências no mundo de hoje e do futuro residem fundamentalmente na conquista dos talentos. Para acompanhar os passos do progresso científico e tecnológico do mundo, nosso país tem de acelerar a inovação científica e tecnológica e a inovação intelectual e tem de possuir grupos e grupos de jovens talentos a destacarem-se. A grande época da construção do socialismo do tipo chinês deve ser uma época em que todos os barcos competem por ficar na frente e os talentos surgem sem cessar. Meng Haoran, poeta da dinastia Tang, escreveu: "As pessoas e os fatos se renovam, o vir e o vem formam a história." Seja no progresso científico e tecnológico, seja no progresso social, a história progride com as coisas de anteontem ultrapassadas pelas coisas de ontem, as de ontem ultrapassadas pelas de hoje, as de hoje ultrapassadas pelas de amanhã. Trata-se de uma lei geral da natureza e da humanidade. É necessário selecionar os jovens sem limitar-se a um modelo único, esforçar-se para criar condições de estudo, trabalho, sistema, política e ambiente para que os talentos jovens apareçam sem cessar. Este deve servir-nos de um importante pensamento orientador para impulsionar a inovação científica e tecnológica, a inovação intelectual e a inovação em todas as outras áreas. Os jovens, na flor da vida e ágeis em pensamento, aceitam novas coisas com rapidez e têm o forte espírito criador, mas têm de estabelecer firmemente o espírito científico e estudar a fundo conhecimentos científicos e tecnológicos com aplicação, e têm de possuir a grande vocação de oferecer sua juventude e sabedoria à pátria e ao povo. Só assim eles terão grandes realizações. Os camaradas veteranos devem ajudar com solicitude e apoiar com sinceridade os camaradas jovens, estimulando-os a nivelar e ultrapassar eles próprios. "Em todas as gerações há talentos." Só com o surgimento sem parar de talentos, nossa causa terá sempre sua vitalidade do desenvolvimento.

Finalizando, desejo que os membros das duas academias e os trabalhadores ci entíficos e tecnológicos persistam em preconizar o espírito científico, esforçar-se para escalar cumes da ciência e servir à construção econômica e ao desenvolvimento social. No novo século, devemos concretizar a modernização e a grande renascença da Nação Chinesa, temos um caminho longo a percorrer e uma tarefa árdua a cumprir. Todos devem continuar lutando e criando sempre novas façanhas.

Sobre o Grande Desenvolvimento do Oeste*

(20 de junho de 2000)

*Parte do discurso proferido por Jiang Zemin no Simpósio sobre os Trabalhos da Construção Partidária das cinco Províncias e Regiões Autônomas do Noroeste e sobre o Desenvolvimento do Oeste.

A estratégia de grande desenvolvimento do Oeste elaborada pelo Comitê Central do Partido para promover a revitalização total e a prosperidade comum da Nação Chinesa causou fortes repercussões entre o povo chinês e despertou atenção geral no mundo.

Em 17 de junho do ano passado, no simpósio sobre a reforma e desenvolvimento das empresas estatais em Xi'an, por mim presidido, discorri principalmente sobre o grande desenvolvimento do Oeste. De um ano para cá, as autoridades centrais e locais entraram em ativa ação com base na unificação de idéias e aprofundamento da compreensão. O Comitê Central transmitiu o relatório da Comissão Estatal de Desenvolvimento e Planejamento sobre a idéia preliminar em relação à execução da estratégia de grande desenvolvimento do Oeste. A este respeito, o Conselho do Estado convocou reunião especial, durante a qual o camarada Zhu Rongji proferiu um discurso. Os quadros e as massas populares de todas as províncias, regiões e municípios do Oeste participam ativamente desta grande causa de caráter empreendedor com base no estudo da situação e na elaboração dos planos de trabalho. Durante a presente inspeção, percebi pessoalmente o entusiasmo e as forças dos quadros e massas populares do Oeste e vi com meus próprios olhos o vigoroso desenvolvimento econômico e social da região Oeste. Posso dizer que já temos um bom início no estudo e execução do grande desenvolvimento do Oeste.

Após a proclamação da Nova China, o Partido e o Estado têm aplicado uma política de apoio ao desenvolvimento do Oeste, promovendo energicamente o desenvolvimento econômico e o progresso social desta região. Nos vinte e tantos anos após a aplicação da política de reforma e abertura, a construção econômica e outros trabalhos da região conheceram um desenvolvimento ainda maior, conquistando notáveis êxitos. Desenvolvendo o espírito empreendedor árduo, os quadros e as massas populares do Oeste fizeram importantes contribuições para o desenvolvimento da causa socialista.

Promover o grande desenvolvimento do Oeste e acelerar o desenvolvimento do Centro-Oeste constituem uma importante política adotada pelo Comitê Central do Partido no momento em que se verificam novas transformações na situação internacional e a economia chinesa entra num novo período de desenvolvimento. Na área internacional, a globalização econômica encontra-se em aceleração e a ciência e tecnologia progridem dia a dia. A economia mundial está experimentando um grande reajuste estrutural, tornando a competição internacional cada dia mais renhida. Em nosso país, após mais de vinte anos de reforma e desenvolvimento, concretizamos o primeiro e segundo passos das metas estratégicas da modernização. O crescimento econômico passa do caráter de expansão quantitativa para o caráter qualitativo e eficiente. Surgem também novas contradições e novos problemas: a quantidade dos principais produtos já satisfaz fundamentalmente as necessidades do mercado, de modo que a insuficiência de procura passou a ser a principal contradição que impede o crescimento econômico; destaca-se, dia a dia, o problema da irracionalidade da estrutura econômica, setorial, urbana e rural, afetando a elevação da eficácia econômica e da competitividade, devido à lentidão do aumento da renda dos camponeses, é necessário consolidar e fortalecer ainda mais a base agrícola; é árdua a tarefa de proteção ao ambiente ecológico regional e crescem cada dia mais as pressões demográficas, dos recursos e do meio ambiente; com o alargamento da diferença de desenvolvimento da economia regional, é imperativo acelerar o desenvolvimento das zonas pobres do Centro e do Oeste e das regiões étnicas remotas. Para avançar continuamente em direção ao objetivo da estratégia do terceiro passo[1], temos que continuar aprofundando a reforma, ampliando a abertura, promovendo as duas transformações fundamentais e acelerando o reajuste estratégico da estrutura econômica, a fim de fortalecer o impulso ulterior do desenvolvimento econômico. A implementação do grande desenvolvimento do Oeste abrirá novos e amplos espaços para a expansão econômica do nosso país no século XXI, constituindo uma importante medida estratégica para manter o acelerado e sadio desenvolvimento da economia do nosso país. O grande desenvolvimento do Oeste proporciona numerosas oportunidades de investimento, impulsionando energicamente o crescimento econômico; a exploração dos recursos predominantes do Oeste e a transferência destes para o Leste do país apóiam energicamente o desenvolvimento do Centro e do Leste; a elevação da renda das massas populares do Centro e Oeste criará enorme demanda no mercado. Fortalecer a união da economia do país e promover ainda mais a distribuição razoável das forças produtivas para formar, no Leste, Centro e Oeste, uma economia com as próprias características e de complementação recíproca de superioridade, elevarão grandemente o nível de socialização da produção, a receita financeira e a competitividade do nosso país, e facilitarão a concentração de todas as forças na competição internacional e na exploração do mercado internacional.

O Noroeste é um dos importantes berços da civilização chinesa e da Nação Chinesa, e também o principal ponto de conexão entre a civilização da China antiga e a civilização mundial. A "Rota da Seda", importante via de intercâmbio econômico e cultural entre a China e o exterior, deu importantes contribuições para o desenvolvimento da civilização da Nação Chinesa e da civilização mundial. Atualmente, o Oeste conta com uma população que representa apenas 23% do país, mas ocupa 57% do território nacional. Vivem lá cinqüenta etnias, que representam 80% da total das etnias minoritárias de todo o país. Oitenta por cento das fronteiras continentais da China encontra-se no Oeste. Por isso, acelerar o desenvolvimento do Oeste reveste-se de importante significado para a futura prosperidade, ordem e estabilidade duradouras do nosso país. Portanto, no sentido da concretização dos objetivos estratégicos da modernização socialista, da salvaguarda da unidade e estabilidade do país, da concretização paulatina do enriquecimento comum e da grande renascença da Nação Chinesa, os camaradas de todo o Partido e o povo de todo o país devem perceber profundamente que o desenvolvimento do Oeste é uma medida estratégica, um projeto importante de longo alcance e um grande empreendimento histórico. Desejamos que todos, unidos na luta árdua, aproveitem bem esta oportunidade para levar a cabo esta grande obra secular.

Atualmente, os quadros e massas populares estão entusiastas e depositam plena expectativa no desenvolvimento do Oeste e na transformação da atual situação atrasada. Os comitês do Partido e os governos de todos os níveis devem conduzir, proteger e desenvolver de maneira eficaz a iniciativa das massas populares e convertê-la numa poderosa força motriz no grande desenvolvimento do Oeste. Devem adaptar-se às circunstâncias, enfatizar a eficácia e conhecer e aplicar plenamente as experiências valiosas obtidas na construção econômica ao longo dos anos e trabalhar segundo a lei econômica e científica, a fim de impulsionar a realização ordenada, rápida e eficiente do grande desenvolvimento do Oeste.

Primeiro, deve-nos integrar a urgência do desenvolvimento do Oeste ao pensamento de luta árdua e permanente. "Dos difíceis, primeiro os mais fáceis, e dos grandes, primeiro os menores." Trata-se de uma experiência importante e regra universal para conquistar o sucesso da causa. Durante o grande desenvolvimento do Oeste, também temos de segui-la. A alteração radical da fisionomia do Oeste necessita de esforços de várias gerações, não podemos fazê-la de um dia para outro. Devemos estar preparados para uma luta árdua permanente, persistindo ao mesmo tempo no espírito de aproveitar todos os momentos. Durante todo o processo do grande desenvolvimento do Oeste, deve-se persistir na orientação de partir da atualidade, olhando para o futuro, atuar segundo a capacidade e avançando passo a passo. É necessário formular não apenas um plano de longo prazo, mas também elaborar objetivos e tarefas por etapas. Estes devem ter conexão entre si e avançar a passos firmes. Devemos fazer esforços para obter progressos visíveis na construção das instalações infra-estruturais e do ambiente ecológico do Oeste dentro de cinco a dez anos, a fim de acelerar o processo de transformação das vantagens de recursos em vantagens econômicas e formar uma economia regional com características do Oeste, controlando a ampliação da diferença entre o Oeste, o Leste e o Centro. Numa palavra, é necessário ter um bom e novo início no fomento da prosperidade econômica, progresso social, unidade das etnias e construção de um belo ambiente no Oeste.

Segundo, deve-se combinar os trabalhos prioritários com o desenvolvimento geral. É impossível conseguir um desenvolvimento por toda parte do vasto território do Oeste. Deve-se persistir no princípio de empreender uma coisa, deixando alguma outra, elaborar um plano científico, escolher os pontos importantes para a execução e concentrar os recursos financeiro e humano para resolver alguns importantes problemas relativos ao desenvolvimento do Oeste em seu conjunto, a fim de promover todos os trabalhos de desenvolvimento desta região. É estritamente proibido o estilo de trabalho no sentido de "atuar com precipitação e em tropel", "cortar de uma facada, não fazendo nenhuma distinção" ou proceder fugazmente. As zonas com boa base econômica, densamente povoadas, ou próximas às linhas principais de comunicações e aos centros urbanos devem ser principais regiões de desenvolvimento. Deve-se aproveitar a Ponte Continental Ásia-Europa, a via fluvial do rio Yang-tsé e o acesso do Sudoeste para o mar, a fim de impulsionar a formação das faixas econômicas da parte Leste de Longhai, do curso superior do rio Yang-tsé e do Sul de Kunming e Guizhou e estabelecer com prioridade alguns centros urbanos ao longo das linhas principais de comunicações para promover o desenvolvimento das zonas nas proximidades. Deve-se dar prioridade para desenvolver as instalações infra-estruturais, o ambiente ecológico, a economia e agricultura especializadas, ciência e tecnologia e educação, e destacar a exploração razoável e utilização eficaz dos recursos hídricos, e preconizar a irrigação racional na agricultura e o uso de água reciclada na indústria. Deve-se acelerar o desenvolvimento dos ricos recursos turísticos do Oeste. É necessário formar, segundo a realidade de cada região e através do reajuste, a razoável estrutura setorial, dar prioridade ao desenvolvimento dos setores de mão-de-obra intensiva e dos setores de tecnologia e capital intensivos segundo as condições concretas. Deve-se dar importância para desenvolver as empresas não estatais, ao mesmo tempo em que se empenha em promover a reforma e desenvolvimento das empresas estatais.

Terceiro, é necessário combinar o efeito econômico com os efeitos sociais. Deve-se escolher bem os projetos de investimento segundo as vantagens econômicas das diferentes regiões do Oeste, para aumentar o efeito econômico e, ao mesmo tempo, é necessário prestar especial atenção aos efeitos social e ecológico no desenvolvimento e na construção do Oeste. Ao tomar decisão sobre projetos, deve-se levar em conta sua importância para o ambiente e o desenvolvimento social. Como região-chave para a segurança ecológica nacional, o Oeste conta com um ambiente ecológico extremamente frágil. O fortalecimento da construção ecológica do Oeste, especialmente nas nascentes e nas zonas principais ao longo do curso superior do rio Yang-tsé e do rio Amarelo reveste-se de importante significado para o melhoramento do meio ambiente de todo o país e a execução da estratégia do desenvolvimento sustentável. Deve-se fortalecer a proteção e a construção do ambiente ecológico, executar o projeto de proteção dos recursos florestais naturais, reflorestar montanhas e terras baldias e reflorestar encostas de montanhas cultivadas e dedicá-las à praticultura, a fim de embelezar sua paisagem.

Quarto, é necessário combinar o desenvolvimento do Oeste com o do Leste e do Centro. Deve-se continuar observando o pensamento estratégico do camarada Deng Xiaoping sobre "os interesses em conjunto das regiões costeiras e das demais regiões do país". Ao mesmo tempo em que se acelera o desenvolvimento da região Centro-Oeste, deve-se continuar pondo em jogo o papel motriz do Leste no desenvolvimento da economia nacional. O Leste deve aproveitar plenamente suas condições favoráveis para criar novas vantagens. As regiões com condições maduras podem ser as primeiras a concretizar preliminarmente a modernização. Atualmente, um bom número de zonas costeiras do Leste precisa encontrar novos terrenos de desenvolvimento para sua mão-de-obra, capital e tecnologia. O Oeste, com vasto território e recursos abundantes, fornece um enorme mercado potencial. O Leste deve empenhar-se em formar um mecanismo de cooperação de benefício mútuo com o Centro e o Oeste, apoiá-los e ajudá-los a acelerar o desenvolvimento por diversas formas. Deve-se fortalecer o apoio dos setores e entidades do Leste aos similares do Oeste e estimular empresas fortes do Leste a investir e estabelecer empresas no Oeste, a fim de promover seu desenvolvimento. A região Centro deve pôr em pleno jogo o papel de ponte entre o Leste e o Oeste em busca de um desenvolvimento acelerado. As províncias, regiões e municípios do Oeste devem intensificar os intercâmbios entre si, fortalecer a cooperação econômica e a construção conjunta, para facilitar a união correta da parte com o conjunto e mostrar plenamente a superioridade integral no desenvolvimento do Oeste. É necessário corresponder às novas condições de desenvolvimento da economia de mercado e esforçar-se para formar uma boa configuração de apoio mútuo, fomento recíproco e desenvolvimento coordenado entre o Leste, o Centro e Oeste.

Quinto, é necessário combinar as funções do mercado com o macrocontrole econômico. Sob as condições de desenvolvimento da economia de mercado socialista registraram-se grandes mudanças no modelo de distribuição de recursos, no mecanismo de operações econômicas e no ambiente interior e exterior do desenvolvimento econômico. O desenvolvimento do Oeste deve adaptar-se a esta alteração, e os trabalhos, a política, as medidas e os sistemas devem corresponder às necessidades do mercado e à lei econômica e pôr em jogo o papel básico das distribuições de recursos do mercado, a fim de garantir que todos os recursos obtenham melhor efeito. Deve-se fortalecer o mercado, padronizar a ordem do mercado e criar as condições necessárias, a fim de atrair o capital e a tecnologia e outros fatores da produção para o Oeste, especialmente para estimular as empresas a converter-se em investidores principais. Também se pode introduzir, de maneira razoável, o mecanismo do mercado para os setores de educação, cultura, saúde pública, esportes e proteção ambiental. Ao mesmo tempo é necessário alterar efetivamente as funções governamentais, elevar a eficiência de trabalho, fortalecer e melhorar o macrocontrole e criar um bom ambiente para o desenvolvimento econômico e concorrência eqüitativa do Oeste por meios econômico, político e legal. Partindo da realidade local, pondo em prática as próprias vantagens e elevando o grau de abertura, as províncias, regiões autônomas e municípios do Oeste devem combinar bem a "introdução" com a "saída" para aproveitar bem "os dois mercados e os dois tipos de recursos" para elevar o nível de abertura ao exterior.

Sexto, é necessário combinar os apoios governamentais e dos setores sociais com o apoio em suas próprias forças e luta árdua. O Estado tem que prestar o apoio primordial ao grande desenvolvimento do Oeste, que se reveste de importante significado, tanto econômico como político, e elaborar as políticas de apoio ao desenvolvimento do Oeste nas áreas de finança, impostos, capital estrangeiro, comércio exterior, atração do pessoal talentoso, ciência, tecnologia e educação. Deve-se fortalecer o pagamento e a transferência fiscal do Oeste e ampliar a envergadura de investimentos públicos. Os investimentos do orçamento estatal, os fundos provenientes de bônus público, os empréstimos preferenciais estrangeiros continuam inclinados para o Oeste. Todos os departamentos e todas as regiões do país devem apoiar ativamente o desenvolvimento e a construção do Oeste. Os quadros e as massas populares do Oeste devem desenvolver o espírito de apoio nas próprias forças e de luta árdua e desenvolver o Oeste com base nas próprias forças. É necessário conduzir os quadros e as massas da região a analisar e pôr em prática a própria superioridade para aumentar a competitividade das indústrias e produtos do Oeste. Deve-se formar um mecanismo positivo de autodesenvolvimento na região através de constantes empreendimentos e renovações, a fim de abrir um novo caminho de desenvolvimento no Oeste.

Sétimo, é necessário combinar o fomento do desenvolvimento econômico com a concretização do progresso social em todos os terrenos. Durante o grande desenvolvimento do Oeste, deve-se prestar atenção tanto à construção da civilização material como à construção da civilização espiritual, tanto ao desenvolvimento econômico como ao desenvolvimento social, a fim de que a construção da civilização material e a construção da civilização espiritual se desenvolvam de maneira conjunta e promovam-se uma à outra. É necessário acelerar o progresso da ciência, educação, esporte e saúde pública, especialmente dar prioridade ao ensino obrigatório de nove anos, a fim de melhorar a qualidade moral, científica e cultural das massas de todas as nacionalidades da região. Deve-se pôr em ação a superioridade dos recursos culturais das regiões étnicas, divulgar a excelente cultura nacional e desenvolver ativamente a indústria da cultura nacional. Deve-se educar os quadros e as massas populares para que persistam na linha ideológica de libertar a mente e buscar a verdade nos fatos, esforçar-se para desenvolver a concepção ideológica correspondente ao desenvolvimento da economia de mercado socialista, fortalecer a consciência de reforma, de competição e de abertura, e empenhar-se em estudar e aplicar os métodos de administração avançados, a fim de fornecer ao Oeste a garantia ideológica e bom ambiente social.

NOTA

1. Após a 3ª plenária do 11° Comitê Central do Partido Comunista da China, Deng Xiaoping formulou a estratégia do desenvolvimento em três passos da modernização socialista da China. O 13° Congresso Nacional do Partido Comunista da China, realizado em 1987, definiu o objetivo estratégico do desenvolvimento econômico do nosso país, com o seguinte conteúdo: "Após a 3ª plenária do 11° Comitê Central do Partido, a disposição estratégica da construção econômica do nosso país divide-se em três passos: primeiro, dobrar o PIB com base no de 1980 e resolver a questão de alimentação e abrigo do povo. Esta tarefa foi fundamentalmente cumprida. Segundo, quadruplicar o PIB em fins deste

século, de forma que o povo leve uma vida modestamente confortável. E terceiro, em meados do próximo século, o PIB *per capita* atingirá o nível dos países medianamente desenvolvidos, o povo levará uma vida relativamente abastada e a modernização será concretizada." Com o cumprimento antecipado do objetivo estratégico original do segundo passo em fins de 1995 e de acordo com proposta do Comitê Central do Partido Comunista da China, a 4ª plenária da 8ª legislatura da Assembléia Popular Nacional, realizada em março de 1996, reformulou o objetivo estratégico do segundo passo nestes termos: "Concretizar em todos os aspectos a disposição estratégica do segundo passo da modernização, e em 2000, manter a população abaixo de 1,3 bilhão de habitantes, quadruplicar o PIB *per capita* com base no de 1980; eliminar fundamentalmente a pobreza, elevar a vida do povo ao nível de conforto moderado; acelerar a construção do sistema de empresas modernas e estabelecer preliminarmente o sistema de economia de mercado socialista, assentando melhores alicerces materiais, tecnológicos e de sistema econômico para a execução da disposição estratégica do terceiro passo no início do próximo século." Atualmente, a China já concretizou o objetivo estratégico dos primeiros dois passos, iniciando a execução da disposição estratégica do terceiro passo.

Inovar Incessantemente Conforme Demandas da Prática*

(20 de junho de 2000)

*Parte do discurso proferido por Jiang Zemin no Simpósio sobre os Trabalhos da Construção do Partido das cinco Províncias e Regiões Autônomas do Noroeste e sobre o Desenvolvimento do Oeste.

A inovação é a alma de uma nação e a força motriz inesgotável da prosperidade de um país, e é também a fonte de um partido político para a manutenção de sua vitalidade. Em recente conferência dos membros da Academia de Ciência e da Academia de Engenharia, dei especial ênfase ao desenvolvimento do espírito científico em todo o Partido e em toda a sociedade, quer dizer, desenvolver vigorosamente, em todo o Partido e em toda a sociedade, o espírito de buscar a verdade nos fatos, explorar e buscar conhecimentos, respeitar a verdade e ousar fazer inovações, para impulsionar, de maneira criadora, o avanço dos trabalhos do Partido e do Estado.

A inovação se realiza inclusive nos domínios teórico, sistemático, científico, tecnológico e outros. Os grandes êxitos, obtidos pelo povo nos últimos vinte e tantos anos ao realizar a reforma e abertura e a modernização, sob a direção do nosso Partido, são inseparáveis das inovações teórica, sistemática, científica e tecnológica, que nunca paramos de fazer. A formação e o desenvolvimento da teoria de Deng Xiaoping são a demonstração concentrada e os maiores frutos da inovação teórica em que nosso Partido tem persistido no novo período. Todas as outras inovações foram realizadas sob a orientação, impulsionamento e influência desta inovação teórica. Atualmente, encarando a nova situação e os novos problemas verificados dentro e fora do país, devemos continuar persistindo no marxismo-leninismo, no pensamento de Mao Tsé-tung e na teoria de Deng Xiaoping como a orientação, e na linha ideológica do Partido de tudo partir da prática, emancipar a mente e buscar a verdade nos fatos, seguir de perto a tendência do desenvolvimento da época, não parar de estudar a nova situação e resolver os novos problemas, formar nova compreensão e abrir novos horizontes.

Ao realizar a inovação do sistema, devemos aperfeiçoar constantemente os diversos sistemas que correspondem às demandas do desenvolvimento da economia de mercado socialista e da construção do socialismo do tipo chinês. Após constantes esforços feitos desde a aplicação da reforma e abertura, sobretudo após o 14° Congresso Nacional do Partido, já estabelecemos preliminarmente uma estrutura básica do sistema de economia de mercado socialista, mas, para aperfeiçoar e amadurecer ainda mais este novo sistema econômico, ainda é necessário resolver uma série de problemas profundos. A estrutura, tendo o sistema de propriedade pública como o corpo principal e considerando o desenvolvimento comum da economia das diversas formas de propriedade, deverá ser aperfeiçoada ainda mais na área institucional; a reforma das empresas estatais, tendo o estabelecimento do sistema de empresas modernas como o ponto de ênfase, deverá ter novos progressos essenciais; o mercado nacional regulamentado e unificado deverá ser estabelecido e aperfeiçoado ainda mais; o mecanismo de concorrência e cooperação econômicas e tecnológicas que se adaptem às exigências da OMC, o sistema de distribuição integrando a distribuição segundo o trabalho com fatores de produção, o sistema da seguridade social de múltiplos níveis, o sistema de administração e o mecanismo de funcionamento governamentais e o sistema de direção do Partido e do Estado devem ser aperfeiçoados e melhorados ainda mais através do aprofundamento da reforma. Devemos continuar fortalecendo o estudo e a investigação e atender às demandas do desenrolar da situação e da modernização socialista, a fim de obter novos êxitos na inovação do sistema econômico e outros.

Ao empreender a inovação científica e tecnológica, visamos a converter a ciência e a tecnologia numa poderosa força impulsionadora do desenvolvimento transecular do nosso país. Encarando a profunda revolução científica e tecnológica verificada no mundo, devemos empenhar-nos nos importantes temas científicos e tecnológicos, que exercem um papel estratégico, básico e crucial sobre o desenvolvimento econômico, científico e tecnológico, da defesa nacional e social do nosso país, esforçar-nos para superar os pontos mais difíceis e fazer a inovação autônoma. Persistindo no princípio de contribuir em certos aspectos e deixar de fazer o mesmo em outros e apontando o nível avançado do desenvolvimento científico e tecnológico do mundo, é necessário um esforço para obter progressos essenciais em qualquer aspecto que tenha condições, alcançar alguma descoberta na ciência básica e alguma renovação tecnológica para dar, de toda forma possível, grandes saltos nos aspectos científico e tecnológico do nosso país.

Ao fazer inovação teórica, visamos a fazer progredir a teoria básica do nosso Partido, absorvendo constantemente novas experiências práticas e novas idéias, com base no legado. Em julho de 1937, o camarada Mao Tsé-tung assinalou em sua obra "Sobre a prática": "Pela prática, descobrir as verdades e, igualmente pela prática, confirmá-las e desenvolvê-las. Passar ativamente do conhecimento emotivo ao conhecimento racional, depois, passar do conhecimento racional à direção ativa da prática revolucionária, para transformar o mundo subjetivo e objetivo. A prática, o conhecimento, e novamente a prática e o conhecimento, essa forma, em sua repetição cíclica, é infinita. Além disso, o conteúdo de cada um desses ciclos de prática e conhecimento vai-se elevando a um nível cada vez mais alto. Tal é, em seu conjunto, a teoria materialista dialética do conhecimento, tal é a concepção materialista dialética da unidade do conhecimento e da ação." Para persistir no marxismo, o mais importante é persistir no princípio científico do marxismo, no espírito científico e no espírito de inovação, absorver constantemente nutrientes da prática das massas populares, enriquecer e desenvolver constantemente a teoria conforme as mudanças da situação objetiva, fazendo a teoria orientar ainda melhor nosso trabalho.

Marx, Engels, Lenin e os camaradas Mao Tsé-tung e Deng Xiaoping nos serviram de brilhantes exemplos na inovação teórica. Tendo absorvido amplamente a idéia dos antepassados e sintetizado profundamente a lei objetiva do desenvolvimento da sociedade humana, Marx e Engels formularam a conclusão científica de que o movimento das contradições entre as forças produtivas e as relações de produção impulsiona a sociedade humana a avançar sem parar, até acabar por atingir inevitavelmente a sociedade comunista, e criticaram corajosamente e ultrapassaram as doutrinas de Adam Smith, David Ricardo, Karl Von Hegel, Feurbach Ludwig Andreas e outros, criando o pensamento orientador para o movimento de libertação do proletariado e de toda a humanidade. E mais tarde, conforme a nova situação do desenvolvimento capitalista e a nova prática do movimento operário, eles fizeram novos julgamentos e interpretações teóricas. No artigo "Crítica ao projeto de programa do Partido Social e Democrático de 1891", Engels disse que a produção capitalista administrada pelas empresas de ações já deixou de ser a produção privada, enquanto o truste que domina e monopoliza todo o setor industrial não só perdeu a produção privada, mas também o caráter não-planificado. Segundo a idéia de Marx e Engels, a revolução socialista deveria ocorrer simultaneamente e triunfar em alguns países capitalistas desenvolvidos. Tendo analisado as características econômicas e políticas do imperialismo e suas contradições básicas e revelado a lei do desequilibrado desenvolvimento econômico e político do imperialismo, Lenin assinalou que a revolução socialista poderia triunfar em primeiro lugar num país ou em vários países, elos débeis do imperialismo, e levou a Revolução de Outubro para a vitória. Num período após a Revolução de Outubro, a Rússia soviética tentava aplicar a política do "comunismo em tempo de guerra", de distribuição por igual, sem relações mercantis e monetárias. Porém, através da prática, Lenin compreendeu que estava longe da realidade reajustar a produção e distribuição num país de pequena agricultura, conforme o princípio comunista e por meio da ordem direta do Estado proletário, dizendo que a vida real comprovou que isto era errado. Com base nisto, Lenin formulou a "nova política econômica" para recuperar e desenvolver a economia com as relações mercantis e monetárias. Integrando o princípio fundamental do marxismo com a prática concreta da revolução chinesa, o camarada Mao Tsé-tung criou a teoria revolucionária de nova democracia, indicou o caminho da luta armada do cerco das cidades partindo das zonas rurais, diferente do levante armado urbano da Revolução de Outubro, e levou a revolução chinesa para a vitória. Após a "Revolução Cultural", com coragem teórica extraordinária, o camarada Deng Xiaoping orientou nosso Partido com o espírito de emancipar a mente e buscar a verdade nos fatos e rendeu pleno e positivo apreço aos méritos históricos do camarada Mao Tsé-tung, enquanto retificou firmemente a idéia errada de "tomar a luta de classes como alavanca" e formulou a nova teoria sobre a reforma e abertura e a modernização. Levando em conta a prática da reforma e construção do nosso país, o camarada Deng Xiaoping fez constantemente inovações teóricas e apresentou uma série de novas idéias, tais como fase inicial do socialismo, sistema de responsabilidade pela produção mediante contrato familiar com remunerações em função do rendimento, permissão para que parte de pessoas e regiões enriqueçam primeiro, estabelecimento de zonas econômicas especiais, planificação e mercado harmonizados e "um país, dois sistemas", que são consideradas criações teóricas extraordinárias e um importante desenvolvimento do marxismo-leninismo e do pensamento de Mao Tsé-tung. Todos podem pensar: seria possível a causa do nosso Partido e do Estado terem uma situação tão boa como hoje, sem o camarada Deng Xiaoping, que nos dirigiu, a persistir na linha ideológica de emancipar a mente e buscar a verdade nos fatos, na reforma e no espírito de inovação?

A história do desenvolvimento do marxismo nos dá uma profunda razão: a prática social se desenvolve de maneira ininterrupta, pois nossa compreensão ideológica também deve avançar sem parar e ter constantes inovações conforme as exigências da prática. Emancipar a mente e fazer inovação teórica constituem uma força poderosa que impulsiona o avanço social. Devemos persistir sempre no marxismo-leninismo e no pensamento de Mao Tsé-tung, sobretudo na teoria de Deng Xiaoping como guia. Isto não pode ser abalado de jeito nenhum. Ao mesmo tempo, também devemos fazer constantes e novas explorações segundo a nova prática e apresentar constantemente novas orientações teóricas para a prática. O 15° Congresso Nacional do Partido conclamou os camaradas de todo o Partido a tomarem como o centro os problemas práticos da reforma e abertura e da modernização e os assuntos que estamos tratando, levando em consideração a aplicação da teoria marxista, a reflexão teórica sobre os problemas práticos e a nova prática e novo desenvolvimento. O 15° Congresso Nacional do Partido ainda assinalou que persistir na teoria de Deng Xiaoping e continuar enriquecendo e desenvolvendo esta teoria na prática de maneira criadora constituem a solene responsabilidade histórica do grupo dirigente do Comitê Central e dos camaradas de todo o Partido. Os camaradas de todo o Partido devem tomar esta tarefa como sua própria missão sagrada e concentrar a sabedoria de todo o povo para estudar e responder conjuntamente aos importantes assuntos estratégicos relacionados com o desenvolvimento da causa do nosso Partido e do Estado em seu conjunto, garantir a constante liderança do nosso Partido no desenvolvimento da época e aplicar eficazmente o princípio de "tríplice representatividade".

Entrevista com Detentores de Prêmio Nobel em Beidaihe

(5 de agosto de 2000)

Estou muito contente por me encontrar com vocês[1] aqui em Beidaihe. Vocês são cientistas de prestígio mundial, obtiveram destacados êxitos em seus próprios domínios de pesquisa. Já me encontrei com todos vocês, e com alguns, várias vezes. Os diálogos com vocês me ajudaram muito no aprofundamento da compreensão do desenvolvimento científico e tecnológico da presente época e são muito proveitosos. Nestes últimos anos, vocês fizeram muitos trabalhos no fomento do estudo científico da China, na formação do pessoal científico e tecnológico chinês, especialmente dos jovens talentos científicos e tecnológicos, e na intensificação de intercâmbio e cooperação entre cientistas chineses e estrangeiros. A todos vocês manifesto meus sinceros agradecimentos.

Sobre o desenvolvimento científico e tecnológico no século XX. No século XX, a ciência e tecnologia progrediram velozmente, a concepção científica progrediu e desenvolveu-se, e a civilização humana obteve sucessos sem precedentes. Os resultados científico e tecnológico obtidos nos domínios de relativismo, teoria quântica, teoria genética e teoria informática proporcionaram novos conhecimentos e poderosa força motriz à humanidade na correta compreensão da natureza, no desenvolvimento da força de produção do mundo e no progresso social, e abriram uma vasta perspectiva, além de exercer importante influência sobre a profunda evolução da vida política, econômica, cultural da humanidade. A recente conclusão do mapeamento do genoma humano foi um sucesso extraordinário. Agora, a ciência de matéria já se estende ao mundo de partícula básica e a ciência de vida já alcançou o nível molecular. No domínio da ciência de pensamento, verificaram-se progressos na matemática e ciência da inteligência cerebral. Isto significa que a humanidade obteve brilhantes êxitos no setor da ciência e tecnologia no século XX e indicou a direção do desenvolvimento da ciência e tecnologia do mundo no século XXI. Como a primeira força de produção, a ciência e tecnologia já se tornaram a força impulsora mais revolucionária para o desenvolvimento econômico e o progresso social.

Sobre o desenvolvimento da ciência e tecnologia no século XXI. A ciência e tecnologia terão um desenvolvimento mais profundo e mais rápido no século XXI, o que exercerá uma influência ainda mais profunda no desenvolvimento da sociedade humana e da própria humanidade. Devemos avaliar plenamente o enorme papel que a ciência e tecnologia desempenharão no futuro desenvolvimento da economia e da sociedade. No século XXI, a ciência da informática e a ciência de vida serão os terrenos científicos e tecnológicos com a maior atividade, o mais rápido desenvolvimento e a mais ampla influência. A humanidade obterá novos avanços nos setores de biotecnologia, de novos materiais, de tecnologia de manufatura avançada, de recursos energéticos limpos e de alta eficácia, de tecnologia aeroespacial e de proteção ambiental, continuará pesquisando e explorando o espaço cósmico, o mar e o fundo da Terra e prestará maior atenção ao desenvolvimento coordenado entre o homem, a natureza e a sociedade. O progresso da ciência e tecnologia modernas abriu muitos terrenos novos que não se imaginava, como o computador ótico, o computador biológico e o computador quântico. No próximo século, deve-se dar maior atenção aos problemas de caráter global, relativos ao futuro e destino da humanidade, deve-se especialmente fortalecer a investigação interdisciplinar, avançar ainda mais rumo às condições extremas e essência material e à integração e unificação sistemáticas, e fortalecer ainda mais a infiltração mútua e a combinação entre a ciência e a tecnologia, formando importantes pontos de crescimento da nova ciência. A ciência e a tecnologia não têm fronteiras. A investigação sobre a origem do Universo, a essência da vida e a origem do mundo material necessitam de grande quantidade de recursos humanos, material e financeiro e é impossível de ser realizada por um só país. Por isso, deve-se intensificar energicamente o intercâmbio e a cooperação internacionais na ciência e tecnologia, para complementar a superioridade de um a outro e utilizar os resultados de maneira conjunta.

Sobre a estratégia de desenvolvimento científico e tecnológico da China. Como o maior país em desenvolvimento do mundo, com carência de recursos *per capita* e grande desequilíbrio de desenvolvimento, a China precisa empreender árduos e duradouros esforços para concretizar a modernização. Na competição internacional, enfrentamos severas tarefas, como a otimização da estrutura econômica, a utilização razoável de recursos, a proteção do ambiente ecológico, o fomento do desenvolvimento coordenado regional, a elevação da qualidade demográfica e a eliminação radical da pobreza. Estamos elaborando o Décimo Plano Qüinqüenal, destinado a orientar o desenvolvimento econômico e social dos primeiros cinco anos do próximo século. O ponto-chave reside em desenvolver energicamente a ciência e a tecnologia para proporcionar força motriz e garantia à construção econômica e ao progresso social. Persistiremos em observar e praticar a estratégia de prosperidade do país mediante a ciência e a educação e do desenvolvimento sustentável, estabelecer e aperfeiçoar o sistema estatal de renovação, formar energicamente e introduzir de forma ativa o pessoal talentoso, elevar a qualidade científica e cultural nacional de toda a nação, desenvolver em toda a sociedade o espírito científico e promover a transformação dos resultados científico e tecnológico em força produtiva real. Uma das mais importantes condições para promover o desenvolvimento científico e tecnológico é o estabelecimento de um sistema virtuoso entre a pesquisa científica, a exploração tecnológica, a necessidade da produção social e do mercado, a participação social e o apoio governamental, formando uma nova atmosfera cultural de respeito aos conhecimentos, de respeito ao pessoal talentoso e de estímulo à inovação. Neste terreno, temos muito trabalho a fazer. Continuaremos aprofundando a reforma e estreitando as relações orgânicas entre a ciência, tecnologia e produção, a fim de promover a renovação científica, tecnológica e intelectual.

Sobre a inovação científica e tecnológica. A essência da ciência reside na inovação. A inovação é a alma de uma nação e a força inesgotável para a concretização da prosperidade de um país. A história humana é um processo de constante inovação e progresso. Sem inovação, não haverá o progresso nem o futuro da humanidade. O desenvolvimento da ciência e tecnologia contemporâneas comprovou eloqüentemente esta verdade. Para a China, é extremamente importante promover, de maneira enérgica, a inovação científica e tecnológica e o salto no desenvolvimento tecnológico. Devemos seguir de perto a tendência mundial, empenhando-nos em resolver os problemas-chave e realizar, de maneira autônoma, inovações nos importantes temas de investigação científica e tecnológica que desempenham papel-chave estratégico e básico nos setores da economia, ciência e tecnologia, defesa nacional e desenvolvimento social. Ao mesmo tempo, devemos intensificar ativamente o intercâmbio e a cooperação com o setor científico e tecnológico internacional e envidar esforços para aprender e utilizar os avançados resultados científicos e tecnológicos do mundo.

Devemos ter uma disposição razoável das forças de pesquisa nos estudos da ciência básica e da ciência aplicada na exploração tecnológica. Além de motivar o avanço científico e tecnológico e do progresso social, e promover o desenvolvimento da engenharia tecnológica, os resultados do estudo básico ampliarão e aprofundarão a compreensão do mundo objetivo e do mundo subjetivo, e até provocarão uma revolução filosófica. O constante desenvolvimento da engenharia tecnológica formula inevitavelmente novas demandas ao estudo básico, por isso a China também deve fortalecer o estudo deste setor. Já fizemos um grande investimento no estudo básico e na construção de importantes instalações científicas e aumentaremos os investimentos nestes domínios à medida que se fortalecer o poderio nacional. Entretanto, como um país em desenvolvimento, a China deve persistir no princípio de fazer certas coisas e deixar de fazer outras. Um país muito desenvolvido como os Estados Unidos deve investir mais no estudo básico.

Sobre o problema ético da ciência e tecnologia. A ciência e tecnologia elevaram grandemente a capacidade da humanidade no controle da natureza e de si própria. Entretanto, a cada dia destacam-se mais os problemas oriundos da aplicação da ciência e tecnologia na sociedade. O desenvolvimento industrial motiva a poluição de água e ar, e o desmatamento em grande escala e pecuária demasiada causam a destruição da ecologia da floresta e da pradaria. O desenvolvimento da ciência informática e de vida motivam os problemas éticos relativos à dignidade do próprio homem, à saúde e à hereditariedade, bem como à segurança ecológica e à proteção ambiental. Por exemplo, a engenharia genética poderá provocar discriminação genética, a tecnologia da internet refere-se não só ao perigo da segurança nacional, do sigilo de operações empresariais e da privacidade pessoal, mas também à segurança dos alimentos transgênicos e no âmbito de aplicação de tratamento genético e da tecnologia de clonagem, o que desperta grande atenção do público. Alguns países utilizam os resultados da alta tecnologia para fortalecer seu poderio militar em busca da hegemonia no mundo ou nas regiões e intervir nos assuntos internos de outros países. A internet transmite grande quantidade de informações de maneira rápida e ampla, mas entre estas muitas são inúteis e falsas. Até o presente momento, a ciência e tecnologia ainda não conseguem distinguir as verdadeiras informações das falsas. No século XXI, o problema ético da ciência e tecnologia tornar-se-á cada dia mais destacado. O problema-chave reside em que o progresso científico e tecnológico deve servir à humanidade e à nobre causa da paz, desenvolvimento e progresso do mundo, em vez de prejudicar a própria humanidade. Estabelecer e aperfeiçoar uma nobre ética científica, respeitar e proteger racionalmente os direitos intelectuais e exercer uma orientação política no estudo e na aplicação da ciência e tecnologia, correspondente aos interesses comuns dos povos de todo o mundo, constituem um importante problema a ser resolvido pela humanidade no século XXI.

Sobre a redução da diferença nos setores científico e tecnológico do mundo. Agora sou político, por isso, observo e avalio os problemas partindo do ponto de vista político. No mundo de hoje, a humanidade enfrenta dois grandes temas, a paz e o desenvolvimento. A solução destes temas está ligada estreitamente ao desenvolvimento científico e tecnológico. Paralelamente ao desenvolvimento da globalização econômica e do rápido progresso científico e tecnológico, todos os países enfrentarão novas oportunidades e novos desafios. Os países em desenvolvimento, especialmente os pobres, enfrentarão desafios ainda mais severos. Isto deve despertar atenção dos governos de todos os países. Agora, o problema da diferença entre o Norte e o Sul e o problema da disparidade entre os ricos e os pobres tornam-se cada dia mais salientes. O grande desequilíbrio entre os países desenvolvidos e os em desenvolvimento no nível científico e tecnológico agrava ainda mais a diferença entre o Norte e o Sul. O desenvolvimento da tecnologia informática promoveu a rápida expansão da indústria informática e o crescimento econômico. Mas tal crescimento e os interesses por este motivados concentram-se principalmente nos países desenvolvidos. Segundo cálculos do Secretariado da ONU, no mundo de hoje, os países de receita mais alta, que representam um quinto da população mundial, possuem 86% do PIB de todo o globo e 93% dos usuários da internet do mundo, enquanto os países de receita mais baixa do mundo, que representam um quinto da população mundial, só possuem 1% do PIB e 0,2% dos usuários da internet do mundo. Um grande número de pobres do mundo ainda não se beneficiou do desenvolvimento da tecnologia informática. A recente Conferência de Cúpula do G-8 aprovou o "Estatuto sobre a sociedade informática global de Okinawa", assinalando que a comunidade internacional deve envidar esforços conjuntos para eliminar a diferença informática, o que merece o aplauso de todos. Mas é necessário ter uma série de políticas e medidas eficazes para garantir a sua verdadeira execução. Quanto mais se desenvolvam a ciência e tecnologia, maior atenção deverá ser dada à solução do problema da diferença científica e tecnológica entre os países ricos e pobres do mundo, a fim de impulsionar o desenvolvimento e prosperidade comuns. A concretização deste objetivo requer esforços conjuntos não só dos governos e povos de todos os países, mas também dos cientistas do mundo inteiro. Numa palavra, devemos esforçar-nos para utilizar os resultados científicos e tecnológicos para livrar muitos países e povos da violência, da ignorância e da pobreza, e promover a paz e o desenvolvimento de toda a humanidade.

NOTA

1. À tarde do dia 5 de agosto de 2000, o presidente Jiang Zemin encontrou-se em Beidaihe com seis cientistas famosos no cenário internacional. Eles são os cinco detentores do prêmio Nobel: Chen Ning Yang, professor catedrático da State University of New York, em Stonny Brook; Tsung-dao Lee, professor catedrático da Columbia University; Samuel Chao Chung Ting, professor catedrático do Massachusetts Institute of Technology; Rudolph A. Marcus, professor catedrático da California Institute of Technology; e Hartmut Michel, professor catedrático do Max-Planck Institute of Biophysics da Alemanha, bem como o professor catedrático da Harvard University, Shing-tung Yau, detentor do prêmio Fields. Todos eles são membros estrangeiros da Academia de Ciência da China. Foram convidados pela Academia de Ciência da China para participar do simpósio de consultas sobre os trabalhos experimentais da inovação intelectual da Academia de Ciência da China.

Discurso Proferido na Conferência de Cúpula do Milênio da ONU

(6 de setembro de 2000)

Sr. Presidente:

Quando da passagem do século e de milênio, os dirigentes de todos os países se reúnem na sede da ONU para discutir os principais temas relacionados com o futuro do desenvolvimento da humanidade, com o objetivo de impulsionar a causa da paz e do desenvolvimento do mundo. Neste momento, todos os povos que amam a paz e estão ansiosos pela felicidade acompanham com atenção esta Conferência de Cúpula da ONU.

No milênio passado e no século XX, a humanidade sofreu horríveis desastres e calamidades e efetuou grandes lutas e criações, obtendo brilhantes êxitos na civilização material e espiritual.

No século XXI e novo milênio, a humanidade encontrará desafios e provas imprevisíveis e realizará novas e enormes transformações e saltos históricos. Será brilhante a perspectiva de paz duradoura e prosperidade comum a que os povos de todos os países aspiram.

A guerra fria que durou cerca de meio século já terminou. A situação internacional em seu conjunto desenvolve-se em direção à distensão, a tendência da multipolarização do mundo e da globalização econômica encontram-se em rápido crescimento, e a ciência e tecnologia modernas, que têm a informática e a ciência de vida como núcleo, estão avançando velozmente, proporcionando uma oportunidade raramente vista para a humanidade. Buscar a paz e o desenvolvimento são tanto a aspiração comum dos povos de todos os países do mundo como o tema principal da presente época. Entretanto, a injusta e irracional velha ordem política e econômica internacional ainda não foi radicalmente alterada, de forma que temos pela frente árduas tarefas e um longo caminho a percorrer para solucionar os problemas estratégicos de paz e desenvolvimento e estabelecer uma justa e razoável nova ordem política e econômica internacional.

Agora, os povos de muitos países estão sofrendo com guerras e agitações. Permanecem ainda a hegemonia e a política de força. Sucedem-se os conflitos regionais motivados pelos fatores étnico, religioso, territorial e de recursos. As diversas forças separatistas, terroristas e extremistas prejudicam de forma constante a comunidade internacional. Tornam-se cada dia mais críticos os problemas internacionais de caráter global sobre o ambiente, a droga e os refugiados. Por isso, o nosso planeta está longe de ser estável e tranqüilo.

A história e a realidade nos ensinam:

— O respeito mútuo à independência e soberania entre todos os países é de extrema importância para a salvaguarda da paz mundial. Todos os países do mundo só poderão conviver verdadeiramente em harmonia quando observarem os cinco princípios de coexistência pacífica — respeito mútuo à soberania e à integridade territorial, não agressão um ao outro, não intervenção dos assuntos internos, igualdade e benefício recíproco, e coexistência pacífica.

A criação da segurança comum constitui a condição prévia segura para prevenir os conflitos e guerras. Deve-se abandonar por completo a mentalidade de guerra fria e estabelecer um novo conceito de segurança baseado nos princípios de confiança mútua, benefício recíproco, igualdade e cooperação. Todos os litígios internacionais e conflitos regionais devem ser solucionados por meio pacífico. Deve-se realizar eficazmente o desarmamento e controle armamentista segundo princípios justos, razoáveis, completos e equilibrados. A questão do desarmamento, relacionada com a segurança internacional, deve ser discutida e resolvida com a participação de todos os países.

O desenvolvimento da situação internacional rumo à multipolarização constitui a necessidade do progresso da época, corresponde aos interesses dos povos de todo o mundo e favorece a paz e a segurança mundiais. Tal multipolarização difere da busca de hegemonia por parte das grandes potências, com a divisão de esferas de influência no passado. Todos os países devem ser independentes e autônomos, e nenhuma cooperação e forma de parceria entre eles deve ser voltada contra terceiros. Os países grandes têm uma importante responsabilidade pela salvaguarda da paz mundial e regional. Os países grandes devem respeitar os pequenos, os poderosos devem amparar os fracos e os ricos devem ajudar os pobres.

A salvaguarda da paz mundial é uma precondição para o fomento do desenvolvimento comum, enquanto este constitui uma importante garantia para aquela. Apoiar e fomentar o desenvolvimento dos países em desenvolvimento e esforçar-se para diminuir e eliminar a pobreza já se tornaram uma questão urgente do mundo.

Até o presente momento, muitos países em desenvolvimento encontram-se numa situação difícil de desenvolvimento, ampliam-se cada vez mais a diferença de desenvolvimento entre o Sul e o Norte e a disparidade entre os ricos e os pobres. Por um lado, os países desenvolvidos do Norte tornam-se cada dia mais ricos com a constante acumulação de riqueza, e por outro os países em desenvolvimento do Sul tornam-se cada dia mais pobres com a incessante deterioração da situação econômica. O desenvolvimento da ciência e tecnologia modernas e da globalização econômica, em vez de beneficiar todos os países do mundo, agrava o desequilíbrio no desenvolvimento mundial. No mundo de hoje, mais de 1,3 bilhão de pessoas vivem abaixo da linha de pobreza, com receita diária *per capita* inferior a um dólar americano. Os países desenvolvidos possuem 86% do total do valor global de produção e 82% do volume total de exportação do mundo, enquanto os países em desenvolvimento, cuja população representa a maioria esmagadora do mundo, contam com respectivamente 14% e 18%. Se esta situação não for fundamentalmente alterada, serão inevitáveis as agitações na sociedade internacional e será difícil impulsionar o desenvolvimento comum e concretizar a prosperidade universal.

Deve-se respeitar plenamente o direito dos povos de todos os países de escolher independentemente seu sistema social e seu caminho de desenvolvimento, promover o diálogo Norte-Sul em pé de igualdade e intensificar amplamente a cooperações Sul-Sul. Os países do Terceiro Mundo só poderão minimizar os riscos eventualmente acarretados pela globalização econômica e realizar seu progresso e prosperidade através da intensificação na cooperação Sul-Sul.

É necessário incrementar a capacidade de desenvolvimento econômico, científico e tecnológico dos países em desenvolvimento, pois estes só podem desenvolver-se, em última análise, apoiando-se em constante incremento de sua própria capacidade de desenvolvimento. A comunidade internacional deve prestar grande atenção e ajudar os países em desenvolvimento a formarem e elevarem sua própria capacidade de desenvolvimento, em vez de limitar-se a obter recursos, mercados e lucros nos países em desenvolvimento. A ciência e tecnologia em acelerado desenvolvimento tornaram-se uma nova e importante força motriz para criar riquezas, mas o crescente "abismo digital" demonstra que a disparidade entre os países desenvolvidos e os em desenvolvimento no setor científico e tecnológico será cada dia maior entre o Sul pobre e o Norte rico. A ciência e tecnologia avançadas, cristalizações da sabedoria e da criatividade humanas, devem ser aplicadas para fomentar a paz e o desenvolvimento de todo o globo e beneficiar a todos os povos.

Deve-se criar um bom ambiente externo para os numerosos países em desenvolvimento. Todos os países devem eliminar toda forma de protecionismo comercial e abrir ainda mais seus mercados. É necessário adotar medidas eficazes para reduzir e cancelar as dívidas dos países em desenvolvimento e aumentar a ajuda oficial sem qualquer condição adicional. Todas as organizações internacionais políticas, econômicas e comerciais devem escutar com maior atenção a voz dos países em desenvolvimento e defender seus direitos e interesses. Todos os países devem observar os princípios de igualdade e benefício recíproco na efetuação de intercâmbios e cooperações econômica, comercial e tecnológico, com o objetivo de desfrutar os resultados da globalização econômica e do progresso científico e tecnológico.

É necessário defender e aplicar os princípios da democracia tanto na salvaguarda da paz mundial como no fomento do desenvolvimento comum.

Todos os países, grandes ou pequenos, ricos ou pobres, fortes ou fracos, são membros iguais da comunidade internacional e têm todo o direito de participar e tratar dos assuntos internacionais. Os assuntos pertencentes à esfera de soberania de um país devem ser tratados exclusivamente por seu governo e seu povo e os assuntos internacionais devem ser abordados conjuntamente pelos governos e povos de todos os países através de consultas. Trata-se de um princípio da democracia no tratamento dos assuntos internacionais. Nesta época, o destino do mundo deve ser dominado de maneira conjunta pelos povos de todos os países.

O mundo é rico e variado. Tal como o universo, que não pode ter uma só cor, o mundo também não pode ter uma só civilização, um só sistema social, um só modelo de desenvolvimento e um só conceito de valores. Cada um dos países e nações deu sua contribuição para o desenvolvimento da civilização humana. É necessário respeitar plenamente a diversidade das distintas nações, religiões e civilizações, pois a existência desta diversidade é a verdadeira origem do vigor para o desenvolvimento do mundo. Com base no espírito de igualdade e democracia, todos os países devem impulsionar o intercâmbio mútuo das diferentes civilizações e aprender um com outro, a fim de obter o progresso comum.

No terreno de direitos humanos, o diálogo e cooperação devem ser realizados com base no respeito à soberania dos países. Este é o meio mais fundamental e eficaz para proteger e promover a causa dos direitos humanos. Enquanto existirem fronteiras no mundo e os povos viverem respectivamente em seus próprios países, será o interesse supremo do governo e povo de cada país a salvaguarda da independência e soberania nacional. Sem a soberania, não haverá direitos humanos.

A ONU foi fundada há 55 anos, no momento da vitória da guerra mundial de resistência contra o fascismo. Durante mais de meio século, a ONU, com o apoio dos numerosos países-membros, fez muitos trabalhos proveitosos para atenuar os conflitos regionais, eliminar o velho colonialismo, fomentar a paz, a cooperação e o desenvolvimento do mundo. Como uma organização internacional de países soberanos com a maior representatividade e a maior autoridade, a ONU desempenha um papel insubstituível na salvaguarda da paz mundial, no fomento do desenvolvimento comum e no estabelecimento de uma nova ordem política e econômica internacional justa e razoável. No novo século, a ONU assumirá uma responsabilidade ainda maior. O seu papel positivo só deve ser fortalecido e não debilitado, e sua autoridade, em vez de ser prejudicada, deve ser defendida.

Devemos defender firmemente os propósitos e princípios da Carta da ONU, continuar desenvolvendo o papel positivo da ONU e do seu Conselho de Segurança no tratamento dos assuntos internacionais e na salvaguarda da paz mundial, garantindo a todos os países-membros o direito a participarem, em pé de igualdade, dos assuntos internacionais. Nenhum país ou organização de países deve adotar a atitude de utilizar a ONU quando precisa e abandoná-la quando não precisa dela.

A ONU deve ser uma plataforma onde todos os países-membros podem consultar juntos e tratar, de maneira democrática, os assuntos internacionais. A ONU e seu Conselho de Segurança devem adaptar-se à evolução histórica e efetuar reformas necessárias e razoáveis segundo o princípio de equilíbrio regional, a fim de representar a vontade de todos os países-membros, em particular os países em desenvolvimento.

A civilização chinesa, uma das mais antigas do mundo, acrescentou cor esplêndida à civilização da humanidade. A fundação da República Popular da China e seus grandes êxitos obtidos na construção constituem uma grande contribuição para a paz e o desenvolvimento do mundo. O povo chinês seguirá firmemente o caminho socialista do tipo chinês e está decidido a concretizar a causa da reunificação da pátria segundo o princípio "reunificação pacífica e um país, dois sistemas". Uma China socialista moderna estará erguida no Oriente do mundo. O desenvolvimento da China representa uma contribuição à paz e ao desenvolvimento do mundo. O povo chinês ama a paz e defende firmemente a paz e a estabilidade do mundo. A China jamais buscará a hegemonia, este é um solene compromisso do povo chinês perante o mundo.

A China aplica, como sempre, política diplomática de paz, independência e autonomia, e estabelece e desenvolve as relações com todos os países do mundo com base nos cinco princípios de coexistência pacífica. Como membro permanente do Conselho de Segurança da ONU, a China observa sempre os propósitos e princípios da Carta da ONU e a apóia em seu importante e insubstituível papel na salvaguarda da paz mundial e segurança internacional e na solução dos problemas de caráter global. A China cumprirá, como sempre, seus deveres e obrigações.

Todos os países-membros da ONU e os políticos de todos os países assumem a importante missão histórica que nossa época lhes confia: concretizar a paz duradoura e impulsionar o desenvolvimento comum e a prosperidade universal de todos os países.

Os povos de todos os países são inteligentes. Hoje em dia, a humanidade já penetra 18 bilhões de anos-luz no espaço em termos macroscópicos e começa a revelar os segredos dos genes em termos microscópicos. Embora existam ainda no mundo muitas coisas desagradáveis, os povos de todos os países sabem enriquecer incessantemente seus conhecimentos e sintetizar de maneira contínua suas experiências práticas, a fim de se tornarem mais sensatos no tratamento das relações entre o homem e a natureza, entre o homem e a sociedade, entre as diversas etnias e entre os diversos estados. Baseado nesta compreensão, estou plenamente otimista com a perspectiva de desenvolvimento do mundo no novo século e no novo milênio. Estou plenamente convencido de que, por mais numerosas que sejam as vicissitudes e dificuldades, a situação mundial e a sociedade humana avançarão rumo a uma civilização de nível mais alto e um progresso mais completo.

Conclamo todos os países e povos do mundo amantes da paz e adeptos do progresso, de mãos dadas, a impulsionar a roda da história em direção a um futuro mais brilhante.

Obrigado a todos!

Discurso Proferido na Celebração do 20º Aniversário do Estabelecimento da Zona Econômica Especial de Shenzhen

(14 de novembro de 2000)

Camaradas e amigos:

Hoje, estamos reunidos aqui nesta solenidade para festejar o 20° aniversário do estabelecimento de zonas econômicas especiais. Em nome do Comitê Central do Partido e do Conselho de Estado, gostaria de manifestar calorosas congratulações e sinceros cumprimentos aos camaradas que contribuíram para a construção das zonas econômicas especiais e a todos os seus trabalhadores! E gostaria de manifestar calorosas boas-vindas e sinceros agradecimentos a todos os convidados aqui presentes e aos compatriotas de Hong Kong, Macau e Taiwan, bem como os chineses do ultramar e os amigos estrangeiros, que demonstraram solicitude e apoiaram a construção das zonas econômicas especiais!

O estabelecimento de zonas econômicas especiais é uma importante decisão tomada pelo Partido e pelo Estado destinada a impulsionar a reforma e abertura e a modernização socialista. Em dezembro de 1978, a 3ª sessão plenária do 11° Comitê Central do Partido decidiu transferir o ponto de ênfase do trabalho de todo o Partido para a modernização socialista e aplicar a política de reforma e abertura ao exterior, mobilizando todo o Partido e o povo de todas as etnias do país a iniciarem uma nova Grande Marcha, a fim de converter a China num país socialista poderoso e moderno. Trata-se de uma grande virada de profundo significado na história do nosso Partido após a proclamação da Nova China.

Analisando globalmente as características da nossa época e a situação internacional e sintetizando as experiências históricas e reais da construção socialista dentro e fora do país, o camarada Deng Xiaoping, arquiteto geral da reforma e abertura do nosso país, liderou todos os camaradas do Partido a emanciparem a mente e buscarem a verdade nos fatos, conquistando enormes êxitos na teoria e prática quanto à construção do socialismo do tipo chinês. O camarada Deng Xiaoping formulou de maneira criativa a idéia sobre o estabelecimento de zonas econômicas especiais para impulsionar a reforma e abertura ao exterior e a modernização. Por sua proposta, o Comitê Central do Partido e o Conselho de Estado, após conscienciosas inspeções e meditações, decidiram estabelecer quatro zonas econômicas especiais: Shenzhen, Zhuhai, Shantou e Xiamen, onde se aplicaria uma política especial e medidas flexíveis, para que elas servissem de importante janela e dessem um exemplo para a reforma e abertura ao exterior e a modernização de todo o país. Entre meados da década de 1980 e início da década de 1990, o Comitê Central do Partido e o Conselho de Estado decidiram abrir, em diferentes ocasiões, 14 cidades litorâneas e zonas litorâneas de abertura econômica bem como regiões fronteiriças e ao longo de rios, acelerar os passos de abertura das províncias e regiões autônomas do interior, estabelecer a Zona Econômica Especial de Hainan e a Nova Zona de Pudong em Shanghai, formando passo a passo uma nova configuração de abertura, a múltiplos níveis, por múltiplas vias e onidirecional em todo o País. A prática demonstra que o estabelecimento de zonas econômicas especiais, uma iniciativa previdente e perspicaz, reveste-se de importante significado teórico e prático de longo alcance para impulsionar o processo de reforma e abertura e de modernização, e enriquecer a nossa compreensão quanto ao socialismo do tipo chinês.

Nos últimos vinte e poucos anos, com o apoio do Comitê Central do Partido, do Conselho de Estado e o de todo o País, o desenvolvimento das zonas econômicas especiais desempenhou importante papel na reforma e na construção do país. Persistindo no sistema básico socialista, elas estiveram à frente da reforma, acumulando novas experiências em busca do caminho da modernização do socialismo do tipo chinês. As zonas econômicas especiais desempenham um importante papel de teste no processo histórico de transferência da economia planificada do passado para a economia de mercado socialista, um importante papel de janela e base no processo histórico de abertura ao exterior, um importante papel de demonstração, radiação e fomento no processo histórico de desenvolvimento comum em todas as regiões do país, e um importante papel promotor no feliz retorno de Hong Kong e Macau e na manutenção de sua estabilidade e prosperidade durante o processo histórico da grande causa da reunificação da pátria.

Em 1980, Shenzhen era uma pequena vila fronteiriça quando eu inspecionava os preparativos de sua construção. Depois de vinte anos de construção, ela é uma bela cidade moderna. O desenvolvimento de Shenzhen e outras zonas econômicas especiais, bem como a Nova Zona de Pudong, constitui uma magnífica miniatura e viva testemunha da evolução histórica verificada desde a reforma e abertura em nosso país e uma eloqüente prova da correta direção do Partido e da superioridade do sistema socialista.

Os 20 anos de estabelecimento e desenvolvimento das zonas econômicas especiais são um vicênio em que elas marcham pelo caminho socialista do tipo chinês, são um vicênio em que se aplicam conscienciosamente as linhas, orientações e políticas elaboradas após a 3ª sessão plenária do 11° Comitê Central do Partido e as desenvolvem constantemente, são um vicênio em que os quadros e massas populares emancipam a mente, buscam a verdade nos fatos, ousam praticar e realizam inovações com audácia. A prática das zonas econômicas especiais mostra ao mundo a vitalidade e a brilhante perspectiva da China socialista.

Desde a reforma e abertura, as forças produtivas sociais do nosso país têm se desenvolvido sem parar, o poderio nacional tem aumentado muito, a vida do povo tem melhorado visivelmente e a posição internacional da China tem se elevado dia a dia. Verificaram-se no nosso país enormes transformações. Tudo isso prova que, persistir na linha básica do Partido a respeito de "um centro, dois pontos básicos" e no grande caminho da construção do socialismo do tipo chinês, constituem o caminho que se tem de tomar para concretizar a modernização da China e a grande renascença da Nação Chinesa.

A humanidade entrará no novo século em breve e nosso país iniciará uma nova etapa de desenvolvimento para construir em todos os terrenos uma sociedade modestamente confortável e acelerar o processo rumo à modernização socialista. O contínuo desenvolvimento da multipolarização política, globalização econômica e progresso científico e tecnológico nos proporciona oportunidades raramente vistas que temos de aproveitar a favor da nossa modernização, e também constitui severos desafios que devemos enfrentar seriamente. Perante as acirradas competições globais, parar significa ficar para trás. Pensando nas crises em tempo de paz e reforçando o senso de urgência de desenvolvimento, os camaradas de todo o Partido e o povo de todo o país, especialmente os quadros diligentes a todos os níveis, devem observar inabalavelmente a teoria básica e a linha básica do Partido, avançando rumo ao objetivo estratégico do terceiro passo[1] da modernização do nosso país.

Nas novas condições históricas, as zonas econômicas especiais devem sintetizar conscienciosamente as experiências bem-sucedidas e empenhar-se em resolver os problemas existentes e continuar "criando a nova superioridade para alcançar um novo nível", a fim de conquistar novas façanhas e ser pioneiras na concretização da modernização fundamental no nosso país. O estabelecimento das zonas econômicas especiais faz importante parte da construção do socialismo do tipo chinês e permanecerá em todo o processo da reforma e abertura e da modernização. O desenvolvimento é a razão que prevalece. As zonas econômicas especiais devem continuar na dianteira da reforma e abertura e da modernização, e servir como parques-modelo na construção do socialismo do tipo chinês, desempenhando plenamente o papel de janela de tecnologia, administração, conhecimentos e política externa, e esforçando-se para formar e desenvolver as características, os estilos e as maneiras chineses das zonas econômicas especiais. É esta uma gloriosa missão que a história confere às zonas econômicas especiais.

A prática social desenvolve-se constantemente e a nossa compreensão ideológica tem que progredir e atualizar-se de maneira constante segundo as necessidades práticas, a fim de garantir o vigor e a vitalidade permanentes da nossa causa. Diante da nova situação e dos novos problemas internacionais e nacionais, devemos persistir em estudar e praticar com empenho o marxismo-leninismo, pensamento de Mao Tsé-tung e a teoria de Deng Xiaoping, persistir na linha ideológica do Partido no sentido de emancipar a mente, buscar a verdade nos fatos e seguir de perto a tendência de desenvolvimento da época e estudar de maneira constante a nova situação e resolver os novos problemas no processo histórico da construção do socialismo do tipo chinês, a fim de formar novos conhecimentos e novo ambiente. À luz da teoria de Deng Xiaoping e da linha e programa básicos do Partido, as zonas econômicas especiais devem empenhar-se em estudar, buscar e resolver os problemas teóricos e práticos encontrados na reforma e desenvolvimento, a fim de levar todas as causas para diante.

As zonas econômicas especiais devem ser pioneiras na aceleração da renovação do sistema e empenhar-se em procurar e praticar, a fim de ser as primeiras a estabelecer um sistema de economia de mercado socialista relativamente completo no país. O importante objetivo da renovação do sistema visa superar os fatores de relações produtivas e de superestrutura que impedem o desenvolvimento da produtividade, e libertar e desenvolver sucessivamente as forças produtivas. Deve-se persistir no sistema básico de desenvolvimento simultâneo de diversas formas de propriedade com a propriedade pública como setor dominante, continuar promovendo a reforma das empresas estatais, estimular, apoiar e conduzir as empresas individuais e privadas a desenvolverem-se de maneira saudável, fortalecer a construção do sistema do mercado, acelerar a transformação das funções do governo, cumprir as funções administrativas segundo a lei, aprofundar a reforma do sistema de distribuição e aperfeiçoar o sistema de seguridade social, ao mesmo tempo estudar profundamente as novas necessidades do atual desenvolvimento econômico, científico e tecnológico, e acelerar o estabelecimento e melhoramento de uma série de sistemas e mecanismos necessários ao desenvolvimento da economia de mercado socialista. É imperativo adaptar-se à nova situação surgida depois do ingresso do nosso país na OMC, combinar estreitamente a "introdução do exterior" com a "saída ao exterior" e não deixar escapar nenhuma oportunidade para aplicar a estratégia de "saída ao exterior". É necessário aproveitar ainda melhor os "dois tipos de recursos e dois mercados" dentro e fora do país para efetuar, em terrenos mais amplos, operações transnacionais de caráter especializado, intensivo e de maior envergadura, a fim de obter nova superioridade e posição favorável na competição do mercado internacional. Todo o país deve fazer isto com empenho e as zonas econômicas especiais devem estar à frente.

As zonas econômicas especiais devem ser exemplo no sentido de promover as inovações científica e tecnológica e criar novas experiências na aceleração do reajuste estrutural, otimização e atualização setoriais e na transformação fundamental do modelo de crescimento econômico. O progresso e a renovação científica e tecnológica constituem importante fator decisivo no fomento do desenvolvimento econômico e social. Deve-se aplicar em todos os terrenos a estratégia de prosperidade do país mediante a ciência e a educação, acompanhar com toda atenção os êxitos recém-obtidos no desenvolvimento científico e tecnológico do mundo, fortalecer energicamente a capacidade de renovação da tecnologia-chave e importantes tecnologias aplicadas, e esforçar-se para explorar novos terrenos de renovação científica e tecnológica, a fim de dar saltos no desenvolvimento da tecnologia. Deve-se continuar buscando novo caminho de integração estreita da ciência e tecnologia com a economia, fortalecer a construção do sistema de renovação tecnológica que tem as empresas como corpo principal, estabelecer e aperfeiçoar o sistema de desenvolvimento científico capaz de otimizar a distribuição dos recursos científico e tecnológico nacionais e estrangeiros e fortalecer os efeitos concentradores de conhecimentos, informações, recursos e talentos. Empenhar-se em estabelecer o sistema de investimentos de risco e desenvolver o mercado de fundos e apoiar a industrialização de alta e nova tecnologia. Deve-se obter nova superioridade econômica, setorial e tecnológica através do reajuste estratégico da renovação científica e tecnológica e da estrutura econômica, para tomar com empenho os pontos-chave da nova tecnologia e sua industrialização, e converter com esforço as zonas econômicas especiais em importantes bases de pesquisa e desenvolvimento de alta e nova tecnologia, em bases de transferência de seus êxitos, em bases de exportação e elaboração de produtos e em centros comerciais de seus resultados.

As zonas econômicas especiais devem tomar a iniciativa de reforçar o senso de servir a todo o país, intensificar o intercâmbio e cooperação econômicos e científicos com o interior do País e apoiar ativamente a execução da estratégia do grande desenvolvimento do Oeste. Tal como no estabelecimento de zonas econômicas especiais, ao tomar a importante decisão estratégica de grande desenvolvimento do Oeste, o Comitê Central do Partido visa também impulsionar a reforma e abertura e a modernização de todo o país. O desenvolvimento das zonas econômicas especiais não pode separar-se nunca do apoio do povo de todo o país. Deve-se pôr em plena ação a superioridade das zonas econômicas especiais nos recursos financeiros, tecnologia, talentos, informações e administração, e apoiar suas empresas a investirem no Oeste segundo a lei objetiva da economia de mercado, a fim de concretizar a complementação mútua de superioridades. Deve-se continuar a intensificar o apoio às regiões subdesenvolvidas do Oeste e reforçar a ajuda às regiões pobres, a fim de dar maiores contribuições ao enriquecimento comum do povo de todo o país.

As zonas econômicas especiais devem sempre dar exemplo de persistir na orientação de "tomar o trabalho com as duas mãos e ter a mesma firmeza em ambas", fortalecer energicamente a construção de civilização espiritual socialista e obter bons sucessos tanto na construção da civilização material como na construção da civilização espiritual. Melhorar a construção da civilização espiritual socialista é extremamente importante para as zonas econômicas especiais que se encontram à frente da reforma e abertura. É necessário ser capaz de saber estudar e aproveitar todos os excelentes êxitos da civilização da humanidade e, ao mesmo tempo, de herdar e desenvolver todas as boas tradições ideológica, moral e cultural da Nação Chinesa e boicotar eficazmente todas as influências de ideologia e cultura negativas e decadentes, a fim de manter sempre o estilo espiritual socialista. Deve-se persistir em efetuar a educação a respeito de "pensar na fonte ao enriquecer e progredir quando tornar-se rico", a fim de concentrar as forças das massas na iniciativa para a concretização fundamental da modernização socialista. É necessário persistir em pôr em prática todas as orientações e políticas do Partido e do Estado, persistir em governar o Estado segundo a lei, em trabalhar conforme a lei, em administrar conforme a lei e envidar maior esforço para criar um bom ambiente de legalidade democrática, a fim de garantir a estabilidade e a unidade sociais.

As zonas econômicas especiais devem ser pioneiras em intensificar a construção do Partido em todos os sentidos segundo a demanda da "tríplice representatividade", fortalecer constantemente a combatividade e a força coesiva dos organismos do Partido e a capacidade de combate à corrupção e degeneração. Melhorar a construção do Partido constitui a garantia fundamental para a concretização da modernização socialista. Estreitamente conforme a realidade, as zonas econômicas especiais devem buscar novo caminho de fortalecimento e melhoramento da construção ideológica, orgânica e de estilo do Partido sob as novas condições históricas. Deve-se persistir na orientação no sentido de que o Partido deve ser administrado e governado rigorosamente por si próprio, e intensificar a moralização do estilo do Partido e o combate à corrupção. Empenhar-se em preparar e forjar um contingente de militantes do Partido e de quadros capazes de trabalhar arduamente e contar com o espírito empreendedor e o senso de responsabilidade, e especialmente, os quadros dirigentes devem ser capazes de dar exemplo no sentido de observar conscienciosamente os propósitos do Partido, servir de todo o coração ao povo, ser honestos e exigentes a si mesmos e resistir decididamente à influência corrosiva de todas as ideologias decadentes e à sedução de dinheiro e sexo, com o objetivo de servir de exemplo na prática da "tríplice representatividade".

Camaradas e amigos, durante os cem anos do século XX, a Nação Chinesa passou por múltiplas vicissitudes e, sob a direção do Partido Comunista da China, o povo chinês levantou-se em luta, conquistando grandes êxitos que atraem a atenção mundial. O destino da Nação Chinesa conheceu enormes mudanças históricas. Olhando para o novo século, o povo chinês continuará avançando firmemente rumo ao caminho socialista do tipo chinês iniciado pelo camarada Deng Xiaoping. As zonas econômicas especiais do nosso país terão um porvir mais belo.

NOTA

1. Após a 3ª plenária do 11° Comitê Central do Partido Comunista da China, Deng Xiaoping formulou a estratégia do desenvolvimento em três passos da modernização socialista da China. O 13° Congresso Nacional do Partido Comunista da China, realizado em 1987, definiu o objetivo estratégico do desenvolvimento econômico do nosso país, com o seguinte conteúdo: "Após a 3ª plenária do 11° Comitê Central do Partido, a disposição estratégica da construção econômica do nosso país divide-se em três passos: primeiro, dobrar o PIB com base no de 1980 e resolver a questão de alimentação e abrigo do povo. Esta tarefa foi fundamentalmente cumprida. Segundo, quadruplicar o PIB em fins deste século, de forma que o povo leve uma vida modestamente confortável. E terceiro, em meados do próximo século, o PIB *per capita* atingirá o nível dos países medianamente desenvolvidos, o povo levará uma vida relativamente abastada e a modernização será concretizada." Com o cumprimento antecipado do objetivo estratégico original do segundo passo em fins de 1995 e de acordo com proposta do Comitê Central do Partido Comunista da China, a 4ª plenária da 8ª legislatura da Assembléia Popular Nacional,

realizada em março de 1996, reformulou o objetivo estratégico do segundo passo nestes termos: "Concretizar em todos os aspectos a disposição estratégica do segundo passo da modernização, e em 2000, manter a população abaixo de 1,3 bilhão de habitantes, quadruplicar o PIB *per capita* com base no de 1980; eliminar fundamentalmente a pobreza, elevar a vida do povo ao nível de conforto moderado; acelerar a construção do sistema de empresas modernas e estabelecer preliminarmente o sistema de economia de mercado socialista, assentando melhores alicerces materiais, tecnológicos e de sistema econômico para a execução da disposição estratégica do terceiro passo no início do próximo século." Atualmente, a China já concretizou o objetivo estratégico dos primeiros dois passos, iniciando a execução da disposição estratégica do terceiro passo.

Algumas Questões nos Trabalhos Econômicos da Atualidade*

(28 de novembro de 2000)

*Extratos do discurso de Jiang Zemin na Conferência Central de Trabalhos Econômicos.

I. Persistir na diretriz estratégica de ampliar a demanda interna e fortalecer e aperfeiçoar o macrocontrole

Persistir na ampliação da demanda interna é uma diretriz estratégica de longo alcance no desenvolvimento econômico do nosso país. A promoção da economia tomando a demanda interna como principal é determinada pela realidade fundamental do nosso país. Como um país populoso em desenvolvimento, a China tem amplos espaços para acelerar a construção econômica e elevar o nível de vida do povo. O amplo mercado interno é a nossa maior vantagem. Ante a concorrência cada dia mais acirrada no mercado internacional e as mudanças complexas na economia mundial, apoiar-se na demanda interna possibilita à nossa economia uma grande margem de operação para elevar a capacidade de resistência aos riscos econômicos internacionais. Na essência, persistir na diretriz de ampliar a demanda interna significa persistir no importante pensamento, segundo o qual o desenvolvimento é a razão que prevalece, e tomar o desenvolvimento como tema principal. Nos últimos anos, resistimos com sucesso ao impacto da crise monetária asiática, controlamos com eficácia a tendência inflacionária e mantivemos um rápido desenvolvimento econômico. Tudo isso se deve, em grande grau, à diretriz de ampliar a demanda interna.

A aplicação de uma política financeira ativa é uma importante medida adotada atualmente para ampliar a demanda interna. A partir das exigências do desenvolvimento econômico, é necessário continuar mantendo a política financeira ativa a curto prazo. É imperativo manter a continuidade da política financeira para consolidar e desenvolver a atual boa tendência de nova ascensão econômica. Um reajuste prematuro da orientação e da intensidade da política pode originar uma reversão da boa tendência do desenvolvimento econômico, fazendo perder a chance de crescimento. Atualmente, continua existindo o problema de falta de demanda efetiva. Ampliar o investimento social e estimular o consumo dos habitantes, para que estes se tornem a principal força motriz do crescimento econômico, precisam de tempo, e continua sendo necessário alavancar o aumento econômico através do investimento governamental. Para impulsionar o reajuste estrutural e reforçar os elos fracos da economia nacional, especialmente a agricultura, também é necessário continuar aumentando o investimento. Há que ver que as despesas financeiras são de caráter criterioso, pois, no próximo ano, é preciso aumentar as despesas com o fundo de seguridade social, apoiar a reforma tributária no meio rural e intensificar a construção da defesa nacional, de forma que é limitado o espaço para reajustar as atuais despesas financeiras. No próximo ano, é necessário emitir bônus em certa quantia, e a adoção de uma consideração mista da situação financeira e monetária também será provável. Naturalmente, devem dar atenção à proteção contra os riscos financeiros, em seu conjunto. A partir do ponto de vista de longo prazo, deve-se dar atenção à prevenção de riscos financeiros, aplicar a política financeira para apoiar o crescimento econômico. Para pôr em plena função os efeitos da política financeira ativa, é necessário priorizar os projetos de infra-estrutura em construção para que estes obtenham rentabilidade o quanto antes possível. Ao mesmo tempo, deve-se aumentar o investimento na agricultura, apoiar o desenvolvimento científico, tecnológico e educacional e a reforma tecnológica das empresas, e reforçar o desenvolvimento do Oeste. É necessário fortalecer a supervisão e fiscalização, administrar bem os fundos, garantir a qualidade dos projetos e melhorar a sua rentabilidade. É preciso utilizar, de maneira flexível, os múltiplos meios para promover o aumento no investimento empresarial e social e orientar mais fundos sociais para o desenvolvimento e construção em terrenos mais diversificados. É necessário utilizar, de forma compreensiva, os meios financeiros e políticos para integrar estreitamente a emissão e a boa utilização dos bônus com a otimização da estrutura das despesas, a reforma financeira e tributária e o fortalecimento da administração e fiscalização dos impostos. Para aplicar a diretriz estratégica de ampliação da demanda interna, também é necessário continuar adotando uma política monetária segura. As finanças são o núcleo da economia moderna, é imperativo compreender plenamente e tratar corretamente as relações entre a prevenção dos riscos monetários e o apoio ao desenvolvimento econômico, e esforçar-se para desenvolver o papel promotor das finanças no crescimento econômico. No sistema monetário deve-se fortalecer efetivamente a administração e supervisão e observar rigorosamente a lei e a disciplina, garantindo o funcionamento financeiro em condições seguras, altamente frutíferas e saudáveis. Deve-se materializar completamente as medidas nos setores de finanças e crédito que favoreçam a ampliação da demanda interna, reajustar a estrutura e alavancar o consumo, e apoiar as demandas razoáveis de fundos em todos os terrenos. Com o desenvolvimento econômico duradouro e saudável, a segurança monetária estará garantida efetivamente. É necessário estreitar ainda mais a coordenação e a cooperação entre a política monetária e a política financeira e utilizar flexivelmente os meios da política monetária para controlar as operações econômicas. Deve-se impulsionar, a passos firmes, a reforma de mercantilização da taxa de juro, padronizar rigorosamente e desenvolver a passos firmes o mercado de moedas e o mercado de capital. Deve-se fortalecer e melhorar os serviços monetários ao campo e às médias e pequenas empresas. Os organismos monetários, especialmente os organismos monetários estatais, devem aprofundar ainda mais sua reforma, mudar o mecanismo de operação, intensificar a gestão interna, estabelecer o conceito de serviço e aumentar sua competitividade no mercado, conforme as exigências do estabelecimento do sistema empresarial moderno.

II. Colocar o fortalecimento da agricultura e o aumento da renda dos camponeses numa posição de destaque nos trabalhos econômicos

Desde o Nono Plano Qüinqüenal, a capacidade geral da produção agrícola do nosso país tem se elevado consideravelmente, verificando-se uma virada histórica em que os principais produtos agrícolas, nomeadamente os cereais, passaram de carência durante longo tempo para um equilíbrio geral entre a demanda e a oferta globais enquanto há excedentes em anos de boa colheita, o que deu importante contribuição para o desenvolvimento da economia nacional e a estabilidade social. O problema que sobressai atualmente reside na lentidão do aumento da renda dos camponeses. Trata-se de um novo problema que ocorre quando a agricultura encontra-se numa nova fase de desenvolvimento, problema que reflete, de maneira geral, a estrutura irracional da agricultura, baixo grau de urbanização e baixa produtividade dos trabalhos agrícolas etc. O problema de renda dos camponeses relaciona-se diretamente com toda a configuração do desenvolvimento da economia nacional. Se a produção crescer e a renda dos camponeses não aumentar, a iniciativa dos camponeses na produção será afetada e a situação na demanda e oferta de cereais sofrerá possivelmente uma reversão. Sem o aumento de renda dos camponeses e do poder aquisitivo no campo, é difícil concretizar efetivamente a diretriz de ampliação da demanda interna e manter a boa situação de desenvolvimento econômico. Sem o enriquecimento das massas camponesas, não é possível atingir finalmente a meta da realização de uma sociedade de vida modestamente confortável. Os comitês do Partido e os governos em todos os níveis têm de prestar grande atenção a este problema e considerar o aumento de renda dos camponeses como um grande tema dos trabalhos econômicos para o próximo ano. É necessário continuar impulsionando o reajuste estratégico da estrutura agrícola e da estrutura econômica do campo. Trata-se da via fundamental para aumentar a renda dos camponeses. No início do ano, formulamos o reajuste estratégico da estrutura agrícola e da estrutura econômica do campo como tarefa central dos trabalhos da agricultura e da economia rural na nova fase. Há um ano, o reajuste teve um bom início, tem obtido certos resultados e deve ser impulsionado a passos acelerados. É necessário apoiar-se firmemente na ciência e tecnologia, otimizar a estrutura da composição dos produtos agrícolas, desenvolver as vantagens relativas regionais e melhorar grandemente a qualidade geral e a rentabilidade da agricultura. É necessário executar segura e adequadamente a estratégia de urbanização, acelerar o reajuste da estrutura das empresas rurais e sua inovação de sistema, pôr em jogo a iniciativa e a criatividade dos camponeses e ampliar as oportunidades de emprego e os caminhos rumo ao aumento de renda. Deve-se impulsionar e apoiar com grandes esforços a industrialização agrícola, como uma via eficaz para realizar as operações agrícolas de envergadura e levar os camponeses ao mercado com base nas operações por contratos familiares, e como uma importante força promotora para o reajuste estratégico da agricultura. Deve-se coordenar a promoção da industrialização agrícola com o reajuste da estrutura agrícola, com o desenvolvimento das empresas rurais e com a urbanização das pequenas cidades e vilas. É necessário orientar as empresas de processamento de produtos agrícolas, as organizações de venda e as entidades de pesquisa científica a formar um mecanismo de comunhão de interesses e de riscos com as famílias camponesas, para beneficiar os camponeses da melhor maneira. Deve-se tratar corretamente as relações entre o reajuste da estrutura agrícola e a estabilidade da produção cerealista. Num grande país populoso como nosso, não se pode dizer com leviandade que a produção cerealista é suficientemente grande e o problema da agricultura está resolvido; não se pode descuidar da agricultura, nem se pode relaxar a produção cerealista. É necessário continuar aplicando e executando a política de aquisição sem restrição de cereais excedentes dos camponeses a preços de proteção, protegendo os interesses e a iniciativa dos camponeses para o cultivo cerealista. Este ano, a redução das superfícies cultivadas de cereais foi relativamente grande, e no próximo ano, deve-se manter uma estabilidade relativa. Deve-se proteger e elevar firmemente a capacidade de produção cerealista, pôr em prática o papel regulador da reserva estatal de cereais e garantir a segurança de cereais do país; deve-se impulsionar o reajuste estratégico da estrutura agrícola e da estrutura econômica rural, garantindo um aumento estável da renda dos camponeses.

Intensificar o apoio e a proteção da agricultura e melhorar suas condições de produção são importantes garantias para consolidar a posição básica da agricultura e aumentar a renda dos camponeses. A grande redução na produção de cereais causada este ano pela grave estiagem demonstra mais uma vez que não é suficientemente forte a capacidade de resistência às calamidades. O melhoramento das condições de produção agrícola é uma tarefa a longo prazo. Com o constante fortalecimento do poder financeiro do país, deve-se aumentar ainda mais o investimento na agricultura e no campo para apoiar os projetos de irrigação e de obras hidráulicas, os projetos de proteção ecológica agrícola e a popularização dos resultados científicos e tecnológicos da área agrícola. É necessário organizar projetos de construção que ajudem diretamente o aumento de renda dos camponeses, a elevação da capacidade da agricultura em resistir a calamidades e o melhoramento das condições do mercado rural e a elevação da competitividade da agricultura.

Deve-se acelerar a reforma do sistema tributário e a reforma monetária do campo. Quando há dificuldades no aumento de renda dos camponeses, deve-se dar especial atenção à redução de encargos dos camponeses para que estes possam recuperar o fôlego. Acelerar a reforma tributária do campo é uma medida fundamental para aliviar os encargos dos camponeses. Esta importante reforma relaciona-se com os íntimos interesses dos camponeses e com a ordem e a estabilidade duradouras no campo, por isso todas as localidades e todos os departamentos têm de aprofundar sua compreensão a respeito. Os principais dirigentes do Partido e do governo devem assumir a responsabilidade geral e fortalecer efetivamente a direção deste trabalho. Deve-se promover conscienciosamente a reforma dos organismos das comarcas e vilas, tomar a determinação de reduzir o pessoal sustentado pela finança pública, transformar as funções governamentais, reajustar a estrutura de despesas, assegurando o sucesso da reforma do sistema tributário. Completar e aperfeiçoar o sistema monetário do campo e melhorar os serviços no campo constitui uma necessidade premente de reajuste estratégico da estrutura agrícola e da estrutura da economia rural, assim como uma importante tarefa para a reforma de todo o sistema monetário e para os trabalhos de crédito. Deve-se acelerar os passos da reforma do sistema administrativo das cooperativas de crédito do campo, elevar seu nível de operações e de administração, resolver efetivamente as dificuldades das famílias camponesas na solicitação de empréstimos e servir verdadeiramente a agricultura e as famílias camponesas. Os bancos agrícolas e outros organismos monetários também devem dar maior apoio à agricultura e à economia rural.

III. Acelerar a reforma do sistema e o progresso científico e tecnológico e impulsionar o reajuste estratégico da estrutura econômica

A 5ª plenária do 14° Comitê Central do Partido assinalou que os esforços pelas transformações radicais do sistema econômico e do modelo de crescimento econômico têm obtido importantes progressos nos últimos anos. A 5ª plenária do 15° Comitê Central do Partido formulou a necessidade de tomar o reajuste da estrutura econômica como linha principal. Agarrar-se a esta linha principal e empenhar-se nas duas transformações é um novo alinhamento sobre o desenvolvimento da nossa economia no novo século. A nova rodada de reajuste da estrutura se realiza quando está basicamente estabelecido o sistema de economia de mercado socialista, a revolução científica e tecnológica progride rapidamente, e a globalização econômica acelera-se sem cessar. É imperativo esforçar-se para elevar a capacidade de inovação tecnológica das empresas e sua competitividade no mercado, elevar a qualidade e a rentabilidade do crescimento econômico e aumentar o impulso ulterior do desenvolvimento da economia nacional. No próximo ano, o reajuste da estrutura deve dar passos maiores e obter novos progressos.

O reajuste da estrutura tem de apoiar-se firmemente no aprofundamento da reforma e na inovação do sistema, tendo as empresas como o corpo principal. Na essência, o reajuste da estrutura é um processo de otimização da distribuição de recursos. A chave do pleno papel de caráter básico do mercado reside na rápida reação das empresas às demandas do mercado e na formação de um mecanismo de otimização autônoma da distribuição dos recursos. Deve-se compreender lucidamente que a reforma e a administração das empresas estão longe de ser satisfatórias em muitos aspectos e a tarefa para resolver os problemas difíceis é ainda muito árdua. É necessário esforçar-se para ampliar os resultados da reforma e dos esforços para livrar-se da situação difícil, impulsionando, com firmeza e perseverança, a reforma e o desenvolvimento das empresas estatais. O reajuste estratégico da disposição da economia de propriedade estatal deve integrar-se com o reajuste estratégico da estrutura econômica. Conforme os diferentes casos das empresas, é necessário resguardar as melhores e eliminar as piores, avançando em alguns aspectos e retirando-se em outros, fazer realizações no avanço e manter ordem na retirada, concentrar forças nas empresas grandes e dar flexibilidade às pequenas.

É necessário desenvolver uma quantidade de grandes corporações empresariais com funcionamento proeminente, alto nível administrativo e forte capacidade de competição. Deve-se acelerar os passos da reforma dos setores monopolizados, introduzindo neles o mecanismo de concorrência e aumentando seu dinamismo. A passos acelerados, as grandes e médias empresas estatais devem impulsionar, conforme o sistema empresarial moderno, a reforma em prol da implementação do sistema padronizado de gerenciamento, impulsionar a transformação para o regime acionário e aperfeiçoar a estrutura de administração de pessoa jurídica. A economia de propriedade estatal deve prevalecer nos importantes setores e os terrenos-chave relacionados com a artéria vital da economia nacional e com a segurança estatal. Os vários trilhões de yuans de propriedade estatal do nosso país foram acumulados por todo o povo durante dezenas de anos na luta árdua e têm de ser bem administrados e bem utilizados. Deve-se fortalecer a administração das propriedades estatais, implementar um mecanismo de fiscalização padronizada e concretizar a responsabilidade pela manutenção e aumento de seu valor. Acelerar a renovação tecnológica e realizar o desenvolvimento intensivo constituem uma via importante para a otimização e a atualização da estrutura industrial. Deve-se agarrar as oportunidades do mercado no primeiro momento e formar a força motriz inerente e o mecanismo para a renovação empresarial autônoma. Empenhar-se na renovação tecnológica de um grupo de empresas pilares, atualizar sua estrutura tecnológica e a estrutura dos produtos, continuar eliminando a força de produção atrasada, evitar a implementação cega de projetos e a repetição dos projetos de baixo nível. Os departamentos governamentais de todos os níveis devem transformar efetivamente suas funções, completar os serviços e criar um bom ambiente para a reforma e a competição eqüitativa das empresas. Deve-se separar aceleradamente as atribuições governamentais das empresariais, mudar as funções do governo, para que este não intervenha diretamente no funcionamento das empresas, e simplificar os processos de exames e aprovações administrativas sobre os assuntos econômicos. Trata-se de uma tarefa premente para aprofundar a reforma.

O progresso científico e tecnológico é o fator decisivo para elevar a qualidade geral da economia nacional. Sem o suporte do progresso e da inovação científica e tecnológica, o reajuste da estrutura mal se livra da situação de baixo nível e baixa rentabilidade. Deve-se considerar a inovação científica e tecnológica como força motriz para promover a atualização da estrutura, tomar a posição dominante e ganhar a iniciativa. É necessário esforçar-se para desenvolver nossas indústrias de alta tecnologia com a potencialidade no mercado em que temos vantagem relativa, promover a industrialização através da informatização, impulsionar ativamente a ampla utilização da tecnologia informática em todos os setores, acelerando o processo de informatização nas importantes áreas vinculadas com toda a conjuntura econômica. É necessário empenhar-se em desenvolver a tecnologia de caráter genérico e as técnicas-chave que possam suportar o reajuste da estrutura e a atualização setorial. Devem-se acelerar os passos da reforma do sistema científico e tecnológico e aperfeiçoar ainda mais o sistema estatal de inovação científica e tecnológica. É preciso implementar gradualmente um mecanismo de investimento de risco de alta tecnologia e um mecanismo estimulante às inovações científica e tecnológica. Nos importantes projetos científico e tecnológico, pode-se aproveitar as experiências frutíferas estrangeiras e contar com o financiamento do governo e o investimento conjunto de organismos de pesquisa científica e tecnológica e de empresas, organizar os esforços pela pesquisa intensiva dos assuntos-chave.

O reajuste da estrutura deve partir da realidade básica do país. Em nosso país, as forças produtivas em múltiplos níveis, a diversidade da estrutura das propriedades e o desequilíbrio do desenvolvimento econômico entre as diferentes regiões determinam que o reajuste da estrutura tem de proceder de acordo com as condições próprias locais, desenvolver suas vantagens relativas e tratar bem os três tipos de relações. Primeiro, as relações entre os setores da alta e nova tecnologia e os setores tradicionais. Os setores da alta e nova tecnologia representam um novo foco de crescimento econômico com amplas perspectivas de mercado. Os setores tradicionais, numerosos e abrangentes, são o suporte básico do poder econômico nacional, possuindo ainda grandes margens para desenvolvimento. Há que esforçar-se para transformar os setores tradicionais com a alta e nova tecnologia e as técnicas avançadas apropriadas, especialmente promover a prosperidade da indústria de equipamentos e das antigas bases industriais. Segundo, as relações entre os setores de tecnologia e capital intensivo e os setores de mão-de-obra intensiva. Ao esforçar-se em busca do crescimento dos setores de tecnologia e capital intensivos, deve-se aplicar com seriedade todas as políticas e medidas para apoiar ativamente o desenvolvimento dos setores de mão-de-obra intensiva, especialmente dos setores de serviços. Isto é favorável à introdução de novos investimentos, e ao consumo e aumento de empregos. E terceiro, as relações entre o desenvolvimento do Leste e Centro e o do Oeste. As regiões do Leste, Centro e Oeste devem procurar ativamente os caminhos de desenvolvimento correspondentes às suas próprias características e complementar um ao outro com suas respectivas vantagens. O grande desenvolvimento do Oeste é uma importante decisão estratégica do Comitê Central e deve ter um bom início durante o Décimo Plano Qüinqüenal. Deve-se fazer bem os planos, pôr em prática e executar as políticas, enfatizar os pontos de ênfase, levar em consideração os efeitos reais e impulsionar o trabalho a passos sólidos.

Durante o Décimo Plano Qüinqüenal, deve-se fazer vários importantes trabalhos e empenhar-se na construção de grandes projetos estratégicos. Sob o ponto de vista de longo prazo, o desenvolvimento econômico do nosso país está condicionado por não poucos fatores nos aspectos de recurso hídrico, energias e transporte. É necessário esforçar-se pela construção das obras infra-estruturais tais como o gasoduto do Oeste ao Leste, a transmissão de eletricidade do Oeste ao Leste e as vias arteriais das redes de comunicação. É necessário acelerar as avaliações e iniciar, o quanto antes possível, os projetos relacionados à conjuntura tais como a canalização de água do Sul para o Norte e a criação da reserva estratégica estatal de petróleo. É muito necessário construir a estrada de ferro para o Tibet, tanto do ponto de vista de desenvolvimento econômico, de estabilidade política e de segurança nacional, como do ponto de vista de promoção da unidade nacional, e é preciso tomar a decisão sobre este projeto com base nos estudos de viabilidade, na prospecção e no desenho. Também deve-se prestar grande atenção na intensificação do trabalho ecológico e na proteção do meio ambiente em busca de desenvolvimento sustentável. Quem não tem visão de longo alcance, terá certamente preocupações imediatas. Sob as condições da economia de mercado socialista, programar o desenvolvimento de longo prazo e a disposição das forças produtivas em busca do desenvolvimento a longo prazo e em grande escala, assim como garantir a segurança da economia estatal, constituem as principais funções do Partido e do governo na direção dos trabalhos econômicos. Ao realizar grandes empreendimentos, também se deve recorrer a novos métodos, utilizar plenamente o mecanismo do mercado, esforçar-se para aplicar a tecnologia avançada, mobilizar e organizar as forças de todos os setores em ações coordenadas para atingir nossas metas.

IV. Fazer bem os preparativos para o ingresso na Organização Mundial do Comércio e acolher a nova fase da abertura ao exterior

Após 14 anos de esforços e luta, nosso país ingressará na Organização Mundial do Comércio. Isso marca o início da abertura do nosso país ao exterior numa nova fase em que participaremos do processo de globalização econômica num âmbito ainda maior e de maneira mais profunda. O ingresso na OMC favorece a ampliação da abertura ao exterior, criando um melhor ambiente internacional para o desenvolvimento econômico do nosso país e ajuda a promover a reforma do sistema econômico e o reajuste estratégico da estrutura econômica e elevar o dinamismo do crescimento econômico e a nossa competitividade no cenário internacional, o que, em seu conjunto, corresponde aos interesses fundamentais e aos interesses de longo prazo do nosso país. Ao mesmo tempo, o ingresso na OMC representa também uma severa prova e implica profundas transformações no modelo de administração econômica do governo, no mecanismo das operações empresariais, nas normas e no ambiente das operações econômicas etc. Alguns setores e algumas empresas, num determinado período, podem sofrer grandes choques. Pode-se dizer que a oportunidade e o desafio coexistem, o ponto-chave reside em como vamos enfrentá-los.

Ao ingressar na OMC, nosso país participará mais positivamente da cooperação e da competição internacionais. O ponto de ênfase dos próximos trabalhos consiste em fazer, de maneira sólida, os preparativos para o ingresso. As empresas de todas as espécies, especialmente as empresas de propriedade estatal, devem acelerar a transformação do seu mecanismo e a atualização de sua estrutura e, para isso, adotar as diversas medidas destinadas a melhorar a tecnologia, a qualidade e a administração, empenhando-se na elevação da competitividade. Os setores com vantagens relativas devem tomar a iniciativa de ampliar ainda mais o mercado internacional. É necessário esforçar-se para pôr em ordem, revisar e aperfeiçoar as leis e normas relativas à economia, criar e aperfeiçoar o sistema jurídico que corresponda à realidade do nosso país e se integre com os regulamentos da OMC. É necessário esforçar-se para formar um contingente de especialistas altamente qualificados que conheçam os regulamentos da OMC e se adaptem às necessidades da competição. Aqui, enfatizo especialmente a necessidade de estudar e aproveitar as cláusulas transitórias, tratar bem as relações entre a observância aos regulamentos da OMC e a proteção dos setores do próprio país, valorizar nossos direitos, cumprir os deveres assumidos e esforçar-se para aproveitar os benefícios e evitar os prejuízos, maximizando os efeitos positivos do ingresso na OMC e minimizando as suas influências negativas. A abertura ao exterior requer, em primeiro lugar, uma abertura interna, há que romper o monopólio setorial e o bloqueio regional, eliminando as restrições injustas para o acesso da economia de todos os tipos de propriedade ao mercado. A prática comprova que, sem a concorrência interna plena e ordenada, é difícil obter vitória na concorrência internacional e, quanto maior for a proteção, menor será a competitividade. Com a reforma e abertura de mais de vinte anos, já possuímos certa base material e técnica para resistir aos riscos, acumulamos experiências para enfrentar a situação econômica internacional complexa e mutante, e desde que façamos bem e de maneira sólida os trabalhos em todos os aspectos, a economia do nosso país conhecerá, sem dúvida, novos progressos, depois da filiação à OMC.

Deve-se aprofundar ainda mais a reforma do sistema de administração do comércio exterior, aplicar a estratégia de prosperidade do comércio mediante a ciência e tecnologia e a estratégia de diversificação do mercado, reajustar a estrutura da importação e exportação, elevar o teor científico e tecnológico dos produtos de exportação e esforçar-se pela ampliação da exportação. É necessário esforçar-se para aplicar ativa e adequadamente a estratégia de "saída", apoiando as empresas competitivas a empreender operação e exploração de recursos em escala multinacional. Deve-se expandir, de forma metódica, os terrenos de abertura ao exterior, aproveitar ativa e eficazmente o capital do exterior, impulsionar as grandes empresas internas a cooperar com as empresas multinacionais e orientar os comerciantes do exterior a investir nas regiões do Centro e do Oeste e na construção de obras infra-estruturais. As zonas econômicas especiais, a Nova Zona de Pudong e outras regiões litorâneas devem aproveitar a situação favorável para participar mais ativamente da divisão do trabalho na arena internacional, estender a abertura ao exterior para as camadas mais amplas e mais profundas, e desenvolver seu papel exemplar e promotor nas regiões do interior.

V. Zelar e resolver bem os problemas da vida do povo

O constante melhoramento da vida do povo constitui a expressão final do princípio do nosso Partido de servir ao povo com todo o coração e das exigências da "tríplice representatividade", assim como o ponto de convergência do correto tratamento das relações entre a reforma, o desenvolvimento e a estabilidade. Com a constante elevação do nível de vida das massas populares, a reforma contará com um apoio ainda mais amplo e a base do poder do nosso Partido será mais consolidada. Desde a reforma e abertura, o nível de vida do povo do nosso país tem conhecido uma elevação relativamente grande, atingindo em geral a vida modestamente confortável em todo o país. Contudo, deve-se ver que, atualmente, o nível de renda dos habitantes urbanos e rurais não é alto, e a vida de uma parte das massas populares é ainda relativamente difícil. Os quadros dirigentes de todos os níveis têm que partir do aspecto político e da conjuntura de estabilidade, considerando a solução dos problemas da vida do povo a tarefa fundamental do Partido e do governo.

Aumentar empregos por múltiplos canais é uma importante via para aumentar a renda dos habitantes urbanos e rurais. Nosso país é populoso e o emprego é sempre uma grande questão. Com a atualização da estrutura setorial e o aprofundamento da reforma das empresas de propriedade estatal, as contradições de emprego na atual fase são relativamente notáveis. Se não for resolvido adequadamente, o problema afetará diretamente a vida do povo e a estabilidade social. Os comitês do Partido e os governos em todos os níveis devem tomar a ampliação do emprego como importante meta de seus trabalhos. Devem empenhar-se no desenvolvimento das atividades econômicas com diferentes sistemas de propriedade e esforçar-se para ampliar os canais de emprego. É necessário empenhar-se na formação profissional de diversas espécies, visando a elevação da habilidade técnica do trabalho e o aumento da recolocação. É necessário orientar os deslocados e os desempregados sobre o conceito de emprego e estimulá-los a buscar emprego por sua própria conta ou sob diversas formas.

Um perfeito sistema de garantia social constitui importante pilar do sistema de economia de mercado socialista. Para atender às necessidades da promoção da reforma das empresas de propriedade estatal e do reajuste da estrutura econômica, deve-se impulsionar ainda mais, no ano próximo e com base nas experimentações, as reformas dos sistemas de seguro de aposentadoria básico, de seguro-desemprego, de seguro de assistência médica básica e do sistema de assistência médica e sanitária dos trabalhadores urbanos, estabelecendo e aperfeiçoando o sistema de seguridade mínima de vida da população urbana. Tendo em vista o estabelecimento do sistema de seguridade social, deve-se dominar os seguintes princípios: primeiro, partindo da realidade do país, corresponder ao nível de desenvolvimento da economia social e à capacidade de suporte de todos os aspectos e garantir, em primeiro lugar, as necessidades de vida básica da população; segundo, persistir na integração da eqüidade e eficiência, dos direitos e deveres assim como dos interesses estatais, empresariais e individuais; terceiro, ser positivo e estável, dando a atenção à conexão e à transição entre os sistemas novo e antigo e evitando grandes flutuações. Atualmente, é necessário fazer bem os trabalhos do pessoal deslocado e sua passagem para o sistema de seguro-desemprego. No período transitório, os centros de recolocação das empresas devem continuar funcionando, tendo bom começo e bom término. Deve-se ter grande solicitude para com o pessoal deslocado que permanece nos referidos centros, pagando-lhes pontualmente os subsídios de vida básica e orientando-os a arranjar novo emprego.

É necessário continuar empenhando-se na ajuda às zonas pobres por via de desenvolvimento e cuidar da comunidade urbana de baixa renda. Os trabalhos de ajuda às zonas pobres do nosso país têm obtido êxitos mundialmente reconhecidos. Contudo, existem atualmente cerca de trinta milhões de pobres no meio rural, o padrão determinado para a libertação da pobreza é relativamente baixo, o fenômeno do retorno à pobreza por motivo de calamidades é freqüente de forma que os trabalhos de ajuda às zonas pobres continuam sendo uma importante tarefa durante o Décimo Plano Qüinqüenal. É necessário persistir na diretriz de ajudar as zonas pobres através de seu desenvolvimento, aumentar a transferência do destino de gastos financeiros às zonas pobres, especialmente às zonas habitadas pelas minorias étnicas, pagar os subsídios em troca da prestação de trabalho, alterando radicalmente as condições de produção e de vida nas zonas pobres. Também deve-se prestar maior atenção ao estado de vida da comunidade urbana de baixa renda e resolver efetivamente suas dificuldades concretas por diversos meios. Deve-se estimular toda a sociedade a desenvolver plenamente a boa tradição de unidade e ajuda mútua da Nação Chinesa, mobilizando todas as forças para ajudar as zonas pobres e os que tenham dificuldades.

Os comitês do Partido e os governos de todos os níveis têm de persistir sempre no princípio de "primeiro, alimentar-se e segundo, construir". Agora, as tarefas da construção em todos os aspectos são pesadas, é necessário coordenar os recursos financeiros e tratar corretamente as relações entre a "alimentação" e a "construção", priorizando a vida do povo e garantindo o pagamento pontual dos salários aos empregados das instituições públicas. Deve-se promover as construções, partindo da realidade, atuando conforme a capacidade e levando em plena conta a capacidade de suporte dos recursos financeiros locais e das massas populares. Ao determinar um projeto, deve-se ter em vista o aumento da força do impulso ulterior para o desenvolvimento econômico e o melhoramento da vida do povo, e nunca se deve pretender a exibição dos chamados "méritos administrativos", promovendo cegamente as competições e os projetos de "imagem", sem pensar em suas próprias condições. Algumas localidades nem conseguem pagar a tempo os salários, mas ainda pretendem ampliar a envergadura de investimento e implementar novos projetos desordenadamente, o que agravará, como conseqüência, as dificuldades financeiras e os encargos dos camponeses e das empresas assim como as contradições entre os diversos aspectos. É imperativo opor-se firmemente a esta conduta que faz sofrer o povo e desperdiça os recursos financeiros. Poder ou não tratar bem as relações entre a "alimentação" e a "construção" deve ser um importante critério para avaliar se os quadros dirigentes persistem na busca da verdade nos fatos e se persistem na linha das massas.

VI. Fortalecer a civilização espiritual e promover o progresso social em todos os aspectos

A construção total de uma sociedade de vida modestamente confortável abrange dois aspectos: as civilizações material e espiritual. Deve-se persistir em tomar os trabalhos com as duas mãos e ter a mesma firmeza em ambas, colocando o fortalecimento da civilização espiritual numa importante posição. Deve-se intensificar e melhorar os trabalhos ideológicos e políticos e promover profundamente as atividades das massas populares para criar a civilização espiritual, oferecendo vigorosamente a garantia ideológica, a força motriz e o suporte intelectual para a reforma e abertura e a modernização socialista. É necessário, conforme as demandas para representar sempre a orientação do desenvolvimento da cultura avançada, fazer prosperar a cultura socialista e satisfazer as crescentes necessidades culturais e espirituais das massas populares. É necessário ter firmemente em mente o pensamento sobre o desenvolvimento econômico e social coordenado, persistir na prosperidade do país mediante a ciência e a educação, fortalecer os trabalhos nas áreas científica e tecnológica, educacional e cultural etc. Deve-se fortalecer a construção da democracia e do sistema legal e promover o desenvolvimento total das causas sociais em todos os terrenos. Aqui apresento minhas opiniões em três aspectos:

Primeiro, acelerar a construção do contingente de talentos e a elevação da qualidade dos cidadãos. Para saber se nossa causa pode ou não obter constantes êxitos e se podemos ou não dominar a iniciativa na acirrada competição internacional, o ponto-chave reside em talentos. Ao formular a necessidade de desenvolver vigorosamente a educação e formar, preparar, atrair e utilizar os talentos como importante tarefa estratégica, a "Proposta do Comitê Central do Partido Comunista da China sobre a elaboração do Décimo Plano Qüinqüenal do desenvolvimento da economia nacional e da sociedade" leva em consideração toda a conjuntura do desenvolvimento do país e da nação. Deve-se elaborar e aplicar a estratégia de talentos, acelerar a preparação e a introdução de todo tipo de talentos especialmente os talentos de alto nível necessários à modernização; aprofundar ainda mais a reforma do sistema de recursos humanos, criar um ambiente social de respeito aos talentos e de estímulo à criação de empreendimento, formando o mecanismo em que os talentos se sobressaem e rendem o melhor de si. Deve-se adotar as diversas formas e canais para intensificar a formação de talentos, prestando atenção à disposição dos recursos humanos de maneira científica e razoável. É necessário pôr em prática a iniciativa e a criatividade dos talentos ativos, ao mesmo tempo adotar políticas e medidas mais eficazes, com o fim de atrair mais talentos destacados a serviço da modernização. A elevação da qualidade geral dos cidadãos é a base do surgimento de mais e mais talentos e um importante reflexo do poder geral nacional. Deve-se intensificar a construção ideológica e moral, difundindo o espírito científico e o espírito criador, e formar um ambiente social de respeito à ciência, a fim de elevar incessantemente a qualidade ideológica e moral e a qualidade científica e cultural de toda a nação.

Segundo, dedicar grandes esforços à construção cultural. Trata-se de uma importante via para orientar e educar as massas populares na nova situação. A mudança do sistema econômico e a diversificação da vida social, assim como a abertura ao exterior e o acelerado processo de informatização, exercerão sem dúvida profundas influências na concepção ideológica das pessoas e provocarão as infiltrações recíprocas entre as diversas idéias e culturas. Na construção cultural, deve-se dominar o espírito da época e persistir na direção correta e, perante as novas transformações dos modos de trabalho, estudo, vida e lazer das pessoas, deve-se aproveitar plenamente todos os meios modernos da mídia, especialmente a radiodifusão, a televisão e o cinema e a internet, esforçando-se pela consolidação e ampliação das posições culturais socialistas e pela formação de um ambiente de opinião pública saudável, de uma atmosfera social civilizada e harmoniosa e de uma vida cultural variada e colorida. Depois da filiação à OMC, enfrentaremos novos desafios surgidos com a entrada dos produtos culturais do Ocidente. Devemos elevar ainda mais a competitividade de nossos produtos culturais, desde o teor ideológico até a forma de representação, divulgar as excelentes culturas nacionais e assimilar a elite cultural da humanidade, com o objetivo de centralizar a vontade do povo, estimular seu entusiasmo e moldar o caráter da integridade com mais e melhores produtos espirituais.

Terceiro, estabelecer ativamente o sistema ideológico e moral correspondente ao desenvolvimento da economia de mercado socialista. O desenvolvimento da economia de mercado socialista requer não só o estabelecimento de um sistema jurídico e de regulamentos correspondentes, mas também o estabelecimento do respectivo sistema ideológico e moral. Persistindo em tomar o marxismo-leninismo, pensamento de Mao Tsé-tung e teoria de Deng Xiaoping como orientação e tendo em vista o estabelecimento de concepções corretas do mundo, da vida e do valor, com base no mesmo ideal da construção do socialismo do tipo chinês, devemos integrar o respeito aos legítimos direitos individuais com a responsabilidade social, coordenar a atenção dada à eficácia e a salvaguarda da justiça social, combinar as demandas de vanguardismo e as de generalidade, esforçar-se para criar os critérios ideológicos e morais saudáveis, harmoniosos e positivos que correspondam ao desenvolvimento econômico e social. Sem a credibilidade, não há ordem nem o desenvolvimento saudável da economia de mercado. Deve-se fortalecer a consciência de credibilidade em toda a sociedade, fortalecer a educação moral dos cidadãos para serem sinceros e cumprirem as palavras. É necessário estabelecer um rigoroso sistema de crédito e regularizar as relações contratuais. Todas as entidades econômicas devem atuar nos termos da lei. Deve-se combater, conforme a lei e de maneira resoluta, a falsificação, a venda de produtos falsificados, a sonegação e desvio de impostos, os atos de fraude econômica e a fuga dolosa de dívidas, a fim de criar uma boa ordem de mercado.

Persistir e Aperfeiçoar o Sistema de Cooperação Multipartidária e de Consultas Políticas sob a Direção do Partido Comunista*

(4 de dezembro de 2000)

*Extraído do discurso de Jiang Zemin na Conferência Nacional de Trabalho da Frente Única.

O estabelecimento e a adoção dos sistemas político e partidário adaptados à realidade nacional revestem-se de um significado sumamente importante para o desenvolvimento e a estabilidade de um país. O sistema de cooperação multipartidária e de consultas políticas sob a direção do Partido Comunista da China é um sistema político fundamental do nosso país. Devemos conhecer plenamente sua superioridade para persistir nele, aperfeiçoá-lo e aplicá-lo bem.

Depois da Revolução de 1911, a China chegou a copiar o sistema multipartidário do Ocidente, e depois o Kuomintang adotou a autocracia de partido único, ambos resultaram em fracasso. Utilizando a doutrina marxista e sintetizando profundamente as lições históricas tiradas dentro e fora do país, nosso Partido criou e desenvolveu o sistema de cooperação multipartidária e de consultas políticas sob a direção do Partido Comunista na prática da revolução e da construção por longo tempo, junto com os diversos partidos democráticos que compartilham a mesma alegria e os mesmos sofrimentos conosco. Este sistema foi um resultado da prolongada luta do povo chinês assim como uma cristalização das experiências políticas e da sabedoria do povo chinês. As nítidas características do sistema partidário do nosso país residem na direção do Partido Comunista, na cooperação multipartidária, na governança pelo Partido Comunista, na participação de diversos partidos nos assuntos políticos e em que os partidos democráticos, em vez de serem partidos fora do governo ou partidos de oposição, são partidos amigos que cooperam estreitamente com o Partido Comunista e partidos que fazem parte do governo. Nos importantes assuntos nacionais, o Partido Comunista efetua consultas democráticas com os partidos democráticos para tomar a decisão estratégica, de maneira científica, e concentra forças no tratamento dos assuntos importantes. O Partido Comunista e os diversos partidos democráticos efetuam a supervisão mútua para o aperfeiçoamento da direção do Partido Comunista e a intensificação da construção dos partidos participantes do governo. Isso evitou agitações políticas em conseqüência de rivalidades e intrigas entre partidos, assim como abusos que poderiam ser provocados pela autocracia de partido único sem supervisão. Eis a grande superioridade do sistema partidário do nosso país e a diferença fundamental em comparação com o sistema de partido único e o multipartidário do exterior.

Pela diferença na tradição histórica, no nível econômico e cultural e no sistema social dos diversos países, seus sistemas político e partidário também são inevitavelmente diferentes. O mundo é rico e variável, pelo que não existe nem existirá um modelo de sistema político universalmente aplicável. Para avaliar os sistemas político e partidário da China, deve-se considerar no fundamental a realidade nacional do país e os efeitos da prática da revolução, construção e reforma do país, a saber: primeiro, se estes sistemas poderão promover o constante desenvolvimento das forças produtivas e o progresso da sociedade em todos os aspectos; segundo, se ajudarão a realizar e desenvolver a democracia popular, aumentar a vitalidade do Partido e do Estado e manter e desenvolver as características e a superioridade do sistema socialista; terceiro, se poderão estabilizar a situação nacional e manter a estabilidade e unidade sociais; e quarto, se poderão realizar e salvaguardar os interesses fundamentais da esmagadora maioria das massas populares. Nos últimos cinqüenta e tantos anos após a proclamação da Nova China, as forças produtivas sociais do país tiveram um desenvolvimento duradouro, a democracia socialista desenvolveu-se constantemente, o nível de vida material e cultural do povo elevou-se visivelmente, mantendo assim a unidade nacional e a estabilidade social. Tudo isto demonstra plenamente que o sistema de cooperação multipartidária e consultas políticas sob a direção do Partido Comunista da China é um sistema partidário correto e efetivo, que corresponde à realidade nacional e poderá passar pela prova da prática. Afastar-se da realidade nacional da China socialista, negligenciar os efeitos da prática exercida pelo povo chinês e pretender copiar o modelo de sistema político do Ocidente em substituição dos sistemas político e partidário do nosso país, será extremamente errôneo tanto na teoria como na política e trará conseqüências desastrosas e irreversíveis à prática. Persistir firmemente na direção do Partido Comunista da China, persistir e aperfeiçoar inabalavelmente o sistema de Assembléia Popular e o sistema de cooperação multipartidária e de consultas políticas sob a direção do Partido Comunista constituem uma importante questão de princípio político referente à consolidação do sistema socialista da China e aos interesses fundamentais do povo das diversas nacionalidades do país. Jamais seremos ambíguos e vacilantes perante esta questão.

No processo histórico da prolongada cooperação com o Partido Comunista da China, os partidos democráticos com caráter de aliança política caracterizam-se pela integração da progressividade e extensibilidade. No novo período histórico, também é assim. A progressividade dos partidos democráticos está estreitamente ligada com a participação ativa da fundação e construção da Nova China sob a direção do nosso Partido e com as grandes causas históricas da realização da independência, unidade, democracia e prosperidade da China. Na atual fase, a progressividade reflete principalmente na colaboração entre os partidos democráticos e nosso Partido e na dedicação conjunta à construção do socialismo do tipo chinês. A extensibilidade dos partidos democráticos está ligada com sua base social e suas próprias características. Os membros dos partidos democráticos, procedentes de diversas camadas sociais e de diversos grupos populares, têm maior responsabilidade por refletir e representar os interesses e demandas concretas das massas populares com quem mantêm vínculos. Tais progressividade e extensibilidade que os partidos democráticos possuem constituem a razão da prolongada existência e a base da cooperação multipartidária sob a direção do Partido Comunista.

Em dezembro de 1989, o Comitê Central do Partido Comunista da China emitiu um documento sobre a persistência e aperfeiçoamento do sistema de cooperação multipartidária e consultas políticas sob a direção do Partido Comunista da China. Nos últimos anos, a cooperação multipartidária conheceu um grande desenvolvimento. Porém, devemos notar que existem ainda falhas no trabalho de algumas localidades, tais como falta de compreensão correta quanto à natureza e à posição dos partidos democráticos no novo período, mau desempenho do papel dos partidos democráticos e negligência dos problemas reais existentes no trabalho e na vida dos partidos democráticos. Estas falhas devem ser superadas de maneira ativa. Deve-se adotar e aperfeiçoar as medidas complementares para normalizar e institucionar ainda mais a cooperação multipartidária. Ao tomar importantes decisões políticas, os comitês do Partido em todos os escalões devem consultar as personalidades dos partidos democráticos e sem partido. Deve-se aumentar a esfera de informação e o grau de participação dos partidos democráticos, para melhorar ainda mais a participação e a deliberação dos assuntos estatais. Em especial, é necessário aperfeiçoar o mecanismo de supervisão democrática, desobstruir o canal de informação de baixo para cima e fortalecer a supervisão democrática. Como partido do poder, nosso Partido deve ouvir conscientemente as opiniões das massas populares e dos partidos democráticos, e aceitar conscientemente a supervisão das massas populares e dos partidos democráticos, para manter a cabeça lúcida e trabalhar com empenho. Sem a supervisão, é difícil conter efetivamente a corrupção. Persistir no princípio de "coexistência duradoura, supervisão recíproca, sincero tratamento, participação conjunta tanto na glória como na dor" representa principalmente a supervisão do Partido Comunista pelos partidos democráticos. Deve-se estimular os partidos democráticos a tornarem-se nossos amigos sinceros que falem a verdade e ousem apresentar suas opiniões divergentes. Os comitês do Partido em todos os níveis e os quadros dirigentes devem aceitar de maneira ativa a supervisão dos partidos democráticos, mostrando-se alegres quando alguém fala de seus erros, aceitando de bom grado as corretas opiniões, sobretudo devendo ouvir palavras ou conselhos desagradáveis ao ouvido e tolerando críticas agudas e corrigindo os erros se os cometem e tomando cuidado com eles se não os cometem. Aceitar as diferentes opiniões das massas populares para serem beneficiados deve ser lema dos quadros dirigentes em todos os escalões do nosso Partido.

A Conferência Consultiva Política do Povo Chinês é uma organização de ampla frente única e um importante organismo de cooperação multipartidária e de consultas políticas sob a direção do Partido Comunista da China. Desenvolver plenamente o importante papel de consultas políticas, supervisão democrática e participação e deliberação dos assuntos estatais da Conferência Consultiva Política do Povo é uma exigência indispensável à persistência e ao aperfeiçoamento do sistema de cooperação multipartidária e de consultas políticas sob a direção do Partido Comunista. Quanto aos importantes problemas relacionados com a economia do país e a vida do povo, realizar amplas consultas, ouvir plenamente as opiniões dos partidos democráticos, das diversas organizações populares e de representantes das minorias nacionais e de diversos setores sociais representam a integração da democracia com a concentração sob a direção do Partido Comunista da China. Isto se reveste de um grande significado para evitar e reduzir erros na tomada de importantes decisões políticas e garantir a aplicação de todo tipo de políticas. Os comitês do Partido em todos os níveis devem tomar as consultas políticas da Conferência Consultiva Política do Povo como uma importante forma de cooperação multipartidária e de consultas políticas sob a direção do Partido Comunista, como um importante elo da tomada de decisão sob a forma científica e um importante canal para o desenvolvimento da democracia socialista e aplicá-las no trabalho prático. Ao redor de dois temas: unidade e democracia, a Conferência Consultiva Política do Povo deve desenvolver plenamente o entusiasmo e a iniciativa dos membros, manter amplos vínculos com personalidades dos diversos setores sociais, desobstruir o canal pelo qual são informadas a situação social e opiniões do povo, promover a estandardização e instituição da execução de funções, e pôr em função o positivo papel na persistência e aperfeiçoamento do sistema de cooperação multipartidária e consultas políticas sob a direção do Partido Comunista.

Manter um ambiente político relaxado, estável, unido e harmonioso constitui nosso importante princípio para a cooperação multipartidária. Isto favorece a apresentação de opiniões e sugestões pelos partidos democráticos, a supervisão e críticas ao nosso Partido, procedentes de fora do Partido, a colaboração do nosso Partido com as personalidades fora do Partido Comunista, para criar uma situação política de estreita unidade e luta conjunta. Deve-se conhecer e tratar de maneira correta os problemas surgidos na cooperação multipartidária. Deve-se adotar a posição de procurar os pontos comuns, mantendo as diferenças, e de compreender e tolerar certas diferenças entre nós e os partidos democráticos com base na política comum da construção do socialismo do tipo chinês. É ajudando nosso Partido no tratamento dos assuntos da China, e sem se importar se alguma opinião tenha sido colocada de forma errônea, que se poderá colocar paulatinamente a compreensão na órbita correta através da prática. É necessário aconselhar, de maneira paciente e esmerada, certos membros dos partidos democráticos que eventualmente tenham algum ponto de vista inconveniente ou incorreto, em vez de adotar medidas simples e duras. É claro que se deve criticar aqueles que tenham opiniões errôneas relacionadas com a direção política e os princípios fundamentais, educando-os e orientando-os de maneira oportuna e correta. Nosso objetivo é unir os membros dos partidos democráticos a avançarem juntos com nosso Partido.

Impulsionar a Construção do Estilo do Partido e da Honestidade Administrativa e Aprofundar a Luta contra a Corrupção*

(26 de dezembro de 2000)

*Discurso proferido por Jiang Zemin na 5ª plenária da Comissão de Controle Disciplinar do Comitê Central do Partido Comunista da China.

Daqui a alguns dias, entraremos no século XXI. É neste importante momento que realizamos esta plenária da Comissão de Controle Disciplinar do Comitê Central. No novo século, como consolidar ainda mais o Partido e impulsionar a construção do estilo do Partido e da honestidade administrativa e aprofundar o desenvolvimento da luta contra a corrupção, de acordo com as exigências da "tríplice representatividade", continua sendo um importante tema que os camaradas de todo o Partido devem considerar ainda mais e resolver. A seguir, com base em minha meditação, quero formular algumas opiniões.

1. Sobre a conscienciosa sintetização das experiências na construção do estilo do Partido e da honestidade administrativa e na luta contra a corrupção

Há mais de 11 anos que eu trabalho no Comitê Central do Partido e tenho dedicado grande atenção à luta contra a corrupção. Em junho de 1989, o camarada Deng Xiaoping disse-nos, cara a cara, que para empenhar-se no trabalho econômico, é necessário dedicar-se, em primeiro lugar, à luta contra a corrupção. De acordo com a instrução do camarada Deng Xiaoping, persistimos em tomar a linha fundamental do Partido como orientação e fortalecemos a construção do estilo do Partido e da honestidade administrativa e a luta contra a corrupção. A cada um dos últimos anos, faço discursos na plenária da Comissão de Controle Disciplinar do Comitê Central. Em 1993, com base no estudo da tese do camarada Deng Xiaoping sobre a construção do estilo do Partido e da honestidade administrativa e a luta contra a corrupção, dispuseram-se os trabalhos destacados na luta contra a corrupção. Segundo a reunião de 1994, a luta contra a corrupção não poderá triunfar de uma vez por todas, deve-se estabelecer a idéia de luta prolongada, e foi apresentada uma proposta de nove pontos sobre a mesma luta. Na reunião de 1995, foi enfatizado que, para prevenir a corrupção, deve-se fortalecer a construção ideológica e política e elevar a qualidade dos militantes do Partido e dos quadros. Em 1996, a reunião estudou principalmente a responsabilidade dos organismos de controle disciplinar e supervisão, a estrutura da luta contra a corrupção, o controle no seio do Partido e o fortalecimento da direção dos comitês do Partido sobre a luta contra a corrupção e outros problemas existentes no novo período. A reunião de 1997 reafirmou a necessidade de desenvolver com empenho o espírito de luta árdua e opor-se à luxúria e aos desperdícios. A reunião de 1998 enfatizou que os quadros dirigentes de todos os escalões devem resistir à corrupção e prevenir a transformação e servir como bons exemplos na luta contra a corrupção e pela honestidade administrativa. Em 1999, a plenária advertiu que todo o Partido deve salvaguardar e fortalecer as disciplinas política e orgânica e as disciplinas para trabalhos econômicos e trabalhos com as massas populares. Em princípios deste ano, a reunião enfatizou que todo o Partido deve observar e aplicar ainda mais o princípio de vigorosa administração do Partido. Tudo isto são importantes idéias apresentadas e disposições feitas por nós para a luta contra a corrupção e pela honestidade administrativa, o que demonstra que nossa compreensão tem sido aprofundada, as medidas são cada vez mais enérgicas e a luta desenvolve-se cada vez mais profundamente.

Como avaliar corretamente a atual situação da luta contra a corrupção e pela honestidade administrativa é um problema político muito importante. Na questão de fortalecimento da construção do estilo do Partido e honestidade administrativa e da luta contra a corrupção, a decisão do Comitê Central do Partido é firme, sua posição é bem clara, razão pela qual conta com o firme e pleno apoio dos camaradas de todo o Partido e das massas populares. O princípio e as políticas que adotamos correspondem à realidade e têm obtido efeitos. Persistimos em agarrar-nos à reforma e abertura, ao mesmo tempo em dedicar-nos à luta contra a corrupção, definindo claramente o pensamento orientador, os princípios fundamentais, o sistema de direção e o mecanismo e a estrutura de trabalho para a luta contra a corrupção. Iniciando pelos problemas de maior repercussão entre as massas populares, investigamos e punimos com firmeza os casos importantes verificados entre os quadros dirigentes e esforçamo-nos para prevenir e conter o fenômeno de corrupção desde sua fonte. Com esforços comuns de todo o Partido e enérgico apoio das massas populares, a luta contra a corrupção pela promoção da honestidade tem obtido resultados periódicos, criando assim condições favoráveis para salvaguardar a situação da reforma, do desenvolvimento e da estabilidade em seu conjunto. Eis nossa avaliação básica. Os camaradas de todo o Partido devem unificar ainda mais o entendimento, fortalecer a confiança e levar a cabo inabalavelmente a luta contra a corrupção e pela honestidade.

Os importantes entendimentos e experiências obtidas na prática de luta dos últimos anos contra a corrupção e pela honestidade administrativa podem ser resumidos nos seguintes aspectos:

Primeiro, a construção do estilo do Partido e de honestidade administrativa e a luta contra a corrupção estão relacionadas à sobrevivência do Partido e do Estado. O propósito do nosso Partido e governo é servir de todo o coração ao povo. Isto determina que os quadros dirigentes de todos os escalões devem ser honestos e íntegros e compartilhar a alegria e a amargura com as massas populares. Sem uma boa solução desta questão, não haverá uma sólida garantia política para a reforma, o desenvolvimento e a estabilidade, o Partido e o governo afastar-se-ão das massas populares e surgirá o perigo da morte do Partido e do Estado. Partindo da altura da duradoura estabilidade do Partido e do Estado, os camaradas de todo o Partido devem compreender plenamente a nocividade e o perigo extremos da corrupção e o grande significado da luta contra a corrupção e pela honestidade administrativa, persistir no marxismo-leninismo, pensamento de Mao Tsé-tung e teoria de Deng Xiaoping como orientação, persistir na linha fundamental do Partido, tomar a construção econômica como centro do seu trabalho, submeter-se e servir à situação geral da reforma, desenvolvimento e estabilidade, e empenhar-se em levar até o fim a construção do estilo do Partido e da honestidade administrativa e a luta contra a corrupção.

Segundo, a luta contra a corrupção e pela honestidade administrativa é de caráter duradouro, austero e complexo. Como um fenômeno social e histórico, a corrupção existe em muitas sociedades, tanto da antigüidade como do presente, tanto na China como no exterior. Na essência, a corrupção é um produto da classe exploradora e do sistema de exploração. Como sistema social inteiramente novo e diferente de qualquer sistema de exploração na história, o sistema socialista proporciona no fundamental condições para a eliminação da corrupção. Como nosso país encontra-se ainda na fase inicial do socialismo e no período de transferência do sistema econômico planificado para o sistema econômico de mercado, o nível de desenvolvimento das forças produtivas e o nível científico, tecnológico e cultural são relativamente baixos, o sistema legal e os sistemas concretos em diversos aspectos ainda estão por aperfeiçoar, a tudo isso acrescenta-se que os pensamentos remanescentes da sociedade feudal milenar do nosso país continuam existindo, a abertura ao exterior facilita a penetração da ideologia e do modo de vida decadentes capitalistas do exterior, enquanto as forças hostis do Ocidente têm intensificado a execução da estratégia política de "ocidentalização" e "desintegração" e feito todo o possível para seduzir e corromper alguns quadros de caráter fraco em nosso seio. Com estes fatores, a corrupção ainda tem o solo e condições de surgimento e alastramento e enfrentamos mais dificuldades na luta contra a corrupção. Tal solo e tais condições não podem ser eliminadas num curto período, razão pela qual a eliminação da corrupção requer, inevitavelmente, um percurso histórico muito longo. Devemos envidar incansáveis esforços para lutar contra o fenômeno de corrupção, para reduzi-la ao mínimo. Devemos estar preparados para travar uma luta prolongada, ao mesmo tempo que ter o senso premente para empenhar-nos no trabalho e lutar firmemente.

Terceiro, a luta contra a corrupção e pela honestidade administrativa atravessa todo o percurso da reforma e abertura. A reforma e abertura é o caminho de prosperidade da China socialista. A luta contra a corrupção e pela honestidade administrativa é uma importante garantia política para realizar bem a reforma e abertura e a modernização. Quanto mais forças dermos à reforma e abertura, mais será necessário fortalecer a luta contra a corrupção e pela honestidade administrativa. Temos de persistir no princípio de "tomar o trabalho com as duas mãos e ter a mesma firmeza em ambas", com uma mão para a reforma e abertura e com a outra para punir a corrupção, a fim de garantir o correto cumprimento da política de reforma e abertura e o avanço da causa socialista do tipo chinês para o correto destino.

Quarto, a luta contra a corrupção é um grande assunto para todo o Partido e toda a sociedade. É necessário persistir no sistema dirigente e no mecanismo de trabalho da luta contra a corrupção, quer dizer, direção unificada dos comitês do Partido, administração conjunta dos comitês do Partido e governos, organização e coordenação pelas comissões de controle disciplinar, cada departamento com sua própria responsabilidade e apoio e participação das massas populares, persistir na estrutura de trabalho tendo como o principal conteúdo o autocontrole dos quadros dirigentes na sua honestidade, a investigação e tratamento dos grandes e importantes casos e a retificação da má tendência dos departamentos e setores, e traçar um programa estratégico global, fazer disposições táticas para cada fase e resolver em primeiro lugar os problemas de maior repercussão entre as massas populares, para conquistar, sem cessar, frutos periódicos na luta contra a corrupção.

Quinto, tratar ao mesmo tempo do sintoma e da causa e fazer o tratamento geral. Na luta contra a corrupção e pela honestidade, deve-se tratar o sintoma, e ainda mais, a causa. Para tratar ao mesmo tempo o sintoma e a causa, a educação é a base, o sistema legal é a garantia, e a supervisão é o problema-chave. É através do aprofundamento da reforma que eliminamos incessantemente o terreno para o surgimento e alastramento da corrupção. É necessário persistir na educação com o sistema legal e a supervisão, da prevenção com a punição. Para com a maioria absoluta dos militantes do Partido e dos quadros, deve-se recorrer principalmente à educação e à prevenção, e para com um punhado de elementos corruptos, deve-se recorrer à vigorosa punição. É necessário persistir em colocar a construção ideológica e política no primeiro lugar da construção do Partido e construir uma sólida grande muralha ideológica contra a corrupção. Os quadros dirigentes devem dar prioridade ao estudo, à política e à honestidade, ter o senso de auto-estima, auto-introspecção, autovigilância e auto-estímulo, estabelecer a correta concepção do mundo, da vida e do valor, e boicotar firmemente a influência ideológica e cultural decadente da idolatria ao dinheiro, do hedonismo e do individualismo extremo. É necessário persistir na integração do desenvolvimento da democracia com o aperfeiçoamento do sistema legal e na integração da supervisão no seio do Partido e a supervisão jurídica com a das massas populares, além de pôr em prática a supervisão da opinião pública e estabelecer e aperfeiçoar o mecanismo de enquadramento do exercício do poder conforme a lei. É necessário impulsionar com todo o empenho a construção do sistema tendo o fortalecimento do centralismo democrático como o principal, aperfeiçoando constantemente o mecanismo administrativo e de supervisão sobre os recursos humanos, financeiros e materiais e aperfeiçoando o mecanismo de luta contra a corrupção e pela honestidade, a fim de detectar a tempo, coibir eficazmente e punir severamente os atos de corrupção.

Sexto, persistir sempre na administração do Partido pelo Partido e na regularização do Partido com todo o rigor. Esta é uma boa tradição e preciosa experiência do nosso Partido. Para administrar o país, deve-se em primeiro lugar regularizar o Partido e para este fim, é necessário agir com todo o rigor. A rigorosa regularização do Partido deve estabelecer a construção do Partido nos aspectos ideológico, político, de estilo, de disciplina, orgânico e institucional, e refletir efetivamente na educação, administração e supervisão e outros elos das organizações do Partido em todos os escalões, dos militantes do Partido e dos quadros. É necessário exigir, educar, administrar e supervisar os quadros dirigentes com rigor extraordinário, controlar rigorosamente a seleção e promoção dos quadros dirigentes e investigar e punir severamente os atos de infração disciplinar e violação da lei verificados entre os quadros dirigentes. É necessário estabelecer e aperfeiçoar um mecanismo de fácil execução, prático e dotado de força vinculativa, para garantir a educação, a administração e a supervisão verdadeiramente eficazes das organizações do Partido de todos os escalões sobre os militantes e os quadros.

Dominar corretamente os entendimentos e experiências acima referidos e aplicá-los na prática revestem-se de importante significado para fortalecer a construção do estilo do Partido e da honestidade administrativa e aprofundar a luta contra a corrupção. Esses entendimentos e experiências deverão ser incessantemente enriquecidos e desenvolvidos na prática futura.

2. Sobre a correta compreensão da posição situacionista do Partido e sua influência

O nosso Partido é um partido marxista, o nosso país pratica o sistema socialista que tem o povo como dono. A essência do nosso Partido e do nosso Estado é completamente incompatível com a corrupção. Então, por que os fenômenos da corrupção ainda se verificam no seio do nosso Partido e na nossa sociedade e continuam existindo de maneira persistente? Esta questão tem circunvagado em minha mente, pois é um assunto de minha profunda reflexão.

Já me referi a alguns motivos do aparecimento dos fenômenos de corrupção e acho que posso e devo refletir mais sobre a mudança da posição do Partido após sua tomada do poder e os problemas daí decorrentes. O materialismo histórico considera que o ser social determina a consciência social. A ideologia do homem não é produzida sem nada, nem os atos humanos. A posição social e política e o ambiente da vida social exercem, inevitavelmente, uma influência sobre a idéia e a conduta do homem. O mesmo acontece com um partido político.

Com uma história de oitenta anos, nosso Partido estabeleceu méritos imortais para o povo chinês e a nação chinesa. Esta trajetória de oitenta anos abrange dois grandes períodos históricos. Os primeiros 28 anos foram o período de luta pela tomada do poder nacional e pela fundação da Nova China. Neste período, unindo e liderando o povo das diversas nacionalidades de todo o país, nosso Partido travou uma luta de vida e morte contra os inimigos dentro e fora do país, fazendo enormes sacrifícios. Os mais de cinqüenta anos posteriores foram o período de detenção do poder nacional e de exercício das funções governativas. Neste período, nosso Partido uniu e levou o povo das diversas nacionalidades de todo o país a realizar a revolução socialista, a construção e a reforma, abrindo um novo caminho da construção do socialismo do tipo chinês e obtendo enormes êxitos nas diversas causas. Nestes dois períodos históricos diferentes, a posição de nosso Partido conheceu importantes mudanças, passando de um partido que luta pela tomada do poder para um partido situacionista que detém o poder do Estado e que tem estado no poder por mais de cinqüenta anos consecutivos. Tal mudança histórica do papel do Partido não deixa de exercer uma profunda influência sobre os militantes do Partido e o contingente dos quadros.

No período de guerra revolucionária, para participar do Partido e do contingente revolucionário, todos deviam estar preparados para contribuir com tudo e até com a própria vida, e todos lutavam arduamente pelo nobre ideal revolucionário e pelos interesses do povo. No ambiente político de dominação reacionária cruel e nas péssimas condições de vida, para conquistar a vitória da revolução, os militantes e quadros do Partido tinham de apoiar-se estreitamente nas massas populares e contar com o apoio e força das massas populares para sobreviver e desenvolver-se, caso contrário fracassariam. Ao dirigir o povo na luta contra os déspotas locais e pela distribuição de terras, na resistência à agressão militarista do Japão e na luta contra a dominação reacionária do Kuomintang, o Partido representava os interesses das massas populares, de forma que contávamos com seu sincero apoio, razão pela qual nosso Partido e as massas populares formaram uma íntima ligação como carne e unha. Naquela altura, com recursos disponíveis muito limitados, todos, desde os quadros de alto escalão até os militantes comuns do Partido, levavam uma vida muito árdua. Após a fundação da Nova China, o Partido tornou-se o partido situacionista, passando a deter o poder, dispondo de recursos humanos, financeiros e materiais de todo o país, incomparavelmente maiores que os de antes da tomada do poder. Grande número de militantes e quadros do Partido passaram a assumir cargos de direção nos diversos departamentos de nível central ou local em diversas regiões, dominando este ou aquele poder. A mudança do papel do Partido e dos militantes e quadros do Partido é uma nova prova muito séria para as organizações de diversos escalões, os militantes e os quadros do Partido, e apresentou-nos um novo tema para a construção do próprio Partido. O problema mais essencial é saber se os quadros de diversos escalões do Partido compreendem verdadeiramente que nosso poder foi atribuído pelo povo, se são capazes de utilizar corretamente o poder que detêm, se são capazes de manter sempre estreitos vínculos com as massas populares e jamais se afastarão delas. Perante esta importante questão, deve-se dizer que desde o início nosso Partido tem se mantido muito lúcido.

Às vésperas e após a fundação da Nova China, o camarada Mao Tsé-tung advertiu solenemente, em várias ocasiões, que todo o Partido deveria manter para sempre o estilo de trabalho de luta árdua, preveniu-nos que com a vitória poderiam surgir no Partido certos estados de ânimo, como a arrogância, a pretensão de ser homem de mérito, a inércia e a falta de vontade de progredir, a busca de prazeres e a hesitação em continuar a levar a vida difícil, assinalando ser necessário resistir às balas revestidas de açúcar. O camarada Mao Tsé-tung classificou a tomada do poder nacional como ir a Beijing "fazer exame", dizendo com sinceridade e sentimentos profundos: desejamos ter bom resultado e jamais agiremos como Li Zicheng. Não podemos voltar a nos retirar de Beijing, a retirada significaria o fracasso. O 8° Congresso Nacional do Partido fez uma profunda análise teórica e política sobre a mudança do papel do Partido, verificada após a tomada do poder e os eventuais problemas daí decorrentes, exigindo que os camaradas de todo o Partido sejam modestos e prudentes, utilizem corretamente o poder à mão para prevenir o afastamento das massas populares e passem pela prova do poder. Para prevenir a ocorrência de atos corruptos, nosso Partido envidou grandes esforços. De modo geral, os militantes e quadros do Partido daquele tempo eram honestos ou relativamente honestos. Após a 3ª plenária do 13° Comitê Central do Partido, nosso Partido levou o povo a empreender a reforma e abertura e a modernização. Com o novo período, as novas tarefas e o novo ambiente, nosso Partido enfrenta novas provas na posição situacionista. Quanto à nova mudança do contexto da situação internacional e nacional e a alguns problemas surgidos no seio do Partido e na sociedade, o camarada Deng Xiaoping enfatizou repetidamente ser necessário fortalecer com persistência a construção do Partido e administrar bem o Partido. No dia 10 de abril de 1982, quando o Birô Político do Comitê Central do Partido discutia o problema de combate às atividades criminosas no domínio econômico, o camarada Deng Xiaoping afirmou com profundos sentimentos: "Este vento chega-nos impetuosamente. Se nosso Partido não der grande atenção para conter firmemente este vento, então nosso Partido e nosso Estado enfrentarão verdadeiramente o problema de 'alteração de fisionomia'. Isto não é nenhum alarmismo." Dia 16 de junho de 1989, o camarada Deng Xiaoping assinalou agudamente mais uma vez: "É necessário regularizar bem nosso Partido e concretizar nosso objetivo estratégico. Se não punir a corrupção, sobretudo os atos corruptos verificados na alta camada no seio do Partido, haverá verdadeiramente o perigo de fracasso." O Comitê Central do Partido enfatiza repetidamente que o estilo do Partido situacionista é uma questão que está relacionada com a vida ou morte do Partido e do Estado. Os camaradas Mao Tsé-tung e Deng Xiaoping e o Comitê Central do Partido relembraram repetidamente os camaradas de todo o Partido nesta questão, justamente para levá-los a manter-se sempre altamente vigilantes ante a eventual influência da mudança do papel após a tomada do poder, a persistir sempre na natureza e no propósito do Partido, a não se afastar nunca das massas populares e a manter sempre sua vigorosa vitalidade. Por passar pela prova da posição situacionista, queremos dizer justamente isto. Nos últimos cinqüenta e tantos anos, de modo geral, nosso Partido conseguiu passar pela prova do poder.

Porém, muitos fatos também demonstram repetidamente que, após nosso Partido tornar-se o partido governante, algumas pessoas no seio do Partido, perdendo o espírito empreendedor, amando o ócio e odiando o trabalho, não querendo lutar arduamente e ansiando pela vida de prazeres, passaram gradualmente a aproveitar-se do poder à mão para buscar interesses particulares, fazendo inundar o mau estilo formalista e burocratizante. Não foi apenas nosso Partido que encontrou tal problema, outros países socialistas após assumirem o governo, sobretudo após uma prolongada governança, também encontraram problemas semelhantes. Agora, os partidos governantes em alguns ex-países socialistas arruinaram-se e perderam o poder, deixando-nos uma lição muito profunda. Caso não mantivermos uma vigilância ante o alastramento de tais idéias erradas e de atos corruptos, contrários à natureza e ao propósito do Partido, haverá conseqüências desastrosas. Algumas pessoas no seio do Partido podem praticar os mais diversos atos corruptos, porque elas aproveitam-se da posição situacionista do nosso Partido e do poder que o Partido e o povo lhes atribuíram. A história e a realidade demonstram que, para um partido governante, a construção e administração são muito mais difíceis do que para os partidos fora do poder. Nosso Partido é um partido governante marxista, mas, para este também é muito difícil não se afastar nunca das massas populares e ficar numa posição invencível. Por isso, devemos fortalecer consciente e persistentemente a construção do Partido em todos os aspectos, como ideológico, político, organizacional e de estilo. Não há outra escolha. Quanto mais se prolonga a governança, mais forças o Partido deverá dar a sua construção e à administração de seus militantes e quadros. Neste sentido, é inadmissível qualquer relaxamento.

Após a tomada do poder, sobretudo após uma prolongada governança, encontramos um destacado problema, isto é, como levar os militantes e quadros a estabelecer a correta concepção de interesses. Estabelecemos o Partido em prol da imensa maioria e, em todos os momentos, devemos colocar os interesses das massas populares em primeiro lugar, quer dizer, tudo em prol das massas populares e tudo apoiando-se nelas, tudo delas e tudo para elas. E é absolutamente inadmissível afastar-se das massas populares e passar por cima da sociedade. É claro que os militantes do Partido Comunista não são puritanos, têm vida familiar normal e os normais contatos sociais, e para empreender o trabalho os militantes e quadros também necessitam de certo poder atribuído. Paralelamente ao desenvolvimento econômico, a remuneração e as condições de trabalho e de vida dos militantes e quadros do Partido também devem ser gradualmente melhoradas. São legítimos os interesses particulares e a competência de trabalho estipulados pela lei e pela política.

Nosso Partido sempre exige que todos os militantes e quadros do Partido de todos os escalões persistam em colocar os interesses do Partido e do povo acima de tudo, em submeter os interesses individuais aos do Partido e do povo, em suportar a amargura antes e gozar da comodidade depois dos outros, e jamais deve ser permitido usar o poder para buscar interesses particulares. Isto tem sido mais que claro, desde o primeiro dia da tomada do poder por nosso Partido. Deve-se dizer que nesta questão, em sua maioria, os militantes e quadros do Partido atuam da maneira certa. Entretanto, na vida real, também há alguns militantes e quadros que contrariam as exigências do Partido. Entre os interesses populares, estatais, coletivos e individuais, eles inclinam-se para os interesses individuais, chegando inclusive a buscar interesses particulares insensatos e ilegítimos que não lhes devem pertencer, não vacilando em aproveitar-se de sua posição, competência e influência para manter e ampliar interesses particulares. Isto é muito errado. Na prática, muitos fenômenos de corrupção devem-se a tais interesses particulares. Para buscá-los, alguns militantes ou quadros do Partido pensam em primeiro lugar em seus filhos e familiares e em suas pequenas coletividades, deixando de lado os interesses das massas populares, do Partido e do Estado, de maneira que se verifica toda forma de atos, como busca de interesses particulares com o poder, negociar dinheiro com o poder, vida senhorial, luxúria, dissolução e ócio, corrupção e violação da lei.

Ao desenvolver a economia de mercado socialista e promover a política de reforma e abertura, visamos fundamentalmente elevar o nível material, cultural e de vida das massas populares. Os quadros dirigentes do Partido de todos os escalões devem ser os primeiros a integrar a aplicação da política vigente do Partido com persistência no ideal do Partido e nas exigências estipuladas nos Estatutos do Partido para os militantes e quadros do Partido e dosar bem a relação entre o "enriquecer primeiro" e o enriquecer conjuntamente. Porém, sem compreender corretamente esta política do Partido e do Estado, alguns militantes e quadros do Partido só pensam em como eles próprios devem enriquecer primeiro, e chegam a negligenciar os princípios e recorrer a diversos meios ilegítimos em busca de interesses particulares. Se o dirigente de um departamento ou de uma região negligencia os interesses das massas populares, sobretudo as dificuldades de vida dos desempregados e da população pobre e só pensa em seus próprios interesses; se a fisionomia de um lugar não foi alterada e as massas populares locais levam uma vida relativamente dura, enquanto os quadros vivem bem, usam automóveis de luxo e levam uma vida dissoluta; se os quadros dirigentes não organizam e levam as massas populares a desenvolver a produção e a melhorar a vida e só pensam em deixar um "espaço para recuar" para si mesmos e uma "saída" para seus filhos, familiares e amigos, como podem esperar que as massas populares os apóiem? Não é de estranhar que as massas populares os odeiem. Os quadros dirigentes nunca podem aproveitar-se do poder à mão para obter e salvaguardar interesses particulares, caso contrário causarão enormes prejuízos à causa do Partido e do povo e acabarão por perder a posição e a reputação. É claro que os legítimos interesses dos militantes e quadros do Partido também devem ser garantidos. Agora, em não poucos lugares, os quadros de base do Partido e do Estado não podem receber a tempo seu salário por completo, o que dificulta muito a sua vida. Este problema deve despertar grande atenção desses lugares e dos departamentos concernentes, em busca de uma solução eficaz, para que eles trabalhem com tranqüilidade. Não podemos "mandar os cavalos correr sem alimentá-los".

Ainda devemos estar especialmente alertas perante a questão dos chamados "interesses adquiridos". Nosso Partido declara explicitamente que o Partido não tem seus próprios interesses específicos, senão os interesses da classe operária e das massas populares. É justamente porque nosso Partido persiste sempre nisto que contamos com sincero apoio das massas populares nos períodos históricos da revolução, construção e reforma. Porém, também devemos notar com lucidez que como nosso Partido se encontra na posição do poder e exerce o governo por longo tempo, algumas pessoas no seio do Partido adquiriram gradualmente uma errada tendência ideológica, considerando as funções atribuídas pelo Partido e pelo povo, sua posição, sua influência e suas condições de trabalho como seus próprios interesses adquiridos, aproveitando-os para obter interesses particulares irrazoáveis e ilegítimos para si mesmos, em vez de trabalhar ainda melhor para o Partido e o povo, eles chegam a considerar essas coisas como bens privados intocáveis e fazem todo o possível para manter e ampliar esses chamados interesses adquiridos. Isto é muito perigoso. Fatos históricos demonstram que após a tomada do poder, muitos partidos e grupos políticos da classe exploradora aproveitavam-se do poder para adquirir interesses particulares para sua própria classe, seu próprio grupo e os chefes de seu próprio governo e empenhavam-se em manter e ampliar constantemente esses interesses particulares, formando assim um grupo de interesses adquiridos que oprimia o povo e prejudicava os interesses do povo. Foi justamente por isso que eles acabavam por encontrar a oposição das massas populares. Como vanguarda da classe operária, nosso Partido serve ao povo, de todo o coração, e para nosso Partido é absolutamente inadmissível buscar interesses particulares como aqueles adquiridos pelos partidos políticos da classe exploradora e seus grupos dominantes, e muito menos ser um grupo de interesses adquiridos como aquele. Se agir assim nosso Partido estará condenado ao fracasso. Ao formular este assunto, pretendo deixar claro que, num partido como o nosso, que exerce o poder por longo tempo, é fácil que alguns quadros possam ter a tendência ideológica dos chamados interesses adquiridos e, para isto, desejo que os camaradas de todo o Partido mantenham alta vigilância e tentem conscientemente contra tal tendência.

Já afirmei em várias ocasiões que cada quadro dirigente deve refletir bem sobre por que participou da revolução. Agora, o que os quadros devem fazer? E no futuro, o que deverão deixar atrás de si? A meu ver, esta questão deverá ser formulada repetidamente e refletida profundamente pelos quadros dirigentes de todos os escalões. Somente com isto, os quadros, sobretudo os de alto escalão, poderão atuar com plena honestidade e justiça. Os quadros dirigentes devem estabelecer a correta concepção de interesses, "preocupar-se com o destino do país em primeiro lugar e só depois gozar da alegria". Em qualquer momento, devem colocar em primeiro lugar os interesses do povo, do Partido e do Estado. Seja como for o desenvolvimento social, para os militantes do Partido o propósito de servir ao povo com todo o coração não poderá ser alterado e o princípio de sofrer primeiro a amargura e gozar da vida por último não poderá ser alterado. Cada um dos quadros dirigentes do Partido deve ser honesto, servir ao público e possuir o espírito de honestidade para lutar arduamente e em qualquer circunstância, deve ser fiel à causa do Partido e do povo, sem alterar a sua aspiração pela revolução.

Os militantes e quadros do Partido devem dominar e usar bem o poder em nome do Partido e do povo e esforçar-se para elevar sua qualidade ideológica, moral, científica e cultural. Isto também constitui uma importante condição para realizar bem a tarefa de governar e prevenir a corrupção. A ocorrência de fenômenos de corrupção em alguns militantes e quadros do Partido está estreitamente relacionada com o nível ideológico, moral, científico e cultural dos mesmos. Os militantes e quadros do Partido não vivem no vácuo. Como vivem e trabalham na sociedade, eles sofrerão inevitavelmente o impacto da ideologia, cultura e modo de vida decadentes e dos fatores negativos da economia de mercado, existentes na sociedade. Se as organizações do Partido não fortalecerem a educação e administração e não mantiverem a vigilância e adotarem medidas preventivas, algumas pessoas de seus quadros serão inevitavelmente influenciadas pela corrupção. Por isso, elevar sem cessar a qualidade ideológica, moral, científica e cultural dos quadros desempenhará um papel fundamental para a construção do estilo do Partido e da honestidade administrativa, assim como para a luta contra a corrupção.

Tenho sustentado que fortalecer o estudo é muito favorável para elevar o âmbito de espírito do homem, assim como para boicotar e eliminar com consciência os fenômenos de corrupção. Somente com o estudo, podemos dominar mais conhecimentos teóricos, científicos e culturais, elevar a compreensão política e o âmbito de espírito e conseguir priorizar a política e a honestidade. Estudar com afinco e saber estudar favorecem a transformação ainda melhor não apenas do mundo objetivo, mas também do mundo subjetivo. Os camaradas de todo o Partido, particularmente os quadros dirigentes, devem persistir em estudar cada vez mais.

Ao enfatizar aqui a necessidade de compreender corretamente a posição governante do Partido e os problemas daí decorrentes, pretendo principalmente esclarecer que como partido no poder, nosso Partido deve dedicar grande atenção ao relacionamento entre o Partido e as massas populares e aos problemas relacionados com a preferência do povo. A preferência do povo é o fator fundamental que determina a prosperidade ou a morte de um partido político e de um poder. Com pleno apoio do povo, a honestidade administrativa tem sido um importante elo para a concretização da correção política e da estabilidade social. Trata-se de uma síntese de importantes experiências da lei natural de prosperidade ou morte. A ruína das dinastias uma após a outra na história chinesa, o desmoronamento dos poderosos impérios um após o outro na história mundial e a queda de alguns partidos políticos da atualidade que permaneceram no poder por longo tempo, estavam estreitamente relacionados com a mudança da preferência do povo. Como o primeiro imperador feudal na história chinesa que conseguiu unificar o País, o imperador Qin Shi Huang representava, no início, as necessidades do desenvolvimento histórico, mas ao ansiar por grandeza e êxito, passou a cobrar impostos exorbitantes, provocando forte ressentimento do povo, o que levou a dinastia Qin à ruína quando o poder foi transmitido ao imperador II. Du Mu disse em seu artigo "Palácio E Fang": "Que triste! Aqueles que aniquilaram os seis reinos não foram os Qins, mas sim os próprios seis reinos. Aquele que derrubou a dinastia Qin foi a própria dinastia Qin, em vez do povo. Ai! Se protegessem seus próprios povos, os seis reinos teriam suficientes forças para resistir ao reino Qin. Se posteriormente protegesse os povos dos seis reinos, a dinastia Qin poderia transmitir o trono ao imperador III, até a gerações e gerações. Quem poderia aniquilá-la? Os dominantes Qins não tiveram tempo para lamentar seu próprio destino, só podendo deixar seus descendentes deplorá-lo. Os descendentes deploravam a ruína da dinastia Qin, mas estes não tiraram lição da ruína, deixando seus descendentes lamentá-los." O que o artigo expressa é o problema da preferência do povo. Quando o imperador Sui Yang Di recebeu trono das mãos do seu pai, imperador Sui Wen Di, o poder econômico do país estava relativamente forte. No início, ele também tentava fazer algo, reconstruindo o transporte que conduzia às regiões do Oeste, construindo caminhos e a Grande Muralha e abrindo o Grande Canal, o que desempenhou positivo papel na salvaguarda da segurança nacional e o melhoramento das condições de transporte. Porém, ele recrutava excessiva mão-de-obra e levava uma vida luxuosa e dissoluta. Não suportando mais a opressão, o povo não tinha outra saída senão rebelar-se. E ele acabou por ver-se obrigado a suicidar-se em Jiangdu. O poeta Luo Yin, do último período da dinastia Tang, escreveu um poema irônico, dizendo: "Quando conquistava o reino Chen, estabeleceu grandes méritos para sua própria causa, mas só conseguiu um cemitério para si em Lei Tang." Após o estabelecimento da dinastia Tang, o imperador Tang Tai Zong, lúcido, dedicava todo o seu esforço à governança, escutava diferentes opiniões e nomeou pessoal talentoso, reduziu os impostos e empenhou-se na reforma administrativa, impulsionando o desenvolvimento das forças produtivas e dando origem à prosperidade inédita da "dominação de Zhenguan". Porém, vítimas de vaidade, os dominantes posteriores passaram a mergulhar na vida luxuosa e dissoluta. Apaixonado pela Yang Yuhuan, o imperador Tang Xuan Zong não apenas queixava-se da "pouca duração da noite primaveril, tão tarde levanta-se o imperador que não aparece nas audiências matinais", mas também deixou Yang Guozhong, primo de Yang Yuhuan, reunir todo o poder em suas mãos e praticar todo o tipo de maldades, a seu bel-prazer, de forma que reinava a corrupção entre os funcionários de todos os escalões e que submetiam o povo à exploração e opressão. Com o pretexto de realizar uma "expedição para punir Yang Guozhong", An Lushan entrou em ação contra a dinastia Tang, provocando os "distúrbios de An Lushan e Shi Siming", levando a dinastia Tang a passar da prosperidade ao declínio. Posteriormente, Wang Xianzhi e Huang Chao rebelaram-se e tomaram a capital Chang'an e, pouco depois, a dinastia Tang arruinou-se. Ainda há muitos exemplos neste sentido. Na história chinesa, muitas dinastias feudais percorreram este caminho, do pleno apoio do povo à perda do apoio. Nos casos como a drástica transformação da Europa Oriental, a desintegração da União Soviética, o fracasso do Kuomintang no Continente e a perda do seu poder em Taiwan, a queda do ex-presidente indonésio, Suharto, o fracasso do Partido Revolucionário Institucional do México nas eleições gerais, a súbita mudança de situação do Peru e a permanência de seu ex-presidente Alberto Fujimori no Japão e a atual agitada situação das Filipinas etc., é verdade que cada um destes exemplos teve seus motivos complexos diferentes dos outros, mas a mudança da preferência do povo foi um dos importantes motivos. Perante esses exemplos históricos e reais, devemos estar alertas.

Na construção do estilo do Partido e da honestidade administrativa e na luta contra a corrupção, denunciamos e punimos firmemente os elementos corruptos, inclusive os poucos quadros de alto nível que infringiram a lei e cometeram crimes. Isso porque, se não agirmos desta maneira, afastar-nos-emos das massas populares e haverá o perigo da morte do Partido e do Estado. Esta nossa atuação demonstra a confiança e a força do nosso Partido. As massas populares odeiam a corrupção e a luta que travamos contra a corrupção representa a vontade das massas populares, o que eleva o prestígio do Partido entre as massas populares. A luta contra a corrupção também ensina os militantes e quadros do Partido, alerta-os e leva-os a passar pela prova política e pela têmpera do espírito do Partido. Ao formular as exigências da "tríplice representatividade" e enfatizar a necessidade de fortalecer em todos os aspectos a construção do Partido conforme essas exigências, visamos principalmente garantir que nosso Partido mantenha sempre a estreita ligação com as massas populares. Os camaradas de todo o Partido, especialmente os quadros dirigentes, devem partir desta visão política para observar a construção do estilo do Partido e honestidade administrativa e a luta contra a corrupção, a fim de impulsionar com firmeza o avanço deste trabalho.

3. Sobre o fortalecimento da prevenção e o tratamento da corrupção desde sua origem

Os tratamentos do sintoma e da origem constituem os dois aspectos da luta contra a corrupção, que se complementam mutuamente e promovem um ao outro. Sobre o tratamento do sintoma, é com a punição severa dos diversos atos corruptos e a contenção eficaz das frenéticas atividades dos elementos corruptos que se pode criar condições para o tratamento da origem da corrupção e sobre o tratamento da origem, é com a prevenção e tratamento do fenômeno de corrupção desde sua fonte que se pode consolidar e desenvolver os resultados obtidos na luta contra a corrupção e resolver o problema de corrupção na sua essência. Alguns anos atrás, devido à tendência do alastramento da corrupção, adotamos mais medidas para o tratamento dos sintomas do que para o tratamento da causa. Isto era totalmente necessário. Na atual luta contra a corrupção, é necessário fortalecer gradualmente o tratamento da causa, esforçando-se para prevenir e tratar o fenômeno de corrupção desde sua origem.

Primeiro, é necessário incluir a prevenção do fenômeno de corrupção nas diversas políticas e medidas importantes. Como uma obra social sistemática, a luta contra a corrupção e pela honestidade necessita de colaboração e esforços comuns dos diversos setores e da combinação estreita com a construção econômica, a construção da democracia e do sistema legal e a construção da civilização espiritual. Ao traçar políticas de desenvolvimento econômico, social e cultural, de importantes medidas de reforma e de leis e regulamentos, é necessário levar em consideração a luta contra a corrupção e pela honestidade como parte integrante, comprovar se são favoráveis à luta contra a corrupção e pela honestidade, para manter as vantagens e eliminar as desvantagens, aperfeiçoar a política e considerar a prevenção em primeiro lugar. Os comitês do Partido e os governos de todos os escalões, departamentos competentes e instituições administrativas devem incluir esta luta no seu trabalho diário. A luta contra a corrupção e pela honestidade e a administração diária devem ser integradas em vez de estar separadas como "duas camadas de tinta seca" e devem ser unificadas. Em suma, deve-se persistir em obedecer e servir à construção econômica e adaptar-se às regras da economia de mercado socialista, integrar intimamente a luta contra a corrupção e pela honestidade com a reforma e abertura e importantes medidas da construção econômica e estudar e elaborar a tempo medidas eficazes para remover os destacados obstáculos que impeçam a reforma, o desenvolvimento e a estabilidade.

Segundo, é necessário apoiar-se no desenvolvimento da democracia e no aperfeiçoamento do sistema legal para prevenir e tratar o fenômeno de corrupção. Trata-se de nossa exigência permanente e de medida mais segura. A luta contra a corrupção e pela honestidade deve ser gradualmente sistematizada e transformada em lei. É necessário continuar fortalecendo a construção da política democrática e da legalidade socialista, continuar aperfeiçoando as formas democráticas, tais como a transparência nos assuntos das aldeias, a transparência nos assuntos das fábricas e a transparência na administração, a avaliação por meio democrático, consulta e audiência, para que as massas populares desempenhem um papel ainda mais ativo nas eleições, na tomada de decisão, na administração e na supervisão democráticas, para garantir o correto exercício do poder. Os grupos dirigentes em todos os níveis do Partido e do Estado devem aplicar rigorosamente o centralismo democrático, fortalecer a supervisão interna, garantir o tratamento dos assuntos por seus membros conforme as disciplinas e a lei, coibir a ocorrência de diversos atos infratores às disciplinas e à lei e prevenir que qualquer pessoa se coloque acima das organizações do Partido. Na vida interna do Partido, deve haver uma atmosfera democrática e liberdade de expressão para todos. Não se pode permitir que "uma só pessoa diga a última palavra". Nas discussões, todos devem ousar exprimir suas opiniões. É inadmissível não se dizer nada na presença de alguém e dizer bombasticamente na ausência do mesmo. É ainda mais inadmissível a adulação irresponsável. Ambas as atitudes são prejudiciais às causas do Partido. Os assuntos que têm de ser discutidos e decididos por meio democrático e o processo da tomada de decisões devem ser concretos e claramente estipulados pelos grupos dirigentes dos comitês do Partido e do Estado de todos os níveis e tais estipulações devem ser rigorosamente cumpridas. Ao mesmo tempo, é necessário aperfeiçoar ainda mais as normas da honestidade administrativa dos quadros dirigentes militantes do Partido no exercício do poder, nas condições da economia de mercado socialista, esclarecendo quais atos são permissíveis e quais são proibidos. É necessário fortalecer a legislação para a luta contra a corrupção, aperfeiçoar as leis e regulamentos destinados a prevenir e punir o fenômeno da corrupção e garantir o cumprimento da lei e dos regulamentos. Os departamentos partidários e governamentais de todos os escalões devem cumprir firmemente as exigências sobre a prevenção e tratamento do fenômeno de corrupção desde sua origem e, conforme as características do seu próprio trabalho e levando em consideração os departamentos e elos susceptíveis à ocorrência do fenômeno de corrupção, traçar e cumprir os regulamentos e medidas preventivas.

Terceiro, é necessário eliminar gradualmente o terreno e as condições para o surgimento do fenômeno de corrupção através da inovação do sistema. Apoiar-se na inovação do sistema para conter o fenômeno de corrupção é uma de nossas importantes experiências obtidas na prática. Um bom sistema pode prevenir e conter eficazmente a ocorrência do fenômeno de corrupção, e, ao contrário, um mau sistema conduzirá à proliferação e alastramento do fenômeno de corrupção. É necessário dar maior prioridade àqueles elos susceptíveis ao surgimento do fenômeno de corrupção para impulsionar a inovação do sistema, sobretudo realizar bem a reforma dos sistemas nos domínios de recursos humanos e financeiros e de distribuição. Segundo alguns casos descobertos, muitos atos de corrupção nos negócios entre o dinheiro e o poder ocorreram no nível microeconômico com a intervenção direita de quadros dirigentes. Por isso, será indispensável a reforma do sistema de aprovação administrativa e aqueles projetos que devem ser aprovados pelo mecanismo de mercado, em substituição da aprovação administrativa, serão tratados através do mecanismo de mercado. Para os projetos que necessitem da aprovação administrativa, deve-se estabelecer um mecanismo científico, para tampar os orifícios de fuga e reduzir oportunidades de negócio entre o dinheiro e o poder. Os departamentos governamentais de todos os escalões devem modificar ainda mais suas funções, para que todos os problemas que possam ser resolvidos, através da lei, dos regulamentos e da política ou por meio econômico deixem de ser resolvidos, na medida do possível, por meio administrativo; mesmo problemas que requerem solução administrativa também devem ser tratados através de processo justo e transparente. De acordo com o princípio de democracia, transparência e concorrência, é necessário impulsionar a reforma do sistema dos quadros e dos recursos humanos, para favorecer a promoção de pessoal talentoso e evitar, através do sistema, a ocorrência dos fenômenos de pedir, comprar e vender cargos dirigentes. É necessário acelerar a reforma do sistema financeiro e fortalecer a administração e supervisão. O bem-estar nos departamentos partidários e governamentais, das empresas estatais e das instituições públicas deve ser padronizado e sistematizado. O sistema salarial dos funcionários dos departamentos partidários e governamentais deve ser reformado e aperfeiçoado ainda mais. De modo geral, o salário dos quadros desses departamentos deve ser determinado conforme o critério estipulado pelas autoridades centrais. Os fatos demonstram que a realização de "atividades lucrativas" e o estabelecimento de "caixa 2" pelos referidos departamentos têm múltiplos malefícios. Por exemplo, o difícil cumprimento dos decretos e leis, "medidas de níveis interiores para enfrentar a política de cima", o protecionismo regional e setorial e outros fenômenos de desonestidade, estão relacionados com isto. Em suma, tendo em vista os regimes concretos, os sistemas e os elos fracos passíveis ao surgimento do fenômeno de corrupção, é necessário aprofundar-se na reforma e na inovação do sistema e estabelecer o mecanismo funcional do poder dotado de estrutura razoável, distribuição científica, processo rigoroso e controle recíproco. Para empreender a reforma, também deve-se adotar a atitude de buscar a verdade nos fatos. Em alguns dos elos, o poder é demasiadamente centralizado e em alguns outros, descentralizado demais, o que conduz facilmente à ocorrência do fenômeno de corrupção. Para atender às necessidades de prevenção e tratamento da corrupção desde sua origem, o que precisa ser descentralizado deve ser descentralizado, o que precisa ser centralizado deve ser centralizado, e todas as medidas devem ser adotadas conforme a realidade e passar por prova dos efeitos sociais.

Quarto, é necessário construir bem firme o dique ideológico de luta contra a corrupção e pela honestidade para resistir à corrupção e prevenir a degeneração. Fortalecer a construção ideológica e política do Partido é um trabalho sumamente importante para prevenir e tratar a corrupção, desde sua origem e deve atravessar todo o percurso da reforma e abertura e da modernização. No período prolongado de paz e construção, não é fácil manter a vontade, espírito e integridade revolucionários e é necessário fortalecer a educação, a orientação e a administração. Todos os militantes e quadros, particularmente os quadros dirigentes, devem persistir em estudar o marxismo-leninismo, o pensamento de Mao Tsé-tung e a teoria de Deng Xiaoping, persistir em dar prioridade ao estudo, à política e à honestidade, envidar esforços para resolver a questão da concepção do mundo, da vida e do valor, consolidar o ideal e a fé e aumentar a consciência e a firmeza em seguir o caminho socialista do tipo chinês. É necessário fortalecer a divulgação e a educação da luta contra a corrupção e pela honestidade e fortalecer a educação do espírito, estilo e disciplina do Partido e a educação jurídica entre os quadros militantes do Partido. É necessário educá-los e orientá-los a realizar, conscientemente na prática da reforma e na construção, a têmpera do espírito do Partido, o fortalecimento da formação ideológica e política, a têmpera da vontade e caráter para elevar o âmbito espiritual, manter a nobre moralidade, buscar interesses positivos de vida e formar a nobre integridade de um militante do Partido Comunista.

Quinto, é necessário promover o desenvolvimento coordenado dos diversos aspectos da luta contra a corrupção e pela honestidade. Os comitês do Partido e dos governos de todos os escalões, as diversas regiões e departamentos devem coordenar suas ações, para formar uma força poderosa conjunta na luta contra a corrupção e pela honestidade. Partindo de sua própria competência e características de trabalho e tendo em vista os departamentos e elos susceptíveis ao surgimento do fenômeno de corrupção, todos devem recorrer a diversos meios para aumentar as funções de educação, punição, administração e supervisão, e esforçar-se para formar uma configuração em que os diversos departamentos entrem em ação conjuntamente, os diversos setores coordenem suas ações e conjuguem os diversos meios, para prevenir e tratar onidirecionalmente a ocorrência do fenômeno de corrupção desde sua origem.

Os comitês do Partido de diversos escalões devem persistir na diretriz estratégica de "tomar o trabalho com as duas mãos e ter a mesma firmeza em ambas", fortalecer a direção unificada e cumprir inabalavelmente a diretriz e a política do Comitê Central do Partido sobre a luta contra a corrupção e pela honestidade e suas disposições neste trabalho. As diversas regiões e departamentos devem verificar bem os problemas de corrupção existentes, ater-se a seus pontos focais e coordenar diversas forças para resolvê-los com firmeza e cumprir eficazmente as exigências formuladas pelo Comitê Central do Partido. É necessário empenhar-se bem no exame e supervisão da tarefa de lutar contra a corrupção e pela honestidade e descobrir e tratar a tempo os problemas existentes. Deve-se cumprir com seriedade o sistema de responsabilidade sobre a construção do estilo do Partido e da honestidade administrativa e o princípio de que os chefes máximos dos grupos dirigentes assumem a responsabilidade geral, quer dizer, "quem for o principal chefe assume a responsabilidade", para "tratar bem os assuntos de sua responsabilidade e administrar bem o pessoal de departamento", de forma que cada escalão seja responsável pelo âmbito de sua competência e pelos escalões a ele subordinados para cumprir as suas tarefas. É necessário investigar e exigir rigorosamente a responsabilidade. Quanto aos importantes problemas de corrupção, é necessário exigir não apenas a responsabilidade da parte interessada direta, mas também a responsabilidade política dos quadros dirigentes pela omissão de suas funções ou pela falta de empenho. É necessário aprofundar o estudo das características e das leis da ocorrência do fenômeno de corrupção nas condições do desenvolvimento da economia de mercado socialista e da abertura ao exterior, a fim de formular novos métodos e novas medidas eficazes para impulsionar o profundo desenvolvimento da luta contra a corrupção.

Há um fenômeno que merece nossa atenção. Na realidade, alguns dos grandes casos chocantes recém-denunciados já existiam há vários anos, e como não foram descobertos, agravaram-se e acarretaram conseqüências cada vez maiores, causando graves prejuízos. Em alguns lugares e departamentos, existem grupos voltados para a corrupção há muito tempo, com muitas pessoas envolvidas e grande esfera de atividades, mas estas não foram descobertas a tempo. Além disso, mal promovidos, valorizados, inspecionados e educados sobre a dedicação ao estudo, à política e à honestidade, descobriu-se que alguns quadros esfriam graves problemas. Seus motivos são complicados, mas a falta da diligência, eficácia e persistência para o trabalho é um dos importantes motivos. Na 5ª plenária do Comitê Central do Partido e na Conferência do Trabalho Econômico, já me referi ao melhoramento do estilo de trabalho. A construção do estilo do Partido e da honestidade administrativa e a luta contra a corrupção também requerem o melhoramento de seu estilo de trabalho. O problema-chave consiste em opor-se e superar com firmeza o formalismo e o burocratismo, penetrar na realidade, nas entidades de base e nas massas populares, para assentar firmes alicerces das massas populares para a luta contra a corrupção e pela honestidade. É impossível que os elementos corruptos não deixem nenhum vestígio. E as massas populares são perspicazes. Será difícil descobrir problemas, se trabalharmos sem espírito penetrante e diligente, com demora e negligência, e se embelezarmos a realidade e camuflarmos os problemas. Como penetrar nas massas populares e apoiar-se nelas, assim como formar um vigoroso mecanismo para descobrir, denunciar e resolver a tempo o fenômeno de corrupção, devem ser um importante tema de estudo para aprofundar o desenvolvimento da luta contra a corrupção e pela honestidade administrativa.

Em discurso feito em 1999, formulei a necessidade de retificar e fortalecer as disciplinas do Partido como um importante tema para o fortalecimento da construção do Partido em todos os aspectos, trabalho este que deve ser bem-feito. Hoje, quero enfatizar mais uma vez esta questão. Sem uma disciplina rigorosa, seria impossível salvaguardar a unidade do Partido, manter o caráter avançado e a pureza do Partido, fortalecer a coesão e a combatividade do Partido e garantir a concretização do programa, da linha e das tarefas do Partido. A vigorosa observância às disciplinas políticas, orgânicas e dos trabalhos econômicos e das massas populares deve ser posta em prática em todos os aspectos. A vigorosa observância à disciplina política merece especial atenção e deve ser reiterada incansavelmente. Como militantes do Partido, devemos manter a unanimidade com o Comitê Central do Partido e observar e cumprir inabalavelmente a linha, as diretrizes, a política e as disposições de trabalho do Partido e não podemos divulgar opiniões contrárias, difundir a nosso bel-prazer a desconfiança nem adotar uma atitude de acatar em público e opor-se em privado. Cada um dos militantes do Partido deve fortalecer a concepção da organização, levar em consideração a situação em seu conjunto do Partido e do Estado e salvaguardar a situação política de tranqüilidade e unidade. Como um grande Partido com 63 milhões de militantes, nosso Partido se tornará areia dispersa e arruinar-se-á, se não tiver uma vigorosa disciplina política. A estrita observância da disciplina política favorece não apenas ao fortalecimento da construção do estilo do Partido e da honestidade administrativa, mas também à resistência ainda mais enérgica a eventuais riscos. Os quadros de diversos escalões, sobretudo os quadros de alto nível, devem ter isto em mente com firmeza.

Discurso na Conferência de Diretores dos Departamentos de Propaganda do Partido

(10 de janeiro de 2001)

A sociedade humana entrou no século XXI, e nosso país entrou num novo período de desenvolvimento da construção da sociedade modestamente confortável em todos os aspectos e da aceleração da modernização socialista. A nova situação e as novas tarefas formulam exigências maiores para a propaganda e o trabalho ideológico, e estes têm uma responsabilidade ainda maior.

Os camaradas da frente de propaganda e de trabalho ideológico envidaram muitos esforços e fizeram muitos trabalhos frutíferos. Pode-se dizer que o trabalho de propaganda e ideológico feito após os 14° e 15° Congressos Nacionais do Partido obteve novas experiências e criou uma nova situação. Sob a direção do Comitê Central do Partido, mantendo no alto a grande bandeira da teoria de Deng Xiaoping e persistindo no princípio de armar o povo com a teoria científica, orientá-lo com a correta opinião pública, formá-lo com o nobre espírito e estimulá-lo com excelentes obras artísticas, a frente de propaganda e trabalho ideológico esforçou-se para difundir a linha, as diretrizes e as políticas do Partido, fortalecer o trabalho ideológico político e a civilização espiritual e criar um ambiente saudável de opinião pública e uma vida cultural diversificada, o que desempenhou importante papel para consolidar a posição orientadora do marxismo, elevar a qualidade ideológica e cultural das massas populares e promover a reforma, o desenvolvimento e a estabilidade. Em nome do Comitê Central do Partido, manifesto sinceros cumprimentos a todos os camaradas da frente de propaganda e trabalho ideológico!

Atualmente, a situação internacional, em seu conjunto, continua tendendo para a distensão, e a paz e o desenvolvimento continuam sendo o tema da época. A multipolarização política do mundo desenvolve-se em meio a reveses, a globalização econômica é acelerada, e a ciência e tecnologia estão progredindo diariamente, pelo que a modernização do nosso país poderá ganhar um ambiente internacional de paz por um período relativamente longo. Após vinte e tantos anos de reforma e abertura, as forças produtivas do nosso país deram um grande salto, estabelecendo preliminarmente o sistema de economia de mercado socialista, desenvolvendo a economia nacional rumo ao círculo virtuoso e contando com a estabilidade política, a unidade étnica e o progresso social.

Ao mesmo tempo, é necessário notar com lucidez que, tanto internacionalmente como dentro do país, continuamos encontrando novos desafios e novos problemas no caminho de avanço. Não se altera a tentativa política das forças hostis do Ocidente no sentido de promover a "ocidentalização" e "desintegração" do nosso país. No processo de abertura ao exterior, a proposição política, a concepção de valor e o modo de vida burguesa do Ocidente penetram inevitavelmente. A diversificação da composição econômica, da forma de organização, dos interesses materiais e da maneira de emprego na sociedade do nosso país conduzirão à diversidade na concepção ideológica, na tendência da opção do valor e na vida cultural. Paralelamente ao desenvolvimento da economia de mercado, as regras do intercâmbio de mercadorias infiltram facilmente a vida social e política e o espírito do povo, provocando tendências ruins como preferir os interesses particulares à justiça e fazer negócios entre o poder e o dinheiro, debilitando o senso do Estado e da coletividade, do espírito de ajuda mútua e abnegação. Tudo isto trouxe-nos um novo tema no fortalecimento e melhoramento da propaganda e trabalho ideológico e na civilização espiritual.

Perante as mudanças imprevisíveis da situação internacional e a renhida concorrência internacional, devemos fazer prosperar nosso país, desenvolver nossa nação e concretizar no nível fundamental a modernização socialista em meados do presente século. Para isso, todos os camaradas do Partido e todo o povo chinês não podem deixar de ter firme ideal e convicção como poderoso pilar espiritual, não podem deixar de ter grande força coesiva e rica criatividade, não podem deixar de ter espírito de tenacidade e ação unificada. Tudo isto não pode prescindir da propaganda e do trabalho ideológico, e perante isto, como sempre, deveremos pôr em pleno funcionamento o importante papel da propaganda e do trabalho ideológico.

Sobre o atual trabalho de propaganda e ideológico, quero enfatizar os seguintes aspectos:

Primeiro, deve continuar difundindo a idéia de agarrar a oportunidade e acelerar o desenvolvimento. O problema de agarrar ou não a oportunidade e acelerar ou não o desenvolvimento é a chave para um país ou uma nação ganhar a iniciativa e a superioridade. Na história da China, antes do século XV, houve um período de prosperidade das dinastias Han e Tang, em que a China liderava o mundo na economia e na tecnologia. Após o século XV, a China passou a atrasar-se gradualmente nestes domínios, e um dos principais motivos reside em ter perdido importantes oportunidades e negligenciado o desenvolvimento. A importante idéia de que o desenvolvimento é a razão que prevalece, formulada pelo camarada Deng Xiaoping, é uma síntese geral das experiências tanto positivas como negativas do nosso país e de outros países do mundo. Devemos persistir sempre nesta idéia. Agarrar a oportunidade e acelerar o desenvolvimento são sumamente importantes para nós nos terrenos político, econômico e cultural. A solução de todos os problemas da China depende do desenvolvimento. Resolver os problemas de compreensão, convencer os que não confiam no socialismo e consolidar a convicção e confiança no socialismo e no futuro da pátria também dependem do desenvolvimento. Ao considerar a estratégia de desenvolvimento do nosso país no início do novo século, as autoridades centrais enfatizaram a necessidade de persistir em tomar o desenvolvimento como tema. Esta foi uma importante decisão baseada nesta mais fundamental e mais importante razão. Todo o Partido e todo o país devem aproveitar cada dia e cada hora, redobrar os esforços, empenhar-se firmemente na construção econômica como centro e dedicar toda a atenção ao desenvolvimento econômico e social, aumentando constantemente o potencial econômico, o poderio da defesa nacional e a força coesiva nacional do nosso país.

A frente de propaganda e trabalho ideológico deve observar e difundir, de maneira ativa, plena, precisa e profunda, esta importante idéia orientadora do Comitê Central do Partido, proporcionando forte garantia ideológica e apoio da opinião pública para agarrar a oportunidade e acelerar o desenvolvimento. Eis o ponto de apoio do trabalho a que a frente de propaganda e trabalho ideológico deve dedicar toda a força e um importante critério para avaliar a eficácia do trabalho de propaganda e ideológico.

Há que se orientar os quadros e as massas populares a aumentar a noção de urgência em agarrar a oportunidade e acelerar o desenvolvimento, a aumentar a consciência pela missão de fazer prosperar a China e a fortalecer o senso de responsabilidade de fazer bem seu próprio trabalho, dando contribuições para ter um bom início no desenvolvimento do nosso país durante o Décimo Plano Qüinqüenal. É necessário dar prioridade à difusão da diretriz orientadora de impulsionar em todos os aspectos a construção econômica e o progresso social, que tem o desenvolvimento como tema, a reestruturação como linha principal, a reforma e abertura e o progresso científico e tecnológico como força motriz, e a elevação do nível de vida do povo como ponto de partida fundamental; difundir as exigências do Comitê Central de conhecer bem a situação, consolidar a confiança, dominar a situação em seu conjunto, ater-se bem aos pontos-chave, aplicar rigorosamente todas as medidas e avançar de vitória em vitória, dar prioridade à difusão da excelente oportunidade que a construção econômica do nosso país enfrenta e das diversas condições favoráveis à aceleração do desenvolvimento, e orientar os quadros e as massas populares a avaliar corretamente a nova situação e os novos problemas surgidos no processo de reforma e construção. No constante aprofundamento da reforma e contínuo desenvolvimento, a frente de propaganda e trabalho ideológico deve intensificar ainda mais a unificação de pensamento, a elevação da compreensão, a orientação ativa e dissipação de dúvidas, para ajudar os quadros e as massas populares a compreenderem bem a situação, dinamizarem o espírito, consolidarem a confiança, tratarem corretamente as relações entre a reforma e desenvolvimento e a estabilidade e o reajuste das relações entre os diversos interesses no processo de reforma, e conciliarem conscientemente o ideal individual com o ideal comum do povo das diversas nacionalidades de todo o país no sentido de construir o socialismo do tipo chinês, e a aspiração individual com a luta pela modernização socialista da Pátria.

Segundo, continuar entoando a melodia principal e tomando a iniciativa de lutar. E é apenas conseguindo entoar a melodia principal e tomar a iniciativa de lutar que se pode formar e desenvolver, em toda a sociedade, um ambiente dinâmico de opinião pública, de forma que a teoria científica e a ideologia correta desempenhem o papel orientador na vida social, e os quadros e as massas populares mantenham uma boa fisionomia espiritual, consolidando e desenvolvendo constantemente a base ideológica comum da luta unida do povo das diversas nacionalidades do país. Trata-se de uma experiência positiva no nosso trabalho de propaganda e ideológico sob a nova situação.

Persistir na posição orientadora do marxismo e armar constantemente todo o Partido e educar o povo de todo o país com o marxismo-leninismo, o pensamento de Mao Tsé-tung e a teoria de Deng Xiaoping, é a base ideológica para garantir que todo o Partido una estreitamente e dirija o povo na luta comum, assim como para manter a estabilidade social e política do nosso país. O camarada Deng Xiaoping enfatizou que o desenvolvimento é a razão que prevalece, ao mesmo tempo em que a estabilidade está acima de tudo. O desenvolvimento não pode prescindir da estabilidade e deve ser garantido pela mesma. Esta também é uma compreensão unânime quanto aos resultados positivos e negativos do desenvolvimento, tanto da antigüidade como da atualidade, tanto da China como de outros países. O camarada Deng Xiaoping se referiu à estabilidade política, à estabilidade da situação política e à estabilidade social, ao mesmo tempo em que deu prioridade especial à estabilidade ideológica. Trata-se de uma idéia muito importante. A estabilidade de uma sociedade deve depender da firme direção política, do desenvolvimento econômico e do bom sistema e governança conforme a lei; ao mesmo tempo, a estabilidade ideológica de todos os membros da sociedade também é um pré-requisito sumamente importante. Na desintegração da União Soviética, na drástica mudança verificada na Europa Oriental, na recente evolução da situação política da Iugoslávia e em outros incidentes, além de outros motivos políticos e econômicos, a mudança e o caos ideológicos no seio dos partidos situacionistas e nas massas populares também constituíram um fator muito importante. A história e a realidade demonstram que, numa sociedade, é muito difícil manter a estabilidade social e política sem um pilar espiritual comum e a estabilidade ideológica nele baseada. Na China, um país socialista, se se enfraquecer o pilar espiritual, que é o marxismo-leninismo, o pensamento de Mao Tsé-tung e a teoria de Deng Xiaoping, se se enfraquecer o ideal comum da construção do socialismo do tipo chinês, provavelmente chegaremos ao caos ideológico e aos distúrbios sociais, o que será uma desgraça para o país e a nação. Por isso, persistir na posição orientadora do marxismo e no ideal comum do socialismo do tipo chinês está relacionado com o destino do Partido e do Estado.

Para persistir na posição orientadora do marxismo, é necessário fazer bem o trabalho em dois aspectos: primeiro, há que se consolidar e fortalecer inabalavelmente a posição orientadora do marxismo sem nunca permitir a multipolarização do pensamento orientador; segundo, há que se combinar estreitamente a mudança da situação com o desenvolvimento da prática, pôr em função o espírito científico de buscar a verdade nos fatos e ousar fazer inovações, para enriquecer e desenvolver incessantemente o marxismo. Para persistirmos no marxismo, a questão-chave é persistir nos princípios fundamentais do marxismo e utilizá-los persistentemente para analisar e estudar a prática da atualidade. A teoria do marxismo sobre a inter-relação entre as forças produtivas e as relações de produção e entre a base econômica e a superestrutura, sobre a lei de desenvolvimento da sociedade e a doutrina sobre o materialismo dialético, são princípios fundamentais. Devemos persistir neles e aplicá-los. Ao mesmo tempo, é necessário separar os princípios fundamentais do marxismo das afirmações concretas e programas de ação concretos formulados pelos autores clássicos do marxismo naquela época, de acordo com a situação e as necessidades da luta de então. Até hoje, já faz quase 153 anos que o "Manifesto do Partido Comunista" foi publicado, e o mundo conheceu grandes mudanças. Karl Marx e Friedrich Engels viveram até a segunda metade do século XIX e Lenin, até princípios do século XX. Para eles, era muito difícil prever o desenvolvimento e as mudanças do mundo atual. Não podemos ser demasiadamente exigentes com os antecessores. A ciência, a tecnologia, a economia e a cultura do mundo futuro terão enorme desenvolvimento, e nossa compreensão quanto à sociedade e à natureza será aprofundada constantemente. É uma lei histórica os descendentes avançarem sem cessar com base no que criaram as antecessores. Marx, Engels, Lenin, Mao Tsé-tung e o camarada Deng Xiaoping sabiam aperfeiçoar constantemente suas próprias teorias, de acordo com o desenrolar da situação prática. Eis o espírito e a atitude científicos do marxismo. Conforme a nova prática, devemos aplicar os princípios fundamentais do marxismo para explicar a nova situação e resolver os novos problemas, a fim de fortalecer constantemente a convicção e a combatividade da teoria marxista.

Na conferência central do trabalho ideológico e político, realizada em junho do ano passado, afirmei ser necessário aprofundar o estudo sobre quatro grandes questões, ou seja, o percurso histórico do desenvolvimento do capitalismo, o percurso histórico do desenvolvimento do socialismo e a influência ideológica do percurso da reforma socialista nas idéias do homem e a influência do ambiente internacional e da luta política internacional na atualidade. Como importantes questões ideológicas e teóricas que merecem atenção dos quadros e das massas populares, estas devem ser estudadas profundamente como importantes temas teóricos. Ainda há muitos importantes problemas formulados pela vida real que requerem uma resposta científica convincente. Em suma, é necessário, através de nosso estudo e nossa propaganda, ajudar os quadros e as massas populares a consolidarem a convicção no marxismo e no socialismo, fortalecer a confiança na reforma e abertura e na modernização e aumentar a confiança no Partido e no governo.

Para consolidar e desenvolver a base ideológica da luta comum do povo das diversas nacionalidades de todo o país, é necessário dominar firmemente o poder dirigente e a iniciativa do trabalho de opinião pública. A opinião pública reflete a imagem do país e a fisionomia espiritual da sociedade. Orientar a opinião pública é um aspecto muito importante para o fortalecimento da direção do Partido. Na sociedade moderna, devido ao rápido desenvolvimento dos diversos tipos de mídia, sobretudo da rede de informática, a opinião pública exerce um papel e uma influência cada vez maiores e necessita cada vez mais de uma orientação. Como voz do Partido e do povo, a mídia deve difundir o espírito das autoridades centrais, de forma precisa, nítida e vívida e deve refletir a vontade das massas populares, de forma oportuna e exata. É necessário continuar persistindo na diretriz que tem como o principal meta a unidade, a estabilidade, o estímulo e a propaganda positiva, aprofundar a difusão das concepções do patriotismo, coletivismo e socialismo, fazer ainda melhor a propaganda exemplar, a orientação nos problemas em foco e a supervisão de opinião pública, sustentar a justiça e criticar a maldade, dinamizar o espírito e estimular o moral do povo. É necessário transformar ainda mais o estilo de trabalho e melhorar o estilo literário, para que nossa propaganda corresponda à realidade social e às necessidades das massas populares, aumente constantemente a força atrativa e eleve incessantemente o nível de orientação. É necessário prestar elevada atenção à propaganda da opinião pública na internet, para a qual a diretriz geral é desenvolver ativamente, aproveitar plenamente, fortalecer a administração, utilizar condições favoráveis e evitar as condições desfavoráveis, desenvolver a superioridade, tomar a iniciativa de combate e fortalecer a influência e a combatividade da propaganda na internet, para que esta se torne um novo campo de batalha do trabalho ideológico e político do Partido e do Estado e um novo canal para nossa propaganda no exterior.

O trabalho ideológico e político do Partido e a civilização espiritual socialista são trabalhos básicos sumamente importantes para contar com o apoio e luta unida do povo de todo o país. Temos de fortalecê-los sem cessar, em vez de relaxá-los e debilitá-los. Para empreender esses trabalhos, é necessário dar sempre prioridade ao fortalecimento do sentimento da época e ao aumento do senso de objetivo, senso de eficácia prática e senso de iniciativa. É necessário persistir em tomar a teoria básica e a linha fundamental como a orientação e, em torno do estabelecimento do ideal comum da construção do socialismo do tipo chinês e das corretas concepções do mundo, da vida e do valor, persistir em combinar a herança da boa tradição com o desenvolvimento do espírito da época, unificar o respeito aos legítimos direitos e interesses individuais com a assunção da responsabilidade social, dar prioridade à coordenação entre a eficácia e a salvaguarda da eqüidade social, ligar as exigências do caráter progressivo com as exigências gerais, e esforçar-se para formar e desenvolver, em toda a sociedade, a moral e a ideologia socialistas, correspondentes ao desenvolvimento econômico e social. Trata-se de uma tarefa muito importante e ao mesmo tempo muito árdua. Os camaradas de todo o Partido e das diversas frentes de todo o país devem envidar esforços comuns neste sentido e os camaradas da frente de propaganda e trabalho ideológico devem trabalhar ainda mais neste sentido. Todos os setores ideológicos e culturais e todos os produtos espirituais e culturais devem esforçar-se para divulgar a teoria científica e a cultura avançada, desenvolver a justiça social, promover o espírito científico e elevar constantemente a qualidade ideológica, moral, científica e cultural de toda a nação.

Terceiro, aprofundar o estudo e a difusão das exigências de "tríplice representatividade". Ao inspecionar os trabalhos em Guangdong em fevereiro do ano passado, eu formulei que para que nosso Partido esteja sempre pleno de dinamismo e vitalidade, é necessário atender às exigências de "tríplice representatividade". Formulada esta questão, os camaradas de todo o Partido empreenderam estudos e discussões em ampla escala, chegando ao consenso e obtendo frutos em certos aspectos. Como aprofundar ainda mais o estudo, a exposição e a propaganda sobre as exigências de "tríplice representatividade", integrando a teoria com a prática, em estreita ligação com a mudança da situação nacional e internacional, com o desenvolvimento das forças produtivas e a profunda transformação do sistema econômico do nosso país, com as demandas do desenvolvimento da vida material e cultural das massas populares e com importantes mudanças verificadas no contingente dos militantes e quadros do Partido, ainda há muito trabalho a fazer.

Comemorar o 80° aniversário da fundação do Partido Comunista da China e aprofundar o desenvolvimento da propaganda e educação de "tríplice representatividade" em todo o Partido são grandes assuntos de todo o Partido no primeiro ano do novo século, ao mesmo tempo que um importante trabalho da frente de propaganda e trabalho ideológico. Devemos ter uma ampla visão para observar e dominar a tendência do desenvolvimento econômico, político e cultural do mundo de hoje e a grande prática da China de hoje, esforçar-se para estudar, propagar e aplicar bem as exigências de "tríplice representatividade", a fim de elevar constantemente o nível de direção e governança do Partido e fortalecer constantemente a capacidade do Partido de prevenir a corrupção e resistir aos riscos, para que os militantes e quadros do Partido orientem seu próprio pensamento e ações com as exigências de "tríplice representatividade", e nosso Partido seja ainda mais vigoroso e unido e tenha maior combatividade.

Para unificar o estudo, a difusão e a educação de "tríplice representatividade", o problema-chave consiste em dar primazia à prática e eficácia em vez de limitar-se a palavreado. Há que se desenvolver o bom estilo do Partido de ligar a teoria com a prática, sondar corajosamente, buscar a verdade nos fatos e, com base nas profundas investigações e estudos, responder cientificamente a algumas importantes questões teóricas relacionadas com o desenvolvimento do Partido e do Estado. Ao mesmo tempo, é necessário resolver com todo o empenho os problemas destacados que afetam a reforma, o desenvolvimento e a estabilidade e os problemas destacados existentes na construção do Partido, para que nosso Partido assuma ainda melhor a pesada responsabilidade histórica de dirigir a construção do socialismo do tipo chinês.

Quarto, difundir e desenvolver em toda a sociedade o espírito de incansável luta pela concretização da modernização socialista. A construção do socialismo do tipo chinês é uma grandiosa causa, plena de dificuldades e empreendimentos. A grande causa necessita e produz o nobre espírito, enquanto este apóia e impulsiona a grande causa. Sem o firme espírito, uma nação não terá seu futuro. Como materialistas, enfatizamos o papel decisivo da produção material no desenvolvimento social, ao mesmo tempo em que reafirmamos plenamente a iniciativa das atividades espirituais no processo de transformação do mundo objetivo. Nos diversos períodos históricos da revolução, construção e reforma, os militantes do Partido Comunista da China e o povo chinês, armados com o espírito revolucionário, superaram múltiplas dificuldades e criaram inúmeros milagres humanos. Logo após a fundação da Nova China, o presidente Mao Tsé-tung conclamou os camaradas de todo o Partido a manterem o ânimo, o entusiasmo revolucionário e o espírito de luta árdua, que haviam demonstrado no período da guerra revolucionária, para levarem até o fim o trabalho revolucionário. Após a aplicação da reforma e abertura, o camarada Deng Xiaoping exigiu em repetidas ocasiões que os camaradas de todo o Partido desenvolvessem os cinco espíritos revolucionários, ou seja, o espírito revolucionário e de luta árdua, o espírito de rigorosa disciplina e de auto-sacrifício, o espírito desinteressado e de abnegação, o espírito de esmagar todos os inimigos e todas as dificuldades e o espírito de otimismo revolucionário de superar todas as dificuldades para conquistar a vitória. O grande espírito da guerra de resistência à agressão norte-americana e de ajuda à Coréia, o de pesquisa e fabricação de "bomba atômica, bomba de hidrogênio e satélite artificial", o espírito de luta contra inundações e o "espírito empreendedor de 64 ideogramas chineses"[1] constituem uma encarnação concreta do espírito de incansável luta árdua da Nação Chinesa, em que se deve persistir e se deve desenvolver. Perante o novo século, a nova situação e as novas tarefas, é especialmente necessário empenhar-se em difundir e desenvolver em todo o Partido e toda a sociedade o espírito de incansável luta árdua pela modernização socialista.

Primeiro, é necessário difundir e desenvolver o espírito de libertar a mente e buscar a verdade nos fatos. Esta é a essência do marxismo e o espírito central para empreendermos incansavelmente a luta árdua. Libertar a mente e buscar a verdade nos fatos estão integrados. Sem a libertação da mente, será impossível buscar a verdade nos fatos, a mente não se libertará verdadeiramente. É necessário persistir nos pontos de vista marxistas sobre a história, a prática e o desenvolvimento, persistir na metodologia de que a prática é o único critério para comprovar a verdade, estudar constantemente novas situações, resolver novos problemas, formar novas compreensões e abrir novos âmbitos espirituais.

Segundo, é necessário propagar e desenvolver o espírito de acompanhar de perto a época e ousar fazer inovações. Devemos estar sempre na vanguarda do desenvolvimento da época para impulsionar constantemente o avanço da nossa causa. Fechando os olhos e tapando os ouvidos, vendo o céu no fundo de um poço, atuando segundo as regras rotineiras e negligenciando a tendência de desenvolvimento do mundo, ficaremos inevitavelmente atrasados. É necessário usar a ampla visão do marxismo para observar o mundo e enriquecer-nos com os conhecimentos mais novos da atualidade, a fim de seguir de perto a época, deixando de lado a erudição livresca e o dogmatismo e fazer constantes inovações teóricas, institucionais, científicas e tecnológicas.

Terceiro, é necessário difundir e desenvolver o espírito de avançar sempre, desafiando as dificuldades. O caminho de avanço jamais será suave. Na luta árdua, haverá sempre dificuldades e estas geram novos desenvolvimentos. Para concretizar a modernização, é indispensável uma férrea vontade de luta árdua perante as dificuldades e o heroísmo perseverante e invencível. Os camaradas de todo o Partido e o povo de todo o país devem fazer incansáveis esforços, empenhar-se em governar bem o país, avançar mesmo depois de enriquecidos e galgar sem parar as novas alturas da causa.

Quarto, é necessário propagar e desenvolver o espírito de luta árdua e busca de efeitos práticos. A luta árdua conduzirá à concretização da causa; o anseio pelos prazeres individuais destruirá seu próprio futuro. Há que se desenvolver a boa tradição do Partido, para formar em todo o Partido e toda a sociedade uma atmosfera no sentido de construir o país e realizar todas as causas, com diligência e poupança. Os homens de ação fazem prosperar a nação e as palavras ocas prejudicam o país. Há que se promover com todo o empenho o bom estilo de dizer a verdade, resolver problemas concretos, buscar efeitos práticos e cumprir de todo o coração a competência e a responsabilidade, combater decididamente o burocratismo, o formalismo e outras demonstrações de mau estilo.

Quinto, é necessário difundir e desenvolver o espírito de não perseguir fama nem interesses pessoais e de dar contribuições sem exigir nada em troca. Preocupar-se com a situação do país antes de tudo, só gozar da alegria depois de ter sido conquistada pelo povo e levar sempre na mente o povo e a causa do Partido, este é o caráter moral que os militantes do Partido devem ter. Há que se ter forte noção da causa e elevado senso de responsabilidade, trabalhar com honestidade e diligência e ser extremamente responsável perante o Partido e o povo. É imperativo tratar corretamente a si mesmos, os camaradas, a organização e as massas populares. É necessário estudar mais e ter menos trato social, dar mais contribuições e pensar menos nos interesses individuais, e fazer todo o possível para ser um homem de nobres sentimentos, um homem íntegro, de alta moralidade, destituído de interesses vulgares, um homem útil ao povo.

Em suma, é necessário, através dos esforços comuns das diversas frentes, inclusive de propaganda e trabalho ideológico, armar incessantemente os camaradas de todo o Partido e o povo das diversas nacionalidades do país com este espírito de incansável luta árdua, convertendo-o na aspiração de todos e na enorme força motriz espiritual para agarrar a oportunidade, acelerar o desenvolvimento e concretizar a modernização socialista e a grande prosperidade da Nação Chinesa.

O Comitê Central do Partido formulou repetidamente que para unir as forças do povo das diversas nacionalidades de todo o país e impulsionar conjuntamente a grande causa da construção do socialismo do tipo chinês é necessário estabelecer firmemente o ideal, a convicção e o pilar espiritual comuns em toda a sociedade. Isto não apenas é uma exigência do desenvolvimento da causa e do fortalecimento da unidade do povo, mas também é uma necessidade da concretização da ordem e estabilidade duradouras do país. Quanto aos problemas acima referidos, quero dar explicações mais detalhadas.

Para um país, uma nação e um partido político, é sumamente importante estabelecer firmemente e manter sempre um estado espiritual dinâmico. Para nosso país, com uma população de mais de 1,2 bilhão de habitantes e 56 nacionalidades, cujo nível de desenvolvimento econômico, educacional e cultural ainda não é alto, é necessário fazer prolongados e incansáveis esforços para que todo o povo mantenha sempre o ideal comum e o poderoso pilar espiritual.

Nós, comunistas, somos ateístas, e nosso país é um país socialista. É claro que não se poderá tomar a ideologia e a concepção do valor feudais e capitalistas nem a religião como o pilar espiritual de toda a sociedade. Devemos persistir em tomar o marxismo-leninismo, o pensamento de Mao Tsé-tung e a teoria de Deng Xiaoping, assim como a ideologia do patriotismo, do coletivismo e do socialismo como o poderoso pilar espiritual para unir todo o Partido e o povo de todo o país e estabelecer o ideal comum da construção do socialismo do tipo chinês. O problema-chave consiste em fazer todo o possível para injetar e aprofundar, de fato, a teoria marxista e a noção e a exigência moral da construção do socialismo do tipo chinês em todos os militantes e quadros do Partido e em todo o povo, convertendo-as em suas demandas ideológicas conscientes e normas de ação. Trata-se de uma tarefa muito minuciosa e árdua, que não é fácil de concretizar. Paralelamente ao impulsionamento da reforma e ao desenvolvimento econômico, surgiram na nossa sociedade diversas comunidades visivelmente distintas, tais como militantes e quadros do Partido e pessoas comuns; pessoas de alto nível cultural e pessoas de baixo nível cultural; empregados e operários de empresas estatais ou personalidades de sistema econômico de propriedade não-pública; ateístas e teístas, crentes nesta religião ou naquela, assim por diante. Existem diferenças entre eles quanto às condições econômicas, ao ambiente de vida, à compreensão ideológica, à qualidade cultural e às características psicológicas. Se não fizermos análises concretas, não recorrermos a meios eficazes nem realizarmos educações levando em conta a realidade, mas fizermos prédica monótona com palavras ocas, nossa propaganda ideológica não terá bons efeitos.

Dessa forma, duas importantes questões estão colocadas perante nosso trabalho de propaganda e educação: primeira, é necessário esforçar-se para integrar a unanimidade da propaganda e educação da teoria marxista e da moralidade ideológica da construção do socialismo do tipo chinês com a diversidade das características e demandas das diferentes comunidades sociais; segunda, é necessário esforçar-se para integrar o caráter teórico da propaganda e educação do ideal, convicção, moralidade e ideologia com o caráter prático do trabalho e vida quotidiana do povo. Isto quer dizer, tanto na educação teórica como no trabalho ideológico e político ou na educação moral, que não se pode prescindir da realidade da economia social e desenvolvimento social do nosso país, nem da vida prática das amplas massas populares, mas que se deve recorrer a diversos meios e diversificar as maneiras para responder, de maneira vívida, os problemas de compreensão, existentes entre as massas populares, desempenhando seu grande papel de pilar espiritual no trabalho e luta árdua das massas populares.

Quero advertir os camaradas sobre um problema. No processo da construção do socialismo do tipo chinês e no desenvolvimento da economia de mercado socialista, é necessário persistir em fortalecer a construção do sistema legal socialista e em governar o país conforme a lei, ao mesmo tempo em que se deve persistir em fortalecer a construção da moralidade socialista e governar o país conforme a moralidade. Para a governança de um país, a lei e a moralidade têm se complementado e se promovido mutuamente. Nenhum dos dois aspectos pode faltar, nem se pode cuidar de um e descuidar do outro. A governança conforme a lei pertence à construção política e à civilização política, enquanto a governança conforme a moralidade pertence à construção ideológica e à civilização espiritual. Ambos os aspectos têm diferentes esferas, mas as posições e funções de ambos são muito importantes. Devemos integrar estreitamente a construção do sistema legal com a construção da moralidade, e a governança conforme a lei com a governança conforme a moralidade. Os camaradas da frente de propaganda e trabalho ideológico também devem integrar ambos os aspectos e divulgá-los bem no trabalho de propaganda e educação.

Nosso Partido comemorará em breve o 80° aniversário de sua fundação e já se passaram mais de cinqüenta anos desde a fundação da Nova China. Já fizemos muito trabalho e obtivemos êxitos muito grandes na divulgação do marxismo e no estabelecimento do ideal e da convicção socialistas tanto no seio do Partido e como em toda a sociedade. Porém, por que a teoria marxista e o ideal, a convicção e a moralidade socialistas mal exercem influência sobre algumas pessoas? Por que a heresia como a "Falun gong" pode ter uma influência tão grande em algumas pessoas, inclusive em uns poucos intelectuais e quadros de alto nível? Por que alguns conceitos teóricos e a ideologia, a cultura e o modo de vida capitalistas decadentes produzem uma força atrativa tão grande para algumas pessoas? Neste aspecto, os motivos são múltiplos, tanto internacionais como nacionais, tanto históricos como atuais e tanto do desenvolvimento material e tecnológico como do domínio espiritual e cultural. Deve-se fazer uma síntese geral sobre eles. A presença destes problemas demonstra que a solução dos problemas existentes no domínio ideológico e político e no domínio espiritual é um longo processo que necessita de esforços persistentes e incansáveis e não pode ser feito de uma só vez. Espero que todos estudem e meditem conjuntamente, sintetizem as experiências, superem os pontos fracos, mobilizem todas as forças sociais, desde as famílias até as escolas e toda a sociedade, recorram plenamente a todos os meios de propaganda e educação e busquem constantemente as medidas ainda mais eficazes, esforçando-se para fazer ainda melhor o trabalho de estabelecimento do firme ideal, convicção e pilar espiritual entre todo o Partido e todo o povo, como se a brisa primaveril trouxesse a chuva e o chuvisco umedecesse as plantas.

Atualmente, a situação do nosso país é muito boa, mas os camaradas de todo o Partido, sobretudo os quadros de alto nível do Partido, devem ter a noção de preocupação com o futuro, perceber com lucidez os problemas destacados existentes e enfrentar os diversos desafios, redobrar os esforços para intensificar o trabalho. Desde que todo o Partido e todo o país se unam estreitamente, unifiquem o pensamento e a ação, observem e apliquem inabalavelmente a linha, a diretriz e a política do Partido, e promovam firmemente a reforma e abertura e a modernização socialista, poderemos "manter-nos de pé firmemente em todas as eventuais tempestades".

A propaganda e o trabalho ideológico são uma frente muito importante e os departamentos de propaganda e o trabalho ideológico são departamentos muito importantes. A propaganda e trabalho ideológico são trabalhos de todo o Partido, que estão relacionados com a situação geral da reforma, do desenvolvimento e da estabilidade e com a situação geral da construção do socialismo do tipo chinês. Saber fazer a propaganda e o trabalho ideológico é uma qualidade indispensável dos políticos marxistas. Os comitês do Partido em todos os escalões devem persistir em "trabalhar com as duas mãos e ter a mesma firmeza em ambas", fortalecer eficazmente a direção sobre a propaganda e o trabalho ideológico e pôr em plena ação esta superioridade política do nosso Partido. Os trabalhadores da frente de propaganda e trabalho ideológico têm se dedicado ao trabalho intenso e árduo, ano após ano, razão pela qual devemos zelar por este contingente nos aspectos político, de trabalho e de vida, e criar condições para desenvolver sua sabedoria e capacidade, para que eles sirvam melhor ao povo, ao socialismo e à situação geral do trabalho de todo o Partido e de todo o país.

Espero sinceramente que, sob a direção do Comitê Central do Partido, mantendo no alto a grande bandeira da teoria de Deng Xiaoping, observando e aplicando profundamente o espírito do 15° Congresso Nacional do Partido e de sua 5ª plenária, e tomando o novo século como novo ponto de partida, os camaradas da frente de propaganda e trabalho ideológico unam-se e avancem com entusiasmo, esforçando-se para elevar a propaganda e trabalho ideológico a uma nova altura.

NOTA

1. Na primeira plenária da 8ª legislatura da Assembléia Popular Nacional, realizada em março de 1993, Jiang Zemin formulou o espírito empreendedor que deverá ser promovido e desenvolvido para a modernização no novo período. Eis o seu conteúdo: libertar a mente, buscar a verdade nos fatos, tomar iniciativa para investigar, dedicar-se à inovação com audácia, lutar arduamente, avançar desafiando as dificuldades, aprender com outros países, fazer incansáveis esforços, atuar com modéstia e prudência, sem vaidade nem precipitação e com sinergia, ter em conta os interesses comunitários, ser laborioso e poupar, governar com honestidade, ser proativo para governar bem o país e contribuir com abnegação. Mais tarde tudo isto foi abreviado como "espírito empreendedor de 64 ideogramas".

Trabalhemos Juntos por uma Nova Era de Cooperação Amistosa entre a China e a América Latina*

(6 de abril de 2001)

* Discurso feito por Jiang Zemin na Comissão Econômica das Nações Unidas para a América Latina e Caribe, em Santiago do Chile.

Sr. Secretário Executivo José Antônio Ocampo,

Senhores Embaixadores,

Senhoras e senhores:

É um grande prazer para mim ter a oportunidade de visitar a América Latina, bela e rica em recursos naturais, quando a humanidade entra outra vez em um novo século. Gostaria de expressar, em nome do governo e do povo chinês, as saudações cordiais e os melhores votos a todos os amigos aqui presentes e, por seu digno intermédio, fazê-los extensivos ao povo chileno trabalhador e ao grande povo da América Latina e Caribe.

Não obstante o imenso oceano que separa a China e a América Latina e suas não poucas diferenças no desenvolvimento histórico, regimes sociais, tradições culturais e condições naturais, temos muitas experiências idênticas na luta pela independência estatal, libertação nacional e construção de nossos lares, por isso nossos povos sentem uma identificação mútua.

Tal como expressa um antigo verso chinês: aos amigos íntimos nada importa a distância, nem dez mil li os impedem de serem vizinhos. Os povos chinês e latino-americano criaram culturas brilhantes nas respectivas terras. A Grande Muralha e a Pirâmide do Sol, cristalização das esplêndidas civilizações chinesa e latino-americana, são símbolos da laboriosidade e sabedoria de seus povos e obras grandiosas entre as criações realizadas por seres humanos na história.

Já no século XVI, os enviados comerciais de uma e outra parte, atravessando o imenso oceano Pacífico, abriram a famosa "Rota Marítima da Seda". Dali em diante, ambos os povos mantiveram ininterruptos os intercâmbios, que não deixaram de dar ricos frutos.

No século XIX, centenas de milhares de chineses vieram a este continente e trabalharam arduamente junto com a população local na construção de ferrovias e canais, na exploração mineral e no cultivo de cana-de-açúcar. Eles trabalharam com suor esta prodigiosa terra junto com os latino-americanos, com quem forjaram profundos sentimentos de solidariedade.

Nossas ricas e arraigadas culturas e idênticas experiências de luta serviram para unir nossos povos.

Estou convencido de que a amizade entre os povos chinês e latino-americano, com raízes históricas e fundamentos realistas, avançarão sem cessar neste novo século.

Abriram-se as cortinas do século XXI. É imperativa a união de esforços de todos os povos do mundo para abrir novos horizontes de paz e desenvolvimento da humanidade. Neste momento histórico, é muito significativo para nós fazermos retrospecto do passado, sintetizarmos experiências e explorarmos o caminho rumo ao futuro.

Na primeira metade do século XX, o povo chinês, dirigido pelo Partido Comunista da China e através de árduas lutas, obteve finalmente a independência nacional e a libertação popular e fundou a Nova China, em que o povo se fez dono de seu destino. Por meio desta grandiosa transformação histórica, a China se livrou de uma vez dessa parte trágica da história contemporânea, lastreada por agressões estrangeiras, miséria e debilidade e empreendeu a marcha para a prosperidade e o bem-estar da nação.

Na segunda metade do século XX, o povo chinês encontrou, na construção do país, o caminho do desenvolvimento socialista do tipo chinês. A aplicação da política de reforma e abertura ao exterior traçada pelo senhor Deng Xiaoping, nos últimos vinte e tanto anos, tem permitido um crescimento econômico sustentado, rápido e saudável, o estabelecimento preliminar de um sistema de economia de mercado socialista, a formação fundamental de um esquema de abertura multidirecional ao exterior e o acesso da população em geral a uma vida modestamente confortável.

Não é fácil obter em um país com 1,2 bilhão de habitantes tal transformação, que deixou escrita uma gloriosa página na história de desenvolvimento da Nação Chinesa e oferece uma nova contribuição para a paz e desenvolvimento do mundo.

Sendo um grande país em desenvolvimento, a China vê-se obrigada a trabalhar arduamente e por um longo tempo para materializar o bem-estar compartilhado por toda a sua população. Recentemente, foram traçadas as linhas para o desenvolvimento econômico e social da China, no primeiro qüinqüênio do novo século recém-iniciado, conforme as quais tomaremos o desenvolvimento como tarefa central, a reestruturação como carro-chefe, a reforma, abertura e inovação científico-tecnológica como força motriz e a elevação do nível de vida da população como ponto de partida fundamental, para continuar promovendo o desenvolvimento econômico e social integral.

Foi iniciado o trabalho para cumprir a meta estratégica da modernização da China, no seu terceiro passo[1], que consiste em tornar realidade a modernização básica em meados do presente século, convertendo a China em um país socialista próspero, democrático e civilizado e materializar um grande ressurgimento da nação.

No novo século, continuaremos avançando pelo caminho da construção do socialismo do tipo chinês e persistindo na política exterior independente de paz, a fim de dar maiores contribuições ao mundo.

No século passado, os povos latino-americanos, por sua vez, travaram com perseverança batalhas pela salvaguarda da soberania estatal, pelos direitos e interesses nacionais e contra as intervenções estrangeiras. Lutaram valentemente contra as invasões externas, defenderam os direitos marítimos sobre as 200 milhas e trabalharam para estabelecer uma nova ordem política e econômica internacional, dando importantes contribuições para a paz e o desenvolvimento do mundo. Nas últimas décadas, obtiveram admiráveis êxitos na preservação da estabilidade, do desenvolvimento da democracia e na recuperação da economia.

Com o início do novo século, os povos latino-americanos entraram numa nova etapa de estabilidade, transformação, desenvolvimento e cooperação. Sendo um continente com uma superfície de mais de 20 milhões de quilômetros quadrados e uma população superior a 500 milhões de habitantes, a América Latina e o Caribe estão assumindo uma nova postura dinâmica no cenário internacional.

Nos últimos cem anos, o mundo experimentou inumeráveis penalidades como guerras, epidemias, fome, crises e calamidades, mas impressionantes foram as épicas lutas sociais e naturais protagonizadas pelos povos e os avanços sem precedentes conseguidos nos terrenos político, econômico, ideológico, cultural, científico-tecnológico, educativo e militar e na medicina. A capacidade dos seres humanos de explorar e fazer uso da natureza foi fortalecida acentuadamente, a qual tornou possível a obtenção de grandes conquistas da civilização material e espiritual e a melhora das condições de vida e desenvolvimento do homem.

Cem anos não são mais do que um instante na longa história da civilização humana. O mais valioso do século passado resume-se no inquebrantável ideal e na vontade por uma vida melhor dos povos, cujos passos rumo a um mundo melhor nunca se detiveram. Por trás de um sem-fim de adversidades, lutas e vitórias, os povos aprofundaram como nunca a conscientização pela paz e pelo desenvolvimento como temas principais da época.

A própria história se encarregou de demonstrar que o mundo somente pode desenvolver-se e gozar de prosperidade com a materialização e a manutenção da paz, e a humanidade somente desfrutará de uma vida feliz com o apoio e a promoção da cooperação. Tornar realidade a paz mundial duradoura e proporcionar o desenvolvimento compartilhado encarnando o anseio comum de todos os povos é a corrente dominante da nossa época.

Olhando para o futuro, a missão que cabe aos povos do mundo no novo século é fortalecer sua união, ampliar a cooperação e lutar juntos por um mundo belo, em que as diversas nações possam desfrutar da paz, conseguir o desenvolvimento e obter o progresso das diversas civilizações.

Senhoras e senhores:

O mundo está experimentando mudanças gigantescas. A situação internacional caminha em seu conjunto para a distensão. A multipolarização mundial evolui, ainda que sinuosamente, o constante aprofundamento da globalização econômica e o desenvolvimento vertiginoso da ciência e tecnologia, com a informática e as ciências da vida como núcleo, influenciam de maneira significativa as relações políticas, econômicas e culturais internacionais e imprimem um novo impulso ao progresso da sociedade humana.

As novas condições, tendências e tecnologia impulsionaram o desenvolvimento das forças produtivas e a capacidade criadora, e promoveram a cooperação e o intercâmbio entre os países, de modo que o mundo em que vivemos atingiu maior diversificação. Observou-se um constante reforço da posição política e do poderio integral das numerosas nações em desenvolvimento.

As novas concorrências, contradições e desafios deram como resultado um desenvolvimento pouco harmonioso ao mundo. A meta de democratizar as relações internacionais está longe de ser cumprida. A injusta e irascível ordem política e econômica internacional, em lugar de ser alterada, agrava-se em alguns aspectos. Estão aumentando a brecha entre um Norte rico e um Sul empobrecido e o "abismo digital". Explodem, um após outro, conflitos originados por problemas étnicos e religiosos. Para os países em desenvolvimento, tornaram-se mais árduas as tarefas para preservar a soberania, a segurança e os interesses nacionais.

Os países em desenvolvimento enfrentam tanto a oportunidade de alcançarem um maior desenvolvimento como os desafios, que requerem um tratamento sério. A China e a América Latina pertencem igualmente ao mundo em desenvolvimento e, apesar das distintas condições nacionais, enfrentam as mesmas problemáticas na promoção de seu próprio desenvolvimento. A fim de impulsionar o progresso dos países em desenvolvimento e fomentar a paz e o desenvolvimento internacional, propomos as seguintes iniciativas:

Para os numerosos países em desenvolvimento, é preciso fortalecer a unidade num esforço comum por estabelecer uma nova ordem política e econômica internacional justa e razoável; promover com esforço a democratização das relações internacionais e impulsionar a reforma dos sistemas econômico, financeiro e comercial internacionais, a fim de defender seus legítimos direitos e interesses e garantir o direito ao desenvolvimento em pé de igualdade.

É necessário fomentar as consultas para levar adiante a cooperação Sul-Sul em toda a sua extensão. É esta a importante via pela qual os países em desenvolvimento podem enfrentar juntos as mudanças na situação mundial e aumentar seu poderio global e elevar sua posição internacional. É imperativo redobrar os esforços para explorar e abrir novos canais e formas de cooperação, pondo em prática seus pontos fortes e potencialidade em forma de complementação mútua e estímulo recíproco, a fim de injetar um novo dinamismo na cooperação Sul-Sul.

Deve-se participar ativamente, com base em igualdade e benefício mútuo, do diálogo Norte-Sul para melhorar as relações Norte-Sul. Solicitamos aos países desenvolvidos levar em conta e atender aos interesses das nações em desenvolvimento e cooperar na solução dos problemas que sofrem, tais como a escassez de capitais, as pesadas dívidas, a vulnerabilidade financeira e o atraso tecnológico. Os países desenvolvidos e os em desenvolvimento devem respeitar-se reciprocamente, manter diálogo, buscar coincidências, deixando de lado as divergências e procurar um desenvolvimento compartilhado.

É importante trabalhar mais para potencializar sua própria capacidade. Esta é a via fundamental aos países em desenvolvimento para que possam acelerar seu progresso e aumentar seu poderio. Hoje em dia, é imperativo para nós seguir a corrente do desenvolvimento mundial, aproveitando as oportunidades para atrair o positivo e afastar o negativo deste processo e, com base na utilização plena de nossas superioridades nos recursos naturais e humanos, acelerar a reestruturação econômica, fortalecer a ciência e os serviços educativos e fomentar as indústrias de alta e nova tecnologia, a fim de realizar um desenvolvimento pulando as fases.

Senhoras e senhores:

Nesta viagem pela América Latina e o Caribe, tenho por objetivo principal manter conversações em profundidade com os líderes do Chile, Argentina, Uruguai, Cuba, Venezuela e Brasil, para trocar a fundo opiniões sobre os temas de interesse comum, num espírito de "fortalecer o intercâmbio, aumentar a confiança, promover a cooperação e fomentar o desenvolvimento comum", a fim de impulsionar um contínuo desenvolvimento nas relações de cooperação e amizade sino-latino-americanas.

Ontem tive o prazer de manter uma conversação oficial com o presidente Ricardo Lagos e trocamos pontos de vista sobre as relações bilaterais e os relevantes temas internacionais de interesse comum, chegando a amplos consensos. Somos partidários de que a amizade e o apoio recíproco entre a China e o Chile correspondem aos interesses fundamentais dos dois países e povos.

A China dedica suma importância ao desenvolvimento de suas relações de cooperação amistosa com as nações latino-americanas e se pronuncia em favor do papel ativo que estes desempenham nos assuntos regionais e internacionais. Os anos recentes foram testemunha do constante desenvolvimento desta amizade sino-latino-americana, do aprofundamento na compreensão mútua, da expansão sólida dos laços econômicos e comerciais bilaterais e do notável aumento do diálogo e da cooperação entre ambas as partes. A amizade sino-latino-americana é capaz de passar pela prova da história.

É propícia esta ocasião para deixar claro, em nome do governo e povo chinês, nosso compromisso de esforçar-nos por impulsionar, junto com as nações latino-americanas, o estabelecimento e desenvolvimento das relações sino-latino-americanas de cooperação constante, estável e plena com base na igualdade no benefício recíproco no novo século. Em tais condições, trabalhemos juntos nos seguintes aspectos:

Primeiro, aprofundar a compreensão mútua em pé de igualdade, para que nos tornemos amigos dignos de confiança mútua. Devemos estreitar ainda mais nossas relações políticas, aumentar os contatos e diálogos diretos entre os dirigentes de alto escalão, fazer uso dos mecanismos de consulta política já existentes e intensificar o diálogo e a colaboração entre a China e as organizações desta região, como o Grupo do Rio. O povo chinês está disposto a trabalhar junto com os povos desta região para implantar um novo modelo de cooperação Sul-Sul.

Segundo, fortalecer consultas e apoiar-nos mutuamente para defender nossos justos direitos e interesses no plano internacional. Devemos ampliar diálogos, coordenar posições em favor recíproco e respaldar-nos mutuamente nos temas que concernem ao papel das Nações Unidas e sua reforma, à segurança internacional, ao estabelecimento de uma nova ordem internacional, à promoção da multipolarização mundial e à democratização das relações internacionais, assim como à defesa dos direitos e interesses legítimos dos países em desenvolvimento. Nas organizações e nos fóruns internacionais, como a ONU, o APEC, o Grupo dos 77 e o Fórum Ásia do Leste-América Latina, devemos trabalhar intensamente para buscar consensos e ampliar a cooperação.

Terceiro, ampliar a cooperação econômica e comercial para o bem de um desenvolvimento comum baseado no benefício mútuo. A cooperação econômica e comercial entre a China e a América Latina conta com sólidos alicerces e promissoras perspectivas. Nosso balanço comercial no ano 2000 bateu o recorde, alcançando 12,6 bilhões de dólares americanos. Ambas as partes devem explorar potencialidades, com base na manutenção do crescimento sustentável do comércio bilateral, para dar uma prioridade maior ao aumento dos investimentos recíprocos e o fomento da cooperação na área de alta tecnologia. A China oferece um extenso mercado e um ambiente de investimento cada vez melhor e acolhe favoravelmente os investidores desta região, e ao mesmo tempo estimula ativamente as empresas chinesas a desenvolver negócios na América Latina e no Caribe.

Quarto, estabelecer as relações de cooperação ampla e integral, visando ao futuro e partindo de um ponto de vista de longo prazo. Levando-se em conta amplos interesses comuns entre a China e a América Latina, devemos fomentar a cooperação com uma mentalidade aberta, por métodos mais diversificados e em setores e dimensões mais amplos. Por isso, vamos trabalhar mais para aumentar o intercâmbio e a cooperação bilateral em distintos níveis nos campos cultural, educativo, científico-tecnológico e esportivo, para o bem dos nossos povos.

Os povos chinês e latino-americano, junto com outros povos, têm nos ombros a missão de impulsionar a paz e o desenvolvimento do mundo. Estamos interessados em aprender com os países latino-americanos e, juntos, vamos abraçar um esplêndido dia de amanhã, compartilhando as dores e alegrias.

Assiste-me a firme convicção de que o século XXI será um século de cooperação com mãos dadas entre os povos sino-latino-americanos, comprometidos em criar um belo futuro.

Para terminar, quero agradecer à Comissão Econômica das Nações Unidas para a América Latina e Caribe por seu gentil convite para este discurso.

Obrigado.

NOTA

1. Após a 3ª plenária do 11° Comitê Central do Partido Comunista da China, Deng Xiaoping formulou a estratégia do desenvolvimento em três passos da modernização socialista da China. O 13° Congresso Nacional do Partido Comunista da China, realizado em 1987, definiu o objetivo estratégico do desenvolvimento econômico do nosso país, com o se-

guinte conteúdo: "Após a 3ª plenária do 11° Comitê Central do Partido, a disposição estratégica da construção econômica do nosso país divide-se em três passos: primeiro, dobrar o PIB com base no de 1980 e resolver a questão de alimentação e abrigo do povo. Esta tarefa foi fundamentalmente cumprida. Segundo, quadruplicar o PIB em fins deste século, de forma que o povo leve uma vida modestamente confortável. E terceiro, em meados do próximo século, o PIB *per capita* atingirá o nível dos países medianamente desenvolvidos, o povo levará uma vida relativamente abastada e a modernização será concretizada." Com o cumprimento antecipado do objetivo estratégico original do segundo passo em fins de 1995 e de acordo com proposta do Comitê Central do Partido Comunista da China, a 4ª plenária da 8ª legislatura da Assembléia Popular Nacional, realizada em março de 1996, reformulou o objetivo estratégico do segundo passo nestes termos: "Concretizar em todos os aspectos a disposição estratégica do segundo passo da modernização, e em 2000, manter a população abaixo de 1,3 bilhão de habitantes, quadruplicar o PIB *per capita* com base no de 1980; eliminar fundamentalmente a pobreza, elevar a vida do povo ao nível de conforto moderado; acelerar a construção do sistema de empresas modernas e estabelecer preliminarmente o sistema de economia de mercado socialista, assentando melhores alicerces materiais, tecnológicos e de sistema econômico para a execução da disposição estratégica do terceiro passo no início do próximo século." Atualmente, a China já concretizou o objetivo estratégico dos primeiros dois passos, iniciando a execução da disposição estratégica do terceiro passo.

Discurso Proferido no Banquete de Boas-Vindas Oferecido pelo Presidente do Brasil, Fernando Henrique Cardoso

(11 de abril de 2001)

Sua Excelência o Sr. Presidente Fernando Henrique Cardoso e Senhora,

Senhoras e Senhores:

É para mim um grande prazer ter a oportunidade no início do novo século para realizar mais uma visita à República Federativa do Brasil, a convite de Sua Excelência o Sr. Presidente Fernando Henrique Cardoso, meu amigo de longa data, com quem posso me reencontrar depois de mais de cinco anos.

Na minha visita ao Brasil em 1993, fomos acolhidos de uma maneira amável e calorosa pelo governo e povo do vosso país. Hoje, quando voltamos a pisar no território brasileiro, de tanta beleza e abundante de recursos naturais, ficamos a perceber mais uma vez os profundos sentimentos de amizade que o governo e povo do Brasil alimentam para com o povo chinês.

Hoje à noite, Sua Excelência o Sr. Presidente e Senhora ainda nos ofereceram um grande banquete e o Sr. Presidente acabou de proferir um discurso efusivo, e tudo isso me deixou muito emocionado. Gostaria de expressar ao Sr. Presidente e Senhora os meus sinceros agradecimentos e, aproveitando a ocasião, transmitir ao povo brasileiro as cordiais saudações e os melhores votos do povo chinês.

O Brasil é um grande país, o seu povo laborioso e corajoso tem conquistado êxitos brilhantes ao longo do percurso de desenvolvimento econômico e construção nacional. Desde o título de "País do café" até "Milagre econômico brasileiro", passando da cidade de Brasília, designada como "Patrimônio Cultural da Humanidade", para a Usina Hidroelétrica de Itaipu, uma das grandes obras contemporâneas, todos condensaram a inteligência e a diligência do povo brasileiro. Hoje em dia, o povo do Brasil está construindo o seu próprio país com a sua rica criatividade.

Verificamos com satisfação que nos últimos anos, e sob a liderança do Presidente Fernando Henrique Cardoso, o governo do vosso país se tem animado e dedicado à reforma do país. Levou a cabo exitosamente o "Plano Real" e alcançou resultados aplaudíveis; recentemente ainda elaborou o "Plano Plurianual", que desenha projeto esplêndido para o futuro desenvolvimento econômico.

O Brasil aplica uma política independente de autodecisão, participa ativamente nos assuntos internacionais e trabalha com afinco para promover o andamento de integração regional, dando assim contribuições positivas para o fortalecimento de solidariedade entre países em desenvolvimento e a promoção da paz e progresso mundiais.

Tudo pelo qual expressamos nossa alta admiração e formulamos votos por maiores êxitos do governo e povo brasileiros no novo século.

A China e o Brasil, apesar de serem geograficamente tão distantes, são unidos estreitamente pelo objetivo idêntico de vitalizar a economia nacional, elevar o nível da vida do povo e salvaguardar a paz e a estabilidade do mundo.

Desde o estabelecimento das relações diplomáticas há 27 anos, a cooperação amistosa entre os dois países vêm-se desenvolvendo favoravelmente em todos os campos. A troca de visitas do alto nível tem-se realizado incessantemente e a compreensão recíproca tem-se aprofundado continuamente; o intercâmbio econômico-comercial tem aumentado a cada dia e a cooperação econômico-tecnológica de diversificados canais e níveis tem alcançado progressos importantes; nos assuntos internacionais, as duas partes têm mantido consultas estreitas e apoios recíprocos. Desejamos manifestar nossa satisfação pelo constante enriquecimento e desenvolvimento da parceria estratégica sino-brasileira.

Sr. Presidente, a China dá grande importância ao desenvolvimento das relações com o Brasil. No atual contexto mundial caracterizado por evolução contínua de multipolarização e globalização econômica, terá ainda maior importância quando nós, os dois maiores países em desenvolvimento, respectivamente da Ásia e da América Latina, tratamos com uma visão estratégica e de longo alcance a cooperação estratégica entre os nossos dois países.

Estou convencido de que o fortalecimento progressivo do relacionamento sino-brasileiro não só corresponde aos interesses fundamentais dos dois países e seus povos, como também aos interesses comuns dos numerosos países em via de desenvolvimento, e certamente prestará contribuições positivas para a paz duradoura e prosperidade universal da região e do mundo.

Desejamo-nos esforçar junto com a parte brasileira para impulsionar a parceria estratégica sino-brasileira a um novo patamar.

Agora, proponho um brinde:

À prosperidade da República Federativa do Brasil e o bem-estar do seu povo,

Ao desenvolvimento progressivo do relacionamento de cooperação amistosa entre a China e o Brasil,

À saúde de Sua Excelência o Sr. Presidente e Senhora,

À saúde de todos os amigos aqui presentes,

Saúde!

Discurso Feito na Conferência Central sobre Ajuda às Zonas Pobres e ao seu Desenvolvimento

(25 de maio de 2001)

Esta é uma importante conferência, realizada pelo Comitê Central do Partido e o Conselho de Estado no início do novo século. A reunião sintetizou as experiências do nosso país durante mais de vinte anos passados no empreendimento de ajuda às zonas pobres e seu desenvolvimento, e analisou e esquematizou o trabalho de ajuda a estas zonas para os próximos dez anos. Espero que, conforme as exigências do Comitê Central do Partido e do Conselho de Estado, todos trabalhem com diligência e se esforcem para cumprir bem as tarefas da ajuda às zonas pobres e ao seu desenvolvimento, definidas pelo Partido e o Estado para o novo século.

Para realizar vitoriosamente o plano septenal de ajuda aos 80 milhões de pobres, o Comitê Central do Partido e o Conselho de Estado realizaram, em junho de 1999, uma reunião especial, em que expus o importante significado e as exigências básicas do trabalho de ajuda às zonas pobres e ao seu desenvolvimento. Hoje, gostaria de formular algumas opiniões sobre o futuro trabalho neste aspecto.

Desde a fundação da Nova China, para transformar a fisionomia pobre e atrasada da Velha China e melhorar a vida do povo das diversas nacionalidades do país, nosso Partido uniu e levou as massas populares a envidar incansáveis esforços. Em particular desde a reforma e abertura, mobilizando amplamente as forças da sociedade e destinando volumosas verbas, empreendemos uma ajuda às zonas pobres e ao seu desenvolvimento de grande envergadura, de forma planificada e organizada, e fizemos um árduo trabalho para resolver os problemas das zonas rurais pobres, obtendo êxitos de destaque mundial. Em pouco mais de vinte anos, 220 milhões de pobres em zonas rurais de todo o país solucionaram a questão de alimentação e abrigo, de maneira que a população pobre foi reduzida de 30,7% da população rural total em 1978 para cerca de 3% no ano de 2000. Já foi cumprido fundamentalmente o plano septenal de ajuda aos 80 milhões de pobres e concretizado basicamente o objetivo estratégico determinado pelo Comitê Central do Partido e o Conselho de Estado para resolver fundamentalmente a questão de alimentação e abrigo da população pobre no campo em fins do século passado.

A solução da questão de alimentação e abrigo de uma população pobre tão numerosa num período tão curto foi um sucesso inédito na história mundial. Trata-se de um êxito extraordinário. Isto demonstra plenamente que persistindo na linha ideológica de libertação do pensamento e busca da verdade nos fatos, persistindo em observar firmemente a linha fundamental, a política e diretrizes do Partido, persistindo no propósito de servir ao povo de todo o coração, persistindo em pôr em prática a superioridade do sistema socialista e apoiando-se estreitamente nos esforços comuns do povo das diversas nacionalidades do país, poderemos realizar novos milagres da humanidade.

Os enormes êxitos obtidos por nosso país na ajuda às zonas pobres e ao seu desenvolvimento se revestem de grande significado econômico e político. Primeiro, o trabalho que nosso Partido e Estado fazem no sentido de ajudar as zonas pobres e ao seu desenvolvimento para resolver o problema da produção e da vida da população pobre é um importante reflexo da superioridade do sistema socialista de nosso país, e consolidou notavelmente a confiança do povo das diversas nacionalidades do país na construção do socialismo do tipo chinês. Segundo, organizar a ajuda às zonas pobres e ao seu desenvolvimento para resolver o problema de alimentação e abrigo de centenas de milhões de pessoas demonstra a intensa atenção dada por nosso Partido e Estado ao impulsionamento da causa dos direitos humanos do povo chinês e seus incansáveis esforços para garantir os direitos de sobrevivência e desenvolvimento do povo, que são os direitos humanos mais importantes e fundamentais. Os êxitos obtidos no trabalho de ajuda às zonas pobres e ao seu desenvolvimento, além de ser importante contribuição para a causa dos direitos humanos do mundo, criaram condições favoráveis à luta internacional travada por nosso país no campo de direitos humanos contra a intervenção das forças ocidentais antichinesas nos assuntos internos do nosso país. Terceiro, os êxitos obtidos na ajuda às zonas pobres e ao seu desenvolvimento deram contribuições para garantir o desenvolvimento coordenado da economia nacional, promover a unidade nacional e manter a tranqüilidade fronteiriça e a estabilidade social. Quarto, os grandes êxitos obtidos e as preciosas experiências acumuladas na ajuda às zonas pobres e ao seu desenvolvimento, bem como o espírito de apoio nas próprias forças e luta árdua demonstrado pelos quadros e as massas populares acrescentaram ricos e vívidos materiais de ensino para empreendermos a educação patriótica, coletivista e socialista e sobre a realidade básica do país, que devem ser usados para estimular o povo das diversas nacionalidades do país, levando-o a dedicar incansáveis esforços ao contínuo impulsionamento da reforma e construção. Os quatro pontos acima referidos constituem um importante aspecto para nossa compreensão do grande significado da ajuda às zonas pobres e ao seu desenvolvimento. Todo o Partido e todo o país devem aprofundar ainda mais a compreensão e fortalecer a conscientização e a firmeza no trabalho de ajuda às zonas pobres e ao seu desenvolvimento.

Através da ajuda às zonas pobres e ao seu desenvolvimento, acumulamos importantes experiências para livrar as massas populares destas zonas da pobreza e levá-las a seguir o caminho de enriquecimento. Estas experiências são principalmente as seguintes: a orientação do governo, a mobilização social, apoiar-se no desenvolvimento, a persistência na evolução, atuar segundo as condições de cada lugar, o tratamento integrado, os esforços incansáveis e o empreendimento com trabalho árduo. No futuro trabalho de ajuda às zonas pobres e ao seu desenvolvimento, é necessário persistir em aproveitar bem essas importantes experiências e continuar desenvolvendo-as e enriquecendo-as na prática.

No início do novo século, a causa da ajuda às zonas pobres e ao seu desenvolvimento do nosso país entrou numa nova fase. A concretização do objetivo determinado no plano septenal de ajuda aos 80 milhões de pobres não passa de uma vitória periódica. A ajuda às zonas pobres e ao seu desenvolvimento no próximo período deve avançar para uma nova altura.

O objetivo da luta do nosso país pela ajuda às zonas pobres e ao seu desenvolvimento nos próximos dez anos é resolver, o mais rápido possível, a questão de alimentação e abrigo do já reduzido número de pobres, melhorar ainda mais as condições básicas de produção e de vida das zonas pobres, consolidar os frutos da solução da questão, elevar o nível de vida e a qualidade geral da população pobre, fortalecer a construção da infra-estrutura das aldeias pobres e transformar, passo a passo, a situação de atraso das zonas pobres nos aspectos social, econômico e cultural, a fim de criar condições para atingir o nível de vida modestamente confortável. Este objetivo é prático e realista e poderá ser concretizado, através dos esforços. Todo o Partido e todo o país devem unir-se como um só homem e coordenar seus esforços para garantir a concretização deste objetivo conforme o prazo previsto.

Deve-se notar que, para concretizar este objetivo, a tarefa é bastante árdua. A grande população, de débil base e desenvolvimento econômico e cultural muito desequilibrado são as realidades básicas do país durante longo tempo. Nas zonas rurais do nosso país, restam ainda 30 milhões de pessoas pobres que carecem de solução do problema de alimentação e abrigo. É verdade que, em comparação com a população total do país, de mais de 1,2 bilhão de habitantes, a proporção não é alta, mas o número absoluto não é pouco, pois equivale à população de um país de porte médio. Tal popuiação pobre está distribuída principalmente nas regiões afastadas, com péssimas condições naturais e de acesso extremamente difícil, sendo por isso muito difícil a solução do seu problema de alimentação e abrigo. Das massas populares que já resolveram a questão de alimentação e abrigo, uma parte continua vivendo em condições de produção e vida bastante precárias, e tem pela frente a tarefa muito pesada de consolidar os frutos da ajuda às zonas pobres e prevenir o reempobrecimento. Atualmente, nosso critério para a solução do problema de alimentação e abrigo é relativamente baixo e será mais difícil aumentar ainda mais a renda das massas populares das zonas pobres, elevar a qualidade de sua vida, levá-las a avançar, passo a passo, rumo à vida modestamente confortável. E a transformação radical da fisionomia das zonas pobres será uma tarefa ainda mais longa e árdua. Ajudar as zonas pobres no desenvolvimento econômico e cultural e ajudar suas massas populares a empreender gradualmente o caminho de enriquecimento comum junto com o povo de todo o país é uma tarefa histórica em todo curso da fase inicial do socialismo, e todo o Partido e todo o país devem travar uma luta prolongada, árdua e persistente.

Porém, deve-se também notar que, para concretizar este objetivo, temos mais condições favoráveis do que antes. Devido ao notável aumento do poderio nacional, nosso país poderá destinar mais recursos para a promoção do desenvolvimento e construção das zonas pobres. As condições de produção e vida das zonas pobres melhoraram consideravelmente, o que assentou alicerces para acelerar os passos na ajuda às zonas pobres e ao seu desenvolvimento. Especialmente, a alta atenção dada pelos comitês do Partido e os governos a todos os níveis, o enérgico apoio dos diversos setores sociais e a união e a luta árdua dos quadros e massas populares das zonas pobres, são as condições mais importantes para fazer bem o trabalho de ajuda às zonas e ao seu desenvolvimento na próxima fase. Todos nós devemos criar a confiança na vitória e lançar-nos ao trabalho com dinamismo ainda maior.

Ajudar as massas populares das zonas pobres a livrar-se da pobreza e a enriquecer é uma exigência inevitável para concretizar o desenvolvimento coordenado entre as diversas zonas, construir em todos os aspectos uma sociedade de vida modestamente confortável e, daí, concretizar o objetivo estratégico do terceiro passo[1] é uma importante medida estratégica para concretizar, passo a passo, o enriquecimento comum do povo das diversas nacionalidades, e constitui uma necessidade da salvaguarda da situação geral de reforma, desenvolvimento e estabilidade do país. Nosso Partido tem como seu objetivo servir de todo o coração ao povo, nosso governo é um governo do povo, e ajudar as massas populares das zonas pobres a desempobrecer e enriquecer é uma iniludível responsabilidade do Partido e do governo. Estamos avançando em direção ao objetivo estratégico do terceiro passo da modernização e devemos ter um bom início nos primeiros dez anos para assentar bons alicerces. É com a aceleração do desenvolvimento das zonas pobres que se pode garantir a concretização, em todos os aspectos, do Décimo Plano Qüinqüenal e do objetivo de desenvolvimento para o ano 2010.

Para fazer bem o trabalho de ajuda às zonas pobres e ao seu desenvolvimento na próxima fase, a questão-chave continuará consistindo em adotar medidas orgânicas viáveis, trabalhar com diligência e firmeza e resolver eficazmente os problemas práticos.

Primeiro, é necessário continuar persistindo em impulsionar o desenvolvimento através da reforma. Os êxitos obtidos no trabalho de ajuda às zonas pobres e ao seu desenvolvimento resultaram da observância persistente da teoria de Deng Xiaoping e do constante aprofundamento da reforma. Sem a nova política do Partido sobre a realização da reforma e abertura nas zonas rurais, sem as transformações no sistema econômico rural e a metodologia de gestão na diretriz da prosperidade da agricultura mediante a ciência e tecnologia e sem o pleno desempenho com entusiasmo, iniciativa e criatividade dos camponeses, será impossível, no curto período de vinte e poucos anos, livrar os mais de 200 milhões de camponeses da pobreza e levá-los a empreender o caminho de enriquecimento e de vida modestamente confortável. Para fazer bem o trabalho, é necessário confiar e apoiar-se plenamente nas massas populares e persistir em juntar a sabedoria e a força coletiva. Na elaboração e escolha de projetos e na aplicação de medidas, é necessário mobilizar as massas populares para levá-las a participar ativamente e escutar plenamente suas opiniões. Ao mesmo tempo, é necessário recorrer a diversos meios, tais como curso suplementar, formação científica e tecnológica e propaganda da política e da lei, para fortalecer a educação entre as massas populares e ajudá-las a estudar e dominar conhecimentos culturais, científicos e tecnológicos, a fim de aumentar-lhes a criatividade de desempobrecer e enriquecer.

Segundo, é necessário continuar desenvolvendo o espírito empreendedor de luta árdua. Apoiar-se nas próprias forças e lutar arduamente constituem uma boa tradição e uma qualidade política do nosso Partido, assim como um importante trunfo para superarmos as dificuldades e realizarmos novas causas. Para cumprir a tarefa de ajuda às zonas pobres e ao seu desenvolvimento na nova fase, temos de continuar persistindo nesta diretriz. O problema é saber se os quadros e as massas populares das zonas pobres têm extremo desejo e alta aspiração de lutar arduamente e transformar o céu e a terra e vencer a pobreza, se têm a férrea vontade de não esperar nem depender da ajuda alheia, progredir ativamente, apoiando-se nas próprias forças. Tudo isto determina o processo e os efeitos do desempobrecimento e enriquecimento. Somente com a luta árdua no interior é que o apoio e a ajuda de fora poderão desempenhar realmente seu papel. Com o apoio do Estado e a ajuda dos diversos setores sociais, apoiando-se na mesma vontade, na sabedoria coletiva e na luta eficaz e árdua das organizações do Partido de todos os escalões e dos quadros e massas populares das zonas pobres, surgirão cada vez mais maneiras de desempobrecimento, e o caminho de enriquecimento se tornará cada vez mais amplo.

Terceiro, é necessário continuar observando a importante idéia de que o desenvolvimento é a razão que prevalece. Para resolver todos os problemas da China, o essencial é o desenvolvimento e, para resolver os problemas das zonas pobres, mais essencial ainda é o mesmo. Persistir na diretriz de ajudar as zonas pobres, por meio de desenvolvimento, significa observar a importante idéia de Deng Xiaoping de que o desenvolvimento é a razão que prevalece, a fim de libertar e desenvolver as forças produtivas. É necessário esforçar-se para melhorar as condições de produção, de vida e de ecologia das zonas pobres, elevar a qualidade científica, tecnológica e cultural das massas populares, aproveitar plenamente os recursos naturais e humanos locais, pôr em prática a superioridade comparativa, promover o desenvolvimento da produção e o melhoramento da vida das massas populares e fortalecer, passo a passo, a capacidade de auto-acumulação e autodesenvolvimento. Ao aproveitar experiências de desenvolvimento de fora, devemos levar em conta não apenas as experiências bem-sucedidas, mas também as lições de reveses. Para persistir em observar a idéia de que o desenvolvimento é a razão que prevalece, o mais importante é fortalecer constantemente a capacidade de autodesenvolvimento das zonas pobres. Esta é a verdadeira essência da ajuda às zonas pobres por meio de desenvolvimento.

Quarto, é necessário continuar explorando ativamente os meios eficazes para acelerar o desenvolvimento. Persistir em partir da realidade, fazer investigações corajosas, desenvolver os pontos fortes e evitar os pontos fracos e encontrar um caminho eficaz e as maneiras capazes de desenvolver a superioridade local, a fim de favorecer a rápida conversão da superioridade e da potencialidade em resultados econômicos, eis uma importante experiência obtida por nós nos últimos anos na prática de ajuda às zonas pobres e ao seu desenvolvimento. É particularmente necessário dar atenção ao estudo de mudanças mercantis e, segundo as necessidades do mercado, sondar e encontrar novos delineamentos quanto à ajuda às zonas pobres e ao seu desenvolvimento. É necessário reajustar ativamente a estrutura da agricultura e da economia rural, desenvolver a industrialização agrícola, promover a transferência da mão-de-obra agrícola aos setores secundário e terciário. É necessário adotar múltiplas medidas para integrar estreitamente o trabalho de ajuda às zonas pobres com a civilização espiritual, o desenvolvimento tecnológico e educacional, a construção das organizações de base e o planejamento familiar, promovendo o desenvolvimento coordenado econômico e social das zonas pobres. É necessário recorrer a meios eficazes para integrar organicamente as informações do mercado, a tecnologia aplicada e as experiências administrativas, a fim de se elevar a qualificação geral e os efeitos econômicos nas zonas pobres. É necessário criar um bom ambiente social para atrair mais fundos e recursos tecnológicos e humanos para as zonas pobres. Deve-se persistir em determinar seu próprio caminho e maneira de desenvolvimento conforme a realidade, em vez de copiar às cegas a maneira de outros lugares. Uma vez definido o correto caminho de desenvolvimento correspondente à realidade local, nele deve-se persistir inabalavelmente até o fim, sempre, para obter novos efeitos práticos.

Quinto, é necessário continuar mobilizando toda a sociedade para que se esforce conjuntamente pela ajuda às zonas pobres e ao seu desenvolvimento. Pôr em prática a superioridade política do sistema socialista de concentrar as forças para realizar grandes empreendimentos, reunir as forças dos diversos setores da sociedade para ajudar as zonas pobres a acelerar o desenvolvimento, também são uma importante experiência que persistimos em observar na prática dos últimos anos. Os departamentos financeiros de níveis central e local devem reajustar a estrutura das despesas para aumentar os investimentos na ajuda às zonas pobres. É necessário elaborar ainda mais as políticas concernentes para atrair mais fundos sociais para a ajuda às zonas pobres. Para exercer a estratégia do grande desenvolvimento do Oeste, em particular na disposição de importantes projetos de construção, é necessário prestar atenção à sua integração orgânica com a ajuda às zonas pobres e ao seu desenvolvimento e dar prioridade à disposição dos projetos de infra-estrutura e de exploração de recursos nas zonas pobres e ao emprego da mão-de-obra camponesa e das matérias-primas locais, para que a população pobre seja diretamente beneficiada ao máximo possível. Quando prevenimos e eliminamos riscos financeiros, devemos planejar e aumentar fundos de crédito para a ajuda às zonas pobres, a fim de satisfazer às necessidades dos serviços financeiros destas zonas. É necessário persistir em desenvolver a boa tradição da Nação Chinesa de amparar os pobres e assistir aos necessitados e desenvolver plenamente o importante papel das forças de toda a sociedade na ajuda aos pobres, tais como os partidos democráticos, as organizações sociais, instituições de pesquisa científica, escolas de ensino superior, Exército Popular de Libertação e Forças da Polícia Armada. Os organismos centrais e estatais e as grandes empresas devem continuar mantendo vínculos regulares com as zonas pobres correspondentes. É necessário formar ainda mais em toda a sociedade a opinião pública no sentido de que "todos contribuam com todo o coração e proporcionem solidariedade para com as zonas pobres". Contribuindo com forças materiais e intelectuais, todos os setores e todas as profissões devem recorrer a diversos meios para apoiar as zonas pobres em sua exploração e construção.

Sexto, é necessário continuar realizando bem a coordenação entre o Leste e o Oeste na ajuda às zonas pobres. O apoio correspondente das 13 províncias e municípios centrais do Leste às dez províncias e regiões do Oeste é uma importante medida adotada de acordo com o pensamento estratégico do camarada Deng Xiaoping sobre os interesses de conjunto das regiões costeiras e do resto da nação na modernização do nosso país para promover o desenvolvimento coordenado da economia regional e reduzir a diferença entre o Leste e o Oeste. Este trabalho já obteve êxitos muito grandes e deve expandir ainda mais sua envergadura e elevar seu nível. O Leste e o Oeste, duas partes da coordenação, devem sintetizar com seriedade as experiências e elaborar novos objetivos de trabalho e novos planos de coordenação. Além de trazer oportunidades para o Oeste na aceleração de seu desenvolvimento, o grande desenvolvimento do Oeste também proporciona oportunidades de investimento para o Leste. É necessário continuar empreendendo a cooperação econômica e tecnológica em diversos níveis, por diversos meios e sob diversas formas, de acordo com os princípios de complementação recíproca de superioridades, de benefício mútuo, de cooperação prolongada e de desenvolvimento comum. O Oeste dispõe de ricos recursos naturais e humanos, além de um enorme mercado latente. Com a formação de um bom mecanismo de cooperação, os investimentos no Centro e Oeste poderão obter bons efeitos, tanto sociais como econômicos. Os governos das duas partes nesta coordenação criarão condições necessárias para estimular e apoiar as empresas do Leste a investir no Oeste, impulsionar a cooperação entre as empresas do Leste e do Oeste, e apoiar os projetos de processamento fino de recursos e produtos agrícolas, que tenham mercado e efeitos, para impulsionar a exploração dos recursos e aumentar o rendimento dos camponeses no local.

Sétimo, é necessário continuar fortalecendo a organização e a execução do trabalho de ajuda às zonas pobres e ao seu desenvolvimento. Depois de definir os princípios e ter os planos e fundos, o problema-chave é a boa organização e execução do trabalho. Se estes não forem viáveis, será difícil obter efeitos. A ajuda às zonas pobres e ao seu desenvolvimento é uma obra sistemática. Como os departamentos governamentais devem impulsionar o trabalho, como mobilizar as forças sociais, como realizar o trabalho nas zonas pobres e como pôr em prática as diversas medidas, eis os trabalhos que devem ser estudados e organizados um após outro para sua execução concreta. É necessário fortalecer a administração dos fundos destinados à ajuda às zonas pobres e esforçar-se para elevar a eficácia na utilização. É necessário determinar a utilização dos fundos para cada aldeia e cada família pobres e fazer todo o possível para reduzir os elos intermediários que possam gastá-los. Este problema merece alta atenção de todos. Agora, muitos residentes das cidades renovam seus utensílios. Estes utensílios substituídos podem ser aproveitados pelas massas populares das zonas pobres. Deve-se encontrar meios para transferi-los para as zonas pobres. Nos últimos anos, já promovemos tais atividades, mas ainda não foi formado um mecanismo permanente, pois na maioria dos casos são provisórias, com efeitos limitados. Espero que os departamentos concernentes estudem seriamente este problema, para criar, o mais rápido possível, uma série de canais eficazes para transferir os artigos de uso diário e outros objetivos substituídos nas cidades para as zonas pobres, e persistam nisso de ano para ano. Trata-se de um importante trabalho de organização. Claro que outros trabalhos de organização também devem ser feitos com empenho.

Oitavo, é necessário continuar fortalecendo a direção sobre a ajuda às zonas pobres e ao seu desenvolvimento. A ajuda às zonas pobres e ao seu desenvolvimento constitui uma importante disposição estratégica feita pelo Comitê Central do Partido e o Conselho de Estado e uma tarefa comum de todo o Partido e de todo o país. Os comitês do Partido e os governos em todos os níveis do Centro e Oeste do País devem levá-la em alta consideração e fortalecer sua direção. Os do Leste também devem levá-la em alta consideração e colocar eficazmente este trabalho numa importante posição. É necessário persistir no sistema de responsabilidade pelo trabalho de ajuda às zonas pobres, de forma que os dirigentes principais dos comitês do Partido e dos governos em todos os níveis assumam a responsabilidade geral de aplicar eficazmente as medidas em cada escalão. De acordo com as exigências do trabalho de ajuda às zonas pobres e ao seu desenvolvimento na nova fase, os dirigentes dos comitês do Partido e dos governos dos diversos lugares, sobretudo os principais camaradas responsáveis pelos comitês do Partido e dos governos das zonas mais afetadas pela pobreza, devem exercer seriamente sua competência, ir freqüentemente às aldeias pobres para fazer investigações e estudos e elaborar um plano eficaz e viável, e fazer pessoalmente a organização, a coordenação e o examine sobre isto, garantindo a execução efetiva das diversas medidas. Os comitês do Partido e governos em todos os níveis das zonas pobres devem definir as metas, planos, tarefas e medidas de trabalho, em torno da ajuda às massas populares no desempobrecimento e enriquecimento. Os quadros em todos os níveis devem cumprir sua competência e assumir a responsabilidade pela promoção desse trabalho.

Nos últimos anos, desafiando dificuldades e trabalhando diligentemente sem se queixar, os quadros das zonas pobres têm dado importantes contribuições para a reforma, o desenvolvimento e a estabilidade das zonas pobres. A nova situação e as novas tarefas originaram exigências mais altas para seu trabalho. Os quadros das zonas pobres devem continuar unindo e levando as massas populares a lutar arduamente e aumentar constantemente a capacidade de conduzir as massas populares a desempobrecer e enriquecer, para não frustrar a incumbência do Partido e a expectativa das massas populares. Os grupos dirigentes em todos os níveis das zonas pobres devem estar firmemente unidos, ser especialmente capazes de travar a luta dura e árdua. Merece especialmente atenção selecionar os quadros dotados de profunda simpatia pelas massas populares, forte espírito empreendedor, e de luta árdua e de abnegação, para os grupos dirigentes, em particular para os cargos de secretário dos comitês do Partido e chefe em nível de distrito, comarca e vila. A aldeia é a entidade mais básica para o trabalho de ajuda às zonas pobres e ao seu desenvolvimento. As células do Partido em nível de aldeia devem ser firmes baluartes do combate para a ajuda às zonas pobres e ao seu desenvolvimento, e os militantes do Partido devem ser pioneiros e modelos para o mesmo. É necessário alterar, o mais rápido possível, o estado de algumas zonas pobres, com organizações frouxas do Partido e falta de sucessores. É necessário combinar-se com as atividades de estudo e educação sobre a "tríplice representatividade" que se realizam agora, para elevar a uma nova altura a formação do contingente dos quadros e das organizações de base das zonas pobres. As organizações do Partido em todos os níveis devem zelar realmente pelos quadros das zonas pobres, sobretudo os quadros de base, ajudando-os a resolver as dificuldades práticas que encontrem no trabalho. Quanto aos quadros que trabalharam durante longo tempo nas zonas pobres e com destacados méritos práticos, deve-se reconhecê-los e promovê-los.

Na nova fase da ajuda às zonas pobres e ao seu desenvolvimento, as principais forças de trabalho deverão ser colocadas no Oeste, nas zonas habitadas pelas minorias nacionais, nas antigas zonas de apoio revolucionárias, nas zonas fronteiriças e nas zonas especialmente pobres. Ajudar eficazmente estas zonas a desenvolver-se é sumamente importante para concretizar o objetivo estratégico do grande desenvolvimento do Oeste, fortalecer a unidade étnica, consolidar a defesa da fronteira e manter a estabilidade duradoura do Estado. É particularmente necessário ajudar as antigas zonas de apoio revolucionárias que se encontram ainda em estado de pobreza a desenvolver-se, o mais rápido possível. Nos tempos de guerra, as antigas zonas de apoio revolucionárias deram enormes contribuições e sacrifícios em prol da causa do Partido e do povo. Temos a responsabilidade de ajudar suas massas populares a desempobrecer e enriquecer, o mais rápido possível, caso contrário mal poderemos encarar os mártires, o povo e a história. Deve-se concentrar certos recursos financeiros, materiais e humanos para resolver bem os problemas destas zonas, o mais rápido possível.

O Comitê Central do Partido e o Conselho de Estado assinalam que, perante o novo contexto internacional e nacional e as pesadas tarefas da modernização de que estamos encarregados, devemos fortalecer a construção do Partido em todos os aspectos, de acordo com as exigências da "tríplice representatividade". Fortalecer e melhorar o estilo do Partido é parte importante da construção geral do Partido. A construção do Partido nos estilos ideológico, de trabalho, de direção, de estudo e de vida dos quadros deve ser fortalecida e melhorada, a fim de adaptar-se às necessidades de desenvolvimento da situação e das tarefas. Para obter resultados efetivos, o fortalecimento e o melhoramento da construção do Partido devem integrar-se com o impulsionamento da reforma e abertura e da modernização, com o constante melhoramento da vida do povo e com a solução das dificuldades práticas que as massas populares enfrentam. Os organismos do Partido e do Estado devem manter permanentes vínculos com determinadas zonas pobres o que se reveste de grande significado para levar os funcionários a conhecer a realidade do país, as entidades básicas e as massas populares, para elevar sua capacidade de resolver problemas práticos, para estreitar os vínculos entre o Partido e as massas populares e para melhorar o estilo de trabalho dos próprios organismos. É necessário persistir nisto como um sistema.

Finalizando, desejo que todos continuem lutando arduamente e progridam com espírito empreendedor e cumpram com firmeza a missão histórica da ajuda às zonas pobres e ao seu desenvolvimento para a próxima fase!

NOTA

1. Após a 3ª plenária do 11° Comitê Central do Partido Comunista da China, Deng Xiaoping formulou a estratégia do desenvolvimento em três passos da modernização socialista da China. O 13° Congresso Nacional do Partido Comunista da China, realizado em 1987, definiu o objetivo estratégico do desenvolvimento econômico do nosso país, com o seguinte conteúdo: "Após a 3ª plenária do 11° Comitê Central do Partido, a disposição estratégica da construção econômica do nosso país divide-se em três passos: primeiro, dobrar o PIB com base no de 1980 e resolver a questão de alimentação e abrigo do povo. Esta tarefa foi fundamentalmente cumprida. Segundo, quadruplicar o PIB em fins deste século, de forma que o povo leve uma vida modestamente confortável. E terceiro, em meados do próximo século, o PIB *per capita* atingirá o nível dos países medianamente desenvolvidos, o povo levará uma vida relativamente abastada e a modernização será concretizada." Com o cumprimento antecipado do objetivo estratégico original do segundo passo em fins de 1995 e de acordo com proposta do Comitê Central do Partido Comunista da China, a 4ª plenária da 8ª legislatura da Assembléia Popular Nacional, realizada em março de 1996, reformulou o objetivo estratégico do segundo passo nestes termos: "Concretizar em todos os aspectos a disposição estratégica do segundo passo da modernização, e em 2000, manter a população abaixo de 1,3 bilhão de habitantes, quadruplicar o PIB *per capita* com base no de 1980; eliminar fundamentalmente a pobreza, elevar a vida do povo ao nível de conforto moderado; acelerar a construção do sistema de empresas modernas e estabelecer preliminarmente o sistema de economia de mercado socialista, assentando melhores alicerces materiais, tecnológicos e de sistema econômico para a execução da disposição estratégica do terceiro passo no início do próximo século." Atualmente, a China já concretizou o objetivo estratégico dos primeiros dois passos, iniciando a execução da disposição estratégica do terceiro passo.

Intensificar a Cooperação e Estreitar a Unidade para Criar um Belo Século*

(15 de junho de 2001)

*Discurso proferido por Jiang Zemin na cerimônia da fundação da Organização de Cooperação de Shanghai.

Estimados colegas:

Eu concordo completamente com o alto apreço rendido pelos senhores ao processo dos cinco países de Shanghai e à criação da Organização de Cooperação de Shanghai. Suas opiniões e propostas construtivas são de importante significado orientador para a construção e o desenvolvimento desta nova organização e a unidade e cooperação entre os seis países.

Na década de 1990 do século XX que acabou de transcorrer, a situação internacional conheceu profundas transformações. Diante da profunda lição tirada na guerra fria de quarenta e tantos anos, e fazendo um retrospecto das vicissitudes históricas causadas por freqüentes guerras do século passado, todos os povos do mundo anseiam pela entrada da humanidade no novo século de paz e desenvolvimento. A China, a Rússia, o Cazaquistão, o Quirguistão e o Tadjiquistão fazem fronteiras entre si e têm vastos territórios, razão pela qual a concretização da confiança mútua, de boa vizinhança e cooperação amistosa entre si favorece tanto o incremento da felicidade dos povos dos cinco países, como a salvaguarda da paz e tranqüilidade regionais e mundiais. Estando no alto para observar e analisar a situação e começando com o estabelecimento da confiança mútua no setor militar nas regiões fronteiriças, os dirigentes dos cinco países ampliaram, passo a passo, a cooperação mútua para as áreas de segurança e estabilidade regionais, de forma que o processo dos cinco países de Shanghai teve progressos que merecem atenção mundial.

Como importante prática diplomática nas atuais relações internacionais, o processo dos cinco países de Shanghai apresentou, pela primeira vez, o novo conceito de segurança, tendo como conteúdo a confiança mútua, o desarmamento e a cooperação em segurança, enriquecendo as novas relações interestatais, criadas com a iniciativa da China e da Rússia, e tendo como núcleo a parceria e o não-alinhamento, fornecendo um novo modelo de cooperação regional caracterizado pela promoção conjunta pelos países grandes e pequenos, a prioridade à segurança e a colaboração em benefício recíproco. O espírito de Shanghai por ele formado, visando à confiança mútua, benefício recíproco, igualdade, consultas e respeito à diversificação da civilização em busca do desenvolvimento geral, não apenas constitui uma síntese das experiências para o tratamento das relações entre os cinco países, mas também tem um importante significado real para promover o estabelecimento de uma nova ordem política e econômica, justa e razoável na arena internacional.

A globalização econômica e a multipolarização do mundo estão se desenvolvendo rapidamente, enquanto a ciência e a tecnologia progridem dia a dia. A sociedade humana avança a passos largos. A situação internacional, em seu conjunto, continua tendendo a aliviar-se. Porém, continuam existindo desafios e ameaças à segurança e à sobrevivência da humanidade. A ampliação das diferenças no desenvolvimento entre o Sul e o Norte e entre os países pobres e ricos acarretou uma série de profundas contradições à paz e desenvolvimento mundiais. Atividades de terroristas, separatistas e extremistas vêm aumentando em vez de diminuir. Para aproveitar conjuntamente a oportunidade e enfrentar os desafios comuns, todos os países e regiões devem acelerar seus passos para realizar a cooperação regional. Eis uma importante tendência do desenvolvimento das atuais relações internacionais. A criação da Organização de Cooperação de Shanghai atendeu justamente a esta corrente histórica, fato que não apenas corresponde aos interesses fundamentais dos povos da China, Rússia, Cazaquistão, Quirguistão, Tadjiquistão e Usbequistão, mas também exercerá uma profunda influência sobre a promoção da paz e do desenvolvimento da região e do continente Europa-Ásia.

A imagem da Organização de Cooperação de Shanghai no palco internacional despertará, sem dúvida, atenção geral da comunidade internacional. O Manifesto sobre a fundação desta organização demonstra plenamente ao mundo: a Organização de Cooperação de Shanghai observará rigorosamente os propósitos e princípios da Carta da ONU, dedicar-se-á ao aumento da confiança mútua, das relações de boa vizinhança entre seus países-membros e de sua cooperação efetiva nos terrenos político, econômico, comercial, científico e tecnológico, cultural e educacional, salvaguardará e garantirá a paz, a segurança e a estabilidade da região e promoverá o estabelecimento de uma nova ordem econômica política e democrática, justa e razoável na arena internacional. Aconteça o que acontecer, mantendo no alto a bandeira da paz e cooperação, a Organização de Cooperação de Shanghai observará permanentemente os propósitos e princípios acima mencionados.

Como algo novo, a Organização de Cooperação de Shanghai tem pela frente um caminho muito longo. Desenvolvê-la e construí-la são nossa responsabilidade comum e um importante tema diante de nós. Gostaria de apresentar a meus colegas as seguintes opiniões como referência.

1) Aumentar o senso de desbravamento. Mais do que usar como referência as experiências positivas de outras organizações internacionais e regionais, a Organização de Cooperação de Shanghai deve procurar constantemente o caminho de desenvolvimento correspondente às características e necessidades dos seis países, baseando-se na situação local. Somente desta maneira ela terá uma poderosa vitalidade e um futuro brilhante.

2) Persistir na atitude prática. A salvaguarda da segurança regional é o ponto-chave da nossa cooperação. A assinatura do "Convênio de Shanghai sobre o combate ao terrorismo, separatismo e extremismo" assentou uma sólida base legal para o desenvolvimento de tal cooperação. Devemos intensificar nossos trabalhos para fundar, o mais cedo possível, o Centro de Combate ao Terrorismo de Bishkek. Desenvolver a cooperação econômica e comercial é parte importante da nossa cooperação. Segundo a atual realidade, a parte chinesa propôs iniciar em primeiro lugar o processo de negociações sobre o comércio e facilitação a investimentos entre os seis países, ao mesmo tempo em que avalia, com uma atitude positiva, o objetivo de longo alcance registrado no programa de cooperação comercial multilateral nos terrenos econômico e comercial, apresentado pelo Cazaquistão. Estou convencido de que o primeiro encontro dos primeiros-ministros dos países-membros da organização marcado para outono deste ano desempenhará um importante papel no desenvolvimento da cooperação bilateral e multilateral nos terrenos econômico e comercial.

3) Desenvolver o espírito de unidade. Os seis países sempre sustentaram a necessidade de criar esta organização de cooperação, por termos interesses e objetivos comuns. Sob esta premissa, qualquer problema poderá ser solucionado, segundo o princípio de buscar pontos comuns nos grandes assuntos e deixar de lado as diferenças nos pequenos e através de consultas amistosas. A estreita unidade é o mais essencial para a Organização de Cooperação de Shanghai superar diversas dificuldades e obstáculos e manter a força coesiva para sempre.

4) Observar o princípio de abertura. Observar rigorosamente o princípio de não-alinhamento e não se dirigir contra outros países e de abertura constitui um importante pré-requisito para a Organização de Cooperação de Shanghai manter a correta direção de desenvolvimento. A entidade deve desenvolver, de maneira ativa e segura, todo tipo de diálogo, intercâmbio e cooperação com outros países e as organizações internacionais e regionais correspondentes e, com base nas condições maduras e na unanimidade atingida nas negociações através de consultas,

admitir outros países que reconheçam os propósitos e princípios da organização como novos membros.

Meus colegas, conforme o acordo por nós assinado ontem, anuncio com alegria: o segundo encontro de cúpula dos países-membros da Organização de Cooperação de Shanghai terá lugar no verão do ano que vem em São Petersburgo, Rússia. Auguro que o próximo encontro seja bem-sucedido! Fazendo um retrospecto do passado e olhando para o futuro, temos plena confiança nas brilhantes perspectivas da Organização de Cooperação de Shanghai. Nós, os seis países, estamos decididos a desenvolver para sempre o "espírito de Shanghai", e manter a amizade através das gerações com a mesma vontade e espírito de cooperação.

A Organização de Cooperação de Shanghai está disposta a, junto com todos os países amantes da paz e outras organizações internacionais e regionais, promover inabalavelmente a segurança, a estabilidade e a prosperidade da região, impulsionar constantemente o estabelecimento de uma nova ordem econômica e política, democrática, justa e razoável na arena internacional e salvaguardar constantemente a nobre causa da paz e desenvolvimento.

Obrigado!

Discurso Pronunciado na Celebração do 80º Aniversário da Fundação do Partido Comunista da China

(1º de julho de 2001)

Camaradas e amigos:

Hoje, estamos reunidos nesta solene reunião para celebrar, junto com as diversas etnias do país, o 80° aniversário da fundação do Partido Comunista da China (PCCh), e também para dar uma olhada nas brilhantes perspectivas do desenvolvimento da China e do mundo inteiro, junto com todas as pessoas deste planeta amantes da paz e aspirantes do progresso.

Quando fundado há oitenta anos, o PCCh somente contava com cinqüenta e tantos militantes, que se confrontavam com uma velha China, oprimida por grandes desastres. Depois de oitenta anos, nosso Partido é hoje um grande partido, com mais de 64 milhões de militantes e com mais de cinqüenta anos no poder, no momento em que o povo chinês conta com uma próspera pátria socialista. Esta grande mudança representa um milagre na história de desenvolvimento da Nação Chinesa.

Ao revisar a trajetória de luta do nosso Partido e povo no século passado, nos sentimos incomparavelmente orgulhosos. Ao dirigir o olhar ao grande caminho que vão seguir nosso Partido e povo no novo século, nos sentimos repletos de força e confiança de que alcançaremos a vitória.

I. As façanhas e as experiências básicas da luta do PCCh durante oitenta anos

O povo sempre desbrava o caminho do progresso em meio aos movimentos de contradições sociais. O povo sempre busca, descobre e desenvolve incessantemente, valendo-se da prática e das comparações das distintas etapas históricas, a verdade que guia seu próprio avanço.

Faz oitenta anos que o PCCh foi fundado na impetuosa luta das diversas etnias do país contra o imperialismo e o feudalismo, e no vigoroso movimento da revolução proletária do mundo, como inevitável resultado do desenvolvimento das contradições na sociedade e do aprofundamento da luta do povo na época contemporânea da China.

Depois do ano de 1840, devido à invasão das potências ocidentais, a China se converteu progressivamente em uma sociedade semicolonial e semifeudal, e o povo chinês se viu submetido a uma dupla repressão por parte do imperialismo e do feudalismo, agravando-se assim, como nunca antes, a crise nacional e social. Desde os tempos da Guerra do Ópio em 1840, passando pelo Movimento do Reino Celestial Taiping (1851-1864), o Movimento Reformista de 1898 e o Movimento Yihetuan em 1900, o povo chinês empreendeu lutas inflexíveis, e inumeráveis pessoas com nobres ideais fizeram enormes esforços para explorar o caminho que conduzisse à salvação da nação e do povo. Todas estas lutas e intenções impulsionaram invariavelmente o progresso da China sob determinadas condições históricas, mesmo que tenham fracassado uma após a outra. A Revolução de 1911, dirigida pelo Dr. Sun Yat-sen, que derrubou o sistema de dinastia autocrática que havia durado vários milênios na China, adquiriu um grande significado para o progresso da sociedade chinesa, mas não conseguiu alterar a natureza social semicolonial e semifeudal do país, nem o trágico destino do povo chinês.

Os fatos demonstram que os movimentos de autofortalecimento e reformismo, que não tocaram as raízes do feudalismo, as velhas guerras camponesas, a revolução democrática dirigida pelos revolucionários burgueses e muitos outros projetos que imitaram indistintamente o capitalismo do Ocidente, não puderam cumprir a missão nacional de salvação e manutenção da nação, nem a tarefa histórica da luta antiimperialista e antifeudal. A China esperava o aparecimento de novas forças sociais para encontrar teorias avançadas e empreender o caminho que conduzisse à salvação da nação e do povo.

Justamente nestes momentos, em 1917 e 1919, na Rússia e na China tiveram lugar dois grandes acontecimentos, a saber: a Revolução de Outubro na Rússia e o Movimento de 4 de Maio na China. Os estrondosos canhões da Revolução de Outubro trouxeram à China a avançada teoria do marxismo-leninismo. A partir do Movimento de 4 de Maio, a classe operária chinesa começou a surgir como uma força social avançada. Ao mesmo tempo, um grupo de intelectuais de vanguarda, mantendo no alto as bandeiras da democracia e da ciência, abriu o caminho para a difusão do novo pensamento e da nova teoria na China. Em 1921, quando se produzia a conjuntura histórica que propiciava a vinculação entre o marxismo-leninismo e o movimento operário chinês, nasceu o PCCh.

Desde então, sobre o PCCh recaiu a grande missão histórica de dirigir a luta revolucionária antiimperialista e antifeudal, lutar pela independência nacional e a libertação do povo e alcançar a grande prosperidade da Nação Chinesa. A revolução chinesa entrou assim em uma etapa de desenvolvimento totalmente nova.

Desde a Guerra do Ópio até a fundação do PCCh e desde a fundação do Partido até hoje, a China experimentou dois períodos de oitenta anos totalmente distintos. Nos primeiros oitenta anos, os governantes feudais submeteram a nação à humilhação, prejudicando os direitos soberanos do país; a sociedade sofreu incessantemente o caos causado pelas guerras; o País se tornou cada vez mais pobre e débil e o povo viveu em meio à fome e ao frio. Nos oitenta anos posteriores, o povo chinês, dirigido pelo PCCh e unido e organizado como nunca, superou a diversas dificuldades, obtendo contínuas vitórias em suas lutas revolucionárias. Depois da fundação da Nova China, a economia e a sociedade experimentaram um desenvolvimento acelerado, o país tornou-se cada dia mais próspero e a posição social e o nível de vida material, cultural e educacional do povo elevaram-se notavelmente. Comparando os dois períodos de oitenta anos, o povo chinês e todas as forças patrióticas da Nação Chinesa chegaram a compreender em profundidade que a materialização da grande mudança histórica da China, a passagem de uma das situações mais trágicas da China a um futuro brilhante, deve-se à direção do PCCh. Sem o Partido Comunista, não haveria nascido uma Nova China. Com este Partido, surge uma fisionomia totalmente nova. Esta é a conclusão mais fundamental e importante que o povo chinês obteve no prolongado curso de suas lutas revolucionárias.

Os agitados oitenta anos, durante os quais nosso Partido dirigiu o povo em suas lutas contínuas e obteve êxitos em gloriosas façanhas, apresentam-se perante o mundo como um quadro amplo, majestoso, pleno de força e colorido.

Cumprimos as tarefas da revolução da nova democracia e conquistamos a independência nacional e a libertação do povo. Através da Guerra da Expedição ao Norte, a Guerra da Revolução Agrária, a Guerra de Resistência ao Japão e a Guerra de Libertação, frustramos a agressão do imperialismo japonês, derrubamos o reacionário regime do Kuomintang e fundamos a República Popular da China. Foi desde então que o povo chinês se ergueu e que o desenvolvimento da Nação Chinesa iniciou uma nova era histórica.

Estabelecemos o sistema socialista e realizamos as mais amplas e profundas transformações sociais na história chinesa. Materializamos de forma criativa a transição da nova democracia ao socialismo, implantamos de maneira integral o sistema básico do socialismo e fizemos com que um grande país oriental, cuja população representava um quarto da população mundial, entrasse na sociedade socialista. Isto representou um grande salto nas transformações sociais e no progresso da história chinesa e constituiu um enorme apoio e impulso à causa do socialismo mundial.

Iniciamos a causa da construção do socialismo do tipo chinês e empreendemos um caminho correto para tornar realidade o grande renascimento da Nação Chinesa. A 3ª sessão plenária do 11° Comitê Central do Partido marcou um novo período de desenvolvimento da causa socialista no nosso país. Com base em uma prolongada construção socialista, resumimos as experiências históricas nacionais e internacionais e, após um período de árduas tentativas, adotamos a nova política de reforma e abertura ao exterior e estabelecemos as teorias básicas, a linha básica e o programa básico do Partido na fase inicial do socialismo. Sob as circunstâncias em que o socialismo mundial sofreu sérios reveses e a situação nacional e internacional experimentaram bruscas mudanças, nosso Partido, como uma rocha em meio à corrente impetuosa, mantém-se firme e inabalável, e a China socialista se mostra cheia de vitalidade e dinamismo.

Estabelecemos um poder político estatal de ditadura democrática popular, o que fez do povo chinês dono de seu próprio destino. A China é um país com uma civilização antiga e uma história de mais de 5 mil anos, mas o fato de o povo chegar ao papel de dono e ser realmente o dono do Estado, da sociedade e de seu próprio destino, somente se realizou depois da chegada do nosso Partido ao poder, o que constitui uma mudança fundamental na posição política e social do povo chinês. A China alcançou um grande salto ao passar do milenar regime autocrático feudal à uma política democrática popular.

Estabelecemos um sistema econômico nacional independente e relativamente completo, e nossa força econômica e poderio nacional integral aumentaram de forma notável. Levamos apenas meio século para alterar não somente a fisionomia da velha China pobre e atrasada, mas também para criar um sistema industrial moderno com todos os setores. O PIB aumentou 56 vezes desde a fundação da Nova China. Nossas forças econômicas, de defesa nacional e de ciência e tecnologia cresceram de maneira considerável; passamos a figurar entre os países avançados no mundo em muitos terrenos da indústria, agricultura, defesa nacional, ciência e tecnologia. Os mais de 1,2 bilhão de chineses não só resolveram sua questão de alimentação e abrigo, mas alcançaram, no conjunto, um nível de vida modestamente confortável.

Desenvolvemos constantemente a cultura socialista, de modo que a vida espiritual do povo de todo o país enriquece-se a cada dia. Persistindo no papel de guia do marxismo, educamos o povo com patriotismo, o coletivismo e o socialismo, e impulsionamos vigorosamente o fomento da civilização espiritual. Persistimos em desenvolver a esplêndida cultura das diversas etnias do país, assimilamos ativamente os frutos avançados da civilização dos demais povos e impulsionamos a cultura socialista para que esta prospere cada vez mais. A mentalidade e o moral, assim como a qualidade científica, tecnológica e cultural de todo o povo elevam-se incessantemente, mostrando perante o mundo a nova fisionomia espiritual da Nação Chinesa.

Acabamos definitivamente com a situação em que o país era somente um monte de areia solta, nos tempos da velha China, e conseguimos um alto grau de unificação do Estado e uma unidade sem precedentes entre todas as etnias do país. Abolimos os tratados desiguais impostos pelas potências ocidentais e todos os privilégios do imperialismo na China. O regime separatista feudal foi-se para sempre da terra chinesa. Nossos 56 grupos étnicos estão ligados intimamente como carne e unha para compartilhar o mesmo destino, formando relações étnicas de igualdade, unidade e ajuda mútua. Os diversos partidos políticos e organizações populares, unidos como um só homem, fazem esforços conjuntos num mesmo barco. Todos os trabalhadores socialistas, todos os patriotas simpáticos ao socialismo e todos os patriotas que apóiam a reunificação da pátria formam a mais ampla frente única a favor da reunificação e prosperidade da pátria. Com o vitorioso retorno de Hong Kong e Macau ao seio da pátria, foi realizado um desejo mantido por toda a nação há muito tempo. Vêm-se intensificando de maneira constante os intercâmbios entre os compatriotas dos dois lados do estreito de Taiwan e se fará realidade necessariamente a solução definitiva da questão de Taiwan e a reunificação da pátria.

Formamos um exército popular que atua sob a direção absoluta do Partido e contamos com uma sólida defesa nacional. Abrimos o caminho revolucionário utilizando o campo para cercar as cidades e tomar o poder pela força armada e, tendo as forças armadas populares como coluna vertebral, apoiando-nos no povo e armando-o, persistindo em educar as amplas massas de comandantes e combatentes com as teorias e o programa do Partido e através de uma longa guerra revolucionária, derrotamos os inimigos nacionais e estrangeiros melhor equipados e sumamente agressivos. O Exército Popular de Libertação, que sempre persiste no propósito de servir ao povo de todo o coração, vem desempenhando um papel extraordinário no reforço da defesa nacional, na resistência à agressão, na salvaguarda do sistema socialista e nos trabalhos pacíficos do povo, assim como na participação da construção socialista do país. A construção da defesa nacional do nosso país está se fortalecendo de forma constante e a revolucionalização, a modernização e a regularização do exército avançam incessantemente para frente. O Exército Popular de Libertação dirigido por nosso Partido é o sólido pilar da ditadura democrática popular, é a grande muralha de ferro que defende a pátria e é uma importante força na construção socialista.

Empenhamo-nos na política diplomática de independência, autonomia e paz, fazendo importantes contribuições à sublime causa mundial da paz e do desenvolvimento. Pusemos fim à história de humilhação diplomática da China na época contemporânea, salvaguardando com firmeza a soberania, a segurança e a dignidade da nossa nação. Preconizamos e defendemos ativamente os cinco princípios de coexistência pacífica, opomo-nos resolutamente ao hegemonismo e à política de força consistente no atropelo dos fracos pelos poderosos. Perseveramos nos princípios e nos pronunciamos a favor da imparcialidade e da justiça, esforçando-nos para salvaguardar os legítimos direitos e interesses dos numerosos países em desenvolvimento e impulsionar o estabelecimento de uma nova ordem política e econômica internacional, justa e razoável. A China socialista foi testemunha de um constante fortalecimento de sua posição e influência internacionais.

Os fatos demonstram plenamente que o PCCh é um verdadeiro e grande partido marxista, glorioso e correto, digno de suas condições de força central que leva o povo chinês a empreender novas causas.

Os atrativos êxitos obtidos na revolução, na construção e na reforma da China são resultados da árdua luta comum do povo das diversas etnias da nação, dos incessantes e intrépidos esforços de todas as personalidades de visão esclarecida e de nobres ideais da época moderna da China e também da abnegada dedicação de várias gerações de militantes do PCCh.

Recordamos com profundos sentimentos Mao Tsé-tung, Chou En-lai, Liu Shaoqi, Zhu De, Deng Xiaoping, Chen Yun e outros finados revolucionários proletários que fizeram relevantes esforços pela revolução, a construção e a reforma da China, a fundação, a consolidação e o desenvolvimento do PCCh, recordamos com profundos sentimentos os mártires revolucionários que se sacrificaram heroicamente pelo estabelecimento, pela salvaguarda e a construção da Nova China, e todos os precursores que lutaram ao longo da época moderna da China pela independência e pela libertação da Nação Chinesa. Suas grandiosas façanhas para o bem da pátria serão registradas para sempre nos anais da história.

O povo é o autêntico criador da história. Queria, em nome do Comitê Central do PCCh, expressar a alta estima aos operários, camponeses e intelectuais, aos diversos partidos democráticos e organizações populares, às personalidades patrióticas dos diversos setores sociais e ao Exército Popular de Libertação, às unidades de Polícia Armada e à Polícia de Segurança Pública da China, estender as cordiais saudações aos compatriotas das Regiões Administrativas Especiais de Hong Kong e Macau, aos de Taiwan, do ultramar em geral e apresentar nossa sincera gratidão a todos os povos e amigos do resto do mundo que têm levado uma harmoniosa convivência conosco, acompanham e apóiam a causa da revolução, da construção e da reforma da China!

Os oitenta anos do PCCh foram oitenta anos de integração do marxismo-leninismo com a prática peculiar da China em constante busca da verdade, do desenvolvimento e de criação. Foram oitenta anos de infatigável e árdua luta pela libertação nacional, a prosperidade do país e o bem-estar do povo, oitenta anos de compromissos com renovadas provas e fortalecimento incessante para cumprir a missão histórica que temos nos ombros.

A prática destes oitenta anos nos ilustra a necessidade de persistir sempre na integração da teoria básica marxista com a realidade concreta da China e na orientação das teorias científicas e de seguir decididamente um caminho próprio. Esta é a experiência fundamental que tiramos após resumir a história do nosso Partido. O marxismo constitui para nós uma potente arma ideológica para conhecer e transformar o mundo e um guia de conduta para orientar a revolução, a construção e a reforma da China. O marxismo não implica dogmatismo e mostrará sua enorme vitalidade somente quando for aplicado corretamente na realidade e desenvolve-se sem cessar no processo. Os direcionamentos coletivos da primeira e segunda gerações do Comitê Central do Partido, respectivamente com o camarada Mao Tsé-tung e o camarada Deng Xiaoping no centro, dirigiram nosso Partido na integração estreita dos princípios fundamentais do marxismo-leninismo com a realidade concreta da China, dando forma ao pensamento de Mao Tsé-tung e à teoria de Deng Xiaoping. Estes dois importantes êxitos teóricos constituem o marxismo adaptado à China, que representa as teorias fundamentais do marxismo-leninismo e que abrange, ao mesmo tempo, o aspecto virtuoso do pensamento da Nação Chinesa e as experiências práticas dos comunistas chineses. Precisamente pela orientação do marxismo-leninismo, do pensamento de Mao Tsé-tung e da teoria de Deng Xiaoping, nosso Partido pôde dirigir o povo a obter vitórias uma após outra, superando todas as dificuldades e reveses. A teoria de Deng Xiaoping constitui a grande cristalização das experiências práticas e a sabedoria coletiva do nosso Partido e povo. Trata-se da melhor continuidade e desenvolvimento criador do pensamento de Mao Tsé-tung sob as novas circunstâncias históricas e uma contribuição transcendental que nos permitiu abrir novos horizontes para o socialismo da China. Todos os camaradas do Partido, mantendo no alto a bandeira da teoria de

Deng Xiaoping, e trabalhando como sempre para estudar e solucionar as questões que surgem, estão impulsionando de maneira criativa a grande causa da construção do socialismo do tipo chinês. Na nova etapa histórica, a chave para se manter no marxismo-leninismo e no pensamento de Mao Tsé-tung está no empenho constante de enfocar o mundo atual e a China de hoje com a teoria de Deng Xiaoping e fazer incessantes esforços para resumir as experiências práticas, sintetizar as novas teorias e avançar com um espírito empreendedor.

A prática nos oitenta anos nos ilustra a premente necessidade de apoiar-nos firmemente nas massas populares, trabalhar com todo o coração pelos interesses do povo e absorver das massas populares sua inesgotável energia para avançar mais adiante. Manter sempre os laços de carne e osso com as massas populares constitui a garantia fundamental que permitirá ao nosso Partido superar todas as dificuldades e riscos e avançar de vitória em vitória pelo caminho. Em nenhum momento ou circunstância poderemos alterar a posição de compartilhar a respiração e a sorte com as massas populares, esquecer o propósito de servir de todo o coração ao povo ou abandonar o ponto de vista do materialismo histórico, que destaca as massas como verdadeiros heróis da história. É mister tomar sempre como ponto de partida e objetivo final de todo nosso trabalho a encarnação de sua vontade e interesse e tomar sempre o apoio em sua sabedoria e força como linha de trabalho fundamental para impulsionar nossa causa.

A prática nestes oitenta anos nos ensina também que em todo o momento deve-se reforçar e melhorar de forma consciente a construção do Partido, fortalecer de modo contínuo sua força criadora, coesiva e combativa e manter sempre seu vigor e vitalidade. A chave para obter sucesso na China está no Partido. É imprescindível reforçar constantemente a construção do Partido de acordo com o desenvolvimento da situação, mantendo um estreito vínculo com as tarefas centrais do Partido. Deve-se saber sintetizar as experiências, perseverar na verdade, retificar os erros e proceder com modéstia e prudência. É imperativo encarar com seriedade os problemas existentes entre as fileiras de militantes e dos quadros e dar-lhes soluções apoiando-se na totalidade dos militantes e das massas populares. Está aqui o fator vital para manter o vigor e a vitalidade do nosso Partido. No tocante à questão fundamental sobre o tipo de Partido que vamos construir e a forma que conseguimos conforme novas circunstâncias históricas, devemos prosseguir solucionando estas duas importantes questões históricas: elevar ainda mais a capacidade governante do Partido e seu nível de direção e fortalecer sua capacidade de resistir à corrupção e manter-se livre de degeneração e sua capacidade de fazer frente aos riscos, para promover assim em todas as direções a nova e grandiosa obra da construção do Partido.

Resumindo a trajetória de combate e as experiências fundamentais de oitenta anos e estendendo a visão para as duras e grandes tarefas do novo século e um futuro luminoso, nosso Partido deve continuar colocando-se na vanguarda da época para dirigir o povo na marcha triunfal, ou seja, resumindo, o fiel representante do que exige o desenvolvimento das forças produtivas sociais avançadas da China, do rumo pelo que há de marchar sua avançada cultura e dos interesses fundamentais das mais amplas massas populares.

II. Compreender corretamente os requerimentos traçados na "tríplice representatividade" e levá-los realmente a efeito

Continuar impulsionando a modernização, realizar a grande causa da reunificação da pátria, salvaguardar a paz mundial e promover o desenvolvimento comum constituem importantes tarefas históricas que pesam sobre os ombros do nosso Partido no novo século. Frente às profundas transformações ocorridas na situação dentro e fora do país, é imperativo levar a efeito de forma invariável os requerimentos traçados na "tríplice representatividade", para que assim nosso Partido possa seguir de perto a corrente do progresso mundial, unir e conduzir todas as etnias do povo do país a aproveitar a oportunidade, enfrentar o desafio e cumprir vitoriosamente estas três grandes tarefas históricas. Os requerimentos da "tríplice representatividade" constituem o fundamento sobre o qual se ergue nosso Partido, a base de sua capacidade para governar e a fonte de sua força. E também as exigências essenciais que nos impõe o novo século, como parte da tarefa de impulsionar em todos os aspectos a construção do Partido, promover sem cessar a inovação na teoria, no sistema e na ciência e tecnologia e conquistar continuamente novas vitórias, a fim de construir o socialismo do tipo chinês.

Para que o nosso Partido esteja sempre à altura do que exige o desenvolvimento das forças produtivas avançadas da China, deve esforçar-se para que sua teoria, linha, programa, princípios, política e trabalho em todos os terrenos correspondam à lei natural do desenvolvimento das forças produtivas e refletir a exigência de promover constantemente a emancipação e o desenvolvimento das forças produtivas sociais e, sobretudo, a exigência de impulsionar o desenvolvimento das forças produtivas avançadas, para conseguir elevar sem cessar o nível de vida das massas populares por meio de desenvolvimento das forças produtivas.

As forças produtivas são o fator mais dinâmico e mais revolucionário e a força definidora do desenvolvimento da sociedade. A contradição entre as forças produtivas e as relações de produção e entre a base econômica e a superestrutura forma a contradição básica da sociedade. O movimento desta contradição determina as alterações da natureza social e o rumo do desenvolvimento da economia, da política e da cultura social. A diferença essencial entre o socialismo e o capitalismo reside na desigualdade entre as relações de produção e a superestrutura de ambos. A implantação do sistema socialista e seu constante aperfeiçoamento permitiram abrir um amplo caminho para a emancipação e o desenvolvimento das forças produtivas sociais do nosso país. Todas as relações de produção com a superestrutura, quaisquer que sejam seus tipos, devem desenvolver-se junto ao desenvolvimento das forças produtivas. Se elas não se adaptarem às exigências do desenvolvimento das forças produtivas e se tornarem obstáculo para o progresso social, sofrerão inevitavelmente ajustes e alterações.

Dominar com perspicácia a tendência de desenvolvimento e as exigências das forças produtivas sociais do nosso país, insistir em tomar a construção econômica em centro de nossos trabalhos e impulsionar sem cessar o desenvolvimento das forças produtivas avançadas, mediante a elaboração e execução das linhas, orientações e medidas políticas corretas, e adotar os procedimentos de trabalho ajustados à realidade; tudo isso é a encarnação e o requerimento fundamental que impulsionam nosso Partido a colocar-se nas primeiras fileiras da época e manter sua natureza avançada.

Sendo vanguarda da classe operária, nosso Partido entrou no cenário histórico no momento de sua criação como representante das forças produtivas avançadas da China. A revolução da nova democracia, dirigida por nosso Partido, tinha como objetivo anular as prerrogativas do imperialismo na China, aniquilar a exploração e a opressão impostas pela classe latifundiária e a burguesia burocrática, e alterar as relações feudais de produção, assim como transformar a decadente superestrutura política edificada sobre a dita base econômica, a fim de implantar a nova superestrutura política tendo a ditadura democrática popular como núcleo, de maneira a liberar radicalmente as travadas forças produtivas. No início da fundação da Nova China, levamos a cabo uma transformação socialista na agricultura, no artesanato e na indústria e no comércio capitalista, com o objetivo de estabelecer as relações de produção socialista e aperfeiçoar em maior grau a superestrutura socialista sobre tal alicerce econômico, continuando assim a liberação e o desenvolvimento das forças produtivas. Desde a 3ª sessão plenária do 11º Comitê Central do Partido até agora, temos realizado a reforma e a abertura e procedido ao reajuste e à transformação da parte das relações de produção socialistas que não correspondiam às demandas do desenvolvimento das forças produtivas e dos fatores da superestrutura socialista não adequados à base econômica, o que visava também a emancipar e desenvolver ainda mais as forças produtivas. Em mais de duas décadas, temos sido audazes na exploração e valentes na prática, levando adiante constantemente a reforma da estrutura econômica e política, assim como a reforma em outros terrenos, processo que tem servido para liberar e desenvolver as forças produtivas da nossa sociedade e fomentado o desenvolvimento econômico e o progresso social do nosso país, produzindo enormes transformações a este respeito.

A tarefa fundamental do socialismo consiste em fomentar as forças produtivas, incrementar o poderio integral da nação socialista, melhorar diariamente a vida da população e refletir sem cessar as características que corroboram a superioridade do socialismo sobre o capitalismo. Em cada fase histórica da sociedade socialista, conforme as exigências do desenvolvimento econômico e social, é necessário promover oportunamente o auto-aperfeiçoamento e o desenvolvimento do sistema socialista mediante a reforma, de maneira que o sistema socialista possa marchar pleno de vitalidade e dinamismo. Todos os camaradas do Partido têm que adquirir a firme visão fundamental e a consciência sobre a reforma e o desenvolvimento do socialismo.

A evolução da sociedade humana não é nada mais que o processo histórico marcado pela constante substituição das forças atrasadas por parte das avançadas. É imprescindível que a modernização socialista se baseie nas forças produtivas desenvolvidas. Na nossa luta pela modernização, o essencial é formar as forças produtivas desenvolvidas no nosso país por meio de reforma e desenvolvimento. É imperativo que todos os camaradas do Partido, quaisquer que sejam seus postos, não deixem de revisar e atualizar constantemente seu próprio trabalho, para ver se atendem a demanda do desenvolvimento das forças produtivas avançadas. É necessário perseverar sem vacilação os que atendem e retificar partindo dos fatos o que não atendem. Somente assim pode-se mostrar inteiramente o caráter de vanguarda e o espírito da época que possuem os comunistas.

O ser humano constitui o fator mais decisivo nas forças produtivas. A classe operária do nosso país, incluídos os intelectuais, é a força fundamental no fomento das forças produtivas avançadas do país. Nossa classe camponesa e outras massas trabalhadoras, estreitamente unidos com a classe operária, formam um importante conjunto no fomento de nossas forças produtivas sociais. São em todos os momentos o compromisso primordial que nosso Partido, como representante das necessidades de desenvolvimento das forças produtivas avançadas da China, deve assumir, elevar constantemente a ética e a moral, a qualidade científica e cultural dos operários, camponeses, intelectuais e outras massas trabalhadoras, assim como de todo o povo, incrementar continuamente suas habilidades laborais e faculdades criadoras e colocar em pleno funcionamento seu entusiasmo, iniciativa e criatividade.

A ciência e a tecnologia são a primeira força produtiva, assim como a expressão sintetizada e o emblema principal das forças produtivas avançadas. Seu progresso vertiginoso outorgou um enorme impulso ao fomento das forças produtivas no mundo e ao desenvolvimento econômico social da humanidade. Vão acontecer novos saltos relevantes no futuro desenvolvimento científico e tecnológico. Devemos aproveitar com sabedoria esta tendência objetiva, dar sempre prioridade à estreita integração do desenvolvimento da superioridade do socialismo com o domínio, aplicação e desenvolvimento da ciência e tecnologia avançadas, levar vigorosamente adiante o progresso e inovação científica e tecnológica e transformar e melhorar continuamente a economia nacional mediante a ciência e tecnologia avançadas, a fim de materializar com nosso empenho o salto no desenvolvimento das forças produtivas do nosso país. É uma importante função que há de assumir nosso Partido em representação das demandas do desenvolvimento das forças produtivas avançadas da China.

Embora nossa modernização socialista tenha alcançado enormes êxitos, nosso país se encontra na fase inicial do socialismo, com uma população numerosa, uma precária base e um pronunciado desequilíbrio no desenvolvimento econômico e cultural, e ainda não foi alterado em seu conjunto o subdesenvolvimento das forças produtivas. A liberação e o desenvolvimento permanente das forças produtivas continuarão sendo nossa tarefa central a longo prazo. Teremos que desenvolver as forças produtivas avançadas de maneira persistente e incansável. Enquanto existem certos modos de produção atrasados e não adaptados às exigências do desenvolvimento das forças produtivas e da época, não podemos rechaçá-los afastando-nos da realidade; nem podemos adotar uma atitude de braços cruzados ante o estabelecido e proteger o atraso. Há que se criar de forma prática condições para realizar sua transformação, melhoramento e elevação e, através de esforços duradouros, convertê-los passo a passo em modos de produção avançados e apropriados.

Devemos continuar mantendo e aperfeiçoando, sob a orientação da teoria básica, da linha fundamental e do programa fundamental do Partido, o sistema econômico básico em que a propriedade pública ocupa uma posição predominante e, ao mesmo tempo, coexistem outras formas de propriedade em busca de um desenvolvimento comum, manter e aperfeiçoar o sistema de economia de mercado socialista, manter e aperfeiçoar as diversas formas de distribuição que têm como corpo principal a distribuição segundo o trabalho, manter e aperfeiçoar a abertura ao mundo exterior; é necessário manter e aperfeiçoar a ditadura democrática popular sob a direção da classe operária e com a aliança operário-camponesa como base, manter e aperfeiçoar o sistema de assembléia popular, a cooperação multipartidária sob a direção do Partido Comunista, a consulta política e o sistema de autonomia étnica regional, impulsionar a reforma do sistema político de forma ativa e segura, expandir ainda mais a democracia socialista, governar o país conforme a lei e construir o país com legalidade socialista. Devemos aperfeiçoar sem cessar, através de esforços constantes e incansáveis, as relações de produção e a superestrutura do socialismo, e abrir de maneira contínua um caminho mais amplo para facilitar a liberação e o desenvolvimento das forças produtivas.

Nosso Partido deve representar sempre o rumo pelo qual há de marchar a cultura avançada da China, quer dizer, deve fazer grandes esforços para que sua teoria, linha, programa, princípios, política e outros trabalhos encarnem a exigência em desenvolver uma cultura socialista nacional, científica, popular e orientada para a modernização, o mundo e o futuro, promover a elevação sem cessar das qualidades de toda a nação em questões de ideologia, ética, ciência e cultura, com o objetivo de proporcionar o impulso moral e o apoio intelectual ao desenvolvimento da economia e ao progresso da sociedade do nosso país.

A sociedade socialista é uma sociedade que se desenvolve e progride em todos os aspectos. A causa da modernização socialista é uma obra em que a civilização material e a civilização espiritual se complementam mutuamente e se desenvolvem de maneira coordenada. Todos os camaradas do Partido têm que dominar integralmente as relações dialéticas na construção das duas civilizações e fazer esforços para impulsionar a construção da civilização espiritual socialista e ao mesmo tempo promover a construção da civilização material. Na China de hoje, desenvolver a cultura avançada consiste precisamente em desenvolver a cultura socialista do tipo chinês e desenvolver a civilização espiritual socialista.

É necessário dominar com firmeza a tendência e as exigências de desenvolvimento da cultura avançada da China, persistir em tomar o marxismo-leninismo, o pensamento de Mao Tsé-tung e a teoria de Deng Xiaoping como guia, perseverar na prática da construção do socialismo do tipo chinês, focalizar a visão no avanço do desenvolvimento da ciência e cultura do mundo, levar adiante sem cessar uma sã e rica cultura socialista com estilo chinês e características chinesas, com vista a satisfazer as crescentes necessidades espirituais e culturais das massas populares, orientar-lhes a armar-se corretamente e aperfeiçoar-se sem cessar na matéria ideológica e espiritual. Isto também é um reflexo básico e uma exigência fundamental para que nosso Partido sempre seja pioneiro da época e mantenha seu caráter de vanguarda.

O rumo cultural em que persiste um partido político e o tipo de cultura que promove e desenvolve constitui em uma bandeira do partido no aspecto ideológico e espiritual. Durante as oito décadas passadas, nosso Partido manteve no alto a bandeira do desenvolvimento da cultura avançada da China, fazendo grandes esforços para construir e dar maior esplendor à nova cultura que represente as aspirações da revolução, da construção e da reforma, varrendo a velha cultura decadente e moribunda deixada pela velha sociedade chinesa e a infiltração cultural estrangeira, liberando e estimulando em grande medida a mente dos quadros e das massas populares e incutindo em todo o Partido e no povo um acertado pensamento-guia e ideais comuns que agregam as pessoas e unificam sua vontade.

A tarefa primordial de desenvolver a cultura socialista consiste na formação, de geração em geração, de cidadãos que tenham ideais, moral, cultura e disciplina. Há que se persistir em armar as pessoas com teorias científicas, orientá-las com uma correta opinião pública, moldá-las com nobres idéias e estimulá-las com obras de qualidade excelente. Há que se sustentar e consolidar a posição orientadora do marxismo, ajudar as pessoas a adquirir uma correta concepção do mundo, da vida e dos valores, fortalecer a convicção no marxismo e no socialismo, reforçar a confiança na reforma e abertura e na modernização, reforçar a confiança no Partido e no governo, assim como fortalecer a consciência da independência, concorrência, eficiência, legalidade e democracia e o espírito empreendedor e inovador. Há que se perseverar na implementação da estratégia de prosperidade do país mediante a ciência e a educação, popularizar ainda mais a educação, elevar a qualidade e o nível da educação em toda a sociedade; não se deve regatear esforços para desenvolver a causa da ciência e da educação, intensificar a propaganda e a educação no que diz respeito aos conhecimentos, métodos, idéias e espírito científicos. Cantar em voz alta a melodia principal da cultura socialista e persistir em servir ao povo e ao socialismo e defender para que "cem flores desabrochem e cem escolas de pensamento rivalizem", é o que constitui um importante princípio que se deve pôr em prática para desenvolver a cultura avançada. Há que se fazer esforços para dominar e desenvolver os diversos meios de comunicação modernos e promover ativamente a difusão da cultura avançada.

O fortalecimento da construção da ideologia e moral socialistas constitui um aspecto importante e o elo central no desenvolvimento da cultura avançada. Devemos estar conscientes de que, se somente se promover os interesses materiais e o dinheiro e não se der importância ao ideal e à moral, o público perderá o objetivo comum de luta e as regras corretas de comportamento. Deve-se integrar a administração do país conforme a lei com a administração do mesmo segundo a ética, a fim de criar uma sublime base ideológica e moral para manter sadio o espírito da ordem e de hábitos sociais. É necessário promover em toda a sociedade o pensamento de patriotismo, coletivismo e socialismo, combater e rechaçar os pensamentos decadentes, tais como a idolatria ao dinheiro, o hedonismo e o ultra-individualismo, incrementar o sentido de dignidade nacional, autoconfiança e orgulho do povo de todo o país e estimulá-lo a fazer esforços incansáveis para revitalizar a China.

A cultura socialista ocupa já uma posição predominante no nosso país. Porém, devido a fatores históricos e atuais, existem na sociedade algumas culturas atrasadas de tom supersticioso, ignorante, decadente e vulgar, inclusive algumas manifestações culturais putrefatas que corrompem o mundo espiritual das pessoas e danificam a causa socialista. Há que esforçar-se para transformar as manifestações culturais atrasadas, prevenir e resistir com firmeza à influência corrosiva das culturas decadentes e todos os critérios ideológicos errôneos e reduzir gradualmente, até a completa eliminação, os terrenos onde se propagam essas manifestações, através do aperfeiçoamento da política e das regras, do fortalecimento da educação e administração e da modificação de velhos hábitos e costumes.

Com este objetivo de desenvolver a cultura socialista, há que se herdar e levar adiante o que há de melhor na cultura, refletir plenamente o espírito de nossos tempos e o da criatividade, ter uma visão mundial e aumentar a faculdade de influir. Devemos tomar posse e desenvolver ativamente as excelentes tradições culturais da Nação Chinesa, as tradições culturais revolucionárias formadas pelo PCCh e o povo a partir do Movimento de 4 de Maio e todos os avançados êxitos civilizados criados pela sociedade humana. A milenar história do nosso país deixou abundantes patrimônios culturais e devemos selecionar o essencial e deixar o resíduo, herdá-lo e desenvolvê-los à luz do espírito da época, e fazer com que o antigo sirva ao presente. Ao mesmo tempo, é necessário levar a cabo entusiasticamente renovações culturais e esforçar-se para fazer florescer as culturas avançadas de acordo com as novas práticas e os requisitos da época, assim como as demandas da vida cultural e espiritual do povo, visando a unir firmemente as centenas de milhões de habitantes sob a grande bandeira da cultura socialista do tipo chinês.

Nosso Partido deve representar para sempre os interesses fundamentais das mais amplas massas populares da China, ou seja, as teorias, as linhas políticas, os programas, os princípios, a política e todas as demais tarefas do Partido devem persistir em considerar os interesses essenciais do povo como ponto de partida e resultado final, desenvolver plenamente o entusiasmo, a iniciativa e a criatividade do povo, e permitir que as massas populares vejam refletidos continuamente seus interesses reais nos aspectos econômico, político e cultural, com base no desenvolvimento e no progresso incessantes da sociedade.

Servir de todo o coração ao povo, manter o Partido a serviço dos interesses públicos e exercer o poder para o povo constituem a diferença radical entre nosso Partido e todos os partidos políticos da classe exploradora. Em todo momento teremos que aderir à concordância entre o respeito à lei do desenvolvimento social e o respeito à posição dominante histórica do povo, à concordância entre as lutas por nobres ideais e os esforços para a obtenção de interesses para as mais amplas massas populares, e à concordância entre o cumprimento dos diversos trabalhos do Partido e a materialização dos interesses do povo.

Todos os esforços feitos por nosso Partido durante os oitenta anos passados foram, em última instância, para benefício dos interesses das mais amplas massas populares. Na época das guerras revolucionárias, o Partido chamou todos os seus militantes para avançar em ondas sucessivas e lutar heroicamente sem levar em conta os sacrifícios pessoais, para lograr a vitória da revolução. Depois da fundação da Nova China, o Partido exortou os membros a serem modestos e prudentes, guardar-se da arrogância e da precipitação e manter sempre o espírito revolucionário de vida simples e luta árdua. No novo período histórico, o Partido exige de todos os seus membros que sejam capazes de passar pelas provas da reforma e abertura e da posição governante do Partido, com o fim de dirigir o povo a trabalhar com aplicação para realizar a modernização socialista. Tudo isso tem o mesmo objetivo de materializar, salvaguardar e desenvolver sem interrupção os interesses das mais amplas massas populares e manter sempre os íntimos vínculos entre o Partido e o povo.

Os interesses conjuntos das massas populares estão integrados pelos interesses concretos nos diversos aspectos. Todas as nossas políticas, medidas e tarefas devem refletir corretamente e favorecer um ajuste adequado das relações entre os diversos interesses, levando em consideração de forma consciente tanto os interesses dos diferentes setores sociais como das massas nos distintos terrenos. No entanto, o mais importante consiste em considerar e satisfazer primeiro os interesses e as demandas da grande maioria da população, o que sempre atende à situação global de governança e do Partido, do desenvolvimento econômico, político e cultural do país, da unidade de todas as etnias da nação e da estabilidade social. Os interesses da grande maioria são o fator mais crucial e mais decisivo. Este é um conceito fundamental do marxismo, e os organismos e quadros dirigentes em distintos níveis devem ter a plena compreensão a respeito e levá-lo conscientemente à prática.

Nosso Partido sempre insiste em que os interesses do povo estão acima de tudo. Além dos interesses das mais amplas massas populares, o Partido não tem interesses particulares. Todas as áreas do Partido devem contemplar os interesses fundamentais das mais amplas massas populares como o objetivo máximo. Os camaradas do Partido devem persistir, em todo momento, no critério fundamental de que tudo está a serviço das massas populares, e se apóia nelas em todos os assuntos, e devem persistir na linha das massas, adentrando-se nelas e nas entidades de base, escutando suas vozes, interpretando sua vontade e assimilando sua sabedoria, de maneira que todas as decisões e trabalhos correspondam à realidade e à demanda das massas. Todos os quadros membros do Partido devem ser fiéis representantes do povo no exercício do Poder e não se permite de nenhum modo abusar do poder em busca de proveito pessoal, nem formar grupos com interesses criados. No processo de alcançar de forma gradual a prosperidade comum de todo o povo, os dirigentes militantes devem tratar corretamente as relações entre o enriquecimento antecipado e o tardio entre o enriquecimento individual e a prosperidade comum. Todos os dirigentes membros do Partido devem ser os primeiros a suportar as dificuldades e os últimos a usufruir das comodidades. Devem apoiar e ajudar primeiro as massas a alcançarem a prosperidade, em lugar de somente tomar em consideração seu próprio enriquecimento. Muito menos devem procurar benefícios injustos abusando de seu poder. Os quadros dirigentes de todos os níveis devem preocupar-se a todo o momento com o bem-estar e o sofrimento das massas, e fazer efetivos esforços em busca de benefícios para as massas. Os organismos e quadros dirigentes de todos os níveis devem prestar atenção especial às massas que se encontram em dificuldades temporais em seu trabalho e vida, dando prioridade a seus assuntos na agenda de trabalho, e dando ênfase a uma solução efetiva de seus empregos e meios de subsistência. Somente realizando a contento o trabalho de cuidar e servir às massas, poderemos manter desde o princípio até o fim os vínculos de carne e osso com as massas populares e tornar-nos invencíveis.

Representar o que se exige para o desenvolvimento das forças produtivas avançadas da China, do rumo para onde há de marchar sua cultura avançada e a obtenção dos interesses fundamentais de suas massas populares mais amplas na forma de um conjunto que se integra, relacionam-se e estimulam-se mutuamente. Desenvolver as forças produtivas avançadas constitui a condição básica para o desenvolvimento da cultura avançada e conseguir os interesses fundamentais das mais amplas massas populares. As massas populares são o principal corpo criador das forças produtivas avançadas e da cultura avançada, e é também a força fundamental para realizar seus próprios interesses. O contínuo desenvolvimento das forças produtivas avançadas e da cultura avançada tem como objetivo, em última instância, satisfazer às crescentes demandas das massas populares nos níveis material e cultural e materializar continuamente os interesses fundamentais das mais amplas massas populares.

A exigência da "tríplice representatividade" é o requerimento fundamental para que nosso Partido mantenha seu caráter avançado e se desempenhe a todo o momento como firme núcleo direcionado à construção do socialismo do tipo chinês, e concorda com o propósito do Partido de persistir no marxismo-leninismo, no pensamento de Mao Tsé-tung e na teoria de Deng Xiaoping, persistir em sua natureza como vanguarda da classe operária e servir de todo o coração ao povo. Todos os camaradas do Partido devem persistir em colocar na prática a exigência da "tríplice representatividade" em todos os aspectos da construção do Partido e em todo o processo da reforma e abertura e da modernização socialista que está levando o povo sob a direção do Partido.

III. Reforçar e melhorar a construção do Partido conforme os requisitos traçados pela "tríplice representatividade"

Para unir as forças de mais de 1,2 bilhão de seres humanos e conduzi-los até a meta da modernização socialista em um grande país em desenvolvimento com múltiplas etnias como o nosso requer a firme direção do Partido Comunista da China. Do contrário, o país se converteria em um monte de areia solta e terminaria desintegrado e, por conseqüência, não só não poderíamos materializar a modernização, mas também cairíamos inevitavelmente num abismo do caos. Trata-se de uma conclusão tirada no resumo da trajetória do desenvolvimento da China a partir de sua história moderna e também de uma conclusão tirada da análise de experiências e lições de desenvolvimento de muitos outros países.

Para persistir na direção do Partido, é preciso melhorá-la. Deve-se aplicar a teoria e a linha básica do Partido, conforme os requerimentos traçados pela "tríplice representatividade", reforçar e melhorar em todo seu alcance e de forma profunda a construção do Partido, de modo que nosso Partido sempre marche na primeira fileira da época no processo histórico caracterizado por alterações profundas da situação mundial, converta-se em uma coluna vertebral para o povo de todo o país no processo histórico de fazer frente aos riscos e provas, tanto internos como externos, e seja sempre o firme núcleo direcional do processo histórico de construir um socialismo tipo chinês.

Após oitenta anos de desenvolvimento, nosso Partido experimentou grandes transformações no contingente de seus filiados, e na posição e no contexto em que se encontra, e nas tarefas que assume. Nosso Partido já passou de um partido que dirigia o povo na luta pela conquista do poder nacional a um que conduz o povo a exercer o poder em todo o país e que está no poder já há longo tempo; de um partido que dirigia a construção de um país sob bloqueio externo a um que a faz em condições de reforma e abertura. Aumentou em grande margem o número de novos militantes, efetuou-se a substituição constante de quadros veteranos por novos e um grande número de quadros jovens assumiram postos de direção, o que trouxe por um lado nova vitalidade ao desenvolvimento do Partido e, por outro, apresentou novos desafios.

Todos os camaradas do Partido devem persistir em partir de uma nova realidade e estudar e resolver com o espírito de reforma os importantes problemas teóricos e práticos que o Partido enfrenta em sua construção, de modo que este conserve sempre sua natureza de vanguarda e sua pureza, e esteja imbuído de força criadora, coesa e combativa.

Pondo em prática os requerimentos da "tríplice representatividade", teremos que persistir na linha ideológica do Partido no sentido de emancipar a mente e buscar a verdade nos fatos, fomentar energicamente o espírito de atenção ao real e ao prático e ser audazes em fazer inovações, promover com criatividade os diversos trabalhos do Partido e do Estado, com o objetivo de enriquecer e desenvolver incessantemente o marxismo na prática.

O marxismo constitui nosso pensamento guia para construir o Partido e o país e também a base teórica comum do povo das diversas etnias do país em sua luta unida. Devemos persistir nos princípios fundamentais do marxismo em todos os momentos; caso contrário, nossa causa perderia a orientação e fracassaria por carecer de uma base teórica e pensamento correto. Eis aqui a razão pela qual devemos persistir sempre nos princípios fundamentais do marxismo. Este, caracterizado pelo avanço de suas teorias paralelas à sua época. Se, passando por cima das mudanças realizadas nas condições históricas e nas circunstâncias reais, limitarmo-nos a certas afirmações particulares e programas de ação concretos feitos por teóricos clássicos do marxismo em determinadas condições históricas para circunstâncias específicas, não poderemos avançar felizmente e inclusive cometeremos falhas pela desvinculação do nosso pensamento da realidade. Eis por que devemos lutar sempre contra os que tratem a teoria marxista com uma atitude dogmática. O fato de que nosso Partido cometeu erros e inclusive sofreu graves reveses em alguns períodos da sua história deve-se fundamentalmente a que o pensamento-guia do Partido de então afastou-se da realidade da China; entretanto, nosso Partido pôde apoiar-se em suas próprias forças e nas do povo para corrigir seus erros, superar os reveses e continuar avançando vitoriosamente, isto porque, na essência, restaurou e voltou a persistir em aplicar a linha ideológica de emancipar a mente e buscar a verdade nos fatos. Sobre as experiências e lições neste aspecto, nosso Partido as resumiu de forma sistemática na "Resolução sobre alguma questão da história" e na "Resolução sobre alguma questão na história do nosso Partido depois da fundação da República Popular da China" e todos nós devemos tê-las bem presentes em mente. Todos os camaradas do Partido devem persistir nos fundamentos e no espírito científico do marxismo, saber aproveitar as mudanças verificadas nas circunstâncias objetivas e ser capazes de resumir as recentes experiências criadas pelas massas populares na prática, a fim de enriquecer e desenvolver a teoria marxista de forma constante.

Marx, Engels, Lenin e os camaradas Mao Tsé-tung e Deng Xiaoping estabeleceram para nós um brilhante exemplo de combinação da teoria com a prática e na formulação de novas teorias. Marx e Engels, logo que estudaram amplamente os materiais ideológicos dos antecessores e assimilaram criticamente os resultados ideológicos dos mesmos, formularam uma teoria que transcende a dos antepassados, criando um sistema ideológico científico para o movimento de libertação do proletariado e da humanidade inteira. Lenin, ao descobrir a lei do desequilibrado desenvolvimento econômico e político do capitalismo no mundo, formulou a teoria de que a revolução socialista pode triunfar primeiro em um ou vários países, e dirigiu a Revolução de Outubro até conquistar a vitória. O camarada Mao Tsé-tung, combinando a teoria fundamental do marxismo-leninismo com a prática concreta da revolução da China, criou a teoria revolucionária da nova democracia, levou a revolução chinesa ao triunfo e dirigiu o povo chinês pelo caminho socialista. E o camarada Deng Xiaoping, resumindo as experiências e lições nacionais e internacionais de desenvolvimento socialista, formulou a teoria de construir o socialismo do tipo chinês e orientou a causa socialista do nosso país até uma etapa de vigoroso desenvolvimento.

A história do desenvolvimento do marxismo demonstra plenamente que a emancipação da mente e a busca da verdade nos fatos constituem uma poderosa força para guiar o progresso social. Com o desenvolvimento contínuo da prática social, nossa compreensão ideológica também deve progredir sem cessar e temos que ser audaciosos e capazes de fazer inovações de acordo com as necessidades da prática. Devemos persistir na metodologia de que prática é o único critério para comprovar a verdade e, sob a orientação do princípio fundamental do Partido, e em tudo partindo da prática, libertar conscientemente a compreensão ideológica dos conceitos, da prática e dos sistemas que não se adaptem a uma situação imperante, do entendimento errôneo e dogmático do marxismo, e do jugo subjetivista e metafísico. É mister persistir na atitude científica e na exploração audaz, de modo que nossas idéias e ações se adaptem ainda mais à realidade objetiva, às condições do país na fase inicial do socialismo e aos requisitos de desenvolvimento de nossos tempos.

Nosso Partido, com uma história de oitenta anos de luta, experimentou a grande prática de criar e desenvolver o pensamento de Mao Tsé-tung e a teoria de Deng Xiaoping, e possui experiências históricas tanto positivas como negativas no desenvolvimento das causas socialistas no interior do país e no exterior. Poderemos fazer novas contribuições ao enriquecimento e desenvolvimento do marxismo, se nos pusermos na vanguarda da época, nos basearmos na nova prática, conhecermos as características de nossos tempos, aplicarmos a teoria básica do marxismo para estudar importantes questões surgidas na prática, continuarmos aprofundando a compreensão sobre as leis que regem o exercício do poder pelo Partido Comunista, a construção socialista e o desenvolvimento da sociedade humana, e assinalarmos constantemente as novas experiências, novos pensamentos e novos resultados.

Ao colocar em prática os requisitos da "tríplice representatividade", devemos persistir na natureza do Partido como vanguarda da classe operária e manter sempre o caráter avançado do Partido e, ao mesmo tempo, conforme a realidade do desenvolvimento econômico e do progresso social, devemos reforçar constantemente a base de classes e ampliar a base de massas do Partido, com o fim de aumentar sem parar a influência social do Partido.

A classe operária chinesa, produto do desenvolvimento social, sobretudo, do desenvolvimento da produção socializada em grande escala no nosso país desde a idade moderna, está dotada de qualidades como o estrito espírito de organização e de disciplina e a firmeza e a conseqüência revolucionárias. Desde o dia de sua fundação, nosso Partido definiu sua posição como partido político da classe operária chinesa e persiste sempre em sua natureza de vanguarda da classe trabalhadora, deixando uma sólida base de classe para manter seu próprio caráter avançado.

Com o desenvolvimento da reforma e abertura e da modernização, o contingente da classe operária chinesa está crescendo de forma constante, e suas qualidades morais, científicas e culturais se elevam a cada dia; por outro lado, o caráter avançado da classe operária se desenvolve e a base de classe do Partido se consolida cada vez mais. Sendo parte da classe operária, os intelectuais reforçaram em grande medida o nível de preparação científica e cultural da classe operária. Como aplicamos o sistema econômico básico, em que o sistema de propriedade pública constitui o corpo principal e as atividades econômicas com distintos sistemas de propriedade se desenvolvem juntos, fomentamos a economia de mercado socialista e realizamos o reajuste estratégico da estrutura econômica, os postos de trabalho de algumas massas operárias experimentaram modificações. Isto não alterou a posição da classe operária no nosso país, pelo contrário, visto a longo prazo, será proveitoso para melhorar as qualidades integrais da classe operária e colocar em função sua superioridade conjunta. A classe operária chinesa sempre representou a força básica que promove o desenvolvimento das forças produtivas avançadas da China. Nosso Partido deve insistir sempre em sua natureza como vanguarda da classe operária e apoiar-se nelas com todo o coração.

Para saber se um partido é avançado e se constitui a vanguarda da classe operária, deve-se considerar principalmente se sua teoria e o programa são ou não marxistas, se representam ou não a direção correta do desenvolvimento social e se representam ou não os interesses fundamentais das mais amplas massas populares. Nosso Partido é um produto da combinação do marxismo-leninismo com o movimento operário da China. A formação da classe operária constituiu a condição essencial do estabelecimento do Partido. Durante o período da revolução democrática, devido aos traços peculiares da sociedade chinesa naquela época, a maioria dos membros do Partido provinha dos camponeses e de outros trabalhadores e não poucos foram intelectuais e revolucionários das camadas não trabalhadoras. Apesar de tudo, a teoria e o programa do nosso Partido eram marxistas e representavam a correta orientação do desenvolvimento social da China; nosso Partido prestava muita atenção à construção do Partido no aspecto ideológico, persistia em educar e armar todos os seus membros com a teoria marxista, exigia que seus membros não só ingressassem no Partido no aspecto orgânico, mas, antes de tudo, no aspecto ideológico, e os orientava na luta por materializar o programa e as tarefas do Partido, conservando assim sua natureza como vanguarda da classe operária.

Desde a reforma e abertura, vêm-se operando novas transformações na formação dos estratos sociais do nosso país e aparecem fundadores e técnicos de empresas privadas de ciência e tecnologia, administradores e técnicos contratados pelas empresas de capital estrangeiro, trabalhadores de negócios particulares, empresários privados, empregados de organizações intermediárias e trabalhadores autônomos. Além disso, um grande número de pessoas se move com freqüência entre os diferentes setores de propriedade, ramos e regiões, e suas ocupações e condições de identidade se alteram constantemente. Estas alterações continuarão no futuro. Tendo como guia a linha e as políticas do Partido, os integrantes destas novas camadas sociais, com seus trabalhos honestos e negócios legais, dão contribuições ao desenvolvimento das forças produtivas socialistas e outras causas da sociedade. Unindo-se com os operários, camponeses, intelectuais, quadros e oficiais e soldados do Exército Popular de Libertação, eles também são construtores do socialismo do tipo chinês.

A grande causa de construir o socialismo do tipo chinês requer que os elementos destacados e fiéis à pátria e ao socialismo de todas as áreas da sociedade conduzam, com suas próprias ações reais, as massas populares para impulsioná-la conjuntamente. Lutar conscientemente ou não para executar a linha e o programa do Partido e reunir ou não os requisitos de um membro do Partido constituem o critério principal para admitir um novo militante no Partido. Os membros do Partido provenientes dos operários, camponeses, intelectuais, militares e quadros constituem a parte integrante fundamental e a força vertebral do contingente do Partido; ao mesmo tempo, temos que admitir no Partido os elementos destacados de outros setores da sociedade que reconhecem o programa e os Estatutos do Partido, lutam conscientemente pela linha e programa do Partido, passam pelas provas prolongadas, reúnem os requisitos de um membro do Partido; deve-se elevar continuamente a consciência política dos membros na grande forja do Partido, aumentando a influência e a força coesiva do nosso Partido em toda a sociedade.

A teoria desenvolvida pelos teóricos nas obras clássicas marxistas sobre o trabalho e o valor de trabalho na sociedade capitalista demonstrou o modo de operação e as contradições básicas da modalidade de produção capitalista daquela época. Na atualidade, ao desenvolver a economia de mercado socialista, deparamo-nos com uma situação bem diferente em que viveram e estudaram os fundadores do marxismo. Devemos aprofundar o estudo e a compreensão da teoria do trabalho e o valor do trabalho na sociedade socialista, partindo de uma nova realidade. A meta fundamental da construção do socialismo consiste em conseguir o enriquecimento e o bem-estar do povo. Com o desenvolvimento econômico, o nível de vida das amplas massas populares se eleva continuamente e os bens pessoais também aumentam de forma gradual. Nestas circunstâncias, não se pode considerar simplesmente se ter ou não bens e a quantidade destes como critério para julgar avanço ou atraso das pessoas no aspecto político, mas sim prestar mais atenção ao seu estado ideológico e político e aos seus comportamentos reais, à fonte de seus bens e ao modo de dispô-los e usá-los, e a suas contribuições à causa da construção do socialismo do tipo chinês por meio do seu próprio trabalho.

Para levar a cabo os requisitos da "tríplice representatividade", devemos persistir no centralismo democrático, implantar e aperfeiçoar um mecanismo científico de direção e trabalho, aplicar plenamente a democracia interna do Partido, defender firmemente a centralização e unidade do Partido e manter e fortalecer constantemente seu vigor.

O centralismo democrático é o sistema fundamental de organização e direção do nosso Partido. Ao persistir no centralismo democrático e aperfeiçoá-lo, nossa exigência e objetivo básico estão destinados a criar uma situação política em que haja tanto centralismo como democracia, tanto disciplina como liberdade, tanto unidade de vontade como satisfação moral individual, dinamismo e vivacidade.

Fomentar a democracia interna do Partido e desenvolver na sua plenitude a iniciativa e a criatividade das amplas fileiras de militantes do Partido e das organizações de todos os níveis do mesmo constituem uma importante garantia para a prosperidade da causa do Partido. É preciso assegurar efetivamente os direitos democráticos dos militantes, ampliar os canais democráticos no Partido, fortalecer o conhecimento e a participação nos assuntos internos do Partido por parte de seus membros. Todo problema de importância no trabalho das organizações do Partido deve ser, dentro do possível, discutido nas amplas fileiras de seus membros, e as organizações devem escutar plenamente as diversas opiniões. Deve-se garantir a transmissão oportuna das opiniões dos militantes de base e às organizações de níveis superiores, estabelecendo para isso mecanismos eficientes. As organizações de nível superior devem atender plenamente às opiniões dos militantes e das organizações de níveis inferiores, e unir a sabedoria das massas, a fim de promover a tomada de decisões de forma científica e democrática. De acordo com o princípio da direção coletiva, centralismo democrático, gestão privada e tomada de decisões em reuniões, aperfeiçoa-se ainda mais o mecanismo de discussão e a tomada de decisões do comitê do Partido, coloca-se em jogo o papel da reunião plenária do comitê do Partido e melhoram os procedimentos de tomada de decisões do seu comitê permanente. Toda decisão de grande importância deve ser submetida à discussão coletiva no comitê do Partido, sem que se permita a prática de que "o que digo prevalece". É imperativo melhorar o sistema de divisão de trabalho e a correspondente responsabilidade pessoal sob a direção coletiva e elevar a eficácia do trabalho. Entre a direção coletiva e a responsabilidade pessoal não se enfatiza nenhuma delas em detrimento de outra. Há que promover a democracia popular mediante o desenvolvimento da democracia interna do Partido.

Conforme o princípio de levar em conta a situação em conjunto e coordenar as relações entre as diversas partes, há que se fortalecer e aperfeiçoar mais ainda o sistema dirigente, melhorar os modos de direção e administração, a fim de garantir o papel do núcleo dirigente do comitê do Partido, ao mesmo tempo em que se põe em funcionamento o papel das assembléias populares, o governo, as conferências consultivas políticas do povo chinês e as organizações populares, entre outros fatores. Os comitês do Partido devem fortalecer sua direção sobre as assembléias populares, o governo, as conferências consultivas políticas do povo chinês e as organizações populares através de mecanismos científicos, padronizados e sistematizados. Os quadros dirigentes do Partido nas assembléias populares, no governo, nas conferências consultivas políticas do povo chinês e nas organizações populares, assim como os militantes com cargos dirigentes na organização do trabalho, conforme o estabelecido por lei, devem levar à prática com firmeza as linhas, princípios e política do Partido e as decisões dos comitês do Partido. Os quadros dirigentes de todos os níveis devem aplicar firmemente as políticas principais e as disposições de trabalho do Comitê Central.

Todos os membros do Partido devem reforçar sua consciência de centralismo democrático, aplicar com vigor o princípio de centralismo democrático, elevar sua capacidade de colocar em prática o centralismo democrático, e esforçar-se para dominar a arte, o estilo e o método de direção que se adaptem à nova situação e às novas tarefas, integrando, de forma orgânica, a perseverança na direção do Partido com o desenvolvimento da democracia popular, a execução das tarefas em estrita conformidade com a lei e em respeito à lei objetiva. Na construção do sistema deve-se reforçar ainda mais o caráter fundamental, de conjunto, de estabilidade prolongada, e há que se aperfeiçoar ainda mais os diversos sistemas que abarcam o centralismo democrático, o sistema de direção do Partido e seus mecanismos de trabalho, a fim de garantir, mediante o sistema, a correta execução do centralismo democrático. É preciso resistir resolutamente às influências dos modelos políticos do Ocidente, tais como o pluripartidarismo e a separação dos três poderes. É imperativo superar decisivamente as ações pessoais de arbitrariedades e autoritarismo, contrários ao princípio de centralismo democrático, assim como os fenômenos de fraqueza e falta de coesão.

Como conseqüência da aplicação da reforma e abertura e do desenvolvimento da economia de mercado socialista, estão sendo diversificados cada vez mais os componentes da economia, as formas de organização, os modos de emprego, as relações de interesses e as formas de distribuição. Se não mantivermos a mente lúcida e se procedermos com negligência no trabalho, será fácil cair na desordem. É de vital importância salvaguardar a centralização e a unidade do Partido e do país e a autoridade do Poder Central. Deve-se unificar o pensamento-guia do Partido e do país, as metas de luta, as políticas de grande importância e o sistema legal, assim como as importantes disposições de trabalho, sem permitir, em nenhuma circunstância, que as diversas localidades, departamentos e entidades atuem ao próprio arbítrio. As organizações de base do Partido constituem a base de todo o trabalho do Partido e de suas forças combativas. Há que se fortalecer e melhorar constantemente sua construção conforme a nova situação e as novas tarefas.

Ao colocar em prática os requisitos traçados pela "tríplice representatividade", devemos levar a efeito a orientação de formar um contingente de quadros revolucionários, jovens, intelectuais e profissionalizados e o princípio de dotá-los de integridade moral e boa capacidade, aprofundar a reforma do sistema de pessoal para os quadros e formar um grupo de quadros que tenham alto nível qualitativo e que sejam capazes de assumir importante responsabilidade e de passar pelas provas contra o vento e a maré.

Uma vez definida a linha política, os quadros se apresentam como o fator decisivo. Reveste-se de particular importância a preparação do pessoal dirigente dedicado à política, conhecedor da situação geral e talentosos para a administração do Partido e do Estado. O ponto-chave de que a causa socialista da China pode ou não conseguir consolidar-se ou desenvolver-se e se a China pode ou não manter perdurável a prosperidade em meio à concorrência internacional reside em poder ou não preparar grande número de quadros dirigentes de alta qualidade.

É necessário persistir no princípio da administração dos quadros por parte do Partido, melhorar o método deste trabalho, acelerar os passos da reforma do sistema de pessoal e impulsionar com energia a orientação científica, a democratização e a institucionalização no trabalho de quadros. Há que se continuar ampliando a democracia nesta área, tornar realidade o direito à informação, participação, seleção e supervisão por parte das massas a respeito da promoção e nomeação de quadros. Deve-se persistir no princípio de transparência, igualdade, competência e otimização, e adotar ativamente as medidas como a seleção aberta e a nomeação mediante concursos, visando a promover os quadros que trabalhem com afinco e possam ser promovidos e rebaixados. É imperativo fortalecer a supervisão sobre o processo de seleção e nomeação de quadros e aperfeiçoar o sistema e os métodos para examiná-los. Há que se prevenir e retificar com firmeza as tendências malignas no setor.

O fortalecimento da formação de quadros jovens é uma tarefa estratégica para assegurar a harmonia e a tranqüilidade duradoura do Partido e do Estado. Para assumir a responsabilidade de direção, os quadros jovens têm que fazer esforços para elevar o nível na teoria marxista e na preparação ideológica, aumentar sem cessar sua capacidade de servir ao povo, saber julgar e dominar corretamente a situação geral partindo do ponto de vista político, e de trabalhar em circunstâncias complicadas. Os comitês do Partido de todos os níveis devem apoiar, estimular e criar condições aos quadros jovens para que trabalhem em lugares de condições difíceis e se formem e experimentem provas na primeira linha de lutas importantes.

Frente ao progresso da época e ao desenvolvimento da nossa causa, o Partido e o Estado têm uma crescente demanda de todo tipo de pessoas de talento em diversas áreas. Há que se levar a bom termo o trabalho de preparar, atrair e empregar as pessoas de talento. Deve-se dar mais passos para criar em todo o Partido e em toda a sociedade uma boa atmosfera de respeito ao conhecimento e às pessoas talentosas, para que estas possam distinguir-se por seus méritos. Os quadros dirigentes devem possuir a visão penetrante para descobri-las, o espírito intrépido de usá-las, os sentimentos de valorizá-las e os métodos para atraí-las, concentrar ao seu redor um grande número de ditas pessoas e determinar trabalhos adequados com base em uma acertada valorização de seus talentos. Deve-se orientar e estimular seu sublime ideal e elevado espírito, de modo a aderir ao serviço da pátria e, ao mesmo tempo, preocupar-se com eles, confiar neles e fazer todos os esforços possíveis para criar-lhe boas condições de trabalho. Deve-se acelerar a implantação de mecanismos de distribuição de renda adequados para que fiquem e possam colocar em prática suas aptidões, assegurando no nível institucional que todos os tipos de pessoas talentosas recebam remunerações correspondentes ao seu trabalho e contribuições. É preciso esforçar-se em diversas áreas, e propiciar uma situação favorável ao surgimento de talentos.

Ao colocar em prática os requisitos traçados pela "tríplice representatividade", devemos persistir no princípio de que o Partido se administra a si mesmo e na orientação de rigorosa administração. As organizações do Partido dos diversos níveis devem ser exigentes com os quadros membros do Partido, educá-los, administrá-los e supervisioná-los de forma estrita, com o objetivo de sanar os fenômenos negativos e corruptos no seio do Partido.

O fato de que o Partido se administra a si mesmo e com regras estritas constitui uma importante garantia para preservar seu caráter avançado e sua pureza e para consolidar sua posição como partido governante. A boa administração do Partido é a precondição para governar o país, e a administração deve ser rigorosa. É mister compreender e aproveitar as lições de certos partidos comunistas de outras latitudes do mundo, que após longo tempo no poder, acabaram por perdê-lo. Quanto mais tempo se está no poder, maior a necessidade do Partido de redobrar a força na sua própria construção e impor uma estrita disciplina a seus militantes e quadros.

A estrita administração do Partido deve ser aplicada plenamente na construção ideológica, política, de organização e de estilo, e deve se refletir em todos os escalões da educação, da administração e da supervisão sobre suas organizações de diversos níveis, seus numerosos militantes e quadros. As organizações dos diversos níveis e todos os membros do Partido devem se comportar estritamente de acordo com os Estatutos e os regulamentos internos do Partido e observar de forma rigorosa as disciplinas do Partido. Os quadros dirigentes de todos os níveis hão de dotar-se de espírito de autocontrole, autocrítica, auto-reflexão, autovigilância e auto-estímulo e sempre prestar atenção ao estudo, à política e à integridade moral. Devem aplicar freqüentemente a arma da crítica e autocrítica, desenvolver a luta ideológica e persistir na verdade e corrigir os erros. As organizações dos diversos níveis do Partido devem esforçar-se por fortalecer sua capacidade de solucionar suas próprias contradições, encarar com audácia e resolver os problemas existentes e abster-se de iludi-los ou encobri-los.

O estilo de trabalho do Partido tem a ver com a imagem, a popularidade e a vida do Partido. Há que se reforçar a construção do estilo ideológico do Partido, o estilo de estudo, o estilo de trabalho, o estilo de direção e o estilo de vida dos quadros. É indispensável fazer esforços, tendo em conta as novas realidades, por desenvolver um excelente estilo de trabalho do Partido no sentido de combinar a teoria com a realidade, estreitar suas relações com as massas e fazer críticas e autocríticas e, ao mesmo tempo, há que sintetizar as novas experiências na prática e esforçar-se por cultivar novos estilos. Todos os maus hábitos que vão contra os requisitos para o desenvolvimento da causa do Partido e que não correspondam aos interesses do povo têm que ser superados prontamente. Atualmente, há que se superar em especial a mentalidade de comodismo e falta de iniciativa, eliminar todo tipo de fenômenos que impliquem o divórcio das massas, opor-se decididamente às tendências nocivas do formalismo e do burocratismo. Os quadros de todos os níveis têm que dar importância, em todo momento e lugar, à realidade e aos resultados efetivos, realizar o trabalho com criatividade e, atendendo às necessidades e às urgências das massas, procurar-lhes benefícios.

Todos os camaradas do Partido devem estar plenamente conscientes da suma importância que têm a luta contra a corrupção e a promoção da honestidade administrativa que está relacionada com a vida ou morte do Partido e da nação, e levar até o fim a construção do estilo de trabalho do Partido e da honestidade administrativa e da luta anticorrupção. Há que se ter plena consciência de o quão prolongado, árduo e complicado pode ser o combate contra a corrupção; há que se implantar a mentalidade para uma guerra prolongada e, ao mesmo tempo, intensificar os trabalhos na atualidade. Há que se persistir na política de tratar ao mesmo tempo o sintoma e a origem do problema, com o objetivo de levantar um sólido dique de defesa ideológica contra a corrupção e a degeneração e, ao mesmo tempo, esforçar-se por remover as áreas e condições que favoreçam o crescimento dos fenômenos de corrupção, mediante a implantação de novos mecanismos, endurecendo as medidas que permitam prevenir e resolver o problema da corrupção em sua origem. O povo é que nos confere o poder, e os quadros em todos os níveis são servidores públicos do povo e têm que submeter-se à supervisão do povo e da lei. Há que se estabelecer e aperfeiçoar os mecanismos de controle e supervisão que assegurem o exercício das funções conforme a lei, mediante a consolidação da supervisão interna do Partido, a supervisão legal e a supervisão pelas massas. A chave consiste em consolidar a supervisão sobre os quadros dirigentes para garantir que empreguem corretamente suas atribuições. Todos os militantes do Partido, sobretudo os quadros dirigentes, devem se comportar sempre com honestidade e integridade, a fim de resistir à prova da reforma e abertura e do exercício do poder, a prova do poder, do dinheiro e do sexo. Não se permite em absoluto abusar do poder em busca de proveito pessoal e desnaturalizar a justiça com suborno. As organizações dos diversos níveis do Partido e seus quadros dirigentes devem adotar uma posição clara e firme na luta contra a corrupção. Todo ato de corrupção e todo elemento corrupto serão investigados a fundo e tratados sem a menor indulgência e com mão de ferro. No seio do Partido não se permite refúgio para os elementos corruptos. Temos que ganhar a confiança do povo através dos êxitos reais obtidos na construção do estilo de trabalho do Partido e da honestidade administrativa.

No fim das contas, frente às importantes tarefas históricas que temos sobre nossos ombros, frente às influências dos diversos fatores complexos e à prova dos diversos riscos que procedem dentro e fora do nosso país, se nosso Partido quer ser sempre a vanguarda da classe operária da China e, ao mesmo tempo, ser a vanguarda do povo chinês e da Nação Chinesa, ser a resposta às exigências de desenvolvimento das forças produtivas avançadas da China, ser o rumo da cultura avançada da China e o fiel representante dos interesses fundamentais das mais amplas massas da China, ser o núcleo dirigente na construção do socialismo do tipo chinês, tem que consolidar e melhorar, de maneira incessante, a construção do Partido e fazer esforços para que todos seus militantes se convertam em comunistas resolutos.

IV. Continuar lutando para levar a cabo a linha fundamental e as tarefas históricas do Partido

Nosso país entrou em uma nova etapa de desenvolvimento, em que se está construindo uma sociedade de vida modestamente confortável e se acelerando a modernização socialista em todos os aspectos. Todos os camaradas do Partido devem pensar nos perigos em tempos de paz, elevar a consciência das penalidades, livrar-se da arrogância e da precipitação, continuar impulsionando, em todos os sentidos, a reforma e abertura e a modernização, e trabalhar com afinco para realizar no nível fundamental a modernização socialista em meados deste século.

O programa de um partido político é uma bandeira. Nas diferentes etapas históricas da revolução, construção e reforma da China, nosso Partido não só manteve seu programa básico por etapas, isto é, o programa mínimo, e também seu programa máximo que define as metas da luta a longo prazo. Nós somos partidários da unificação do programa mínimo e do máximo.

Temos plena convicção na tese fundamental do marxismo de que a sociedade humana caminhará inevitavelmente ao comunismo. O comunismo será materializado somente quando a sociedade socialista alcançar pleno desenvolvimento e estiver altamente desenvolvida. A sociedade comunista será uma sociedade em que haverá riquezas materiais mais que suficientes e um nível espiritual muito elevado do povo, em cada um poderá desenvolver-se livre e plenamente. Há que compreender que a materialização do comunismo é um processo histórico muito longo, de que tínhamos entendimento pouco profundo e relativamente simples no passado e muito mais completo e profundo na atualidade depois de tantos anos de prática. Podemos fazer uma previsão científica da orientação do futuro desenvolvimento social, mas o desenvolvimento concreto dos assuntos futuros deve ser decidido pela prática futura. É imperativo persistir na direção correta, mas é impossível e desnecessário imaginar e descrever concretamente o futuro longínquo. As experiências e lições do passado demonstram plenamente que com dita imaginação e descrição é muito fácil cair na ilusão irrealizável. Todos nós temos que conhecer profundamente esta verdade.

Todos os camaradas do Partido devem fomentar nobres ideais comunistas, fortalecer a convicção, e ser exigentes e animar-se com elevada ética ideológica e, além disso, fazer esforços incessantes para cumprir, com seriedade e firmeza, o programa fundamental do Partido na atual etapa e realizar de maneira sólida cada trabalho de nossos tempos. Se nos esquecermos dos nobres ideais e só pensarmos no presente, perderemos a direção; se abandonarmos o trabalho real e falarmos vagamente de nobres ideais, nos afastaremos da realidade.

A China está e permanecerá por longo tempo na fase inicial do socialismo, que também é a fase inicial de todo o prolongado processo histórico para construir o socialismo do tipo chinês. Com o desenvolvimento econômico e pleno progresso social, a construção socialista da China entrará em uma fase superior de desenvolvimento, quando todas as condições estiverem presentes. Os camaradas de todo o Partido devem aplicar inabalavelmente a linha fundamental do Partido na fase inicial do socialismo e ter sempre a construção econômica como centro, perseverar nos quatro princípios fundamentais, persistir na reforma e abertura, lutar por cumprir o programa fundamental do Partido na atual fase e fazer avançar sem cessar a causa da construção do socialismo do tipo chinês para o futuro.

Todos os camaradas do Partido e todo o povo do país devem esforçar-se, de acordo com as exigências econômica, política e cultural para a construção do socialismo do tipo chinês, para alcançar as metas de desenvolvimento do período do Décimo Plano Qüinqüenal, ter o desenvolvimento como tema principal, o reajuste estrutural como linha dominante, a reforma e abertura e o progresso científico e tecnológico como força motriz, e a elevação do nível de vida do povo como ponto fundamental de partida, a fim de impulsionar o desenvolvimento econômico e o progresso social. É necessário prestar atenção permanente ao manejo apropriado das relações entre a reforma, o desenvolvimento e a estabilidade, conhecer e resolver corretamente as contradições no seio do povo e manter permanentemente a estabilidade e a unidade na sociedade.

Os diversos assuntos de que tratamos para construir o socialismo do tipo chinês e todos os trabalhos que fazemos devem basear-se em demandas da vida material e cultural real do povo e, ao mesmo tempo, no melhoramento da qualidade do povo, quer dizer, na promoção do desenvolvimento integral do ser humano. Este é um requisito essencial do marxismo sobre a construção da nova sociedade socialista. Devemos fomentar continuamente o desenvolvimento integral do ser humano com base na promoção das civilizações da sociedade socialista nos níveis material e espiritual.

É mister levar o povo de toda a China, o quanto antes, a uma vida modestamente confortável, e fazê-lo avançar a um nível mais alto. Há que se persistir na política do Partido de enriquecer o povo e, com base no desenvolvimento econômico, esforçar-se por aumentar a renda dos habitantes urbanos e rurais, melhorar constantemente as condições do povo de alimentação, abrigo, habitação, transporte e outros consumos, aperfeiçoar o sistema de seguridade social, melhorar as condições de atendimento médico e sanitário e elevar a qualidade de vida. Através do enriquecimento primeiro de uma parte das pessoas e regiões, estas impulsionarão as restantes, a fim de conseguir gradualmente a prosperidade comum de todo o povo do país.

Deve-se colocar em pleno funcionamento a atividade consciente e o grande espírito criador das massas populares e assegurar que estas manejem melhor sua própria vida, realizem seus desejos e obtenham seus interesses de acordo com a lei. É imperativo continuar promovendo a reforma da estrutura política, desenvolvendo a política democrática socialista e aperfeiçoando o sistema legal socialista, com o objetivo de garantir plenamente os direitos do povo às eleições, à decisão, à administração e à supervisão democráticas.

É mister esforçar-se para melhorar a qualidade ideológica, ética, científica e cultural de toda a nação e conseguir um desenvolvimento integral na vida do povo nos terrenos ideológico e espiritual. Há que se fortalecer o trabalho ideológico e político convincente, promover as causas educacional, científica e tecnológica, fazer prosperar a cultura socialista e permitir que todas as pessoas tenham a oportunidade de ser educadas, de desfrutar, com plenos direitos, os resultados culturais, vivendo num mundo espiritual mais enriquecido e com último uma vida cultural mais rica e variada.

É necessário levar adiante a harmonia entre o ser humano e a natureza, para que as pessoas possam trabalhar e viver em um agradável ambiente ecológico. Há que se persistir na aplicação da estratégia de desenvolvimento sustentável, tratar corretamente as relações entre o desenvolvimento econômico e a população, os recursos naturais e o meio ambiente, melhorar o ambiente ecológico, embelezar o ambiente de vida e melhorar as instalações públicas e o bem-estar social. Deve-se abrir com esforço o caminho do desenvolvimento civilizado de produção desenvolvida, vida confortável e meio ambiente melhorado.

Promover o desenvolvimento humano em todos os aspectos, fomentar o progresso econômico e cultural e melhorar a vida material e cultural da população servem conjuntamente como premissa e base. Quanto mais se desenvolver a pessoa de maneira integral, mais riquezas materiais e culturais se poderá criar na sociedade e se melhorará cada vez mais a vida do povo. Por sua vez, as condições materiais e culturais dotarão o desenvolvimento humano integral de maiores possibilidades. O nível de avanço das forças produtivas sociais, a economia e a cultura é um processo histórico ilimitado em constante progresso, também assim é o grau de desenvolvimento integral da pessoa. Na marcha para a frente, estes dois processos históricos devem unir-se e promover-se mutuamente.

Nas novas circunstâncias, é indispensável continuar promovendo ativamente a modernização da defesa nacional e do exército, aumentando a força real da defesa nacional com base no desenvolvimento econômico, a fim de salvaguardar a segurança nacional e a unidade da pátria. Há que se persistir no princípio básico do comando absoluto do Partido sobre o exército, aplicar as exigências gerais para que este seja "qualificado na política, forte no treinamento militar, bom no estilo de trabalho, rigoroso na disciplina e efetivo na logística", tomar a estratégia militar do novo período como alinhamento global, dar ênfase ao melhoramento da qualidade, robustecer o exército mediante a aplicação da ciência e tecnologia e administrá-lo segundo a lei, a fim de converter o Exército Popular de Libertação num poderoso exército revolucionário, moderno e regular. Há que se reforçar a construção das forças de reserva para a defesa nacional, desenvolver a indústria com tecnologia dedicada à defesa e aperfeiçoar o sistema de mobilização para o mesmo fim. Há que se consolidar e reforçar constantemente a unidade tanto entre o governo e o exército como entre este e o povo.

Camaradas e amigos:

Desde sua fundação, levantando no alto a grande bandeira de patriotismo, o PCCh escreveu epopéias em sua luta pela revitalização nacional e a reunificação do país. Os anos posteriores à proclamação da Nova China foram testemunhas dos incansáveis esforços realizados pelos comunistas chineses de várias gerações para conquistar a reunificação total da pátria. Atendendo ao princípio de "reunificação pacífica e um país, dois sistemas", já resolvemos com êxito as questões de Hong Kong e Macau, legadas pela história, e estamos empenhados em solucionar, quanto antes, a questão de Taiwan, e realizar a magna causa da reunificação total da pátria. Jamais se permitirá modificar o *status* de Taiwan como parte da China. É firme e invariável a posição dos comunistas chineses em defesa da soberania nacional e da integridade territorial. Temos a máxima sinceridade no empenho de conseguir a reunificação pacífica, mas não assumimos o compromisso de renunciar ao uso da força. Dispomos de plena capacidade para impedir qualquer intenção de divisão com a chamada "independência de Taiwan". É a missão iniludível para os comunistas chineses acabar com a situação de separação entre a parte continental e a ilha de Taiwan e tornar realidade a reunificação total da pátria. Aproveito esta ocasião para fazer um chamamento: unam-se, os compatriotas das duas margens do estreito e os chineses do ultramar, continuem empenhando-se na luta para fomentar o desenvolvimento das relações entre os dois lados do estreito e no processo da reunificação pacífica da pátria! A realização da grandiosa causa da reunificação da pátria, que reflete as aspirações do povo, constitui uma tendência histórica cuja corrente nenhuma pessoa nem força é capaz de deter.

Camaradas e amigos:

O mundo exige paz, os povos pedem cooperação, as nações demandam desenvolvimento e a sociedade necessita de progresso. Este é o rumo da época. No século passado, a humanidade sofreu o flagelo das duas guerras mundiais e padeceu do estrago do confronto da guerra fria, pagando um enorme preço. Nem o povo chinês nem os outros povos do mundo querem ver novas guerras, sejam quentes ou frias, assim como novos distúrbios em qualquer região do planeta, não querem ver que um país ou grupo de países voltem a impulsionar um novo hegemonismo e política de força, nem querem ver o contínuo alargamento de disparidade no desenvolvimento e na brecha econômica entre o Sul e o Norte. O povo chinês e os demais povos anseiam uma paz mundial duradoura. Anseiam por levar uma vida estável e segura, estabelecer uma nova ordem internacional justa e razoável, realizar a democratização das relações internacionais e promover o desenvolvimento compartilhado e a prosperidade comum, a fim de criar juntos um belo porvir da humanidade.

A paz e o desenvolvimento são temas principais da época. A multipolarização mundial e a globalização econômica avançam por um caminho sinuoso, a ciência e a tecnologia progridem a um ritmo vertiginoso, aguça-se cada dia mais a concorrência no poderio integral nacional, e verificam-se novas e profundas transformações na composição de forças e na divisão de interesses em nível mundial. Não se solucionou até hoje nenhum dos dois grandes temas relativos à paz e ao desenvolvimento. A tranqüilidade está longe de reinar sobre a Terra. A paz e o desenvolvimento se complementam reciprocamente. A paz mundial é a premissa para a promoção de um desenvolvimento compartilhado pelos países. Este, por sua vez, constitui a base importante para salvaguardar a paz mundial. O problema principal da paz e do desenvolvimento não é outro senão o problema entre o Norte e o Sul. Se os países desenvolvidos, conforme o princípio de igualdade, justiça e benefício mútuo, puderem prestar apoio e ajuda efetivos aos países em desenvolvimento para impulsionar sua economia e cultura, a fim de libertá-los da pobreza e do atraso, então a solução do problema da paz e do desenvolvimento contará com bases importantes.

O PCCh e o povo chinês, sempre juntos com todos os povos amantes da paz e da liberdade no mundo, promovem a nobre causa da paz e do desenvolvimento do mundo. Na grande luta antifascista mundial e na sagrada causa dos povos da Ásia, África e América Latina para conquistar a independência e a libertação nacionais e nos incansáveis esforços para promover o estabelecimento de uma nova ordem internacional justa e razoável, sempre estamos do lado da justiça e lutamos ombro a ombro com povos de diversos países e com todas as forças progressistas do mundo.

No novo século, o PCCh e o governo chinês estão dispostos a estender as mãos a todos os países e povos do mundo amantes da paz, esperançosos do desenvolvimento e aspirantes ao progresso de todo o mundo na luta para obter um ambiente internacional pacífico duradouro e impulsionar de forma conjunta o carro da história rumo ao brilhante porvir.

A finalidade que tem a política exterior da China é salvaguardar a paz mundial e promover o desenvolvimento comum. Persistimos em aplicar nossa política exterior de independência, autonomia e paz, com base nos cinco princípios de coexistência pacífica desenvolvemos contatos amistosos com todos os países do mundo, tratando-os em pé de igualdade, e sustentamos com eles cooperações de benefício mútuo, com o objetivo de promover o progresso da humanidade para que esta avance sem cessar. Com base nos princípios de independência, igualdade total, respeito mútuo e não-intervenção nos assuntos internos alheios, o PCCh fomentará amplamente contatos com os diversos partidos e organizações políticas do mundo e intensificará a cooperação com eles, a fim de impulsionar o desenvolvimento de amizade entre os povos e das relações entre os estados.

Sustentamos sempre que todos os países devem observar os propósitos e os princípios estabelecidos na Carta da ONU e as normas básicas reconhecidas que regem as relações internacionais; que os assuntos de cada país devem ser decididos por seu próprio governo e povo; que os assuntos do mundo sejam consultados com base na igualdade pelos diversos governos e povos, e há que se opor a toda a forma de hegemonismo e à política de força. A comunidade internacional deve adquirir um novo conceito de segurança que tenha como núcleo a confiança mútua, o benefício recíproco, a igualdade e a colaboração, e o esforço pela criação de um ambiente internacional pacífico caracterizado pela estabilidade e segurança duradoura. Todos os países devem fortalecer os intercâmbios e cooperações econômicas e tecnológicas e alterar passo a passo a ordem econômica internacional injusta e irrazoável, de modo que a globalização econômica alcance o objetivo de benefício e existência para todos.

O mundo é rico e variado. A diversidade das civilizações dos países constitui uma linha característica fundamental na sociedade humana e também a força motriz do progresso da civilização humana. É preciso respeitar a história, a cultura, o sistema social e a modalidade de desenvolvimento dos diversos países e reconhecer a realidade que supõe a diversidade do mundo. As distintas civilizações e sistemas sociais no mundo devem coexistir por longo tempo, aprender cada um dos pontos fortes dos outros para superar suas próprias deficiências na competição e na comparação, e desenvolver-se conjuntamente buscando terrenos comuns e deixando de lado as diferenças. Continuaremos esforçando-nos junto com os povos dos diversos países por construir um mundo de paz duradoura e prosperidade geral.

Camaradas e amigos:

Durante os cem anos compreendidos entre meados do século XIX e meados do século XX, todas as lutas travadas pelo povo chinês tinham como fim alcançar a independência da pátria e a libertação nacional e acabar definitivamente com a história de humilhação nacional. Já cumprimos esta grandiosa tarefa histórica. Por outra parte, nos cem anos desde meados do século XX a meados do século XXI, todas as lutas que empreenderá o povo chinês visarão a alcançar a prosperidade da pátria, o conforto do povo e o grande renascimento nacional. Para este empreendimento histórico, o povo de todo o país, dirigido pelo nosso Partido, já lutou cinqüenta anos e conseguiu enormes progressos a respeito e, ao cabo de outros cinqüenta anos de luta, poderá, sem dúvida nenhuma, coroá-lo de vitória.

Jovens das diversas etnias do país, vocês representam o futuro da pátria e da nação e encarnam a esperança de prosperidade da nossa causa. A grandiosa causa de modernização socialista necessita de vocês e suas realizações, e o grande renascimento da Nação Chinesa se fará realidade através de suas mãos. O Partido e o povo depositam ardente esperança em vocês e desejam que vocês amem a pátria e o povo, tenham nobres aspirações e amplas visões, desenvolvam na plenitude sua inteligência e sabedoria, mostrem o valor de sua própria vida no amplo cenário da reforma e abertura e da modernização e juntem esforços para realizar façanhas dignas da época e do povo.

Todos os êxitos que obtivemos já estão inscritos nos anais. Temos pela frente um caminho mais longo por percorrer. O conhecimento da verdade é um processo de avanço incessante e o é também a transformação do mundo. Que sejamos homens perseverantes em constante busca da verdade e que lutemos por ela. Em nenhum momento e sob nenhuma circunstância os camaradas de todo o Partido devem conformar-se com o estado atual das coisas e temer dificuldades e riscos. Unindo-nos estreitamente com o povo das diversas etnias, devemos converter nossa grande pátria num país socialista moderno, próspero, democrático e civilizado, fazendo assim novas e maiores contribuições à humanidade.

Viva a grande pátria!

Viva o grande povo chinês!

Viva o grande Partido Comunista da China!

Intensificar a Cooperação para Enfrentar Conjuntamente os Novos Desafios do Novo Século*

(21 de outubro de 2001)

* Discurso proferido por Jiang Zemin na 9ª Conferência de Cúpula Não-Oficial da APEC realizada em Shanghai, China.

Estimados colegas:

Estou contentíssimo por reunirmo-nos neste outono dourado em Shanghai para discutir os importantes assuntos da cooperação econômica da região Ásia-Pacífico. Em primeiro lugar, em nome do governo e do povo chineses e em meu próprio nome, manifesto calorosas boas-vindas a todos os presentes!

Como dirigentes da região Ásia-Pacífico, temos nos ombros a responsabilidade de debater e elaborar a estratégia para promover o desenvolvimento comum condizente ao desenvolvimento do novo século, e para impulsionar o desenvolvimento e a prosperidade da região Ásia-Pacífico.

Ainda na Primeira Conferência de Cúpula Não-Oficial da APEC realizada em 1993, eu disse: que tipo de mundo deve-se levar para o século XXI constitui uma importante questão que a nossa geração de dirigentes tem que considerar e resolver de forma conscienciosa. Olhando para atrás, podemos dizer que a situação do mundo e da Ásia-Pacífico no início do novo século tem sido tanto agradável como preocupante. Por um lado, a paz e o desenvolvimento continuam sendo o tema principal da época, a globalização econômica encontra-se em contínua evolução, a ciência e tecnologia progridem dia a dia e as indústrias, envolvendo ciência e tecnologia de ponta, desenvolvem-se vigorosamente, proporcionando assim novas oportunidades para o desenvolvimento econômico e a elevação do nível de vida dos povos de todos os países. Por outro, o desequilíbrio do desenvolvimento e a diferença entre os ricos e os pobres tanto no mundo como na região Ásia-Pacífico estão agravando o "abismo digital". Este ano, a economia de algumas das principais entidades econômicas da região Ásia-Pacífico teve seu crescimento desacelerado e a demanda do mercado diminuiu em certo grau, exercendo influências negativas sobre a estabilidade do mercado comercial e financeiro. Além disso, o "Incidente de 11 de Setembro" provocado por terroristas contra os EUA causou graves conseqüências.

Levando em consideração a situação em seu conjunto, existem tanto oportunidades como desafios. Devemos aproveitar bem as oportunidades, envidar esforços conjuntos e adotar medidas para enfrentar os desafios e fomentar ainda mais o desenvolvimento econômico da região Ásia-Pacífico no novo século. Trata-se da principal responsabilidade dos dirigentes desta região. Intensificar a cooperação para que todos os países-membros se beneficiem da globalização econômica e do progresso científico e tecnológico constitui o objetivo que a APEC deve esforçar-se para alcançar. Adotar medidas concretas e eficazes, fortalecer a confiança e recuperar e manter o crescimento econômico constituem a questão que requer premente consideração desta reunião.

De uma perspectiva de longo prazo, a região Ásia-Pacífico continua sendo a de maior vitalidade no desenvolvimento econômico do mundo. Desde que todos os países e regiões envidem esforços conjuntos e cooperem ombro a ombro para superar as dificuldades, a região Ásia-Pacífico acolherá uma nova fase de desenvolvimento. Partindo dos interesses comuns da APEC, os membros devem intensificar a macrocoordenação política, aprofundar a reforma da estrutura econômica e estabilizar o mercado financeiro, a fim de criar um bom macroambiente para a recuperação econômica e desenvolvimento sustentável. Como principais beneficiários da globalização econômica e importante força no fomento do crescimento econômico mundial, os países desenvolvidos devem adotar mais medidas, o mais cedo possível, para reconstruir a confiança do mercado e ampliar a demanda, a fim de impulsionar a economia do mundo e da região a recuperar e desenvolver-se o mais cedo possível. Os países desenvolvidos têm a responsabilidade de ajudar os países em desenvolvimento a se livrar da pobreza o mais rápido possível, o que também facilita o desenvolvimento sustentável dos países desenvolvidos.

A APEC deve apoiar firmemente o sistema de comércio multilateral e intensificar a cooperação econômica e tecnológica, esforçando-se para concretizar os objetivos de Bogor no sentido de liberalizar o investimento comercial dos países-membros desenvolvidos e em desenvolvimento respectivamente em 2010 e 2020. Quando todos os países da comunidade internacional se beneficiarem da globalização econômica, esta poderá desenvolver-se sem obstáculos e a economia mundial poderá manter o seu crescimento estável. A nova economia só poderá desenvolver sua potencialidade com a priorização da ampla participação de todos os membros e todos os setores sociais.

Intensificar a cooperação econômica e tecnológica com a capacitação dos recursos humanos para que ela se desenvolva de maneira equilibrada junto com a liberalização de comércio e investimento constitui um caminho eficaz para alcançar o objetivo acima mencionado. Os recursos humanos são os recursos mais valiosos. O fortalecimento da capacitação dos recursos humanos corresponde tanto à consideração de longo prazo como às necessidades atuais. O desenvolvimento dos recursos humanos já se tornou um dos temas principais da cooperação da APEC e a área onde há maior consenso e com melhor base de cooperação entre os países-membros desta organização regional. Devemos converter esta opção estratégica em ação estratégica concreta e promover de maneira estável o seu desenvolvimento em busca de efeitos positivos. Os governos dos diversos países-membros devem assumir sua devida responsabilidade e ao mesmo tempo desencadear a força dos setores industrial, comercial, educacional e acadêmico para desenvolver sua iniciativa e criatividade. Em maio deste ano, a China e Brunei co-patrocinaram em Beijing uma reunião de cúpula, que teve como tema a capacitação de recursos humanos da APEC. A reunião aprovou a "Proposta de Beijing", definindo a tríplice parceria entre os setores governamental, educacional, acadêmico assim como industrial e comercial. Além de uma exploração útil da capacitação de recursos humanos, a iniciativa serve como um exemplo para a cooperação econômica e tecnológica em terrenos ainda mais amplos.

Para pôr em prática o consenso da reunião de Beijing, o governo chinês e algumas empresas de tecnologia de informática e telecomunicações e organismos educacionais internacionalmente reconhecidos desenvolveram conjuntamente projetos de continuidade da "Proposta de Beijing". Tais projetos abrangem a formação do pessoal especializado em tecnologia de informática, a popularização dos conhecimentos de internet e o estabelecimento do fórum de capacitação de recursos humanos. Segundo o plano, dentro de três anos, a sua plataforma de internet preparará gratuitamente 1.500 técnicos de alto nível no setor de internet para os membros da APEC. Além disso, o governo chinês destinará uma verba de dois milhões de dólares americanos para estabelecer o "Projeto de Finança e Desenvolvimento da APEC" destinado a fortalecer a formação do pessoal especializado no setor financeiro da APEC e a elevar a capacidade de desenvolvimento econômico sustentável dos países-membros da organização.

Perante os desafios do novo século, a APEC deve desempenhar um papel ainda maior no fomento do crescimento econômico e da prosperidade da região, partindo da realidade e da necessidade da atualidade. Como um mecanismo de cooperação econômica intergovernamental do nível mais alto desta região, a APEC deu importantes contribuições para o desenvolvimento econômico tanto do mundo como da própria região. O "Modelo APEC", constituído pelos princípios de unanimidade baseada em consultas e de autonomia e espontaneidade, corresponde à realidade objetiva da diversificação da região, sendo um elemento-chave com que os membros conquistam êxitos através de intensificação de cooperação. A APEC deve conferir novos conteúdos à intensificação da cooperação posterior com base nas experiências obtidas.

A APEC deve ficar sempre à frente do desenvolvimento econômico mundial e regional e adaptar-se à situação e ao caráter do desenvolvimento econômico mundial e regional, desempenhando importante papel orientador na solução dos problemas relevantes enfrentados pelo desenvolvimento econômico tanto mundial como regional.

Com base no respeito à diversidade, a APEC deve dar passos ainda mais firmes na concretização do "Objetivo de Bogor". Deve continuar observando o princípio de "regionalismo aberto" para contribuir ao fomento do desenvolvimento do sistema comercial multilateral.

O desenvolvimento da APEC deve representar amplos interesses comuns de todos os seus membros. É necessário adotar medidas de cooperação mais eficazes para reduzir a diferença entre os membros e fortalecer a coesão, de forma que se mantenha a vitalidade da organização e se concretize a prosperidade comum de todos os membros.

Estou convencido de que, através de esforços conjuntos de todos os membros, o processo de cooperação da APEC obterá sucessos ainda maiores com base na cooperação e participação.

Como sempre, a China empenha-se na reforma e abertura e na modernização. Nosso país já entrou numa nova fase de desenvolvimento para construir uma sociedade de vida modestamente confortável em todos os aspectos e acelerar a modernização socialista. Durante o atual Décimo Plano Qüinqüenal de desenvolvimento econômico e social, persistiremos em considerar o desenvolvimento como tema principal, o reajuste estrutural como princípio dominante, a reforma e abertura, progresso científico e tecnológico como força motriz e a elevação do nível de vida do povo como ponto de partida fundamental, a fim de continuar impulsionando o crescimento econômico e o progresso social.

A China participará, de maneira mais ativa, da cooperação econômica e tecnológica tanto da região como do mundo inteiro. Depois de ingressar na OMC, a China observará rigorosamente as regras do mercado conforme a prática internacional e aplicará uma política de comércio e investimento aberta, transparente e de igualdade, e promoverá a configuração de abertura ao exterior, que é onidirecional, a múltiplos níveis e de amplo alcance. Uma China estável, desenvolvida e progressista dará contribuições ainda maiores para o fomento da paz e do desenvolvimento tanto do mundo como da região.

Estimados colegas!

No passado criamos a forma bem-sucedida de cooperação da APEC que promoveu o desenvolvimento e a prosperidade da região Ásia-Pacífico. No futuro, a APEC continuará avançando com base na confiança e cooperação mútuas entre seus membros.

A manutenção do contínuo crescimento econômico requer um ambiente estável e pacífico. O terrorismo é um mal social que sabota a estabilidade. A luta contra o terrorismo constitui uma tarefa comum dos povos de todos os países. Que cooperemos ombro a ombro nos esforços para criar um ambiente internacional e regional em que os povos de todos os países compartilham o sucesso, a tranqüilidade e a prosperidade!

Desenvolver e Fazer Prosperar a Causa Literária e Artística para Construir uma Cultura Avançada no nosso País*

(18 de dezembro de 2001)

*Discurso de Jiang Zemin na 7ª Conferência Nacional da Confederação dos Setores Literário e Artístico e na 6ª Conferência Nacional da Associação dos Escritores da China.

A 7ª Conferência Nacional da Confederação dos Setores Literário e Artístico da China e a 6ª Conferência Nacional da Associação dos Escritores da China são os primeiros grandiosos encontros dos trabalhadores de literatura e arte chinesas, a primeira reunião grandiosa dos artistas da China no novo século, com o objetivo de unir e incentivar ainda mais os literatos e artistas a continuarem lutando para construir a cultura socialista do tipo chinês, promover a modernização e concretizar a grande revitalização da nação chinesa.

A literatura e a arte constituem um vívido reflexo das atividades práticas sociais da humanidade e uma importante demonstração das atividades de criação espiritual humana. Na caudalosa corrente do avanço social ao longo da história, todas as obras literárias e artísticas avançadas e saudáveis têm sido enorme estímulo e prazer de estética para o povo.

Nos cem anos do século XX, a China conheceu grandes transformações, o povo chinês efetuou incansáveis lutas para alterar a situação de extrema pobreza e fraqueza, e para concretizar a aspiração à prosperidade da nação. Nesse período histórico, paralelamente ao nascimento e desenvolvimento da nova cultura orientada pelo marxismo, a literatura e a arte do nosso país têm se adaptado às características e necessidades da época e integraram-se às grandes práticas da revolução, construção e reforma, percorrendo uma trajetória de constante desenvolvimento e acompanhando a tendência da época.

O século XX foi um centenário em que se verificou enorme libertação do espírito do povo chinês. Nesse período, o povo chinês tinha um espírito criativo sem precedentes na luta pela sua própria libertação e felicidade. Tal enorme transformação verificada no mundo espiritual e na vida espiritual do povo chinês é inseparável do progresso e prosperidade da literatura e arte do nosso país.

Sob a direção do nosso Partido, os trabalhadores de literatura e arte criaram grande número de famosas obras com seus trabalhos diligentes, e muitos deles tornaram-se mundialmente conhecidos. Foram eles que deram importantes contribuições para o desenvolvimento da causa do Partido e do povo chinês, para a prosperidade literária e artística do nosso país e para a elevação do nível de vida espiritual e cultural das massas populares. Em nome do Comitê Central do Partido do Conselho de Estado, expresso a elevada saudação e sinceros cumprimentos a todos os trabalhadores de literatura e arte do país!

A humanidade já entrou num novo século. Até meados do presente século, concretizaremos fundamentalmente a modernização e a grande revitalização da nação chinesa. Naquele então, uma China socialista moderna próspera, democrática e civilizada estará erguida no Oriente do mundo e seu povo dará novas e ainda maiores contribuições à humanidade. Trata-se da missão histórica pelo que o povo chinês tem lutado na época moderna. Todos os filhos da nação chinesa, dotados de elevada aspiração e nobre ideal, sentem-se orgulhosos por entregar-se a esta grandiosa e bela causa. A realização da grande revitalização da nação chinesa necessita tanto da civilização material desenvolvida como da civilização espiritual avançada. A concretização do desenvolvimento coordenado das civilizações material e espiritual constitui o indispensável caminho do progresso social do nosso país em todos os terrenos. Nossos trabalhadores de literatura e arte têm nos ombros uma importante responsabilidade pelo fomento da construção dessas civilizações, especialmente a da civilização espiritual.

A renhida competição pelo poder integral no mundo de hoje compreende não só os setores econômico, científico e tecnológico e da defesa nacional, mas também o setor cultural. O aprofundamento da multipolarização mundial e da globalização econômica tem provocado o estímulo mútuo e, simultaneamente, a absorção e a exclusão mútuas, a integração e o conflito, a infiltração e a resistência entre os diversos tipos de pensamentos e culturas do mundo, históricos e atuais, estrangeiros e locais, avançados e atrasados, progressistas e decadentes. Os países em desenvolvimento, numa posição fraca em termos gerais, enfrentam severos desafios não só no desenvolvimento econômico, mas também no desenvolvimento cultural. Manter e desenvolver a boa tradição da cultura nacional, desenvolver energicamente o espírito nacional e absorver ativamente os excelentes resultados culturais de outros países do mundo, para que a cultura avance acompanhando a tendência da época, constituem uma importante questão que diz respeito ao futuro e ao destino de todos os países em desenvolvimento.

Empenhar-se em desenvolver a cultura avançada do nosso país para que ela desempenhe um papel mais atrativo e mais propulsor entre os povos tanto da China como de outras partes do mundo e envidar esforços pelo fortalecimento da avançada força produtiva do nosso país para que a China acelere os passos para entrar na fileira dos países desenvolvidos, são duas tarefas estratégicas da concretização da modernização socialista. Só uma cultura avançada socialista de caráter nacional, científico e popular voltada à modernização, ao mundo e ao futuro poderá satisfazer as crescentes necessidades da vida espiritual e cultural do povo, impulsionará de maneira constante a elevação da qualidade ideológica e moral e da qualidade científica e cultural do povo, e poderá indicar um correto caminho e proporcionar um forte apoio intelectual ao desenvolvimento econômico e da avançada força produtiva.

Desenvolver e fazer prosperar a cultura avançada é uma tarefa extremamente importante, exigindo que o nosso país e nosso povo mantenham sempre um estado espiritual de avanço intrépido e promissor no caminho da construção do socialismo do tipo chinês. Sem um dinâmico espírito nacional, sem uma elevada qualidade nacional e sem uma firme aspiração nacional, uma nação jamais entrará na fileira dos países avançados do mundo. Devemos robustecer constantemente a força espiritual e enriquecer continuamente o mundo espiritual de toda a nação, que é a única maneira para conduzir todo o povo a avançar com vontade única e a passos firmes.

Na longa história do nosso país, o povo de todas as nacionalidades formaram e desenvolveram o espírito nacional da nação chinesa na construção da grande pátria e de sua bela terra natal e na luta contra a agressão do exterior e as dificuldades e perigos. O espírito de unidade e unificação, de independência e autonomia, de amor pela paz e de avanço a passos firmes constituem o excelente espírito da nação chinesa. Foi apoiando-se neste espírito nacional que o povo chinês realizou sucessivos milagres no vasto território da pátria e criou a brilhante civilização da nação chinesa que merece a admiração do mundo inteiro.

O nosso espírito nacional constitui não só a poderosa força motriz espiritual da nação chinesa nos mais de cinco mil anos de luta, desenvolvimento e crescimento, mas também a força motriz do povo chinês na sua futura vivência de geração em geração, desenvolvendo as suas tradições e abrindo o caminho.

O espírito nacional constitui nossa valiosa riqueza espiritual que devemos herdar e desenvolver de gerações em gerações e enriquecê-la com novos conteúdos segundo as necessidades da época e da sociedade.

A literatura e a arte constituem a tocha do espírito nacional e o toque de clarim do avanço do povo, podendo desempenhar um papel extraordinariamente importante na formação e no desenvolvimento do espírito nacional. Desde os tempos remotos até a presente época, todas as nações do mundo, sem exceção, sofreram profundas influências de suas obras-primas literárias e artísticas e seus grandes mestres do setor de cada período histórico de desenvolvimento. O espírito da nação chinesa não só está presente na vida espiritual e no mundo espiritual do povo chinês, mas também reflete-se em todas as suas obras-primas literárias e artísticas nos últimos milhares de anos e em todas as atividades de criação espiritual de todos os destacados literatos e artistas.

Da história de desenvolvimento da civilização tanto da China como do mundo, podemos perceber que cada época forma seus literatos e artistas, cujas obras-primas são sempre importantes símbolos do progresso da época e do desenvolvimento social e toques de clarim de luta árdua do povo. As famosas obras dos grandes mestres literários e artísticos tanto chineses como estrangeiros, tanto da antigüidade como de nossa era, refletem, sem exceção, os clamores e necessidades da época. Essas obras ou aplaudem a transformação da sociedade e saúdam o progresso da época, ou enaltecem o heróico povo que ousa conquistar vitórias e elogiam os homens valentes que avançaram desafiando dificuldades, ou dão entusiástico apoio às coisas avançadas e criticam impiedosamente as coisas decadentes, ou dão alegria ao povo ou público, dão-lhe uma inspiração filosófica. Numa palavra, todas as obras-primas literárias e artísticas da história refletem os profundos clamores do coração do povo e as necessidades mais urgentes de avanço da época, sendo todas elas a cristalização da integração do poder atrativo artístico com o progresso da realidade social, assim como o produto dos sentimentos e da inspiração criativa dos literatos e artistas impulsionados profundamente pela época e pela vida. É exatamente por este motivo que todas as obras dos grandes mestres são eternas através das gerações, imortalizando o nome de seus criadores.

Examinando toda a história de desenvolvimento da literatura e arte da China e do mundo, podemos perceber nitidamente que um importante motivo que permitiu a criação das obras eternas aos autores de cada época é que eles possuíam um espírito de constante busca de contínuas inovações acompanhando os passos do progresso da época. Desde os “Livros de odes”, anteriores às dinastias Qin e Han, e as “Prosas e poesias do reino Chu”, até as prosas da dinastia Han, as poesias da dinastia Tang e da dinastia Song, as óperas e cantos da dinastia Yuan e os romances das dinastias Ming e Qing, desde as mitologias e epopéias da Grécia Antiga até os sonetos da Idade Média da Europa, às famosas obras da época de Renascença e obras românticas e realistas dos séculos XVIII e XIX, todas essas obras com ricos e variados conteúdos e formas de constantes renovações formaram o caráter e superioridade das obras artísticas de cada época. Este novo espírito de criação artística na história chinesa e estrangeira merece conscienciosa meditação, estudo e assimilação.

Os literatos e artistas da China da presente época devem seguir o caminho do desenvolvimento da cultura avançada, integrar-se espontaneamente à grande prática da reforma e abertura e da modernização e esforçar-se para promover a renovação e a prosperidade artística do nosso país, a fim de criar obras que promovam o espírito nacional da nação chinesa e o espírito de progresso da nossa época para educar, estimular e dinamizar o povo, e fazer prosperar o setor artístico, contribuindo para formar gerações e gerações socialistas dotadas de ideal, integridade, cultura e disciplina. Trata-se da solene missão dos literatos e artistas contemporâneos do nosso país.

Os artistas tanto nos setores de literatura, teatro, cinema, televisão, música, dança, belas-artes, fotografia, caligrafia, Quyi e acrobacia, como de literatura e arte folclórica e popular, devem assumir inalienavelmente esta missão histórica, desenvolver plenamente sua sabedoria e criar, com suas próprias formas artísticas, excelentes obras dignas da nossa época, da nossa pátria socialista e do nosso povo, de forma que, no jardim artístico do nosso país, surjam cada dia mais excelentes obras e destacados artistas. Trata-se também da aspiração do povo.

Espero que os trabalhadores de literatura e arte persistam no marxismo-leninismo, no pensamento de Mao Tsé-tung e na teoria de Deng Xiaoping como princípio orientador, observem o princípio da "tríplice representatividade" e integrem-se e conheçam profundamente a prática da reforma e abertura e da modernização e tenham como objetivo a vanguarda do desenvolvimento científico e cultural do mundo, a fim de promover incessantemente o desenvolvimento e a prosperidade da causa artística em nosso país. Devem persistir na idéia de servir ao povo e ao socialismo e no princípio de que cem flores desabrochem e cem escolas de pensamento se rivalizem, desenvolver a melodia principal e preconizar a diversidade, divulgar ativamente o patriotismo, o coletivismo e o socialismo, insistir firmemente em boicotar o culto ao dinheiro, o hedonismo e o individualismo extremo, promover de maneira ativa a cultura avançada e esforçar-se para reformar a cultura atrasada e resistir à cultura decadente. Devem persistir no princípio de buscar a verdade nos fatos, opor-se ao errôneo, elogiar o que é belo e bom, opor-se ao que é infame, respeitar a ciência e lutar contra a ignorância, persistir na inovação e opor-se às práticas caducas, com o objetivo de tornarem-se forças principais no desenvolvimento da cultura avançada.

Espero que eles defendam sempre a verdade de que o povo é a própria mãe e a vida é a fonte de criação. Devem-se persistir no convívio com as massas e penetrar na sua vida para dominar a tendência da época, compreender plenamente o significado da época no sentido da construção do socialismo do tipo chinês, compreender plenamente os interesses fundamentais da esmagadora maioria das massas populares e as demandas destas quanto ao desenvolvimento artístico. As obras que se afastam do povo e da vida e as obras maneiristas que carecem de naturalidade não podem ter força impulsora nem vitalidade. Só podem ser criações estéticas se proporcionam os melhores alimentos espirituais ao povo quando apreendem modestamente das massas populares e da vida e se alimentam das grandes práticas e da rica e variada vida das massas populares, acumulando seus conhecimentos de vida e de arte. As atividades artísticas populares são muito importantes para enriquecer a vida espiritual e cultural das massas populares. Os artistas devem contribuir ativamente para as atividades artísticas populares e criar as melhores obras para promover seu vigoroso desenvolvimento.

Espero que os trabalhadores de literatura e arte empenhem-se em herdar e desenvolver a excelente tradição cultural da nação chinesa, a tradição cultural revolucionária formada após o Movimento de 4 de Maio, estudar e aproveitar ativamente os resultados das civilizações avançadas criadas pelos povos de todo o mundo, e persistir no princípio de que o antigo serve ao presente e o estrangeiro serve à China, avançar acompanhando a tendência da época e expulsar o arcaico para desenvolver o novo. Deve-se integrar o desenvolvimento da tradição com o empreendimento da renovação, pois renovar constitui o inevitável desenvolvimento do herdar. É necessário apoiar-se em si próprio e assimilar todos os pontos fortes dos outros para impulsionar o pleno desenvolvimento da forma, estilo e escola artísticas do nosso país e enriquecer o seu gênero, tema e motivo.

Espero que todos os trabalhadores desse ramo prestem atenção aos trabalhos da teoria e crítica literárias e artísticas. O desenvolvimento literário e artístico é inseparável da orientação da teoria e do fomento de críticas literárias e artísticas. Deve-se, adaptando-se às características da época e combinando-se com as necessidades da prática real, esforçar-se para fortalecer a construção da teoria literária e artística e empreender ativamente a crítica, realizar corajosamente a renovação desses trabalhos, proporcionando correta orientação ao sadio desenvolvimento e à causa literária e artística.

Em suma, espero que os literatos e artistas formem um grandioso contingente dedicado à luta pela prosperidade literária e artística do nosso país no novo século.

Os comitês do Partido e os governos de todos os níveis devem prestar elevada atenção ao trabalho literário e artístico e zelar entusiasticamente para promover de maneira conscienciosa o desenvolvimento da causa literária e artística. Baseando-se no respeito aos conhecimentos e talentos, devem unir-se sinceramente, confiar plenamente e preocupar-se entusiasticamente com trabalhadores desse ramo, criar um bom ambiente de criação e apoiar energicamente as excelentes obras e os destacados talentos, difundindo-os e premiando-os. É necessário apoiar com entusiasmo os literatos e artistas para que desenvolvam seu espírito criador individual e sua sabedoria, conduzi-los a dominar ainda melhor o espírito da época e a demanda do povo e meditar seriamente sobre os efeitos sociais de suas obras. Deve-se levar os literatos e artistas a estreitarem ainda mais a unidade, reforçando o aprendizado e estímulo mútuos para evitar o desprezo recíproco entre eles. Deve-se adotar medidas mais enérgicas para formar e preparar um contingente de literatos e artistas que persistam na concepção artística marxista, de elevada qualidade artística e literária e de grande criatividade.

A Confederação dos Setores Literário e Artístico da China e a Associação dos Escritores da China são entidades do povo e organizações populares dos trabalhadores literários e artísticos, dirigidas pelo Partido, sendo também importante força no fomento da prosperidade e do desenvolvimento da causa literária e artística do nosso país. Mantendo no alto a bandeira literária e artística socialista e unindo os trabalhadores de seu ramo, as duas organizações empreenderam eficazes trabalhos e obtiveram notáveis êxitos na estimulação do povo com suas excelentes obras e no atendimento das necessidades da cultura espiritual das massas populares. Espero que a Confederação dos Setores Literário e Artístico e a Associação dos Escritores da China desempenhem ainda mais seu papel de ponte e laço entre o Partido e o governo e os artistas, façam bem os trabalhos de contato, coordenação e serviços, e envidem incansáveis esforços para unir os literatos e artistas no fomento do desenvolvimento da cultura avançada.

As Federações dos Setores Literário e Artístico e as Associações dos Escritores de todos os níveis devem estreitar as relações com os literatos e artistas, servir de todo o coração a eles, defender os seus interesses segundo a lei, promover a sua unidade e cooperação, organizá-los e conduzi-los a fortalecer o estudo teórico, e participar ativamente na vida do povo, transformando-se em seu lar, devem fortalecer ainda mais os intercâmbios culturais internacionais e desenvolver as relações e intercâmbios com os setores congêneres da Região Administrativa Especial de Hong Kong, da Região Administrativa Especial de Macau, de Taiwan e dos chineses do ultramar. Devem aprofundar a reforma, formar um sistema orgânico, um mecanismo operacional e os métodos de atividade, correspondentes à economia de mercado socialista e à lei do desenvolvimento artístico, a fim de promover o desenvolvimento e a prosperidade da cultura. Os comitês do Partido e os governos de todos os níveis devem fortalecer e melhorar a direção sobre as federações e associações acima mencionadas, apoiar seus trabalhos e ajudá-las a resolver efetivamente seus problemas práticos, a fim de pôr seu papel em prática.

A época de concretização da grande revitalização da nação chinesa é tanto uma época que necessita de grandes obras literárias e artísticas como a época em que nascem grandes obras.

Todos os literatos e artistas devem ter bem presente sua missão histórica, integrar-se à prática da reforma e construção, melhorar de maneira constante sua formação ideológica e moral, a qualidade científica, e cultural e a formação literária e artística, desenvolver plenamente a iniciativa e a criatividade, descrever as ricas cenas de luta árdua do povo, cantar a melodia do desenvolvimento da pátria e criar obras que refletem o espírito da época e dotadas do estilo e elegância chineses, esforçando-se para contribuir para a construção da cultura socialista do tipo chinês e a realização da grande revitalização da nação chinesa.

Conjugando Esforços pela Paz e o Desenvolvimento do Mundo*

(31 de dezembro de 2001)

* Mensagem de Jiang Zemin para o Ano-novo de 2002.

Senhoras, senhores, camaradas e amigos:

No momento em que o sino está prestes a anunciar a chegada do Ano-novo de 2002, através da Rádio Internacional, Rádio Nacional e TV Central da China, expresso com muita alegria um voto de feliz Ano-novo ao povo das diversas etnias do país, aos compatriotas das Regiões Administrativas Especiais de Hong Kong e de Macau, aos compatriotas de Taiwan, aos chineses do ultramar e aos amigos dos diversos países do mundo!

O ano que finda é o primeiro ano do novo século. Neste ano, unidas na árdua luta, as diversas etnias chinesas obtiveram sucessos satisfatórios em todos os terrenos. Continuando o aprofundamento da reforma, ampliando a abertura, persistindo no aumento da demanda interna, e impulsionando o reajuste da estrutura econômica e o grande desenvolvimento do Oeste do país, temos mantido a economia do nosso país num crescimento relativamente rápido enquanto em todo o mundo encontrava-se em visível desaceleramento. Obtivemos novos progressos na civilização espiritual, na construção da democracia e do sistema legal e em outros setores sociais. Todos estes êxitos representam um bom início do desenvolvimento socioeconômico da China no início do novo século.

Neste ano, o Partido Comunista e o povo da China comemoraram calorosamente o 80° aniversário da fundação do Partido Comunista da China. Fazendo retrospecto da longa e árdua trajetória de luta do povo chinês, unido e dirigido pelo Partido Comunista da China, pela prosperidade da nação e sintetizando as experiências históricas, estamos determinados a cumprir integralmente as exigências do princípio da "tríplice representatividade" e continuar seguindo inabalavelmente o caminho da construção do socialismo do tipo chinês.

Neste ano, a China ingressou oficialmente na OMC, o que marcou uma nova etapa na abertura chinesa ao exterior. A China participará, de forma mais ampla e profunda, da cooperação e competição internacionais no terreno econômico e desenvolverá continuamente as relações econômicas com diversos países e regiões do mundo com base na igualdade e benefício recíproco em busca do desenvolvimento e prosperidade comuns. Beijing da China foi escolhida como sede dos 29° Jogos Olímpicos de Verão em 2008. Os jogos olímpicos a serem realizados na China, o país mais populoso no mundo, impulsionarão vigorosamente o desenvolvimento das Olimpíadas e o intercâmbio entre as diversas nações do mundo. O governo chinês dedicará todo o apoio a Beijing para o sucesso dos referidos jogos.

Neste ano, foi realizada com sucesso a 9ª Conferência Não-Oficial dos Dirigentes da APEC. Os líderes procedentes dos países da Ásia-Pacífico, reunidos em Shanghai, discutiram a estratégia de cooperação e desenvolvimento econômicos, aumentando a confiança dos membros da entidade em superar as atuais dificuldades econômicas e recuperar o crescimento da economia mundial.

No novo ano, impulsionar a paz e o desenvolvimento é uma aspiração comum dos povos de todo o mundo. A paz é uma precondição do desenvolvimento e prosperidade. O povo chinês ama a paz, e o desenvolvimento da China requer a paz. A China continuará seguindo a política diplomática de independência, autonomia e paz e, junto com os povos de outros países, empenhar-se-á em estabelecer uma nova e justa ordem política e econômica internacional e um belo mundo de paz, desenvolvimento e progresso.

A paz e o desenvolvimento continuam sendo o tema principal da nossa época. Porém, os novos fatores de instabilidade merecem grande atenção de todos os povos. A pobreza, os conflitos e as chamas de guerra arrastam-se em certas regiões do globo. O terrorismo está ameaçando gravemente a paz e a segurança mundial, tornando-se uma desgraça comum no cenário internacional. A China opõe-se sempre a todas as formas de terrorismo. Junto com outros países e com o pleno desempenho do papel da ONU, estamos dispostos a combater o terrorismo para que todos os povos do planeta criem sua própria vida feliz em ambiente de paz e tranqüilidade.

O aprofundamento da multipolarização e da globalização econômica e os constantes progressos científicos e tecnológicos trazem oportunidades raramente vistas de desenvolvimento para todos os países. Ao mesmo tempo, deve-se constatar que os países em desenvolvimento não conseguem desfrutar plenamente as vantagens da globalização econômica e dos progressos científicos e tecnológicos, enfrentando grandes dificuldades no desenvolvimento. Como um país em desenvolvimento, a China, ao buscar seu próprio progresso, está disposta a esforçar-se para impulsionar o progresso dos países em desenvolvimento e eliminar a pobreza e fome em todo o globo.

No novo ano, persistindo em tomar o desenvolvimento como tema principal, o reajuste da estrutura como linha principal, a reforma e abertura e progresso científico e tecnológico como força motriz, e a elevação do nível de vida do povo como ponto de partida fundamental, o povo chinês continuará promovendo o desenvolvimento econômico e o progresso social.

No novo ano, o povo chinês persistirá na política fundamental de "reunificação pacífica, um país, dois sistemas" e na proposta de oito pontos que formulei em 1995 sobre o desenvolvimento das relações entre os dois lados do Estreito de Taiwan e a promoção do processo de reunificação pacífica da pátria, envidando novos esforços pela realização da reunificação total da pátria.

No novo ano, o Partido Comunista da China realizará seu 16° Congresso Nacional. Trata-se de um encontro de suma importância no momento em que a China entra no período de construção acelerada de uma sociedade de vida modestamente confortável e das modernizações socialistas. A reunião definirá ainda mais claramente as metas e tarefas de desenvolvimento do país no novo século, mobilizará e estimulará o povo das diversas etnias a continuar as obras dos antecessores, abrir novas frentes, avançar acompanhando as tendências da época e criar uma nova situação do socialismo do tipo chinês.

Para finalizar, desejo um feliz Ano-novo para todos e felicidade para suas famílias!

Obrigado!

Este livro foi composto na tipologia Caslon
Old Face, em corpo 11/13, e impresso em
papel Offset 75g/m² no Sistema Cameron
da Divisão Gráfica da Distribuidora Record.